SV

Thomas Biebricher

MITTE/RECHTS

Die internationale Krise des Konservatismus

Suhrkamp

Bibliographische Information der Deutschen Nationalbibliothek
Die Deutsche Nationalbibliothek verzeichnet diese Publikation
in der Deutschen Nationalbiographie;
detaillierte bibliographische Informationen im Internet über
http://dnb.de-nb.de abrufbar.

Klimaneutral
Druckprodukt
ClimatePartner.com/14438-2110-1001

Erste Auflage 2023
Originalausgabe

Umschlaggestaltung: Brian Barth, Berlin
Satz: Satz-Offizin Hümmer GmbH, Waldbüttelbrunn
Druck: GGP Media GmbH, Pößneck
Printed in Germany
ISBN 978-3-518-43099-6

www.suhrkamp.de

Inhalt

Einleitung

Am 22. Oktober 2022 empfing der italienische Staatspräsident Sergio Mattarella Giorgia Meloni im Quirinalspalast, um sie zur Ministerpräsidentin zu ernennen, nachdem ihre Partei Fratelli d'Italia die Wahlen am 25. September klar gewonnen hatte. Seitdem wird Italien von einer Koalition regiert, deren Seniorpartner eine postfaschistische (Fratelli d'Italia) und eine rechtspopulistische (La Lega) Partei sind. Zwei Tage später trat Liz Truss, die britische Premierministerin und Vorsitzende der Conservative Party, nach einer historisch kurzen Amtszeit von gerade einmal sechs Wochen zurück, nachdem ihre Regierung das Land mit einer radikalen, aber unausgegorenen Budgetpolitik beinahe ins Chaos gestürzt hätte. Truss war nach Theresa May und Boris Johnson bereits die dritte Vorsitzende der Tories, die ihren Hut nehmen musste, obwohl sie nie eine General Election verloren hatte, und hinterließ ihrem Nachfolger Rishi Sunak eine Partei, die von internen Kämpfen über den Brexit und ihre Positionierung im politischen Raum tief zerstritten, um nicht zu sagen zerrissen ist. Knapp zwei Wochen zuvor hatte die Nemesis der Konservativen, der ehemalige Ukip-Vorsitzende Nigel Farage, der Partei eine düstere Zukunft prophezeit: »Die Tories werden bei der nächsten Wahl ausradiert werden, genau wie 1997, und sie haben es zutiefst verdient.«[1]

1 Nigel Farage, »Not tackling immigration. Why the conservatives will be wiped out at the next election«, in: *The Telegraph* (12. Oktober 2022).

Nur fünf Tage vor der Vereidigung Melonis wurde in Schweden Ulf Kristersson von der Moderaten Sammlungspartei zum Regierungschef gewählt. Er führt eine Koalition mit Liberalen und Christdemokraten, die aber über keine parlamentarische Mehrheit verfügt. Der bürgerlich konservative Kristersson muss sich daher auch auf die Stimmen der Schwedendemokraten stützen, einer einst aus rechtsextremen Milieus hervorgegangenen Partei, die auch heute noch am äußersten rechten Rand angesiedelt ist. Dementsprechend wird seine Regierung zu Konzessionen gezwungen sein, vor allem in der Innen- und Einwanderungspolitik. Etwa zwei Wochen nach dem Regierungsantritt Melonis fanden in den Vereinigten Staaten die Midterm-Wahlen statt, bei denen nicht nur Abgeordnete des Repräsentantenhauses und Senatoren, sondern auch Gouverneure in diversen Bundesstaaten gewählt wurden. Nach BBC-Recherchen traten für die Republikaner auf den diversen Ebenen mindestens 126 Kandidaten an, die explizit infrage stellten, dass Joe Biden der rechtmäßig gewählte Präsident ist und von denen einige sogar beim Sturm auf das Kapitol am 6. Januar 2021 präsent waren.[2] Den beeindruckendsten Sieg konnte Ron DeSantis feiern, der als Gouverneur von Florida in einem ehemaligen Swing State mit deutlicher Mehrheit wiedergewählt wurde und der für einen Trumpismus ohne Trump steht: weniger erratisch und dafür womöglich wesentlich effektiver. Währenddessen tourten den ganzen Herbst über in Frankreich die drei Kandidaten für den vakanten Vorsitz der ehemals gaullistischen Partei Les Républicains durch die Kreisverbände. Der Slogan des späteren Siegers Éric Ciotti lautete: »La droite au cœur«;[3] einer seiner

2 Kayleen Devlin/Jack Goodman, »Boebert to Lake: How many 2020 election deniers won their race«, BBC (10. November 2022).

3 *Droit au cœur* bedeutet so viel wie »mitten ins Herz«; Ciotti spielte mit den Wörtern *droit* (gerade, recht, direkt) und *la droite* (die Rechte), wohl um auszudrücken, dass er die Rechte im Herzen trug, von Herzen rechts war oder rechte Wähler im Auge hatte.

unterlegenen Rivalen, der Senator Bruno Retailleau, der selbst dem rechten Flügel der Partei zugerechnet wird, begründete seine Kandidatur ausdrücklich damit, Ciotti stehe zu weit rechts.[4] Diesem kommt nun die Aufgabe zu, zu retten, was von der ehemaligen Mitte-rechts-Macht noch zu retten ist, die bei den Präsidentschafts- und Parlamentswahlen im Frühjahr 2022 verheerende Niederlagen erlitten und damit endgültig die Hegemonie über das Spektrum rechts der Mitte an den Rassemblement National von Marine Le Pen verloren hatte.

Was all diese Ereignisse innerhalb weniger Wochen schlaglichtartig dokumentieren, ist das Thema dieses Buchs: die internationale Krise des Konservatismus – genauer: die Schwächung, Radikalisierung oder das völlige Verschwinden der Kräfte eines gemäßigten Konservatismus, deren angestammter Platz in der rechten Mitte zusehends verwaist. Und obwohl der Fokus auf den Dynamiken in drei der wichtigsten europäischen Länder liegt – Italien, Frankreich und dem Vereinigten Königreich –, so ist die Krise des Konservatismus doch auch in Deutschland angekommen, was sich ebenso schlaglichtartig illustrieren lässt: Die Wahl Melonis sorgte nämlich auch hierzulande für kontroverse Debatten, denn zum Wahlbündnis von Fratelli d'Italia und Lega gehört auch Silvio Berlusconis Forza Italia, und da diese nun einmal seit 1999 Mitglied der Europäischen Volkspartei (EVP) ist, hielt es deren derzeitiger Vorsitzender, der CSU-Politiker Manfred Weber, für eine gute Idee, zur Wahl der italienischen Schwesterpartei aufzurufen – auch wenn klar war, dass Berlusconi bei einem Sieg des Bündnisses einer Postfaschistin den Steigbügel halten würde. Damit stand Weber in einem gewissen Gegensatz zu seinem Vorgänger im Amt als EVP-Chef, dem Polen Donald Tusk, der noch im März die große Mitte-rechts-Partei Spaniens, den Partido Popular (PP), zumindest leise, wenn auch ein wenig treuherzig ermahnte, nachdem die-

4 Solenn de Royer, »›Too right wing‹ Éric Ciotti should be the next leader of France's conservative party«, in: *Le Monde* (5. Dezember 2022).

ser in Kastilien-Leon mit der rechtsgerichteten Vox erstmals eine Koalitionsregierung gebildet hatte: »Ich hoffe, dass es sich nur um einen Unfall handelt.«[5] Jedenfalls war auch Webers Parteikollege Markus Söder nicht erfreut über dessen Wahlaufruf: Es könne nicht die Aufgabe »bürgerlicher Parteien« sein, »rechtsnationale und rechtsradikale Regierungen zu ermöglichen«, so der bayerische Ministerpräsident.[6] Jener bayerische Ministerpräsident, der selbst im Landtagswahlkampf 2018 zwischenzeitlich scharf nach rechts in Richtung AfD-Terrain abgebogen war. Beschwerden über die Wahlkampfhilfe für Forza Italia vonseiten Webers, der diese übrigens damit begründete, dass Berlusconi als bürgerlicher Anker einer Rechtskoalition fungieren werde, kamen auch von der CDU, die aber ihr ganz eigenes Problem mit Rechtsaußen hat. Am 11. November 2022 stimmten im thüringischen Landtag CDU- und AfD-Fraktion für den CDU-Antrag »Gendern, nein danke«, der mit dieser rechten Mehrheit tatsächlich angenommen wurde, und auch wenn die Berliner Zentrale danach von parlamentarischer Normalität sprach, war es das natürlich nicht: AfD-Flügel-Ikone Björn Höcke frohlockte und freute sich diebisch über die abermalige Verwischung der Grenzen zwischen rechter Mitte und rechtem Rand, schließlich war es ebenfalls im Erfurter Landtag gewesen, dass eine Mehrheit von FDP, CDU und AfD Anfang 2020 den Liberalen Thomas Kemmerich zum Ministerpräsidenten gewählt hatte – wenn auch für gerade einmal 24 Stunden. Nur wenige Tage vor der gemeinsamen Abstimmung gegen das Gendern hatte sich just Mike Mohring zu Wort gemeldet, der damals als Fraktionsvorsitzender das Kemmerich-Desaster mitverantwortet hatte und danach alle Ämter verlor. Es ergebe wenig Sinn, so Mohring, »die AfD parlamentarisch durch Aus-

5 Zitiert nach Hans Christian Rößler, »Ich hoffe, dass es sich nur um einen Unfall handelt«, in: *Frankfurter Allgemeine Zeitung* (11. März 2022).

6 Zit. n. Andreas Glas, »Söder rügte CSU-Vize Weber wegen Nähe zu Berlusconi«, in: *Süddeutsche Zeitung* (26. September 2022).

grenzung zu überhöhen, ohne dass sie sich inhaltlich beweisen muss«,[7] womit er zumindest den Eindruck erweckte, am Kooperationsverbot mit der AfD zu kratzen, das die Bundespartei in der Folge des Erfurter Debakels 2020 beschlossen hatte. Und all diese Versuche der Aus- und Abgrenzung sowie, umgekehrt, der bewussten Grenzverwischung vollziehen sich natürlich vor dem Hintergrund eines langwährenden inhaltlichen Auszehrungsprozesses des deutschen Konservatismus und des damit verbundenen Profilverlustes der Christdemokratie, die sich im Wahlkampf 2021 besichtigen ließen. Darüber, dass die Krise des Konservatismus auch ein deutsches Phänomen ist, konnte also spätestens zu jenem Zeitpunkt kein Zweifel mehr bestehen. Und dass diese Krise andauert, verschärft durch die AfD-Konkurrenz von rechts, welche die Union vor allem in Ostdeutschland zu spüren bekommt, kaschieren auch die günstigen Umfragewerte einer Oppositionspartei nicht.

Nun könnte man sich auf den Standpunkt stellen, dass all dies Probleme für Konservative sind, aber eine zentrale Grundannahme der folgenden Ausführungen lautet, dass die Krise des Konservatismus eine nicht zu unterschätzende Rolle im Rahmen einer anderen Krise spielt, die weitaus mehr mediale und auch akademische Aufmerksamkeit auf sich gezogen hat: die Krise der liberalen Demokratie, der sich allein in den letzten Jahren eine Vielzahl von Büchern gewidmet hat; von Yascha Mounks *Der Zerfall der Demokratie* über David Runcimans *So endet die Demokratie* sowie *Wie Demokratien sterben* von Steven Levitsky und Daniel Ziblatt bis hin zu einschlägigen Titeln im deutschen Sprachraum, wo zuletzt immerhin eine demokratische Regression diagnostiziert wurde.[8] Nimmt man

7 Zit. n. Jan Hollitzer/Elmar Otto, »Ehemaliger CDU-Fraktionschef Mohring: AfD nicht ausgrenzen«, in: *Thüringische Landeszeitung* (29. Oktober 2022).

8 Armin Schäfer/Michael Zürn, *Die demokratische Regression. Die politischen Ursachen des autoritären Populismus*, Berlin: Suhrkamp 2021.

diese unübersehbare diskursive Verdichtung als Maßstab, muss man zu dem Schluss gelangen, dass die Lage überaus ernst ist. Allerdings dürfte es angesichts der Fülle an Literatur auch nicht überraschen, dass sich die Befunde hinsichtlich der Ursachen teils erheblich unterscheiden, wenn nicht sogar widersprechen[9] – wobei eine der Gemeinsamkeiten darin besteht, dass sie den Permutationen des Konservatismus und den Dynamiken der rechten Mitte insgesamt wenig Beachtung schenken.

Aber ist dies nicht auch insofern gerechtfertigt, als es schlicht wenig plausibel erscheint, eine vermeintliche konservative Misere als Faktor für die Krise der liberalen Demokratie in Betracht zu ziehen? Schließlich agierte der Konservatismus, historisch gesehen, doch lange Zeit als der große Gegenspieler von Liberalismus und Demokratie. Und während viele Fürsprecher der liberalen Demokratie diese als Vehikel oder gar als Garant für eine progressive Politik ansehen, gelten Konservative als Skeptiker im Hinblick auf Fortschrittserzählungen, die den damit einhergehenden Versprechungen misstrauen, wenn sie als progressiv deklarierte Politik nicht gar aktiv bekämpfen. Ganz abgesehen davon, dass der Konservatismus aus mancher Perspektive als Marionette wirtschaftlicher Interessen erscheint und zudem als zentrales Ziel die Aufrechterhaltung hierarchischer Gesellschaftsstrukturen verfolge, was freilich mit allerlei Rhetorik über Tradition und Geschichte bemäntelt werde.[10] Man könnte also zunächst vermuten, dass ein im Niedergang begriffener Konservatismus eine der wenigen guten Nachrichten für die in Bedrängnis geratene liberale Demokratie und ihre Werteordnung darstellt – doch dies wäre entschieden zu kurz gegriffen.

9 Vgl. zu den Krisendiagnosen der Demokratie und ihren Widersprüchen und Paradoxien die erhellende Analyse von Philip Manow, *(Ent-) Demokratisierung der Demokratie*, Berlin: Suhrkamp 2020.

10 Vgl. Corey Robin, *Der reaktionäre Geist. Von den Anfängen bis Donald Trump*, aus dem Englischen von Bernadette Ott, Berlin: Ch. Links Verlag 2018.

Welch wichtige Rolle konservative Kräfte in der Formierungsphase (liberaler) Demokratien spielen, hat der Politikwissenschaftler Daniel Ziblatt herausgearbeitet, der zwei unterschiedliche Muster identifiziert, denen solche Entwicklungen historisch folgten:

> Wir sehen, dass in einigen Ländern ein blitzartiger demokratischer Durchbruch in Wirklichkeit Teil eines relativ kontinuierlichen Demokratisierungsprozesses ist. Punktuelle Momente [...] des demokratischen Wandels kumulieren sich im Laufe der Zeit und werden selbstverstärkend, indem sie Nachfrage nach weiteren solchen Momenten erzeugen und erfüllen. Im Zuge solcher Prozesse wird es immer schwieriger, die Demokratisierung wieder rückgängig zu machen. In anderen Ländern hingegen sind diese Durchbruchsmomente, wenn sie überhaupt auftreten, Teil von etwas, das man wohl am ehesten als ungesicherte Wege der Demokratisierung charakterisieren kann. [...] Den Durchbrüchen geht häufig entweder ein völliger Zusammenbruch der Demokratie oder ein unterschwelliger autoritärer Rückfall voraus, ein Oszillieren der Regime, das einen dauerhaften demokratischen Wandel sowohl instabil als auch schwer fassbar macht.[11]

Ausschlaggebend dafür, welchen Pfad junge Demokratien beschreiten, sind laut Ziblatt gerade konservative Parteien, wie er am Beispiel der gelungenen Demokratisierung des Vereinigten Königreichs und dem Scheitern der Weimarer Republik ausführt. Nur gut organisierte und wirkmächtige konservative Akteure, die zumindest weite Teile der alten (ökonomischen) Eliten repräsentierten, konnten jenen angesichts massiver Verlustängste die Sicherheit bieten, die dafür sorgte, dass sie ihre Machtressourcen nicht gegen die noch fragile Demokratie mobilisierten. Anders formuliert, ist es also gerade die Stärke kon-

11 Daniel Ziblatt, *Conservative Parties and the Birth of Democracy*, Cambridge: Cambridge University Press 2017, S. 2.

servativer Kräfte, die laut Ziblatt eine gelingende Demokratisierung ermöglicht; fehlen diese Akteure, fragmentiert sich das Feld der rechten Mitte oder es kommt – womöglich als Folge – zu einer Radikalisierungsdynamik, dann verpuffen die progressiven Energien, und die Reaktion setzt sich durch. Ziblatt hat hier vor allem junge Demokratien im Sinn, aber die wichtige, wenn nicht gar entscheidende Rolle konservativer Akteure ist nicht auf diese frühe Phase beschränkt. Denn auch in konsolidierten liberalen Demokratien sind oftmals gerade sie es, die einer Politik zum Durchbruch oder zumindest zu breiter gesellschaftlicher Akzeptanz verhelfen, der sie aus ideologischen Gründen eigentlich ablehnend gegenüberstehen müssten. Das berühmteste Beispiel für dieses Paradoxon lieferte der glühende Antikommunist Richard Nixon, der 1972 völlig überraschend nach China reiste und die sogenannte »Pingpong-Diplomatie« initiierte. »Only Nixon could go to China« hat sich seitdem als Aperçu eingebürgert und verweist darauf, dass bestimmte Reformen und Initiativen bedeutend größere Chancen auf Erfolg haben, wenn sie von ihren vermeintlichen Gegnern ausgehen.[12] Die konservative Politikgeschichte enthält einige Beispiele für solch überraschende Parteinahmen: So waren es gerade in Kontinentaleuropa gemäßigt konservative, und zwar vor allem christdemokratische Parteien, die nach dem Zweiten Weltkrieg sozialstaatliche Strukturen auf- beziehungsweise ausbauten, und auch die europäische Integration wurde insbesondere von diesen Akteuren vorangetrieben, obwohl doch zu erwarten gewesen wäre, dass der im konservativen Spektrum weitverbreitete Patriotismus, wenn nicht gar Nationalismus einem solchen Un-

12 Dies gilt nicht nur in eine ideologische Richtung: Man stelle sich vor, eine schwarz-gelbe Bundesregierung hätte Anfang der nuller Jahre versucht, das zu Recht als erzneoliberal verschriene Leipziger Programm der CDU von 2003 umzusetzen. Der Widerstand wäre immens gewesen. Nur eine rot-grüne Regierung konnte die Agenda 2010 implementieren – allerdings auch nicht, ohne daran zu zerbrechen.

terfangen entgegenstehen würde – wobei allerdings hinzuzufügen ist, dass das Motiv hinter der Europäisierung für viele Christdemokraten gerade die Konsolidierung nach dem Krieg darniederliegender Nationalstaaten war.[13] Und selbst wenn Konservative sich nicht an die Spitze von Bewegungen setzen, die ihnen eigentlich fernstehen, hängt von ihrem Verhalten in starkem Maße ab, welchen Verlauf gesellschaftlicher Wandel nimmt, wie er in liberalen Demokratien – und nicht nur dort – nun einmal unvermeidlich ist: ob Veränderungen als Bedrohung codiert und Ressentiments gegen sie und typischerweise dann auch gegen sichtbare Minderheiten geschürt werden, die als Sündenböcke für alle unliebsamen Aspekte des Neuen herhalten müssen; oder ob Transformationen mit Skepsis und Vorbehalten, aber doch letztlich konstruktiv begleitet und gesteuert werden. Noch etwas pointierter ließe sich sogar die nicht zuletzt immer wieder auch von manchen Konservativen vertretene These formulieren, dass sich die Gestaltungsspielräume in dem Maß erweitern, in dem es starke und einflussreiche konservative Akteure gibt, die das Fundament für eine innovative Politik liefern, indem sie Transformationsprozesse moderieren und für das Gros der Bevölkerung materiell und ideell akzeptabel machen: Es sind gerade die schnellen Autos, so ein Bonmot des Politikwissenschaftlers Karl W. Deutsch, die besonders gute Bremsen brauchen, womit das paradox anmutende Bedingungsverhältnis von gesellschaftlicher Innovation und konservativer Politik auf den Punkt gebracht wird.

Und spielt der Konservatismus so schon eine wichtige Rolle für junge und reife Demokratien, gilt dies, a fortiori, erst recht

13 Vgl. Michael Gehler/Wolfram Kaiser/Helmut Wohnout (Hg.), *Christdemokratie in Europa im 20. Jahrhundert*, Göttingen: Vandenhoeck & Ruprecht 2001; vgl. für eine kritischere Würdigung der europapolitischen Rolle der Christdemokratie Fabio Wolkenstein, *Die dunkle Seite der Christdemokratie. Geschichte einer autoritären Versuchung*, München: Beck 2022.

für Demokratien, die mit dem Tod bedroht sind, wie es ja manche der oben erwähnten Titel für die Gegenwart nahelegen. Hier geht es weniger darum, ob konservative Akteure die konterrevolutionären Energien der Eliten eines Ancien Régime binden können, als vielmehr um die Frage, ob sie in der Lage sind, diejenigen in Schach zu halten, die wankende Regime im Namen von Rechtspopulismus, illiberaler Demokratie und Autoritarismus umstürzen oder doch zumindest bis zur Unkenntlichkeit entstellen wollen; ob sie gegenüber diesem Treiben in einer apathisch-passiven Haltung verharren oder ob sie sich gar auf die Seite dieser Kräfte schlagen und so der liberalen Demokratie den Todesstoß versetzen. Gerade die deutsche Geschichte verweist eindringlich auf die diesbezüglich entscheidendende Rolle konservativer Akteure; schließlich ist die Weimarer Republik nicht nur die Geschichte einer jungen Demokratie, sondern auch die einer jung gestorbenen, wobei den Konservativen nicht zu Unrecht die Rolle der Totengräber zugeschrieben wird. Zusammengefasst könnte man sich sogar dem Historiker Brian Girvin anschließen, der schreibt: »Eine demokratische Rechte ist eine notwendige Bedingung der Demokratie.«[14] Jedenfalls ist aber Jan-Werner Müller in seiner Einschätzung zuzustimmen: »Auch wer selbst keineswegs konservativ ist, hat ein Interesse daran, dass die Rechte innerhalb einer pluralistischen Demokratie deutliche Konturen zeigt – und sich gleichzeitig ganz klar vom Populismus abgrenzt.«[15]

Das Schicksal des Konservatismus geht also alle an, denen die Verteidigung der liberalen Demokratie und ihrer Potenziale am Herzen liegt, sei es aus der Überzeugung, dass sie die beste

14 Brian Girvin, *The Right in the Twentieth Century: Conservatism and Democracy*, London: Pinter 1994; zitiert nach Edmund Fawcett, *Conservatism. The Fight for a Tradition*, Princeton: Princeton University Press 2020, S. 45.

15 Jan-Werner Müller, »Wie die CDU ihre Sinnkrise bewältigen kann«, in: *Der Spiegel* (15. Februar 2018).

aller politischen Welten darstellt, oder aus der eher pragmatischen Sichtweise, dass sie zwar ihrerseits Schwächen hat, aber doch zum einen grundsätzlich offen erscheint für eine weitergehende »Demokratisierung der Demokratie«[16] und vor allem immer noch dem zu bevorzugen ist, was unter den aktuellen Vorzeichen wohl an ihre Stelle treten würde – vermutlich in etwa das Gegenteil aller radikaldemokratischen Visionen und einer »Demokratie im Präsens«,[17] auf die im linken Spektrum manche(r) hoffen mag. Vor diesem Hintergrund lautet die Grundannahme des vorliegenden Buches, zugespitzt formuliert, dass den Dynamiken der rechten Mitte nicht zuletzt und vor allem deshalb Aufmerksamkeit gebührt, weil sich hier das Schicksal der liberalen Demokratie entscheidet. Denn gerade in der heutigen und auch schon länger anhaltenden Konstellation einer Linken in der Defensive, über deren strukturelle Schwäche auch Überraschungserfolge wie der Sieg der deutschen Sozialdemokraten bei den Bundestagswahlen 2021 nicht hinwegtäuschen können, ist es die rechte Mitte, die zur politisch neuralgischen Zone wird – die aber in der Flut der Krisenliteratur eine eher marginale Rolle spielt. Die folgenden Ausführungen sollen diese Leerstelle füllen, indem sie diese Zone in einer vergleichenden Längsschnittanalyse ausleuchten und sich vor allem mit jenen Akteuren befassen, deren natürlicher Lebensraum sie ist und die heute zusehends vom Aussterben bedroht scheinen, falls sie nicht längst verschwunden sind: gemäßigte Konservative.

16 Claus Offe (Hg.), *Demokratisierung der Demokratie. Diagnosen und Reformvorschläge*, Frankfurt am Main: Campus 2003; vgl. auch Manow, *(Ent-)Demokratisierung der Demokratie*.

17 Isabell Lorey, *Demokratie im Präsens. Eine Theorie der politischen Gegenwart*, Berlin: Suhrkamp 2020.

Rechts der Mitte

Die Rede von der rechten Mitte und einem dort ansässigen gemäßigten Konservatismus bedarf natürlich der weiteren Erläuterung, wobei die zentrale Frage lautet, wodurch genau sich ein gemäßigter Konservatismus auszeichnet und wovon er wie zu unterscheiden ist. Beginnen wir aber mit dem politischen Raum der rechten Mitte. Der offensichtlichste Einspruch gegen die Verwendung eines solchen Konzepts liegt vermutlich in der fehlenden analytischen Schärfe begründet, verbunden mit einer problematisch anmutenden Eindimensionalität.

Es steht außer Frage, dass die politische Mitte als analytisches Konzept insofern mit einigen Schwierigkeiten behaftet ist, als wir es hier mit einer alles andere als unschuldigen Vorstellung zu tun haben. Die Mitte ist schließlich keine rein deskriptive Bezeichnung einer arithmetischen oder geometrischen Größe.[18] Vielmehr handelt es sich schon seit der Antike um eine politische Normvorstellung, die dementsprechend normativ aufgeladen ist. Bereits bei Aristoteles sind Mitte und Maß Leitideen, die es anzustreben gilt, und bis in die heutige Zeit hat der Zweiklang aus Maß und Mitte insbesondere im konservativen Spektrum nichts von seiner Anziehungskraft eingebüßt.[19] Die Mitte wird so zur immanenten Utopie des politischen Raums und entsprechend mythisiert als Ort, der inhärent den Rändern entgegengesetzt ist und mit einer Haltung korrespondiert, die

18 Vgl. zum Versuch einer deskriptiven Erfassung der Mitte im deutschen Kontext mit den Mitteln der Demoskopie Stine Marg, *Mitte in Deutschland. Zur Vermessung eines politischen Ortes*, Bielefeld: Transcript 2014.

19 So dient Aristoteles mit seinem Lob der Mitte etwa dem grünen baden-württembergischen Ministerpräsidenten Winfried Kretschmann – neben Hannah Arendt – als zentraler Gewährsmann bei dem Versuch, einen ökologisch orientierten zeitgenössischen Konservatismus auszubuchstabieren (Winfried Kretschmann, *Worauf wir uns verlassen wollen. Für eine neue Idee des Konservatismus*, Frankfurt am Main: Fischer 2018).

allem Extremen und Überbordenden eine Absage erteilt.[20] Dabei muss man allerdings nicht Hegel sein, um die Dialektik zu erkennen, in der Mitte und Ränder zueinander stehen. Die Mitte grenzt sich vom Randständig-Extremen ab, und umgekehrt attackieren die marginalisierten Radikalen die Saturiertheit, Ambitionslosigkeit und das zutiefst Laue der Mitte, die nun einmal weder Fisch noch Fleisch ist. Beide bleiben dabei gegenseitig aufeinander angewiesen, um das Spiel der abgrenzenden Positionierung weiterhin spielen zu können, denn wo es keine Ränder gibt, ist auch keine Mitte. Damit wird aber zugleich klar, dass politische Landschaften, in denen alle Akteure in irgendeine alte oder neue Mitte streben, weil sie dort die viel beschworene Medianwählerin[21] vermuten, zu Problemen führen, da ihnen die Alternativen fehlen und man in der Eintönigkeit landet, was vor allem noch zu Beginn der nuller Jahre etwa Colin Crouch unter dem Stichwort der Postdemokratie und noch wesentlich schärfer Chantal Mouffe als Post-Politik kritisierte.[22] Seit einigen Jahren ist diese Sorge einer gänzlichen Vermittung jedoch in weiten Teilen des Diskurses der gegenteiligen Befürchtung gewichen, dass nämlich die Zentrifugalkräfte dermaßen angewachsen sind, dass die Mitte (und die Mittelschicht als ihre soziologische Trägerin) erodiert:[23] »Things fall apart; the centre

20 Vgl. zur ideologischen Aufladung der Mitte Herfried Münkler, *Mitte und Maß. Der Kampf um die richtige Ordnung*, Berlin: Rowohlt 2010.

21 Das Medianwählertheorem geht davon aus, dass die Einstellungen zu politischen Fragen in der Bevölkerung in Form einer gaußschen Glockenkurve normalverteilt sind und dass insbesondere Volksparteien daher danach streben, die Wählerinnen und Wähler in der Mitte der Verteilung anzusprechen.

22 Vgl. Colin Crouch, *Postdemokratie*, aus dem Englischen von Nikolaus Gramm, Frankfurt am Main: Suhrkamp 2008 [2003]; Chantal Mouffe, *Über das Politische. Wider die kosmopolitische Illusion*, aus dem Französischen von Niels Neumeier, Frankfurt am Main: Suhrkamp 2007.

23 Vgl. Michael Vester et al. (Hg.), *Soziale Milieus im gesellschaftlichen Strukturwandel. Zwischen Integration und Ausgrenzung*, Frankfurt am Main: Suhrkamp 2001; vgl. zur Unterscheidung von »alter« und

cannot hold«, wie es in dem viel zitierten Gedicht *The Second Coming* von William Butler Yeats aus dem Jahr 1919 heißt. Dementsprechend müsse angesichts gesellschaftlicher Polarisierungs- und Spaltungstendenzen eine verloren gehende Mitte erst einmal wiederhergestellt und stabilisiert werden, weswegen es unbedingt erforderlich sei, »sich zur Mitte [zu] bekennen«, wie es etwa der Grüne Robert Habeck immer wieder von seiner Partei verlangt.[24] Die Magie der Mitte als politischer Sehnsuchtsort entfaltet also gerade unter den derzeitigen Diskursvorzeichen wieder ihre volle Wirkung, wobei sie insbesondere für Konservative dem Selbstverständnis nach ihr von jeher angestammtes Terrain darstellt: Wo wir sind, da ist die Mitte! Tatsächlich ist das Verhältnis von Konservatismus und Mitte, wie bereits angeklungen, ein durchaus enges. Man könnte sogar vermuten, dass die Mitte per se konservative Konnotationen mit sich führt, erscheint sie doch als Inbegriff dessen, was sich gegen die Neuerungen und Umwälzungen stemmt, die von den Rändern her herandrängen. »Sie [die Mitte] setzt auf Stabilität und bleibt skeptisch gegenüber den Verheißungen der Zukunft.«[25] Und gerade diese Unverbindlichkeit sowie tendenzielle Indifferenz gegenüber Verheißungen und Bedrohungen der Zukunft etwa in Form des Klimawandels machen Mitte und Mittelwege umgekehrt zum Angriffsziel derer, denen es um wünschenswerte oder schlicht existenziell notwendig erscheinende Veränderungen geht. Die berühmten Zeilen des Barockdichters Friedrich von Logau bringen es auf den Punkt: »In Gefahr und höchster Not bringt der Mittelweg den Tod.«

Gehört die »Mitte« also zu den voraussetzungsreicheren

»neuer« Mittelschicht in jüngster Zeit Andreas Reckwitz, *Das Ende der Illusionen. Politik, Ökonomie und Kultur in der Spätmoderne*, Berlin: Suhrkamp 2019.

24 »Die Grünen müssen sich zur Mitte bekennen«, Interview mit Robert Habeck, *Bayerischer Rundfunk* (14. Januar 2021).

25 Münkler, *Mitte und Maß*, S. 29.

und bisweilen auch umstrittenenen Konzepten der »politologischen Geographie«,[26] so dürfte die Spezifizierung rechte Mitte beziehungsweise Mitte-rechts zunächst einmal nicht unbedingt dazu beitragen, diese Bedenken zu zerstreuen. Denn schließlich gilt es heute als politologische Binsenweisheit, dass das Links-rechts-Schema aufgrund seiner Unterkomplexität längst ausgedient hat, weshalb stattdessen ein mehrdimensionales Modell der politischen Landschaft eingefordert wird. An Differenzierungsmöglichkeiten besteht hier ja kein Mangel: Man kann sinnvollerweise zwischen materialistischen und postmaterialistischen Einstellungen etwa innerhalb des linken Spektrums unterscheiden, und auch für die Differenzierung zwischen einer autoritären und einer liberalen Linken lassen sich plausible Argumente anführen, wobei es wiederum beträchtliche Überlappungen zwischen materialistisch/autoritären Haltungen einerseits und postmaterialistisch/liberalen andererseits gibt.[27] Analoge Differenzierungen kann man rechts der Mitte vornehmen, und die Kritiker des Links-rechts-Schemas weisen darauf hin, dass sich so Konstellationen ergeben, in denen rechte und linke »Liberale« sich womöglich näher stehen als liberale und autoritäre Linke, so dass die Labels »links« und »rechts« ihre Aussage- und politische Zuordnungskraft weitgehend verlören.

Auf diese ja keineswegs haltlosen Bedenken lässt sich meiner Ansicht nach mit zwei Überlegungen reagieren. Die erste Frage ist dabei, welchen Grad an analytischer Schärfe wir von

26 Bernd Guggenberger/Klaus Hansen, »Jenseits von Mittelmaß und Anmaßung. Für die Wiedergewinnung der achtbaren Mitte«, in: dies. (Hg.), *Die Mitte. Vermessungen in Politik und Kultur*, Opladen: Westdeutscher Verlag 1993, S. 9-28, S. 15.

27 Vgl. dazu Ronald Inglehart, *The Silent Revolution. Changing Values and Political Styles among Western Publics*, Princeton: Princeton University Press 1977; vgl. zur aktuellen Situation Pippa Norris/Ronald Inglehart, *Cultural Backlash. Trump, Brexit, and Authoritarian Populism*, Cambridge: Cambridge University Press 2019.

unserem politischen und politikwissenschaftlichem Vokabular erwarten (können). Es trifft sicherlich zu, dass sowohl die Terminologie der Mitte wie auch das Links-rechts-Schema Schwierigkeiten hätten, vor dem Tribunal der analytischen Philosophie zu bestehen – aber dies gilt für eine ganze Reihe weiterer Begrifflichkeiten, mit denen politische Akteure und ihre wissenschaftlichen Beobachterinnen hantieren, was mir auf den zentralen Punkt zu verweisen scheint, dass wir es mit einem Vokabular zu tun haben, das tief in Haltungen und Diskursen verankert ist; es handelt sich um die Idiomatik, in der politischen Identitäten Ausdruck verliehen und in der um die entsprechenden Selbst- und Fremdbeschreibungen gerungen wird. Auch wenn die Wissenschaft natürlich nicht einfach die Semantik der politischen Auseinandersetzung für bare Münze nehmen darf, muss sie doch registrieren, dass das Links-rechts-Schema ja keineswegs erst seit gestern infrage gestellt wird, dass es sich aber trotz der jahrzehntelang anhaltenden Kritik ob seiner vermeintlichen Obsoleszenz standhaft weigert, endlich obsolet zu werden und aus der politischen Sprache zu verschwinden:

> Die Wahrnehmung politischer Unterschiede in der Terminologie von links und rechts konstituiert und reflektiert die Politik repräsentativer Demokratien durch eine natürlich erscheinende, aber historisch kontingente räumliche Metapher, die dauerhaft, alles durchdringend, allgemein und außergewöhnlich vielseitig ist und die das Prinzip endemischen und legitimen Konflikts zwischen gleichwertigen Alternativen verkörpert.[28]

Offensichtlich entfaltet dieses Vokabular trotz oder gerade wegen seiner Unterkomplexität nach wie vor eine nicht zu unterschätzende Orientierungswirkung und bezeichnet Familienzu-

28 Steven Lukes, »The grand dichotomy of the twentieth century«, in: Terence Ball/Richard Bellamy (Hg.), *The Cambridge History of Twentieth Century Political Thought*, Cambridge: Cambridge University Press 2003, S. 602-626, S. 608.

gehörigkeiten, die auch in der Gegenwart Bedeutung für die Akteure haben.[29] Die Politikwissenschaft tut meiner Ansicht nach daher gut daran, die Sprache, derer sich politische Subjekte bedienen, nicht ohne Weiteres als unscharf oder gar irreführend abzutun, sondern diese bei all ihren analytischen Schwächen ernst zu nehmen. Das bedeutet, dass sie reflektiert und im Bewusstsein der Probleme versuchen kann, diese Begrifflichkeiten in ihre Beschreibungen und Analysen aufzunehmen, ohne dass diese dadurch automatisch disqualifiziert würden.[30]

Auch im Hinblick auf das Vokabular der Mitte scheint mir seine analytische Schwammigkeit zumindest im vorliegenden Kontext nicht sonderlich bedenklich, im Gegenteil. Die (rechte) Mitte, um die es hier geht, ist eben gerade nicht in erster Linie ein mit den Instrumenten der demoskopisch-statistischen Kartografie exakt bestimmbares Terrain, sondern ein imaginierter und normativ überhöhter Raum, der ohne die mitlaufenden Assoziationen des Repräsentativen und des Normalen nicht annähernd so interessant wäre – weder aus der Perspektive Konservativer, die ihn für sich beanspruchen, noch auch aus der Perspektive der sozialwissenschaftlichen Beobachterin. Dass die Mitte-Terminologie dermaßen mit Bedeutung auf- oder gar überladen ist, stellt daher keinen Einwand gegen ihre Verwendung dar, vielmehr handelt es sich um eine Kategorie, die für das (Selbst-)Verständnis des Konservativen und daher auch seine (kritische) Analyse geradezu unabdingbar erscheint. Dies gilt natürlich nicht für jede Art von Konservatismus, wie ich noch erläutern werde, aber nach der hier vertretenen Auffassung stellt die rechte Mitte den politischen Raum dar, der auf der ideologi-

29 Vgl. Jonathan White, »Left and right as political resources«, in: *Journal of Political Ideologies* 16 (2011), S. 123-144.

30 Vgl. zur Verteidigung der Links-rechts-Terminologie auch Norberto Bobbio, *Rechts und Links. Gründe und Bedeutungen einer politischen Unterscheidung*, aus dem Italienischen von Moshe Kahn, Berlin: Wagenbach 1994.

schen Ebene mit einem gemäßigten Konservatismus korrespondiert. Dies führt uns zur zentralen und im Folgenden ausführlich zu erörternden Frage, wodurch sich ein solchermaßen spezifizierter Konservatismus auszeichnet und ob und gegebenenfalls wie er sich von anderen Varianten unterscheiden lässt.

Konservatismus – gemäßigt und radikal

Es versteht sich beinahe von selbst, dass es gewagt ist, von einem (gemäßigten) Konservatismus in dieser Allgemeinheit zu sprechen, denn für politische Ideologien gilt grundsätzlich, dass ihre Situiertheit in bestimmten raumzeitlichen Kontexten zu einer merklichen Variationsbreite in ihrer konkreten Ausbuchstabierung führt. Diese kaum zu leugnende Kontextualität von Ideologien ist besonders ausgeprägt im Falle des Konservatismus, wofür es systematische Gründe gibt, auf die ich weiter unten zurückkomme. Daher gilt es in der Konservatismusforschung als fragwürdig, vom Konservatismus im Allgemeinen zu sprechen, und dementsprechend geht es in diesem Buch ja auch und gerade um die Analyse der Entwicklung von Konservatismen in spezifischen Kontexten.[31] Dieser soll hier aber ein allgemeinerer Konzeptionalisierungsversuch vorangestellt werden, um einheitliche Terminologien und analytische Kategorien zu erarbeiten, die in der historisch-vergleichenden Untersuchung zum Tragen kommen können. Dieses Unterfangen einer allgemeinen Bestimmung des Konservativen kann sich nicht zuletzt auf die einflussreichen Arbeiten Michael Freedens stützen.[32] Sein »morphologischer« Ansatz in der Analytik von Ideologien,

31 Vgl. zu den Herausforderungen bei der Analyse des Konservatismus etwa Jan-Werner Müller, »Comprehending conservatism: A new framework for analysis«, in: *Journal of Political Ideologies* 11/3 (2006), S. 359-365.
32 Vgl. Michael Freeden, *Ideologies and Political Theory. A Conceptual Approach*, Oxford: Oxford University Press 1996.

die er als mehr oder weniger systematische Konglomerate von aufeinander bezogenen Konzepten versteht, ist alles andere als unsensibel gegenüber ihren kontextuellen Ausprägungen und Modifikationen. Der englische Politikwissenschaftler vertritt allerdings die Meinung, dass diese Variationsbreite das betrifft, was er als periphere und anliegende (*adjacent*) Konzepte betrachtet, die in konzentrischen Kreisen um Kernkonzepte gelagert sind, die man aus der Fülle der eine Ideologie kennzeichnenden Vorstellungen als gemeinsamen Nenner herausdestillieren kann. Nimmt man etwa das Beispiel des Liberalismus, lässt sich Freedens Annahme folgendermaßen veranschaulichen: Zwar hat sich der Liberalismus in seiner Geschichte gelegentlich auf eine Allianz mit dem Nationalismus eingelassen, doch die Nation gehört sicherlich nicht zum Sine-qua-non-Katalog des liberalen Ideenhaushalts, sie ist ein peripheres oder bestenfalls ein anliegendes Konzept, das aber eben für das Verständnis unterschiedlicher Spielarten des Liberalismus in bestimmten Kontexten durchaus seine Bedeutung hat. Dagegen handelt es sich beim Individuum und seiner Freiheit um Kernkonzepte, ohne die ein wie auch immer gearteter Liberalismus als solcher unkenntlich würde, wobei hier im Sinne Freedens zu ergänzen wäre, dass sich die ideologische Substanz erst in dem Moment erschließt, wo geklärt wird, welche *Konzeption(en)* von Freiheit für den Liberalismus kennzeichnend sind – etwa ein negatives Freiheitsverständnis im Sinne Isaiah Berlins im Unterschied zu positiven Freiheitsbegriffen, bei denen es weniger um Abwehrrechte des Individuums als um seine tatsächliche Ermächtigung und Befähigung geht, das eigene Leben selbstbestimmt zu gestalten.

Ausgehend von dieser morphologischen Herangehensweise und aufbauend auf Freedens Untersuchungen zum Konservatismus sollen zunächst zwei Kernkonzepte herausgearbeitet werden, die für diese Tradition über die jeweiligen Kontexte hinweg prägend, ja unabdingbar sind. Auf dieser Grundlage wird es dann möglich sein, die für meinen Analyserahmen zentrale

Unterscheidung einzuführen und zu begründen, nämlich die zwischen einem genuinen Konservatismus, der nach der hier vertretenen Meinung nur ein gemäßigter sein kann, und einem radikal-militanten, der, genau genommen, allenfalls als Grenzfall gelten kann und bestenfalls noch mit einem Fuß auf dem Boden des Konservatismus steht und diesen mit dem anderen ganz bewusst längst hinter sich gelassen hat – auch wenn er immer noch für sich selbst beansprucht, das Konservative zu repräsentieren, ja womöglich sogar den einzig wahren Konservatismus.

In meiner Lesart ist der Raum des Konservativen aufgespannt zwischen einem *substanziellen* und einem *prozeduralen* Pol. Dazwischen bewegt sich unabhängig von spezifischen Kontexten die konservative Ideenwelt, und abgesehen von einigen Grenzfällen lässt sich jede Variante konservativen Denkens auf der höchsten Abstraktionsebene als eine je unterschiedlich gewichtete Kombination aus diesen beiden Komponenten beschreiben. Beginnen wir mit dem substanziellen Pol, da er sich in direktem Anschluss an das Alltagsverständnis des Konservativen identifizieren lässt. Demgemäß ist Konservativen nämlich vor allem daran gelegen, etwas zu bewahren. Konservatismus leitet sich etymologisch vom lateinischen *conservare* ab, was sich als »erhalten« oder »bewahren« übersetzen lässt, und dieser archetypische Impuls kennzeichnet das Konservative auch schon, bevor es überhaupt so benannt wird; das entsprechende Label bürgert sich nämlich erst im 19. Jahrhundert ein und geht zurück auf die 1818 von François-René de Chateaubriand ins Leben gerufene Zeitschrift *Le Conservateur*. Dieser scheinbar simple Impuls wird zwar oft als symptomatisch für eine eher simpel gestrickte Geisteshaltung angeführt, welche dem Konservatismus gelegentlich auch den Spott seiner Gegner wie John Stuart Mill einbrachte, der seinerzeit die britischen Tories schlicht als »the stupidest party« etikettierte; in Wirklichkeit ist es aber alles andere als unkompliziert, konservativ sein zu wollen. Denn selbst wenn – zunächst einmal ins Ungenaue gesprochen – der Status quo aus Sicht des Konservatismus zu bewahren ist, so würde doch selbst der hartgesottenste Konservative nicht behaupten, dass *alles* Existierende zu erhalten ist, *weil* es existiert – auch wenn solche »positionalen« Deutungen des Konservatismus durchaus vertreten worden sind.[33] Es mag Menschen mit konservativen Neigungen geben, die etwa aus religiösen Gründen der Meinung sind, dass unheilbare Krankheiten einen *Sinn* haben, aber auch solche Konservative hätten wohl kaum etwas dagegen, wenn hier Heilungsmethoden entwickelt würden. Gerade in der protestantischen Tradition gilt die Welt als gefallen, doch die Gläubigen sind keineswegs dazu verpflichtet, dies zu akzeptieren, vielmehr handelt es sich um Herausforderungen, die, soweit möglich, auch tätig zu überwinden sind.

Der Erhalt des Status quo qua Status quo und damit auch in all seinen Facetten ist es also nicht, was Konservative antreibt. Stattdessen stellt sich ihnen die Frage, was genau und welche Aspekte des Seienden aus welchen Gründen als bewahrenswert gelten können. Spätestens hier wird also erkennbar, dass Konservativ-Sein bei näherem Hinsehen eine recht aufwendige Geisteshaltung ist, wenn sie diese Frage für sich beantworten will. Und daran gibt es letztlich selbst dann kein Vorbeikommen, wenn man den Konservatismus auf eine reine »Denkform« zu reduzieren versucht, die überhaupt nicht an bestimmte Inhalte gebunden und daher auch nicht auf der gleichen Ebene wie etwa Liberalismus oder Sozialismus angesiedelt sei. Zuletzt hat Andreas Rödder, einer der einflussreichsten Interpreten des zeitgenössischen Konservatismus im deutschen Kontext, immer wieder für eine solche Lesart plädiert. Der Konservatismus verfüge über »kein fixes Set von spezifischen Werten oder Inhalten und erst recht keine geschlossene politische Theorie. Was daraus folgt, ist eher eine Form des politischen Denkens mit be-

33 Vgl. Samuel Huntington, »Conservatism as an ideology«, in: *The American Political Science Review* 51/2 (1957), S. 454-473.

stimmten methodischen und inhaltlichen Grundlagen.«[34] Rödder greift mit einer solchen Deutung eine lange Tradition konservativer Selbstbeschreibungen auf, in der die eigene Haltung als pragmatisch-undogmatisch und damit im Gegensatz zu ihren intellektuellen und politischen Gegnern als dezidiert anti-ideologisch herausgestellt wird. Konservatismus ist demnach eben gerade keine Ideologie, sondern, wenn überhaupt, eine Art Anti-Ideologie; eine Weltanschauung des vermeintlich unverstellt nüchtern-skeptischen Blicks auf Menschen und Dinge, die dementsprechend auffallend positiv mit dem bescheuklappten Blick von Liberalen, Feministinnen oder Sozialisten kontrastiert, die im Endeffekt Gefangene ihrer ideologischen Festlegungen bleiben. Im konservativen Zugriff auf die Welt kommt dagegen der gesunde Menschenverstand zur Geltung, der Common Sense der normalen Leute, die der *Mitte* der Gesellschaft entstammen. Doch auch wenn Rödders Ausführungen zur Charakterisierung des Konservatismus und einer möglichen zeitgenössischen Ausbuchstabierung einiges für sich haben, kann diese entschlackte Interpretation des Konserativen als Denkform des skeptischen Pragmatismus doch nicht ganz überzeugen. Denn zunächst einmal ist natürlich die konservative Selbstbeschreibung als Nicht-Ideologie eine zutiefst ideologische, die mit der Selbstverortung in der unmarkierten Mitte korrespondiert. Zudem ist aber vor allem nicht erkennbar, wie dieser Denkform-Konservatismus das Problem der Identifizierung des Bewahrenswerten lösen soll. Rödder selbst verwahrt sich ebenfalls gegen die Vorstellung des Konservatismus als reflexhafter und völlig unspezifischer Bewahrungsimpuls, ist aber nicht in der Lage zu erklären, wie er zu seinen konkreten Positionierungen und Parteinahmen für oder gegen bestimmte Veränderungen gelangt (zum Beispiel Gleichberechtigung der Geschlechter ja, Quote nein), und kann dies auch nicht dadurch kaschieren,

34 Andreas Rödder, *Konservativ 21.0. Eine Agenda für Deutschland*, München: Beck 2019, S. 40.

dass er im Endeffekt einen in erster Linie prozedural bestimmten Konservatismus skizziert, auf den wir weiter unten zu sprechen kommen. Der zentrale Punkt bleibt also, dass Konservative auf eine Instanz angewiesen sind, die ihnen die Frage nach dem Bewahrenswerten beantwortet. Und dies führt uns zum ersten Kernkonzept des Konservatismus, das ich als *normative Natürlichkeit* bezeichnen möchte.

Das konservative Denken kann nicht anders, als eine zumeist implizit bleibende und recht vage Vorstellung einer guten Ordnung zu hegen und so zumindest ansatzweise die Frage nach dem Bewahrenswerten zu beantworten; das heißt, nur die Aspekte des Seienden, die als Teil dieser guten Ordnung gelten können, sind auch tatsächlich erhaltenswert. Worauf sich diese Ordnung gründet, lässt sich unterschiedlich ausbuchstabieren. Im religiösen Register handelt es sich um eine göttliche Schöpfungsordnung, die zu bewahren ist; in stärker säkularisierten Varianten mag es eine naturrechtliche Ordnung sein. Daneben kann auch ein bestimmtes, nicht notwendig religiös geprägtes Menschenbild die Grundlage der Ordnungsvorstellung bilden oder aber geschichtliche Urgründe, auf denen das Bestehende gewachsen ist. Entscheidend ist jedoch, dass all diesen Begründungsfiguren ein Moment der Unverfügbarkeit innewohnt. Ihre Pointe besteht darin, dass bestimmte Grundkoordinaten nicht zur menschlichen Disposition stehen. Der Versuch, über sie verfügen zu wollen, würde eine Hybris verraten, die unweigerlich katastrophale Folgen nach sich zieht. Freeden hat dieses Element der Unverfügbarkeit mit der Charakterisierung des konservativen Kernkonzepts als eine transzendentale Begründung zu fassen versucht. Der entscheidende Punkt bleibt, dass es sich um eine externe Normquelle handelt, die unabhängig von menschlichem Dafürhalten existiert. In meiner Lesart kann man diese Normquelle allerdings noch etwas genauer spezifizieren, indem man nämlich darauf abhebt, dass das Gute hier ausnahmslos aus einer wie auch immer gearteten Natürlichkeit abgeleitet wird. Das Natürliche, verstanden als das Gottgewollte, Menschengerechte oder geschichtlich Gewordene, ist letztlich das Bewahrenswerte und liefert damit einen normativen Maßstab, anhand dessen das Bestehende eingeordnet werden können soll. Eine normativ aufgeladene Vorstellung des Natürlichen beziehungsweise eine normative Natürlichkeit ist damit als Kernkonzept der substanziellen Komponente des Konservatismus festzuhalten.

Im Prinzip scheint damit das zentrale Problem der konservativen Weltanschauung behoben, indem es der Autorität einer externen Instanz überantwortet wird, doch leider fehlt es diesen externen Instanzen zumeist ebenfalls an Klarheit und eindeutigen Beurteilungskriterien. Sicher, aus religiösen Traditionen wie auch aus anthropologischen Überlegungen mögen sich normativ ausgezeichnete Ordnungsvorstellungen ableiten lassen, diese bleiben zunächst freilich notwendigerweise vage und hochabstrakt und dürften aufgrund dessen zudem zum Gegenstand konfligierender Interpretationen werden. Konfrontiert mit der Frage, wie man sich aus konservativer Perspektive zu einer konkreten Initiative stellen soll, hilft der Verweis auf die luftigen Höhen einer überzeitlichen guten Ordnung zunächst wenig, ist hier doch eine nicht zu unterschätzende Übersetzungs- beziehungsweise Transferleistung notwendig, deren Resultat alles andere als über jeden Zweifel erhaben sein dürfte. Diese Misslichkeit einer zumeist im Ungefähren verharrenden normativen Natürlichkeit führt zu einer folgenschweren Eigenart der konservativen Phänomenologie, auf die schon Karl Mannheim in seiner klassischen Studie über den Altkonservatismus deutscher Prägung hingewiesen hat. Konservatismus, so Mannheim, dürfe keineswegs mit dem Traditionalismus des Immergleichen verwechselt werden. Seine Spezifik gewinne er aus der reflexiven Wendung eines reinen Traditionalismus: Verteidigen wolle der Konservatismus nämlich nicht unbedingt das, was zu den unhinterfragten Praktiken und Konventionen des Alltags gehört, denen habituell gefolgt wird, sondern das, was diesen Status bereits verloren hat und zum Gegenstand der kritischen

Kontestation geworden und so konkret in seinem Bestand gefährdet ist: »Dieses originäre konservative Erleben wird da reflexiv, seiner Eigenart bewußt, wo in dem Lebensraume«, so Mannheim, »in welchem es vorhanden ist, bereits andersgeartete Lebenshaltungen und Denkweisen auftreten, von denen es sich in ideologischer Abwehr abheben muß.«[35]

Angesichts der zumeist nebulös bleibenden Ordnungsvorstellungen, die sich aus einer normativen Natürlichkeit herauslesen lassen, bleibt der Konservatismus also in gewisser Weise auf seine Gegner angewiesen, deren Angriffe die schemenhaften Vorstellungen überhaupt erst zu klaren Positionen und Gegenpositionen vereindeutigen. Nicht von ungefähr gilt die Französische Revolution als kollektiver Versuch der großflächigen Infragestellung und Transformation der Gesellschaft zwar nicht als Urszene des Konservatismus, dessen Anfänge weiter zurückreichen, aber doch als entscheidender Galvanisierungsmoment, durch den er sich als wirkmächtige politisch-intellektuelle Bewegung formiert und konsolidiert. All dies hat eine Reihe von Implikationen. Zunächst einmal wird an dieser Stelle deutlich, dass der Konservatismus einen wesentlich reaktiveren Charakter hat als etwa Liberalismus und Sozialismus. Natürlich beziehen alle politischen Ideologien einen Teil ihrer Identität aus ihren Gegnerschaften, aber diese Abhängigkeit erscheint im Fall des Konservatismus aus den genannten Gründen besonders ausgeprägt, was im Übrigen auch bedeutet, dass das Verschwinden mancher seiner Gegner für den Konservatismus nicht Anlass zu uneingeschränktem Jubel sein kann, sondern weitaus ambivalenter beurteilt werden muss. Zugleich ist es aber gerade dieser prononcierten Reaktivität geschuldet, dass der Konservatismus sich in so hohem Maß kontextspezifisch entwickelt: Seine Physiognomie hängt eben immer entscheidend von den kon-

35 Karl Mannheim, *Konservatismus. Ein Beitrag zur Soziologie des Wissens*, herausgegeben von David Kettler, Volker Meja und Nico Stehr, Frankfurt am Main: Suhrkamp 1984, S. 125.

kreten Herausforderungen ab, mit denen er es hier und jetzt zu tun hat. Und die können in den jeweiligen nationalen Zusammenhängen bei allen sicherlich existierenden Parallelen durchaus unterschiedlich gelagert sein. Darüber hinaus führt diese Bezogenheit auf Antagonisten und deren Angriffe auf bestimmte Aspekte des Status quo zu einer letzten und womöglich folgenschwersten Konsequenz, die die konservative Erfahrungswelt in entscheidender Weise prägt.

Es handelt sich um das, was man zu Recht als die Tragik des Konservatismus bezeichnen kann, und die darin liegt, dass sich die Anstrengungen, die ein durch konkrete Infragestellungen des Status quo auf den Plan gerufener Konservatismus zu dessen Erhaltung unternimmt, nicht immer, aber doch sehr oft letztlich als vergeblich erweisen. Das Problem besteht darin, dass Konservative typischerweise nicht eigentlich das Bestehende zu verteidigen versuchen, wie es ihrem Selbstverständnis entspricht, sondern das Vergehende. Diese bereits ins Rutschen geratenen Traditionsbestände, die eben keine Bindungswirkung mehr entfalten, zu stabilisieren, erweist sich oftmals als aussichtslos oder es gelingt nur vorübergehend und auf eine Weise, welche die Pointe der normativen Natürlichkeit konterkariert. Denn das, was nun im Alltagsleben schon nicht mehr als selbstverständlich gilt, kann zwar noch aufrechterhalten werden, indem es etwa durch rechtliche Kodifikation und/oder staatliche Sanktionierung gestützt wird; aber bereits in dem Moment, wo ehemals habituell eingeübte Praktiken als erhaltenswert deklariert werden müssen, haben sie ja die Natürlichkeit verloren, die ihre normative Begründung liefern sollte. Das seiner traditionalen Autorität Entkleidete und im Vergehen Begriffene kann dann nur noch künstlich aufrechterhalten werden und so nicht mehr den normativen Status des Natürlichen beanspruchen, der es gerade auszeichnen sollte. Es handelt sich um eine rein simulierte und somit artifizielle Natürlichkeit.

Aber damit noch nicht genug der Schwierigkeiten, mit denen sich Konservative konfrontiert sehen. Denn es stellt sich natürlich die Frage, wie mit dieser alles andere als untypischen Situation umzugehen ist, in der sich alle Abwehrkämpfe zur Bewahrung eines bestimmten Aspektes des Status quo als aussichtslos erweisen und sich entsprechende Wandlungsprozesse nicht länger leugnen lassen. Es handelt sich, wie später noch deutlicher werden wird, um einen Schlüsselmoment der konservativen Erfahrung, in dem sich der spezifische Charakter des Konservativen zeigt. Wie geht man also damit um, wenn man, wie etwa der deutsche Konservatismus, jahrzehntelang dagegen angekämpft hat, dass gleichgeschlechtliche Partnerschaften einen eheanalogen Status erhalten, und sich nun plötzlich dem Faktum der gesetzlich kodifizierten Ehe für alle gegenübersieht? Grundsätzlicher formuliert: Wenn das Kernanliegen des Konservatismus in der Verteidigung einer aus dem Seienden zumindest im Prinzip herauspräparierbaren guten Ordnung besteht, was bedeutet es dann, wenn regelmäßig bestimmte Aspekte, die als Teil dieser Ordnung aufgefasst werden, wie etwa das natürlich-normative Leitbild dessen, was Familie ist und sein soll, verloren gehen? Hier gibt es im Prinzip drei Reaktionsmöglichkeiten, die wegweisend und prägend für eine jeweilige Spezifik des Konservativen sind. Konzentrieren wir uns an dieser Stelle zunächst nur auf die beiden, die meiner Ansicht nach genuin konservativ sind; auf die dritte komme ich weiter unten zurück.

Die erste Möglichkeit besteht darin, den stattfindenden Wandel mit einer Mischung aus Fatalismus und Lakonie zu quittieren. Aus dieser Perspektive erscheint die Geschichte insgesamt als ein Verfallsprozess, dem man sich zwar im Prinzip entgegenstellen kann, jedoch ohne jegliche Chance, ihn aufzuhalten. Von daher erscheint es angezeigt, diese Entwicklungen als unabänderliches Schicksal zu akzeptieren – ohne sie dadurch gutzuheißen. Im Gegenteil, die *kulturpessimistische* Haltung, die dieser Reaktion zugrunde liegt, bleibt ja ganz dezidiert auf Distanz zu den sinistren Prozessen der Modernisierung und Postmodernisierung. Aber sie hat sich in einem passivischen Ressentiment gegen die Gegenwart eingerichtet und kultiviert ihre tendenzielle Misanthropie, in die hier die konservative Skepsis umschlägt, im Rahmen eines ausgeprägten Privatismus. Denn – und das ist von entscheidender Bedeutung – dieser elegische Konservatismus erschöpft sich in der Klage über den Niedergang von Familie, Kirche sowie Kapitalismus und sieht keinerlei Möglichkeiten, diese Tendenz umzukehren, vielmehr erscheint dieser Geisteshaltung schon die bloße Ambition, eine solche Trendwende herbeizuführen, als heillos naiv und unvereinbar mit der nüchtern-illusionslosen Blickweise auf die Welt, die gerade diese Art von Konservatismus für sich in Anspruch nimmt. Hier wird die Absage an Fortschrittsnarrative und ihre Versprechungen auf die Spitze getrieben; nichts wird mehr gut, das Paradies ist und bleibt unwiederbringlich verloren, so lautet die Diagnose, die sich eine gedankliche Askese auferlegt und sich grundsätzlich jede Art von Zuversicht und Hoffnung auf eine bessere Zukunft in einer bemerkenswerten Hartleibigkeit versagt – um dann aber doch gelegentlich mit raunendem Unterton die vage Möglichkeit einer Art polittheologischen Erlösung anzudeuten, wohl auch um das tragische Bewusstein, von dem sich hier mit Nietzsche sprechen ließe, nicht in blanken Nihilismus kippen zu lassen. Im deutschen Kontext könnte man hier eine Linie ziehen, die von Oswald Spengler und seinen Vorläufern über Martin Heidegger bis zu Botho Strauß reicht.

Die zweite Möglichkeit, die sich Konservativen in Reaktion auf politische und gesellschaftliche Wandlungsprozesse bietet, kommt zwar ausdrücklich besser gelaunt daher, das darf aber nicht darüber hinwegtäuschen, dass es die psychologisch wesentlich voraussetzungs- und entbehrungsreichere der beiden Optionen darstellt. Dem umwölkten Gemüt des Kulturpessimisten stellt diese Geisteshaltung die Forderung nach »guter Laune und Gelassenheit« (Rödder) im Umgang mit gesellschaftlichen Transformationsprozessen entgegen. Konservative dieser Couleur neigen mit einer nicht unerheblichen Nonchalance dazu, unliebsame Veränderungen hinzunehmen – und sich mit ihnen zu arrangieren. Man mag Neuerungen jahrelang bekämpft haben und sich gegen bestimmte Auflösungsprozesse ebenso lang im Namen des Status quo gestemmt haben, doch wenn diese Entwicklungen Wirklichkeit geworden sind, wischt man sich schulterzuckend den Mund ab und erklärt kurzerhand den neuen Status quo zur Geschäftsgrundlage des konservativen Projekts, der eben nun (in bestimmten Aspekten) zu verteidigen ist. Das für den deutschen Kontext sicherlich beeindruckendste Beispiel einer solchen Kehrtwende ist die Wandlung des Nachkriegskonservatismus, der 1945 nach zumindest in weiten Teilen jahrzehntelang gepflegter Feindschaft seinen Frieden mit Demokratie und – mit einiger Verzögerung – auch dem Liberalismus macht und beschließt, dass die rechtsstaatlich eingehegte Demokratie nun verteidigt werden muss, beispielsweise gegen die Achtundsechziger, die eine weitergehende Demokratisierung der Demokratie forderten. Es liegt nahe, an Figuren wie Konrad Adenauer als Repräsentanten eines solchen oftmals christdemokratisch eingefärbten Konservatismus zu denken, und dies trifft auch sicherlich zu, allerdings interessanterweise nicht nur wegen des mit Adenauer assoziierten Mottos »Keine Experimente« (der Wahlslogan, mit dem die CDU 1957 das beste Wahlergebnis ihrer Geschichte erzielte). Denn vor dem Hintergrund der hier etwas stilisiert dargestellten Geisteshaltung ließe sich auch das von Adenauer überlieferte Zitat »Was kümmert mich mein Geschwätz von gestern« als quintessenziell konservatives Motto anführen. Man darf allerdings nicht vergessen, dass Adenauer hinzufügte: »Nichts hindert mich daran, klüger zu werden.« Und hier ist schon zu erkennen, dass es durchaus Versuche gibt, der Nonchalance dieses Konservatismus eine Deutung zu geben, die nicht unweigerlich auf reinen Opportunismus hinausläuft, sondern sie mit typisch konservativen Werten und Tugenden verbindet: »Liberale Konservative leben [...] in dem Bewusstsein, dass das, was heute für unverrückbar richtig gehalten wird, morgen als völlig falsch erscheinen kann – so wie uns das, was gestern als richtig galt, heute oft merkwürdig und falsch vorkommt.«[36]

Es ist also die über alle konservativen Spielarten hinweg geteilte Skepsis gegenüber der Leistungsfähigkeit der menschlichen Vernunft, die hier zum Tragen kommen soll. Im Bewusstsein der Fehlbarkeit der Ratio und in Ablehnung ihrer doktrinären Überhöhung behält sich der Konservative vor, falschzuliegen und sein Urteil zu revidieren, ganz gemäß den Maximen des Kritischen Rationalismus eines Karl Popper. Aber bei aller fallibilistischen Veredelung dieser Flexibilität bleibt hier doch ein schaler Beigeschmack – und zwar insbesondere für Konservative: Schließlich gelten gerade unter ihnen Prinzipientreue und vom Zeitgeist unangekränkelte Standfestigkeit als nicht zu unterschätzende Tugenden. Man muss freilich nicht unbedingt konservativ sein, um die kognitiven Dissonanzen zu verspüren, die zwangsläufig mit diesen schmerzhaften Anpassungsprozessen verbunden sind, und die Tatsache, dass diese ja kein einmaliges Ereignis, sondern gewissermaßen ein Strukturelement der konservativen Erfahrung darstellen, hat manche Kommentatoren sogar dazu bewegt, die Idee des Konservatismus an sich infrage zu stellen: »Zu viele Geister haben aus zu vielen Gründen versucht, zu viele Dinge zu bewahren, als dass sich von einer kohärenten politischen Idee sprechen ließe.«[37] Aber auch wenn man nicht so weit geht, muss man doch festhalten, dass es eine bemerkenswerte Leistung ist, die diese Art von Konservatismus zu erbringen hat, um die eigene Haltung nicht gewissermaßen unintelligibel werden zu lassen. Denn warum genau würde man eigentlich einen Status quo verteidigen, der genau das beinhaltet, gegen das man sich vehement gestemmt hat – und zwar immer wieder aufs Neue? Die Antwort findet sich meiner An-

36 Rödder, *Konservativ 21.0*, S. 42.

37 J. G. A. Pocock, »Introduction«, in: ders. (Hg.), *Edmund Burke, Reflections on the Revolution in France*, Indianapolis: Hackett Publishers 1987, S. xlix, Anmerkung 1.

sicht nach in einer Abwägung, die dieser Konservatismus unternimmt und dabei typischerweise zur immergleichen Schlussfolgerung gelangt, welche lautet: Es ist besser, diesen in zunehmendem Maße unvollkommenen Status quo zu akzeptieren, als die Stabilität der Verhältnisse dadurch zu gefährden, dass man vehement gegen bestimmte Neuerungen oder gar den durch diese gekennzeichneten neuen Status quo insgesamt opponiert. Gerade diese Parteinahme für den Metawert der Stabilität und die Bereitschaft, darüber bestimmte inhaltliche Überzeugungen bezüglich der Gestaltung der politisch-sozialen Welt zurückzustellen, macht vielleicht nicht das entscheidende, aber doch ein prägendes Element dessen aus, was ich als gemäßigten Konservatismus charakterisieren möchte und was sich in vielen Punkten mit dem deckt, was andere (wie im obigen Zitat Rödder) auf ebenso plausible Weise als Liberalkonservatismus etikettieren.[38] Konservativ sein heißt in diesem Sinne eben auch, die Disziplin aufzubringen, die eigenen Überzeugungen nicht absolut zu setzen und für das hohe, vielleicht höchste Gut der Stabilität noch die unappetitlichsten Kröten zu schlucken. Selbst der kulturpessimistische Konservatismus bleibt in diesem Sinne gemäßigt, als er es sich zumindest versagt, den Affekt gegen das Neue in eine entsprechende Politik zu übersetzen und öffentlich auszuleben. Und angesichts des überaus voraussetzungsreichen heroischen Defätismus, der hier zu besichtigen ist, sollte niemand auf die Idee kommen, dass es sich beim (gemäßigten) Konservatismus um eine Geisteshaltung für simple Gemüter handelt.

Wenden wir uns nach dieser Betrachtung des substanziellen Pols des Konservatismus nun dem prozeduralen Ende zu, dem es weniger um die Frage der Verteidigung des Seienden im Namen einer (implizit vorschwebenden) guten Ordnung geht, son-

38 Vgl. hierzu die herausragende Studie von Jens Hacke, *Philosophie der Bürgerlichkeit. Die liberal-konservative Begründung der Bundesrepublik*, Göttingen: Vandenhoeck & Ruprecht 2006.

dern ausdrücklich darum, wie konservative Politik gesellschaftliche Transformationsprozesse begleiten kann und soll, die als unabweisbares Faktum verstanden werden. Es ist dieser prozedurale Pol, der in den meisten zeitgenössischen Versuchen einer Aktualisierung konservativer Ideologie gegenüber dem substanziellen stärker betont wird, wohl nicht zuletzt, um die vielfältigen Schwierigkeiten zu umgehen, auf die wir bei dessen Untersuchung gestoßen sind. Ob dieser als Strategie tragfähiger ist, wird sich freilich als durchaus fraglich erweisen. Das konservative Kernkonzept, das sich mit diesem Pol verbindet, kann man als *erfahrungsbasierten Inkrementalismus* bezeichnen. Wenn der Wandel schon unvermeidbar ist, so sollen dabei zumindest nicht die über die Zeit entstandenen Erfahrungsbestände einfach über Bord geworfen werden. Das Wissen, auf das der Konservatismus setzt, entsteht nicht in Schreibstuben und schon gar nicht am theoretischen Reißbrett, sondern basiert einzig auf der Erfahrung in Auseinandersetzung mit der Wirklichkeit; denn bei aller metaphysisch-theoretischen Überformung der Figur der guten Ordnung bleibt das konservative Politikverständnis zutiefst positivistisch, jedenfalls ist es der programmatische Anspruch, gewissermaßen evidenzbasierte Politik zu betreiben – auch wenn es in der Praxis nicht immer so aussehen mag. Erfahrungswissen ist in Konventionen, Traditionen und Institutionen gespeichert, und daher besteht mit deren Verlust auch die Gefahr, dass jenes Wissen, das oftmals ein eher implizites Wissen im Sinne von *tacit knowledge* ist, verloren geht. Soll dies vermieden werden, so müssten gesellschaftliche Reformen am Bestehenden anknüpfen, auch wenn sie jenes im Endeffekt ersetzen sollen. Die Lehren der Vergangenheit auszuschlagen und stattdessen allein auf die Kraft der reformerischen Vernunft zu vertrauen, erscheint Konservativen als eine Form der Hybris, die immer mit der Gefahr einhergeht, dass gerade als progressiv deklarierte Reformen letztendlich zu einem Rückfall hinter ein bereits erreichtes Entwicklungsniveau führen. Der Respekt vor der Vergangenheit, der sich in dieser Betonung der

Erfahrung zeigt, wird komplementiert durch einen Respekt vor der Gegenwart der sozialen Welt, die auf komplexe Weise verwoben und gleichzeitig äußerst fragil erscheint. Beides erhöht zusätzlich die Gefahr, die mit jeglicher politischen Initiative, die über die bloße Erhaltung des Bestehenden hinausgeht, verbunden ist, vor allem eben dann, wenn sie nicht die Lehren der Vergangenheit mit in Betracht zieht.

Wer es gut mit dem Konservatismus meint, der deutet diese Befürchtungen als Beleg für ein fein entwickeltes Gespür für die Grenzen der intentionalen Gestaltbarkeit von Gesellschaften, deren (Reproduktions-)Prozesse kausal unübersichtlich sind und oft genug nicht linear ablaufen. Wer hier allzu beherzt eingreift und großflächige Transformationen und gar metaphorische oder reale Revolutionen anzettelt, der muss im schlimmsten Fall damit rechnen, dass die Widerständigkeit des sozialen Materials solche Ambitionen in ihr Gegenteil verkehrt. Entsprechende Vorsicht ist also geboten, und diese übersetzt sich in das Leitbild inkrementellen Handelns, das sich nach jedem kleinen Reformschritt zunächst einmal versichern kann und muss, dass die Stoßrichtung einer Maßnahme nicht durch ihre nichtintendierten Konsequenzen konterkariert wird. Dementsprechend lautet das Credo des Konservativen in den Worten von Michael Oakeshott bündig zusammengefasst: »[E]r bevorzugt kleine und begrenzte Innovationen gegenüber großen und unbestimmten.«[39] Und auch hier dürfte abermals das Bewusstsein über die Begrenztheit des eigenen Wissens und die entsprechende Fehleranfälligkeit politischen Handelns den Ausschlag für ein Leitbild geben, das ebenfalls die Lehren des Fallibilismus beherzigt: Popper leitete aus seinen erkenntnis- und wissenschaftstheoretischen Untersuchungen ja immerhin die Schlussfolgerung ab, dass Politik im besten Fall als »piece-meal engineering« zu be-

39 Michael Oakeshott, »On being conservative«, in: Roger Scruton (Hg.), *Conservative Texts*, Basingstoke: Palgrave Macmillan 1991, S. 242-253, S. 244.

treiben sei, nicht zuletzt, weil dessen inkrementeller Charakter noch die größten Korrekturpotenziale beinhalte, sollte sich ein bestimmter Schritt als fehlgeleitet herausstellen. Interessanterweise führen diese Überlegungen zu einem Politikideal, das abermals, wie schon im Fall der normativen Natürlichkeit, Anleihen bei der Natur nimmt. Denn es sind organische Wachstumsprozesse, die die konservativen Kriterien an politisch gestaltete Transformationen am ehesten erfüllen, und daher ist es durchaus konsequent, wenn bei Oakeshott die Aufgabe des Konservativen an die eines Gärtners erinnert. Im Gegensatz zum Ingenieur, der mit der Macht der Naturwissenschaften im Rücken glaubt, der Natur letztlich seinen Willen aufzwingen zu können und von einer tendenziell unbegrenzten Plastizität seines Gegenstandes ausgeht, handelt der Gärtner im Wissen um die Grenzen der Gestaltbarkeit und um die Störungsanfälligkeit dessen, was seiner Hege und Pflege anvertraut ist. Hier führen radikale Rosskuren selten zum Erfolg, vielmehr geht es um die (indirekte) Unterstützung wünschenswerter Prozesse, die man nicht beliebig manipulieren, sondern allenfalls mehr oder weniger erfolgreich kultivierend begleiten kann. Dem floralen Eigensinn, mit dem der Gärtner rechnen muss, entspricht auf der sozialen Ebene, was Systemtheoretiker bisweilen als gesellschaftliche Immunitätspotenziale bezeichnen, die bestimmte Interventionen bei aller Vehemenz wirkungslos verpuffen lassen, wenn sich die Wirkungen nicht sogar in das Gegenteil des intendierten Effekts verkehren.

Die Metapher der Gärtnertums, die man übrigens von (neu-)rechter Seite immer wieder lächerlich gemacht hat, enthält noch eine weitere, letzte Einsicht in das (normative) Politikverständnis des Konservatismus. Außerhalb von Gewächshäusern spielen offensichtlich die Wetterverhältnisse eine zentrale Rolle, wenn es um Erfolg und Misserfolg gärtnerischer Aktivitäten geht. Angesichts der Ungewissheit im Hinblick auf mittel- und langfristige Wetterentwicklungen wird die kluge Gärtnerin im Rahmen ihrer Möglichkeiten vorausschauend agieren. Sie wird

Regenwasser in Tonnen sammeln, um Trockenperioden vorzubauen, und andere Maßnahmen treffen, um auf bestimmte Eventualitäten reagieren zu können, ohne zu radikalen (Rettungs-) Aktionen gezwungen zu sein. Konsequent zu Ende gedacht, hat konservative Politik damit auch eine dezidiert präventiv-prophylaktische Dimension; bei allem Wissen um die kognitiven Grenzen des menschlichen Intellekts versucht man doch, so vorausschauend wie möglich zu handeln, aber eben gerade, um nicht die Praktikabilität des erfahrungsbasierten Inkrementalismus zu unterminieren. Wer von sich plötzlich rasant wandelnden (Wetter-)Verhältnissen überrascht wird, der kommt nicht um drastische Reaktionen umhin, die nur dem erspart bleiben, der vorsorgt und in das investiert, was man heute gerne mit dem Begriff der »Resilienz« bezeichnet. Auf den Punkt gebracht, wenn auch auf paradoxe Weise, hat diese vorausschauende Intuition des Konservatismus Fürst Salina in Giuseppe Tomasi di Lampedusas Roman *Der Leopard*: »Wenn wir wollen, dass alles so bleibt, wie es ist, dann ist es nötig, dass sich alles verändert.« Anders und etwas weniger paradox formuliert: Wenn für Max Weber Politik das Bohren harter Bretter war, dann ist es aus konservativer Perspektive das beständige Drehen an winzigen Schrauben – um zu verhindern, dass jemals an den großen Rädern gedreht werden muss.

Damit sind wir beinahe am Ende dieser Exposition des Konservatismus auf der Basis seiner substanziellen (normative Natürlichkeit) und prozeduralen (erfahrungsbasierter Inkrementalismus) Kernkonzepte angelangt. Bevor wir uns der Unterscheidung zwischen diesem gemäßigten und damit genuinen Konservatismus und quasikonservativen Spielarten jenseits der rechten Mitte zuwenden, gilt es noch einmal, das Verhältnis zwischen substanziellem und prozeduralem Pol genauer zu erläutern, da hiervon auch gerade mit Blick auf die Plausibilität derzeitiger Aktualisierungsversuche der konservativen Agenda einiges abhängt. Wie bereits angedeutet, zielt etwa Rödders Lesart auf eine fast gänzliche Prozeduralisierung. Zum einen lehnt er die Vorstellung eines inhaltlich definierten Konservatismus zugunsten einer reinen Denkform ab, und darüber hinaus sieht er das zentrale Charakteristikum in einer »bestimmten Haltung zum Wandel«; diesen verträglich zu gestalten, »ist das Anliegen eines liberalen Konservatismus«.[40] Die Geistesgeschichte hält einen reichen Schatz an Aperçus und Bonmots bereit, die in eine ähnliche Richtung zielen und zu deren bekannteren die Maxime des einstigen britischen Premierministers Salisbury gehört, der die konservative Agenda dahingehend zusammenfasste, dass es darum gehe, den »Wandel zu verzögern, bis er harmlos geworden ist«.[41] Aber auch wenn die Politik der kleinen Schritte hier ganz eindeutig das Ideal bezeichnet, so halte ich es dennoch nicht für überzeugend und schon gar nicht im Sinne des Konservatismus als intellektuelle Tradition und politische Bewegung, sie zum Selbstzweck zu erheben und ihn damit auf eine Art politischen Bremsklotz zu reduzieren. Denn die inkrementelle Politik bedarf immer noch der Orientierung bezüglich der Richtung, in welche sich die Verhältnisse bewegen sollen oder eben auf keinen Fall bewegen dürfen. Ein Konservatismus, der sich vollständig von seiner substanziellen Komponente entkoppelt hätte, würde tatsächlich die Frage aufwerfen, ob es sich hier überhaupt noch um eine politische Ideologie im vollen Sinn des Wortes handelt. Abgesehen von diesen konzeptionellen Bedenken schiene mir die ausschließliche Konzentration auf die Durchsetzung von Geschwindigkeitsbegrenzungen als Kernaufgabe – außer auf deutschen Autobahnen – aber auch aus Sicht des Konservatismus selbst problematisch. Denn schließlich handelte es sich dann um eine Geisteshaltung, die in ihrer

40 Andreas Rödder, »Manifest eines modernen Konservatismus«, in: *Der Spiegel* 45 (6. November 2021), S. 58f., S. 58; Rödder, *Konservativ 21.0*, S. 7.

41 Zitiert nach Andrew Roberts, *Salisbury. Victorian Titan*, London: Phoenix Press 1999, S. 834.

völligen Entkernung der Beliebigkeit Tür und Tor öffnet und ihre Positionen geradezu kasuistisch aus einer unübersichtlichen Gemengelage von Faktoren und deren völlig intransparenten Gewichtung ableitet, und so mal hier und mal dort landet. Zwar trifft es empirisch zu, dass heute in vielen Kontexten der Konservatismus vor allem in einer prozedural ausgedünnten Gestalt auftritt, aber dies ist ja Teil der Symptomatik der Krise, die ihn erfasst hat; jedenfalls wäre – bei allen Schwierigkeiten, die der substanziellen Seite des Konservatismus zu eigen sind – die Strategie einer radikalen Prozeduralisierung, die inhaltliche Festlegungen im Namen von Pragmatismus und Kontextspezifik kategorisch von sich weist, zumindest gewagt, was nicht bedeutet, dass sie nicht in manchen Kontexten de facto dominiert, wie wir in den folgenden Kapiteln noch sehen werden.

Das Hauptaugenmerk dieses Buchs gilt der rechten Mitte und dem gemäßigten Konservatismus, der sie typischerweise besetzt und unter den – es sei an dieser Stelle ausdrücklich erwähnt – auch die Christdemokratie subsumiert wird. In der Politiwissenschaft gibt es schon seit längerer Zeit eine Debatte darüber, ob die Christdemokratie als eigenständiges Phänomen gelten kann, das sich hinlänglich etwa von Konservatismus unterscheiden lässt.[42] Von denjenigen, die dies bestreiten, wird unter anderem angeführt, dass die vermeintlichen Alleinstellungsmerkmale zu eng als auch zu weit gefasst seien. Zu eng insofern, als es fragwürdig erscheint, die Praxis zeitgenössischer christdemokratischer Parteien wie etwa der Union in Deutschland dahingehend zu charakterisieren, dass es um die Mobilisierung von Religion zur Überwindung oder der Neutralisierung des

42 Vgl. zu dieser These Stathis N. Kalyvas/Kees van Kersbergen, »Christian Democracy«, in: *Annual Review of Political Science* 13 (2010), S. 183-209; vgl. zur christdemokratischen Ideologie Paolo Pombeni, »The ideology of Christian Democracy«, in: *Journal of Political Ideologies* 5/3, S. 289-300.

Klassenkonflikts gehe – dazu ist die tatsächliche politische Praxis trotz aller rituellen Beschwörungen des »christlichen Menschenbildes« in vielen Fällen bereits viel zu säkular gerahmt. Zu weit insofern, als die Bereitschaft, den Ausgleich zwischen den Lagern zu suchen, als vermeintlich christdemokratische Kernkompetenz doch keineswegs auf jene begrenzt ist, sondern eben gemäßigte Konservatismen jedweder Couleur kennzeichnet. Diese Einwände erscheinen mir durchaus stichhaltig, wichtig ist hier aber eine Differenzierung. Meiner Ansicht nach lässt sich sehr wohl eine Ideologie der Christdemokratie identifizieren, und diese ist damit zumindest auf der Ebene der Theorie und gewissermaßen als Idealtyp auch abgrenzbar von anderen Ideologien, wobei die Theoriebildung oftmals den politischen Praktikern vorbehalten blieb, die bis in die sechziger Jahre auch in vielen Fällen durchaus erkennbar christdemokratische Politik betrieben.[43] Worauf aber vor allem der erste der oben erwähnten Punkte abzielt, ist doch vielmehr die Frage, inwieweit diese Unterscheidbarkeit auch noch auf der Ebene der Praxis zeitgenössischer nominell christdemokratischer Parteien existiert. Hier gibt es womöglich kleinere Parteien, die über ein spezifisch christdemokratisches Profil verfügen, und in manchen Momenten mögen die Positionierungen und Entscheidungen einer CDU oder einer ÖVP ihr christdemokratisches Erbe aufscheinen lassen, aber so weit ich sehen kann, sind dies eher Ausnahmen. Im Hinblick auf die Praxis ist es daher grundsätzlich nicht

43 Vgl. Jan-Werner Müller, »Towards a new history of christian democracy«, in; *Journal of Political Ideologies* 18/2 (2013), S. 243-255; Paolo Pombeni, »The ideology of christian democracy«, in: *Journal of Political Ideologies* 5/3 (2000), S. 289-300; Mario Caciagli, »Christian Democracy«, in: Ball/Bellamy (Hg.), *The Cambridge History of Twentieth Century Political Thought*, S. 165-180, S. 165. Eine umfassende Rekonstruktion christdemokratischer Kernkonzepte von Personalismus bis Subsidiarität findet sich in Carlo Inverizzi Ancetti, *What Is Christian Democracy? Politics, Religion and Ideology*, Cambridge: Cambridge University Press 2019, S. 27-190.

mehr zwingend erforderlich, systematisch zwischen christdemokratischen und anderen Mitte-rechts-Parteien zu unterscheiden – möglicherweise auch deshalb, weil christdemokratische Vorstellungen in vielerlei Hinsicht mittlerweile ein Allgemeingut der rechten Mitte darstellen und die Christdemokratie als eigenständiges Phänomen gewissermaßen zum Opfer ihres eigenen Erfolges in der Vergangenheit geworden ist:[44] Das Gebot der Subsidiarität entstammt ursprünglich der katholisch-christdemokratischen Ideenwelt, doch wie wir sehen werden, hinderte das die britischen Tories, die von ihrer Tradition her natürlich nicht als christdemokratische Partei zu deklarieren sind, keineswegs daran, diese Forderung im Hinblick auf das Verhältnis zwischen der supranationalen Ebene der EU und den Mitgliedstaaten immer wieder offensiv zu formulieren. Zusammenfassend scheint mir im Lichte all dieser Erwägungen die Einordnung der Christdemokratie in die Kategorie des gemäßigten Konservatismus daher gerechtfertigt.[45]

Jedenfalls speist sich das Interesse an der rechten Mitte, wie bereits erläutert, aus der Annahme, dass sie aus den erwähnten Gründen zumindest unter den gegebenen Bedingungen zu einem zentralen Austragungsort von Konflikten und zum Schauplatz von daraus resultierenden Dynamiken wird. Diese sind für das Schicksal der liberalen Demokratie von höchster Be-

44 Vgl. Accetti, *What Is Christian Democracy?*, S. 351. Caciagali schreibt dazu: »In der konfliktreichen, widersprüchlichen und zentrifugalen Gesellschaft Westeuropas am Ende des 20. und zu Beginn des 21. Jahrhunderts gibt es kaum und womöglich überhaupt keinen Raum für eine Erneuerung christdemokratischen Denkens. Die Parteien, die noch immer diesen Namen tragen, müssen sich an die Charakteristika moderner Politik anpassen, die von Pragmatismus, Säkularismus und der Ablehnung aller Ideologien geprägt ist.« (Caciagli, »Christian Democracy«, S. 180)

45 Vgl. hierzu aber Wolkenstein (*Die dunkle Seite der Christdemokratie*), der ein beträchtliches autoritäres Erbe und auch dementsprechende Potenziale in der zeitgenössischen Christdemokratie verzeichnet.

deutung, denn der gemäßigte Konservatismus kann in diesem Kontext auf unterschiedliche Weise eine konstruktive Rolle spielen. Doch diesem aus liberaldemokratischer Sicht positiven Szenario stehen weniger positive Alternativen gegenüber, die, vereinfacht gesagt, darin bestehen, dass der gemäßigte Konservatismus auf eine Nischenexistenz reduziert wird oder ganz verschwindet und in der Folge andersgeartete politische Kräfte an seine Stelle treten – wobei dies auch dadurch der Fall sein kann, dass sich ehemals gemäßigt konservative Akteure in etwas transfomieren, was sich nicht mehr sinnvoll als gemäßigt bezeichnen lässt. Doch was ist dieses nicht gemäßigte Andere; wie lässt es sich bezeichnen und wie lässt es sich vor allem von einem genuinen Konservatismus, wie er hier vorgestellt wurde, unterscheiden?

Bei diesem Anderen handelt es sich um das, was Natascha Strobl in jüngster Zeit als »radikalisierten« und was Andreas Rödder als »illiberalen Konservatismus« gekennzeichnet hat,[46] was sich aber meiner Ansicht nach auch schlicht als Autoritarismus bezeichnen ließe und was im gesellschaftlichen wie auch akademischen Diskurs nach wie vor vorwiegend mit dem, vorsichtig formuliert, vieldeutigen Label des Rechtspopulismus etikettiert wird. Hier ist nicht der Platz, diese terminologischen Debatten im Detail durchzuarbeiten, und letztendlich erscheint mir die inhaltliche Differenzierung wichtiger als die Etikettierung. Dennoch ist im Hinblick auf Letztere zumindest auf zwei Probleme beziehungsweise Gefahren hinzuweisen. Der Begriff des (Rechts-)Populismus erfreut sich seit einigen Jahren großer Aufmerksamkeit, allerdings ist bis heute zutiefst umstritten, wie man ihn konzeptionalisieren soll, wobei sich etwa zwischen einer liberalen und einer postmarxistischen Deutung differenzieren lässt.[47] Dass diese Kontroversen andauern, ist per

46 Natascha Strobl, *Radikalisierter Konservatismus. Eine Analyse*, Berlin: Suhrkamp 2021; Rödder, *Konservativ 21.0*, S. 26.

47 Vgl. Jan-Werner Müller, *Was ist Populismus?*, Berlin: Suhrkamp 2016;

se kein schlagender Einwand gegen das Label, denn ansonsten müsste auch direkt die Verwendung des Begriffs Konservatismus infrage gestellt werden, der ja ebenfalls nach wie vor breit diskutiert wird, ohne dass sich ein Ende dieser Debatten abzeichnen würde. Konservatismus, in den Worten des Philosophen Simon Evnine, ist ein »endemisch umkämpftes Phänomen«.[48] Problematischer erscheinen mir stattdessen die pseudodemokratischen Konnotationen, die mit dem Begriff des Populismus verbunden sind und die suggerieren, dass etwa Rechtspopulisten selbstverständlich demokratische Legitimation für sich in Anspruch nehmen können, da sie ja schließlich behaupten, für »das Volk« zu sprechen. Dass es sich hier aber um einen auf rigiden Ausschlüssen und einer postulierten Homogenität basierenden Begriff des »Volkes« handelt, wurde mittlerweile von vielen Seiten energisch herausgearbeitet, und damit korrespondiert eine zutiefst antipluralistische Ausrichtung des Rechtspopulismus, so dass es meiner Ansicht nach angemessener wäre, ihn als den Autoritarismus zu kennzeichnen, der er trotz aller pseudodemokratischen Bemäntelung ist.

Analoge Bedenken kann man gegen die Labels des radikalisierten und illiberalen Konservatismus sowie den im englischen Sprachraum verbreiteten Begriff des Paläokonservatismus vorbringen. Gewährt das rechtspopulistische Label autoritären Bewegungen eine vermeintlich demokratische Glaubwürdigkeit, so verorten diese drei Bezeichnungen jene in der ja durchaus altehrwürdigen Tradition des Konservatismus, als handele es sich

Chantal Mouffe, *Für einen linken Populismus*, aus dem Englischen von Richard Barth, Berlin: Suhrkamp 2018; Ernesto Laclau, *Die populistische Vernunft*, aus dem Englischen von Boris Kränzel, Wien: Passagen Verlag 2022; Dirk Jörke/Veith Selk, *Theorien des Populismus zur Einführung*, Hamburg: Junius 2017; Kolja Möller (Hg.), *Populismus. Ein Reader*, Berlin: Suhrkamp 2022.

48 Simon Evnine, »Essentially contested concepts and semantic externalism«, in: *Journal of the Philosophy of History* 8 (2014), S. 118-140, S. 119.

hier schlicht um eine Unterströmung. Wie wir sogleich sehen werden, lässt sich dies zwar womöglich sogar in gewisser Weise analytisch rechtfertigen, aber dennoch ist es politisch nicht unbedenklich, autoritären Akteuren diese Respektabilität einzuräumen, die sie ja nur allzu gerne für sich beanspruchen, wobei sie oft genug hinzufügen, dass ihre Strömung den wahren Konservatismus im Kontrast zu den weichgespülten Varianten der rechten Mitte vertritt.

Aber was spricht nun eigentlich dagegen, Parteien wie die AfD als erz- oder ultrakonservativ zu bezeichnen und damit zu signalisieren, dass die Partei gewissermaßen schlicht »konservativer« ist als etwa eine Union, deren vermeintliche »Sozialdemokratisierung« und »Vermittung« ja gerade von konservativer Seite immer wieder wortreich beklagt wird? Zunächst einmal doch eigentlich nichts, sollte man meinen, wenn man das AfD-Parteiprogramm konsultiert, das sich in nicht wenigen Passagen wie ein CDU-Programm aus den sechziger Jahren oder davor liest, etwa wenn es um familienpolitische Vorstellungen geht. Und tatsächlich wird man sich meiner Ansicht nach schwertun, der AfD auf dieser Ebene den Bezug zur konservativen Gedankenwelt pauschal abzusprechen. Mit Rückgriff auf den hier verwendeten konzeptionellen Rahmen ließe sich formulieren, dass sich auf der Ebene der normativen Natürlichkeit als Kernkonzept des substanziellen Pols eine kategoriale Unterscheidung zur AfD-Gedankenwelt nicht zwingend vornehmen lässt. Die Trennlinie zwischen Konservatismus und AfD-Autoritarismus wird erst erkennbar, wenn wir ein weiteres Mal auf jenen oben erläuterten Moment zurückkommen, in dem sich Konservative mit der frustrierenden Erfahrung konfrontiert sehen, dass der Gang der Welt immer wieder eine Richtung einschlägt, die nicht ihren Vorstellungen entspricht.

Die genuin konservativen Umgangsweisen mit dem, was man aus psychologischer Perspektive als wiederkehrendes Kränkungserlebnis bezeichnen könnte, bestehen zum einen im Rückzug in einen tendenziell privatistischen Kulturpessimismus, dessen Subjekt die Kränkung verarbeitet, indem es sie in einen historischen Niedergangsprozess einordnet und zumindest aus dem für sich in Anspruch genommenen überlegenen Wissen Befriedigung ziehen kann, dass die Welt irreversibel dem Untergang geweiht ist. Die zweite Umgangsweise arrangiert sich mit den unliebsamen Neuerungen und geht postwendend bisweilen sogar so weit, sie als Teil eines neuen Status quo zu verteidigen; man kanonisiert gewissermaßen Häresien von gestern im Namen der Tradition, wie es beim britischen Konservativen Quintin Hogg heißt.[49] Psychologisch gewendet, ließe sich hier wiederum von einer Verdrängungsstrategie sprechen, da die kognitiven Dissonanzen, die dieser Prozess hervorruft, dadurch gemanagt werden, dass die alten Häresien als solche unkenntlich gemacht werden und dass damit auch der schmerzhafte Anpassungsprozess, der vonnöten war, retrospektiv geleugnet und so erträglich wird.

Hier nun trennt sich der genuine, gemäßigte Konservatismus vom (rechten) Autoritarismus, der nämlich die verbliebene dritte der oben erwähnten Umgangsweisen mit Veränderungen darstellt. Denn während Ersterer, wie erläutert, in einem Akt der Selbstentmächtigung den Widerstand gegen das unliebsame Neue aufgibt, ist Letzterer gerade nicht zu dieser Selbstdisziplinierung bereit. Psychologisch gesprochen, ist sein Weg der des Ausagierens der angestauten Frustration, was aus seiner Perspektive durch eine vermeintlich eindeutige Bilanzierung gerechtfertigt ist. Denn aus der Sicht des (neurechten) Autoritarismus ist es der gegenwärtige Status quo schlichtweg nicht mehr wert, verteidigt zu werden. Zu weit sind die Entstellungen vorangeschritten, als dass es länger möglich erschiene, ihn nach wie vor im Namen einer immer noch zumindest rudimentär vorhandenen guten Ordnung aufrechterhalten zu wollen. Die autoritäre Perspektive teilt also gewissermaßen die Apokalyp-

49 Vgl. Quintin Hogg, *The Case for Conservatism*, London: Penguin Books 1948, S. 14.

tik des Kulturpessimisten (die diesen ja auch vom heiter-gelassenen Liberalkonservativen unterscheidet), kann sich aber nicht mit der rein passiven Trauerarbeit bescheiden, sondern drängt ins Aktivische. Während der Kulturpessimist auf die Unabänderlichkeit des Niedergangs verweist und Pfadabhängigkeiten und Sperrklinkeneffekte sieht, die es unmöglich machen, das Ruder herumzureißen, zehrt die autoritäre Perspektive von einem Voluntarismus, der suggeriert, der zutiefst kompromittierte Status quo könne überwunden und die soziopolitischen Verhältnisse auf komplett neue Füße gestellt werden. Die autoritäre Alternative weist also beide Optionen von sich: sowohl die beständig unter dem Verdacht des Opportunismus stehende Kaltschnäuzigkeit, mit der sich Konservative bisweilen mit dem ehemals Bekämpften ins Benehmen setzen, ohne retrospektiv auch nur mit der Schulter zu zucken, als auch den defätistischen Fatalismus des kulturpessimistischen Konservativen, der die gute Ordnung für unrettbar verloren hält. Ihr geht es darum, einen von Grund auf neuen Status quo zu schaffen, doch bevor diese neue Ordnung errichtet werden kann, muss zwangsläufig die alte überwunden werden, die aus autoritärer Sicht ohnehin bereits taumelt und nur noch eines letzten Stoßes bedarf. Im Gegensatz zum vom gemäßigten Konservatismus bisweilen fetischisierten Wert der Stabilität, in dessen Namen die eigenen Wunschvorstellungen hintangestellt werden, sucht die autoritäre Alternative den maximalen Bruch; anstatt auf dem Bestehenden aufzubauen und es schrittweise schonend weiterzuentwickeln, wie es dem prozeduralen Pol des erfahrungsbasierten Inkrementalismus entspräche, muss das Bestehende aus autoritärer Perspektive ausgelöscht werden, um »Dinge zu erschaffen, die zu erhalten sich lohnt«.

Diese Formulierung mit programmatischem Anspruch stammt von Artur Moeller van den Bruck, der zum Kreis derer zählt, die im Nachhinein der sogenannten Konservativen Revolution zugerechnet wurden. Diese Bezeichnung ist alles andere als unschuldig, wurde sie doch retrospektiv von Armin Mohler, dem ehemaligen Privatsekretär Ernst Jüngers und späteren Stichwortgeber der Neuen Rechten, in Stellung gebracht, um eine Bewegung mit einer einheitlichen Agenda und Stoßrichtung zu insinuieren, die es so nie gegeben hat, und diese gleichzeitig von allen nazistischen Tendenzen freizusprechen, als hätte diese Konservative Revolution nichts, aber auch gar nichts mit dem Aufstieg des Nationalsozialismus zu tun. Nichtsdestotrotz hat sich die Bezeichnung eingebürgert, um das antidemokratisch-autoritäre Denken zu kennzeichnen, das sich in der Zwischenkriegszeit im deutschsprachigen rechten Spektrum nicht nur bei van den Bruck und Jünger, sondern eben auch bei Figuren wie Carl Schmitt, Edgar Julius Jung, Hans Zehrer oder Hans Freyer besichtigen lässt. Bei aller Umstrittenheit[50] ist die Bezeichnung allerdings insofern hilfreich, als sie in aller Deutlichkeit die paradoxale Dimension eines solchen Denkens hervorhebt: Denn worum es geht, sind tatsächlich als erzkonservativ zu bezeichnende gesellschaftliche Ideale, die aber eben auf zutiefst unkonservative, ja, antikonservative, weil nämlich revolutionäre Art verwirklicht werden sollen. Und angesichts dieser widersprüchlichen Haltung erklärt sich auch, warum es zwar nachvollziehbar ist, an dieser Stelle von radikalisiertem oder illiberalem *Konservatismus* zu sprechen, dies aber doch insofern fragwürdig bleibt, als das hier vorherrschende Politikverständnis ein geradezu Umstürzlerisches ist und mit dem Willen zur Tabula rasa sowie der Bereitschaft, den Glaubenssprung ins Ungewisse zu wagen, nicht weiter entfernt sein könnte vom erfahrungsbasierten Inkrementalismus als Kernkonzept des prozeduralen Konservatismus. Selbst wenn man also in Rechnung stellt, dass in der substanziellen Dimension im Hinblick

50 »›Konservative Revolution‹ ist ein unhaltbarer Begriff, der mehr Verwirrung als Klarheit stiftet. Er sollte deshalb aus der Liste der politischen Strömungen des 20. Jahrhunderts gestrichen werden.« (Stefan Breuer, *Anatomie der Konservativen Revolution*, Darmstadt: WBG 1995, S. 181)

auf die Vorstellung einer guten Ordnung durchaus Korrespondenzen zwischen Konservativen und Autoritären existieren – wobei es auch hier zu beträchtlichen Spannungen kommen kann, bedenkt man, wie staatstragend und systemaffirmativ sich der Konservatismus typischerweise gibt und mit welcher Vehemenz Autoritäre gegen »System«, »Establishment« und »Alt-Parteien« revoltieren –, ist die Divergenz im Bereich des prozeduralen Pols gar nicht zu überschätzen, so dass man bestenfalls von einem absoluten Grenzfall des Konservativen sprechen kann.

Die hier herausgearbeiteten Unterschiede zwischen dem gemäßigten Konservatismus und seiner autoritären Alternative korrespondieren zuletzt auch mit einer analogen Unterscheidung im Hinblick auf den von konservativer Seite typischerweise für sich reklamierten Habitus der Bürgerlichkeit. Und wie im Fall des Begriffs des Konservatismus gibt es auch im Hinblick auf diese Vorstellung des Bürgerlichen, das sich an einem bestimmten Werte- und Tugendkanon festmacht, zu dem Disziplin, Ehrlichkeit, Verlässlichkeit, Sparsamkeit etc. gehören, den Versuch von autoritärer Seite zu verzeichnen, dieses Label zu kapern und für sich zu beanspruchen. Allerdings wird man angesichts der politischen Agenda aber eben auch dem Habitus der autoritären Akteure dieses Etikett nicht zugestehen dürfen; wenn überhaupt, dann dürfte hier der von Wilhelm Heitmeyer geprägte Begriff der »rohen Bürgerlichkeit« angemessen sein.[51] Heitmeyer glaubt in seinen empirischen Studien nachweisen zu können, dass bei dieser sozialen Kategorie unter einer dünnen Schicht bürgerlicher Orientierungen zutiefst autoritäre Dispositionen wuchern, die sich in einer zunehmend radikalen Rhetorik äußerten. So werde einer hartleibigen Politik der Stärke das Wort geredet und gleichzeitig die Solidarität und gar der

51 Wilhelm Heitmeyer, »*Gruppenbezogene Menschenfeindlichkeit* (GMF) in einem entsicherten Jahrzehnt«, in: ders., *Deutsche Zustände. Folge 10*, Berlin: Suhrkamp 2011, S. 15-41, S. 35.

basale staatsbürgerliche Respekt gegenüber gesellschaftlichen Minderheiten aufgekündigt. Wir sehen uns hier gewissermaßen dem Wutbürger gegenüber, der nicht mehr bereit ist, seine vermeintliche Bevormundung hinzunehmen. Vielmehr sei es an der Zeit, dass sich die schweigende Mehrheit, als deren Teil er sich immer gefühlt hat, nun zur renitenten Mehrheit mausert – die aber empirisch eben doch nach wie vor eine kleine Minderheit bleibt, die auf den Straßen »Lügenpresse« und »Widerstand« skandiert, wobei hier der Brandbeschleuniger Corona aberwitzige Ad-hoc-Bündnisse hat entstehen lassen. Auch wenn Gaulands ostentatives Dauertragen seines Tweed-Jackets das Flair des englischen Landadels suggerieren soll: Von der Bürgerlichkeit des »ehrlichen Kaufmanns«, ganz zu schweigen vom bürgerlich-aristokratischen Mischhabitus der Charaktere aus *Downton Abbey*, bleiben die zwielichtig-halbseiden wirkenden Figuren, wie sie etwa mittlerweile die AfD dominieren und wie sie sich in Person des ehemaligen FPÖ-Chefs Heinz-Christian Strache im berüchtigten Ibiza-Video besichtigen ließen, meilenweit entfernt; ihre Verrohung hat die bürgerliche Fassade bereits fast gänzlich abbröckeln lassen.

Dies führt uns zum vorläufig letzten Punkt im Zusammenhang mit der hier vorgenommenen Unterscheidung zwischen einem gemäßigten Konservatismus, der nur als gemäßigter genuin konservativ sein kann, und seiner autoritären Alternative. Dieser Punkt betrifft das Verhältnis zwischen den beiden. Auch wenn es aus linksliberaler Perspektive politisch weitaus angenehmer wäre, wenn sich Konservatismus und Autoritarismus nicht nur unterscheiden, sondern auch zu unüberbrückbaren Gegensätzen stilisieren ließen, die nichts miteinander zu tun haben, gibt es nichts, was den Konservatismus inhärent resistent gegen autoritäre Versuchungen machen würde. Der Grat zwischen dem schlechtgelaunten Kulturpessimisten, der vor der Eiche-natur-Schrankwand das (An-)Klagelied der Moderne intoniert und über den Untergang des Abendlandes trauert, und dem Pegidisten, der gegen diesen Untergang auf die Straße zu gehen müssen glaubt, ist ein schmaler. Man denke an eine Figur wie Heidegger, der zwischen einem passivisch-kontemplativen Leiden am entstellten Dasein und einer aktivischen Parteinahme für den Nationalsozialismus schwankte. Edmund Burke, ein Säulenheiliger des angelsächsischen Konservatismus, sang zwar zumeist das Hohelied des gemäßigten Konservatismus, der das Bewährte erhalten, sich gut begründeten Reformen aber nicht verschließen sollte, doch auch er war nicht gefeit gegen gelegentliche Flirts und tatsächliche Parteinahmen für die militante Politik der Reaktion. Konservatismus und die autoritäre Alternative sind weder wie Flüssigkeiten, die sich nicht mischen (können), oder gar gleichpolige Magneten, die sich gegenseitig abstoßen. Das Abkippen ins Autoritäre bleibt dem Konservativen als Potenzial unweigerlich eingeschrieben. Wie sich das Verhältnis zwischen beiden gestaltet, ist zunächst einmal eine radikal kontingente Angelegenheit und abhängig von einer Vielzahl von Faktoren, die in die Richtung einer dauerhaften Distanz, aber auch einer Amalgamierung oder gar des Aufzehrens des einen durch den anderen wirken können. Gerade weil die Verhältnisse diesbezüglich so fragil und oftmals hoch dynamisch sind, steht die rechte Mitte im Zentrum der vorliegenden Untersuchung, denn hier spielen sich die entsprechenden Prozesse inklusive der Deutungskämpfe darüber ab, was die rechte Mitte eigentlich ist, wo sie beginnt und wie weit sie reicht.

Krisenhypothesen und die Logik des Vergleichs

Wie eingangs bereits dargelegt, bedarf es heute keiner ausgesprochenen sozialwissenschaftlichen Expertise mehr, um im Hinblick auf die rechte Mitte zu der Einschätzung zu gelangen, dass der gemäßigte, zumal der christdemokratisch grundierte Konservatismus in der Krise steckt und sich erstarkenden autoritären Bewegungen und Parteien gegenübersieht, mit denen er um die Vorherrschaft über das Spektrum rechts der Mitte kämpft. Natürlich kommen einem im deutschen Kontext sofort die Turbulenzen der Union in den Sinn, die je nach politischer Perspektive und Intepretation auf mehr oder weniger komplexe Art und Weise mit dem Aufstieg der AfD, aber auch diverser neurechter Bewegungen verknüpft sind, die sich in ihrer Bugwelle im außerparlamentarischen Raum tummeln. Der deutsche Fall ist jedoch beileibe nicht der einzige, und er ist aus Sicht des gemäßigten Konservatismus bis dato keineswegs der dramatischste. Wie bedenklich sich die Situation darstellt, belegt eine 2019 von der Konrad-Adenauer-Stiftung veröffentlichte Studie, die sich mit der Lage und den Zukunftsaussichten christlich-demokratischer Parteien in Europa befasst. Zwar wird darin bewusst versucht, auch die positiven Aspekte des Gesamtbildes hervorzuheben, zu denen die Tatsache gehört, dass es immerhin in 25 europäischen Ländern christdemokratische Formationen gibt, aber schon damals waren es neben der seinerzeit noch regierenden deutschen Union lediglich vier andere Parteien, die an der Spitze von Regierungen standen, nämlich die griechische Nea Dimokratia, die Kroatische Demokratische Union, die irische Fine Gael und die zypriotische Demokratische Versammlung (in Österreich war zu diesem Zeitpunkt nach dem Misstrauensvotum infolge der Ibiza-Affäre gerade eine Übergangsregierung mit parteilosen Experten im Amt). Doch wechselt man den Blickwinkel von dieser Momentaufnahme zu den längeren historischen Trends, wird erkennbar, warum es um die Christliche Demokratie nicht sonderlich gut bestellt scheint. »Betrachtet man nicht nur die augenblickliche Lage«, heißt es in der Studie, »sondern längerfristige Entwicklungen, gleicht der Gesamtverlauf der Parteienfamilie während der letzten knapp vierzig Jahre einem stetigen Sinkflug, der lediglich von einzelnen Ausreißern nach oben […] unterbrochen wurde.«[52]

52 Karsten Grabow, »Auf Talfahrt? Europas Christdemokraten im Vergleich«, in: *Die politische Meinung* 558/64, S. 47-54, S. 48.

Dieser langwährende Prozess des Niedergangs hat dazu geführt, dass es sich bei vielen der 25 christdemokratischen Parteien in Europa mittlerweile um Klein- beziehungsweise Kleinstparteien handelt. In der zitierten Studie schafften es zehn von ihnen bei den letzten Wahlen nicht über die Fünf-Prozent-Marke, fünf weitere lagen unter zehn Prozent. Dieser aus christdemokratischer Perspektive nicht sonderlich beruhigende Befund, der sich seitdem mit dem Machtverlust der Union und den Turbulenzen rund um die ÖVP, die damals noch als Zukunftsmodell gehandelt wurde, nicht gerade zum Positiven gewendet hat, darf aber natürlich nicht darüber hinwegtäuschen, dass es neben christdemokratischen in vielen politischen Kontexten auch noch andere Repräsentanten eines gemäßigten Konservatismus gibt – gerade etwa im weniger katholisch geprägten nordwesteuropäischen Raum. So mag die dänische Christdemokratie ein Schattendasein fristen, aber neben ihr gibt es nicht weniger als drei andere mehr oder weniger gemäßigt konservative Parteien. Doch selbst wenn man dies in Rechnung stellt, bleibt der Gesamteindruck, dass gemäßigte Konservative christdemokratischer oder anderer Provenienz sich in der Defensive befinden, was sie, etwas vereinfacht gesagt, vor eine wenig verheißungsvolle Wahl zu stellen scheint: Entweder sie sehen ihre Zustimmungswerte und Stimmanteile bröckeln oder gar einbrechen, oder sie unterziehen sich einer Selbsttransformation, bei der es zu einer Assimilation an die autoritäre Rechte kommt – die Rede von der beständigen Gefahr des Abkippens des gemäßigten Konservatismus hat also eine höchst reale und empirisch gut nachweisbare Basis. Wenn dieser Ausgangsbefund im Hinblick auf die krisenhafte Entwicklung des gemäßigten Konservatismus in etwa zutrifft, dann knüpfen sich daran vor allem Fragen, wie sich dieser Befund erklären lässt: Welche Faktoren sind relevant oder gar entscheidend, und welche Entwicklungsdynamiken lassen sich auf dieser Grundlage identifizieren? Hier kommt eine Vielzahl von Ursachen in Betracht, zu denen die säkularen Trends der Individualisierung, einer allgemeinen

Liberalisierung und der nachlassenden Bindungswirkung von Religion ebenso zählen wie das Ende der Blockkonfrontation, durch das Feindbilder und damit oft eine einigende Klammer verloren gingen. Daneben könnten aber auch die ideologische (Re-)Positionierung politischer Akteure, Wahl- und Parteiensysteme sowie die spezifische Gestalt des gemäßigten Konservatismus sowie die intellektuellen Quellen, aus denen er sich speist, eine Rolle spielen, die in den folgenden politisch-historischen Analysen der drei nationalen Fälle thematisiert werden, sofern sie tatsächlich erklärungsrelevent erscheinen.

Eine These zur Erklärung dieser Entwicklung lautet, dass der gemäßigte Konservatismus seit einiger Zeit dem verschärften Zugriff politischer Fliehkräfte ausgesetzt ist, die ihn buchstäblich vor die Zerreißprobe stellen: Auf der einen Seite sieht er sich ausdrücklich und vor allem, aber nicht ausschließlich wirtschaftspolitisch liberal positionierten Kräften gegenüber, deren Forderungen ja auch eine ganze Reihe Parteien im Zeichen einer Art Freidemokratisierung des Konservativen seit den achtziger Jahren stattgegeben haben. Auf der anderen Seite sind ihm aber seit Ende der neunziger Jahre und insbesondere in der letzten Dekade am rechten Rand Konkurrenten erwachsen. Die These lässt sich weiter dahingehend ausbuchstabieren, dass beide Rivalen gegenüber dem gemäßigten Konservatismus insofern im Vorteil sind, als sie für eine Vereindeutigung in die ein oder andere Richtung stehen: Hier das liberale Paradigma, dort das autoritäre, und dazwischen der gemäßigte Konservatismus, der dann tatsächlich für einen Mittelweg stünde, der womöglich den Tod bedeuten könnte.

Tatsächlich hat diese These auf den ersten Blick einiges für sich. Es wurde bereits darauf hingewiesen, dass gerade im deutschen Kontext der gemäßigte Konservatismus von mancher Seite – und auch von einigen seiner intellektuellen Protagonisten – ausdrücklich als Liberalkonservatismus etikettiert wird, nicht zuletzt, um ihn von seinen antiliberalen Vorläufern von Kaiserreich bis Weimar entschieden abzugrenzen. Doch wenn diese

Charakterisierung unabhängig vom deutschen Kontext zutrifft und der gemäßigte Konservatismus ein Amalgam aus liberalen und konservativen Elementen ist, dann muss man nicht lange nach der Sollbruchstelle fahnden, an der die Fliehkräfte ansetzen können. Der Niedergang des gemäßigten Konservatismus ließe sich also darauf zurückführen, dass sich unter dem Eindruck vermeintlich klarerer Alternativen das Konservative und das Liberale tendenziell voneinander scheiden und damit die Nötigung für den Liberalkonservatismus einhergeht, sich auch selbst zu vereindeutigen, um die Teile seiner Anhängerschaft, die er in die ein oder andere Richtung verloren hat, wieder zurückzugewinnen. Dies beinhaltet aber die offensichtliche Gefahr, dass man sich dabei der Konkurrenz so stark anverwandelt, dass der gemäßigte Konservatismus für seine gemäßigte Anhängerschaft immer weniger erkennbar ist und gleichzeitig die zu autoritären Alternativen abgewanderten Anhänger eher das Original als seine Kopie bevorzugen. Im Worst-case-Szenario kann also nicht einmal die Selbsttransformation den Niedergang stoppen; beides fällt zusammen.

Empirisch lassen sich durchaus Fälle anführen, die die These zu bestätigen scheinen, etwa die Niederlande. Der Christlich-Demokratische Aufruf (CDA) gehörte über Jahrzehnte zu den prägenden, wenn nicht gar dominanten politischen Akteuren der Niederlande und stellte noch in den achtziger beziehungsweise nuller Jahren mit Ruud Lubbers und Jan Peter Balkenende den Regierungschef; jüngst hat die Partei aber einen relativen Niedergang erlebt, bei den letzten Parlamentswahlen kam sie nur noch auf 12,4 (2017) beziehungsweise 9,5 (2021) Prozent. Auf der einen Seite steht ihr von jeher die (in unserem Zusammenhang verwirrenderweise so genannte) konservativ-liberale VVD gegenüber, die aber vor allem das liberale Spektrum repräsentiert, und auf der anderen Seite seit Anfang des 21. Jahrhunderts eine Reihe autoritärer Alternativen; beginnend mit der Liste Pim Fortuyn, die bei den Wahlen 2002 kurz nach der Ermordung ihres Gründers aus dem Stand 17 Prozent holte, um schon vier Jahre später wieder zu verschwinden, gefolgt von Geert Wilders' PVV und in jüngerer Zeit dem Forum für Demokratie (FvD), das erstmals bei der Wahl 2017 in Erscheinung trat. Für den CDA bezeichnete vor allem das Aufkommen der autoritären Parteien eine massive Herausforderung. Auf die klar erkennbaren Wähler(ab)wanderungen in Richtung PVV und/oder FvD reagierte sie mit einer stärkeren Prononcierung migrationsskeptischer und monokultureller (im Gegensatz zu multikulturellen) Leitvorstellungen, was sie allerdings ebenso wie die Frage einer möglichen Kooperation mit autoritären Kräften in tiefe interne Grabenkämpfe verwickelte. Im Ergebnis wurde mit dem (selektiven) Aufgreifen der rechten Agenda diese zwar normalisiert, also salonfähig gemacht, so dass Ausgrenzungsstrategien gegen Rechtsparteien heute weitaus weniger erfolgversprechend erscheinen als noch vor zwanzig Jahren. Dem Versuch, sich durch das Aufgreifen rechter Positionen als Partei nachhaltig zu konsolidieren, war allerdings gerade kein durchschlagender Erfolg beschieden, nicht zuletzt aufgrund der innerparteilichen Konflikte über die eigene (Neu-)Ausrichtung. Der Fall des CDA verkörpert also zumindest dem Augenschein nach in beinahe idealtypischer Weise das Dilemma des gemäßigten Konservatismus in seiner Zerrissenheit zwischen liberalen und autoritären Alternativen. Ähnliche Konstellationen finden sich in Spanien, wo der Partido Popular zwischen den liberalen Ciudadanos und der autoritär-nationalen Vox eingezwängt ist, oder in Österreich, wo die ÖVP sich einerseits der FPÖ gegenübersieht und sich andererseits der liberalen Herausforderung vonseiten der Neos erwehren muss.

Doch bei aller vermeintlichen theoretischen Plausibilität und empirischen Evidenz will ich mir diese These hier (noch) nicht zu eigen machen, nicht zuletzt, weil sie sich bei genauerem Hinsehen als nicht ganz so evident erweist: Denn die vermeintliche Entambiguisierung in Form von klaren autoritären und liberalen Alternativen ist überhaupt nicht so eindeutig. Es gibt nämlich eine Reihe autoritärer Parteien, die beispielsweise eine liberale Wirtschaftspolitik vertreten und sich daher keineswegs als ausschließliche Zuspitzung und Radikalisierung des konservativen Pols des gemäßigten Liberalkonservatismus verstehen lassen. Umgekehrt ist etwa die VVD des langjährigen Ministerpräsidenten Mark Rutte gerade auch durch gesellschaftspolitisch konservative Positionen gekennzeichnet (die sie ebenfalls von PVV und FvD übernommen hat, und zwar ebenso bloß partiell, aber doch prononcierter als der CDA). Man könnte also womöglich sogar von einer nationalliberalen Partei sprechen, die aber eben nach wie vor im Europaparlament Teil der ALDE-Fraktion ist (Allianz der Liberalen und Demokraten für Europa), was ja klar gegen die Vereindeutigungsthese spräche. Hinzu kommt, dass die Prämissen im niederländischen Fall nur bedingt gegeben sind: Der Niedergang des CDA ist zwar nicht gänzlich zu bestreiten, aber bis heute trägt er Regierungsverantwortung, was in den letzten zwanzig Jahren nur zwischen 2012 und 2017 nicht der Fall war. Vor allem aber wird die rechte Mitte in den Niederlanden aus übereinstimmender Sicht der politischen Beobachter eben nicht nur von der CDA, sondern auch von der VVD repräsentiert. Wenn überhaupt, dann würde die These nur den Niedergang der Christdemokratie erklären; die rechte Mitte inklusive VVD erscheint hingegen vergleichsweise stabil. Trotz dieser prima facie empirischen Einwände werde ich aber dennoch die Vorstellung einer liberal-konservativen Zerreißprobe als Erklärung für die Krise des gemäßigten Konservatismus als Arbeitshypothese verwenden, um zu klären, ob und inwiefern sich im Rahmen der drei Fallstudien Anhaltspunkte finden lassen, die sie erhärten oder entkräften.

Dies bringt uns zum abschließenden Punkt dieses Einleitungskapitels, der Fallauswahl und der Anlage des komparativen Analyserahmens. In der Vergleichenden Politikwissenschaft wird grundlegend zwischen zwei Vergleichsdesigns unterschieden, die komplementäre Einsichten bieten. Zunächst handelt es sich um die Strategie des *most different systems design*, bei der es darum geht, ein möglichst variantenreiches Tableau an Fällen zusammenzustellen, um herauszufinden, ob sich im Hinblick auf ein bestimmtes Phänomen trotz aller Unterschiedlichkeit übereinstimmende Muster identifizeren lassen beziehungsweise ob eine bestimmte Hypothese sich über die sehr unterschiedlichen Kontexte hinweg als gültig erweist. Als Beispiel aus der Politikwissenschaft kann hier »Duvergers Gesetz« herangezogen werden, das einen allgemein gültigen Zusammenhang zwischen Wahl- und Parteiensystem herstellt. Vereinfacht gesagt, lautet die postulierte Gesetzmäßigkeit, dass aus einem reinen Mehrheitswahlrecht typischerweise Zweiparteiensysteme resultieren, wie es ja etwa in den Vereinigten Staaten nach wie vor und in Großbritannien oder Australien über sehr lange Zeit hinweg der Fall gewesen ist. Ob die These in dieser Allgemeinheit – als Gesetzmäßigkeit – Bestand hat, lässt sich überprüfen, indem man sie in den unterschiedlichsten Kontexten erprobt, um sicherzustellen, dass es nicht nur bestimmte Rahmenbedingungen sind, die zur Herausbildung eines Zweiparteienystems führen: Ist dieser Zusammenhang nur in parlamentarischen Systemen gegeben oder lässt er sich auch in präsidentiellen Systemen erkennen? Handelt es sich um eine Eigenheit von Demokratien des globalen Nordens und einer damit womöglich korrespondierenden politischen Kultur oder bestätigt sich der Zusammenhang auch jenseits dieses Kontexts?

Komplementär dazu steht die Strategie des *most similar systems design*. Hier möchte man durch den Vergleich von in vielerlei Hinsicht ähnlichen Fällen Varianzen im Hinblick auf bestimmte »abhängige Variablen« erklären. Überprüft man Duvergers Gesetz mithilfe eines *most different systems design*, zeigt sich, dass sich die Quasi-Gesetzmäßigkeit zum Beispiel nicht auf den Fall Indien erstreckt. Zwar handelt es sich um eine Westminster-Demokratie mit Mehrheitswahlrecht, in ihr hat sich aber dennoch ein Vielparteiensystem etabliert. Hier kann nun das *most similar systems design* zum Tragen kommen, um durch den Vergleich mit anderen Westminster-Demokratien, die auch in anderlei Hinsicht dem indischen Fall ähneln, herauszufinden, welche Faktoren als Kandidaten für eine Erklärung der indischen Anomalie infrage kommen: Eine postkoloniale politische Kultur mit all ihren Ambivalenzen, die Tatsache, dass es sich um eine multiethnische und -religiöse Gesellschaft handelt, die historische Herausbildung bestimmter *cleavages*, das heißt gesellschaftlicher Konfliktlinien etwa zwischen Kapital und Arbeit, Stadt und Land etc. Während also das *most different systems design* nach möglichst allgemeingültigen Zusammenhängen forscht, ist sein Gegenpart eher dazu geeignet, spezifische Ausprägungen und Varianzen erklärbar zu machen. Diejenigen Sozialwissenschaftler, die dem Allgemeingültigkeitsanspruch der Naturwissenschaften nacheifern und der Meinung sind, die Aufgabe bestehe in erster Linie in der Formulierung universell beobachtbarer Gesetzmäßigkeiten, favorisieren dementsprechend das *most different system design*; diejenigen, denen es weniger um die Identifizierung möglichst allgemeiner Regelmäßigkeiten als darum geht, wie sich Besonderheiten eines bestimmten Falles erklären lassen, werden eher dem *most similar systems design* zuneigen. Aber obwohl sich in der Präferenz für bestimmte Forschungsstragegien auch unterschiedliche Vorstellungen bezüglich der Aufgabe und Leistungsfähigkeit von (Sozial-)Wissenschaften widerspiegeln, darf dies nicht darüber hinwegtäuschen, dass diese Vorgehensweisen sich gegenseitig nicht kategorial ausschließen, wie ja schon das angeführte Beispiel deutlich macht, sondern dass es sich eben eher um Komplemente handelt, die durchaus in gemischten Designs kombinierbar sind. Dieser Weg wird auch hier gewählt.

Im Gegensatz zu einem *most different systems design*, das gerade in den zeitgenössischen Sozialwissenschaften typischerweise in Untersuchungen mit einer großen Zahl von Fällen und einer quantitativen Methodik Verwendung findet, betrachtet die vorliegende Studie mit Italien, Frankreich und Großbritannien drei Fälle, die alle im globalen Norden beziehungsweise, noch spezifischer, in Europa liegen und sich von daher – relativ gesehen – in vielerlei Hinsicht ähnlich sind, was politische Kultur oder Wohlfahrtskapitalismus angeht. Der Grund, warum hier nicht einschlägige Fälle etwa aus dem globalen Süden herangezogen werden, liegt darin, dass eine Gefahr dieser Strategie darin besteht, sozusagen Äpfel mit Birnen zu vergleichen, also Fälle, die so unterschiedlich gelagert sind, dass sich aus dem komparativen Design kaum belastbare Einsichten ergeben. Die Frage nach dem Zusammenhang zwischen konservativer Krise und liberaler Demokratie scheint mir nicht ohne Weiteres in jeglichem Kontext relevant zu sein, sondern setzt ein gewisses Maß an Ähnlichkeit der Fälle voraus, um sinnvoll vergleichend analysiert zu werden. Dies hat auch mit dem konzeptionellen Vokabular zu tun, das in komparativen Studien Verwendung findet und das sich eventuell nur in bestimmten Kontexten als plausibel erweist und nicht umstandslos in jedwedem Zusammenhang Anwendung finden kann, ohne dass es zu dem kommt, was in der Politikwissenschaft als Problem der konzeptuellen Überdehnung behandelt wird.

Im vorliegenden Fall wirft das die Frage auf, ob das analytische Vokabular nicht auch schon zu spezifisch ist, selbst wenn sich alle Fälle in vielerlei Hinsicht ähneln. Sind die Konservatismen etwa in Italien und Großbritannien nicht zu unterschiedlich, um sie auf instruktive Weise miteinander vergleichen zu können? Dies ist keine triviale Frage, doch die zentralen Kategorien, die in der Folge Verwendung finden, lassen sich aus meiner Perspektive recht problemlos an die drei Fälle herantragen, ohne jene in ihrem Gehalt überdehnen zu müssen. Denn unter das Konzept des gemäßigten Konservatismus beziehungsweise seiner autoritären Alternativen lässt sich beispielsweise sowohl ein christdemokratisch geprägter Konservatismus in Italien als auch der Tory-Konservatismus in Großbritannien einordnen. In der Literatur wird stellenweise angemerkt, dass das Vokabular des Konservatismus insgesamt – sei er nun gemäßigt, christdemokratisch oder, etwa im Fall Frankreich, anderweitig spezifiziert – nur eine überschaubare Rolle in den gesellschaftlichen

Debatten spielt. Hier kann dann aber eben auf die andere zentrale Kategorie der rechten Mitte Bezug genommen werden, die in meiner Konzeptionalisierung ja als natürliches Habitat der Akteure des gemäßigten Konservatismus gelten kann. Denn die andere Seite der Medaille der mutmaßlich unterkomplexen räumlichen Metapher »Mitte-rechts« ist ihre unproblematische Verwendbarkeit über unterschiedliche Kontexte hinweg. Jedenfalls hat sich in allen hier betrachteten Fällen eine Begrifflichkeit herausgebildet, die mit der rechten Mitte beziehungsweise Mitte-rechts als politischer Positionsbestimmung korrespondiert. Im englischen Sprachraum spricht man von *center-right*, im italienischen von *centro-destra*, und auch die französische Sprache kennt den Begriff *centre-droit*, der im dortigen Kontext als Bezeichnung womöglich tatsächlich von größerer Bedeutung ist als der Ausdruck *conservatisme*. Wie es sich für das Land gehört, aus dem das Links-rechts-Schema ursprünglich stammt, ist hier typischerweise nach wie vor auch einfach von »der Rechten« und »der Linken« die Rede. Jedenfalls bestehen in dieser Hinsicht also keine Bedenken, dass Äpfel mit Birnen verglichen würden, und zwar mit einem konzeptionellen Vokabular, das durch seine Spezifik und fehlende Passgenauigkeit in der Anwendung auf manche Fälle die Ergebnisse präjudizieren und diese entsprechend verzerren würde.

Aus dieser Diskussion lässt sich bereits herauslesen, dass das Most-similar-Design (Fokus auf drei europäische liberale Demokratien) hier kombiniert wird mit einem Most-different-Design, da es sich bei den drei Fällen ja gerade um teils recht unterschiedlich gelagerte handelt. Die unterschiedlichen Ausprägungen in den konservativen Traditionen etwa zwischen Italien und Großbritannien wurden schon angedeutet, aber auch was viele andere Parameter angeht, gibt es beträchtliche Divergenzen, etwa im Hinblick auf das politische System: In Italien haben wir es mit einem parlamentarischen System mit einem Mischwahlrecht und einem symmetrischen Bikameralismus zu tun, in dem also beide Kammern des Parlaments in etwa gleich mächtig sind und die Regierung vom Vertrauen von Senat und Abgeordnetenhaus abhängt. In Frankreich wiederum ist die V. Republik als semipräsidentielles System mit einem zweistufigen Mehrheitswahlrecht und einem stark asymmetrischen Bikameralismus verfasst, in dessen Rahmen der Senat im Vergleich zur Abgeordnetenkammer über wesentlich weniger Einfluss verfügt. Großbritannien ist bekanntlich das Urbild der schon erwähnten parlamentarischen Westminster-Demokratien mit einem klassischen Mehrheitswahlsystem und einer geradezu unitarischen Exekutive, wo die Regierung ihre Macht de facto weder mit dem Staatsoberhaupt noch mit einer föderalen Ebene teilen muss.[53] Wir haben es hier also mit einem breiten Spektrum politischer Gegebenheiten innerhalb des Rahmens liberaler Demokratien zu tun. Gleichzeitig lässt sich aber für alle Fälle konstatieren – und dies ist natürlich das zentrale Auswahlkriterium –, dass sie gekennzeichnet sind von Turbulenzen der rechten Mitte, deren Dynamik in die oben skizzierte Richtung weist: Der gemäßigte Konservatismus gerät unter Druck, und die damit einhergehenden Kämpfe um die Vorherrschaft über das Spektrum rechts der Mitte resultieren in einem Niedergang des gemäßigten Konservatismus und/oder seiner Transformation in eine seiner autoritären Alternativen beziehungsweise seine Absorption durch diese Kräfte des rechten Randes. Die konkrete Forschungsfrage lässt sich also auf der Basis des Erläuterten nun folgendermaßen formulieren: Lassen sich im Rahmen dieser Kombination aus *most similar systems* und *most different systems design* hinsichtlich der Krisendynamiken der rechten Mitte über die verschiedenen Kontexte hinweg bestimmte Muster identifizieren und wie genau lassen sie sich charakterisieren?

Wie erwähnt, soll hier die Hypothese der liberal-konservativen Zerreißprobe als ein kontextübergreifendes Muster an allen

53 In Großbritannien galt Letzteres zumindest bis zur sogenannten *devolution* Ende der neunziger Jahre, als bestimmte Kompetenzen an Parlamente in Nordirland, Schottland und Wales übertragen wurden.

drei Fällen erprobt werden (nachdem der Fall der Niederlande zumindest prima facie eine gewisse Plausibilität suggeriert), aber auch darüber hinaus geht es darum zu klären, ob wir es mit einer Krisendynamik zu tun haben, die sich aus den gleichen beziehungsweise analogen Quellen speist, so dass ihr bei aller augenscheinlichen Unterschiedlichkeit der Kriseneffekte dennoch eine gewisse Uniformität zu eigen ist. Denkbar ist aber auch, dass am Ende der Untersuchung das Ergebnis steht, dass sich keine nennenswerten Anhaltspunkte zur Erhärtung der Arbeitshypothese finden lassen und dass man auch darüber hinaus allenfalls auf den höheren Abstraktionsebenen geteilte Muster identifizieren kann, da die beobachteten Krisensymptome eher kontextspezifischen Faktoren geschuldet sind, so dass die allgemeine Wirkung von Niedergang beziehungsweise Transformation des gemäßigten Konservatismus zwar gewisse Ähnlichkeiten aufweist, die Ursachen in den jeweiligen Fällen jedoch völlig unterschiedlich geartet sind. Sowohl das eine als auch das andere Ergebnis ist natürlich rein intellektuell von Interesse, doch über diese akademische Dimension hinaus kommt ihm auch eine immense politische Bedeutung zu. Sollten sich kontextübergreifende Muster abzeichnen, hätte dies grundlegend andere politische Implikationen als der Befund, dass es sich um jeweils relativ spezifische Entwicklungspfade handelt, die allenfalls begrenzt verallgemeinerbare Schlussfolgerungen zulassen.

Die Frage dieser Schlussfolgerungen soll im abschließenden Kapitel diskutiert werden, und zwar im Hinblick auf die aktuellen Verhältnisse in der Bundesrepublik, deren rechte Mitte ich in ihrer Entwicklung bis hin zur – zumindest vorübergehenden – Erschöpfung des deutschen Konservatismus an anderer Stelle detailliert untersucht habe.[54] Zuletzt ist zu erwähnen, dass sich Krisen grundsätzlich nur unzureichend im Rahmen von Augen-

54 Vgl. Thomas Biebricher, *Geistig-moralische Wende. Die Erschöpfung des deutschen Konservatismus*, zweite, erweiterte Auflage, Berlin: Matthes & Seitz 2022 [2018].

blicksaufnahmen analysieren lassen, und gerade bei der Untersuchung weltanschaulicher Traditionen wie dem Konservatismus empfiehlt sich eine historische Herangehensweise. Dementsprechend wird diese Studie die Entwicklungsdynamik der rechten Mitte in den drei Fällen seit den frühen neunziger Jahren nachzeichnen. Der zeitliche Ausgangspunkt ist so gewählt, weil die Jahre 1989/90 nicht nur welthistorisch, sondern auch für den europäischen Konservatismus eine Zäsur markieren, da ihm mit dem Kommunismus ein mobilisierungskräftiges Schreckgespenst wegbricht, und angesichts der Reaktivität des Konservatismus, der ja durch konkrete Herausforderungen gewissermaßen aktiviert wird, ist dies zwar zunächst Anlass zu Triumphgefühlen auf konservativer Seite, doch damit ist auch eine neue Ära des Konservatismus eingeläutet, dem sowohl der Kommunismus als real existierender Antagonist als auch der Kalte Krieg als vetraute Kampfaufstellung verloren gegangen ist – mit mehr oder weniger dramatischen Folgen für die rechte Mitte.

I. ITALIEN

Präludium: Die Implosion der Democrazia Cristiana und das Ende der Ersten Republik

Nicht wenige Kommentatoren würden wohl dem englischen Historiker Donald Sassoon zustimmen, der 1987 zu dem Resümee gelangte, Italien habe »sich seit dem Krieg in einer kontinuierlichen Krise« befunden.[1] Das Land war in den sechziger Jahren knapp an einem Militärputsch vorbeigeschrammt, stand in den Siebzigern vor dem Staatsbankrott und wurde in beiden Dekaden von links- und rechtsextremistischen Terroranschlägen erschüttert, mit dem traurigen Höhepunkt der Entführung und Ermordung des ehemaligen Ministerpräsidenten Aldo Moro 1978. Gleichwohl hatte sich unter Italienern und internationalen Beobachterinnen der achselzuckende Ausspruch »Eppur si muove« eingebürgert – »Aber es funktioniert ja doch«.

Ja, es hatte tatsächlich eine lange Zeit funktioniert – und nicht nur das. In vielerlei Hinsicht legte Italien nach dem Zweiten Weltkrieg eine spektakuläre Erfolgsgeschichte hin: Das Land industrialisierte sich rasant; Menschen zogen aus dem Mezzogiorno in den Norden, mit dem Wirtschaftswachstum nahm auch der Wohlstand zu. Weltweit verehrte Regisseure wie Roberto Rossellini, Federico Fellini oder Luchino Visconti dokumentierten den damit verbundenen sozialen und kulturellen Wandel. Anfang der Achtziger landete Umberto Eco mit seinem Roman *Der Name der Rose* einen Weltbestseller. Zudem verfügte Italien in ganz unterschiedlichen Branchen über erfolgrei-

1 Donald Sassoon, *Contemporary Italy. Politics, Economy and Society since 1945*, London/New York: Longman 1987, S. 246.

che Unternehmen wie die Automobilhersteller Ferrari und Fiat, den Süßigkeitenkonzern Ferrero, Olivetti, einen frühen Pionier der Computerbranche, oder das Textilunternehmen Benetton, das ab 1970 jenseits der Apenninhalbinsel expandierte und bald auch in deutschen Kleinstädten Filialen eröffnete. Die ökonomische Dynamik resultierte 1987 im sogenannten *sorpasso*, als Italien beim Bruttoinlandsprodukt pro Kopf an Großbritannien vorbeizog und zur fünftgrößten westlichen Industriemacht aufstieg.[2] Und so präsentierte sich das Land kurz darauf als stolzer Gastgeber eines (von Edoardo Bennato und der als »Rockröhre« apostrophierten Gianna Nannini besungenen) magischen Sommers, an dessen Ende Franz Beckenbauer selig entrückt über den Rasen des Olympiastadions in Rom wandelte.

Was sich dann Anfang der neunziger Jahre zusammenbraute, hatte jedoch eine andere Dimension und konnte nicht mehr auf die herkömmliche Weise abgetan werden. Selbst wenn man die Krise wie Sassoon als Normalzustand des italienischen Staatswesens betrachtet, muss man mit Blick auf den Zeitraum 1992 bis 1994 mindestens von einer potenzierten Krise oder mehreren miteinander verknüpften Krisen sprechen, deren Auswirkungen derart weitreichend waren, dass sich aus Sicht mancher Politikwissenschaftler der Übergang von der Ersten zur Zweiten Republik vollzog. Dies mag aus verfassungsrechtlicher Perspektive etwas überzogen sein und blendet zudem wichtige Kontinuitäten aus. Aber die frühen Neunziger markierten für Italien eine tief greifende Zäsur, die nicht zuletzt darin bestand, dass sie den politischen Raum der rechten Mitte radikal restrukturierte – oder ihn womöglich erst als solchen konstituierte.

2 Vgl. hierzu etwa das Italien-Kapitel in Philipp Ther, *Das andere Ende der Geschichte. Über die Große Transformation*, Berlin: Suhrkamp 2019, S. 97-129.

Am 17. Februar 1992 betrat Luca Magni, der 32-jährige Inhaber einer kleinen Reinigungsfirma, das Mailänder Büro des sozialistischen Politikers Mario Chiesa. In einer Aktentasche hatte Magni sieben Millionen Lire dabei, nach damaligem Kurs etwa 5000 Euro; Schmiergeld, das Chiesa im Gegenzug für einen Auftrag in einem Altersheim verlangt hatte. Was der Politiker nicht wusste: Die Scheine waren präpariert, in einem Stift trug Magni eine Wanze bei sich. Als Chiesa das Geld gerade in einer Schublade verstaut hatte, betrat der Staatsanwalt Antonio Di Pietro in Begleitung einiger Carabinieri den Raum. »Dieses Geld gehört mir«, protestierte Chiesa. »Nein, dieses Geld gehört uns«, antworteten die Uniformierten.[3]

Die politische Klasse Italiens hatte es seit Jahrzehnten verstanden, staatliche Apparate inklusive eines der größten öffentlichen Wirtschaftssektoren Westeuropas aufzubauen, und diese Strukturen nicht zuletzt dazu genutzt, umfangreiche Patronagenetzwerke zu bewirtschaften. Die Praxis des *sottogoverno* hatte lange als zentrales Mittel des Machterhalts gedient, und zwar auch durch ihre explizit kleptokratische Dimension, die bisweilen an eine organisierte Ausplünderung des Gemeinwesens grenzte. Dazu zählte ein illegales System von Bestechungsgeldern (*tangente*), die von Politikern regelmäßig abgezweigt wurden, wenn es um öffentliche Aufträge ging. Diese Praxis war Mario Chiesa nun zum Verhängnis geworden.

Nachdem Bettino Craxi, der Vorsitzende der Sozialistischen Partei und frühere Ministerpräsident (1983-87), sich brüsk von seinem ehemaligen Verbündeten distanziert hatte (»Er ist ein Schurke«), beschloss Chiesa, mit den Behörden zu kooperieren; Mailänder Geschäftsleute folgten und legten ihrerseits die illegalen Praktiken offen. Damit nahm der größte Bestechungsskandal der italienischen Nachkriegsgeschichte seinen Lauf. Die Ermittlungen weiteten sich rasch auf das ganze Land aus und

3 Vgl. zu den Details Stefano Zurlo, »Il ›mariuolo‹ che con una bustarella spedì all'inferno la Prima Repubblica«, in: *Il Giornale* (1. April 2009).

förderten einen kriminellen Komplex zutage, der bald mit dem Begriff »Tangentopoli« (Schmiergeldstadt) bezeichnet wurde. Im April 1993 veröffentlichte der *Corriere della Sera* eine erste Zwischenbilanz. Demnach waren nicht weniger als 1487 Unternehmer sowie 923 Politiker in den Skandal verwickelt – die allermeisten davon Christdemokraten und Sozialisten.[4] Dass die Ermittlungen so weit voranschreiten konnten, hatte auch damit zu tun, dass in den großen Städten Norditaliens seit Mitte der Achtziger diverse regionale »Ligen« teils beträchtlichen Einfluss gewonnen hatten, die sich später zur Lega Nord vereinigen sollten. Nur durch die Protektion dieser erklärten Gegner der *partitocrazia* konnten die Machenschaften zwischen Politik, Verwaltung, Wirtschaft – und Mafia – offengelegt werden.

Zunächst trug der Skandal jedoch vor allem dazu bei, dass der *pentapartito* bei den Parlamentswahlen am 5./6. April 1992 teils erhebliche Einbußen hinnehmen musste. Dieser Fünf-Parteien-Block aus Democrazia Cristiana (DC), Partito Socialista Italiano (PSI), Partito Socialista Democratico Italiano (PSDI), Partito Repubblicano Italiano (PRI) und Partito Liberale Italiano (PLI) hatte die Macht seit Mitte der Achtziger unter sich aufgeteilt, und innerhalb dieser losen Allianz gab ein auf den Namen »CAF« getauftes Triumvirat den Ton an: der Sozialist Craxi, der amtierende christdemokratische Ministerpräsident Giulio Andreotti sowie der Vorsitzende der DC, Arnaldo Forlani. Zumindest an der Oberfläche schien die Position des CAF im Vorfeld der Wahlen 1992 stabil genug, hatte man es doch geschafft, die vergangene Legislaturperiode ohne Parlamentsauflösung zu überstehen. Allerdings hatte Giovanni Sartori, der Nestor der italienischen Politikwissenschaft, schon ein Jahr zuvor eine eindringliche Warnung ausgesprochen: »Wie Schnee in der Sonne befinden wir uns inzwischen in völliger Auflösung. Dank der Taubheit und auch der überraschenden Dummheit

4 N.N., »La mappa die Tangentopoli«, in: *Corriere della Sera* (1. April 1993).

der politischen Klasse« würden sich »die Auflösungserscheinungen wahrscheinlich in ein Chaos verwandeln«.[5] Die Tangentopoli-Enthüllungen trugen dazu bei, dass Sartori recht behielt.

Das Wahlergebnis selbst hätte dabei durchaus noch die Möglichkeit geboten, die Entwicklungen einzudämmen, aber die Krisen jener Zeit griffen nun in einer Weise ineinander, die eine schwer zu bändigende disruptive Kraft entwickelte. Noch während die Verhandlungen über die Regierungsbildung andauerten, trat Ende April Staatspräsident Francesco Cossiga zurück, nachdem man dem Christdemokraten vorgeworfen hatte, in den siebziger Jahren Verbindungen zu rechtsextremistischen Terrorgruppen unterhalten zu haben. Die Wahl seines Nachfolgers entwickelte sich zu einer Hängepartie, die unterstrich, wie sehr die Macht des *pentapartito* mittlerweile erodiert war. Diesem gelang es nämlich nicht, einen seiner Kandidaten in den Quirinalspalast wählen zu lassen, und nach nicht weniger als fünfzehn ergebnislosen Wahlgängen wurde am 25. Mai Oscar Luigi Scalfaro im sechzehnten Versuch gekürt.

Dass der *pentapartito* unter der Führung des CAF nicht in der Lage war, einen seiner bevorzugten Kandidaten ins Amt zu bringen, lag nicht nur am schlechten Wahlergebnis, sondern maßgeblich an einem Ereignis zwei Tage vor der Wahl: Am 23. Mai wurden der Ermittlungsrichter Giovanni Falcone und seine Frau Francesca Morvillo durch einen Bombenanschlag getötet. Das Attentat auf die Galionsfigur der Anti-Mafia-Kampagne sandte Schockwellen durch ein aufgebrachtes Land. Und der Rachefeldzug war damit noch nicht beendet: Am 19. Juli wurde mit Paolo Borsellino ein weiterer Ermittlungsrichter ermordet. Spätestens diese Tat ließ in großen Teilen der Bevölkerung den nur schwer abwendbaren Eindruck entstehen, der Staat sei im Kampf gegen das organisierte Verbrechen hoffnungs-

5 Giovanni Sartori, »Riposta«, in: *Rivista Italiana di Scienza Politica* 21/3 (1991), S. 444.

Abb. 1: Zwei Drittel des CAF – Giulio Andreotti (links) und Bettino Craxi 1987 in Rom.

los unterlegen, und zwar womöglich auch deshalb, weil Teile von Politik, Polizei, Verwaltung und sogar Justiz nicht nur diverse Augen zudrückten, sondern gemeinsame Sache mit der Mafia machten. Die wachsende Ablehnung bekam der neue Präsident Scalfaro zu spüren, der auf Geheiß von Borsellinos Witwe als einziger Vertreter des Staates bei der Trauerfeier zugelassen war: »[A]ls es dem Staatsoberhaupt endlich gelungen war, durch die dicht gepackte Menge bis zum Altar der Kathedrale von Palermo vorzudringen«, hielt die Italien-Korrespondentin des *Spiegel* fest, »mußte er vor tätlichen Angriffen der Trauergäste geschützt werden.«[6]

Die Wahl Scalfaros hatte das Chaos auf zweifache Weise noch verschärft: Zum einen wäre es dem CAF im Falle eines zu-

6 Valeska von Roques, »Demokratie nur als Fassade«, in: *Der Spiegel* (26. Juli 1992).

gänglicheren Präsidenten wohl gelungen, die Tangentopoli-Untersuchungen zu begrenzen. So weiteten sich die Ermittlungen aber immer stärker aus. Zum anderen hatte das Land nach den Parlamentswahlen vom April monatelang keine neue Regierung. Craxi hatte sich zwar zunächst Hoffnungen auf den Ministerpräsidentenposten gemacht, doch auch hier bewies Scalfaro einen eigenen Kopf: Als Craxi ebenfalls ein Ermittlungsbescheid (*avviso di garanzia*) zugestellt wurde, bedeutete der neue Staatspräsident dem starken Mann der Sozialisten, er solle lieber einen Genossen seines Vertrauens vorschlagen, bis der Verdacht gegen ihn entkräftet sei – Craxi ließ es aus guten Gründen nicht darauf ankommen. (Zwei Jahre später flüchtete er nach Tunesien, wo er bis zu seinem Tod im Jahr 2000 blieb.) Und so wurde schließlich am 28. Juni der Sozialist Giuliano Amato als neuer Regierungschef vereidigt – zwölf Wochen nach den Parlamentswahlen Anfang April.

Damit begann die zweite Phase der Krise, deren Sturmwellen die kurzwährende Regierung Amato zu reiten versuchte.[7] Amato galt zwar »als einer der brillantesten und rätselhaftesten Figuren der italienischen Politik«,[8] hatte aber zunächst damit zu kämpfen, dass die Auswirkungen von Tangentopoli auch vor seiner Regierung nicht haltmachten. Insgesamt acht Mal musste er aufgrund von Rücktritten sein Kabinett umbilden. Diese personellen Turbulenzen waren jedoch nichts im Vergleich zu der Gewitterfront, der sich Amato auf internationaler Ebene gegenüber sah. Italien hatte schon früh signalisiert, dass man gewillt war, die nächsten Schritte der ökonomischen Integration Europas mitzugehen. Dementsprechend hatte Andreotti im Februar 1992 den Vertrag von Maastricht unterzeichnet, der dann im Oktober mit überwältigender Mehrheit ratifiziert wurde. In

7 Vgl. zu den folgenden Entwicklungen Paul Ginsborg, *Italy and its Discontents. Family, Civil Society, State 1980-2001*, New York: Palgrave, S. 248-284.

8 Ebd., S. 264.

Italien hatte die Taktik eine lange Tradition, bestimmte unangenehme Entscheidungen durchsetzbar zu machen, indem man über die europäische Bande spielte, um die heimischen Akteure unter äußeren Handlungsdruck zu setzen – der sogenannte *vincolo esterno.*[9] Das Ja zu Maastricht war einer ähnlichen Logik gefolgt, doch nun musste die Regierung Amato ernst machen, um die strengen Kriterien für den Beitritt zu erfüllen. Italien saß aber auf einem Schuldenberg von über 100 Prozent des BIP, und auch das aktuelle Defizit von knapp 10 Prozent lag nicht einmal in der Nähe der Obergrenze von 3 Prozent. Amato musste nur eine Woche nach seiner Vereidigung zu einem G7-Gipfel nach München reisen, wo er diese wenig begeisternden Zahlen zu präsentieren hatte, die sofort die Alarmglocken schrillen ließen – naturgemäß auch bei den Finanzmärkten. Diese sahen sich die Lira nun genauer an. Amato unternahm durchaus energische Anstrengungen, um die Probleme in den Griff zu bekommen und die Wettbewerbsfähigkeit zu stärken, indem man Ausgaben kürzte und Steuern erhöhte; zudem gelang es der Regierung, in Verhandlungen mit Gewerkschaften und dem Arbeitgeberverband Confindustria die *scala mobile*, also die automatische Anpassung der Lohnerhöhungen an die Inflation, auszusetzen und die Lohnkosten insgesamt zu senken, womit eine Phase begann, in der man sozioökonomische Probleme in korporatistischer Weise durch Aushandlungsprozesse zwischen Staat, Arbeitnehmer- und Arbeitgebervertretern zu managen versuchte. Doch zumindest kurzfristig erwiesen sich diese Bemühungen als vergeblich: Anfang September begann eine Spekulationswelle gegen die Lira, und nachdem die Bundesbank einige Tage lang mit Stützkäufen versucht hatte, den Spekulanten den Wind aus den Segeln zu

9 Vgl. Kenneth Dyson/Kevin Featherstone, »Italy and EMU as a ›vincolo esterno‹: Empowering the technocrats, transforming the state«, in: *South European Society and Politics* 1/2 (1996), S. 272-299.

nehmen, ließ der deutsche Finanzminister Theo Waigel (CSU) seinen italienischen Amtskollegen wissen, das Ende der Fahnenstange sei erreicht: Die Italiener würden ihre Währung abwerten müssen. Im Endeffekt mussten am Schwarzen Mittwoch, dem 16. September 1992, sowohl Großbritannien als auch Italien aus dem Europäischen Währungssystem (EWS) ausscheiden. Unsicherheit bezüglich der Stabilität der Lira und Sorgen über eine galoppierende Geldentwertung griffen um sich – selbst vor den Bankautomaten innerhalb des Senats in Rom bildeten sich lange Schlangen.

Die so bereits am Rande der Erschöpfung befindliche Regierung wurde schließlich endgültig in Agonie versetzt, als Präsident Scalfaro – eine Premiere in der Geschichte der Ersten Republik – sich im Frühjahr 1993 weigerte, einen Erlass gegenzuzeichnen, mit dem die Regierung den Tatbestand der illegalen Parteienfinanzierung insoweit entkriminalisieren wollte, als er zumindest keine Gefängnisstrafen mehr nach sich ziehen sollte. An Neuwahlen war nicht zu denken, und so musste die Regierung Amato einer »Präsidial-Regierung« weichen, zu deren Führung Scalfaro im April 1993 Zentralbankgouverneur Carlo Ciampi berief, womit die bis heute anhaltende Tradition von Technokraten-Regierungen begann, die sich über die Kabinette Dini (1995/96) und Monti (2011-13) bis zur Regierung Draghi (2021/22) zieht.

Die Regierung Ciampi, die von parteilosen Experten dominiert wurde, hatte ebenfalls mit internen Turbulenzen zu kämpfen, blieb aber bis zu den Wahlen im März 1994 im Amt und präsidierte so über die abschließende Phase der Krise, an deren Ende die Zweite Republik stand. Ciampi wurde seinem Ruf als nüchterner Problemlöser soweit möglich gerecht und kümmerte sich zunächst um die angeschlagene Ökonomie, und zwar vor allem, indem er das von Amato ins Leben gerufene quasikorporatistische Aushandlungsregime fortführte. Das Abkommen über die Lohnkosten, auf das man sich am 3. Juli 1993 einigte, bezeichnete er selbst später als größte Errungenschaft seiner kurzen Amtszeit.[10] Tatsächlich gilt es als wichtiger Beitrag zur Erholung Italiens, dem es mit einer abgewerteten Lira gelang, seine Exporte zu erhöhen und von gestiegenen Einnahmen aus dem Tourismus zu profitieren. Daneben initiierten diverse Minister Reformen der Verwaltung, die bis dahin nicht zu Unrecht als ineffizient und überbürokratisiert kritisiert wurde, was auch für die vielen staatseigenen Unternehmen galt: Eine von der Europäischen Gemeinschaft veröffentlichte Studie stellte fest, dass etwa in den Niederlanden über 90 Prozent der Briefe innerhalb von drei Tagen ihre Empfänger erreichten, in Italien aber gerade einmal 16 Prozent.[11]

Die weitreichendsten Reformen betrafen allerdings das Feld der Verfassung, denn abgesehen von Tangentopoli, Mafia-Morden und Lira-Abwertung hatte die Krise auch eine explizit konstitutionelle Dimension, deren Kern im nie wirklich beigelegten Streit über das Regierungssystem bestand. Unumstritten war, dass das parlamentarische System Italiens einige Dysfunktionalitäten aufwies, zu denen ein fragmentiertes Parteiensystem und eine hohe Instabilität der Exekutive gehörten – die durchschnittliche Dauer einer Regierung lag in der Ersten Republik bei knapp unter zwölf Monaten. Fraglich war aber, wie diese (und andere) Probleme überwunden werden sollten; ob eine Korrektur innerhalb des bikameralen Parlamentarismus ausreichen würde oder ob etwa eine grundlegende Umstellung auf ein (quasi-)präsidentielles System angezeigt sei. Schon in den frühen achtziger Jahren war eine Kommission unter Vorsitz des liberalen Abgeordneten Aldo Bozzi zusammengetreten, um sich mit diesen Fragen zu befassen, doch abgesehen von einigen eher kosmetischen Korrekturen passierte – nichts. Da von der *partitocrazia* hier offenkundig nicht viel zu erwarten war, verlegten sich Reformanhänger auf das Mittel des Referendums. So hatte der linke Christdemokrat Mario Segni be-

10 Vgl. Ginsborg, *Italy and its Discontents*, S. 277.

11 Vgl. von Roques, »Demokratie nur als Fassade«.

reits 1991 eine Volksabstimmung initiiert, um ein eher technisches Detail der Verfassung zu ändern, dessen Abschaffung die Parteien (bis auf die Kommunisten) bislang blockiert hatten. Dass bei dem Referendum 95 Prozent mit Ja stimmten, war eine schallende Ohrfeige für den *pentapartito*, und dass der Urnengang 1992 zu einer Erdrutschwahl wurde, ging auch auf die daraus resultierende Wahlrechtsänderung zurück.

Doch damit waren die großen Fragen natürlich noch nicht ansatzweise geklärt, und dementsprechend hatte man nach den Wahlen 1992 eine weitere Kommission installiert, die sich nun insbesondere auch mit der Frage des Föderalismus befassen sollte. Dass der Senat als beinahe gleichberechtigte zweite Kammer fungierte, obwohl Italien durch ein vergleichsweise zentralisiertes Staatswesen gekennzeichnet war, schien nicht nur Politikwissenschaftlern und Juristen eine unglückliche Konstruktion. Entweder musste also der Einfluss des Senats zurückgestutzt werden oder aber eine föderale Staatsreform erfolgen, in welcher der Senat als territoriale Repräsentationsinstanz einen Sinn hätte. Diese Frage erlangte nicht zuletzt deshalb äußerste Dringlichkeit, weil sie ganz oben auf der Agenda der Lega Nord stand, die gegen die *partitocrazia* und den von Rom aus regierten Zentralstaat agitierte. Die Frage der föderalen Neuordnung blieb allerdings unbeantwortet, und auch ansonsten kam die Kommission abermals nur schlecht voran. Dementsprechend war es erneut Segni, der eine weitere Runde von Referenden zu Wahlrechtsfragen, aber auch zur Abschaffung der staatlichen Parteienfinanzierung (abgesehen von der Wahlkampfkostenerstattung) initiierte. Eine Abstimmung am 18. April 1993 brachte sehr eindeutige Voten: Für die Abschaffung der Parteienfinanzierung stimmten stolze 90 und für die Einführung eines Mehrheitswahlsystems für den Senat immerhin 82 Prozent. Das zu diesem Zeitpunkt noch im Amt befindliche Kabinett Amato trat auch deshalb zurück, und die neue Regierung Ciampi zeigte sich gewillt, das Votum zu beherzigen. Tatsächlich wurde bereits am 4. August 1993 eine Reform verabschiedet, die allerdings eher einen Kompromiss als eine eindeutige Richtungsentscheidung darstellte. Beide Kammern waren bis dahin strikt nach dem Verhältniswahlrecht besetzt worden, was einerseits eine möglichst unverzerrte Widerspiegelung des Wählerwillens gewährleisten sollte, andererseits aber eben auch ein zerklüftetes Vielparteiensystem zur Folge hatte (nach den Wahlen 1992 waren beispielsweise im Parlament 15 Parteien vertreten). Nun wurde das Wahlrecht für beide Kammern auf ein Mischsystem umgestellt: 75 Prozent der Sitze wurden über das einfache Mehrheitswahlrecht besetzt, die übrigen 25 Prozent über das Verhältniswahlrecht.[12] Diese nach ihrem Sponsor Sergio Mattarella als »Mattarellum« bezeichnete Reform beförderte eine neue Logik von Wahlkämpfen, die von strategischen Allianzen geprägt sein würden – was die Kräfte der nun entstehenden rechten Mitte weitaus besser oder doch zumindest schneller verstanden als die Linken, wie die Wahlen von 1994 zeigen sollten.

Bevor diese Wahlen schließlich stattfanden, vollzog sich aber noch eine weitere Entwicklung, die schließlich den Weg frei machte für die Formierung einer rechten Mitte: die faktische Auflösung des alten, um die alles dominierende DC strukturierten Parteiensystems.

Die Democrazia Cristiana war Staatspartei gewesen, seitdem sie 1948 bei den Parlamentswahlen die absolute Mehrheit erlangt hatte. Und auch wenn sie zwischenzeitlich nur Minderheitsregierungen anführte und sich in den späten siebziger Jahren von der Kommunistischen Partei (Partito Comunista Italiano, PCI) tolerieren ließ, blieb sie der Fixstern, um den sich das Geschehen drehte: Bis Ende der Siebziger erhielt sie um die 40 Prozent der Stimmen, und abgesehen von einer kurzen Episode

12 Vgl. Roland Höhne, »Zwischen Repräsentativität und Stabilität: Wahlsystem und Wahlrechtsreform in Italien«, in: *Zeitschrift für Politik* 59/2 (2012), S. 217-243.

1981-82, als der Linksliberale Giovanni Spaldoni dem Ministerrat vorsaß, und der Regierung Craxi (1983-87) hatte sie immer den Regierungschef gestellt – der bisweilen auch schon vorher einmal Regierungschef gewesen war: Als Giulio Andreotti im April 1991 vereidigt wurde, zog er bereits das siebte Mal in den Palazzo Chigi ein – an kaum einem Mann lässt sich die Verwobenheit der DC mit der Exekutive derart gut festmachen wie an dem enigmatischen Zyniker, dem Margaret Thatcher einst eine »ausgeprägte Abneigung gegenüber Prinzipien« bescheinigte.[13]

Die DC war eine klassisch christdemokratische Partei und lässt sich einigermaßen umstandslos der Kategorie des gemäßigten Konservatismus zuordnen. Vom autoritären Pol grenzte sich die Parteiführung um Alcide De Gasperi etwa bereits 1946 ab, indem sie im Zuge des Referendums über die zukünftige Staatsform mehrheitlich für die Republik warb, auch wenn es an der Basis und im Vatikan durchaus noch Sympathien für die Monarchie gab.[14] Außenpolitisch setzte sich De Gasperi früh für die europäische Integration ein, nicht umsonst gilt er neben anderen Christdemokraten wie Konrad Adenauer und Robert Schuman heute als einer der Gründerväter der Europäischen Union.[15] Ansonsten sollten Klassengegensätze nach guter christdemokratischer Manier abgemildert werden, indem man Familie, Nation und vor allem Religion als einende Bänder beschwor, und im Übrigen legte man ein großes Maß an Pragmatismus an den Tag, wenn es um eigene Positionen und Verhandlungen mit anderen Parteien ging. Ausnahmen wie etwa der entschiedene Widerstand gegen die Legalisierung von Ehescheidungen 1970, an der sich die starke religiöse Identität und die enge Verbin-

13 Margaret Thatcher, *The Downing Street Years*, London: Harper Collins 1993, S. 70.

14 Vgl. Paul Ginsborg, *A History of Contemporary Italy. Society and Politics 1943-1980*, London: Penguin 1990, S. 50, S. 90f.

15 Ebd., S. 159f.

dung zum Vatikan ablesen lässt, bestätigten die Regel. Und selbst wenn das ideologische Gravitationszentrum der DC rechts der Mitte lag, umfasste sie als Volkspartei auch einen starken christsozialen Flügel, der ihr die Anschlussfähigkeit ins Spektrum links der Mitte sicherte, wobei gilt: »Die DC war nie wirklich progressiv genug, um als eine Mitte-links-Partei angesehen werden zu können.«[16] Aller Pragmatismus endete aber jenseits jener linken Mitte, denn was die durchaus heterogene DC im Innersten zusammenhielt, war ein kompromissloser Antikommunismus.[17]

Die Rolle, die die DC in der ersten Phase der italienischen Demokratie spielte, ist ambivalent. Immerhin begleitete sie Italiens Aufstieg von einer rückständigen Agrarnation zu einem europäischen Schwergewicht. Während die einen betonen, wie sie pragmatisch moderierend das Land konsolidierte und gerade in turbulenten Zeiten für Stabilität sorgte,[18] verweisen andere auf die ständigen Machtkämpfe zwischen den vielen Flügeln, die es gewissermaßen erforderlich machten, zu ihrer Befriedung öffentliche Ressourcen als Pfründe zu verteilen. Das Resultat war eine Partei, deren Raison d'être darin bestand, die Zugänge zu den staatlichen Fleischtöpfen offenzuhalten, die aber keine Vorstellung davon hatte, wie die Probleme des Landes zu lösen seien. Schon 1987 resümierte Sassoon: »Sie hat keine Perspektive, keine Strategie, kein langfristiges Ziel.«[19]

Unstrittig ist allerdings, dass die DC der italienischen Parteienlandschaft ein höchst besonderes Gepräge gab, für das Sar-

16 Mark Donovan, »Democrazia Christiana: Party of government«, in: David Hanley (Hg.), *Christian Democracy in Europe. A Comparative Perspective*, London: Pinter 1994, S. 71-86.

17 Vgl. zur Geschichte der DC auch Carlo Masala, »Die Democrazia Cristiana 1943-1963. Zur Entwicklung des partito nazionale«, in: Gehler et al. (Hg.), *Christdemokratie in Europa im 20. Jahrhundert*, S. 348-369.

18 Vgl. Gianfranco Pasquino, »Democracy at stake«, in: *Studia Politica. Romanian Political Science Review* 13/4 (2013), S. 605-616.

19 Sassoon, *Contemporary Italy*, S. 248.

tori den Begriff des »polarisierten Pluralismus« prägte. Dieser zeichnete sich im Unterschied zu typischen Westminster-Demokratien, deren Dynamik auf einer bipolaren Unterscheidung zweier politischer Lager beruht, durch eine tripolare Struktur aus mit einem Zentrum, aus dem sich dauerhaft die Regierung rekrutiert, sowie dem linken und dem rechten Rand, die von entsprechenden Koalitionen ausgeschlossen sind. In Italien wurde der linke Rand vom PCI besetzt, der freilich keine Nischenpartei, sondern die größte westliche kommunistische Partei war und zu seinen besten Zeiten über ein Drittel der Stimmen für sich verbuchen konnte. Umgekehrt bedeutete der organisierte Ausschluss der Kommunisten von der Regierungsgewalt, dass die DC eigentlich de facto nicht abgewählt werden konnte. Vom Ideal der alternierenden Mehrheiten, das nicht zuletzt garantieren soll, dass Demokratien sich regelmäßig auch personell und ideologisch erneuern (können), war der polarisierte Pluralismus Italiens ein gutes Stück entfernt.

Was die inhaltlich längst entkernte Machtmaschine DC letztlich zusammenbrechen ließ, waren aber nicht allein der Korruptionsskandal, die Mafia-Verbindungen und die ökonomischen Probleme. Vielmehr war es das Verschwinden ihres Erzrivalen, der Kommunistischen Partei. Deren Vorsitzender Achille Occhetto verkündete bereits drei Tage nach dem Fall der Mauer, man werde sich einen neuen Namen geben, und 1991 wurde dann tatsächlich der Partito Democratico della Sinistra (PDS) gegründet – allerdings ohne den linken Flügel, der sich zur zukünftigen Kleinpartei mit bisweilen großem Einfluss namens Rifondazione Comunista (RC) vereinigte. Das Schreckgespenst des organisierten Kommunismus war damit auch in Italien Geschichte, und abgesehen von den Kommunisten selbst waren die Hauptleidtragenden ironischerweise die Christdemokraten. Die vermeintliche Gefahr einer roten Regierung hatte der DC nicht nur die Gunst des CIA, sondern über Jahrzehnte die Stimmen derjenigen eingebracht, denen es einzig darum ging, dieses Gespenst zu bannen. Bereits in den späten siebziger Jahren hatte Indro Montanelli, der konservative Chefredakteur der Zeitschrift *Il Giornale*, angesichts des Erstarkens der Kommunisten unter Enrico Berlinguer seiner Leserschaft empfohlen: »Haltet euch die Nase zu und wählt die Christdemokraten«,[20] was in den Achtzigern ziemlich genau der Gefühlslage von immer mehr DC-Wählern entsprach. Der PCI war die parteigewordene Lebensversicherung der DC. Als er nicht länger eine Gefahr darstellte, sah ein beträchtlicher Teil ihrer Wählerschaft keinen Grund mehr, sich an die Democrazia Cristiana zu ketten. Nachdem auch Personal-Rochaden die Dynamik des Niedergangs nicht bändigen konnten, verkündete der neue Vorsitzende Mino Martinazzoli Anfang 1994, dass die DC sich ebenfalls umbenennen werde. Und so trat man zu den Schicksalswahlen im März unter dem Namen Partito Popolare Italiano (PPI) an – und erlitt mit lediglich elf Prozent eine herbe Niederlage, die zu einer Vielzahl von Abspaltungen führte. Die kommunistische und die christdemokratische Partei, die für die beiden großen politischen Subkulturen Italiens standen, waren nicht mehr, das Ende der Ersten Republik war besiegelt. Wo jahrzehntelang schwergewichtige Parteiorganisationen und ein kompliziertes Netzwerk von Allianzen und Gegen-Allianzen die Landschaft geprägt hatten, standen nur noch Ruinen, und den Raum, der sich dadurch in der rechten Mitte bot, plante ein Unternehmer zu erobern, der im Januar 1994 seinen Eintritt in die Politik verkündete und gerade einmal zwei Monate später Premierminister war: Silvio Berlusconi.

20 Zitiert in Alexander Stille, *Citizen Berlusconi*, München: Beck 2006, S. 85.

1. Berlusconismus: Markteintritt und erste Jahre in der Opposition

Silvio Berlusconi regierte am Vorabend der Wahlen 1994 ein Imperium mit über 30000 Angestellten und galt als reichster Mann Italiens. Sein Konsortium Fininvest umfasste ein breites Portfolio an Firmen, zu denen Bauunternehmen, Supermarktketten, vor allem aber auch Berlusconis Privatfernsehsender gehörten. Dass er in diesem Bereich ein Quasi-Monopol errichten konnte, hatte er nicht zuletzt der massiven Protektion Craxis zu verdanken. Dieser war nicht nur Trauzeuge, als Berlusconi seine zweite Frau heiratete. Craxi hatte außerdem dafür gesorgt, dass die Sozialisten im Parlament jeglichen ernsthaften Regulierungsversuch so lange blockierten, bis Berlusconi sich als Marktführer etabliert hatte. Das 1990 letztlich verabschiedete Mammi-Gesetz bedeutete eher eine rechtliche Anerkennung des Status quo. Vor allem war es Craxi aber auch gewesen, der Berlusconi schon zu Beginn des Zusammenbruchs des Parteiensystems ermutigt hatte, selbst in die Politik zu gehen. Die Gelegenheit sei günstig, es brauche nur ein griffiges Programm, und eine neue Partei könne die heimatlos gewordene Wählerschaft der rechten Mitte an sich binden.[1] Berlusconi zögerte noch eine Weile, aber ab Sommer 1993 begann er mit seinem Führungszirkel, seinen Einstieg in die Politik minutiös vorzubereiten.

Den Ausschlag dürften mehrere Faktoren gegeben haben. Zum einen erschien Ende 1993 die Linke favorisiert, bei der nächsten Wahl die Mehrheit zu erlangen, das legten jedenfalls

1 Ebd., S. 127f.

einige Bürgermeisterwahlen in größeren Städten nahe. Noch waren keine Neuwahlen angekündigt, aber die Linke ließ bereits durchblicken, dass sie entschlossen war, im Falle eines Siegs die Daumenschrauben bei Berlusconi anzuziehen und das Mammi-Gesetz nachzuschärfen. Zudem zogen die sogenannten »Mani pulite«-Ermittlungen in Reaktion auf Tangentopoli immer weitere Kreise (*mani pulite* bedeutet so viel wie »saubere Hände«), und es war nur eine Frage der Zeit, bis die Mailänder Behörden irgendwann auf den Namen Berlusconi stoßen würden, der dort als Bauunternehmer den Grundstein seines Imperiums gelegt hatte. Mit Hilfe des schon stark angeschlagenen Craxi war nicht mehr zu rechnen, und so sah Berlusconi letztlich keine andere Möglichkeit: »In bin gezwungen, in die Politik zu gehen, denn andernfalls werden sie mich ins Gefängnis bringen«, vertraute er den Journalisten Indro Montanelli und Enzo Biagi an.[2]

Selbstverständlich klang dies etwas anders, als Berlusconi am 26. Januar 1994, knapp zehn Tage, nachdem für den März Neuwahlen ausgerufen worden waren, seine Kandidatur verkündete – in Form eines Videos, das er allen TV-Sendern Italiens zukommen ließ. Diese Bewerbung stellte einen Coup und nur einen der für italienische Verhältnisse hoch innovativen Aspekte von Berlusconis Wahlkampf dar. Dieser war von vorne bis hinten durchgeplant – nicht zuletzt vom sogenannten Cavaliere selbst –, vor allem auf der Basis der Erhebungen seines eigenen Meinungsforschungsinstituts. Auf diese Weise konnte die neue Partei so lange an ihrem Image und Profil feilen, bis beides bei den Fokusgruppen auf maximale Resonanz stieß. Dabei war es natürlich von Vorteil, dass es sich bei der ab 1993 vorbereiteten und erst im Januar 1994 offiziell gegründeten Partei Forza Italia um eine buchstäblich am Reißbrett entworfene Forma-

2 Gianni Barbacetto/Peter Gomez/Marco Travaglio, *Mani Pulite. La vera storia da Mario Chiesa a Silvio Berlusconi*, Rom: Riuniti 2002, S. 220.

Abb. 2: Auf Monitoren im RAI-Sendezentrum in Rom ist Silvio Berlusconis Bewerbungsvideo vom 26. Januar 1994 zu sehen.

tion handelte, die abgesehen von einer grundsätzlichen Mitte-rechts-Verortung in keinster Weise auf irgendetwas festgelegt war – was sich auch später nicht ändern sollte. Der Name selbst war natürlich ebenfalls demoskopisch getestet und machte sich die Popularität einer der wenigen intakten Institutionen zunutze, die das krisengeschüttelte Italien noch aufzuweisen hatte: die Fußballnationalmannschaft, die von den Tifosi mit dem Schlachtruf »Forza Italia« angefeuert wird und die im Sommer 1994 mit Stars wie Paolo Maldini und Roberto Baggio Vizeweltmeister werden sollte.

Berlusconis Auftritt auf der politischen Bühne war ein Paukenschlag. Geboren im September 1936, besuchte Berlusconi nach dem Krieg ein katholisches Internat und stellte schon damals sein unternehmerisches Geschick unter Beweis, indem er gegen Geld die Hausaufgaben anderer Schüler erledigte. Auch sein Jurastudium wusste er sich mit Elan und großer Findigkeit zu finanzieren, unter anderem als Sänger auf Kreuzfahrtschiffen. Ab den Sechzigern begann Berlusconi dann, ausgehend von der Immobilienbranche, Schritt für Schritt sein Imperium aufzubauen. Der Unternehmer war der breiten Masse der Italiener und Italienerinnen also seit Jahren, wenn nicht gar Jahrzehnten ein Begriff und konnte in Umfragen größere Bekanntheitsgrade verbuchen als Ministerpräsident Ciampi. Überdies war Berlusconi seit 1986 auch noch Präsident der AC Mailand, der soeben zwei Mal in Folge die Meisterschaft gewonnen hatte. Dieser Berlusconi präsentierte sich nun als unverbrauchte Kraft inmitten eines untergehenden Systems – und das gerade einmal zwei Monate vor dem Urnengang. Berlusconis Medien (er kontrollierte zu jener Zeit de facto auch etwa 40 Prozent des italienischen Zeitungsmarktes) hatten allerdings schon seit Ende 1993 die zukünftige FI-Agenda bespielt, und vor allem war das wahrhaftige Kunststück gelungen, das Fininvest-Konsortium binnen kürzester Zeit in eine Wahlkampfmaschine umzumodeln. Landesweit wurden Tausende von FI-Klubs aufgebaut, die der ursprünglichen »Firmenpartei«[3] eine Verankerung in der Fläche sichern sollten, aber das Herzstück der Kampagne blieb Berlusconi selbst. Mit seinem unverbrüchlichen Optimismus, seinem eher legeren Auftreten und seiner volksnahen Sprache war der selbsternannte Tycoon ein begnadeter Verkäufer. Sein Bewerbungsvideo paarte Pathos mit Zuversicht und schloss mit nicht weniger als dem Versprechen: »Ich sage euch, dass wir zusammen, für uns selbst und unsere Kinder, ein neues italienisches Wunder schaffen können und müssen.«

Wenn man sich fragt, wie es möglich war, dass Berlusconi die FI bei den Wahlen im März zu sensationellen 21 Prozent führte und damit aus dem Stand zur stärksten politischen Kraft machte (wenn auch nur knapp vor dem PDS), dann spielten sicherlich die Persönlichkeit des Cavaliere und seine Stellung in der italienischen Gesellschaft eine zentrale Rolle. Dazu kam eine

3 Paul Ginsborg, *Berlusconi. Politisches Modell der Zukunft oder italienischer Sonderweg?*, aus dem Englischen von Friederike Hausmann, Berlin: Wagenbach 2005 [2003], S. 62.

hoch professionelle Kampagne nach allen Regeln der politischen Kommunikation und des Branding. Forza Italia hatte zwar auch ein offizielles Programm, aber das hatte wohl kaum jemand gelesen. Stattdessen platzierte Berlusconi gekonnt Wahlversprechen im Soundbite-Format: Er werde eine Million neue Jobs schaffen, die Steuern auf nicht über 30 Prozent senken und gleichzeitig die staatlichen Leistungen aufstocken – angesichts der offensichtlichen Inkonsistenzen tatsächlich das Programm für ein italienisches Wunder. Berlusconi kam jedoch damit durch, wobei ihm ein Trumpf half, den später auch noch andere erfolgreich spielen sollten: Er war der erfolgreiche Manager, der ankündigte, den Staat so modern, effizient und wohlhabend zu machen wie seine Unternehmensgruppe. Zudem hatte er mit seinen TV-Sendern schon lange einen direkten Kanal zur Bevölkerung etabliert. Und selbst wenn er nicht persönlich auf den Bildschirmen erschien, hatten Canal 5, Italia 1 und Rete 4 gewissermaßen gesät, was er nun als Politiker ernten konnte: ein Lebensgefühl, das modern sowie an der US-amerikanischen Unterhaltungskultur orientiert war und vor allem die hedonistischen Freuden des Konsumkapitalismus feierte.[4]

Neben alldem war es natürlich der desolate Zustand des italienischen Parteiensystems, der Berlusconi einen Markteintritt dort ermöglichte, wo das Spielfeld am offensichtlichsten verwaist war, nämlich in der rechten Mitte. Um das Erbe der Democrazia Cristiana stritten sich christdemokratische Splittergruppen, die aber ebenso wenig wie die Nachfolgepartei PPI oder Einzelkämpfer wie Segni in der Lage waren, aus dem riesigen Nachfrageüberhang frei flottierender Ex-DC-Wähler größeren Profit zu schlagen. Hier konnte sich die FI positionieren, der man das demoskopisch getestete Etikett »liberal-konservativ« verpasst hatte, deren Profil aber ansonsten eher vage blieb und vor allem auf drei Kernkomponenten basierte, die ihrerseits nicht frei von internen Spannungen waren. Gesell-

4 Ebd., S. 98-102.

schafts- und kulturpolitisch suchte die FI die Nähe zur Kirche, die zu jener Zeit »Top-Ten-Listen« ihrer Prioritäten veröffentlichte, so dass die Gläubigen sie mit den jeweiligen Parteiprogrammen abgleichen konnten. Berlusconis Avancen wurden vonseiten des Vatikans denn auch mit dem öffentlichkeitswirksamen Signal honoriert, die Wahl der FI sei durchaus eine gute.[5] Dies war der Beginn einer teils engen Allianz zwischen FI und Kirche, die allerdings auf schwankenden Füßen stand: Denn bei allen Lippenbekenntnissen zum katholischen Moralkodex waren es ja auch oder gerade die Berlusconi-Sender, die den Sex und die Konsumkultur ins italienische Fernsehen brachten. So gesehen, symbolisierte Berlusconi also genau den Sittenverfall, den Neokonservative im Gefolge von 1968 immer wieder anprangerten – ob in den USA, wo Daniel Bell zu den klügsten Kritikern des Wertewandels gehörte, oder in der Bundesrepublik, wo die Fraktion der Mahner von Hermann Lübbe bis Günter Rohrmoser reichte. Und Berlusconi verkörperte den Sittenverfall auch buchstäblich, bedenkt man die Vielzahl von (Sex-)Skandalen, in die er involviert war und die letztlich auch die Kirche auf Abstand gehen ließen.

In ökonomischen Fragen war die FI eindeutig neoliberal orientiert und machte daraus auch keinerlei Hehl: Ein überinterventionistischer Staat, der seine Bürger mit Regularien gängele und zudem mit horrenden Steuern überziehe, müsse zurückgestutzt und am besten selbst einem Unternehmen ähnlicher werden. Es war ein in jeder Hinsicht wirtschaftsfreundliches Programm, das Berlusconi vertrat und das gleichzeitig auf wundersame Weise niemandem etwas abverlangte.

Das dritte Element, das das ideologische Profil der FI – wenn man es denn so nennen will – vervollständigte, war ein vollmundig vorgetragener Antikommunismus. Die entsprechenden Signale waren schon in Berlusconis Bewerbungsrede zu hören gewesen:

5 Ebd, S. 114f.

> Die Parteien der Linken behaupten, sich geändert zu haben. Sie behaupten, sie hätten sich in liberale Demokraten verwandelt. Aber das ist nicht wahr. [...] Sie halten nichts vom Markt, sie halten nichts vom privaten Unternehmertum, sie glauben nicht an das Individuum. Sie glauben nicht, dass die Welt durch freie Beziehungen zwischen den Menschen besser werden kann.[6]

Die Umbenennung der Kommunisten in PDS sei reiner Etikettenschwindel; bei allen Bekenntnissen zur liberalen Demokratie verfolge die Partei insgeheim nach wie vor die Agenda des Kommunismus – und stehe nun kurz vor der Machtübernahme. Die ausgeprägt reaktive Natur des Konservatismus macht ihn, wie in der Einleitung erörtert, stärker als andere Ideologien abhängig von einer Gegnerschaft, die ihn konkret herausfordert und zudem seine Anhängerschaft mobilisiert. In den Jahren des Kalten Krieges war die kommunistische Gefahr der Archetyp eines solchen Schreckgespensts, und angesichts der schieren Größe des PCI während seiner Hochzeiten stellte das Beschwören einer drohenden Machtübernahme von jeher ein potentes Mittel der Agitation von rechts dar. Dennoch war es bemerkenswert, dass es Berlusconi gelang, dieses eigentlich anachronistische Versatzstück ein weiteres Mal mit Leben zu füllen. Und noch zu Anfang des 21. Jahrhunderts schwadronierte er über »Elend, Tod und Terror«, die bei einem Sieg der Linken (die für Mehrheiten übrigens wirklich immer wieder auf die Rifondazione Comunista angewiesen waren) drohten. Das *Schwarzbuch des Kommunismus*, in dem Verbrechen des globalen Kommunismus geradezu buchhalterisch festgehalten sind, war für ihn eine ebenso wichtige Lektüre wie die Bibel – zu einem Parteitag der Alleanza Nazionale ließ er im März 1998 jedem der 5000 Delegierten ein Exemplar der italienischen Übersetzung schenken, die kurz zuvor in dem zu seinem Imperium gehörenden Verlag Mondadori erschienen war.

6 Silvio Berlusconi, *La discesa in campo*, Rom: Procura 1994.

Das bringt uns zum letzten Element in Berlusconis überaus erfolgreicher Wahlkampfstrategie, nämlich seiner Bündnispolitik. 1993 hatte er bei dem Mailänder Politologen Giuliano Urbani ein Gutachten zu dem neuen Wahlrecht in Auftrag gegeben. Dieses kam zu dem Schluss, die Linke werde vermutlich den Sieg davontragen, da sie besser organisiert sei, wohingegen die rechte Mitte der kompletten Zersplitterung entgegentaumele. Das neue System mit seiner starken mehrheitswahlrechtlichen Komponente mache es zwingend erforderlich, Wahlbündnisse einzugehen, und für den Moment schien dies der Linken besser zu gelingen – was sich allerdings als Fehleinschätzung entpuppen sollte: Das Linksbündnis konnte sich bis zur Wahl nicht einmal auf einen Spitzenkandidaten einigen. Die wichtigsten Kandidaten für eine Mitte-rechts-Allianz waren zu diesem Zeitpunkt zum einen *die* Aufsteigerpartei der italienischen Politik, nämlich die Lega Nord, die bei Wahlen seit 1990 auf allen Ebenen zugelegt hatte, und zum anderen die Alleanza Nazionale-MSI, die bis dahin aufgrund ihres, vorsichtig ausgedrückt, ungeklärten Verhältnisses zu dem, was man in Deutschland die freiheitlich-demokratische Grundordnung nennen würde und was im italienischen Kontext als *arco costituzionale* bezeichnet wird, als nicht koalitionsfähig galt. Berlusconis Meisterstück bestand nun darin, eine solche Wahlallianz zu schmieden – beziehungsweise sogar deren zwei. So trat die FI im Norden gemeinsam mit der Lega unter dem Namen Polo delle Libertà (Pol der Freiheiten) an und im Süden mit der Alleanza unter dem Namen Polo del Buon Governo (Pol des guten Regierens).

Hier wuchs freilich nicht unbedingt zusammen, was zusammengehörte: Die LN forderte mindestens eine weitgehende Dezentralisierung und machte mit Invektiven gegen Rom und den Süden Politik. Die AN wiederum war eine dezidiert nationalistische Partei, für die Italien als Ganzes den Referenzrahmen darstellte und die zudem ihre Bastionen im Süden hatte. Und auch was das Führungspersonal angeht, schien die Aussicht auf ein Dreierbündnis eher weit hergeholt. Pflegte Berlusconi eine volksnahe Sprache, war die von LN-Chef Umberto Bossi bisweilen pöbelnah. Auch mit seiner Meinung über Berlusconi und den AN-Vorsitzenden Gianfranco Fini hielt er nicht hinterm Berg. Berlusconi, so Bossi noch 1994, sei schlicht »ein Mann der Mafia« und Fini der »Enkel des Duce«: »Wir werden nie mit diesen Faschistenschweinen in eine Regierung eintreten.«[7]

Am Ende waren sich aber auch die Strategen der LN darüber im Klaren, dass man als Einzelliste keine guten Aussichten hatte, wobei im Falle der Lega hinzukam, dass sie ohnehin nur im Norden antrat. Angesichts der Unvermeidbarkeit einer Allianz kalkulierte Bossi dann nüchtern, dass die FI als neue Partei zumindest nicht zur verhassten *partitocrazia* gehörte, mit deren Erben man schlecht Bündnisse schmieden konnte, ohne Glaubwürdigkeit bei der Basis zu verspielen. Dass man letztlich auch mit den Postfaschisten von der AN paktieren musste, versüßte Berlusconi Bossi mit dem Versprechen einer für die LN sehr günstigen Aufteilung der Sitze (70 Prozent), die man im Norden gemeinsam gewinnen würde.

Musste die LN in die Koalition getragen werden, so galt das Gegenteil für die AN, die nichts sehnlicher erhoffte, als durch die Allianz endlich den Paria-Status ablegen zu können, den sie in der Nachkriegszeit als Movimento Sociale Italiano (MSI) fast durchgehend innegehabt hatte. Fini war als Vorsitzender ausdrücklich mit dem Auftrag angetreten, den *inserimento* voranzutreiben, die Integration der Partei in den *arco costituzionale*. Allein zu diesem Zweck hatte man 1993 die AN als eine Art Mantelorganisation beziehungsweise -partei gegründet, um unter diesem Namen die nächsten Wahlen bestreiten zu können. Die FI rannte hier also mit ihrem Angebot offene Türen ein, und auch auf der Führungsebene standen die Dinge von vornherein weitaus günstiger als bei der Nordachse. Der 1952 in Bo-

7 Pino Corrias/Massimo Gramellini/Curzio Maltese, *Colpo Grosso. Storie della storia d'Italia*, Mailand: Baldini & Castoldi 1994, S. 206.

logna geborene Fini war 1993 bei den Bürgermeisterwahlen in Rom angetreten, und obwohl er im zweiten Wahlgang dem Kandidaten der Linken Francesco Rutelli unterlag, hatte er mit knapp vierzig Prozent einen Achtungserfolg erzielt. Vor allem aber hatte Berlusconi vor der zweiten Runde eine klare Empfehlung abgegeben: »Wenn ich in Rom wäre, würde ich sicherlich Fini wählen.« Nicht, dass dies damals große Wellen geschlagen hätte, aber als die Zeit kam, um über Allianzen zu sprechen, erinnerte sich Fini offensichtlich daran. Zudem dürfte die Anbahnung dieser Koalition dadurch begünstigt worden sein, dass sich die jeweiligen Milieus zumindest auf der Spitzenebene nicht fremd waren: Berlusconi war lange Zeit Mitglied in der Geheimloge Propaganda Due (P2), in der sich ein Who's who der politisch-wirtschaftlichen Elite des Landes zusammenfand und deren Orientierung irgendwo zwischen konservativ und neofaschistisch einzuordnen war; das »postfaschistische« Milieu der AN war dem Cavaliere also durchaus vertraut.

Und so traten die drei großen Parteien des Spektrums zwischen rechter Mitte und rechtem Rand in einer konzertierten Aktion zur Wahl Ende März an – und siegten. Am beeindruckendsten war sicherlich, dass die FI mit 21 Prozent aus dem Stand stärkste Partei wurde, aber auch das Ergebnis der Alleanza war für ihre Verhältnisse herausragend. Nachdem sie (noch als MSI) in den Jahrzehnten zuvor kaum mehr als 6 Prozent für sich verbuchen konnte und 1992 lediglich 5,4 Prozent erhalten hatte, steigerte sie sich nun auf 13,5. Sicherlich profitierte sie dabei von der Tatsache, dass sie durch Berlusconis Koalitionsangebot auch für ehemalige DC-Sympathisanten wählbar geworden war. Zu ihrem Erfolg trug aber paradoxerweise auch bei, dass sie bis dahin vom parlamentarischen Betrieb faktisch ausgeschlossen gewesen war: Wenn irgendjemand behaupten konnte, nicht in die Seilschaften der *partitocrazia* verwickelt zu sein, dann zweifellos die AN. Und so war das Bündnis für (fast) alle Beteiligten politisch profitabel: Die AN wurde durch die Zusammenarbeit

Abb. 3: Gianfranco Fini (links), Silvio Berlusconi und Umberto Bossi bei einer Pressekonferenz im Juni 2007 in Rom.

mit der FI als halbwegs »normale« Partei legitimiert, und umgekehrt darf man nicht den Beitrag unterschätzen, den Alleanza und Lega durch ihren radikalen Glanz zum Erfolg Berlusconis leisteten. Schließlich war es keine Selbstverständlichkeit, dass man ihm die nonchalante Inszenierung als unverbrauchte Kraft abnahm, war Berlusconi doch durch und durch ein Geschöpf der Ersten Republik und – wie sich zeigen würde – tief involviert in halb legale und klar illegale Machenschaften. Von den drei größeren Parteien, die letztlich gemeinsam mit zwei rechts-christdemokratischen Splitterparteien die Regierung bildeten, konnte nur die LN nicht sonderlich zufrieden sein: Ihr Stimmenanteil war fast unverändert geblieben, und es deutete sich bereits an, dass ihr mit der FI in Norditalien ein veritabler Konkurrent erwachsen war, was sich in den nur drei Monate später stattfindenden Europawahlen bestätigen sollte: Beflügelt von der Regierungsübernahme übertraf die FI ihren gerade erst aufgestellten Rekord und stieg auf etwas über 30 Prozent, wohingegen die Lega gerade einmal knapp fünf Prozent zulegen konnte.

Für die übergeordnete Fragestellung dieses Buches sind an dieser Zäsur-Wahl, die den Beginn der Zweiten Republik einläutete, insbesondere zwei Punkte relevant. Zum einen kam es zur Umstellung eines tripolaren auf ein bipolares Parteiensystem, wodurch der Raum der rechten Mitte überhaupt erst entstand. Dieser wiederum wurde durch Berlusconis geschickte Bündnispolitik dauerhaft strukturiert: Da die neo- beziehungsweise postfaschistische Alleanza und die aufgrund ihrer xenophoben Positionen allenfalls als Mitte-*rechts*-Partei zu qualifizierende Lega Nord als Teil des Wahlbündnisses und dann der Regierung aufgewertet wurden, reichte dieser Raum ohne irgendwelche Brandmauern praktisch bis zum rechten Rand: »Seit seinem Einstieg in die Politik verwischt Berlusconi die Grenzen zwischen bürgerlich-konservativer Mitte und neofaschistischem rechten Rand systematisch«, hielt denn auch der Schweizer Historiker Aram Mattioli fest.[8] Der Cavaliere selbst leugnete freilich schlicht, dass postfaschistische Politiker wie Fini, der Mussolini noch 1992 als »größten Staatsmann des 20. Jahrhunderts gepriesen« hatte, mit am Kabinettstisch saßen. In einem Interview verkündete er: »Es gibt doch gar keine Faschisten in meiner Regierung.«[9]

Zweitens hatte sich mit dem Erfolg der FI das Modell einer personalisierten Flash-Partei etabliert, das bald auch im Ausland Nachahmer finden sollte. Italienische Parteien waren bis dahin programmatisch ausgerichtet gewesen, und die oft blassen Figuren an ihrer Spitze befanden sich die meiste Zeit im Würgegriff verschiedener Flügel, um von diesen abgesägt zu werden, sobald sie zu populär und/oder zu mächtig wurden.

8 Aram Mattioli, »Tabubruch und Kalkül. Berlusconis Geschichtspolitik zwischen Apologie und Umdeutung«, in: Gian Enrico Rusconi/Thomas Schlemmer/Hans Woller (Hg.), *Berlusconi an der Macht. Die Politik der italienischen Mitte-Rechts-Regierungen in vergleichender Perspektive*, München: Oldenbourg 2010, S. 139-150, S. 145.

9 Zit. n. Hansjakob Stehle, »Nettes über den Duce«, in: *Die Zeit* (3. Juni 1994).

Forza Italia war das Gegenteil: Sie war programmatisch äußerst dünn aufgestellt und trotz Tausender lokaler Klubs allenfalls ein lockerer Verbund, der sich dann aber in Wahlkampfzeiten in einen leistungsstarken Lautsprecher verwandelte, der die ewig gleiche Message verkündete: dass Berlusconi es schon richten würde – wenn man ihn nur ließe. Das Modell der personalisierten Partei war geboren, deren Schicksal untrennbar mit ihrem Führer verbunden bleibt, der im Gegenzug die Partei gewissermaßen als Privatbesitz betrachtet. Im Umkehrschluss implizierte dieses allein auf den Anführer zugeschnittene Organigramm ein, vorsichtig ausgedrückt, überschaubares Maß an innerparteilicher Demokratie. Bezeichnenderweise war diese Führungsstruktur, die man als zumindest proto-autoritär charakterisieren kann, beinahe die einzige Gemeinsamkeit der ansonsten so heterogenen Schwergewichte in der Mitte-rechts-Koalition. Selbst beim anderen großen Bindemittel, dem Antikommunismus, gab es nämlich Differenzen, die deutlich wurden, als ironischerweise ausgerechnet Fini in Reaktion auf Berlusconis Buchgeschenk an seine Delegierten trocken kommentierte, Italien werde derzeit von einer Mitte-links-Koalition regiert, es gebe keinen Kommunismus mehr, und daher sei es auch wenig sinnvoll, eine Politik des Antikommunismus zu betreiben.[10] Im Hinblick auf die strikt hierarchischen Strukturen war die Kongruenz dagegen unübersehbar: Finis Wahl zum AN-Chef fand gut postfaschistisch per Akklamation statt, aber immerhin war es eine Wahl. Bei der LN sollte der Bundeskongress laut Statut alle drei Jahre den Vorsitzenden wählen, doch zwischen 2002 und 2012 trat dieser Kongress kein einziges Mal zusammen, und Bossi blieb einfach Vorsitzender.[11]

10 *Giovanni Valentini,* »L'autogol del Cavaliere«, in: *La Repubblica* (2. März 1998).

11 Vgl. zum Aufbau der LN Duncan McDonnell/Davide Vampa, »The Italian Lega Nord«, in: Reinhard Heinisch/Oscar Mazzoleni (Hg.),

Beide Punkte – das ideologische Kontinuum, das sich bruchlos von der Mitte bis zum rechten Rand erstreckte, und die Entstehung hoch personalisierter Flash-Parteien – hingen auch mit der oben angesprochenen Wahlrechtsreform zusammen. Das Mattarellum, das von den handelnden Akteuren als gelungene Kombination aus Mehrheits- und Verhältniswahlrecht gerechtfertigt wurde, illustrierte, dass der Mittelweg bisweilen auch der schlechteste sein kann. Die Zahl der Parteien blieb im ersten Parlament der Zweiten Republik unverändert hoch – nicht weniger als achtzehn Einzellisten errangen Mandate –, und zwar nicht zuletzt deshalb, weil es die starke mehrheitswahlrechtliche Komponente notwendig machte, möglichst breite Allianzen zu bilden. Dabei war es wiederum zumindest hilfreich, wenn die jeweilige Parteiführung programmatisch nicht zu festgelegt war und sich nicht auch noch das Plazet der Basis holen musste. Sartori kritisierte diese Art von Mischwahlsystem denn auch schon 1994 scharf als ein »hybrides Gebilde, das Bastarde erzeugt«.[12] Und so trug die Reform ihren Teil zur Zerrüttung des Parteiensystems und zur Destabilisierung der Regierungen bei, was die erste Regierung Berlusconi sogleich eindrucksvoll bestätigte, indem sie bereits im Januar 1995 Geschichte war.

Aus den letztendlich nur acht Monaten der Regierung Berlusconi I blieb zwar einiges an *politics* im Sinne parteipolitischer Auseinandersetzungen und Kampagnen, aber nicht viel an *Policy*-Output in Erinnerung – und wenn, dann nicht in besonders guter. Wie nicht anders zu erwarten, tat sich das neue Kabinett, das zu großen Teilen aus absoluten Regierungs- oder gar Polit-Novizen bestand, schwer mit den technischen Erfordernissen

Understanding Populist Party Organisation. The Radical Right in Western Europe, London: Palgrave 2016, S. 105-130.

12 Giovanni Sartori, *Comparative Constitutional Engineering. An Inquiry into Structures, Incentives and Outcomes*, Houndmills: Macmillan 1994, S. 75.

des Regierens. Und der gemeinsame Nenner der überschaubaren Aktivitäten bestand vor allem darin, dass es sich mit großer Regelmäßigkeit um Pro-domo-Politik zugunsten Berlusconis handelte. Zu Beginn stand ein Erlass, der zwar »nur« den Bekannten aus der Baubranche zugutekam, aber dennoch höchst umstritten blieb und erste Zweifel aufkommen ließ, ob der Ministerpräsident tatsächlich für einen Neuanfang stand.[13] Es handelte sich nämlich um eine Amnestie für bestimmte Steuerhinterziehungstatbestände sowie die illegale Errichtung von Gebäuden, was in Italien seinerzeit gängige Praxis war. Zudem sollte die staatliche Bautätigkeit wieder Fahrt aufnehmen, nachdem man viele Projekte im Rahmen der Mani-pulite-Ermittlungen gestoppt hatte, eine Maßnahme, die sich vor allem im Süden und unter AN-Anhängern großer Popularität erfreute.

Doch damit hatten die Kontroversen erst begonnen. Traditionell besetzten die Regierungen die Spitzenpositionen der staatlichen Fernsehsender, und obwohl Berlusconi im Vorfeld gelobt hatte, keinen Einfluss zu nehmen, wurden im Endeffekt nun fünf der sechs größten landesweiten Kanäle von Personen geleitet, die Berlusconi nahestanden. Interessenkonflikte taten sich auch an anderer Stelle auf: Der neue Finanzminister Giulio Tremonti legte eine Gesetzesinitiative vor, die der Fininvest Steuereinsparungen in Millionenhöhe bescherte, was im Rahmen einer angebotsorientierten Wirtschaftspolitik nichts Ungewöhnliches oder Anstößiges ist, wäre da nicht der kleine Schönheitsfehler gewesen, dass Tremonti gleichzeitig als Berlusconis Steueranwalt fungierte.

Ganz allgemein bestand der Schwerpunkt also zumindest gefühlt darin, Berlusconi und sein Firmenimperium vor den Mani-pulite-Untersuchungen zu schützen. Dies beinhaltete regelmäßige verbale Attacken gegen die Strafjustiz in Mailand und anderswo, es blieb aber keineswegs bei reiner Rhetorik. So wollte Berlusconi den frisch gewählten FI-Abgeordneten Cesa-

13 Vgl. zum Folgenden Stille, *Citizen Berlusconi*, S. 173-180.

re Previti zum Justizminister machen, Staatspräsident Scalfaro verweigerte die Ernennung allerdings mit dem Hinweis, dass Previti auch Berlusconis persönlicher Anwalt war. Und als sich die Ermittlungsschlingen immer enger um Fininvest sowie den Berlusconi-Clan legten und zu befürchten stand, dass gegen seinen Bruder Paolo Anklage erhoben würde, ordnete die Regierung kurzerhand per Dekret an, dass bei bestimmten Wirtschaftsdelikten kein Haftbefehl mehr erlassen werden konnte.

Damit war allerdings das Maß voll. Die wütenden Proteste wollten nicht abebben, und vor allem bei der Lega regte sich massiver Unmut, dem Bossi in gewohnt scharfen Formulierungen Ausdruck verlieh: »Anstatt zu regieren, bemüht sich Berlusconi, seine Freunde, Verwandten und Mitarbeiter aus dem Gefängnis zu holen«, wetterte er, kurz nachdem der schon bald als »Rettet-die-Diebe-Dekret« bekannte Erlass Mitte 1994 ergangen war – wobei sowohl Lega als auch Alleanza ihn im Kabinett zunächst abgesegnet hatten. Bossi war sich aber zu diesem Zeitpunkt vermutlich schon im Klaren darüber, dass seine Partei von dieser Regierungsbeteiligung kaum profitieren würde, spielten die Anliegen der LN im Hinblick auf eine föderale Neuordnung doch keinerlei Rolle, was auch am schlechten Verhältnis zwischen Berlusconi und Bossi lag (wohingegen die Anliegen der AN zwar auch keine größere Rolle spielten, Parteichef Fini aber zumindest über einen besseren Draht zum Ministerpräsidenten verfügte). Umgekehrt sprach viel dafür, dass die Koalition der LN immer mehr Schaden zufügte. Vor allem aber wurde die Glaubwürdigkeit der LN mit jeder Aktion, die dem Drehbuch der Ersten Republik zu folgen schien, immer weiter beschädigt. Und so zog Bossi die nächstmögliche Reißleine, die sich ihm schon bald in Form der Nachricht bot, dass nicht nur gegen eine Vielzahl von Fininvest-Mitarbeitern, sondern auch gegen Berlusconi selbst Ermittlungen eingeleitet würden – der *avviso di garanzia* erreichte den Regierungschef passenderweise, als er sich gerade als Gastgeber eines G8-Gipfels zur organisierten Kriminalität in Neapel aufhielt. Wenige Tage später kündigte

Bossi im Dezember 1994 die Koalition auf, und die Regierung musste trotz massiver Versuche Berlusconis, LN-Abgeordnete ins FI-Lager zu locken, zurücktreten.

Am Ende turbulenter Monate stand eine ernüchternde Bilanz: Von den Dingen, die man sich vorgenommen hatte, war eigentlich nichts erreicht worden. Zwar war das BIP gegenüber einem Minus aus dem Jahr 1993 um immerhin zwei Prozent gestiegen, aber massiver Kapitalabfluss hatte letztlich dazu geführt, dass nicht etwa die versprochene eine Million oder auch nur 100 000 Arbeitsplätze geschaffen worden waren, sondern viele verloren gingen, so dass die Arbeitslosenquote sich von 9,8 auf 10,6 Prozent erhöhte. Der Versuch einer neoliberalen Rentenreform war wegen der schlechten Vorbereitung, aber auch wegen des erbitterten Widerstands der Koalitionspartner steckengeblieben, und trotz aller Teilerfolge war die Regierung zumindest vorläufig auch an ihrem gefühlten Kernanliegen gescheitert, Berlusconi vor einer drohenden Anklageerhebung zu bewahren.

Der Cavaliere forderte vehement Neuwahlen, auch weil zu den wenigen erkennbaren inhaltlichen Überzeugungen des FI-Chefs die Vorstellung gehörte, dass demokratische Legitimation ausschließlich direkt über den Demos verliehen werden kann. Doch ein weiteres Mal bewies Präsident Scalfaro einen eigenen Kopf und verweigerte die Auflösung des Parlaments, um stattdessen im Januar 1995 Lamberto Dini, den Schatzminister der zurückgetretenen Regierung, mit der Bildung eines weiteren *governo tecnico* zu betreuen. Am Ende dieser Übergangsphase, in der die Lega die Regierung Dini offen unterstützte und die FI dies zumindest hinter verschlossenen Türen tat, stand bereits Anfang 1996 die Verkündung von Neuwahlen. Für das linke Lager trat der ehemalige Christdemokrat und Wirtschaftsprofessor Romano Prodi an der Spitze der sogenannten Olivenbaum-Koalition an, zu der neben dem postkommunistischen PDS auch die Nachfolgepartei des PSI und der erwähnte Partito Popolare Italiano gehörten. Der Centrodestra musste im Gegensatz zu 1994 auf die LN verzichten, die als separate Liste antrat, was sich als womöglich ausschlaggebender Faktor erweisen sollte. Tatsächlich entschied die Olivenbaum-Koalition die Wahlen im April 1996 knapp für sich.

Bemerkenswert war an diesem Ergebnis einiges. Zunächst schnitt die Lega überraschend gut ab: Sie erhielt etwas über 10 Prozent, und dies, obwohl sie nicht als Teil einer Wahlallianz antrat. Da war aber auch die nicht weniger erstaunliche Performance der FI, die trotz der unablässigen Querelen nicht einmal einen Prozentpunkt verlor und mit 20,6 Prozent nur hauchdünn hinter dem PDS (21,1) landete. Und war 1994 noch die LN hinter den (eigenen) Erwartungen zurückgeblieben, galt dies nun für die Alleanza, die zwar zulegte, in deren Führungsriege man allerdings insgeheim gehofft hatte, sich womöglich gar als stärkste Partei des Centrodestra etablieren zu können, wovon sie mit 15,7 Prozent weit entfernt blieb. Allgemein schien sich das Parteiensystem in Richtung einer bipolaren Struktur mit alternierenden Regierungen zu entwickeln, so dass es den Eindruck hatte, zumindest ein Ziel der Wahlreformen könne erreicht werden.

Mit der Wahl von 1996 begann eine erste Phase des Centrodestra in der Opposition, deren Dynamiken sich insbesondere im Hinblick auf die ehemaligen Juniorpartner der FI als durchaus bemerkenswert erweisen sollten, entwickelten sich diese doch in jenen Jahren in geradezu entgegengesetzte Richtungen.

Lega Nord: Radikalisierung

Zur Lega Nord hatten sich 1989 diverse lokale und regionale Ligen Norditaliens zusammengeschlossen. 1991 übernahm Umberto Bossi, der bereits 1987 für die Lega Lombarda in den Senat gewählt worden war, den Vorsitz. Anders als die FI war die Lega zumindest bis zum Ende der Ära Bossi 2012 alles andere als eine Partei neuen Typs. Nicht zuletzt der 1941 in der Provinz Varese geborene Bossi selbst betonte immer wieder die Bedeutung einer gut organisierten, ideologisch klar ausgerichteten und in der Bevölkerung verankerten Mitgliederpartei.[14] Und tatsächlich konnte die Lega entgegen der allgemeinen Tendenz in westlichen Demokratien ihre Mitgliederzahl steigern: von 112000 1992 auf immerhin 173000 im Jahr 2011. Dabei beinhaltete die Mitgliedschaft weit mehr als die monatliche Überweisung eines Beitrags. Vielmehr wurde hier ein Konzept verfolgt, wie man es sonst von Motorrad-Clubs wie den Hell's Angels kennt: Um Vollmitglied zu werden, muss sich der *prospect*, wie man in der Biker-Sprache sagen würde, nämlich auch anderweitig beweisen, im Wahlkampf aktiv werden, Plakate kleben etc. Erst wenn ein solcher Nachweis der persönlichen Motivation erbracht ist, wird der *socio sostenitore* als Vollmitglied (*socio ordinario militante*) aufgenommen. Bossi wollte politische Überzeugungstäter und keine Opportunisten, und die Partei verfügte dementsprechend über einen ausgeprägten Esprit de Corps. Mit dieser schlagkräftigen Organisation (und auf die Mehrdeutigkeit dieser Charakterisierung wird zurückzukommen sein) gelang Bossi ein nicht zu unterschätzendes Glanzstück. Nachdem die prägenden politischen Subkulturen der Ersten Republik, der (politische) Katholizismus und der Kommunismus, den Erschütterungen der Jahre 1992-94 zum Opfer gefallen waren, schaffte es die LN zumindest partiell, mit dem sogenannten »Leghismo« eine Alternative zu etablieren.[15]

Die Lega begann als Regionalpartei, deren Hauptanliegen in einer Besserstellung des italienischen Nordens bestand. Dementsprechend waren ihre Hauptfeindbilder der aus Rom gelei-

14 Umberto Bossi/Daniele Vimercati, *Vento dal Nord. La mia Lega, la mia vita*, Mailand: Sperling & Kupfer 1992, S. 73f.

15 Daniele Albertazzi, »Going, going, … not quite gone yet? ›Bossi's Lega‹ and the survival of the mass party«, in: *Contemporary Italian Politics* 8/2 (2016), S. 115-130, S. 126.

tete Zentralstaat, der das »produktive Volk« (*popolo produttori*) des Nordens gängele und mit Steuern ausbeute, um diese den faulen *terroni* im Süden zuzuschanzen. Impliziert war in dieser Kritik natürlich eine scharfe Abgrenzung von der *partitocrazia*, weshalb die LN so massiv von der Krise profitierte.

Konkret bestand die Kernforderung der LN in einer föderalen Neuordnung der Staatsstruktur durch eine Unterteilung in drei Großregionen (Norden, Mitte, Süden) mit weitgehenden Autonomie-Rechten, die sich auch auf die Fiskalpolitik erstrecken und interregionale Umverteilungsmechanismen ausschließen sollten. Ein solcher Wettbewerbsföderalismus bringt die grundsätzliche Ausrichtung der LN recht gut auf den Punkt – und zwar in ihrem ganzen Spannungsreichtum. Denn die zwei zentralen Elemente des Leghismo sind auf der einen Seite ein offensiv vertretener wirtschafts-, finanz- und sozialpolitischer Neoliberalismus und auf der anderen Seite ein ebenso dezidierter Kommunitarismus, dem es um Erhalt und Pflege der Kultur des »Nordens« geht. Aber als wäre die Amalgamierung dieser in vielerlei Hinsicht konträren Agenden nicht schon schwierig genug, verschrieb sich die Lega in der Folge des Austritts aus der Berlusconi-Regierung letztlich einer noch ambitionierteren Agenda: Am 15. September 1996 rief Bossi in Venedig die Unabhängigkeit der Bundesrepublik Padanien aus. An die Stelle der Dezentralisierung war das Ziel der Sezession getreten.

Bevor sich die LN »Padanien« für ihren Diskurs aneignete, war der Begriff nur eine geografische Bezeichnung für die Landstriche in der Poebene gewesen.[16] Eine padanische Nation hatte es nie gegeben, weshalb die Lega nun gewissermaßen »Nation-Building« betreiben musste, was auf einer fundamentalen Ebene auf die Paradoxien des Nationalismus, aber gewissermaßen auch auf die des Konservatismus verweist.

16 Vgl. zum Folgenden auch Michel Huysseune, *Modernity and Secession. The Social Sciences and the Political Discourse of the Lega Nord in Italy*, New York/Oxford: Berghahn 2006, S. 169-191.

Halten wir zunächst jedoch fest, dass allein schon diese Agenda des Nation-Building der LN einen Überbau verschaffte, der ungleich reichhaltiger war als die seichten ideologischen Versatzstücke der FI. Eine ganze Infrastruktur entstand, um das Projekt mit Leben zu füllen. Man lancierte die Tagezeitung *Padania*, Zeitschriften wie die *Quaderni Padania* und den Radiosender Radio Free Padania. Dazu kamen die Produktion parteinaher Intellektueller und nicht zuletzt die Reden sowie eine Vielzahl von Büchern des Parteivorsitzenden selbst. All diese intellektuelle Energie sah sich aber dennoch mit der kaum zu überwindenden Hürde konfrontiert, dass Padanien eben keine alte Nation war, die gewissermaßen aus den historischen Quellen, den unverständlichen Dialekten der Alten und den eigentümlichen Gebräuchen, die in den entsprechenden Regionen gepflegt wurden, herauspräpariert werden konnte. Es handelte sich stattdessen trotz aller historischen Anknüpfungspunkten um die Neuerfindung einer Nation, die es nie zuvor gegeben hatte.

Wie erläutert, legt der Konservatismus in seiner substanziellen Dimension erheblichen Wert auf eine normative Natürlichkeit, die sich immer am Rande des naturalistischen Fehlschlusses bewegt, gemäß dem das Existierende auch gut und richtig ist. Die Tragik des Konservatismus besteht dann unter anderem darin, dass das vermeintlich Natürliche sich oftmals nur als explizit artifizielles Konstrukt aufrechterhalten lässt. Im Falle der Lega liegen die Dinge zwar ein wenig anders, aber die Grundproblematik bleibt dieselbe: Padanien sollte den Nimbus der alten, womöglich vergessenen, womöglich unterdrückten Nation für sich reklamieren – der Name der Lega bezog sich auf die Lombardische Liga, in der sich norditalienische Städte im Mittelalter verbündet hatten, um den Eroberungszug des Stauferkaisers Barbarossa aufzuhalten. Doch dieses Projekt konnte nicht darüber hinwegtäuschen, dass es weder Padanien noch eine padanische Sprache jemals gegeben hatte, dass niemand genau sagen konnte, wer und was dazugehören sollte – und dass die norditalienischen Städte über weite Strecken des Hochmittelalters miteinander im Krieg gelegen hatten. Und so traf der Vorwurf der Lega, die italienische Nation existiere gar nicht, das Risorgimento sei eine Eroberungsgeschichte, auf die man im Nachhinein nationalistische Mythen gepfropft habe, zwar durchaus in Teilen zu – wie er auf die Mehrzahl aller Nationenbildungsprozesse zutreffen dürfte –, aber eben auch die LN selbst.

Der Leghismo hatte, so gesehen, teil an der typisch konservativen Paradoxie von Natürlichem und Künstlichem. Das zentrale Unterscheidungsmerkmal zwischen Konservativen und Autoritären besteht wiederum im jeweiligen Politikverständnis und dem daraus resultierenden Verhältnis zum Staat. Legt man diese Kerndifferenz zugrunde, so muss man die separatistische LN wohl dem autoritären Lager zuordnen, denn zwar verfolgte die Lega eine ausgewiesen nationalistische Zielsetzung, aber sie bezog sich eben nicht auf die italienische Staatsnation, sondern auf Padanien, dessen Unabhängigkeit die Auflösung des existierenden Italien voraussetzte. Und auch wenn bisweilen argumentiert wird, es habe sich lediglich um überbordende Rhetorik gehandelt, wenn Bossi etwa schon Anfang 1996 schrieb: »Padaniens Bürger werden sich zusehends ihrer Identität bewußt. [...] Die Auflösung des Staates ist unvermeidbar«,[17] war dies doch mehr als nur Radical Chic: Dass das Projekt Padanien in der zweiten Hälfte der neunziger Jahre gestartet wurde, ging auf das realpolitische Kalkül zurück, dass Italien die Voraussetzungen für die Aufnahme in die Eurozone nicht erfüllen würde, während ein unabhängiges Padanien dies als hoch wettbewerbsfähiger Staat durchaus schaffen könne. In Antizipation der zukünftigen Staatlichkeit wurden 1997 bereits Schatteninstitutionen wie ein padanisches Parlament geschaffen und sogar entsprechende Wahlen abgehalten. Die zutiefst korrosive Grundausrichtung der Sezessionsagenda kam aber vor allem in

17 Umberto Bossi, *Il mio progetto*, Mailand: Sperling & Kupfer 1996, S. 163.

einem anderen Aspekt zum Ausdruck: Unmittelbar nach der Ausrufung Padaniens 1996 wurde die Truppe der Grünhemden gegründet, die als Sicherheitskräfte auf LN-Veranstaltungen fungieren, aber auch als paramilitärische Kräfte in einem etwaigen Sezessionskrieg zum Einsatz kommen sollten – es handelte sich also im buchstäblichen Sinne um eine schlagkräftige Organisation. Nun sind Grünhemden nicht unmittelbar mit Braun- oder – im italienischen Kontext – Schwarzhemden gleichzusetzen, aber ein solcher Schritt lässt sich dennoch schwerlich mit liberaldemokratischen Bekenntnissen vereinbaren.

Damit wenden wir uns noch einmal der Grundspannung zu, die das Programm der LN zumindest in der gesamten Ära Bossi durchzog, die wiederum recht typisch für die Antinomien des Konservatismus in vielen Kontexten ist. Fährt man von Deutschland aus Richtung Toskana oder Mittelmeer, passiert man – zumindest im Frühjahr – blühende Landschaften mit Obstbau, touristischen Attraktionen und den Produktionshallen erfolgreicher kleiner und mittelständischer Betriebe. Dies sind die vergleichsweise wohlhabenden Gegenden des »Third Italy«,[18] das sich laut den Vertretern dieses Konzepts mit seiner von kleinen Industriebetrieben geprägten Wirtschaftsstruktur sowohl vom ökonomisch rückständigen Süden wie auch von der Schwerindustrie und den Großkonzernen des Nordwestens unterscheidet – und zwar auf höchst erfolgreiche Weise: Das Pro-Kopf-BIP lag 2020 in fast allen Regionen des »Dritten Italien« über dem europäischen Durchschnitt, im Mezzogiorno dage-

18 Vgl. die klassischen Beiträge zum Konzept des Dritten Italien: Franco Bianchini, »The Third Italy: Model or myth?«, in: *Ekistics* 58/350-351 (1991), S. 336-345; »Requiem for the Third Italy? Rise and fall of a too successful concept«, in: *Entrepreneurship & Regional Development* 10 (1998), S. 93-116; vgl. in neuerer Zeit Francesco Bartolini, »Back to a future civilization: Cities and countryside in the ›Third Italy‹«, in: *Urban History* 48 (2021), S. 108-124.

gen – teils erheblich – darunter.[19] Diese reichen Gegenden Norditaliens sowie die entsprechenden Milieus sind die Stammlande der Lega. Und wie ähnliche Gebiete im Schwarzwald oder in Bayern sind sie geprägt von einer nicht immer widerspruchsfreien Mischung aus neoliberalen und kulturkonservativen Ansichten. So stand die LN denn ebenfalls für niedrige Steuern, Bürokratieabbau, prinzipiell auch für eine Öffnung für internationale Märkte sowie insbesondere für einen umverteilungsfeindlichen Neoliberalismus, wobei es dabei – eine italienische Besonderheit – auch oder insbesondere um die Umverteilung vom »produktiven« Norden in den »faulen« Süden ging. Schon hier wird freilich deutlich, dass der Neoliberalismus im Fall der Lega auf eine ganz spezielle Weise mit einem kulturkonservativen Kommunitarismus, tja, legiert ist. Die ökonomischen Positionen hatten insofern immer eine sozusagen identitätspolitische Basis, als sie auf einer Reihe von Gegensätzen wie Norden vs. Süden und Moderne vs. Vormoderne aufruhten. Die Werte des Nordens hätten dabei direkt aus Max Webers *Die protestantische Ethik und der Geist des Kapitalismus* stammen können: Fleiß, Leistungsbereitschaft, Disziplin, Sparsamkeit und unternehmerische Findigkeit. All dies in Verbindung mit einer Industriekultur, in deren Mittelpunkt kleine bis mittlere Familienbetriebe stehen. Das propagierte Bild des rückständigen Südens konnte sich dabei auch auf einschlägige Literatur stützen, in die etwa der US-amerikanische Politikwissenschaftler Edward C. Banfield 1958 den Begriff des »amoralischen Familismus« eingeführt hatte, den er in einem süditalienischen Dorf identifiziert zu haben glaubte: Hier paare sich unverbrüchliche Loyalität gegenüber der Familie und dem Clan mit einem tiefen Misstrauen gegenüber dem Staat, wodurch kooperatives kol-

19 Vgl. dazu die entsprechenden Daten auf der Website von Eurostat sowie N. N., »Wohlstand in Italien: Reicher Norden, armer Süden«, *Der Informationsdienst des Instituts der deutschen Wirtschaft* (20. Dezember 2021).

lektives Handeln immens erschwert werde. Zu einer ähnlichen, im Vokabular des Sozialkapitals vorgetragenen Diagnose gelangte dreißig Jahre später Robert Putnam, der daraus massive Defizite in der politischen Kultur ableitete.[20] Die LN-Spitze nahm solche Befunde dankbar auf, um zu unterstreichen, dass der Süden genau genommen dem afrikanischen Kulturkreis angehöre.

Dies ist alles andere als eine Randnotiz, lieferte dieser Kontrast der Lega doch nicht nur die Begründung für die Ablehnung inneritalienischer Umverteilung und ihre separatistischen Neigungen, sondern auch für ihre migrationskritische und zumindest in Teilen explizit rassistische Positionierung, womit wir bei einer weiteren Kernkomponente der LN-Ideologie wären, nämlich dem bereits erwähnten ausgeprägten Kommunitarismus. Ein zentrales Anliegen der Lega bestand erklärtermaßen darin, die padanische Kultur und Tradition zu schützen, was insbesondere beinhaltete, die Integrität der Gemeinschaft nicht durch den Zuzug »Kulturfremder« zu gefährden. Das Ideal war das einer homogenen Gemeinschaft, die nicht nur auf geteilten ökonomischen Interessen, sondern tatsächlich auf geteilten Lebensformen beruht. Diese Betonung der kulturellen Homogenität lässt auf eine überschaubare Wertschätzung eines politisch-kulturellen Pluralismus schließen, was den Eindruck einer in vielerlei Hinsicht eher autoritären Grundausrichtung verstärkt.

Damit zeigt sich hier aber geradezu paradigmatisch der Widerspruch, der Konservative seit je und in unterschiedlichen Kontexten geplagt hat: Einerseits will man vermeintlich natürlich gewachsene kulturelle Biotope und Traditionen bewahren; andererseits bekennt man sich zu Unternehmertum und freier

20 Vgl. Edward Banfield, *The Moral Basis of a Backward Society*, New York: Free Press 1958; Robert Putnam/Robert Leonardi/Raffaella Nonetti, *Making Democracy Work. Civic Traditions in Modern Italy*, Princeton: Princeton University Press 1993.

Marktwirtschaft. Allerdings entfaltet der Kapitalismus eine Dynamik der »schöpferischen Zerstörung« (Joseph Schumpeter), die »alles Stehende und Ständische« verdampfen lässt und »die alle chinesischen Mauern in den Grund schießt« (Friedrich Engels und Karl Marx). Neben Kriegen und Naturkatastrophen kann man sich jedenfalls kaum eine disruptivere Kraft wie jene Art von hartleibigem Neoliberalismus vorstellen, den auch die LN vertrat. Tatsächlich stand die Lega der neunziger Jahre der ökonomischen Globalisierung ja durchaus positiv gegenüber. Gleichzeitig sorgte man sich aber um die homogenisierenden Effekte dieser Globalisierung, vor denen das zukünftige Padanien geschützt werden müsse. Für Euro und Europa, das man sich gut gaullistisch als eines der Vaterländer vorstellte, fühlte man sich zwar bestens gerüstet, gleichwohl behielt man sich aber auch protektionistische Maßnahmen vor, um die norditalienische Wirtschaftskultur zu schützen. Die scharfe Ablehnung süditalienischer und außereuropäischer Einwanderung schließlich brachte die LN auf Konfrontationskurs mit Akteuren, die sie eigentlich zu ihren natürlichen Verbündeten zählte: die norditalienischen Unternehmer und ihre Verbände, die bisweilen händeringend nach Arbeitskräften suchten, aber auch die katholische Kirche, die zwar nicht einhellig, aber doch überwiegend die einwanderungskritischen Positionen der LN verurteilte.

In diesem fragilen Konstrukt aus Neoliberalismus und Kommunitarismus kommt der Familie eine wichtige Brückenfunktion zu. Zum einen befindet sich die LN natürlich auf ureigenstem konservativen Terrain, wenn der Schutz der Familie angemahnt wird, da es sich hier um die »Keimzelle der Gesellschaft« handele, »wo die ersten Antikörper gegen Immoralität entwickelt werden«.[21] Zum anderen steht die Familie für das die norditalienische Wirtschaft prägende mittelständische Unternehmen, und so lässt sich der Topos auch neoliberal ausbuchstabieren:

21 Bossi/Vimercati 1993, *Vento dal Nord*, S. 178.

»Aus Sicht der Lega ist die Gemeinschaft des Nordens um das strukturiert, was sie als die natürlichen Zellen der Gesellschaft ansieht: die Familie und den Betrieb.«[22] Dies kann freilich nicht darüber hinwegtäuschen, dass der umverteilungsfeindliche Neoliberalismus seinen Tribut forderte, der im Zweifelsfall von den »doppelt vergesellschafteten« padanischen Müttern erbracht werden musste, die neben einem Beruf auch noch die Care-Arbeit zu schultern hatten. So sprach sich die Lega zwar für das Recht auf freien Zugang zum Arbeitsmarkt für Frauen aus; andererseits vertrat sie aber eine patriarchale Idee hinsichtlich der »besonderen« Stellung und Schutzbedürftigkeit der »Mutter«, hinter der die »Frau« bisweilen zu verschwinden schien.[23] Überhaupt spielte die Mutter im Ensemble der patriarchalen Familie auch insofern eine zentrale Rolle, als es vor allem die Mütter sind, die die kindliche Sozialisation prägen und dementsprechend auch die padanischen Traditionen weitergeben sollen. Folglich sind politische Organisationen wie die LN darum bemüht, zumindest ein gewisses Maß an Kontrolle über Frauen/Mütter und ihre Entscheidungen zu gewinnen.[24] Im Fall der Lega implizierte das unter anderem eine – zudem durch katholische Glaubensvorstellungen überdeterminierte – Parteinahme für den »Lebensschutz«, etwa wenn es um Schwangerschaftsabbrüche geht. Darüber hinaus ergibt sich aus dem patriarchal-heteronormativen Familienideal eine klare Ablehnung im Hinblick auf LGBT-Rechte sowie die Ehe für alle, die in Italien mit dem Gesetz zur gleichgeschlechtlichen Partnerschaft 2017 eingeführt wurde.

Auf die Rolle, die traditionelle christliche Moralvorstellun-

22 Huysseune, *Modernity and Secession*, S. 189.

23 Vgl. grundsätzlich zum Verhältnis von Neoliberalismus und Sozialkonservatismus Melinda Cooper, *Family Values. Between Neoliberalism and the New Social Conservatism*, Princeton: Princeton University Press 2017.

24 Vgl. dazu Nira Yuval-Davis, *Gender and Nation*, London: Sage 1997.

gen auch jenseits der Familien- und Geschlechterpolitik für die Lega spielen, und wie diese Rolle sich nach dem Ende der Ära Bossi gewandelt hat, komme ich weiter unten noch einmal zu sprechen. An dieser Stelle können wir aber festhalten, dass die LN in ihrer padanischen Phase einerseits geradezu lehrbuchartig konservative Paradoxien und Widersprüche verkörperte, die in der spannungsreichen Verbindung von Neoliberalismus und Kommunitarismus wurzeln, und dass sie mit dem Ziel einer womöglich illegalen, gegebenenfalls gewaltsam durchzusetzenden Sezession sowie dem Beharren auf kultureller Homogenität bestenfalls einen konservativen Grenzfall darstellte. Mit einem Bein stand sie auf dem Terrain des Konservatismus, mit dem anderen war sie im Raum des Autoritären verwurzelt.

Alleanza Nazionale: Entradikalisierung

Radikalisierte sich die Lega Nord mit ihrem Padanien-Projekt immer weiter, war die AN nach wie vor darauf erpicht, endlich den *inserimento* zu schaffen, wobei mit der Regierungsbeteiligung 1994 bereits ein großer Schritt aus der Paria-Ecke getan war, in der die Vorgängerpartei Movimento Sociale Italiano jahrzehntelang gesteckt hatte. Der MSI war 1946 mit dem expliziten Ziel gegründet worden, das Erbe des Faschismus am Leben zu erhalten und gleichzeitig die beiden Flügel der Bewegung miteinander zu versöhnen: die vergleichsweise moderateren Regierungsfaschisten, zu denen auch die monarchienostalgischen Milieus des Südens gehörten, auf der einen und die radikalen Bewegungsfaschisten auf der anderen Seite.[25] Wichtigster Repräsentant des letzteren Flügels war Giorgio Almirante, der in Mussolinis kurzwährender Italienischen Sozialrepublik im Ministerium für Volkskultur gearbeitet hatte und 1946 Grün-

25 Vgl. zu dieser Terminologie Renzo De Felice, *Intervista sul fascismo*, Bari: Laterza 1976.

dungsvorsitzender des MSI gewesen war. In den fünfziger Jahren dominierten dann aber vergleichsweise moderate Strömungen, wobei jeder Versuch, Anschluss an den Rest des Parteiensystems zu finden, mit Rechtsabspaltungen beantwortet wurde. So verließ etwa 1956 eine sozialrevolutionär-antikapitalistische Fraktion um Pino Rauti den MSI, um den Ordine Nuovo zu gründen, der sich ab den späten sechziger Jahren zu einer rechten Terrororganisation entwickelte. Als Almirante dann 1969 erneut die Parteispitze übernahm, holte er Rauti in die Führungszirkel zurück, womit der radikale Flügel weiter gestärkt wurde.[26] Politisch blieb man freilich auch weiterhin trotz gelegentlicher Wahlerfolge weitgehend marginalisiert. Als Almirante 1987 zur Wiederwahl antrat, verlor er – allerdings nicht gegen Rauti, der eigentlich als starker Mann der Partei galt, sondern gegen Gianfranco Fini, den Leiter der Parteijugend. Dieser agierte aber zunächst ohne Fortune, so dass er den Vorsitz umgehend an Rauti abgeben musste. Doch als die Partei unter seiner Leitung desolate Wahlergebnisse zu verzeichnen hatte, erhielt Fini 1991 eine zweite Chance, die er ganz offensichtlich zu nutzen gedachte. Die neue Führung ließ denn auch keinen Zweifel daran, dass sie im Chaos des Umbruchs zwischen Erster und Zweiter Republik ein einmaliges strategisches Fenster zur Neupositionierung sah. Zu diesem Zweck gründete man 1993 die Alleanza Nazionale als Mantelorganisation für eine rechte Sammlungsbewegung inklusive einiger monarchistischer Gruppen, um unter dem Namen Alleanza Nazionale-MSI bei den Wahlen 1994 antreten zu können. Der Erfolg gab Fini recht, und so folgte – unmittelbar nach dem Ende der ersten Berlusconi-Regierung – der Doppelkongress von Fiuggi im Januar 1995, auf dem zunächst der MSI offiziell aufgelöst wurde, um dann die AN als Partei aus der Taufe zu heben.

26 Vgl. zur Entwicklung des MSI Markus Grimm, *Die problematische Neuerfindung der italienischen Rechten. Die Alleanza Nazionale und ihr Weg in die Mitte*, Wiesbaden: Springer VS 2016, S. 107-113.

Fiuggi sollte eine klare Zäsur signalisieren und verdeutlichen, dass die AN sich zu einer postfaschistischen Partei geläutert hatte. Es wäre übertrieben, hier von einer Kehrtwende zu sprechen, da man auf die Strategie des *inserimento* schon seit längerer Zeit gesetzt hatte. Aber wenn ich eine gewisse Nonchalance beim Räumen lange vertretener Positionen als eine typisch konservative Charakteristik beschrieben habe, dann trifft dies auch auf die AN-Führung zu. Schließlich war es Fini gewesen, der noch bei seinem ersten Amtsantritt als MSI-Chef unmissverständlich behauptet hatte: »Die faschistischen Ideale sind ewig, unangreifbar und mehr als reine Geschichte.«[27] Und als sich 1992 Mussolinis »Marsch auf Rom« jährte, hielt der MSI in der Hauptstadt eine Massenkundgebung inklusive Schwarzhemden und römischem Gruß ab.[28]

Zu diesem Zeitpunkt waren die Weichen allerdings bereits in Richtung Repositionierung gestellt, auch wenn der Parteichef dabei stets darauf achtete, die Basis nicht zu sehr vor den Kopf zu stoßen. So war es sicherlich kein Zufall, dass Fini nach seinem Achtungserfolg bei den Bürgermeisterwahlen in Rom 1993 ausgerechnet zum fünfzigsten Jahrestag des Fosse-Ardeatine-Massakers, bei dem die SS 1943 335 italienische Zivilisten und Widerstandskämpfer ermordet hatte, eine Rede hielt. Der Anlass war damit einerseits antinazistisch konnotiert, er konnte aber auch im Sinne der AN-Geschichtspolitik gedeutet werden, gemäß der vor allem der Nationalsozialismus, weniger aber der italienische Faschismus als moralisch verwerflich anzusehen ist. Jedenfalls sprach Fini bei dieser Gelegenheit erstmals von einer postfaschistischen Bewegung, und auch wenn der genaue Gehalt dieses Begriffs nebulös blieb – und bis heute geblieben

27 Zit. n. Piero Ignazi, »From neo-fascists to post-fascists? The transformation of the MSI into the AN«, in: *West European Politics* 19/4 (1996), S. 693-714, S. 704.

28 Vgl. Grimm, *Die problematische Neuerfindung der italienischen Rechten*, S. 251.

ist –, signalisierte seine Verwendung doch den Versuch, den Faschismus als eine abgeschlossene Epoche zu historisieren. Der Kongress von Fiuggi sollte diesen und viele andere, in den Worten des Kongresspräsidenten Franco Servello, »schmerzhafte, aber notwendige« symbolpolitische Schritte nun ratifizieren.

Welche Gratwanderung die Parteiführung hierbei zu bewältigen hatte, lässt sich an einer Vielzahl von Passagen des neuen Programms ablesen. Zwar distanzierte man sich nachdrücklich von politischer Gewalt sowie jeglicher Form des Rassismus und erteilte auch dem Totalitarismus eine klare Absage. Dieser Begriff war aber nicht von ungefähr gewählt, da man sich damit zum einen eine explizite Auseinandersetzung mit dem historischen Faschismus und der eigenen neofaschistischen Vergangenheit ersparte, die geneigte Basis dies aber auch so interpretieren konnte, dass es nicht um Faschismus, sondern die eigentlichen Totalitarismen Nationalsozialismus und Kommunismus ging. Gerade für die hier vorgenommene konzeptionelle Rahmung ist allerdings ein anderes diskursives Manöver von höchstem Interesse. Der MSI hatte nie einen Hehl daraus gemacht, dass es sich in der geistigen Tradition von Jungkonservativen wie Carl Schmitt oder Julius Evola verortete. Im neuen Programm fanden sich alternative Bezugnahmen, gleichzeitig wurden aber auch hier goldene Brücken gebaut. So distanzierte man sich eben nicht von den autoritären und umstürzlerischen Traditionen der Konservativen Revolution, sondern argumentierte, der Umsturz habe in Form des Zusammenbruchs der Ersten Republik bereits stattgefunden, so dass nun der Moment gekommen sei, am Neuaufbau des zukünftig Erhaltenswerten mitzuwirken – ein eleganter Weg, um das revolutionäre Postulat der eigenen Tradition nicht negieren zu müssen, sondern einfach als erledigt anzusehen. Dies schlug sich in weiteren semantischen Nuancierungen nieder: An die Stelle der Forderung nach einer »Überwindung des Regimes« trat der Anspruch, eine »Alternative zum System« darzustellen; dieses »System« wiederum wurde dahingehend spezifiziert, dass damit nun das »sistema partitocrazia« gemeint war und nicht länger das liberaldemokratische System schlechthin.[29]

Wie kaum anders zu erwarten, überzeugte der neue Kurs nicht die gesamte Basis, auch wenn die überwiegende Mehrzahl der Delegierten von Fiuggi ihm ihr Plazet gab. So kam es zur Abspaltung einer Gruppe um Pino Rauti, die die Verbürgerlichung ablehnte und in der Folge die Fiamma Tricolore gründete, die sich eindeutig zum neofaschistischen Erbe bekannte. In gewisser Weise war dies aber durchaus hilfreich für die Strategie des *inserimento*, da die Alleanza nun glaubhaft behaupten konnte, sich der radikalen Elemente aus dem früheren MSI entledigt zu haben. Dass es mit dieser vermeintlichen Entradikalisierung zumindest unterhalb der Führungsriege nicht sonderlich weit her war, zeigt allerdings eine Umfrage unter den Kongressteilnehmern. Dabei stimmten 61 Prozent der Aussage zu, dass der Faschismus trotz einiger fragwürdiger Entscheidungen ein insgesamt gutes Regime gewesen sei. Die Liste der wichtigsten Autoren für die Bildung der Jugend wurde angeführt von Giovanni Gentile, dem »Theoretiker des Faschismus«, gefolgt von Mussolini selbst und immerhin auf dem fünften Platz – nach Nietzsche und Machiavelli – Julius Evola. Und trotz aller dezidiert anti-antisemitischer Bekenntnisse der Führung war beinahe die Hälfte der Befragten (47,2 Prozent) der Meinung, die Juden verfügten über zu viel Finanzmacht. »Angesichts der Umfrageergebnisse«, so der Politikwissenschaftler Piero Ignazi, »wäre es unzutreffend, von der AN als einer Partei zu sprechen, die nichts mehr mit dem Faschismus zu tun hätte.«[30] Schärfer – aber nicht ganz zutreffend – formulierte es Romano Prodi kurz vor der Wahl 1996. Dass die AN nun geläutert sei, bezeichnete der Spitzenkandidat der Linken als »Unsinn«. In Finis Partei habe »es keine Abspaltung gegeben wie beim

29 Ebd., S. 157.

30 Ignazi, »From neo-fascists to post-fascists?«, S. 708. Hier findet sich auch eine Auflistung der damaligen Umfrageergebnisse.

Wandel der Kommunisten zur Demokratischen Linken. Er hat die alten Faschisten nicht verloren, die Führungskader nicht ausgetauscht, sondern nur ein Symbol überpinselt.«[31]

Der Reformkurs sollte auch in Zukunft umstritten bleiben, doch zumindest mittelfristig hielt Fini an seiner Strategie fest, was nicht zuletzt dadurch ermöglicht wurde, dass die zentralisierte Struktur dem Vorsitzenden beträchtliche Machtfülle einräumte. So gab es für Fini kaum institutionalisierte Rechenschaftspflichten, während beispielsweise die Mitglieder des Parteivorstands auf seinen Vorschlag hin ernannt wurden. Innerparteilicher Dissens artikulierte sich vor allem durch die Formierung von Flügeln beziehungsweise Faktionen, wobei es Fini allerdings bis kurz vor der Fusion der AN mit der FI zu Il Popolo della Libertà (Das Volk der Freiheit, PdL) 2009 gelang, diese Strömungen so geschickt gegeneinander auszuspielen, dass man von einem bonapartistischen Regime sprechen kann, das allerdings hinter der Alleinherrschaft eines Berlusconi oder Bossi zurückblieb.

Für Fini stand fest, dass die AN sich nach der skandalumwitterten Kurzamtszeit der ersten Berlusconi-Regierung in einer aussichtsreichen Position befand, um nicht nur in die Familie der legitimen Parteien aufgenommen zu werden – dieses Ziel war mit tatkräftiger Hilfe des Cavaliere bereits erreicht worden –, sondern gar die Vorherrschaft über den Centrodestra zu erlangen. Die LN hatte sich padanischen Abenteuern zugewandt, Berlusconi stand unter Anklage, und seine am PR-Reißbrett entworfene Flash-Partei lief Gefahr, bald ohne Kopf dazustehen. Finis Alleanza hingegen hatte kaum mit Skandalen zu kämpfen – so man die Existenz einer neo-/postfaschistischen Partei nicht an sich schon als Skandal betrachten will. Er selbst war telegen und hob sich mit seiner ruhigen, geradezu bedäch-

31 Romain Leick/Valeska von Roques, »›Wir müssen ans andere Ufer‹«, Interview mit Romano Prodi, in: *Der Spiegel* (14. April 1996).

tigen Art zu reden ab von den anderen mehr (Berlusconi) oder weniger (Bossi) sympathischen Dampfplauderern an der Spitze des Centrodestra. Und so trieb die AN-Führung die Vermittung der Partei weiter voran, indem sie als nächsten Schritt die vom MSI geerbten wirtschafts- und sozialpolitischen Positionen einer Revision unterzog. Der MSI war diesbezüglich unmissverständlich etatistisch und nach altem faschistischem Vorbild korporatistisch ausgerichtet gewesen. Auf dem Programmparteitag von Verona 1998 verordnete die Führung der Partei dann aber eine nicht zu knapp bemessene Liberalisierungsdosis; mit neuen Vorstellungen wie der einer »sozialen Marktwirtschaft« wollte man der wirtschaftsliberalen FI Konkurrenz machen und den Fokus auf Nation und Vaterland hinter sich lassen. Komplementiert wurde dies durch eine Familienpolitik, die durchaus anschlussfähig an alte MSI-Traditionen und um ein eher traditionelles Frauenbild und die Kernfamilie herum gebaut war. Im Gegensatz etwa zur LN gab es hier aber einen eindeutig natalistischen Einschlag, das heißt, Familienpolitik wurde insbesondere vor dem Hintergrund der demografischen Tatsache verhandelt, dass Italien eine der weltweit niedrigsten Geburtenraten aufweist, so dass die Unterstützung von Familien (mit Kindern) zum Schlüssel für das Weiterbestehen einer ethnokulturell verstandenen Nation erhoben wurde. Immerhin rang sich die Alleanza in ihren zentristischsten Momenten zu dem für eine postfaschistische Partei doch recht bemerkenswerten Eingeständnis durch, dass die Regeneration der Familie auch seitens der Männer einen Mentalitätswandel erfordere: Diese müssten »die Hausarbeit mit Frauen zu gleichen Teilen übernehmen«, heißt es etwa im Programm von Verona aus dem Jahr 1998.[32]

Vervollständigt wurden das sozialkonservative Profil und der demografisch sensibilisierte Blick der Alleanza durch eine

32 »Rimetti in cammino la speranza nell'Italia«, Programm der Alleanza Nazionale vom Parteitag in Verona 1998, S. 84.

explizit religiös geprägte Perspektive auf die Unterscheidung einer »Kultur des Lebens« und einer »Kultur des Todes«, wie sie auch von der katholischen Kirche vertreten wurde. Wesentlich dezidierter als die FI, aber auch die LN, die dieses Politikfeld erst später für sich entdecken sollte, deutete die AN diese Themen in Übereinstimmung mit dem Vatikan zu einer Frage aus, die nicht nur die Norm der heteronormativen Familie und die scharfe Opposition gegenüber Schwangerschaftsabbrüchen betraf, sondern grundsätzlicher den Umgang mit menschlichem Leben. Was das Framing angeht, sind hier Passagen aus der »Werte-Charta der AN« interessant, einem Quasi-Programm, das Parteichef Fini im März 2000 vorstellte. Die Ablehnung von Biotechnologien und entsprechenden Eingriffen wurde hier aus dem Widerstand gegen den Totalitarismus und dessen Anspruch abgeleitet, den »neuen Menschen« zu schaffen:

> Nach dem Sieg über den Kommunismus ist die Manipulierung des Menschen nicht verschwunden, nur ihre Operationsweise hat sich gewandelt. Die neue Front des Totalitarismus ist die Biotechnokratie. Wurde gestern der Mensch in Lagern und Gulags umgeformt, so bedarf es heute nur der Modifikation seiner DNA.[33]

Fini warf alles in die Waagschale, um der FI den Rang abzulaufen, und trieb die AN im Vorfeld der Europawahl 1999 sogar in eine Allianz mit der eher in der linken Mitte angesiedelten Partei Mario Segnis. Damit hatte er den Bogen jedoch überspannt, und die Wahlen 1999 wurden zur programmatisch-strategischen Zäsur – nicht nur für die AN, sondern auch für die Lega. AN und Patto Segni verloren gegenüber ihren separaten Ergebnissen von 1994 mehr als fünf Prozentpunkte. Noch härter traf es die padanischen Vorkämpfer für ein Europa der Regionen: Die LN landete bei noch nicht einmal fünf Prozent. Für beide

33 Carta dei valori di Alleanza Nazionale (4. März 2000), S. 1.

Parteien stand danach fest, dass man strategische Irrwege beschritten hatte. Die LN verwarf das Projekt Padanien, die AN profilierte sich nicht länger als Vorkämpferin der sozialen Marktwirtschaft und kehrte zurück zu Vaterland und Nation – und beide begannen, sich zähneknirschend mit der Vorstellung anzufreunden, bei den turnusgemäß 2001 anstehenden Parlamentswahlen wieder in einem Bündnis mit Berlusconis FI anzutreten.

2. Casa delle Libertà: Die Rückkehr des Centrodestra an die Macht

Die FI war während der Oppositionszeit keineswegs untätig geblieben und fest entschlossen, die anstehenden Kommunal-, Europa- und zuletzt die für 2001 angesetzten Parlamentswahlen zu gewinnen. Berlusconi selbst hatte das Maximum aus seinen begrenzten Möglichkeiten als Oppositionsführer gemacht, indem er zunächst einmal seine eigene Position an der Spitze der FI festigte. Doch dann warfen ausgerechnet die Wahlgewinner der Olivenbaum-Koalition Berlusconi eine Rettungsleine zu, indem sie einen erneuten Anlauf unternahmen, die Verfassungsreform voranzubringen. Zu diesem Zwecke wurde eine Kommission gebildet, der PDS-Chef Massimo D'Alema und Gianfranco Fini als Stellvertreter vorsaßen. Natürlich hatte diese Initiative nur dann Aussicht auf Erfolg, wenn Berlusconi mitzog, und dieser machte keinen Hehl daraus, dass der Preis mindestens im Schutz von Fininvest vor einer möglichen Zerschlagung und seiner eigenen Protektion im Hinblick auf die anhängigen Verfahren bestand. D'Alema lieferte beides und legte noch etwas drauf, indem man die Mani-pulite-Untersuchungen langsam auslaufen ließ. Trotz aller Konzessionen brach Berlusconi die Verhandlungen dann jedoch 1998 unvermittelt ab und schaltete in den Wahlkampfmodus.

War die FI schon 1994 eine gut geölte Maschine gewesen, so war sie am Ende der Dekade eine Waffe, die den politischen Gegner in publizistischen Materialschlachten in die Knie zwingen konnte: Zwar verlor die FI bei der Europawahl 1999 gegenüber ihrem herausragenden Ergebnis von 1994 etwa fünf Prozentpunkte, sie wurde aber dennoch stärkste Partei und lag stolze acht Punkte vor dem zweitplatzierten PDS. Der klare Sieg lässt sich auf viele Faktoren zurückführen, aber ganz sicher gehörte dazu, dass die FI nicht weniger als 803 TV-Spots produzieren ließ – und die Linke keinen einzigen.[1]

Und so steuerte man links und rechts der Mitte in sehr unterschiedlichen Gefühlslagen auf die Wahlen 2001 zu. Kommentatoren bescheinigten dem Olivenbaum-Bündnis zwar, solide regiert zu haben; vor allem war es unter der energischen Führung des Ökonomie-Professors Prodi allen – selbst vom Chef der italienischen Zentralbank geäußerten – Unkenrufen zum Trotz tatsächlich gelungen, Italien auf die Maastricht-Kriterien zu trimmen. Dieser Kraftakt hätte zur Trumpfkarte werden können, doch unmittelbar nachdem Italien offiziell in den Euro-Kreis aufgenommen worden war, stolperte Prodi über eine verlorene Vertrauensabstimmung und musste im Oktober 1998 zurücktreten, um danach umgehend das Amt des europäischen Kommissionspräsidenten zu übernehmen. In der Folge verlor die Regierung ihren Elan, D'Alema blieb als Chef zweier Kabinette glücklos, und zuletzt wurde gar Giuliano Amato in den Palazzo Chigi zurückgeholt. Mit dem ehemaligen Craxi-Vertrauten wollte das linke Lager jedoch nicht in den Wahlkampf ziehen, und so kürte man den römischen Bürgermeister Francesco Rutelli zum Spitzenkandidaten. Dieser verfügte allerdings über keinerlei Amtsbonus, und die Links-Regierung scheiterte auch im Wahlkampf an dem, was ihr schon in den Jahren zuvor nicht gelungen war, nämlich der Etablierung eines Narrativs, in das die vielfältigen Veränderungen in diversen Bereichen von der Bildungs- bis zur Rentenpolitik eingeordnet werden konnten. Es waren »Reformen ohne Reformismus«, wie es Gianfranco Pasquino seinerzeit ausdrückte.[2]

1 Vgl. Stille, *Citizen Berlusconi*, S. 243.

2 Vgl. Gianfranco Pasquino, *Critica della sinistra italiana*, Rom: Laterza 2001; vgl. zur Ausgangslage vor den Wahlen 2001 und den Ergebnissen

Letztlich blieb somit nur ein Thema übrig, das den gesamten Wahlkampf prägte – und zwar auf beiden Seiten: Berlusconi! Die Linke arbeitete sich an dem Schreckgespenst Berlusconi ab, Mario Segni diffamierte ihn kurzerhand als Terroristen, und Linksintellektuelle um Norberto Bobbio veröffentlichten ein Manifest, in dem sie vor Berlusconi als Gefahr für die italienische Demokratie warnten und eine moralische Pflicht apostrophierten, seinen Wahlsieg zu verhindern. Die FI wiederum, die mittlerweile zu einer breit aufgestellten Organisation mit Präsenz in der Fläche gereift war und 2000 nicht weniger als 300 000 Mitglieder zählte, setzte ebenfalls alles auf den Cavaliere. Lokale Kandidaten wurden angehalten, auf Plakaten nicht mit ihrem, sondern ausschließlich mit dem Konterfei des Chefs zu werben. Doch damit nicht genug. Nachdem die Linke ihre Lektion aus dem Fernsehwahlkampf 1999 gelernt und TV-Spots schlichtweg verboten hatte, reagierte Berlusconi mit einer spektakulären Aktion: Einige Wochen vor der Wahl fanden etwa 15 Millionen Haushalte ein kleines Paket in ihrem Briefkasten, das ein 127-seitiges Büchlein mit dem Titel *Una Storia Italiana* enthielt: die mit vielen Fotos illustrierte Lebensgeschichte Berlusconis. Hier war jemand zu besichtigen, der sich zum Tycoon hinaufgearbeitet hatte, der dabei aber auch ein Mann des Volkes geblieben war, zutiefst menschlich, familienorientiert und nicht nur mit einem spitzbübischen Humor, sondern auch mit ungewöhnlicher Intelligenz und allerlei anderen bemerkenswerten Fähigkeiten gesegnet: »Er kennt und erkennt alle Arten von Bäumen, Blumen und Sträuchern. Er liebt es, sie mit ihren lateinischen botanischen Namen zu nennen.«[3]

Kampagnen und Gegenkampagnen schaukelten sich immer weiter hoch, und am 26. April 2001 war der Kulminationspunkt erreicht, als der *Economist* in seiner Titelgeschichte mit

auch Pasquino, »The Italian national elections of 13 May 2001«, in: *Journal of Modern Italian Studies* 6/3 (2001), S. 371-387.

3 Zit. n. Stille, *Citizen Berlusconi*, S. 248.

Blick auf Berlusconi fragte: »Fit to run Italy?« Es handelte sich um eine eher rhetorische Frage, denn angesichts der zwielichtigen Geschäftsverbindungen und vor allem der massiven Interessenkonflikte könne, so der *Economist*, niemand ernsthaft behaupten, dass es sich um einen geeigneten Kandidaten handele. Der Artikel, der akribisch die Verfehlungen Berlusconis auflistete, sorgte international für Furore, und ähnliche Dossiers erschienen in kurzer Folge auch in anderen europäischen Printmedien. In der italienischen Öffentlichkeit kippte nun allerdings die Stimmung; man verbat sich dermaßen scharfe Einlassungen und gezielte Einflussnahmen auf den Wahlkampf. Der ehemalige Fiat-Boss und Senator auf Lebenszeit Gianni Agnelli brachte es trotzig auf den Punkt: »Italien ist keine Bananenrepublik.« Damit war das Anti-Berlusconi-Momentum gebrochen, und dieser landete wiederum den abschließenden Coup, indem er einige Tage vor dem Wahltermin vor laufenden Fernsehkameras seinen »Vertrag mit Italien« vorstellte, in dem er sich auf fünf mehr oder weniger konkrete Maßnahmen festlegte, die er innerhalb der nächsten Legislaturperiode umsetzen werde: Alle Steuern sollten auf 33 Prozent gesenkt, die Kriminalität erheblich reduziert, die Mindestrente auf umgerechnet ca. 500 Euro erhöht, die Arbeitslosenrate durch die Schaffung einer Million neuer Jobs halbiert und massive öffentliche Investitionen getätigt werden. Sollte er nicht mindestens vier der fünf Punkte implementiert und damit den Vertrag nicht erfüllt haben, werde er in fünf Jahren nicht mehr antreten.

Am 13. Mai 2001 fuhr Berlusconi einen furiosen Wahlsieg ein. Und der lakonische Titel des *Economist* »Ein Triumph für Berlusconi, aber nicht für Italien« war nicht zuletzt insofern zutreffend, als es tatsächlich in erster die Linie die FI Berlusconis war, die gewonnen hatte – und zwar nicht weniger als drei Millionen Stimmen gegenüber 1996. Ihr Erfolg war der alles entscheidende Faktor für den Sieg der Casa delle Libertà (Haus der Freiheiten, CdL), zu der neben LN und AN auch noch die postchristdemokratische Biancofiore gehörte. Die Ergebnisse von Berlusconis Juniorpartnern ließen sich freilich zwischen ausbaufähig und desaströs einordnen: Die Biancofiore halbierte ihre Stimmen gegenüber 1996 und landete bei knapp über 3 Prozent, die AN verlor beinahe 4 Punkte auf 12 Prozent, und die LN stürzte nach ihrem Höhenflug 1996 (10 Prozent) so tief ab, dass sie mit 3,9 Prozent als eigenständige Partei an der Vier-Prozent-Hürde gescheitert wäre. Doch wie üblich war über die Sitzverteilung innerhalb des Bündnisses schon im Vorfeld verhandelt worden, und so kam die LN immerhin noch auf 43 Mandate; auch die anderen Partner erhielten einen überproportionalen Sitzanteil. Der Sieg der CdL war eindeutig, sie verfügte nun über Mehrheiten in beiden Kammern, wobei sie an absoluten Stimmen gegenüber 1996 sogar verloren hatte und sich nur deshalb durchsetzte, weil die Linke weder den Patto Segni noch die Postkommunisten von der RC in ihre Allianz einzubinden vermocht hatte. Damit bestätigte sich zum einen die Tendenz in Richtung eines alternierenden Bipolarismus, da sich nun zum zweiten Mal ein Regierungswechsel zwischen Links und Rechts vollzog – woran Berlusconi bis zuletzt Zweifel geweckt hatte, indem er suggerierte, die Linke werde niemals friedlich die Macht abgeben. Zum anderen hatte der CdL mit den komfortablen Majoritäten in beiden Kammern ein klares Mandat und die Möglichkeit, nach der kurzen Episode 1994 tatsächlich eine Politik der rechten Mitte ins Werk zu setzen.

Allerdings waren die Spannungen innerhalb des Centrodestra keineswegs verschwunden, auch wenn sie nun unter veränderten Vorzeichen wiederauflebten. Nachdem Bossi sich 1994 als Opposition gegen den Rest der Regierung inklusive Berlusconi inszeniert hatte, unternahm er im Rahmen der CdL eine Kehrtwende. Orchestriert von Giulio Tremonti, dem zukünftigen FI-Finanzminister, der als Bindeglied zur Lega fungierte, unterzeichneten Bossi und Berlusconi eine gemeinsame Erklärung, in der beide Loyalität gegenüber der Agenda der jeweils anderen Partei gelobten: Bossi unterstützte Berlusconi bei seinem Kampf gegen etwaige Regulierungen des Mediensektors und einen vermeintlich übermächtigen Justizapparat; im Gegenzug versprach Berlusconi, das Projekt einer Dezentralisierung wohlwollend zu begleiten, das nun federführend beim Minister für Reform und Devolution in spe Umberto Bossi angesiedelt war. Dieser »Achse des Nordens«, personifiziert von den drei Lombarden Berlusconi, Tremonti und Bossi, die man schon bald des Öfteren beim gemeinsamen Abendessen sah, stand die »Achse des Südens« aus AN und Biancofiore gegenüber, die vor allem aus LN-Perspektive Repräsentanten des »alten« Systems waren, sich zudem als energische Streiter für die Belange des Südens gerierten und bei aller neu entdeckten Begeisterung für die soziale Marktwirtschaft aufseiten des AN weit entfernt waren von den neoliberalen Vorstellungen von FI und Lega. Doch auch wenn er so nicht länger ein privilegiertes Verhältnis zu Berlusconi für sich reklamieren konnte, eroberte Fini immerhin das Amt des stellvertretenden Ministerpräsidenten, dessen Respektabilität auch auf die AN abfärbte.

Angesichts dieser eher antagonistischen Strukturierung überrascht es nicht, dass die Regierung von Beginn an von internen Reibereien gekennzeichnet war, wobei sich schnell ein Muster herauskristallisierte: Für die LN war die erneute Regierungsbeteiligung ein Wagnis, hatte sie doch über Jahre hinweg im Namen Padaniens gegen Rom agitiert – zu dessen Teil sie nun gewissermaßen geworden war. Die Strategie, um dieses Wagnis zu meistern, bestand offensichtlich darin, sich abermals als Opposition in der Regierung zu inszenieren, doch da man nun an der Seite der FI positioniert war, konnte sich dies nur in Angriffen auf die »Achse des Südens« äußern. Nach zwei bis drei Runden einer solchen Auseinandersetzung schritt dann typischerweise Berlusconi ein, um zu schlichten und den Segen innerhalb des »Hauses der Freiheiten« wieder zurechtzurücken.

Zu diesen Reibereien kam eine beträchtliche personelle Fluktuation: Renato Ruggiero, ein hervorragend beleumundeter Karrierediplomat, war von Berlusconi unter anderem als Außenminister berufen worden, um bei den Spitzen der Wirtschaft zu punkten. Nachdem vor allem Bossi und Tremonti mit immer schärferen Invektiven gegen den Euro auffielen, trat der überzeugte Europäer Ruggiero aber nach gerade einmal sechs Monaten im Januar 2002 zurück; im selben Jahr musste Innenminister Claudio Scajola gehen. Um umfangreiche Kabinettsumbildungen zu vermeiden, übernahm Berlusconi den Posten des Außenministers kurzerhand selbst. Man lehnt sich sicher nicht zu weit aus dem Fenster, wenn man vermutet, dass diese Episode in den internen Chroniken des Außenministeriums eher kurz ausfällt, produzierte sie doch eine schier endlose Reihe von Momenten, die nicht nur Kopfschütteln, sondern massive Fremdscham auslösten. Er vergaloppierte sich mit schrillen Gesten und zotigen Witzen, die auf dem internationalen Parkett nicht so gut ankamen. Um die festgefahrenen Verhandlungen über den Europäischen Verfassungsentwurf wieder in Gang zu bringen, schlug Berlusconi denkwürdigerweise vor, man könne sich doch zur Auflockerung der Stimmung über Fußball und Frauen unterhalten: »Gerhard«, wandte er sich an Bundeskanzler Schröder, »Sie waren viermal verheiratet, was können Sie uns über Frauen sagen?«[4] Berühmt wurde schließlich auch Berlusconis Ausfall gegen den damaligen Fraktionschef der Sozialisten im Europäischen Parlament Martin Schulz. Nachdem dieser ihn im Juli 2003 scharf angegriffen hatte, erwiderte Berlusconi, er kenne einen Regisseur, der einen Film über die Konzentrationslager drehe, und Schulz sei für die Rolle des Aufsehers perfekt geeignet.[5] Das Amt des Außenministers ging

4 Zit. n. Stille, *Citizen Berlusconi*, S. 301.

5 Nach dem Ausfall gegen Schulz war die internationale Empörung einmal mehr groß, und auch der *Economist*, der eine Art Privatfehde mit dem Cavaliere auszutragen schien, stimmte erneut in die Kritik ein. Daraufhin begaben sich zwei Journalisten des konservativen britischen Magazins *The Spectator* in Berlusconis Domizil auf Sardinien, wo sie vom Ministerpräsidenten persönlich mit Vanille- und Pistazieneis bewirtet wurden. Die konkreten Vorwürfe überlasse man den »vertrock-

2004 dann im Übrigen an Fini, der damit für sich und seine Partei den Gipfel der Seriosität erlangte.

Umberto Bossi, der Minister für institutionelle Reformen, wiederum erlitt im März 2004 einen Schlaganfall und kämpfte anschließend mit erheblichen Sprechproblemen. Im Juli schied er aus der Regierung aus. Die personellen Turbulenzen erfassten schließlich noch einen weiteren Protagonisten der »Achse des Nordens«: Wirtschafts- und Finanzminister Tremonti. Aufgrund seiner dezidiert neoliberalen Ansichten war Tremonti der »Achse des Südens« von jeher ein besonderer Dorn im Auge gewesen. Diese nutzte die krankheitsbedingte Absenz Bossis, um gegen Tremonti zu schießen und mehr Mitspracherechte in der Haushaltspolitik zu erlangen. Berlusconi gab schließlich nach und entließ Tremonti – allerdings nur, um ihn nach einer erzwungenen Neubildung der Regierung 2005 zurückzuholen. Doch trotz aller personalpolitischen Turbulenzen hielt sich der Cavaliere etwa 1400 Tage am Stück im Amt – länger als jeder andere Ministerpräsident seit dem Zweiten Weltkrieg.

Generell wurde der Mitte-rechts-Regierung am Ende der Legislaturperiode 2006 kein sonderlich gutes Zeugnis ausgestellt. Die eher linksgerichtete *La Repubblica* drückte es etwas drastischer aus und sprach von »fünf desaströsen Jahren«.[6] Inmitten

neten Taschenrechnern« von der liberalen Konkurrenz, man selbst wolle klären, ob »Signore Berlusconi insgesamt eine positive Kraft für Italien, Europa und die Welt« insgesamt sei. Das Urteil: Ja, er mochte seine Fehler haben, aber »for the time being« sei es doch besser, ihn mit seinem Programm weitermachen zu lassen, immerhin sei er – mit einer Formulierung aus F. Scott Fitzgeralds *The Great Gatsby* – im Vergleich zu seinen Kritikern »better than the whole damn lot of them«. Maßgeblich verfasst hatte diesen Artikel kein anderer als Boris Johnson, der uns im Großbritannien-Teil noch ausführlich beschäftigen wird; Boris Johnson/Nicholas Farrell, »Forza Berlusconi!«, in: *The Spectator* (6. September 2003).

6 N.N., »Cinque anni disastrosi«, in: *La Repubblica* (7. April 2006).

der allgemeinen Tristesse schien es aber zumindest einen Lichtblick zu geben: den Arbeitsmarkt.

Tatsächlich sprach die Statistik im Hinblick auf die Entwicklung seit 2001 eine recht positive Sprache. Sowohl die Erwerbsquote insgesamt als auch die Frauenerwerbsquote nahmen zu, wenn sie sich auch nach wie vor bestenfalls im europäischen Mittelfeld bewegten. Auffällig war aber insbesondere die Reduzierung der Arbeitslosenrate. Was war geschehen? Vor allem FI und LN drängten auf eine entschlossene Liberalisierung des Arbeitsmarktes in Kombination mit den typischen Instrumenten der Angebotspolitik, nämlich insbesondere Steuersenkungen, wie es ja auch im »Vertrag mit Italien« versprochen war. Mit ihren deutlichen Mehrheiten in beiden Kammern war die CdL dabei grundsätzlich in der Lage, eine ambitionierte Reformpolitik zu verfolgen, wobei es allerdings auch nicht zu unterschätzende Restriktionen gab: die »Achse des Südens« und ihre Opposition gegenüber neoliberalen Reformen, die Beharrungskräfte des italienischen Wohlfahrtskapitalismus und last but not least die Zwänge des Maastricht-Regimes. Gerade Letzteres setzte Steuersenkungen enge Grenzen, da hierfür Wirtschaftswachstum und entsprechende Mehreinnahmen notwendig waren, um die Kriterien nicht zu verletzen. So musste man es bei der Streichung der Erbschaftssteuer belassen, bezeichnenderweise eine Maßnahme, die in erster Linie gut situierten Milieus zugutekommt.

Blieb also noch die Reform des Arbeitsmarktes, die in eine Zeit fiel, die im Nachhinein als Zenit des Neoliberalismus erscheint, da er in diesen Jahren tatsächlich prägend für den Zeitgeist links und rechts der Mitte war: In Großbritannien hatte New Labour längst den Umbau von Welfare- zu Workfare-Regimen umgesetzt, und in Deutschland wurde die rot-grüne »Agenda 2010« auf den Weg gebracht. Und tatsächlich hatte in Italien bereits die linke Vorgängerregierung Schritte unternommen, um die tendenziell duale Struktur des Arbeitsmarktes aufzubrechen, auf dem gut geschützte Insider (vor allem jungen und weiblichen) Outsidern mit erheblich schlechteren Chancen gegenüberstanden. Der Berlusconi-Regierung ging es aber charakteristischerweise nicht nur darum, bestimmte Schrauben weiter zu drehen, sondern auch um die Signalwirkung des großen Wurfs. Die von ihr 2001 präsentierte Agenda stützte sich auf ein Weißbuch des Arbeitsrechtlers Marco Biagi, das unter anderem den Vorschlag einer selektiven Aussetzung von Artikel 18 der Charta der Arbeitnehmerrechte enthielt, laut dem Betriebe mit über fünfzehn Beschäftigten Angestellten nicht grundlos kündigen konnten. Aus liberaler Perspektive galt dies als Hemmschuh für Unternehmen, die vor Neueinstellungen zurückschreckten. Vor allem hatte Artikel 18 aber eine überragende symbolische Bedeutung, und so war es wenig überraschend, dass das Weißbuch heftig Reaktionen auslöste.

Im März begann die Gewerkschaft CGIL, Massenproteste zu organisieren, die zusätzliche Brisanz erhielten, als Biagi unmittelbar vor einer Demonstration mit zwei Millionen Teilnehmern im März 2002 einem Attentat der Roten Brigaden zum Opfer fiel. Nur wenige Wochen später folgte ein Generalstreik, womit die Regierung in ihre Schranken gewiesen war. Nachdem der LN-Arbeitsminister tripartistische Verhandlungen anfangs der Legislaturperiode noch vollmundig zum Auslaufmodell erklärt hatte, kehrte man an den Tisch mit Arbeitnehmern und Arbeitgebern zurück. Letztendlich blieb Artikel 18 unangetastet, die Gewerkschaften mussten jedoch diverse Konzessionen machen.[7] Diese veränderten Rahmenbedingungen dürften auch zur zumindest quantitativ halbwegs positiven Gesamtbilanz der Arbeitsmarktpolitik beigetragen haben. Zwar erwies es sich als völlig illusorisch, die Arbeitslosenquote zu halbieren, doch immerhin gelang eine Senkung von 9,1 Prozent im Jahr 2001 auf 6,8 Prozent 2006.

7 Thomas Schlemmer, »Berlusconis Jobwunder? Arbeitsmarktpolitik zwischen pfadabhängiger Kontinuität und neoliberaler Reform«, in: Rusconi/ders./Woller (Hg.), *Berlusconi an der Macht*, S. 63-82, S. 76.

Auch in einer weiteren Hinsicht verblieb das Regime im Rahmen des kontinental-südeuropäischen Modells des Wohlfahrtskapitalismus: Zwar bekannte man sich in der Regierung parteiübergreifend immer wieder zur überragenden Bedeutung der Familie, die daher besonderen Schutz verdiene, doch die materielle Unterstützung etwa für alleinerziehende Mütter war vergleichsweise karg bemessen. Stattdessen diente die Familie vor allem als Sicherungsnetz für den lückenhaften Sozialstaat, so dass in erster Linie Frauen die doppelte Bürde der (vermehrten) Erwerbs- und der unentgeltlichen Care-Arbeit auferlegt bekamen. Angesichts des zumindest zwiespältigen Frauenbildes, wie es vornehmlich die LN vertrat, stand auch nicht ernsthaft zu erwarten, dass die Centrodestra-Regierung daran etwas Grundlegendes ändern würde.[8]

Erwähnenswert ist an dieser Stelle aber eine Initiative im Geist des oben erwähnten familienpolitischen Sozialkonservatismus, der vor allem das ideologische Profil der AN (und in geringerem Maße der LN) prägte. Im Gegensatz zu vielen anderen Themen blieb es dabei nicht bei reiner Rhetorik, denn schon ganz zu Beginn der Legislaturperiode brachte die Regierung ein Gesetz ein, das bis dahin in einer Grauzone angesiedelte Prozeduren und Techniken wie etwa die künstliche Befruchtung kodifizieren sollte. Dabei ging es strategisch nicht zuletzt um eine engere Partnerschaft mit dem Vatikan, die sich unter anderem an der zeitweisen Allianz zwischen Berlusconi und Camillo Ruini, dem Generalsekretär der italienischen Bischofskonferenz, festmachen lässt.[9] Der Entwurf bezog sich insbesondere auf die In-vitro-Fertilisation, darüber hinaus auch auf

8 Vgl. hierzu auch den instruktiven Überblick von Elisabetta Ruspini, »Role and perceptions of women in contemporary Italy«, in: Andrea Mammone/Ercole Giap Parini/Giuseppe A. Veltri (Hg.), *The Routledge Handbook of Contemporary Italy. History, Politics, Society*, London: Routledge 2015, S. 64-76.

9 Vgl. hierzu Massimiliano Livi, »The Ruini system and ›Berlusconismo‹: Synergy and transformation between the Catholic Church and Italian

Präimplantationsdiagnostik und Stammzellenforschung. Letztere sollten untersagt, die In-vitro-Fertilisation an strenge Bedingungen geknüpft werden. Das Verfahren zog sich über drei Jahre hin, und auch nachdem das Gesetz schließlich verabschiedet worden war, blieb es Gegenstand von Kontroversen. Die Radikale Partei initiierte nämlich mit Unterstützung weiter Teile der Linken ein Referendum, da man in dem Gesetz einen ersten Schritt hin zu einer Infragestellung des Rechts auf Abtreibung sah. Das Referendum im Juni 2005 scheiterte allerdings – weil es das notwendige Quorum von 50 Prozent der Wahlberechtigten weit verfehlte: Ruini und die italienische Bischofskonferenz hatten im Gegensatz zu früheren Referenden über Ehescheidung und Schwangerschaftsabbruch, als man die Katholiken erfolglos gebeten hatte, dagegen zu stimmen, schlicht dazu aufgerufen, nicht teilzunehmen.

Festzuhalten ist jedenfalls, dass das umstrittene Gesetz eine Kernintuition betrifft, die sich aus dem Konzept einer normativen Natürlichkeit ergibt, nämlich die Vorstellung einer Unverfügbarkeit bestimmter Bereiche, die nicht zur menschlichen Disposition gestellt sein dürfen. Und zwar selbst dann nicht, wenn es wissenschaftlich möglich erscheint und wenn, wie im Fall der Stammzellenforschung, das Potenzial medizinisch-therapeutischer Innovationen besteht. Dass sich die restriktive Linie hier durchsetzen konnte, ist insofern bemerkenswert, als sich im Kosmos des Konservatismus eine Vielzahl von Akteuren zu ähnlichen bioethischen Positionen bekennen, diese dann jedoch typischerweise auf dem Altar des kapitalistisch getriebenen Fortschritts opfern.

Die Außen- und Europapolitik wurde während der Amtszeit der CdL-Regierung vor allem von zwei Themen bestimmt: den Anschlägen vom 11. September 2001 und der Einführung des Euro. Das Portfolio wurde dabei, wie erwähnt, 2002 über

politics in the ›Second Republic‹«, in: *Journal of Modern Italian Studies* 21/3 (2016), S. 399-418.

einige Monate hinweg von Berlusconi als Ministerpräsident und Außenminister in Personalunion verantwortet. Um den Kurs nach 9/11 gab es in vielerlei Hinsicht heftige Konflikte. War die italienische Außenpolitik seit der Nachkriegszeit stark auf Europa und den europäischen Einigungsprozess fixiert, so schwebte Berlusconi eine prominentere Rolle im Konzert der Weltmächte vor. Zu diesem Zweck suchte Berlusconi nun zum einen die Nähe des seit Mai 2000 amtierenden russischen Präsidenten Wladimir Putin, der damals schon einen Vernichtungskrieg in Tschetschenien führte, aus westlicher Perspektive aber dennoch als grundsätzlich reformorientiert und deutlich kalkulierbarer eingeschätzt wurde als sein bisweilen erratischer Vorgänger Boris Jelzin. Ähnlich wie Gerhard Schröder setzte Berlusconi auf das Modell der Männerfreundschaft mit Putin, der sich bald ein Anwesen auf Sardinien zulegte und mit Berlusconi in regelmäßigen Abständen auch abseits der großen Gipfel zusammentraf. Weitaus umstrittener war, wie sich Berlusconi gegenüber der anderen Weltmacht positionierte. Hatten die Europäer den Afghanistan-Krieg noch einhellig mitgetragen, so spaltete der Angriff auf den Irak den Kontinent: Großbritannien reihte sich ein in die Koalition der Willigen, wohingegen Frankreich und Deutschland jegliche aktive Beteiligung ablehnten. Berlusconi befand sich so in einer Zwickmühle, denn einerseits wollte er die Erwartungen der Amerikaner nicht enttäuschen, andererseits waren weder seine Koalitionspartner noch die Öffentlichkeit darauf erpicht, bei der Operation Iraqi Freedom mitzuwirken – in Umfragen sprachen sich bis zu 90 Prozent dagegen aus. Letztlich optierte Berlusconi ähnlich der deutschen Regierung für einen Kompromiss: Italien würde zwar weder Material noch Truppen beisteuern, aber die amerikanischen Militäranlagen auf italienischem Boden dürften ohne jede Einschränkung auch für den Irak-Krieg genutzt werden.

Komplizierter noch stellte sich die Europapolitik dar, wo sich ein Wandel vollzog, der Jahre später im Kontext der Eurozonenkrise in einer scharf konturierten innenpolitischen Konfliktlinie resultieren sollte. Wie erläutert, begriff sich Italien von jeher als einer der Integrationsmotoren Europas, und der möglichst rasche Beitritt zur Währungsunion war Konsens über weite Teile der politischen Landschaft hinweg bis hin zur LN. Als dann aber der Beitritt auf der Grundlage harter Einsparungen von einer Mitte-links-Regierung geschafft worden war, ging der Centrodestra beinahe geschlossen auf Distanz. Nicht nur habe Italien unter Prodi einen viel zu hohen Preis in Form von Sparprogrammen und Steuererhöhungen entrichtet, jetzt zeige sich, dass »Prodis Euro«, von dem etwa Finanzminister Tremonti immer wieder sprach, der Wirtschaft schade: Der Euro lasse der Zentralbank keinerlei Spielraum zur Förderung der Wettbewerbsfähigkeit, so dass der italienischen Exportwirtschaft durch die von Frankfurt aus verwaltete Hartwährung der Wind aus den Segeln genommen würde. Die entsprechenden Klagen kamen nicht nur von der FI; schon damals gerieten die Eurokraten verstärkt ins Fadenkreuz der LN, die ihre Ambivalenz gegenüber Globalisierung und Europäischer Gemeinschaft abgelegt hatte und nun der protektionistischen Seite zusehends Priorität einräumte. Bossi wetterte: »Wir werden von China angegriffen. Wir müssen den Begriff des ›Protektionismus‹ enttabuisieren.«[10] Die LN, die sich noch einige Jahre zuvor so sicher gewesen war, dass ein agiles, vom Klotz Roms und des Mezzogiorno befreites Padanien sich als eigenständiges Mitglied der Währungsunion im globalen Wettbewerb behaupten würde, begann nun, in Richtung eines diskursiven Framings umzusteuern, das Angst anstelle von Zuversicht säte. Die Koalitionspartner von der FI verhielten sich gewohnt ungreifbar, denn einerseits war Berlusconi durchaus daran gelegen, sich als großer Europäer zu inszenieren. Andererseits war Außenpolitik für ihn mindestens zur Hälfte auch Außenwirtschaftspolitik, in der es darum ging, Absatzmärkte zu erschließen und Di-

10 Zit. n. Enrico Bonerandi, »Bossi invoca dazi contro la Cina«, in: *La Repubblica* (17. August 2003).

rektinvestitionen ins Land zu holen, was als Teil der Eurozone nicht unbedingt einfacher geworden war. Dementsprechend sparte auch Berlusconi nicht mit Spitzen gegen Europa, die dann zum erwähnten Rücktritt des Außenministers führten. Von den drei Protagonisten der CdL war es ausgerechnet die AN, die nicht in die Kritik einstimmte.[11] Zwar neigte auch die Alleanza zur Vorstellung eines Europas der Vaterländer,[12] doch gerade im Programm von 2002 finden sich recht emphatische Worte zum Einigungsprozess, der die Wunden des politischen und militärischen Bürgerkriegs des 20. Jahrhunderts heilen und letztlich in einer Konföderation mit harmonischen Identitäten und konzentrischen Souveränitäten münden solle, die »Einheit in Vielfalt« garantiere.[13] Dies klingt natürlich nach konventioneller Europalyrik, aber es hebt sich jedenfalls deutlich von FI und LN ab, die sich selbst in Sonntagsreden nur selten zu solchen Visionen durchringen konnten. Nachdem die Europapolitik zwischenzeitlich zum politischen Zankapfel geraten war, überraschte der Wahlkampf am Ende der Legislaturperiode dann jedoch durch die völlig Abwesenheit des Themas, was insofern bemerkenswert war, als Berlusconi hier abermals auf den gerade von seinem Posten als Kommissionspräsident zurückgekehrten Prodi traf. Für beide Seiten schien »Europa« durchaus erfolgsträchtig besetzbar, aber selbst im TV-Duell erwähnten weder der Ministerpräsident noch sein Herausforderer das Thema auch nur ein einziges Mal. Es war das letzte Mal, dass Europa in italienischen Wahlkämpfen de facto keinerlei Rolle spielte.

11 Vgl. zu den europapolitischen Positionen der AN Grimm, *Die problematische Neuerfindung*, S. 161-184.

12 Vgl. dazu ausführlich Gianfranco Fini, *Un'Italia civile*, Interview mit Marcello Staglieno, Mailand: Ponte alle Grazie 1999.

13 »Vince la patria. Nasce l'Europa«, Parteiprogramm, vorgestellt auf dem Parteitag in Bologna 2002, S. 17-18.

Der Registerwechsel von der Zuversicht, ein prosperierendes Italien schaffen zu können, die noch den Wahlkampf der FI geprägt hatte, zu einer Politik der Angst, den wir schon im Diskurs der LN verzeichnen konnten, schlug sich auch im einzigen Gesetzesvorhaben nieder, bei dem die zentralen Antagonisten der CdL, Bossi und Fini, tatsächlich kooperierten, nämlich dem 2002 verabschiedeten Einwanderungsgesetz, das nach seinen Hauptsponsoren im Parlament auch Bossi-Fini-Gesetz genannt wird. AN und LN vertraten in unterschiedlichem Maße einwanderungsskeptische Positionen, und die aufgeheizte Großwetterlage nach 9/11 sowie das nicht zuletzt dadurch gewachsene Sicherheitsbedürfnis in der Bevölkerung – das vom Centrodestra zusätzlich befeuert wurde – öffneten ein Möglichkeitsfenster für eine Verschärfung des Einwanderungsregimes, die sich die Koalition ans Revers heften wollte. Schließlich hatte Berlusconi eine merkliche Reduzierung der Kriminalität versprochen, und war das schon nicht ohne Weiteres möglich, so konnte als Ersatz zumindest der Zuzug von Migranten begrenzt werden. Hinzu kamen kulturelle Überfremdungsängste, die nicht zuletzt mit Verweis auf die vermeintlich überstürzte EU-Osterweiterung geschürt wurden, wodurch »Millionen« von Sinti und Roma ins Land kämen. 2006 lebten nach offiziellen Schätzungen etwa dreieinhalb Millionen Ausländer in Italien, davon ungefähr 750000 illegal. Damit lag man ziemlich genau im europäischen Durchschnitt, von einer »Einwanderungsflut« konnte also allenfalls bedingt die Rede sein – aber bekanntlich zählt in diesen Politikbereichen oftmals eher der gefühlte Eindruck. Jedenfalls nahm das Bossi-Fini-Gesetz tatsächlich einige Verschärfungen vor. Aufenthaltsgenehmigungen wurden noch enger daran geknüpft, dass Einwanderer legale Jobs vorweisen konnten, Abschiebungen sollten forciert werden, und beim Stellen eines Antrags auf Aufenthaltsgenehmigung wurden die Fingerabdrücke der Bewerber digital festgehalten. Es sollte ein deutliches Signal an die Basis des Centrodestra, aber auch an potenzielle Einwanderer sein: Hier präsentierte sich eine Regierung, die Recht und Ordnung an der Grenze scharf ausbuchstabierte und zum Schutz der eigenen Bevölkerung unnachgiebig durchzusetzen gewillt war. Zur Regierung gehörten aber auch die Post-Christdemokraten der mittlerweile in UDC umbenannten Biancofiore, denen das Gesetz zu weit ging. Und so wurde es durch eine großangelegte Amnestie komplementiert, die etwa 650 000 »Illegalen« den Weg in die Legalität ebnete – die größte Aktion dieser Art in der italienischen Geschichte.

Die Widersprüche des neuen Regimes waren also durchaus bemerkenswert: Einerseits ließ man die Marine zumindest symbolisch vor Italiens Küsten kreuzen (nur zehn Prozent der irregulären Migranten wählen den Seeweg), andererseits »belohnte« man bereits im Land befindliche Einwanderer mit der Legalisierung; einerseits wurde Immigration vehement problematisiert, andererseits sah das Gesetz großzügige Ausnahmeregelungen für Saisonarbeiter und haushaltsnahe Dienstleistungen vor. Angesichts solcher Manöver ist bisweilen von einer »simulativen Politik« die Rede, die nur vorgibt, sich um die »Sorgen und Nöte« der Bevölkerung zu kümmern, und dabei gewissermaßen auf das stillschweigende Einverständnis ebendieser Bevölkerung zählen kann – eine Art Komplizenschaft in den geteilten Lebenslügen.[14]

Insbesondere für die LN war die Einwanderungspolitik ein in höchstem Maße zwiespältiges Terrain. Zum einen hatte man sich im Gegensatz zur Alleanza auf eine vor dem Hintergrund der demografisch-politökonomischen Verhältnisse völlig irreale Position kapriziert. Während die AN zwar keinen Zweifel daran ließ, dass Immigration eine Vielzahl von Problemen schaffe und reguliert werden müsse, aus rein ökonomischen Gründen aber unabdingbar »für das schiere Überleben Italiens« sei, behauptete die Lega, Italien benötige schlicht keine Einwande-

14 Vgl. Anna Cento Bull, »Lega Nord: A case of simulative politics?«, in: *South European Society and Politics* 14/2 (2009), S. 129-146.

rung, da genug Italiener einen Job suchten. Zum anderen ging die Partei mit ihrer rigiden Haltung auf direkten Konfrontationskurs mit der norditalienischen Wirtschaft, die in vielen Fällen händeringend nach qualifizierten Arbeitskräften suchte.[15] So ließ sich Nicola Tognana, der Präsident der Industrievereinigung Venetiens, pikanterweise in der Parteizeitung des AN mit den Worten zitieren: »Die Einwanderungspolitik der LN repräsentiert uns nicht.«[16] Dass Tognana im *Secolo d'Italia* mit der LN abrechnen durfte, war im Übrigen kein Zufall, denn obwohl man noch vor Jahresfrist gemeinsam am umstrittenen Bossi-Fini-Gesetz gefeilt hatte, witterte Fini, dass die Migrationsfrage die Möglichkeit bot, die AN als zentristisches Gegenbild zu einer vermeintlich in einer Radikalisierungsspirale gefangenen Lega zu präsentieren. Folgerichtig schlug Fini umgehend vor, Einwanderern, die sechs Jahre in Italien gelebt hatten und einer legalen Beschäftigung nachgingen, das Kommunalwahlrecht zu gewähren. Dass der Vorstoß die LN zur Weißglut bringen und auch beim Rest der CdL keinerlei Chancen haben würde, hatte Fini zweifellos antizipiert. Doch die Initiative sollte eben das Bild einer Partei bestätigen, die im Begriff stand, sich als seriöser Ankerpunkt der rechten Mitte zu etablieren.

Das amorphe Feld der Vergangenheitspolitik stellt fraglos gerade für Akteure rechts der Mitte einen besonders heiklen Bereich dar, wenn die Geschichte des eigenen Landes zumindest in der jüngeren Vergangenheit von Faschismus oder Kollaboration mit diesem geprägt oder doch zumindest überschattet ist. In anderen Kontexten ist die patriotische Geschichtsschreibung oder -verklärung eine typische Domäne der Konservati-

15 Vgl. zu diesem Dilemma Anna Cento Bull, »Addressing contradictory needs: The Lega Nord and Italian immigration policy«, in: *Patterns of Prejudice* 44/5 (2010), S. 411-431.

16 N. N., »Tognana: Le imprese italiane sono con Fini«, in: *Il Secolo d'Italia* (12. Oktober 2003).

ven, in Italien ist dies, ebenso wie in Deutschland, aus offenkundigen Gründen nicht ohne Weiteres möglich. Vielmehr hat sich in beiden Ländern die Nationalgeschichte zu einem hart umkämpften Politikfeld entwickelt, was in Italien noch einmal dadurch verkompliziert wird, dass es dort keine systematische Aufarbeitung der Vergangenheit gab, die mit der deutschen Erinnerungskultur vergleichbar wäre.[17] Mit dem deutschen Neokonservativen Hermann Lübbe könnte man vielmehr von einem »kommunikativen Beschweigen« sprechen,[18] durch das der Faschismus zu einer geradezu obskuren Epoche wurde. Bezeichnenderweise erklärte erst die Regierung Prodi I die Geschichte des 20. Jahrhunderts zu einem verpflichtenden Inhalt des Geschichtsunterrichts.

Die AN als postfaschistische Partei verfügte zweifellos über das komplizierteste Verhältnis zum historischen Faschismus. Der Drahtseilakt, sich von der (eigenen) faschistischen Vergangenheit zu distanzieren, ohne die noch im MSI-Kontext sozialisierte Basis zu sehr vor den Kopf zu stoßen, sollte in der Regierungszeit immer weniger gelingen, auch wenn die AN durchaus versuchte, hier einige symbolische Akzente zu setzen. So hatten sich in bestimmten vergangenheitspolitischen Bereichen die traditionellen Positionen des MSI erhalten, etwa im Hinblick auf Gebietsansprüche, die sich im italienischen Kontext vor allem an Istrien und Dalmatien im heutigen Slowenien knüpften. Fini, dessen Familie aus Dalmatien vertrieben worden war, machte sich für ein Rückkehrrecht stark, wobei radikalere Stimmen bisweilen die Rückgabe der Gebiete forderten. Die erste Berlus-

17 Im Jahr 2000 prägte der Historiker Sergio Romano hierfür den Begriff des *guerra delle memorie*, der eine Auseinandersetzung bezeichnet, als deren Äquivalent im deutschen Kontext mutatis mutandis der Historikerstreit gelten kann.

18 Vgl. Hermann Lübbe, »Der Nationalsozialismus im Bewusstsein der deutschen Gegenwart«, in: ders., *Vom Parteigenossen zum Bundesbürger. Über beschwiegene und historisierte Vergangenheiten*, Paderborn: Fink 2007, S. 11-38.

coni-Regierung hatte auf Drängen der Alleanza gar Reparationen von Slowenien verlangt und im Falle einer Weigerung mit der Blockade des EU-Beitritts gedroht – war aber schon nicht mehr im Amt, als die entsprechenden Verhandlungen begannen. Anschließend verschwand das Thema vorübergehend aus dem Diskurs der AN, bevor man es während der zweiten Regierungsbeteiligung erneut aufgriff. Jahres- und Gedenktage gehören zu den wichtigsten Anlässen der Geschichtspolitik, und Italien ist hier keine Ausnahme. Das offizielle Selbstverständnis der Ersten Republik entwickelte sich um einen antifaschistischen Konsens herum, dessen zentrale Gedenktage der 27. Januar (Holocaust-Gedenktag) und der 25. April waren (Tag der Befreiung). Gerade der 25. April, an dem bewaffneter Aufstände der Resistenza im Jahr 1945 gedacht wird, wurde immer wieder zum Politikum, da Rechte ihn als »rotes Fest« diffamierten und dadurch zu einer konträren Positionierung nutzten, dass sie gerade nicht an den offiziellen Feiern teilnahmen. Der Alleanza gelang nun eine andere Art der Infragestellung des antifaschistischen Konsenses, indem sie die Bedeutung des 27. Januar und des 25. April durch die Einführung eines weiteren Gedenktages relativierte: 2004 wurde am 10. Februar erstmals der Vertriebenen gedacht, deren Andenken nun symbolisch auf der gleichen Ebene verankert war wie das der Holocaust-Opfer.

Doch trotz dieser in ihrer Bedeutung keinesfalls zu unterschätzenden Gesten in Richtung des rechten Randes muss man der AN in den frühen nuller Jahren attestieren, dass zumindest die Parteiführung um eine eindeutigere Positionierung gegenüber dem historischen Faschismus bemüht war, während im rechten Spektrum insgesamt vor allem die »historisierende« Position vertreten wurde, dass man doch endlich aufhören solle, über jene Epoche zu debattieren. Dagegen setzte Fini klare Zeichen. So reiste er als Außenminister 2004 nach Israel und besuchte die Schoah-Gedenkstätte Yad Vashem. Im Nachgang gab er ein Interview, in dem er den Faschismus unumwunden als ein »Übel« bezeichnete – und zwar schon vor 1938. Diese

Jahreszahl hatte bis dahin eine zentrale Rolle in den apologetischen Strategien der Alleanza gespielt, da man behauptet hatte, vor den auf Druck von Nazi-Deutschland verabschiedeten »Rassegesetzen« und dem Kriegseintritt habe es sich beim Faschismus um ein normativ akzeptables Regime gehandelt. Finis Aussagen waren ein Novum, und dementsprechend harsch fielen die Reaktionen aus. Die Enkelin des »Duce« Alessandra Mussolini trat aus der Partei aus und gründete die Azione Sociale – was Fini erneut zu seinen Gunsten nutzen konnte. Dass diese Entradikalisierung aber auch ihre Grenzen hatte, belegen nicht nur die erwähnten Gesten in Richtung des rechten Spektrums, sondern vor allem die Tatsache, dass die AN den größten geschichtspolitischen Tabubruch der Regierungszeit verantwortete, da mit Mirko Tremaglia, der noch selbst aufseiten der Republik von Salo gekämpft hatte, erstmals seit 1945 ein bekennender Faschist an einem europäischen Kabinettstisch saß.

Dies war natürlich nur möglich, weil der Regierungschef keinen Einspruch einlegte. Berlusconis vergangenheitspolitische Perspektive lässt sich als eine totalitarismustheoretische Position deuten, in der Nationalsozialismus und Kommunismus tendenziell gleichgesetzt werden, der Kommunismus aber letztlich als das noch größere Übel erscheint, wohingegen der Faschismus »im Grunde« und »bis 1938« viel Gutes bewirkt habe.[19] Sowohl als Ministerpräsident als auch in der Rolle als Oppositionsführer ließ Berlusconi kaum eine Gelegenheit aus, den Faschismus und seine Verbrechen zu relativieren, bis hin zu der bemerkenswerten Einlassung, das Mussolini-Regime habe seine Gegner doch nur »in Urlaub« geschickt – was allenfalls insofern einen Hauch von Wahrheit enthielt, als die Faschisten auch Gefängnisinseln betrieben (auf einer solchen war etwa zeitwei-

19 Vgl. zu Berlusconis Geschichtspolitik Aram Mattioli, »Tabubruch und Kalkül. Berlusconis Geschichtspolitik zwischen Apologie und Umdeutung«, in: Rusconi/Schlemmer/Woller (Hg.), *Berlusconi an der Macht*, S. 139-150.

se der kommunistische Politiker und Theoretiker Antonio Gramsci untergebracht, der 1937 nach jahrelanger Inhaftierung starb). Diese Verharmlosung wurde in Berlusconis Weltbild durch den vehementen Antikommunismus komplementiert, der seinen Diskurs wie ein buchstäblich roter Faden durchzog: Seien es die als »rote Roben« diffamierten Richter, vor denen sich Berlusconi wegen einer Vielzahl mutmaßlicher Vergehen verantworten musste, oder die 2004 auf einer Wahlveranstaltung geäußerte Warnung: »Wenn die Linke die nächsten Wahlen gewinnt, wird es Elend, Terror und Tod geben.«[20] Nun kann man dies zunächst als Rhetorik abtun, aber damit wird man der Tragweite des Ideologems nicht annähernd gerecht. Dies gilt nicht zuletzt insofern, als man sich über diesen Anachronismus mokieren mag, er aber doch offensichtlich erhebliche Zugkraft entwickelte und uns ein weiteres Mal die Bedeutung potenter Feindbilder für den Konservatismus vor Augen führt. Es greift aber auch zu kurz, weil uns der Antikommunismus in Verbindung mit den Positionierungen zum Faschismus einen ersten und wichtigen Anhaltspunkt liefert, um das politische Projekt Berlusconis und der FI etwas schärfer zu konturieren. Nicht zu Unrecht bleibt in der unübersehbaren Fülle der Literatur zum Phänomen Berlusconi bis heute umstritten, ob sich angesichts des höchst diffusen und in erster Linie demoskopisch unterfütterten Kurses der FI überhaupt so etwas wie ein Projekt erkennen lässt. Doch der Berlusconismo ist mehr als die Summe seiner populistischen Kommunikationstechniken, zu denen vollmundige Versprechungen ebenso gehören wie die Anbiederung an das geliebte Volk. Worum es ging, war eine grundlegende Veränderung, die vergangenheitspolitische, demokratietheoretische und staatstheoretische Aspekte verknüpfte.

Da war zunächst der Versuch, den antifaschistischen Grundkonsens der Ersten Republik konsequent infrage zu stellen.

20 Zit. n. N. N., »Berlusconi: ›Con la sinistra miseria, morte e terrore‹«, in: *La Repubblica* (16. Januar 2005).

Wie auch die AN setzte Berlusconi Antifaschismus mit Kommunismus gleich, woraus er die Schlussfolgerung ableitete, dass jener Antifaschismus keinesfalls der zentrale Gründungswert Nachkriegsitaliens sein könne, was stattdessen der Antikommunismus sei. Damit wurden zum einen die Erben des Faschismus (nicht zuletzt in Form der AN-MSI) zu einem legitimen Teil des italienischen Wir und zum anderen die Erben des Kommunismus zu dessen Anderen.[21] Diese symbolische Neukonstruktion war verknüpft mit dem Versuch, das Verhältnis zwischen Demos und Herrschenden umzustellen. Wie bereits erwähnt, gehörte es zu den wenigen erkennbaren Grundüberzeugungen Berlusconis, dass demokratische Legitimation nur direkt durch das Volk erteilt werden kann, und folgerichtig zielte die staatspolitische Komponente des Berlusconismus auf eine Systemumstellung ab: Aus einer parlamentarischen Demokratie sollte ein (semi)präsidentielles System werden. Freilich entpuppte sich der Plan einer diesbezüglichen Verfassungsänderung – an der schon andere gescheitert waren – trotz beständiger Ankündigungen als überambitioniert für eine Regierung, die auch ansonsten recht wenig zustande brachte. Stattdessen verlegte man sich auf eine schleichende »Exekutivierung«, das heißt eine Verschiebung der tatsächlichen Regierungsmacht in Richtung der Exekutive und vor allem des Ministerpräsidenten. Dementsprechend ist auch von einer »Art informellem Präsidialsystem«[22] die Rede, das aber im Gegensatz zu einem tatsächlichen Präsidialsystem durchaus negative Wirkungen zeitigte, und zwar in Gestalt einer Marginalisierung des Parlaments, das zum Anhängsel der Regierung degradiert wurde. Dass viele

21 Anna Cento Bull, »The role of memory in populist discourse: The case of the Italian Second Republic«, in: *Patterns of Prejudice* 50/3 (2016), S. 213-231, S. 221.

22 Gian Enrico Rusconi, »Berlusconismus ohne Ende: Italien auf dem Weg zu einer Verfassungsreform«, in: ders./Schlemmer/Woller (Hg.), *Berlusconi an der Macht*, S. 151-160, S. 157.

der Parlamentarier auch im Regierungslager diese Einschätzung teilten, zeigte sich in der Tatsache, dass sie immer öfter ihrem Arbeitsplatz fernblieben. So mussten etwa im Frühjahr 2005 Abstimmungen in sage und schreibe 45 Fällen verschoben werden, weil nicht genug Abgeordnete der Koalition anwesend waren.[23] Aber auch wenn ein Präsidialsystem keineswegs per se zur demokratietheoretischen Beanstandung Anlass gibt – immerhin hatte auch Sartori immer wieder ein solches System empfohlen –, wäre es doch höchst bedenklich gewesen, hätte der Präsident Berlusconi geheißen, was mit dem demokratiepolitischen Aspekt des Berlusconismus zusammenhängt. Der Cavaliere hatte ein, vorsichtig ausgedrückt, angespanntes Verhältnis zur Judikative, und in Verbindung mit seiner Parteinahme für ein präsidentielles System und seiner Skepsis gegenüber gewaltenteiligen Modellen ergibt sich das Bild eines Staatsverständnisses, das für Pluralismus und Gewaltenteilung wenig übrighat und stattdessen von einer tendenziell monolithischen Struktur träumt, die eine »Politik aus einem Guss« ermöglichen würde – eine zumindest dem Fluchtpunkt nach autoritäre Vorstellung. Das Bild bliebe schließlich unvollständig ohne den letzten staatspolitischen Aspekt, der sich aus der Verbindung aus autoritärem Politikverständnis und hemmungsloser Prodomo-Politik ergibt: In letzter Konsequenz zielt der Berlusconismo nämlich auf eine systematische Verwischung beziehungsweise die Leugnung der Trennung zwischen öffentlichen und privaten Angelegenheiten ab. Das Modell, welches er anstrebt, ist das der Patrimonialherrschaft, in dem der Staat und das Gemeinwesen insgesamt als durch demokratische Wahlentscheidungen übertragener Besitz erscheinen. Giuliano Ferrara, einer der engsten Berater Berlusconis, kann hier als Kronzeuge für diese »patrimonialen Ambitionen«[24] herangezogen werden: Der

23 Vgl. Stille, *Citizen Berlusconi*, S. 280.
24 Vgl. dazu auch Paul Ginsborg, »The patrimonial ambitions of Silvio B«, in: *New Left Review* 21 (2003), S. 21-64.

Cavaliere vertrete eine Vorstellung vom Staat, »in der das Öffentliche und das Private nicht zu unterscheiden« seien.[25] Angesichts der bisweilen barock-burlesken Tönung (der *Economist* verulkte den Premier einst als »Burlesquoni«)[26] dieses klientelistischen Systems warnte Sartori gar – mit orientalistischen Untertönen – vor der Entstehung eines italienischen Sultanats.[27] Zu den Pointen dieser Einsicht gehört, dass der Berlusconismo damit in etwa das Gegenteil seines Versprechens einer »neuen« Politik jenseits von *partitocrazia* und *sottogoverno* bezeichnet: Genau wie der *pentapartito* den Staat als Beute begriff, die man untereinander aufteilte, steht auch Berlusconi für ein Modell, in dem das Gemeinwesen auf der Grundlage von Wahlsiegen in die private Verfügungsgewalt des Gewinners übergeht.

Wie entwickelten sich die politischen Projekte von Alleanza und Lega Nord, nachdem es ja in beiden Fällen Ende der Neunziger zu Zäsuren gekommen war und die Lega Padanien ebenso ad acta gelegt hatte wie die Alleanza die soziale Marktwirtschaft? Die LN hatte mit dem Bossi-Fini-Gesetz zumindest auf den ersten Blick einen legislativen Erfolg zu verzeichnen. Praktisch war das Gesetz aber von überschaubarer Effektivität, und so blieb die Einwanderungswirklichkeit nach wie vor weitaus komplexer, als es in den Reden der LN-Politiker den Anschein machte. Zudem war die Migrationspolitik eben keineswegs ein reines Gewinnerthema für die Lega, widersprach sie doch den Interessen von Teilen ihres Stammmilieus in der norditalienischen (Klein-)Industrie. Die grundsätzliche Spannung in der ideologischen Ausrichtung blieb weiterhin bestehen, denn

25 Giuliano Ferrara, Vorwort, in: Philippe Beaussant, *Anche il Re Sole sorge al mattino. Una giornata di Luigi XIV*, Rom: Fazi 2002.

26 Charlemagne, »Burlesquoni«, in: *The Economist* (10. Juli 2003).

27 Giovanni Sartori, *Il sultanato*, Rom: Laterza 2009; vgl. zur Einordnung Gianfranco Pasquino/Marco Valbruzzi, »Sartori and Italian politics: Joy and sorrow«, in: *Contemporary Italian Politics* 9/3 (2017), S. 229-245.

auch wenn nun die protektionistische Seite des Projekts weitaus schärfer konturiert war, hielt die LN an ihrer Forderung nach einer Verschlankung des Staates fest und unterstützte die Ansätze zur Arbeitsmarktliberalisierung. Davon abgesehen, blieb das Kernstück der LN-Agenda aber natürlich die konsequente Dezentralisierung des Staates. Nachdem die Parteiführung Ende der neunziger Jahre zur Kenntnis hatte nehmen müssen, dass ihre separatistischen Ambitionen jenseits der eingeschworenen Parteibasis auf weitgehend taube Ohren stießen, lautete das neue Schlagwort nun »Devolution«. Unter diesem Begriff hatte die New-Labour-Regierung im Vereinigten Königreich Kompetenzen an die Regionalparlamente in Wales und Schottland übertragen und die kommunale Ebene gestärkt. Bossi hatte als federführender Minister von Berlusconi die Zusage bekommen, er werde eine Staatsreform unterstützen. Und tatsächlich, *la devolution* schien Wirklichkeit zu werden, als der Senat das entsprechende Gesetz als Teil einer umfassenden Verfassungsreform am 23. März 2005 absegnete. Es sah vor, dass die Regionen ausschließliche gesetzgeberische Kompetenzen im Bereich von Gesundheit, Bildung und örtlicher Polizei erhalten sollten. Dies blieb zwar hinter den Maximalforderungen der LN zurück, der es vor allem um ein eigenständiges Besteuerungsrecht der Regionen ging. Die LN-Führung machte auch keinen Hehl daraus, dass ihre Ambitionen über das Reformgesetz hinausgingen, betonte aber, dass durch eine politische Dezentralisierung (im Unterschied zu der noch zu erreichenden fiskalischen) immerhin ein wichtiger Schritt in die richtige Richtung getan sei. Doch die Freude währte nicht lange. Wie kaum anders zu erwarten, formierte sich schon während der Verabschiedung der Reform Widerstand, und nur ein Jahr später fand im Juni 2006 ein entsprechendes Referendum statt. Der Centrodestra hatte zu diesem Zeitpunkt schon die Regierungsmacht verloren, aber nicht nur deshalb fiel das Ergebnis sehr eindeutig aus – und zwar negativ. Beinahe zwei Drittel votierten mit Nein.

Tatsächlich umfasste das Reformpaket mehr als das Gesetz

zur Dezentralisierung, was uns zum Projekt der Alleanza Nazionale führt. Wie erläutert, war die AN nach ihrem Ausflug in die Gefilde des Wirtschaftsliberalismus wieder zurückgekehrt zu traditionelleren konservativen Themen wie Familie und Vaterland. Dementsprechend stand die Stärkung der Nation im Mittelpunkt, woraus sich von jeher eine zentralistische Grundausrichtung abgeleitet hatte. Wie die FI befürwortete die Alleanza die Umstellung auf ein präsidentielles System, und im Gegensatz zur FI gelang es ihr zumindest, einen entsprechenden Entwurf zu formulieren, den sie 2002 ins Parlament einbrachte, wobei der Vorschlag innerhalb der CdL umstritten blieb. Der Kompromiss, der schließlich als Teil der Verfassungsreform verabschiedet wurde, sah vor, die Stellung des Ministerpräsidenten dadurch zu stärken, dass von nun an er oder sie das Recht haben sollte, das Parlament aufzulösen sowie Minister zu ernennen und zu entlassen. Auch wenn es sich nicht um einen formalen Systemwechsel gehandelt hätte, wäre dies einer De-facto-Präsidentialisierung gleichgekommen, indem man das Portfolio des Staatspräsidenten gänzlich auf symbolische Aufgaben reduziert hätte. Die Stärkung des Ministerpräsidenten scheiterte zwar als Teil des Verfassungsreform-Pakets – aber die AN konnte sich zumindest damit trösten, dass die Dezentralisierung ebenfalls gescheitert war. Es muss in diesem Zusammenhang daher auch darauf hingewiesen werden, dass die jeweiligen Projekte von LN und AN nach wie vor in vielerlei Hinsicht zutiefst konträr zueinander standen; eine halbwegs konsistente geteilte Agenda suchte man mit Ausnahme punktueller Bereichen wie der Einwanderungspolitik und dem mehr oder weniger stark ausgeprägten Antikommunismus vergeblich. Es blieb der Eindruck, dass hier (Mitte-)Rechts-Parteien miteinander koalieren mussten, die angesichts überschaubarer Schnittmengen eigentlich nur durch das Wahlsystem dazu genötigt wurden.

Abgesehen von solchen staatspolitischen Fragen bestand der Kern des AN-Projekts zumindest auf der Führungsebene nach wie vor in der strategischen Repositionierung als politische Kraft der rechten *Mitte*, wofür Fini auch innerparteilichen Zwist, Irritationen und Parteiaustritte in Kauf nahm. Und selbst wenn das Urteil des Politikwissenschaftlers Marco Tarchi insofern etwas voreingenommen sein dürfte, als er der AN eine Zeitlang nahestand, ist ihm doch im Prinzip zuzustimmen, wenn er der Partei auf der Grundlage einer Analyse ihrer programmatischen Dokumente bis 2002 eine grundsätzlich »konservative Neigung« attestiert – wobei dies in Abgrenzung zum »Populismus« von LN und FI zu verstehen ist.[28] Die Alleanza positionierte sich in Antizipation einer Zeit nach Berlusconi, in der dieser nicht mehr die unverzichtbare Position desjenigen einnehmen könnte, der als Einziger in der Lage war, eine disparate Rechts-Koalition zusammenzuhalten, und damit in gewisser Weise dafür sorgte, dass die Formierungsphase der rechten Mitte eigentlich nie zu einem Abschluss kam.[29]

28 Marco Tarchi, »The political culture of the Alleanza Nazionale: An analysis of the party's programmatic documents (1995-2002)«, in: *Journal of Modern Italian Studies* 8/2 (2003), S. 135-181, S. 175.

29 »Das Problem für AN und UDC besteht aber darin, dass die anderen Parteien der CdL dazu verdammt scheinen, zusammenzubleiben, solange Berlusconi und die FI in der Politik sind, zumindest falls sie nicht bereit sind, ihre Chancen auf Wahlerfolge und Regierungsbeteiligungen aufs Spiel zu setzen. Mit anderen Worten: Die rechte Mitte Italiens wird erst dann diese bereits zehn Jahre währende Transitionsphase hinter sich lassen und eine neue, stabilere Konfiguration annehmen können, wenn die transitorische Figur Berlusconi die politische Arena verlassen hat.« (Daniel Albertazzi/Dunal McDonnell, »The Lega Nord in the second Berlusconi government: In a league of its own«, in: *West European Politics* 28/5 [2005], S. 952-972, S. 969)

3. Das Ende der Ära Berlusconi

Spätestens 2005 wurde mit den im April verlorenen Regionalwahlen klar, dass die Parlamentswahlen 2006 vermutlich mit einer Niederlage der CdL enden würden: »Vier Jahre hat seine Regierung gehalten, ein Rekord im Nachkriegsitalien«, hieß es dazu in der Wochenzeitung *Die Zeit*. »Doch mittlerweile wirft ihm nicht allein die Opposition vor, er habe nicht regiert. Jedenfalls nicht mit sichtbaren Ergebnissen oder, wie Berlusconi selbst sagen würde, mit einem vorzeigbaren Produkt.«[1]

Wie unsere Diskussion gezeigt hat, hatte die Regierung tatsächlich wenig Greifbares vorzuweisen, und dies betraf auch den »Vertrag mit Italien« in fast allen Punkten. Die angekündigte Konsequenz, nicht mehr anzutreten, zog der Cavaliere dennoch nicht. Stattdessen verlegte sich die Koalition in ihrem letzten Jahr darauf, der Linken das Regieren nach dem sich abzeichnenden Sieg zumindest so schwer wie möglich zu machen, indem man eine erneute Wahlrechtsreform verabschiedete.[2] An die Stelle des gemischten Systems von 1993 trat ein Verhältniswahlrecht mit geschlossenen Parteilisten, das der Gewinnerkoalition einen Bonus zuerkannte – sie erhielt nun automatisch 55 Prozent der Sitze im Abgeordnetenhaus. Doch obwohl das Gesetz, das im Übrigen später vom Verfassungsgericht in Teilen kassiert wurde, eigentlich die weniger fragile Mitte-rechts-

1 Birgit Schönau, »Berlusconi geht baden«, in: *Die Zeit* (28. April 2005).

2 James Newell, *Silvio Berlusconi. A Study in Failure*, Manchester: Manchester University Press 2018, S. 100.

Allianz begünstigte, ging die Wahl verloren – allerdings sehr knapp und auch nur, weil sich die Rechts-Koalition dann doch nicht als so stabil erwies, wie vermutet: Obwohl schon die notwendigen Absprachen getroffen waren, scherte der venezianische Unternehmer Giorgio Panto kurz vor dem Urnengang aus der Mitte-rechts-Phalanx aus und trat mit einer eigenen Mikro-Liste an. Sie erhielt gerade einmal 92079 Stimmen. Die Differenz zwischen CdL und der wieder mit Romano Prodi antretenden Olivenbaum-Koalition betrug allerdings lediglich 24775 Stimmen – wäre Panto bei der Stange geblieben, hätte Berlusconi allen Abgesängen zum Trotz abermals das Ministerpräsidentenamt erobert.

Stattdessen zog erneut Prodi in den Palazzo Chigi ein, doch auch diesmal hielt die Olivenbaum-Koalition mit ihren zahlreichen Sollbruchstellen nur zwei Jahre, und für den Wahlkampf 2008 wartete Berlusconis FI mit einem Novum auf: Statt einer Unmenge separater Parteilisten sollte die rechte Mitte mit einer Einheitsliste zur Wahl antreten, aus der sich in der Folge eine Partei konstituieren sollte. Damit zog die FI die Konsequenz aus den Instabilitäten der vergangenen Koalitionsregierungen, in der Hoffnung, dass der sogenannte Popolo della Libertà sich weniger anfällig für interne Aufstände und Erpressungsmanöver erweisen würde. Auf der Linken hatte man mit der Gründung des Partito Democratico (PD) im Übrigen bereits die gleichen Lehren gezogen. Dabei blieb es aber zumindest auf der Rechten bei der grundsätzlichen Maxime, so viele Parteien und Gruppierungen wie möglich für die Einheitsliste zu gewinnen, auch wenn rechts neben jenen nur noch die Wand war. 2007 erschien Berlusconi beim Gründungsparteitag des Wahlbündnisses La Destra, dessen Name Programm war, und ließ es nicht an Zuneigungsbekundungen mangeln, eine Eingemeindung in den PdL scheiterte allerdings am Veto Finis. Mehr Erfolg hatte der Cavaliere im Fall Alessandra Mussolinis, die er dazu bewegen konnte, auf der PdL-Liste anzutreten. Fraglich war allerdings vor allem, ob die beiden anderen Protagonisten des Centrodestra sich auf die Einheitsliste einlassen würden. Die Lega signalisierte früh, dass sie auf eigene Rechnung antreten wolle, und eigentlich kamen die Avancen Berlusconis auch für die Alleanza zur Unzeit. Die Parteiführung hatte nämlich nach der Niederlage von 2006 in einem programmatischen Papier eine Neuorientierung des Centrodestra mit klarem Wertefundament und Policy-Profil gefordert, wobei man auf den spanischen Partido Popular, stellenweise aber auch auf die deutsche Union verwies, die im Jahr zuvor an die Regierung zurückgekehrt war. Für eine entsprechende Schärfung des mittigen Profils fehlte jedoch angesichts der anstehenden Wahlen die Zeit, so dass sich die Alleanza auf die Idee der Einheitsliste einließ. Mit dieser gelang Berlusconi 2008 nach 1994 und 2001 tatsächlich ein dritter Wahlsieg, und es schien zunächst, als könne die daraus hervorgehende Centrodestra-Regierung zumindest insofern in einem günstigeren Umfeld agieren, als sie über eine Mehrheit in beiden Kammern verfügte, die Fragmentierung des Parteienspektrums merklich geringer war und es in Form der Fusion von FI und AN zur Partei Popolo della Libertà zu einer beträchtlichen Konsolidierung kam. Aber auch wenn Berlusconi dies von Beginn an als Teil des Plans zur Stärkung der Rechten ausgegeben hatte, war Fini bis zuletzt skeptisch geblieben und setzte sich erst dann an die Spitze der Bewegung, als der Zusammenschluss angesichts der Kräfteverhältnisse zwischen FI und AN, aber auch innerhalb der Alleanza alternativlos wurde. Spätestens mit dieser Entscheidung tat sich allerdings ein bis dahin noch kaschierbarer Riss innerhalb der (einstmaligen) AN auf zwischen den Anhängern von Fini und denjenigen, die sich größere Chancen unter Berlusconis Führung erhofften und zu denen nicht zuletzt die Angehörigen des traditionellen Rechtsflügels gehörten. Fini wurde die Fusion mit dem Amt des Parlamentspräsidenten schmackhaft gemacht, aber die AN insgesamt hatte gemäß einem vereinbarten Schlüssel nur 30 Prozent der zu vergebenden Plätze erhalten, was zu Spannungen innerhalb des (zukünftigen) PdL führte, die noch dadurch verstärkt wurden, dass die ehemaligen AN-Mitglieder vergleichsweise konventionelle Strukturen und Abläufe gewohnt waren, die es beim Seniorpartner FI so nie gegeben hatte. Der Zusammenprall dieser unterschiedlichen Kulturen führte seitens der AN zu Forderungen nach einer stärkeren Verregelung des Parteilebens. Berlusconi wiederum fremdelte damit, dass der PdL im Gegensatz zur FI, die als »Firmenpartei« ab der mittleren Funktionärsebene im Wesentlichen aus Vertrauten und Günstlingen bestanden hatte, eben keine Organisation mehr war, die man nach Gutsherrenart führen konnte. So blieben Querelen an der Tagesordnung, und die letzte Regierung Berlusconi knüpfte gewissermaßen dort an, wo die vorherige aufgehört hatte. Der große Unterschied bestand freilich darin, dass sich Narrativ und Modell des Berlusconismo erschöpft zu haben schienen, der ja auf dem Versprechen basierte, der Quereinsteiger werde eine ganz andere oder sogar eine »Anti-Politik« betreiben, wenn ihm nicht (im wahrsten Sinne des Wortes) sinistre Kräfte – von den roten Roben bis zu den Brüsseler Technokraten – immer wieder in die Parade führen.[3] Berlusconi hatte vom Nimbus des »Machers« gelebt, der die politischen Verhältnisse zum Tanzen bringen würde. Doch seine Regierung lieferte abermals kaum mehr als die tendenziell inkompatiblen Versprechen massiver Steuersenkungen und massiver Infrastrukturmaßnahmen. Und nun schien es, als habe der Cavaliere nicht einmal mehr seine eigene Partei im Griff, denn Fini, der auf eine bald anbrechende Zeit nach Berlusconi gehofft hatte, sah angesichts der dauerhaften Versetzung in die zweite Reihe seine Felle davonschwimmen. Die Konflikte über die Kräfteverhältnisse innerhalb des PdL, vor allem aber über ihre Ausrichtung resultierten im Juli 2010 nach einer lautstark geführten Kabinettssitzung

3 Vgl. zu den Gründen für Berlusconis Niedergang Stefano Fella/Carlo Ruzza, »Populism and the fall of the centre-right in Italy: The end of the Berlusconi model or a new beginning«, in: *Journal of Contemporary European Studies* 21/1 (2013), S. 38-52.

im Austritt Finis (der selbst darauf bestand, hinausgedrängt worden zu sein).[4] Und auch abgesehen von der Personalpolitik sorgte die Regierung eigentlich nur durch immer neue Episoden nach Art der Ersten Republik für Gesprächsstoff, ob es sich nun um Vorwürfe des Amtsmissbrauchs oder der Vetternwirtschaft handelte.

Die Enttäuschung über die ausbleibenden Veränderungen wurde nun auch aus den Vorstandsetagen der Wirtschaft deutlich zum Ausdruck gebracht: Sinngemäß hieß es, man habe sich einen unternehmensfreundlichen Ministerpräsidenten gewünscht und einen bekommen, der vor allem zu den eigenen Unternehmen freundlich sei. Und als hätte Berlusconis Image damit noch nicht genug Kratzer gehabt, veröffentlichten die Medien nun in beunruhigender Regelmäßigkeit Dossiers, die recht plausibel von (minderjährigen) Prostituierten auf den Partys des Ministerpräsidenten berichteten, zu denen er auch selbst Beziehungen unterhalten haben sollte. Damit war auch für die katholische Kirche das Ende der Fahnenstange erreicht, und trotz der zeitweiligen und für beide Seiten profitablen Allianz konnte Berlusconi nicht länger auf die Rückendeckung des Vatikans hoffen. Doch möglicherweise hätte sich der Cavaliere dennoch ein weiteres Mal im Sattel halten können, wäre nicht einige Monate nach der Wahl 2008 die Bank Lehman Brothers pleitegegangen und damit die weltweise Finanzkrise ins Rollen gekommen, die dann ab 2010 in die Eurozonenkrise mündete.

Am Ende eines der zahllosen EU-Gipfel standen Angela Merkel und Nicolas Sarkozy am 23. Oktober 2011 in Brüssel vor der versammelten Presse, um Rede und Antwort zu den verabschiedeten Reformen und den Aussichten für die schwer ins Schlingern geratene Eurozone zu stehen. Auf das französisch-

4 Marco Tarchi, »Voters without a party: The ›long decade‹ of the Italian centre-right and its uncertain future«, in: *South European Society and Politics* 23/1 (2018), S. 147-162, S. 150.

deutsche Tandem, so die Botschaft dieses gemeinsamen Auftritts, war Verlass, und irgendwie würde man den Karren schon aus dem Dreck gezogen bekommen. Aber mitten in die zur Schau gestellte Einigkeit und Zuversicht platzte auf Französisch die Frage, ob die beiden denn zuversichtlich seien, dass Berlusconi die notwendigen Reformen angehen werde. Daraufhin lächelten sie sich kurz, aber vielsagend an – im Presseraum kam Gelächter auf. Auf dieses undiplomatische Verhalten reagierte man in Italien mit harschen Worten; der Staatspräsident monierte die »unpassenden und unangenehmen Äußerungen«, Berlusconis Berater Ferrara organisierte eine Demonstration vor der französischen Botschaft, und Berlusconi selbst verbat sich »Lektionen« von anderen Regierungschefs. Die Krise sei schließlich in allererster Linie ein Problem des »deutsch-französischen« Bankensektors – eine Tatsache, die über der moralisch hoch aufgeladenen Debatte über Staatsschulden oft aus dem Blick geriet.[5]

Italien musste wie andere Volkswirtschaften zunächst einmal den Schock der Finanzkrise verkraften, was dem fiskalpolitischen Spielraum enge Grenzen setzte und den Haushalt erheblich belastete. Doch bekanntlich saß Italien schon vor 2008 auf einem beträchtlichen Schuldenberg, und selbst wenn man in der zweiten Hälfte der nuller Jahre und auch während der Hochzeit der Finanzkrise entgegen der gängigen Klischees durchaus solide gewirtschaftet hatte, war der öffentliche Schuldenstand nach wie vor so hoch, dass die teilweise widersprüchlichen Entscheidungen der Eurozonenführung – nämlich einerseits zu betonen, dass betroffene Länder wie Griechenland im Namen der immer wieder herbeizitierten Eigenverantwortung für ihre Schulden geradezustehen hätten, während andererseits über Schuldenschnitte Banken und private Gläubiger zur Begleichung der Kosten herangezogen wurden – dazu führten,

5 N. N., »Merkel, Berlusconi und ein wissendes Lächeln«, in: *Zeit online* (27. Oktober 2011).

dass auch Italien ins Visier der Finanzmärkte geriet. Die Finanzinvestoren überzeugte das Hin und Her nämlich immer weniger, und die entsprechenden Sorgen ließen sich bald an den Risikoaufschlägen für italienische Staatsanleihen ablesen, die Mitte 2011 auf sechs Prozent emporschossen. Die Regierungen der Eurozone waren alarmiert, denn Italien, die drittgrößte Volkswirtschaft Europas, war ein Staat, dessen Insolvenz zum Kollaps des Euro – und vermutlich zu weltweiten Verwerfungen – geführt hätte, der aber nicht nur *too big to fail*, sondern auch *too big to save* war. So formierte sich, angeführt von Bundeskanzlerin Merkel, dem französischen Präsidenten Sarkozy und EZB-Chef Jean-Claude Trichet, eine Druck- und Drohkulisse, die Rom zu raschen und weitreichenden Reformen drängen wollte, um das Vertrauen der Finanzmärkte wiederherzustellen. Die Berlusconi-Regierung, die ja auch davor nicht gerade mit Policy-Output geglänzt hatte, tat sich offenkundig schwer mit dieser Herausforderung, doch kurzfristig gelang mithilfe von Staatspräsident Giorgio Napolitano ein Befreiungsschlag in Form von Haushaltskürzungen in Höhe von 84 Milliarden Euro, die im Eiltempo vom Parlament abgesegnet wurden – und tatsächlich gingen die Risikoaufschläge zurück. Berlusconi machte den Effekt freilich umgehend zunichte, indem er Tage später verlauten ließ, aus seiner Sicht sei mit diesem Sparpaket das Schlimmste ausgestanden und es bedürfe keiner weiteren harten Einschnitte – worin insofern ein durchaus wahrer Kern lag, als das austeritätslastige Paket eher dazu geeignet war, Italien in die Rezession zu stürzen. Der Glaubwürdigkeit der Regierung tat er aber jedenfalls keinen Gefallen, und schon bald stiegen die Risikoaufschläge wieder. Nun kam die Stunde Europas in Form von Briefen der EZB, in denen weitere Reformanstrengungen angemahnt wurden, wobei man nicht explizit aussprach, was eindeutig im Raum stand: Ohne klare Signale der italienischen Regierung würde sie ihr nicht helfen können. Berlusconi versprach Reformen, und die EZB begann, italienische Anleihen zu kaufen, woraufhin zumindest aus Sicht der Austeritätsfraktion unter Vorsitz von Merkel und Sarkozy der Elan in Rom umgehend wieder erschlaffte. Beim EU-Gipfel im Oktober wurde Berlusconi daher bedrängt, einen Zeitplan für weitere Reformen vorzulegen, aber seine Versicherungen überzeugten die Staats- und Regierungschefs kaum – und die Folge war der oben erwähnte öffentliche Vertrauensentzug durch die Schwergewichte Deutschland und Frankreich.

Auch intern erodierte Berlusconis Macht. Fini hatte bei seinem Austritt eine Reihe von PdL-Abgeordneten für sein neues Projekt einer gemäßigt konservativen Partei abgeworben, und nun addierten sich die Parteiaustritte und -wechsel immer weiter auf, so dass die Mehrheiten des Centrodestra dahinschmolzen. Hinzu kam, dass das alte lombardische Triumvirat aus Berlusconi, Bossi und Tremonti immer weiter auseinanderdriftete. Tremonti, der im Kabinett Berlusconi IV erneut als Wirtschafts- und Finanzminister fungierte, befürwortete die Austeritätslinie und ließ sich nicht zu einem fiskalischen Stimulus überreden. Die Lega wiederum lief Sturm gegen eine geplante Rentenreform, und Bossi verfügte nach einem starken Abschneiden bei den Wahlen 2008 über beträchtliches Drohpotenzial. Und so häuften sich die Rücktrittsforderungen aus der Wirtschaft, den Gewerkschaften, der Opposition – und sogar aus den eigenen Reihen. Nicht nur schrieben sechs PdL-Parlamentarier einen Brief, in dem sie dafür plädierten, Berlusconi solle Platz für eine neue Regierung machen; auch an der Spitze der Koalition nahm man nun kein Blatt mehr vor den Mund. Wie später berichtet wurde, sagte Tremonti Berlusconi bei einer Kabinettssitzung im November 2011 auf den Kopf zu: »Am Montag wird es eine Katastrophe auf den Märkten geben, wenn du, Silvio, im Amt bleibst und nicht gehst. Denn das Problem für Europa und die Märkte – egal ob das stimmt oder nicht – bist in der Tat du.«[6] Nachdem Italien dann auch noch die Schmach hinneh-

6 Zit. n. Simone Foxman, »Italian finance minister warns Berlusconi: If

men musste, vom Internationalen Währungsfonds unter Beobachtung gestellt zu werden, zog Berlusconi die Konsequenzen und reichte bei Napolitano seinen Rücktritt ein. Um dem Auflauf von Demonstranten und Reportern am Eingang des Quirinalspalasts zu entgehen, verließ er den Amtssitz des Präsidenten durch einen Nebenausgang.

Selbst wenn der Cavaliere mit der FI bis zum heutigen Tag ein nicht zu unterschätzender Akteur in der italienischen Politik ist, endete damit am 12. November 2011 die eigentliche Ära Berlusconi. Und angesichts der dramatischen Lage schöpfte Präsident Napolitano seine Kompetenzen voll aus, um eine weitere Technokraten-Regierung zu berufen.[7] Das Amt des Ministerpräsidenten (und für die ersten Monate auch das des Wirtschafts- und Finanzministers) übernahm Mario Monti, ein gelernter Ökonom, der zuvor unter anderem EU-Wettbewerbskommissar gewesen war. Noch vor Jahresende boxte seine Regierung ein Austeritätspaket inklusive Renten- sowie Arbeitsmarktreform durchs Parlament, um das Zutrauen des scheuen Rehs namens Finanzmarkt zurückzugewinnen. Doch dieses Zutrauen stellte sich schließlich erst ein, als der mittlerweile im Amt befindliche EZB-Chef Mario Draghi im Juli des folgenden Jahres die politökonomisch wohl wirkmächtigsten drei Worte der letzten Jahrzehnte äußerte, indem er auf die Frage, was die EZB zu tun bereit wäre, um den Euro zu retten, antwortete: »Whatever it takes.« Damit war auch Italien aus der Schusslinie, und da der Auftrag des *governo tecnico* erfüllt war, bereitete man sich auf die Parlamentswahlen Anfang 2013 vor. Bevor

you don't resign, there's going to be a bloodbath in the markets on Monday«, in: *Business Insider* (4. November 2011).

7 Vgl. zur Chronologie der geschilderten Ereignisse und der Debatte, ob Napolitano die Grenzen seiner Kompetenzen überschritt, indem er schon früh Kontakt zum zukünftigen Premier Monti aufnahm, die einleuchtende Widerlegung von Andrea Benvenuti, »Between myth and reality: The euro crisis and the downfall of Silvio Berlusconi«, in: *Journal of Modern Italian Studies* 22/4 (2017), S. 512-529.

wir uns diese genauer ansehen, ist es jedoch an der Zeit für ein Zwischenfazit, da mit der Ära Berlusconi und den darauffolgenden Wahlen aus der Perspektive mancher Beobachter auch die Zweite Republik endete. Und falls dies etwas zu hoch gegriffen sein sollte, steht doch immerhin fest, dass eine bestimmte Formation der rechten Mitte, die über zwei Jahrzehnte von Berlusconis FI, Bossis LN und Finis AN dominiert wurde, unweigerlich Geschichte war.

Am Ende dieser Ära ist festzuhalten, dass es nie zu einer dauerhaften Konsolidierung und Galvanisierung des Centrodestra kam, die fragmentiert und bisweilen zersplittert blieb, was sich auch durch die Gründung des PdL nicht entscheidend änderte. Auffällig im Hinblick auf die Dynamik der rechten Mitte sind insbesondere zwei Punkte. Zunächst ist es die ausgeprägte Positionalität der diversen Gruppierungen, das heißt, die jeweiligen Positionen waren zwar auch – vor allem bei Lega Nord und Alleanza Nazionale – durch ideologische Traditionen und die Gegnerschaft zur Linken geprägt; mindestens genauso wichtig war aber die Positionierung gegenüber den übrigen Parteien des Centrodestra: Nicht nur vom politischen Gegner, sondern auch von den Verbündeten bedurfte es der Abgrenzung, um angesichts der Vielzahl der Parteien und Listen einigermaßen erkennbar zu bleiben. Die Protagonisten kämpften um das größte Stück eines Kuchens, dessen Größe über die Jahre hinweg bemerkenswert konstant blieb. Linke und Rechte hatten in ihrer Wählerschaft relativ wenig Überschneidungen, dementsprechend gab es selten den Versuch, über die Lagergrenzen hinweg ein hegemoniales Projekt zu lancieren.[8] Daraus resul-

8 »In allen Wahlen [seit 1994] gibt es nur eine sehr begrenzte Neigung der Wähler, von einer Koalition zur anderen zu wechseln: Das bedeutet, dass die Mitte-rechts- und Mitte-links-Elektorate dermaßen segmentiert sind, dass es zwischen den beiden Koalitionen keinen Raum der wirklichen Konkurrenz gibt, kein Terrain, das man sich gegenseitig

tierte eine intensive Konkurrenz, die auch Kannibalisierungseffekte mit sich brachte, denkt man etwa an das Verhältnis von FI und LN. Die zweite, damit verbundene Auffälligkeit ist das Kontinuum zwischen rechter Mitte und rechtem Rand, dessen Entstehung und spezifische Ausprägung nicht zuletzt auf die strategischen Anreize des Wahlsystems zurückzuführen sind. Man muss konstatieren, dass unsere analytische Leitunterscheidung zwischen Konservatismus und Autoritarismus beziehungsweise gemäßigtem und radikalisiertem Konservatismus bei der Einordnung der politischen Akteure hier nicht immer eindeutige Ergebnisse liefert, was auch an der Dynamik der jeweiligen Positionen liegt. Man denke etwa an die Lega, deren sezessionistisches und geradezu umstürzlerisches Projekt sich in Verbindung mit ihrer kommunitaristischen Kulturpolitik inklusive Xenophobie zwar recht klar dem Autoritarismus zuordnen lässt, doch mit der Abkehr vom Separatismus zugunsten einer Dezentralisierungsagenda fällt die Einschätzung (zumindest zwischenzeitlich) weniger eindeutig aus. Ebenso schwer zu fassen, wenn auch aus anderen Gründen, ist die Persönlichkeitspartei Forza Italia, deren Ausrichtung in erster Linie demoskopisch getrieben erscheint, wobei das Gesamtresultat ein Amalgam aus mehr (zu Anfang) oder weniger (ab Mitte der nuller Jahre) dezidiert wirtschaftsliberalen Auffassungen gepaart mit einer revisionistischen Geschichtspolitik und einem patrimonialen und damit letztlich autoritären Staatsverständnis ist – gerahmt durch ein vages Modernisierungsnarrativ, das nicht zuletzt von Berlusconi selbst verkörpert wurde. Womöglich am interessantesten ist die Ausrichtung der Alleanza Nazionale, deren Entwicklung nicht unbedingt in die etablierten Schablonen der aktuellen Sorgenliteratur über die liberale Demokratie passt. Denn

streitig macht.« (Piero Ignazi, »Sartori's party system typology and the Italian case: The unanticipated outcome of a polarized pluralism without anti-system parties«, in: *Contemporary Italian Politics* 9/3 [2017], S. 262-276, S. 271)

eigentlich handelte es sich um eine Konstellation, vor der immer wieder gewarnt wird: Eine radikale Rechtspartei wird von gemäßigten Kräften salonfähig gemacht, ja sogar in eine Regierung eingebunden und kann dadurch das politische Koordinatensystem systematisch nach rechts verschieben, so dass sich letztlich die gemäßigten Kräfte an ihr ausrichten müssen. Die Geschichte der AN (abgesehen davon, dass ihre schiere Präsenz eine solche Rechtsdrift mit befördert haben dürfte) ist allerdings eine andere, wobei hier insofern große Fragezeichen bleiben, als die Kluft zwischen Parteiführung und Basis nie geschlossen, sondern eher immer noch weiter aufgerissen wurde. Zumindest auf der Führungsebene beschritt die Partei aber einen recht konsequenten Weg der Entradikalisierung, man bekannte sich zum liberaldemokratischen System und versuchte gar, sich als die moderate Kraft innerhalb des Centrodestra zu inszenieren. An ihrem Fall wird auch noch einmal besonders deutlich, wie stark die Positionsdynamik von taktischen Erwägungen geprägt war: Fini spekulierte darauf, dass Berlusconis Seriositätsdefizite Raum boten für eine bürgerliche, gemäßigte konservative Partei. Die eigene Basis ging diesen Weg freilich nur äußerst widerstrebend mit, und auch in der Öffentlichkeit galt die AN bis zu ihrem Aufgehen im PdL als zu undurchsichtig, um tatsächlich seriös zu sein: Fini mochte alles daransetzen, sie in die rechte Mitte zu führen, doch dass die Partei insgesamt von allen alten Traditionen gereinigt sei, wirkte nicht glaubwürdig – zu Recht, blickt man auf die regelmäßig durchgeführten Umfragen anlässlich der Parteitage. Und so ist abschließend festzuhalten, dass die rechte Mitte eher rechts als Mitte war, denn trotz Finis Ambitionen konnten weder die AN noch die anderen Großparteien den Raum der rechten *Mitte* überzeugend für sich reklamieren, der stattdessen die Domäne postchristdemokratischer Klein- und Kleinstparteien blieb. Die Zweite Republik brachte so zwar tatsächlich die von vielen ersehnte Bipolarität ins italienische Parteiensystem, angesichts der hohen Volatilität war in der Politikwissenschaft allerdings immer öfter von einem fragmentierten Bipolarismus die Rede – und selbst dieser sollte bald infrage gestellt werden.

Schon bevor die Wahlen von 2013 das (vorläufige) Ende der bipolaren zweiten Republik besiegelten, zeichnete sich ab, dass es zu einer weitreichenden Rekonfiguration kommen würde, was auch mit personellen Umbrüchen zu tun hatte. Dies betraf zunächst und insbesondere die Lega, die nach dem Kollaps der letzten Regierung Berlusconi zunächst einen Popularitätszuwachs verzeichnen konnte, als sie sich im Gegensatz zum PdL weigerte, die Technokraten-Regierung Montis zu unterstützen. Die konsequente Oppositionshaltung hätte sich womöglich an den Wahlurnen ausgezahlt, doch dann schlug 2012 die Bombe schwerer Veruntreuungsvorwürfe gegen Bossi ein, der im großen Stil Parteigelder zu privaten Zwecken für sich und seinen Clan abgezweigt hatte. Der nach zehn Jahren erstmals wieder einberufene Bundeskongress wählte den LN-Veteranen und ehemaligen Innenminister Roberto Maroni zum Vorsitzenden. Juristisch blieb es bei einem Remis, denn ironischerweise profitierte auch Bossi von der Gängelung der Justiz, so dass es aufgrund von Verjährungsfristen zu keiner Verurteilung kam. Der personelle Umbruchsprozess, an dessen Ende 2013 Matteo Salvini als neuer Vorsitzender stehen würde, sollte auch inhaltlich nachhaltige Transformationen für die Lega Nord mit sich bringen – die bald nicht einmal mehr so heißen würde.

Fini wiederum hatte den PdL seinerzeit verlassen, um seine eigene parlamentarische Gruppe zu gründen, aus der in der Folge die Partei Futuro e Libertà per l'Italia (FLI) hervorging. Aber auch mit dieser dezidiert liberalkonservativ positionierten Formation gelang es ihm nicht, eine attraktive Kraft der rechten Mitte ins Leben zu rufen. Im Gegenteil, die FLI kam nie über eine bloße Nischenexistenz hinaus. Bei den Wahlen 2013 unterstützte sie die Wahlallianz Montis, erhielt aber nur unterirdische 0,46 Prozent. 2014 wurde die FLI faktisch aufgelöst, Fini zog sich aus der Öffentlichkeit zurück, seine politische Karriere war beendet.

Während das Projekt einer gemäßigt konservativen Partei aus dem Geist der AN damit endgültig Geschichte war, schickten sich jedoch andere an, ihr ambivalentes Vermächtnis aufzugreifen und in die entgegengesetzte Richtung auszubuchstabieren. Berlusconi hatte sich nach dem Rücktritt 2011 kurzzeitig auch aus der Führung des PdL zurückgezogen und ließ verlauten, er befürworte parteiinterne Vorwahlen, um etwa die Parteilisten zu besetzen; er kündigte gar an, selbst nicht erneut antreten zu wollen. Wenig überraschend vollzog er dann aber eine Kehrtwende und erklärte, er werde auch bei den nächsten Wahlen als Spitzenkandidat ins Rennen gehen. Daraufhin und in Reaktion auf die Ankündigung Berlusconis, die Regierung Monti unterstützen zu wollen, verließ eine Gruppe von Senatoren und Abgeordneten, vor allem ehemalige AN-Mitglieder, aus Protest die Partei. Angeführt von der früheren Vorsitzenden der Alleanza-Jugendorganisation Giorgia Meloni, die im vierten Kabinett Berlusconi als Ministerin für Jugend und Sport amtiert hatte, gründeten sie eine neue Partei namens Fratelli d'Italia (Brüder Italiens, benannt nach der ersten Zeile der Nationalhymne, kurz FdI), der dann der Coup gelang, den Nachlassverwalter der AN dazu zu bewegen, ihr deren ehemaliges Logo zu überlassen. So traten die FdI symbolträchtig das rechtslastige Erbe der Alleanza an und beanspruchen seitdem den Platz am rechten Rand des politischen Spektrums, den Fini auf dem Weg in die Mitte verwaist gelassen hatte – bekanntlich mit immer weiter zunehmendem Erfolg. Noch 2013 erhielt die Partei gerade 1,9 Prozent der Stimmen, 2018 waren es bereits mehr als doppelt so viele, und Anfang 2022 lagen die Brüder Italiens in Umfragen bei sage und schreibe 21 Prozent.

Das Ende der Zweiten Republik? Der Centrodestra in der Opposition

Der Politikwissenschaftler Sergio Fabbrini hat darauf hingewiesen, dass Italien sich mit dem Beginn der Zweiten Republik von einer Konsens- in Richtung einer Konkurrenzdemokratie verwandelt habe, wobei er zu bedenken gab, dass die institutionelle Ordnung diesem Wandel weiterhin hinterherhinke, was zu vielfältigen Dysfunktionalitäten führe.[9] Aber auch wenn es schien, dass sich Italien zunehmend dem Modell der Westminster-Demokratie mit alternierenden Mehrheiten annäherte, so kam dieser Wandel 2013 doch zu seinem vorläufigen Ende. Denn nach 1994 war 2013 abermals eine »kritische Wahl«, in der sich eine tief greifende Transformation des Parteiensystems manifestierte.

Die Zäsur hatte sich abgezeichnet. Italien litt unter den von Europa geforderten und von der Regierung Monti gelieferten Austeritätsmaßnahmen und der langanhaltenden Wirtschafts- und Finanzkrise. Dass es eine »technische« Regierung brauchte, um die Dinge einigermaßen in den Griff zu bekommen, bestätigte den Eindruck vieler Italiener, dass die Parteien letztendlich auf den Pfad der Ersten Republik zurückgekehrt waren. Berlusconis Versprechen einer anderen, neuen Politik klang nur noch hohl, seine Zustimmungswerte lagen kurz vor seinem Rücktritt 2011 bei lediglich zwanzig Prozent. Die Unzufriedenheit bezog sich freilich keineswegs nur auf Berlusconi, das Parteiensystem insgesamt bot ein desolates Bild. Es mangele ihm an einer »klar definierten Ausrichtung«, vor allem gebe es »keine Teams und Spieler mit klaren Strukturen und Identitäten« mehr, mahnten die Politikwissenschaftler Ceccarini, Diamanti

9 Vgl. etwa Sergio Fabbrini, »The institutional odyssey of the Italian parliamentary republic«, in: *Journal of Modern Italian Studies* 17/1 (2012), S. 10-24.

und Lazar.[10] Das sah laut Umfragen auch eine Mehrzahl der Italiener so. In einer Erhebung aus dem Jahr 2012 gaben lediglich drei (!) Prozent der Befragten an, dass sie den Parteien vertrauten.[11] Angesichts dieser demoskopischen Vorboten ließ sich bereits erahnen, dass es bei den für Februar 2013 ausgerufenen Wahlen womöglich zu Turbulenzen kommen würde. Und tatsächlich bedeuteten die Ergebnisse vom 24./25. Februar alles andere als eine Rückkehr zu traditionelleren Formen – im Gegenteil: Statt einer Stabilisierung signalisierten sie geradezu eine Deinstitutionalisierung des ohnehin fragilen Parteiensystems. Dies ließ sich an einer Vielzahl von Faktoren festmachen. Mit etwas über 75 Prozent war die Wahlbeteiligung für europäische Verhältnisse zwar nach wie vor hoch, sie fiel aber erstmals unter 80 Prozent – und das Minus von fünf Punkten gegenüber 2008 war das größte in der Geschichte der Republik. Zudem erreichte die Volatilität ungeahnte Ausmaße: Mehr Wählende als jemals zuvor entschieden sich für eine andere Partei als beim letzten Urnengang – nur 1994 lag der entsprechende Wert ähnlich hoch.[12] Den entscheidenden Beleg für das, was man in der angloamerikanischen Politikwissenschaft als Dealignment bezeichnet, also ein Aufbrechen etablierter Bindungen bestimmter Wählermilieus an Parteien, lieferte aber das Abschneiden des erstmals bei nationalen Wahlen angetretenen Movimento Cinque Stelle (M5S) unter Führung des ehemaligen Kabarettisten Beppe Grillo. Die Fünf-Sterne-Bewegung[13] holte stolze

10 Luigi Ceccarini/Ilvo Diamanti/Marc Lazar, »The end of an era: The crumbling of the Italian party system«, in: *Italian Politics* 27 (2011), S. 57-77, S. 57.

11 Adriano Botta, »Grillo è al 18 per cento«, in: *L'Espresso* (12. Oktober 2012).

12 Roberto D'Alimonte, »The Italian elections of February 2013: The end of the Second Republic«, in: *Contemporary Italian Politics* 5/2 (2013), S. 113-129, S. 127.

13 Der Name bezieht sich auf die fünf ursprünglichen Hauptforderungen der Partei, die im Logo durch Sterne symbolisiert werden: Zugang zu

25 Prozent, und aus dem fragmentierten Bipolarismus wurde nun abermals ein tripolares System mit M5S als eigenständigem Pol, der sich zu gleichen Teilen durch Wählerwanderungen von links wie von rechts speiste. Der Begriff des Populismus mag überstrapaziert sein, passt auf das chamäleonhafte Phänomen M5S aber recht gut. Ideologisch bewegt die Partei sich bis heute zwischen den Stühlen. Auch sie verlangte niedrigere Steuern und höhere Renten, wie es der PdL typischerweise tat, doch im krassen Gegensatz trat M5S dafür ein, dass vorbestrafte Personen kein politisches Amt mehr ausüben sollten. Sie war links genug, um sich für höhere Umweltschutzstandards und generell für einen Postwachstumskurs einzusetzen, wandte sich aber gleichwohl gegen die Einführung von Hochgeschwindigkeitszügen – was noch eine überraschend wichtige Rolle spielen sollte. Und selbst wenn manches am Zungenschlag Grillos beziehungsweise dem metaphorischen Schaum vor seinem Mund an die wütenden Polemiken der Rechtsparteien erinnerte, distanzierte sich M5S kategorisch von der Xenophobie, die im rechten Spektrum längst Common Sense war. Die eher kaleidoskopischen Policy-Positionen allein dürften den Wahlerfolg von M5S allerdings kaum erklären. Vielmehr verkörperte die Bewegung die Ablehnung der etablierten Parteien wie keine andere und war damit eine neue, zeitgemäße Variante eines Phänomens, das im italienischen Kontext als *nuovismo* bezeichnet wird. »Italienische Parteien und das italienische politische System sind sehr schwach, und die Wählerschaft ist sehr unstet«, erläutert der Politikwissenschaftler Giovanni Orsina das Prinzip. »Wähler sind mit der bestehenden Situation zutiefst unzufrieden, sie probieren gerne neue Lösungen aus. Und die verwerfen sie dann gleich wieder, bevor sie richtig erprobt wurden.«[14] Dieser

sauberem Wasser, Umweltschutz, Förderung des öffentlichen Transportwesens, nachhaltiger Entwicklung und erneuerbare Energien.

14 Matthias Rüb, »Die Vorstellung, dass der Faschismus zurückkehrt, ist einfach lächerlich«, Interview mit Giovanni Orsina, in: *Frankfurter*

antipolitische Impuls kam beispielsweise in Grillos Tiraden über die »politischen Blutsauger« zum Ausdruck, die er seit 2008 unter anderem auf den von ihm organisierten sogenannten V-Day-Demonstrationen (V steht für »Vafancullo!«, was so viel bedeutet wie »Du kannst mich mal«) vortrug; er prägte aber auch die neuartige Organisationsstruktur von M5S, das vor allem eine digitale Präsenz hatte und eine Kultur der Online-Partizipation sowie direktdemokratische Bekenntnisse mit einer De-facto-Alleinherrschaft Grillos verband. Es war die typisch populistische Ambivalenz in Reinkultur: Das »Volk« beziehungsweise die Parteibasis sollte immer recht haben, und so sprach aus den penibel festgeschriebenen Policy-Positionen, über die online abgestimmt wurde, ein tiefes Misstrauen gegenüber dem Repräsentationsprinzip des freien Mandats, als ob der Basiswille auf keinen Fall verzerrt und verwässert werden dürfe. Gleichzeitig wurde aber suggeriert, dass diese Willensbekundung erst ermöglicht und in ihrer Authentizität quasi garantiert werde durch die über allem schwebende Führung des M5S, nämlich Grillo selbst und den schillernden Internetunternehmer Davide Casaleggio, der mit dem Web-Auftritt und diversen Online-Tools die politische Kommunikation ins digitale Zeitalter katapultierte und als Chefideologe von M5S galt.[15]

Das herausragende Abschneiden der Bewegung war allerdings nicht die einzige Überraschung jenes Wahlabends, der

Allgemeine Sonntagszeitung (24. September 2022). Dieser *nuovismo* trägt dazu bei, dass sich in der Zweiten Republik eine Umkehrung gegenüber der Ersten vollzogen hat, was Regierungswechsel angeht: War damals noch die DC durchgehend an der Regierung und aus den oben erläuterten Gründen kaum abwählbar, so werden in der Zweiten Republik amtierende Regierungen praktisch immer abgewählt; vgl. hierzu Stefano Palombarini, »Jahrzehnte des Neoliberalismus haben Italien in die Krise gestürzt«, in: *Jacobin* (15. Dezember 2022).

15 Vgl. zum M5S auch Andrea Pirro, »The polyvalent populism of the 5 Star Movement«, in: *Journal of Contemporary European Studies* 26/4 (2018), S. 443-458.

sich zu einem wahren Krimi entwickelte. Das Mitte-links-Bündnis mit dem Spitzenkandidaten Enrico Letta war als klarer Favorit ins Rennen gegangen, der Centrodestra mit der skandalgebeutelten Lega und dem auseinanderfallenden PdL kaum konkurrenzfähig. Und tatsächlich erhielt die LN die Quittung für das Gebaren des mittlerweile zurückgetretenen Bossi in Form einer katastrophalen Niederlage mit gerade einmal 4,1 Prozent. Wie erwähnt, erging es weder Rechtsaußenlisten wie den Fratelli d'Italia noch gemäßigten Kräften wie Finis Futuro e Libertà per l'Italia besser. Aber selbst wenn der PdL seit dem Machtverlust 2011 spürbar auseinanderdriftete und Berlusconi auch innerparteilich so sehr unter Druck geriet, dass er erstmals Teile der Macht an die neue Position des Nationalsekretärs (bekleidet von Angelino Alfano) abgeben musste, gelang ihm ein weiteres und mutmaßlich letztes Kunststück: Nachdem er sich selbst wieder als Spitzenkandidat eingesetzt hatte, führte er einen furiosen Wahlkampf, und auch wenn der PdL mit 21,6 Prozent und die Mitte-rechts-Allianz insgesamt mit 29,2 Prozent weit hinter ihren Ergebnissen von 2008 zurückblieben, lagen sie doch nur hauchdünn hinter der Mitte-links-Allianz, die 29,5 Prozent erreichte und damit den Gewinnerbonus einstrich, der ihr 55 Prozent der Parlamentssitze sicherte. Im symmetrischen Bikameralismus Italiens benötigt eine Regierung aber auch das Vertrauen des Senats, und obwohl der Centrosinistra hier sogar mehr Stimmen erhielt als in den Wahlen zum Abgeordnetenhaus, führte das andersgeartete Wahlrecht dazu, dass es eben keine Mehrheit für sie gab. *Der Spiegel* fasste seinerzeit die Situation kurz und mit untertönigem Alarmismus so zusammen: »[D]as Mitte-links-Bündnis hat nur denkbar knapp das Abgeordnetenhaus gewonnen, im Senat können Silvio Berlusconi und Ex-Kabarettist Grillo Entscheidungen blockieren. Das Land ist faktisch unregierbar, der Euro fällt.«[16]

16 N.N., »Italiener denken schon wieder an Neuwahl«, in: *Der Spiegel* (26. Februar 2013).

In der Tat hätten sich die europäischen Nachbarländer wohl am ehesten eine stabile Mitte-links-Regierung gewünscht, aber immerhin war es kein weiteres Berlusconi-Kabinett geworden. Eine Phase der »Unregierbarkeit« konnte sich Italien kaum leisten, und so schlug abermals die Stunde des gerade erst wiedergewählten Staatspräsidenten Napolitano, der nicht etwa Neuwahlen ausrief, sondern Letta mit der Bildung einer Regierung beauftragte, die auf eine Art Große Koalition hinauslaufen musste, da nur ein lagerübergreifendes Bündnis über die nötigen Mehrheiten verfügte. Tatsächlich schmiedete Letta eine Koalition aus PD, Montis Scelta Civica, die 8,3 Prozent erreicht hatte, und PdL. Doch wie bereits erwähnt, fiel es Berlusconi zusehends schwer, die zentrifugalen Kräfte des PdL in Zaum zu halten, was auch dadurch nicht leichter wurde, dass er Mitte 2013 rechtskräftig verurteilt wurde und seinen Ausschluss aus dem Senat befürchten musste. In Antizipation dessen und in der Hoffnung, wieder mehr Kontrolle zu gewinnen, kündigte er die Auferstehung der FI an, was wiederum die zentristischen Kräfte des PdL zur Gründung des kurzlebigen Nuovo Centrodestra veranlasste, der entschlossen war, die Regierung weiterhin zu unterstützen. Diese Turbulenzen endeten zum einen damit, dass Berlusconis FI unmittelbar nach seinem tatsächlichen Senatsausschluss der Regierung die Unterstützung entzog und in die Opposition ging, und zum anderen damit, dass Letta dem Drängen seines innerparteilichen Herausforderers Matteo Renzi nachgeben musste. Nach nicht einmal einem Jahr trat er am 13. Februar 2014 zurück.

Mit den Wahlen von 2013 hatte eine Neukonfiguration des Centrodestra begonnen, die nun im vollen Gange war. Rechtsaußen gründete sich offiziell die Partei Fratelli d'Italia, die Anfang März 2014 ihren Gründungskongress unter dem Motto »Im Namen des souveränen Volkes« abhielt. Die FdI traten an, um den von der AN geräumten Platz am rechten Rand des Spektrums einzunehmen, wo sich seitdem nur extremistische

Splittergruppen wie Casa Pound tummelten. Auf der anderen Seite ergriff Berlusconi die Chance, die sich ihm durch den Führungswechsel an der Spitze der Regierung und des Partito Democratico bot, um auf Renzi zuzugehen. Dieser war in gewisser Weise das Spiegelbild des Cavaliere unter linksmittigen Vorzeichen. Der ehemalige Bürgermeister von Florenz inszenierte sich ebenfalls als Radikalreformer und griff damit auf ein Narrativ zurück, das sowohl Berlusconi als auch Grillo genutzt hatten. Der selbsternannte »Rottamatore« (Verschrotter) machte dabei auch nicht vor seiner eigenen Partei halt, für die ihm ein Erneuerungsprozess im Geiste von Tony Blairs New Labour vorschwebte. Und natürlich nahm die Verschrottungsagenda zugleich die verkrusteten Strukturen des politischen Systems ins Visier, als Renzi die große Verfassungsreform ankündigte, auf die man nun schon seit Jahrzehnten wartete. Dafür brauchte Renzi lagerübergreifende Unterstützung, und Berlusconi, der offenbar persönliche Sympathien für diese neue Version des Anti-Politikers hegte, gab sich offen für eine Zusammenarbeit, die dann in den sogenannten Patto del Nazareno mündete, durch den unter anderem der Weg für eine weitere Wahlrechtsreform und die Beschneidung der Macht des Senats geebnet werden sollte. Berlusconi konnte hoffen, so sein stark ramponiertes Macher-Image aufzupolieren und trotz seines vorübergehenden Ausschlusses von öffentlichen Ämtern im Spiel zu bleiben. Aber Renzi, der mit einem überragenden Europawahlergebnis von knapp über 40 Prozent im Frühjahr 2014 seine Honeymoon-Phase als Regierungschef begonnen hatte, konnte vor politischer Kraft kaum laufen und sah immer weniger Grund, auf Berlusconi und die FI Rücksicht zu nehmen. Und so war es keine wirkliche Überraschung, dass Renzi sich stark genug fühlte, um seinen Kandidaten für das Präsidentenamt, Sergio Mattarella, gegen den erklärten Willen Berlusconis durchzudrücken (Giorgio Napolitano war im Januar 2015 aus Altersgründen zurückgetreten). Als der Cavaliere den Nazareno-Pakt empört aufkündigte, quittierte der PD das mit ostentativer Gleichgültigkeit – was schlicht den sich verschiebenden Machtverhältnissen entsprach, deren Momentum für Renzi und ganz entschieden gegen Berlusconi arbeitete: Wer politische Vergeltungsmaßnahmen vonseiten der FI erwartet hatte, sah sich getäuscht. Von der einst eminent kampagnenfähigen Organisation war nur noch eine Hülle übrig; sie hatte ihr Schicksal so sehr an ihren Gründer geknüpft, dass sein Abstieg beinahe unweigerlich ihren nach sich ziehen sollte.

Dass dies aber selbst bei extrem personalisierten Parteien eben nur ein *beinahe* unweigerliches Resultat ist, belegt das Beispiel der Lega Nord, deren Entwicklung aufs Engste mit dem Niedergang von Forza Italia verknüpft ist. Nach Bossis Rückzug lag die Partei am Boden, und auch sein Nachfolger Maroni konnte den Abwärtstrend nicht stoppen. Er mahnte einen Generationenwechsel an und schlug vor, die Spitzenpositionen zunächst arbeitsteilig zu besetzen. Flavio Tosi, der populäre Bürgermeister von Verona, sollte zum Spitzenkandidaten aufgebaut werden, während die Parteiführung Matteo Salvini übernehmen würde, der damals für die Lega im EU-Parlament saß. Bei der Urwahl im Dezember 2013 trat überraschend noch einmal Bossi gegen Salvini an, doch dieser erhielt mehr als achtzig Prozent der Stimmen, und damit war die politische Karriere des Lega-Gründers endgültig beendet. Das Duo Tosi/Salvini funktionierte anfangs überraschend gut, und schon bald zeigte sich, dass Salvini, ein Leghisti der ersten Stunde, der 1990 im Alter von siebzehn Jahren in die Jugendorganisation eingetreten war, ambitionierte Reformpläne hatte. Die Strategie umfasste drei Komponenten. Die weitreichendste und gewagteste Transformation war die »Nationalisierung« der LN.

Seine erste Rede als Parteichef hielt Salvini 2013 beim Nationalkongress noch buchstäblich unter einem Banner mit der Losung »Die Zukunft ist Unabhängigkeit«. Doch wer geglaubt hatte, Salvini werde die föderalistische oder gar separatistische Linie fortführen, sah sich getäuscht. Nur Tage später gab er der

Zeitschrift *Il Sole 24 Ore* ein Interview, in dem er sich für seine vielen Beleidigungen des Südens und seiner Bewohner entschuldigte. Die zentrale Konfliktlinie verlaufe nicht mehr zwischen Norditalien und Rom, vielmehr gehe die Hauptgefahr heute von Brüssel und der EU aus. Der Norden allein sei nicht in der Lage, sich gegen das Joch der Eurokraten zu erheben; wenn überhaupt, dann könne nur Italien insgesamt Widerstand leisten. Und mit einem diskursiven Fingerschnippen hatte Salvini so die regionalistische Tradition der Lega Nord für obsolet erklärt. Die LN sollte nun eine nationalistische Partei sein, und folgerichtig musste sie sich zu einer landesweit agierenden Organisation mausern. Umgehend wurden Wahllisten ins Leben gerufen (»Noi con Salvini«), die bei Regional- und Kommunalwahlen in den Landesteilen antraten, in denen die LN bislang keine Wahlen bestritten hatte. Die Umfrageergebnisse bestärkten Salvini in dem neuen Kurs, den einzuschlagen aber doch ein riskantes Unterfangen war. Sicherlich handelte es sich eigentlich um eine einfache Verschiebung, in der »Rom« gewissermaßen durch »Brüssel« ersetzt wurde, und immerhin kam die ausgestellte Euroskepsis nicht aus dem Nichts, hatte sie doch seit den frühen nuller Jahren immer größeren Raum eingenommen. Die LN-Opposition ging nun aber über die seit den zehner Jahren auch von der FI und vor allem vom M5S geäußerte Anti-Austeritätspolemik hinaus und stellte die Grundkoordinaten der Wirtschafts- und Währungsunion wie auch das Telos einer »immer engeren Union« infrage. Salvini schreckte nicht einmal davor zurück, die Gemeinschaftswährung als »Verbrechen gegen die Menschlichkeit« zu bezeichnen.

Dass die EU-Kritik der LN eine andere Qualität hatte als etwa die der FI, ließ sich an einem weiteren symbolträchtigen Schritt ablesen. Für Forza Italia war es ein wichtiger Ausweis ihrer Legitimität als Mitte-rechts-Partei gewesen, dass sie im Dezember 1999 in die Fraktion der Europäischen Volkspartei (EVP) im EU-Parlament aufgenommen wurde, zu der auch die deutsche Union und die französischen Republikaner gehören. In deutlicher Abgrenzung zu diesem integrationsfreundlichen Lager zählte die LN im Juni 2015 neben der österreichischen FPÖ und dem französischen Front National zu den Gründern der Fraktion »Europa der Nationen und der Freiheit«, die sich die Wiedererlangung nationaler Souveränität, wenn nicht gar die Rückabwicklung von Eurozone und EU auf die Fahnen schrieb.

Diese radikale (Re-)Positionierung der LN war in zweierlei Hinsicht gewagt: Erstens ist das Gros der italienischen Bevölkerung bis heute bei aller Kritik deutlich proeuropäisch eingestellt.[17] Beinahe noch heikler war die Umpolung der LN auf eine euro(pa)skeptische und nationalistische Partei aber im Hinblick auf die kognitiven Dissonanzen, die dies bei einer regionalistisch sozialisierten Basis verursachte. Nachdem die LN jahrelang die Souveränität des Zentralstaats infrage gestellt hatte, präsentierte sie sich plötzlich als die Hüterin dieser Souveränität beziehungsweise als Streiterin für ihre Wiedererlangung. Zwar prophezeite Bossi mit Blick auf die Wahlen 2018: »Wenn Salvini versucht, die Partei in den Süden auszuweiten, ist es vorbei mit der Lega.«[18] Doch zu diesem Zeitpunkt befand sich die LN bereits auf einem demoskopischen Höhenflug, der vermuten ließ, dass Bossi mit seiner Einschätzung falschlag.

Damit ist festzuhalten, dass Salvini in zweierlei Hinsicht Bemerkenswertes gelang: Erstens verwandelte er eine ehemals separatistische Partei in eine nationalistische, ein absolutes Unikum – man stelle sich vor, die katalanischen Separatisten würden plötzlich das Hohelied der spanischen Nation singen. Und zweitens schaffte er es im Gegensatz zur FI, das Schicksal

17 In den Erhebungen des Eurobarometers Mitte 2021 gaben beispielsweise 49 Prozent der Befragten an, der EU zu vertrauen (42 Prozent hatten kein Vertrauen). Damit lagen die Vertrauenswerte der EU erheblich höher als die der italienischen Regierung (37 zu 59).

18 N.N., »Salvini: ›Stop ad alleanza con Alfano anche in Lombardia«, Ansa (15. Mai 2017).

der LN von dem Bossis zu entkoppeln, indem er die Partei neu erfand. Das bot ihm die Chance, das Möglichkeitsfenster zu nutzen, das sich durch die zunehmende Marginalisierung Berlusconis im Hinblick auf den Führungsanspruch innerhalb des Centrodestra ergab. Gleichzeitig setzte Salvini der neuerdings eher moderaten Haltung Berlusconis, der immerhin einen Pakt mit der Linken geschlossen hatte, eine dezidiert rechte Positionierung entgegen, die nicht zuletzt in einer engen Zusammenarbeit mit den Fratelli d'Italia zum Ausdruck kam.

Die zweite Transformationskomponente betraf die Parteistruktur. Unter Bossi war die LN eine Mitgliederpartei mit einer eingeschworenen Basis gewesen, die trotz der autokratischen Herrschaft des Chefs zumindest auf der kommunalen und regionalen Ebene über ein gewisses Maß an Autonomie verfügte. Salvini formte die Partei dahingehend um, dass sie zwar weiterhin als Persönlichkeitspartei funktionierte, ihre politische Kommunikation aber eine neue Form annahm. Die Lega wurde zur Medien- und Event-Partei, die nun wesentlich stärker die italienische Öffentlichkeit insgesamt adressierte. Schon im Oktober 2014 hatte Salvini in Mailand erfolgreich eine Großdemonstration unter dem Motto »Stoppt die Invasion« organisiert, auf der vor allem die Beendigung der von der Regierung Letta begonnenen Mare-Nostrum-Operation im Mittelmeer gefordert wurde. In der Folge forcierte der LN-Chef gezielt seine Präsenz im Fernsehen und insbesondere in den sozialen Medien. Vor allem Twitter nutzte er geradezu hyperaktiv, 2022 erfreute sich Salvini dort 1,4 Millionen Follower, was ihn zu einem Schwergewicht in dieser Sphäre der Öffentlichkeit machte. Indem Salvini mit diesem Stilwechsel, dessen digitale Elemente er sich auch von der Fünf-Sterne-Bewegung abgeschaut hatte, direkt mit der Bevölkerung kommunizierte, erlangte er zugleich eine größere Unabhängigkeit von seiner Partei und dem Funktionärskader. Das technische Raffinement der Kampagne war beeindruckend: So entwickelte Salvinis Team einen

Abb. 4: Matteo Salvini mit einem Unterstützer am Strand von Milano Marittima nahe Rimini (August 2020).

Algorithmus, »der nicht von ungefähr als ›Das Biest‹ bezeichnet« wurde »und der es dem Lega-Parteichef zu jeder Zeit« ermögliche »zu wissen, was die Menschen wollen«.[19]

Nur durch diese »digitale Personalisierung«[20] lässt sich erklären, dass die Umstellung auf eine Nationalpartei so geräuschlos verlief: Salvini konnte den Kurs recht unangefochten bestimmen, und seine mediale Omnipräsenz machte ihn zum Zugpferd für die Partei, die ihm seine Abkehr von der regionalistischen Orthodoxie durchgehen ließ und sie im Zweifelsfall als »vorläufige, taktische Entscheidung« rationalisierte.[21] Salvini

19 Fortunato Musella, »The personalization of Italian political parties in three acts«, in: *Contemporary Italian Politics* 12/4 (2020), S. 411-424, S. 424.

20 Ebd.

21 Daniele Albertazzi/Arianna Giovannini/Antonella Seddone, »›No regionalism please, we are Leghisti!‹ The transformation of the Italian Lega Nord under the leadership of Matteo Salvini«, in: *Regional and Federal Studies* 28/5 (2018), S. 645-671, S. 659.

konnte es sich sogar leisten, die Personalisierung weiter auf die Spitze zu treiben, indem er Ende 2017 im Vorfeld der für 2018 angekündigten Wahlen in einem Fernsehinterview Namen und Logo der Partei änderte: Aus der Lega Nord wurde die Lega Salvini Premier. Die Parteigremien wurden im Nachhinein in Kenntnis gesetzt.

Die dritte Komponente bezog sich auf das Policy-Profil. Abgesehen von der Fundamentalneuausrichtung als Nationalpartei bestand diese in einer Schärfung durch die stärkere Akzentuierung bestimmter Politikbereiche. Natürlich blieb die Lega ihren miteinander verknüpften Kernthemen innere Sicherheit und Einwanderungskritik treu, wobei Letztere nun durch die Euroskepsis komplementiert wurde. Wesentlich mehr Raum nahmen ab jetzt aber familienpolitische Fragen und sozialkonservative Positionen insgesamt ein. Dazu gehörte ein Einschwenken auf die Haltungen der katholischen Kirche im Hinblick auf Familien- und Geschlechterpolitik sowie bioethische und reproduktive Fragen. Im Hinblick auf Letztere vollzog die Lega nach, was die AN Jahre zuvor vorgemacht hatte: Sie bekräftigte die vorhandenen Beschränkungen bei künstlicher Befruchtung und Stammzellenforschung und lehnte jegliche Form der Sterbehilfe ab, alles im Namen der vom Vatikan propagierten »Kultur des Lebens«. Was Gender- und Familienfragen anging, so waren hier schon zu Bossis Zeiten massive sozialkonservative Pflöcke eingeschlagen worden, auf denen sich mühelos aufbauen ließ:

> Laut der Rhetorik der Lega bedeuteten Geschlechtergleichheit und LGBT-Rechte eine Gefahr für westliche und christliche soziale Werte [...] und bezeichneten zudem die Ursache für den demografischen Niedergang, die Entstehung alternativer Familienformen, die Zunahme von Schwangerschaftsabbrüchen und die Krise (traditioneller) männlicher und weiblicher Rollenvorstellungen in der Gesellschaft.[22]

22 Alessia Donà, »Radical right populism and the backlash against gender

Damit befand sich die Lega auch diesbezüglich eng an der Seite der katholischen Kirche, wenngleich mit einem nativistischen Unterton, der der nationalistischen Ausrichtung geschuldet war. Die Lega hatte in der Vergangenheit ein ambivalenteres Verhältnis zur Kirche gepflegt, doch das Alignment mit dem Vatikan war offensichtlich Teil der neuen Hegemonialstrategie: Wer den Centrodestra anführen wollte, benötigte die Rückendeckung der Kirche, und nachdem Berlusconi unwiderruflich in Ungnade gefallen war, setzte die Lega nun alles daran, die neue Favoritin des Vatikan zu werden – und schoss dabei bisweilen über das Ziel hinaus: Bei einer Veranstaltung Anfang 2018 präsentierte sich Salvini der Menge mit Bibel in der einen und Rosenkranz in der anderen Hand. Am Ende seiner Ansprache schwor er auf die Heilige Schrift, er werde »seinem Volk treu bleiben […] und die italienische Verfassung umsetzen, […] indem die Lehren der heiligen Bibel respektiert« würden.[23] Eine solch prominente Verwendung christlicher Symbolik war ein Novum in der Geschichte der Lega und provozierte Widerspruch – und zwar nicht nur von Linken, sondern auch von Kirchenvertretern, die sich gegen eine solche Instrumentalisierung verwahrten.[24] Die bisweilen harsch ablehnende Haltung der Lega gegenüber nichtchristlichen Gotteshäusern, das heißt de facto Moscheen, sowie vor allem die rigide Anti-Einwanderungsrhetorik und -politik wurden von der Kirche ebenfalls als mit dem christlichen Caritas-Gedanken unvereinbar kritisiert. Um-

equality: The case of the Lega (Nord)«, in: *Contemporary Italian Politics* 13/3 (2021), S. 296-313, S. 304.

23 Zitiert in Luca Ozzano, »Populism and religion in the Lega's discourse and policies«, in: Karine Tournier-Sol/Marie Gayte (Hg.), *The Faces of Contemporary Populism in Western Europe and the US*, Cham (Schweiz): Palgrave Macmillan 2021, S. 129-146, S. 130.

24 Dies erinnert an den ähnlich gelagerten Fall Markus Söders, dessen Kampagne für Kruzifixe in Amtsräumen 2018 ebenfalls Kritik der Kirche provozierte – eine ähnliche Initiative hatte die Lega übrigens 2002 gestartet.

gekehrt scheute aber auch die Lega nicht vor gelegentlichen Konfrontationen zurück. Mit Blick auf Papst Franziskus' vergleichsweise progressive Positionen zu Migration, Homosexualität und Schwangerschaftsabbrüchen erging Salvini sich 2016 in einem Interview in düsteren Prophezeiungen: »Eine Zivilisation wird sterben.«[25]

Auf diese Weise dreifach grunderneuert, ging die Lega an der Seite von FI und den FdI in die Parlamentswahlen im März 2018. Doch obwohl diese zum größten Triumph der Lega werden sollten, blieben die Probleme des Centrodestra insgesamt ungelöst. In gewisser Weise war dies Klagen auf einem hohen Niveau, denn schon im Vorfeld der Wahlen zeichnete sich ab, dass man sich von der herben Niederlage 2013 beinahe vollständig erholt hatte: Von 1994 bis 2008 hatten Mitte-rechts-Parteien zusammen immer über 40 Prozent der Stimmen für sich verbuchen können; 2013 waren es gerade einmal 27 Prozent gewesen, aber laut Umfragen durfte man 2018 wohl wieder mit knapp 40 Prozent rechnen (in den Jahren danach lagen die Werte sogar stets deutlich über diesem Wert). Trotz aller Turbulenzen, Verschiebungen, Umbenennungen und Führungswechsel blieb das Wählerpotenzial des Centrodestra also bemerkenswert konstant, wenn es auch übertrieben wäre, daraus eine strukturelle Mehrheit abzuleiten. Entscheidend ist aber, dass sie dieses Potenzial nur unzureichend in politische Macht übersetzen konnte. Dafür gibt es eine Reihe von Gründen, doch zentral scheint mir der Punkt Tarchis zu sein, nämlich dass es keinen Versuch einer programmatischen Synthese gab – und dass überhaupt programmatisch allenfalls im ehemaligen AN-Kosmos Bewegung war, wo diverse Thinktanks und Institute gegründet wurden. Man baute keinerlei inhaltliche Brücken, es gab nur Taktik und kaum Strategie, entsprechend instabil präsentierten sich die Mitte-rechts-Regierungen und entspre-

25 Zit. N. Sergio Rame, »Aborto, Salvini attacca il Papa: ›È una civiltà che va a morire‹«, in: *Il Giornale* (22. November 2016).

chend fragmentiert agierte der Centrodestra in der Opposition: »Das Fehlen klar definierter politischer Programme hinderte die rechte Mitte daran, ihr Elektorat an sich zu binden und irgendeine Form der Partei-Identifikation zu schaffen«, resümiert Tarchi. Dadurch sei es Renzis PD und M5S ermöglicht worden, »zumindest vorübergehend auf dieses Wählerterrain vorzudringen«.[26]

26 Marco Tarchi, »Voters without a party«, S. 160.

4. 2018 und danach: Zwischen Populisten und Technokraten, Corona und Ukraine

Die Wahlen am 4. März 2018 wurden aus mehreren Gründen mit besonderer Spannung erwartet. Zunächst schien seit 2016 eine immer weiter anschwellende Welle des Rechtspopulismus durch die Welt zu schwappen. Der Brexit-Entscheid in Großbritannien und die Wahl Donald Trumps in den USA galten als Menetekel. Dass sich Emmanuel Macron im folgenden Jahr gegen Marine Le Pen durchsetzte, konnte gerade in der Bundesrepublik die Gemüter nicht unbedingt beruhigen, gelang der AfD doch im Herbst 2017 der Einzug in den Bundestag, wo sie gar zur Oppositionsführerin avancierte. Es war also auch aus internationaler Perspektive ein höchst aufgeladener Moment, und aus der Innenperspektive der italienischen Demokratie versprach der 4. März ebenfalls ein spannender Wahltag zu werden: Ein erstes Moment der Ungewissheit ergab sich aus der Tatsache, dass nur wenige Monate vor dem Urnengang ein neues Wahlgesetz (das sogenannte Rosatellum) verabschiedet worden war, mit dem man in gewissem Sinne zu dem Mischsystem von 1993 zurückkehrte, wobei nun zwei Drittel der Sitze in Senat und Abgeordnetenkammer nach dem Verhältnis- und ein Drittel nach dem Mehrheitswahlrecht besetzt wurden. Aufgrund letzterer Komponente gab es aber weiterhin einen Anreiz, sich im Vorfeld auf gemeinsame Direktkandidaten zu verständigen. Die Spannung rührte aber auch aus den vorangegangenen »kritischen« Wahlen 2013: Würde auf die Turbulenzen vor fünf Jahren nun eine Rekonsolidierung des Parteiensystems folgen? Oder würde es zu einer weiteren Entinstitutionalisierung kommen oder zumindest zu einer Bestätigung der neuen Tripolarität?

Die dritte Quelle der Spannung war der Dynamik innerhalb und zwischen den Parteien geschuldet: Negativ betraf dies vor allem den PD. Matteo Renzi war nach seiner Amtsübernahme ein geradezu märchenhafter Höhenflug vergönnt gewesen, und mit entsprechendem Elan hatte er sich darangemacht, die langersehnte Verfassungsreform endlich ins Werk zu setzen. Zwar wurde diese 2016 auch verabschiedet, doch da man nicht über eine Zweidrittelmehrheit verfügte, musste im Dezember ein Referendum abgehalten werden, das die Opposition in eine Abstimmung über Renzi umfunktionierte. Das Ergebnis war niederschmetternd für den Rottamatore: 59 Prozent votierten gegen die Reform. Renzi zog umgehend die Konsequenzen und trat als Ministerpräsident zurück. Sein Parteifreund Paolo Gentiloni übernahm. Angesichts dieser Entwicklungen ging der PD verständlicherweise nicht sonderlich euphorisch in den Wahlkampf, was auch für die andere Seite der Mitte galt, wo die FI in der beschriebenen Abstiegstendenz gefangen war. Umgekehrt fieberte man vor allem bei der Lega dem Termin entgegen, hoffte man doch, dass sich die spektakulären Umfrageergebnisse in entsprechende Stimmanteile übersetzen würden.

Tatsächlich gab es zwar gegenüber 2013 eine minimale Stabilisierung, doch das Ergebnis war immer noch ein Paukenschlag, und zwar nicht zuletzt deshalb, weil es eben auf den massiven Paukenschlag fünf Jahre zuvor folgte. In der Abgeordnetenkammer legte M5S abermals um die 6 Prozentpunkte zu und wurde mit knapp 33 Prozent zur stärksten Einzelliste. Sowohl PD als auch FI verloren massiv: Der Partito Democratico kam auf knapp 19 Prozent (minus 7 Punkte), Forza Italia auf 15 (minus 8). Und wie bereits vielfach prognostiziert, erwies sich neben der Fünf-Sterne-Bewegung die Lega als der große Gewinner, konnte sie doch gegenüber ihrem desolaten Ergebnis von 2013 mehr als 12 Punkte auf gut 17 Prozent zulegen. Insgesamt ging die Mitte-rechts-Koalition aus Lega, FI, FdI und dem christdemokratischen Bündnis Noi con l'Italia zwar als Sieger hervor, doch ohne das Bonussystem blieb sie unterhalb der absoluten Mehrheit. Die linke Mitte stürzte auf den dritten Rang noch hinter M5S ab. Damit bestätigte sich der Trend in Richtung »Entinstitutionalisierung«:[1] Die Volatilität war nach 1994 und 2013 die dritthöchste in der Geschichte der Republik und das, obwohl im Gegensatz zu jenen »kritischen« Wahlen keine erwähnenswerten neuen Parteien antraten. Zudem zeichnete sich eine Art von Entnationalisierung ab, was bedeutet, dass die Parteien regionale Hochburgen haben, aber immer weniger in der Lage sind, landesweit Gewinne zu erzielen, wie es etwa der FI zu ihrer Hochzeit gelang. Umgekehrt ist festzuhalten, dass es für die Lega mehr als einen Achtungserfolg darstellte, dass sie als ehemalige Partei des Nordens im Süden auf immerhin acht Prozent kam.

Abgesehen von diesen sozusagen seismischen Verschiebungen bedeutete das Ergebnis kurzfristig aber vor allem eines: Es gab keinen klaren Gewinner. Wie schon so oft fiel also dem Staatspräsidenten eine prominente Rolle zu, und nach Sondierungen vor und hinter den Kulissen stellte sich Anfang Juni die Regierungskoalition in spe aus den beiden Wahlsiegern M5S sowie Lega zur obligatorischen Vertrauensabstimmung in Abgeordnetenkammer und Senat. Kurz darauf war die erste »(rechts)populistische« Regierung Italiens im Amt – ein Paukenschlag, der auch weit über die italienischen Grenzen hinaus vernommen wurde. Denn schließlich handelte es sich, abgesehen von dem Präludium infernale, als in Österreich Ende der neunziger Jahre die ÖVP mit der FPÖ Jörg Haiders koalierte, um die erste Regierungsbeteiligung einer rechtspopulistischen Partei in Westeuropa. Sicher, es gab die Regierungen in Polen und Ungarn, deren populistisch-autoritäre Tendenzen längst

1 Alessandro Chiaramonte/Vincenzo Emanuele/Nicola Maggini, »Populist success in a hung parliament: The 2018 general election in Italy«, in: *South European Society and Politics* 23/4 (2018), S. 479-501, S. 494.

offen zutage lagen, aber Italien als Gründungsmitglied der EU und wirtschaftlich-kulturelles Schwergewicht mit einer immerhin jahrzehntelangen demokratischen Tradition war eine andere Liga. Es wirkte, als hätte der autoritäre Populismus nun in den Stammländern der liberalen Demokratie Fuß gefasst, und manche sahen darin gar ein düsteres Vorzeichen für das politische Schicksal des Kontinents insgesamt. Nüchternere Geister wiesen allerdings schon damals darauf hin, dass das Zusammenleben der beiden Parteien nicht einfach werden würde, was bereits die harten Koalitionsverhandlungen gezeigt hatten, an deren Ende die Regierungsagenda penibel in einer Art Koalitionsvertrag festgezurrt wurde, der stoisch und ohne Abweichungen abgearbeitet werden sollte. Symptomatisch war darüber hinaus die Tatsache, dass letztlich der parteilose (aber dem M5S nahestehende) Jura- und Politikprofessor Giuseppe Conte den Posten des Ministerpräsidenten angetragen bekam, den M5S nicht Salvini und die Lega nicht dem M5S-Vorsitzenden Luigi Di Maio (und der grauen Eminenz Grillo) überlassen wollte.

Der Regierung war bekanntlich keine lange Verweildauer vergönnt, blicken wir aber dennoch kurz auf die Projekte, die die Lega voranzutreiben gedachte. Zentral für ihre Agenda waren die Themenkomplexe Einwanderung und Sicherheit, und so überrascht es nicht, dass es in diesen Bereichen während der kurzen Regierungszeit zu einigen Eklats kam. Der nun stärker prononcierte Sozialkonservatismus hinterließ freilich ebenfalls wahrnehmbare Spuren, wobei der Lega hier eine gewisse Nuanciertheit attestiert werden muss, die vermutlich der Koalitionsräson geschuldet war. So signalisierte Salvini früh, dass es vonseiten der Regierung keine legislativen oder administrativen Angriffe auf die Bürgerrechte der LGBT-Community geben werde. Und auch eine Rekriminalisierung von Schwangerschaftsabbrüchen stehe für die Lega nicht zur Diskussion, obgleich alles getan werden müsse, um die Alternativen attraktiver zu machen. Nichtsdestotrotz besetzte die Lega das auf ihre Initiative neu geschaffene Familienministerium mit dem erklärten Abtreibungsgegner und LGBT-Kritiker Lorenzo Fontana. Gemeinsam mit dem Ökonomen Ettore Gotti Tedeschi hatte dieser 2018 ein familienpolitisches Manifest (*La culla vuota della civiltà. All'origine della crisi*, deutsch etwa »Die leere Wiege der Zivilisation. Im Herzen der Krise«) veröffentlicht, das die heteronormative Familie als Fundament jeder Zivilisation apostrophierte und daneben noch die Überlegenheit der italienischen Kultur hervorhob.[2] Eben dieser Fontana fungierte dann als einer der Schirmherren des World Congress of Families, der im März 2019 in Verona stattfand und zu dem Angehörige von Pro-Familien-Gruppen, Abtreibungsgegner und »Anti-Gender«-Aktivisten aus aller Welt zusammenkamen. Zu den Schirmherren und Rednern gehörte auch Salvini, der übrigens trotz aller Rosenkränze und seines familienpolitischen Hardlinertums geschieden ist, zwei Kinder von unterschiedlichen Frauen hat und über längere Zeit eine sehr öffentliche Affäre mit einer von Berlusconis Assistentinnen unterhielt. Unmittelbar danach brachte einer der Teilnehmer des Kongresses, der Lega-Senator Simone Pillon, eine Reform des Unterhalts- und Scheidungsrechts ein. Letztere sollten in Zukunft nur nach einer verpflichtenden (und kostenträchtigen) Mediation möglich sein (wie sie übrigens auch der Scheidungsanwalt Pillon anbot); Unterhaltungszahlungen sollten abgeschafft werden, denn die Eltern wurden angehalten, sich grundsätzlich – außer in Fällen von häuslicher Gewalt gegen die Kinder, nicht gegen die Mütter – das Sorgerecht zu teilen. So wollte man die vermeintliche Benachteiligung von Vätern durch das Unterhaltsrecht korrigieren und den familiären Zusammenhalt stärken. Auf einer der Demonstrationen gegen die geplante Reform, an der Abertausende im ganzen Land teilnahmen, bemerkte die Schriftstellerin Michaela Murgia konsterniert: »Ich fange an, Silvio

2 Vgl. Donà, »Radical right populism«, S. 306.

Berlusconi nachzutrauern, nicht einmal er hätte ein solches Gesetz erlassen.« Das Gesetzesvorhaben scheiterte letztlich am Widerstand von M5S, aber die Lega hatte zumindest gegenüber ihrer Basis signalisiert, dass sie es mit ihrem Sozialkonservatismus ernst meinte, auch wenn ihr im Moment noch die Hände gebunden waren.[3]

Zu einem der Hauptkonfliktfelder der Regierung entwickelte sich dann aus diversen Gründen die Wirtschafts-, Finanz- und Sozialpolitik. Die Lega hatte mit einer Mischung aus wohlfahrtschauvinistischen Forderungen und neoliberalen Ideen Wahlkampf gemacht. Gemäß der ersten Komponente sollten Sozialleistungen für italienische Bürgerinnen und Bürger – und vor allem Familien – erhöht werden, um im Gegenzug Transfers und Leistungen für Nicht-Italiener zu kürzen. Eine ähnliche Positionierung findet sich etwa bei der FPÖ in Österreich oder beim Rassemblement National in Frankreich. Doch dieses linksnationalistische Profil kombinierte die Lega entsprechend ihrer neoliberalen Verwurzelung mit einem höchst ambitionierten fiskalpolitischen Projekt, nämlich der Einführung einer sogenannten Flat Tax. Wohl wissend, dass sie damit bei den Kleinunternehmern des Nordens, aber auch in der italienischen Bevölkerung insgesamt punkten würde, bestand die Lega darauf, diesen einstufigen Steuertarif in den Koalitionsvertrag aufzunehmen. Dies ist insofern erwähnenswert, als Autoritarismus oder »Rechtspopulismus« bisweilen als Gegner des Neoliberalismus charakterisiert werden. Dies mag zwar in manchen Fällen und Politikbereichen stimmen, aber dennoch lassen sich auch bei autoritären Parteien neoliberale Vorstellungen antreffen: Einer der entschiedensten Befürworter einer Flat Tax war

3 Vgl. zur Familien- und Geschlechterpolitik von Lega und FdI auch den instruktiven Überblick in Francesca Feo/Anna Lavizzari, *Triumph der Frauen? Das weibliche Antlitz des Rechtspopulismus und -extremismus in ausgewählten Ländern. Fallstudie Italien*, Berlin: Friedrich-Ebert-Stiftung 2020.

einst Milton Friedman.[4] Im italienischen Fall wurde diese damals nicht eingeführt, da die gelb-grüne[5] Regierung nicht lange genug im Amt blieb, aber die Tatsache, dass sie auf der Agenda stand, führte letztlich zu einem der schwereren Konflikte, die die erste Regierung Conte zu bewältigen hatte, und zwar mit der EU. Die dezidiert EU- und eurokritische Position der Lega wurde bereits erläutert, und beinahe wäre es deshalb gar nicht erst zur Koalition gekommen, hatte Salvinis Partei doch ursprünglich den Anti-EU-Hardliner Paolo Savona für das Amt des Finanzministers nominiert. Staatspräsident Mattarella intervenierte, und daraufhin gab Conte sogar sein Mandat zur Regierungsbildung auf, aber bevor eine weitere technische Regierung berufen wurde, gab sich die Lega einsichtig. Das Finanzministerium ging an den parteilosen Ökonomie-Professor Giovanni Tria, Savona erhielt den eher ornamentalen Posten des Staatsministers für Europäische Angelegenheiten. Nach diesem wenig verheißungsvollen Präludium kam es dann schon bald zur europapolitischen Zuspitzung, die sich aus der Kombination der fiskalpolitischen Kernprojekte der Koalitionäre ergab: Denn dem Einheitssteuersatz der Lega stand aufseiten des M5S die Einführung eines bedingungslosen Grundeinkommens gegenüber. Der aggregierte Effekt würde unweigerlich in einem Haushaltsloch bestehen, und das drohende Defizit rief erwartungsgemäß die EU-Kommission auf den Plan, die seit der Einführung des Europäischen Semesters die Haushaltsentwürfe der Mitglieder auf ihre Tragfähigkeit überprüft. Brüssel wies darauf hin, dass die Pläne nicht im Einklang mit den Stabilitätsregeln stünden, und verlangte Nachbesserungen. Die Regierung in Rom war aber nicht bereit zurückzuziehen, zu eindeutig hatten sich beide Parteien gegen die Austeritätspoli-

4 Vgl. zur politökonomischen Positionierung populistischer Parteien auch die hervorragende Analyse in Philip Manow, *Die Politische Ökonomie des Populismus*, Berlin: Suhrkamp 2018.

5 Gelb ist die Farbe von M5S, Grün die der Lega.

tik der EU und – zumindest im Fall der Lega – für die Wiedergewinnung nationalstaatlicher Souveränität positioniert. Im sich nun abzeichnenden *chicken game* warteten sowohl Regierung als auch Kommission darauf, dass die andere Seite zuerst zucken würde, und über etwa zwei Monate spitzte sich die Situation im Herbst 2018 immer weiter zu – bis hin zur Drohung der EU, ein Strafverfahren gegen Italien einzuleiten, was eine bis dahin nie dagewesene Eskalationsstufe bezeichnet hätte. Doch im letzten Moment lenkte die Regierung Conte ein und korrigierte die geplanten Staatsausgaben so weit nach unten, dass man sich gerade noch innerhalb des Reglements bewegte. Der Showdown entpuppte sich letztlich als viel Lärm um nichts: Italien hielt sich an die Regeln, und weder Flat Tax noch ein bedingungsloses Grundeinkommen wurden eingeführt.[6]

Für die bei Weitem größten Kontroversen sorgte allerdings die Migrationspolitik. Innenminister Salvini inszenierte sich als Hardliner, indem er frontal gegen außereuropäische Einwanderung vorging. Das Thema war im Gegensatz zu den frühen nuller Jahren extrem aufgeheizt. Italien erlebte 2015 seine eigene »Migrationskrise« und wartete lange vergeblich auf ein Zeichen europäischer Solidarität bei der Verteilung der Geflüchteten, die zu Tausenden in Lagern wie etwa dem auf Lampedusa untergebracht waren. Diese Aufheizung spielte natürlich der Lega in die Hände, die das Thema schon lange besetzt und im Wahlkampf 2018 nach allen Regeln der (demagogischen) Kunst bespielt hatte. In dieser Atmosphäre kam es Anfang 2018 zu einem Vorfall, der die Flammen der Empörung weiter anfachte. Nachdem in dem Ort Macerata eine Frau mutmaßlich von einem nigerianischen Mann ermordet worden war, fuhr ein ehe-

6 Was 2019 eingeführt wurde, war das sogenannte Bürgereinkommen in Höhe von 780 Euro, das aber nicht bedingungslos ist, sondern von einer Bedürftigkeitsprüfung abhängt und so eher eine Art Grundsicherung für Menschen darstellt, deren Einkommen unterhalb der Armutsgrenze liegt.

maliger LN-Aktivist einige Tage später durch die Straßen und schoss als »Vergeltungsmaßnahme« auf Menschen mit dunkler Hautfarbe, von denen insgesamt sechs verletzt wurden. In der öffentlichen Debatte machte der bekannte Schriftsteller Roberto Saviano daraufhin Salvinis Anti-Einwanderungsrhetorik indirekt für die Tat verantwortlich. Dieser wehrte sich mit dem Hinweis, nicht die Lega, sondern eine vermeintlich ungebremste Einwanderung bringe Gewalt in die Gesellschaft, und konnte so dem zentralen Talking Point seiner Partei noch einmal höchste Aufmerksamkeit verschaffen.

Schon am Tag seiner Amtseinführung hatte Salvini verkündet, Italien werde nicht länger »Europas Flüchtlingslager« sein, und in der Folge verlieh er diesen Worten auf zweierlei Weise Nachdruck. Zum einen wurde im Herbst 2018 per Dekret ein Gesetz zu Einwanderung und Sicherheit erlassen, das unter anderem den humanitären Schutzstatus von Geflüchteten abschaffte, Einbürgerungsverfahren erschwerte sowie ein Schnellverfahren zur Ausweisung von Geflüchteten einführte, die als »Gefährder« eingestuft wurden. Zum anderen versuchte Salvini konkret, die Anlandung privater Seenotrettungsschiffe wie der Sea Watch 3 oder der Open Arms zu verhindern. Im Juni 2019 wurde ein weiteres Dekret erlassen, das sich gegen NGOs richtete, die versuchten, gerettete Flüchtlinge auf italienischen Boden zu bringen, und diese mit Strafen von bis zu einer Million Euro bedrohte – ein expliziter Verstoß gegen das Seerechtsübereinkommen der UN, der einen verbalen Schlagabtausch zwischen Rom und den Vereinten Nationen nach sich zog.[7] Salvinis Kalkül war unschwer nachzuvollziehen: Hier präsentierte

7 Vgl. zur italienischen Einwanderungspolitik und der Rolle der Lega James Dennison/Andrew Geddes, »The centre no longer holds: The Lega, Matteo Salvini and the remaking of Italian immigration politics«, in: *Journal of Ethnic and Migration Studies* (2021), S. 1-20; Andrew Geddes/Andrea Pettrachin, »Italian migration policy and politics: Exacerbating paradoxes«, in: *Contemporary Italian Politics* 12/2 (2020), S. 1-16.

sich jemand als Schutzpatron des italienischen Volkes, der mit seiner resoluten Schließung der Häfen endlich die vermeintlich Italien überrollende Flüchtlingswelle stoppte – und zwar gegen alle Widerstände. Zweierlei ist hier festzuhalten: Erstens war die »Migrationskrise«, auf die Salvini zu reagieren vorgab, eigentlich längst keine Krise mehr: Sowohl Asylanträge wie auch die Zahl der Anlandungen waren schon vor Antritt der gelbgrünen Koalition massiv zurückgegangen – nicht zuletzt weil die Vorgängerregierung mit Libyen eine umstrittene Vereinbarung getroffen hatte, um dort die Aktivitäten von Schleuserbanden zu unterbinden; außerdem erfolgte Einwanderung nach wie vor in erster Linie über den Landweg, so dass die Abriegelung der Häfen eher Symbolpolitik war. Zweitens sollte Salvinis bisweilen manischer Aktivismus noch juristische Konsequenzen für ihn haben. So wurde die »Open Arms« mit 150 Migranten an Bord im August 2019 knapp drei Wochen daran gehindert, in einen italienischen Hafen einzulaufen. Der Fall schlug hohe Wellen, der Schauspieler Richard Gere begab sich gar für kurze Zeit auf das Schiff. Nachdem das Parlament im Juli 2020 seine Immunität aufhob, musste sich Salvini dann 2021 vor Gericht für seine Entscheidungen verantworten. Die Staatsanwaltschaft wirft ihm Freiheitsberaubung und Amtsmissbrauch vor, im Falle einer Verurteilung drohen ihm bis zu fünfzehn Jahre Haft. Das Verfahren ist bis heute nicht abgeschlossen. Darüber hinaus wurde Salvini auch von der ehemaligen Kapitänin der Sea Watch 3, Carola Rackete, wegen übler Nachrede verklagt. Nachdem Rackete sich den behördlichen Anordnungen widersetzt hatte und 2019 mit 50 Flüchtlingen an Bord in Lampedusa angelandet war, saß sie kurzzeitig im Gefängnis und wurde danach immer wieder von Salvini beleidigt. Der Prozess begann im Juni 2022, wurde aber direkt wieder ausgesetzt, weil die Verteidigung argumentierte, Salvinis Aussagen seien von seiner Immunität als damaliger Senator gedeckt.

Mittelfristig mag Salvinis bewusste Eskalation der Migrationspolitik also gerade für ihn persönlich eher ambivalente Folgen gezeitigt haben. Kurzfristig erwies sich die Zuspitzung als fulminantes Erfolgsrezept: Die Werte der Lega stiegen beständig, und auch Salvini befand sich im demoskopischen Höhenflug, was ihn schließlich zu einer fatalen Fehleinschätzung verleitete. Mitte 2019 erzielte die Lega bei den Europawahlen ein Rekordergebnis von knapp 35 Prozent, in den nationalen Umfragen lag sie gar bei knapp 40 – ein exorbitanter Wert, der sie bei Parlamentswahlen selbst bei zu erwartenden Abschlägen mühelos zur stärksten Partei gemacht hätte. Da die reguläre Legislaturperiode aber noch vier Jahre andauerte, mussten Neuwahlen herbeigeführt werden, um die Stimmungslage in politische Macht umzumünzen. Den Anlass lieferte Salvini der Regierungspartner M5S, zu dessen eher idiosynkratischen Positionen die erwähnte Ablehnung von Hochgeschwindigkeitszügen zählte. Als die Fünf-Sterne-Bewegung im August 2019 im Senat gegen eine Eisenbahnstrecke zwischen Turin und Lyon votierte, nutzte Salvini dies als Vorwand, um die Koalition platzen zu lassen. Am 9. August stellte die Lega einen Misstrauensantrag, woraufhin Conte knapp zwei Wochen später zurücktrat. Damit hing einmal mehr alles am Staatspräsidenten: Sollte Sergio Mattarella Neuwahlen ausrufen, was aller Vorrausicht nach auf eine von der Lega geführte Regierung hinauslaufen würde? Sollte er ein weiteres *governo tecnico* installieren? Oder gab es vielleicht doch die Möglichkeit einer alternativen Koalition? Salvini hatte darauf spekuliert, dass M5S keinesfalls mit einer anderen Partei kooperieren würde – und lag damit falsch. Mattarella hatte aufmerksam beobachtet, dass M5S und PD gemeinsam mit einigen Kleinparteien gegen den Misstrauensantrag der Lega gestimmt hatten. Romano Prodi sprach in Anspielung auf die designierte Kommissionspräsidentin von der Leyen von einer informellen »Ursula-Koalition«, die unter einer Salvini-Regierung zu erwartende europapolitische Verwerfungen unbedingt verhindern wollte. Also setzte Mattarella M5S und PD eine mehrtägige Frist; und tatsächlich verkündeten die Parteispitzen im letzten Moment die Einigung auf eine Regierungskoalition, die erneut von Giuseppe Conte angeführt werden sollte und der neben M5S und PD noch drei Kleinparteien der linken Mitte angehörten, darunter die von Ex-Ministerpräsident Renzi gegründete Italia Viva. Es war ein politischer Coup, den niemand und naturgemäß am wenigsten Salvini für möglich gehalten hatte. Seine Fehleinschätzung, die der Lega ohne Not den schmachvollen Gang in die Opposition einbrockte, sollte sich als Zäsur im Hinblick auf sein politisches Spielglück erweisen. Die Lega hatte die gelb-grüne Regierung als Trittbrett zum Aufstieg zur Hegemonialmacht der rechten Mitte zu nutzen versucht. Stattdessen bereitete sie ihr den Weg in den Wiederabstieg zugunsten der Fratelli d' Italia. Der entsprechende Trend setzte umgehend ein und ließ sich an den Regionalwahlergebnissen im Januar 2020 ablesen. Die Lega hatte offensiv annonciert, dass sie einen Sieg in der Emilia-Romagna anstrebte, wo noch nie eine Mitterechts-Partei den Präsidenten hatte stellen können. Und auch diesmal scheiterte die Lega an dem ambitionierten Ziel, was nachhaltige Kratzer in Salvinis Gewinner-Image hinterließ.

Coronapolitik

Es ist offensichtlich müßig, darüber zu spekulieren, wie sich die Geschicke der rechten Mitte Italiens entwickelt hätten, wäre die Coronakrise nicht ab Februar 2020 mit Wucht über (Nord-)Italien hereingebrochen. So wurde die Pandemie aber zum alles bestimmenden Faktor und stellte nicht zuletzt den Centrodestra vor schwierige Entscheidungen, zu deren unmittelbareren die Frage gehörte, wie man sich zur Coronapolitik der Regierung Conte II verhalten sollte.[8] Am Anfang der Krise stand ein

8 Vgl. zum Folgenden und den Centrodestra-Positionen zur Pandemie Daniele Albertazzi/Donatella Bonansinga/Mattia Zulianello, »The right-wing alliance at the time of the Covid-19 pandemic: All change?«, in: *Contemporary Italian Politics* 13/2 (2021), S. 181-195.

kurzer Moment der Staatsräson, in dem sich selbst Salvini zu einem für seine Verhältnisse ungewöhnlich staatstragenden Tweet hinreißen ließ: »In dieser Zeit gibt es weder links noch rechts, weder Regierung noch Opposition.« Doch die Phase, in der Salvini gemäß dem alten Diktum Wilhelms II. keine Parteien, sondern nur noch Italiener kennen wollte und in der auch die FdI-Vorsitzende Meloni per Twitter bekräftigte, die Nation sei wichtiger als »parteipolitische Interessen«, währte nur kurz. Zunächst galt die Kritik vor allem den EU-Nachbarn und ihrem dröhnenden Schweigen in Sachen Solidarität. Gerade die problematische Rolle der EU wurde nicht nur von der Lega, sondern auch von den Fratelli d'Italia skandalisiert, indem man suggerierte, Brüssel wolle die Krise nutzen, um Italien zur Kreditaufnahme beim ESM zu drängen und das Land unter das Joch einer Art Troika zu zwingen, wie man es einige Jahre zuvor im Fall Griechenland getan hatte. Und auch nachdem sich Kommissionspräsidentin von der Leyen in einem Gastbeitrag für *La Repubblica* offiziell für die schleppend angelaufene Hilfe entschuldigt hatte, schürten Meloni und Salvini weiter Misstrauen. Doch so virtuos Lega und FdI auf der vertrauten Klaviatur der EU-Skepsis spielten, gerade für die Lega wurde die Pandemie zusehends zu einem Problem, das ihren Abwärtstrend zu beschleunigen drohte. Zum einen waren die Lega-Stammregionen im Norden besonders hart von der ersten Welle betroffen, was Kritik am Krisenmanagement der dortigen Lega-Regierungen hervorrief und die Lega insgesamt desorientiert wirken ließ: Nachdem sie zunächst den Lockdown kritisiert hatte, vollzog sie, getrieben von den Verwaltungen der entsprechenden Gebiete, eine Kehrtwende und sprach sich plötzlich für verschärfte und verlängerte Lockdowns aus. Zum anderen rangen sich die Mitgliedstaaten zu einem für EU-Verhältnisse ungewöhnlich großen Wurf durch. Im Juli 2020 wurde der Europäische Wiederaufbaufonds beschlossen: Insgesamt etwa 750 Milliarden Euro sollten in Form von Transfers und Krediten verteilt werden. Die Finanzmittel, die durch eine erstmalige gemeinsame

Schuldenaufnahme generiert wurden, waren vor allem für Digitalisierungsprojekte und den ökologischen Umbau der Volkswirtschaften gedacht; bevor sie freigegeben würden, musste der Kommission allerdings ein detaillierter Investitionsplan vorgelegt werden. Im italienischen Kontext stand aber zunächst vor allem eine Zahl im Vordergrund: 191,5 Milliarden Euro. So viel sollte Italien aus dem Fonds erhalten, mehr als jedes andere Mitglied. Angesichts dieser Größenordnungen wurde es für die Rechtsparteien zusehends schwieriger, einigermaßen plausibel zu machen, die EU kümmere sich nicht um die Probleme. So zeichneten sich bald erste Differenzierungen ab: Nur Salvini blieb bei seiner Linie und beschuldigte Conte, er habe sich bedingungslos den Entscheidungen der Kommission unterworfen. Meloni hingegen bescheinigte dem Ministerpräsidenten, er habe die Verhandlungen erhobenen Hauptes verlassen, verlieh aber auch ihrem Unbehagen Ausdruck, dass man wohl erst die Deutschen und die Niederländer überzeugen müsse. Nur Berlusconi freute sich uneingeschränkt über die »guten Nachrichten für Italien«. Angesichts der Rechtsverschiebung innerhalb des Centrodestra kam erneut das positionale Prinzip zur Geltung: Um seine im Niedergang befindliche Partei zu profilieren, gab Berlusconi sich schon seit 2019 betont europafreundlich und bot nun der Conte-II-Regierung seine Mitarbeit bei der Erstellung des Investitionsplans an. In seiner unnachahmlichen Art verstieg er sich gar zu der Behauptung, er selbst habe hinter den Kulissen eine entscheidende Rolle bei der Verabschiedung des Fonds gespielt. Der Cavaliere witterte also sichtlich Morgenluft, seine Repositionierung entfaltete allerdings keine demoskopisch wahrnehmbare Wirkung. Mitte 2020 dümpelte Forza Italia weiterhin bei etwa 7 Prozent, die Fratelli d'Italia konnten mittlerweile schon 15 Prozent für sich verbuchen, und die Lega hatte den Abwärtstrend bei etwa 25 Prozent wenigstens für den Moment gestoppt.

Blickt man auf den Centrodestra insgesamt, so sind zwei Entwicklungen seit den Wahlen 2018 hervorzuheben. Zum einen ist dies die Resilienz des Mitte-rechts-Lagers, das in landesweiten Umfragewerten zu alter Stärke zurückfand und diese virtuelle Macht auch in reale übersetzen konnte, wenngleich in erster Linie auf kommunaler und regionaler Ebene. Der Centrodestra stellte 2020 in nicht weniger als elf von zwanzig Regionen den Regierungschef, wobei hervorzuheben ist, dass 2019 erstmals ein FdI-Kandidat in solch eine Position gewählt wurde, nämlich als Präsident der Region Abruzzen. Dem gegenüber steht der rapide Abstieg der Fünf-Sterne-Bewegung. Entsprechend war die dauerhafte Konsolidierung eines tripolaren Parteiensystems mehr denn je mit einem Fragezeichen versehen. Zum anderen sind natürlich die Machtverschiebungen und Repositionierungen innerhalb des Centrodestra zu erwähnen: Der Niedergang von Forza Italia setzte sich fort, die Lega hatte ihr Momentum verloren; im Gegenzug erlebten die Fratelli d'Italia einen kontinuierlichen Aufstieg: Sie schickten sich an, die Lega als Hegemon herauszufordern, indem sie sich als einzig genuine Rechtspartei inszenierten und der Lega Wankelmütigkeit und Prinzipienlosigkeit vorwarfen. So tweetete Giorgia Meloni im September 2020 anlässlich der Regionalwahlen, bei denen die FdI weiter zulegen konnten: »Die Italiener nehmen die Ernsthaftigkeit und Kohärenz derer zur Kenntnis, die nie ihre Versprechen gebrochen haben« – eine klare Anspielung auf die Entscheidung der Lega, seinerzeit mit dem M5S zu koalieren. Allerdings dürfen diese Distinktionsbemühungen nicht darüber hinwegtäuschen, dass der Centrodestra in der kurzen Zeit ihrer Unterteilung in Regierungs- (Lega) und Oppositionsparteien (FI, FdI) einen insgesamt äußerst freundschaftlichen Modus Vivendi gefunden hatte. Auch wenn man formal auf unterschiedlichen Seiten stand, hinderte das weder FI noch FdI daran, bisweilen Gesetzentwürfe der Lega zu unterstützen.[9]

9 Elisabetta di Giorgi/António Dias, »Divided, but not by much: The parties of the centre right between government and opposition«, in: *Contemporary Italian Politics* 12/2 (2020), S. 169-181.

Dies bekräftigt den weiter oben formulierten Befund, dass die rechte Mitte zwar einerseits durchaus zur Kooperation in der Lage ist. Andererseits ist sie intern heterogen, was sich auch auf taktische Distinktionserfordernisse zurückführen lässt, so dass es bei einer eher diffusen Allianz bleibt, die nicht zuletzt aufgrund der höchst flüchtigen programmatischen Positionierungen bis dato weder von Berlusconi noch Salvini zu einer halbwegs kohärenten Koalition geformt werden konnte – es wird sich zeigen, ob dies nun Giorgia Meloni gelingt.

Es war der selbsternannte Zerstörer Matteo Renzi, der das bislang vorletzte Kapitel dieser Geschichte einläutete, indem er seinem Spitznamen Ehre machte und die Regierung Conte II verschrottete. Ende 2020 war es ein offenes Geheimnis, dass die Regierung große Schwierigkeiten hatte, einen stringenten und realistischen nationalen »Aufbau- und Resilienzplan« vorzulegen, von dem man erwarten konnte, dass ihn die EU-Kommission akzeptieren würde. Die Sorgen waren sowohl in Rom als auch in Brüssel zu spüren. So ergriff Renzi im Januar 2021 die Initiative und entzog der Regierung die Unterstützung seiner Partei. Inmitten einer nationalen Notlage die Handlungsfähigkeit der Exekutive zu untergraben, war ein gewagter Schritt, der Renzi harsche Kritik einbrachte. Doch was Renzi wohl insgeheim vermutet und gehofft hatte, geschah: Nachdem alle Rettungsversuche gescheitert waren, berief Mattarella eine weitere technische Regierung, und zu ihrer Bildung erteilte er das Mandat niemand anderem als Mario Draghi. In einem Interview mit der *Zeit* fasste Renzi seine Rolle so zusammen:

> Ich habe nur mit Mut folgende Meinung vertreten: Wir bekommen 200 Milliarden von der EU. Daher brauchen wir eine Regierung, die in der Lage ist, das Geld sinnvoll auszugeben. Da Europa uns vertraut, müssen wir den Besten an die Spitze setzen. Und Mario Draghi ist der Beste. Sagen wir so: Mattarella ist der Trainer, Draghi

schießt das Tor, ich habe höchstens ein Zuspiel gegeben.[10]

Tatsächlich erhielt das Kabinett Draghi das Vertrauen in beiden Kammern; außerdem beteiligten sich alle im Parlament vertretenen Parteien bis auf einige linke Splittergruppen – und die Fratelli d'Italia, die damit de facto zur alleinigen Opposition gegen die Regierung der nationalen Einheit avancierten.

Dieser Quasi-Allparteienregierung war in der Folge eine ganze Reihe von Erfolgen vergönnt, die sich vor allem auf den eher präsidialen Führungsstil Draghis zurückführen ließen. Dieser zentralisierte konsequent die Entscheidungsstrukturen und verhandelte mit den Regierungsparteien zumeist bilateral; so wurden schnelle Fortschritte auf den dringlichsten Problemfeldern erzielt, der Erstellung des Investitionsplans und dem nationalen Impfprogramm. Die Schattenseite dieser »Methode Draghi«, die freilich im Konzept der technokratischen Regierung prinzipiell angelegt ist, bestand in einer merklichen Marginalisierung des Parlaments.[11] Für die beteiligten Parteien bedeutete die Regierung Draghi eine völlig neuartige Konstellation: Sie mussten über die ausgeprägten ideologischen Gegensätze hinweg ein Mindestmaß an Kooperationsbereitschaft an den Tag legen und dabei gleichzeitig Wege finden, ihr jeweiliges Profil so zur Geltung zu bringen, dass sie zumindest für die eigene Anhängerschaft erkennbar blieben. Außerdem stand das alles bestimmende Thema der Pandemie quer zum Links-rechts-Spektrum. Mit anderen Worten: Die Anhängerschaften der Parteien waren in sich mehr oder weniger gespalten, was Impflicht oder die Einführung des sogenannten Grünen Passes anging.

10 Ulrich Ladurner, »›Mario Draghi ist der Beste‹«, Interview mit Matteo Renzi, in: *Die Zeit* (10. Februar 2021).

11 Vgl. zur vorläufigen Bilanz der Regierung Draghi Giliberto Capano/Giulia Sandri, »The political leadership of Mario Draghi: An historical watershed or an inevitable bump in the road?«, in: *Contemporary Italian Politics* 14/2 (2022), S. 118-132.

Am kompliziertesten war die Lage für die Lega, deren 2019 aufgegangener Stern sich als schnell verglühende Sternschnuppe zu entpuppen schien. Durch den Regierungsbeitritt war die Partei zu Disziplin in Sachen Pandemiemanagement und Europäischem Wiederaufbaufonds gezwungen und musste die entsprechenden Maßnahmen von Draghis Expertenkabinett – bisweilen hörbar zähneknirschend – mittragen. Der Glaubwürdigkeit der Lega und Salvinis tat dies offensichtlich nicht gut, war sie doch zuvor in erster Linie für die Interessen der Wirtschaft und damit gegen verschärfte antipandemische Maßnahmen eingetreten; außerdem hatte man die EU-Hilfe als eine Art trojanisches Pferd gebrandmarkt. Die daraus resultierenden innerparteilichen Spannungen, die sich im Kontext von Allparteienregierungen typischerweise ohnehin häufen, ließen sich auch an Personalien ablesen. Während Salvini offensichtlich mit der ihm nun auferlegten Disziplin haderte, stellten sich Partei-Vize Giancarlo Giorgetti und die Mehrzahl der Regionalpräsidenten entschieden hinter Draghi. Dieses Dilemma verschärfte sich aber vor allem durch die Positionierung der Fratelli d'Italia. Indem diese sich der Mitarbeit in der Regierung verweigert hatten, konnte Melonis Partei ihre Linie hinsichtlich Pandemie sowie Europahilfen beibehalten und sich in beiden Punkten zur einzig wirklichen Opposition stilisieren. Und auch wenn es eine deutliche Diskrepanz zwischen der ablehnenden Haltung der Führung und jener der Mitglieder gab, von denen immerhin etwa die Hälfte die Coronamaßnahmen für geboten hielt, konnten die FdI von ihrer Positionierung als »Opposition pur« kontinuierlich und vor allem auf Kosten der Lega profitieren.[12] Mitte 2021 war Meloni hinter dem ungemein populären Draghi be-

12 Vgl. zur Bedeutung der Pandemie als neuer Konfliktlinie innerhalb des italienischen Parteiensystems Luana Russo/Marco Valbruzzi, »The impact of the pandemic on the Italian party system. The Draghi government and the ›new‹ polarisation«, in: *Contemporary Italian Politics* 14/2 (2022), S. 172-190.

reits die zweitbeliebteste Politikerin Italiens, und in der Sonntagsfrage lag ihre Partei zu diesem Zeitpunkt schon gleichauf mit der Lega bei knapp über 20 Prozent.

Anfang 2022 hatte es zunächst den Eindruck, die Regierung Draghi habe ihr Pulver verschossen. Die Pandemie schien weitgehend gebändigt, und für die Parteien rückten unweigerlich die spätestens 2023 stattfindenden Parlamentswahlen in den Blick. Draghi selbst wurden nach einigen undurchsichtigen Anmerkungen im besten Stil eines ehemaligen Zentralbankchefs Ambitionen auf das Präsidentenamt nachgesagt. Nach einem wahren Drama mit sieben Wahlgängen ließ sich Sergio Mattarella dann jedoch widerwillig wiederwählen, und dementsprechend blieb Draghi Ministerpräsident. Aber bei allen Erfolgen hatte er mittlerweile an Strahlkraft verloren, und die anstehenden Wahlen 2023 hätten zweifellos bereits damals die Zentrifugalkräfte in der Regierung angefacht – hätte nicht im Februar 2022 Russland einen völkerrechtswidrigen Angriffskrieg gegen die Ukraine begonnen. Die geopolitischen und ökonomischen Auswirkungen des Krieges dürften so weitreichend wie langanhaltend sein; auch für Italien, das beispielsweise stark abhängig von russischen Gasimporten ist und dessen europäisch finanzierte Wiederaufbaustrategie nun durch die globalen ökonomischen Verwerfungen konterkariert zu werden drohte. Aber auch mit Blick auf den Centrodestra hatte der Ukraine-Krieg Folgen. Zwar unterstützten alle Parteien lange Zeit den Kurs der Regierung, die Russlands Verhalten verurteilte, sich an Waffenlieferungen an die Ukraine beteiligte und möglichst schnell unabhängig von russischen Energieimporten werden wollte. Aber für manche der Centrodestra-Parteien war es leichter, diese Linie zu vertreten, als für andere, was uns ein letztes Mal zum Verhältnis von FdI und Lega zurückführt, deren ideologisches Profil sich eigentlich nur in überschaubarem Maße voneinander unterscheidet, deren elektoraler Entwicklungspfad aber aufgrund einer Reihe von Faktoren geradezu diametral verläuft – ein Trend, der sich auch mit dem Beginn des Ukraine-Kriegs fortschrieb: Während die FdI (selbst als nominelle Oppositionspartei) keinerlei Probleme damit hatte, die Regierungspositionen mitzutragen, da man sich als Teil eines hypostasierten »Westens« begreift, sah sich die Lega kritischen Nachfragen ausgesetzt. Denn immerhin gehörte sie neben dem Rassemblement National und der AfD zu jenen Parteien, die nie einen Hehl aus ihrer Bewunderung des russischen Autoritarismus Marke Putin gemacht haben und teils bis heute enge Verbindungen nach Moskau unterhalten. Und die kritischen Nachfragen, wenn man es so nennen will, kamen nicht nur aus Italien. Als Salvini im März 2022 einen polnischen Ort in der Nähe der ukrainischen Grenze besuchte, präsentierte ihm der dortige Bürgermeister ein Putin-T-Shirt, wie es Salvini einst bei einem Moskau-Besuch getragen hatte: »Ziehen Sie das hier an, und dann gehen wir zum Flüchtlingsauffangzentrum und schauen uns an, was ihr Freund Putin angerichtet hat.« In ähnlichen Erklärungsnöten im Hinblick auf seinen langjährigen »Männerfreund« Putin befand sich im Übrigen auch Silvio Berlusconi, worauf zurückzukommen sein wird.

Das Momentum lag also zweifellos aufseiten der FdI, deren Vorsitzende Meloni denn auch beim Bundesparteitag Anfang Mai 2022 in Mailand – also im Herzen der Lega-Stammlande – keine Zweifel an ihrem Führungsanspruch innerhalb des Centrodestra und der italienischen Politik insgesamt ließ.[13] Fraglich war weniger, ob es tatsächlich zu einem Stabwechsel kommen würde, als wann sich dieser vollziehen würde. Die Gelegenheit, diese Frage zu klären, kam dann schon recht bald, und zwar dank dem M5S und dem ehemaligen Ministerpräsidenten Giuseppe Conte: Conte hatte Draghi lange unterstützt, und M5S

13 Vgl. zum komplexen Verhältnis der (Mitte-)Rechts-Parteien untereinander sowie zum Führungsanspruch innerhalb des Centrodestra bereits Elisabetta De Giorgi/Filippo Tronconi, »The center-right in a search for unity and the re-emergence of the neo-fascist right«, in: *Contemporary Italian Politics* 10/4 (2018), S. 330-345.

stellte immerhin die stärkste Fraktion innerhalb der Regierung, aber diese Konstellation erwies sich nicht nur für die Lega, sondern auch für die Fünf Sterne als zunehmend bedrohlich, was dann in den Kommunalwahlen im Juni 2022 offenbar wurde: Die Lega verlor massiv und wurde fast überall von den FdI überholt, aber das war nichts gegen das Ergebnis des M5S, das kommunalpolitisch praktisch ausradiert wurde. In der Fraktion gärte es angesichts der äußerst schiefen Ebene in Richtung Bedeutungslosigkeit. Das entsprechende Konfliktpotenzial entlud sich schließlich in einer scharfen Debatte über die weitere Beteiligung an Waffenlieferungen für die Ukraine. Außenminister Di Maio unterstützte die Position Draghis. Dagegen hatte Conte schon seit einiger Zeit wieder verstärkt auf Europakritik gesetzt, was aber offenkundig durch die schiere Not motiviert war, der Partei neue Sichtbarkeit zu verschaffen. Doch Di Maio war nicht bereit, die fragile europäische Eintracht (exklusive Ungarn natürlich) kurzfristigen parteipolitischen Erwägungen zu opfern – eine staatstragende Haltung, die nicht jeder dem M5S-Mann der ersten Stunde zugetraut hätte –, und der Außenminister verließ mit seinen Anhängern die Fraktion. Mit dem Rücken zur Wand griff Conte nun auf die Taktik zurück, die er selbst zwei Mal am eigenen Leib erlebt hatte, und zündelte, indem er in schöner Regelmäßigkeit die Regierungspolitik kritisierte, Forderungskataloge vorlegte, die erwartungsgemäß zurückgewiesen wurden, und immer wieder andeutete, dass man nicht auf Gedeih und Verderb in der Regierung verbleiben musste – um im nächsten Moment die logische Folgefrage, ob er Draghi zu Fall bringen wolle, empört als ehrenrührige Spekulation zurückzuweisen. Bereits knapp zwei Wochen nach den ersten Sticheleien kam es zu einer Vertrauensabstimmung gegen Draghi, der die M5S-Fraktion fernblieb. Angesichts der breiten politischen Unterstützung hatte dies zwar zunächst nur symbolische Bedeutung, aber Draghi signalisierte sofort, dass er sich nicht auf derartige Scharmützel einlassen werde und auf der aktiven Zustimmung aller Regierungsparteien beharre. Um dies zu unterstreichen, reichte er sogar seinen Rücktritt beim Präsidenten ein, der sich aber erwartungsgemäß weigerte, diesen anzunehmen. Nur einige Tage später kam es dann zum Showdown im Senat, wo abermals eine Vertrauensabstimmung stattfinden sollte. Draghi warb um Vertrauen für die Regierung, das diese im Übrigen in der Bevölkerung in ungewöhnlich hohem Maße genoss, und beschwor den Zusammenhalt der Regierungsparteien. Aber selbst ein für Draghis Verhältnisse wahrer Ausbruch an Pathos konnte die Situation nicht retten – denn das Ende der Regierung war längst beschlossene Sache. Am Ende enthielten sich nicht nur M5S, sondern auch FI und Lega. Draghi unterbrach die Sitzung mit dem Hinweis, er werde zum Präsidenten fahren, um ihm erneut seinen Rücktritt anzubieten – und kein weiteres Nein akzeptieren. Mattarella blieb keine Wahl, er löste das Parlament auf und setzte Neuwahlen für den 25. September an.

Dass die Regierung Draghi endete, war weder ein Unfall noch ein Zufall, sondern ging auf eine ganz konkrete Absprache zurück. Nur wenige Tage zuvor hatten Salvini und Berlusconi in einer von dessen Luxusvillen darüber beraten, ob man vor dem Hintergrund der Provokationen von M5S selbst weiterhin die Regierung stützen solle. Salvini befand sich angesichts des rapiden Zustimmungsverlusts seiner Partei in einer brenzligen Lage und war auch innerparteilich längst nicht mehr unumstritten. Berlusconi hatte sich als Pro-Europäer an der Seite Draghis neu erfunden und war daher weniger enthusiastisch im Hinblick auf Neuwahlen, sah aber durchaus die Chance, die diese boten. Dann wurde Meloni per Telefon zugeschaltet, und kurze Zeit später stand die Entscheidung fest – man würde die Rolle des Königsmörders dem M5S zuschieben, aber mit einer Enthaltung dafür sorgen, dass Draghi den Hut nehmen müsste.

Wie so oft war auch in diesem Fall das Absägen der alten Regierung der einfachste Teil; nun galt es, ein weiteres Mal eine Allianz zu schmieden, um tatsächlich die Mehrheit bei den nur zwei Monate später stattfindenden Wahlen zu erlangen. Das entscheidende Treffen fand am 27. Juli im Palazzo Montecitorio statt, dem Sitz der Abgeordnetenkammer, und die Wahl des Ortes war alles andere als zufällig.[14] Nicht nur setzten sich die drei Rechts-Granden Berlusconi, Meloni und Salvini in der Sala Salvatori zusammen, in der ein Gemälde prangt, das den Sieg der Heiligen Liga gegen die Ottomanen in der Seeschlacht von Lepanto zeigt – für konservative Islamkritiker ein höchst symbolträchtiges Ereignis. Wichtiger noch war die Tatsache, dass es sich eben nicht um eine von Berlusconis vielen Villen handelte. Hier war der alternde Cavaliere nicht mehr Gastgeber und konnte so auch nicht als Conférencier und Strippenzieher auftreten – es war Meloni gewesen, die auf dem Palazzo als Ort für das Treffen bestanden hatte. Und auch ansonsten war die Jüngste des Rechtstrios mit harten Bandagen angetreten, und zwar in Form einer klaren Ansage im Vorfeld: Die Frage, wer im Fall eines Wahlsiegs in den Palazzo Chigi einziehen würde, müsse nun geklärt werden, und es könne nur eine Antwort geben: Giorgia Meloni. Falls Salvini und Berlusconi ihre Zustimmung verweigerten, würden die FdI auf eigene Rechnung antreten – womit eine Rechtsallianz bereits vor ihrer Formierung moribund gewesen wäre. Man darf nicht unterschätzen, wie hoch hier die Einsätze waren: Berlusconi und Salvini hätten zumindest auf Zeit spielen, alternative Verfahren vorschlagen oder darauf verweisen können, dass eine solche Konzession vermutlich die Performance ihrer Parteien beeinträchtigen und auch ihre eigene Stellung eklatant schwächen würde. Aber falls sie diese oder andere Punkte anbrachten, dann ohne Erfolg, denn am Ende der Sitzung stand die Absprache inklusive der Aufteilung der Sitze, die man gewinnen würde – eine weitere Zäsur in der Geschichte der rechten Mitte Italiens. Denn ganz unabhängig

14 Vgl. zum Folgenden Hannah Roberts, »The Italian job: Inside the backroom deal to put Giorgia Meloni in office«, in: *Politico* (28. September 2022).

davon, ob das am 27. Juli besiegelte Bündnis letztlich gewinnen würde, markierte die Tatsache, dass Meloni sich durchgesetzt hatte, die schon länger im Raum stehende Wachablösung in jenem Teil des politischen Spektrums. Sowohl Salvini als auch Berlusconi hatten damit den Vormachtstatus der FdI anerkannt, und von nun an würde der Rechtsblock nicht mehr vom Cavaliere und auch nicht von Salvini geführt, dessen Hoffnungen, den FI-Chef als Power Broker abzulösen, sich zumindest fürs Erste zerschlagen hatten. Doch auch für Berlusconi war es nicht ohne unangenehmen Beigeschmack, dass er ausgerechnet Meloni den Vortritt lassen musste, schließlich hatte er sie 2008 im Alter von gerade einmal 31 Jahren in sein Kabinett geholt. Nachdem sie den PdL dann mit einer Reihe ehemaliger AN-Abgeordneter aus Protest verlassen hatte, als Berlusconi entgegen anderslautender Ankündigungen an der Spitze der Partei verblieb und die Regierung Monti unterstützte, revanchierte dieser sich, indem er Meloni bei den Bürgermeisterwahlen in Rom 2016 seinen Segen vorenthielt (den Salvini gewährte) und stattdessen einen FI-Kandidaten ohne jegliche Siegchancen über die Klinge springen ließ.

Im Wahlkampf war der durch zwei zentristische Splitterparteien komplettierte Rechtsblock dann allerdings weit davon entfernt, irgendwelche Zwistigkeiten zur Schau zu stellen. Im Wissen um die formidable Ausgangsposition hielten selbst die Berufsprovokateure Salvini und Berlusconi die Füße still, um den Sieg nicht noch zu gefährden, und auch Meloni selbst gab sich konziliant: Die europäischen Nachbarn könnten ganz beruhigt sein, mit ihr an der Spitze werde Italien keinesfalls aus der EU oder aus der Eurozone austreten. Die Linke unter der Führung von Enrico Letta tat sich dagegen gewohnt schwer, eine Wahlallianz zu schmieden. Lange hatte man dem M5S Avancen gemacht, aber angesichts von dessen unrühmlicher Rolle beim Sturz Draghis war das Verhältnis massiv abgekühlt. So stand bereits relativ früh fest, dass der PD zwar als Einzelpartei durchaus bestehen konnte, dass der Linken insgesamt

Abb. 5: Matteo Salvini, Silvio Berlusconi, Giorgia Meloni, der zukünftige Außenminister Antonio Tajani und Maurizio Lupi von der Partei Noi con l'Italia während des Wahlkampfs im September 2022 (von links nach rechts).

aber nur die Hoffnung blieb, dass sich die Rechts-Allianz wider Erwarten noch rechtzeitig entzweien würde. Diese Überraschung blieb jedoch aus, und am 25. September trug der rechte Block einen klaren Sieg davon, wobei die FdI erwartungsgemäß mit über 25 Prozent stärkste Partei wurden. Auf dem zweiten Platz landete der PD mit 19 Prozent, und danach kamen zunächst viele Verlierer: Der M5S halbierte sein Ergebnis von 2018 ebenso wie die Lega, die mit 8,8 Prozent gerade einmal noch einen Vorsprung von 0,7 Prozentpunkten vor FI hatte; beide waren also jeweils etwa ein Drittel so groß wie die FdI – und spätestens mit diesem Wahlergebnis war Meloni die einzige realistische Kandidatin für das Amt der Ministerpräsidentin. Umgehend begannen die Koalitionsverhandlungen, und auch wenn die immer wieder von linksliberaler Seite geäußerte Zuversicht, die Regierung werde zerbrechen, noch bevor sie in Amt und Würden sei, sich als Wunschtraum erwies, wurden schon bald erste Risse sichtbar, die darauf hindeuten, dass es eine turbulente und womöglich nicht sonderlich lange Legislaturperiode werden könnte.

Ein Knackpunkt waren wenig überraschend Personalentscheidungen, und ebenso wenig überraschend stand abermals Berlusconi im Mittelpunkt. Zwar wurde auch Salvini vor den Kopf gestoßen, als Meloni ihm sein geliebtes Innenministerium vorenthielt und ihn stattdessen zum Minister für nachhaltige Mobilität und Infrastruktur machte, was seinen Profilierungserfordernissen nur begrenzt förderlich sein dürfte. Im Fall Berlusconis waren die Dinge aber in vielerlei Hinsicht persönlicher. Die Querelen machten sich an der Person von Licia Ronzulli fest, die als eine Art Betreuerin im Hause Berlusconi fungiert und die der Cavaliere mit aller Macht im Kabinett unterbringen wollte, was ihm Meloni mit Verweis auf ihre Qualitätsanforderungen verweigerte. Der erste Stein war geworfen, und Berlusconi hatte ebenfalls einige mitgebracht. Zunächst verweigerte die FI-Fraktion der FdI-Kandidatin für das Amt der Parlamentspräsidentin die Zustimmung. Dann platzierte Berlusconi einen Notizzettel so offensichtlich auf seinem Senatspult, dass man nicht gerade Investigativreporter sein musste, um zu erkennen, was darauf geschrieben stand: »Giorgia Meloni. Benehmen: 1. eingebildet 2. überheblich 3. arrogant 4. beleidigend. Keine Bereitschaft einzulenken. Eine, mit der man sich nicht vertragen kann.« Der Punkt 5 »lächerlich« war durchgestrichen.[15] Die Wogen sollten freilich noch höher schlagen, als kurze Zeit später Tonbandaufnahmen Berlusconis auftauchten, auf denen zu hören war, wie er bei einer FI-Versammlung seine alte Liebe zu Wladimir Putin wiederentdeckte und darlegte, warum die Ukraine Russland keine andere Wahl gelassen habe, als präventiv einen Angriffskrieg zu beginnen. Außerdem berichtete er von Putins Geburtstagsglückwünschen an ihn, die von zwan-

15 Zit. n. Andrea Dernbach, »Vor dem Aus. Meloni weist Berlusconi in die Schranken«, in: *Der Tagesspiegel* (16. Oktober 2022).

zig Flaschen Wodka begleitet worden seien. Man musste beinahe annehmen, dass er eine davon bereits geöffnet hatte, als er spitzbübisch hinzufügte: »Ich sage euch nicht alles, was ich weiß – aber es gibt heute keine Leader mehr. Soll ich euch zum Schmunzeln bringen? Der einzig wahre Leader bin ich.«[16] Der einzig wahre Leader wurde dann jedoch schnell in die Schranken gewiesen. Meloni stellte unmissverständlich klar, dass sie keinen Zweifel an der eindeutig prowestlichen Position der zukünftigen Regierung dulde, und für einen Moment stand tatsächlich die Möglichkeit im Raum, dass Meloni alles platzen lassen würde. Aber ein Kotau Berlusconis reichte aus, um auch diese Irritationen vergessen zu machen, und dann war es so weit: Die erste postfaschistische Ministerpräsidentin Italiens wurde am 22. Oktober vereidigt, und in ganz Europa herrschte für einen kurzen Moment betretenes Schweigen, bevor pflichtschuldig die Glückwünsche der Staats- und Regierungschefs eintrudelten. Noch ist es zu früh, um abzusehen, wie die Regierung Meloni agiert, sieht man einmal von den ersten fiskal- und sozialpolitischen Maßnahmen ab, wie der tatsächlichen Einführung einer Flat Tax und einer Verschärfung der Bedingungen für den Bezug der Grundsicherung (beziehungsweise ihrer gänzlichen Abschaffung 2024), die ja beide in erster Linie ins Arsenal des Wirtschaftsliberalismus gehören. Doch es zeichnet sich ab, dass es innerhalb der Rechts-Koalition, in der von der Mitte nicht mehr viel übrig ist, durchaus einige Quellen der Instabilität gibt – selbst wenn Meloni keinen harten Rechtskurs verfolgen sollte, der zweifellos mit heftigen gesellschaftlichen Auseinandersetzungen einhergehen würde. Jene Quellen liegen vor allem bei den Koalitionspartnern FI und Lega. Die FI ist bis heute das Geschöpf Berlusconis, und der mittlerweile 86-Jährige, der gemeinsam mit dem neuen Außenminister Antonio Ta-

16 Zit. n. Dominik Straub, »Berlusconi und seine Putin-Freundschaft: Machtwort von Giorgia Meloni«, Redaktionsnetzwerk Deutschland (20. Oktober 2022).

jani aus dem EU-Parlament nach Rom zurückkehrte (Nachrückerin für Tajani war pikanterweise Alessandra Mussolini, die nun für die FI im Europaparlament sitzt), befindet sich im Spätherbst seiner Karriere, und sollte er altersbedingt irgendwann nicht mehr in der Lage sein, als Vorsitzender einigermaßen effektiv zu agieren, ist völlig unklar, wie es mit der Partei weitergeht: Einen Nachfolger hat Berlusconi natürlich nicht aufgebaut, und eine führungslose FI könnte schnell zu einer Art politischen Konkursmasse werden, um die eine Auseinandersetzung zwischen eher mittigen Kräften, wie etwa Renzis Italia Viva, und den FdI entbrennt. Eine de facto kollabierende Post-Berlusconi-FI könnte so die Koalition destabilisieren, falls etwa tatsächlich FI-Abgeordnete zu Renzi überlaufen. Unabhängig von etwaigen Koalitionsturbulenzen bestünde eine weitere Folge wohl in der Festigung der Vormachtstellung der FdI über das Spektrum rechts der Mitte, denn der einzige verbliebene Rivale wäre dann Salvini – oder sein Nachfolger. Schließlich ist der Status der Parteiführung auch bei der Lega prekär, aber natürlich nicht aus Altersgründen, sondern aufgrund von nachhaltiger Erfolglosigkeit. Schon unmittelbar nach der Wahl hatte der Parteiveteran Maroni in einem Beitrag in *Il Foglio* signalisiert, dass aus seiner Sicht ein Führungswechsel angebracht sei: »Nach der Wahl am Sonntag [...] wurde in fast allen Parteisektionen der Antrag auf einen außerordentlichen Parteitag gestellt, um anstelle von Salvini einen neuen Parteisekretär zu wählen. Ich würde wissen, wen ich wähle, ich habe es bereits gesagt, ich möchte keinen Namen nennen«, schrieb Maroni, um dann jedoch direkt anzufügen: »[A]ber vielleicht könnte es nützlich sein, einen zu nennen, um zu verstehen, wovon wir sprechen. Ein Hinweis: Er ist Regionalpräsident. Ein Profil: das von Luca Zaia [dem amtierenden Präsidenten der Region Venetien].«[17] Und wo er schon dabei war, schlug Maroni auch

17 Roberto Maroni, »Lanciare Zaia al posto di Salvini e puntare su una federazione tra FI e Lega«, in: *Il Foglio* (29. September 2022).

gleich noch vor, dass FI und Lega sich zu einer Konföderation zusammentun sollten – in der Tat könnte sich dies als realistische Option erweisen für eine Zeit nach Berlusconi, und womöglich auch nach Salvini, dem das Scherbengericht eines außerordentlichen Parteitags erspart blieb, dessen Mandat als Parteichef aber eigentlich 2022 auslief.

Ziehen wir an dieser Stelle eine Bilanz im Hinblick auf den Status des gemäßigten Konservatismus und die rechte Mitte in Italien sowie auf die Frage, ob und inwiefern der Fall die eingangs formulierte Arbeitshypothese stützt, dass der gemäßigte Liberalkonservatismus angesichts der Konkurrenz genuin liberaler Parteien auf der einen und nationalkonservativer Kräfte auf der anderen Seite in seine beiden Bestandteile zerfällt. Die ursprünglichen Profile von Forza Italia und Lega Nord lassen sich durchaus als eine Mischung aus (wirtschafts)liberalen und (kultur)konservativen Elementen begreifen. Und wenn man – tentativ – die FI als Hauptrepräsentantin eines gemäßigten beziehungsweise Liberalkonservatismus charakterisiert, dann muss man feststellen, dass sie in einem Schwundprozess begriffen ist, der sich aller Wahrscheinlichkeit nach als irreversibel erweisen dürfte. Kann man aber nun die Dynamik der letzten dreißig Jahre so zusammenfassen, dass hier das Liberale und das Konservative auseinanderdividiert wurden und die FI letztlich zum Opfer der entsprechenden Fliehkräfte wurde? Wenn ja, dann allenfalls mit einigen wichtigen Einschränkungen. Erstens wurde die FI keineswegs von genuin liberalen und genuin konservativen Kräften in die Zange genommen – da es eine tatsächlich wirkmächtige liberale Partei mit großem L in Italien schlicht nicht gibt. Allerdings könnten äquivalente Sogkräfte von den Parteien der linken Mitte ausgegangen sein, allen voran vom PD. Doch wie wir bereits wissen, sind rechtes und linkes Spektrum in ihren Einstellungen in sich vergleichsweise homogen; Wählerwanderungen über die Mitte hinweg fallen von daher kaum ins Gewicht. Hinzu kommt, dass das FI-Elektorat über die Jahrzehnte hinweg in seiner Selbstbeschreibung immer weiter nach rechts gerückt ist. Waren es in den Anfangsjahren noch etwa 60 Prozent, die sich selbst rechts verorteten, und 20 Prozent im Zentrum, so lag das Verhältnis 2013 bereits bei 80 zu 11 Prozent.[18] Dass eine so positionierte Basis auf ein liberaleres Angebot und dann auch noch links der Mitte schielen würde, erscheint nicht sonderlich plausibel, wenn es auch sicherlich bestimmte wirtschaftsnahe FI-Milieus gibt, die vor allem auf mehr marktliberale Chuzpe Berlusconis gehofft hatten.

Des Weiteren lässt sich wohl argumentieren, dass die FI zusehends von der Lega mit ihren kompromisslosen Positionen zu Migration und EU unter Zugzwang gesetzt wurde, aber bei allem Autoritarismus, den die Lega zweifellos verkörpert, entspricht dies doch insofern ebenfalls nicht der idealtypischen Konstellation der Arbeitshypothese, als sie sich zwar vom politischen Liberalismus ein Stück weit entfernt, dem Wirtschaftsliberalismus aber zumindest in seiner angebotsorientierten Form keineswegs abgeschworen hat, bedenkt man die Zentralität des Projekts der Flat Tax – die im Übrigen auch von der FI befürwortet wurde. Es trifft also in gewisser Weise zu, dass es der radikalkonservativen Lega gelang, die FI im Bereich der EU-Kritik und mit migrationspolitischen Forderungen unter Druck zu setzen, da diese sich solche Positionen nicht zu eigen machen konnte, ohne ihre insgesamt rechtsmittige Positionierung aufzugeben. Aber auch diesbezüglich gibt es zumindest anekdotische Evidenz, die einen solchen Effekt mit einem gewissen Fragezeichen versieht. Zieht man abermals die Zahlen aus dem Jahr 2013 zurate, zeigt sich, dass das Thema Einwanderung unter FI-Wählern nicht annähernd eine so wichtige Rolle spielte wie für

18 Vgl. Pietro Castelli Gattinara/Caterina Froio, »Italy: The Mainstream right and its allies, 1994-2018«, in: Tim Bale/Cristóbal Rovira Kaltwasser (Hg.), *Riding the Populist Wave. Europe's Mainstream Right in Crisis*, Cambridge: Cambridge University Press 2021, S. 170-192, S. 186.

die LN-Anhänger (oder die der Christdemokraten).[19] Vonseiten der FI gab es demnach keine wirkliche Veranlassung, der Lega in ihrer Migrationskritik hinterherzulaufen. Wenn überhaupt, so lässt sich resümieren, dann hat die Arbeitshypothese hier also allenfalls mit einigen Abstrichen Bestand. Ob sie im italienischen Fall eine stimmige Erklärung der Dynamiken rechts der Mitte liefern kann, erscheint zumindest fraglich.

Vielmehr lässt sich die letztendliche Schwächung der FI eher auf hoch kontextuelle Faktoren zurückführen, allen voran die FI selbst mit ihrem niedrigen Institutionalisierungsgrad und der völligen Ausrichtung auf Berlusconi. Dieser erwies sich zwar als überaus begabter Wahlkämpfer und war immer wieder in der Lage, schlagkräftige Allianzen zu schmieden. Deren Kohärenz erschöpfte sich aber in einem gemeinsamen Wahlprogramm und ließ sich im Großen und Ganzen kaum in effektives Regierungshandeln übersetzen. Auf strukturelle Determinanten wie das immer wieder geänderte Wahlrecht, das zur Kurzlebigkeit vieler Regierungen auch der Zweiten Republik beitrug, wurde bereits hingewiesen. Dennoch ist der ausbleibende dauerhafte Erfolg vor allem auch der Ambiguität Berlusconis geschuldet, dem seine Partei aber trotz aller Defizite ausgeliefert blieb. Eine FI mit einem weniger unberechenbaren eitlen alten Mann an der Spitze oder ein PdL mit Fini als Vorsitzendem wäre womöglich nicht in dieser Art und Weise dem Niedergang geweiht gewesen. Die FI wurde damit in erster Linie das Opfer einer tiefen Enttäuschung ihrer Wählerschaft. Als nach dem dritten Anlauf in der Regierung klar wurde, dass Berlusconi den Erwartungen nicht einmal in Ansätzen gerecht werden konnte, wandten sich immer größere Teile seiner Basis ab, der Fixstern der Centrodestra musste ins zweite Glied zurücktreten – die offizielle Stellungnahme der Mitte-rechts-Wahlallianz nach der Wahl 2018 verlas nicht Berlusconi, sondern Salvini –, während der Cavaliere buchstäblich die Lippen dazu bewegte.

19 Ebd.

Wenn es zutrifft, dass der gemäßigte Konservatismus in Italien am Ende der Entwicklungen der letzten drei Jahrzehnte zutiefst geschwächt dasteht, dann setzt dies voraus, dass es diesen gemäßigten Konservatismus überhaupt je gab. Im Hinblick auf die Ära der DC scheint mir das einigermaßen unstrittig zu sein, denn als christdemokratische/christsoziale Partei, die das Zentrum sowie die rechte und – mit Abstrichen – linke Mitte ausfüllte, fiel die Democrazia Cristiana doch recht klar in diese Kategorie. In der komparatistischen Literatur herrscht die Haltung vor, in der Zweiten Republik die FI tatsächlich als eine Art funktionales Äquivalent des Mainstream-Konservatismus in anderen Ländern zu betrachten.[20] Allerdings sind auch im Hinblick auf diesen Befund wichtige Einschränkungen vorzunehmen. Identifiziert man nämlich den gemäßigten Konservatismus mit einem stabilitätsorientierten Inkrementalismus, dann trifft diese Charakterisierung die FI und Berlusconi nur mit Abstrichen. Die Pose, in der dieser sich inszenierte, war schließlich vor allem die des Anti-Politikers, der die alten Zöpfe abschneidet und das im Sumpf von *partitocrazia* und Tangentopoli steckengebliebene Staatswesen mit seiner Expertise als Konzernchef wieder flottmacht. Ja, mehr noch, Berlusconi versprach eine »liberale *Revolution*«, die beileibe nicht zum typischen Tableau des gemäßigten Konservatismus zählt – wobei zur Ironie der Geschichte gehört, dass der Berlusconismo in der Praxis in vielen Fällen in einem Ultra-Inkrementalismus, vulgo: im politischen Stillstand, endete und in dieser Hinsicht eben doch eine ungewollt Nähe zur Stabilitätsorientierung des Konservatismus aufwies. Die Art von disruptiver Politik, die Berlusconi zumindest annoncierte, ist also nur bedingt dem gemäßigten Konservatismus zuzuordnen. Und auch wenn Forza Italia innerhalb des Centrodestra sicherlich in den meisten Fällen noch die mittigsten Positionen vertrat – sieht man einmal von den

20 Vgl. Bertjan Verbeek/Andrej Zaslove, »Italy: A case of mutating populism?«, in: *Democratization* 23/2 (2015), S. 304-323.

christdemokratischen Kleinparteien ab –, so darf doch die vielfältige Anschlussfähigkeit des Berlusconismo zu autoritären Positionen nicht vergessen werden, denkt man etwa an die Vergangenheitspolitik und den geradezu manischen Antikommunismus. Vor allem aber stehen die patrimonialen Ambitionen Berlusconis autokratischen Herrschaftsvorstellungen weitaus näher als einem gemäßigt konservativen Selbstverständnis als eine Art Sachwalter einer natürlichen Ordnung und ihrer Wandlungsprozesse. Denn hier wird ganz selbstverständlich zwischen Regierungsmacht und Staat unterschieden, und Letzterer darf als präsumtiver Hüter des Allgemeinwohls keinesfalls in die Hände einer Partikularkraft fallen, so dass man ihn selbst dann noch stützt, wenn der politische Gegner die Regierung stellt. Vor diesem Hintergrund ist es natürlich nicht sonderlich überraschend, dass der Berlusconismus als doch sehr spezielle Spielart eines gemäßigten Konservatismus keinerlei Berührungsängste gegenüber den Kräften des rechten Spektrums zeigte. Im Gegenteil, das Unbedenklichkeitsattest, das die FI der AN de facto ausstellte, sicherte der Rechtsaußenpartei Mitte der Neunziger erstmals die Legitimation, um endlich am liberaldemokratischen Spiel teilnehmen zu können. Das Überraschende an der folgenden Entwicklung liegt aber eben darin, dass die FI ja keineswegs von den rechten Positionen der Alleanza unter Druck gesetzt wurde, sondern die AN unter Fini entschlossen in Richtung politischer Mitte strebte. Zu diesem Zeitpunkt waren es also nicht so sehr die zentrifugalen als vielmehr die zentripetalen Kräfte, die den Centrodestra prägten, was konträr zum gängigen Narrativ der Rechtspartei steht, die erst salonfähig gemacht wird und dann das Koordinatensystem nach rechts verschiebt. Aber die AN war eben nicht die einzige Partei im rechten Spektrum, mit der Berlusconi ganz selbstverständlich koalierte, und das Narrativ der rechten Kräfte, die von den Akteuren der rechten Mitte erst hoffähig gemacht werden und dann nicht mehr beherrschbar sind, passt wesentlich besser auf die Lega, deren unübersehbare Radikalisierung unter

Salvini Berlusconi nicht von einer Wahlallianz mit ihr wie auch den FdI abhielt, die ihn in der Folge beide überflügelten. Damit verschob sich das Gravitationszentrum des Centrodestra unweigerlich in Richtung des autoritären Pols, zunächst durch den zwischenzeitlichen Hegemonialstatus der Lega, deren Vormachtstellung mittlerweile jedoch an die Fratelli d'Italia übergegangen ist, die womöglich noch weiter rechts steht – wobei man immer wieder festhalten muss, dass diese Verortungen und auch die entsprechenden analytischen Unterscheidungen zwischen autoritären und konservativen Parteien im italienischen Kontext in der Tat nicht so leicht vorzunehmen sind und es bemerkenswert schwierig ist, »die diversen Komponenten der rechten Mitte Italiens zu klassifizieren«.[21]

Inwieweit es nun angebracht erscheint, die italienische Entwicklung als Menetekel für die Dynamik in anderen Kontexten anzusehen, soll erst im abschließenden Kapitel diskutiert werden. Für den Moment ist allerdings ein weiterer Aspekt festzuhalten, der den italienischen Fall zu einem besonders interessanten macht, nämlich die Ausgangslage: In Italien konstituierte sich ein Parteiensystem nach seinem Totalkollaps beinahe komplett neu, so dass sich seither wie in einer Petrischale beobachten lässt, wie sich das Spektrum der politischen Kräfte rechts der Mitte in einer solchen Tabula-rasa-Konstellation ohne die Pfadabhängigkeiten entwickelt, die in anderen Kontexten die Dynamik überdeterminieren. Die italienische Demokratie wird hier eben auch in dieser Hinsicht ihrem Ruf gerecht, eine Art Labor zu sein, in dem sich die Entwicklungsdynamiken der rechen Mitte gewissermaßen unter experimentellen Bedingungen studieren lassen.

Doch was bedeutet all dies für Italien als liberale Demokratie? Deren Schicksal wird seit zwanzig Jahren kontrovers diskutiert, und die Positionen könnten kaum gegensätzlicher sein.

21 Gattinari/Froio, »Italy: The mainstream right and its allies«, S. 174.

Es gibt diejenigen, die nicht zu Unrecht darauf hinweisen, dass in Italien selbst unter den schwierigsten politisch-sozialen Umständen die liberale Demokratie niemals wirklich in Gefahr war, nicht, als die Roten Brigaden Politiker ermordeten, und auch nicht, als Berlusconi das Land an den Rand des Staatsbankrotts führte. Allerdings stammt dieses Urteil eines der Doyens der italienischen Politikwissenschaft, Gianfranco Pasquino, noch aus der Zeit, bevor etwa Matteo Salvini Vizeministerpräsident und Innenminister war. Pasquino verwies unter anderem darauf, dass es bei aller Instabilität doch auch ein nicht zu unterschätzendes Moment der Kontinuität gerade aufseiten des Centrodestra gegeben habe, nämlich – ironischerweise – Berlusconi.[22] Und dann gibt es noch die Stimmen, die aus der vermeintlichen Not italienischer Instabilität und dem überaus flüchtigen Charakter der politischen Akteure sowie ihrer Identitäten, die bisweilen Namen und Personal wie gebrauchte Kleidungsstücke austauschen, eine Tugend machen, nämlich die der Antifragilität. Das Argument lautet hier, dass die politische Kunst gerade darin besteht, ein gewisses Maß an Volatilität bewusst zuzulassen und sich nicht dem typisch konservativen Versuch hinzugeben, diese Volatilität im Namen vermeintlicher Stabilitätserfordernisse zu arretieren. Vielmehr gehe es darum, »atmende« Systeme zu schaffen, die dem Bestand der liberalen Demokratie einen weitaus besseren Dienst erwiesen, da es die beständige Unterdrückung von Volatilität selbst sei, die letztlich zu wirklich bestandsgefährdenden Disruptionen führe:

> Man bedenke, dass Italien mit seiner viel geschmähten Kabinettsinstabilität ökonomisch und sozial stabil ist, obwohl es seit dem Zweiten Weltkrieg sechzig Regierungen hatte (in der Tat könnte man behaupten, dass diese häufigen Regierungswechsel der Grund für Italiens Stabilität sind).[23]

22 Pasquino, *Democracy at Stake*, S. 610.

23 Nassim Taleb/Mark Blyth, »The Black Swan of Cairo. How suppres-

Interessanterweise lässt sich aus dieser »Antifragilitätsperspektive«, die eine gewisse Nähe zum Diskurs um den schillernden Begriff »Resilienz« aufweist, ebenfalls eine Verbindung zu einer bestimmten Ausbuchstabierung des konservativen Politikverständnisses herstellen: Denn der vorausschauende Konservatismus des Leoparden agiert ja gerade nach der Maxime, beständig an kleinen Schrauben zu drehen, damit das große Rad der Disruption nicht in Bewegung gesetzt werden muss.

Allerdings stammt auch diese Einschätzung von Nassim Taleb und Mark Blyth noch aus der Zeit, bevor die italienische Politik sich im Angesicht des drohenden Staatsbankrotts als de facto handlungsunfähig erwies. Und was dann passierte, wirft ein noch fragwürdigeres Licht auf die These von der volatilen, aber antifragilen italienischen Demokratie: Schließlich war die unmittelbare Folge des Politikversagens unter der Ägide des Centrodestra, dass ein *governo tecnico* unter Mario Monti eingesetzt wurde. Wenn aber in etwa alle zehn Jahre eine aus demokratietheoretischer Perspektive nicht ganz unproblematische »technische« Regierung ernannt werden muss, um die aufgelaufenen Probleme abzuarbeiten, dann ist es mit der Antifragilität nicht weit her. Noch grundsätzlicher kann man argumentieren, dass als Ausfallbürge für den Weiterbestand der Parteiendemokratie Italiens zusehends der Präsident (und bisweilen seine Technokraten-Kabinette) fungiert, was nichts anderes als eine »Reduzierung der Macht von sowohl Parlament als auch Parteien bedeutet«.[24] Die Zweite Republik, so muss man folgern, kann sich gegenüber der Performance der alten *partitocrazia* keiner wesentlichen Leistungssteigerung brüsten, im Gegenteil. Letztere präsidierte ja immerhin über einer europäischen Erfolgsgeschichte, die Italien in vielerlei Hinsicht war. Aber seit Be-

sing volatility makes the world less predictable and more dangerous«, in: *Foreign Affairs* 90/3 (2011), S. 33-39, S. 38.

24 Pasquino, *Democracy at Stake*, S. 614.

ginn der Finanzkrise stagniert das Wirtschaftswachstum, die Bevölkerung ist überaltert und schrumpft sogar. Die Arbeitslosigkeit ist zwar seit ihren Höchstständen während Finanz- und Eurozonenkrise beständig gesunken, liegt aber mit knapp unter 10 Prozent nach wie vor weit über ihrem Tiefstand 2008. Nur bei der Jugendarbeitslosigkeit belegt Italien mit aktuell 23,7 Prozent einen europäischen Spitzenplatz hinter Spanien (32,1) und Griechenland (28,5) – dementsprechend ist die Abwanderungsrate gerade unter gut ausgebildeten jungen Menschen hoch. Die einstmals stolze italienische Industrie hat fast alle ihre Aushängeschilder eingebüßt, Fiat gehört zu einem multinationalen Konzern mit Sitz in Hoofddorp bei Amsterdam, und selbst im Fußball zeichnet sich ein Trend in Richtung Mittelmäßigkeit ab: Trotz Europameistertitel 2020 verpasste die Squadra Azzura nun schon zum zweiten Mal in Folge die WM-Teilnahme, und seit 2010 konnte kein italienischer Klub die Champions League gewinnen.

Gerade der Centrodestra ist bevölkert von hochgradig personalisierten und demoskopisch-algorithmisch professionalisierten Parteien, deren programmatische Identität von einer beträchtlichen Fluidität gekennzeichnet ist; der daraus resultierende fragmentierte Bipolarismus insgesamt erscheint nur bedingt angemessene Problemlösungskapazitäten zu garantieren. Es lohnt sich, hier ein letztes Mal Pasquino ausführlich zu Wort kommen zu lassen, der den Zustand der Italienischen Republik 2019 so zusammenfasste:

> [D]as schwächste Glied in der Kette bezeichnen die Parteien (von denen die meisten nicht einmal mehr diesen Namen verdienen) und das dekonstruierte Parteiensystem. Wird Italien das erste politische System mit einer funktionierenden Demokratie sein in einer Situation, in der Parteien praktisch verschwunden sind?[25]

25 Gianfranco Pasquino, »The state of the Italian Republic«, in: *Contemporary Italian Politics* 11/2 (2019), S. 195-204, S. 204.

Pasquino selbst zeigte sich eher pessimistisch und erinnerte an ein berühmtes Diktum des Politikwissenschaftlers E. E. Schattschneider aus den sechziger Jahren, demgemäß zeitgenössische Demokratien nur Parteiendemokratien sein könnten. Zusammenfassend bedeutet dies, dass sich die liberale Demokratie Italiens nicht allein mit der Herausforderung eines weitgehend »dekonstruierten« Parteiensystems konfrontiert sieht, sondern darüber hinaus mit einer rechten Mitte, deren Gravitationszentrum sich im Laufe der letzten dreißig Jahre immer weiter nach rechts verschoben hat, so dass die Repräsentanten eines gemäßigten Konservatismus mittlerweile in eine Nischenexistenz abgedrängt wurden, wohingegen autoritäre Kräfte eindeutig die Hegemonie über das politische Spektrum rechts der Mitte erlangt haben – und zumindest für den Moment auch die Regierungsmacht über ganz Italien.

II. FRANKREICH

1. Die Ära Chirac

Noch bevor er am 17. Mai 1995 offiziell die Amtsgeschäfte von François Mitterrand übernahm, huldigte der frisch gewählte Präsident Jacques Chirac einer der zentralen Figuren der französischen Rechten. Mit dem Hubschrauber ließ er sich in den kleinen lothringischen Ort Colombey-les-deux-Églises fliegen, wo sich das Grab von Charles de Gaulle befindet. An der dortigen Gedenkstätte legte er ein blauweißrotes Blumenbukett nieder und verbrachte einige Minuten allein auf dem Friedhof, bevor er nach Paris zurückkehrte, um in den Élysée-Palast einzuziehen – was sich allerdings verzögerte, da Mitterrand noch um ein paar Tage Aufschub für seinen Auszug bat.

Dass Chirac auf dem Höhepunkt seiner Karriere dem General Respekt zollte, war für einen Gaullisten nicht überraschend. Zwar war Mitte der neunziger Jahre nicht mehr wirklich klar, wofür der (Post- oder Neo-)Gaullismus als Variante eines gemäßigten Konservatismus stand; im Frühjahr 1995 war dies freilich eine akademische Frage, sonnte sich der Centre-droit insgesamt doch in einer beinahe beispiellosen Machtfülle: Nicht nur die Präsidentschaft als institutionelles Trumpf-Ass hatte sie mit Chiracs Sieg erobert; sie stellte den Bürgermeister in fast allen großen Städten, nicht weniger als 20 von 22 Regionalpräsidenten gehörten der rechten Mitte an, und im Parlament verfügte sie seit 1993 über eine satte Mehrheit von über 350 Sitzen. Endlich wähnte man sich zurück am angestammten Platz an den Schalthebeln der Republik.

In Bezug auf die französische Nachkriegsgeschichte hält der Politikwissenschaftler Paul Hainsworth zu Recht und mit Bibelbezug fest: »Am Anfang war die Rechte.«[1] Jedenfalls galt das ab 1958, dem Gründungsjahr der V. Republik, die in ihrem ersten Jahrzehnt entscheidend von Charles de Gaulle und seiner Union pour la nouvelle République (UNR) geprägt wurde. 1962 hatte de Gaulle ein erfolgreiches Referendum zur Direktwahl des Präsidenten initiiert und damit der V. Republik ihre institutionelle Spezifik als »semipräsidentielles« System verliehen. In Reaktion auf die Turbulenzen von 1968 erlangte seine Partei mit den Verbündeten der rechten Mitte gar (erstmals) die absolute Mehrheit im Parlament. Der 1969 zurückgetretene de Gaulle hatte noch an der Spitze einer Sammlungsbewegung gestanden, die sich oberhalb der Links-rechts-Unterscheidung verortete und deren Einzugsbereich über die Lagergrenzen hinausreichte; erst unter seinem Nachfolger Georges Pompidou nahm die 1967 in Union des démocrates pour la République (UDR) umbenannte Partei ein eher konventionelles liberal-konservatives Profil an. Pompidous unerwarteter Tod am 2. April 1974 beschwor Diadochenkämpfe herauf, die auch mit der Frage verknüpft waren, ob man eher dem liberalen oder dem konservativen Element Priorität einräumen sollte. Nutznießer war Wirtschaftsminister Valéry Giscard d'Estaing, dessen Fédération nationale des républicains indépendantes (FNRI) eine Art Sammelbecken für alle nicht gaullistischen Kräfte der rechten Mitte darstellte. Giscard konnte in der ersten Runde der kurzfristig notwendig gewordenen Wahl den UDR-Kandidaten und langjährigen De-Gaulle-Weggefährten Jacques Chaban-Delmas auf den dritten Platz verweisen, auch weil er von einer Gruppe von UDR-Dissidenten um Chirac unterstützt wurde. Im zweiten Durchgang setzte er sich gegen den Sozialisten Mitterrand durch, wenn auch denkbar knapp. Als Dank für

1 Paul Hainsworth, »The right: Divisions and cleavages in fin de siècle France«, in: *West European Politics* 22/4 (1999), S. 38-56, S. 38.

Abb. 6: Jacques Chirac während einer Parteitagsrede im Dezember 1974 in Paris.

seine *dissidence* erhielt Chirac das Amt des Premierministers, doch die Zusammenarbeit mit Giscard stand unter schlechten Vorzeichen. »Er hatte mich nie gemocht«, schrieb Chirac später.[2] Als Premier fühlte er sich von Giscard an den Rand gedrängt und bisweilen sogar gedemütigt. Nach nur zwei Jahren trat er im August 1976 entnervt zurück.

Chirac zog aus dieser Episode die Lehre, dass er eine stärkere Machtbasis benötigte. Noch im selben Jahr setzte er sich an die Spitze der ausgezehrten gaullistischen Partei und leitete eine organisatorische Modernisierung ein, zu der auch ein neuer Name

2 Jacques Chirac, *My Life in Politics*, aus dem Französischen von Catherine Spencer, New York: Palgrave Macmillan 2012, S. 50.

gehörte: Rassemblement pour la République (RPR). Dieser erinnerte nicht von ungefähr an den 1947 von de Gaulle gegründeten Rassemblement du Peuple Français (RPF), doch alle Lippenbekenntnisse hinsichtlich einer Renaissance des Gaullismus konnten nicht darüber hinwegtäuschen, dass der RPR in erster Linie ein Vehikel für Chiracs präsidiale Ambitionen darstellte. Eine mindestens ebenso wichtige Basis für seinen Aufstieg sicherte sich der 1932 geborene Chirac, als er 1977 erfolgreich für das eben wieder eingeführte Amt des Bürgermeisters von Paris kandidierte. Die Jahre im Hôtel de Ville bescherten ihm einen reichen Erfahrungsschatz in Sachen politischer Führung sowie das soziale Kapital des Bürgermeisters einer der wichtigsten Hauptstädte der Welt. Vor allem aber garantierte das Amt, dass Chirac im Falle eines Scheiterns einigermaßen weich fallen und zudem Zugang zu den Geldtöpfen der Metropole haben würde, um damit auch die Kampagnenfähigkeit der Partei zu stärken. Wenig überraschend sollte sich später die Staatsanwaltschaft mit den teils illegalen Finanztransaktionen befassen, die unter Chirac und seinem Nachfolger Jean Tiberi Methode hatten.

Chiracs organisatorische und finanzielle Ertüchtigung des RPR veranlasste Giscard 1978 zur Gründung der Union pour la démocratie française (UDF), einer Föderation liberaler und christdemokratischer Kleinparteien. Kurzfristig mussten sich aber sowohl Giscard als auch Chirac Mitterrand beugen, der die Präsidentschaftswahlen 1981 für sich entschied. Zementiert war damit zugleich eine Bipolarisierung zu Ungunsten zentristischer Kräfte; Rechte und Linke lagen in etwa gleichauf, und in beiden Lagern dominierten zwei praktisch gleich starke Parteien: RPR und UDF rechts, Parti socialiste (PS) und Parti communiste français (PCF) links der Mitte; eine Konstellation, die Maurice Duverger als »Quadrille bipolaire« bezeichnete und deren Vorherrschaft die nächste Dekade prägte.[3]

3 Vgl. Roland Höhne, »Das Parteiensystem Frankreichs«, in: Oskar Nie-

Als 1981 erstmals in der V. Republik das linke Lager an die Macht gelangte, begab Frankreich sich zunächst auf einen Pfad, der konträr zum vorherrschenden Muster in der OECD-Welt verlief: Während die Stagflationskrisen der Siebziger den Keynesianismus in Misskredit gebracht und in den USA, in Großbritannien und auch in Deutschland rechts- beziehungsweise neoliberalen Kräften zum Aufstieg verholfen hatten, verschrieb sich Mitterrand einem dezidiert demokratisch-sozialistischen Kurs. Dazu gehörte ein Ausbau des Sozialstaats ebenso wie eine robuste Interpretation der französischen Tradition des *dirigisme*, die dem Staat das klare Primat gegenüber der Wirtschaft zuerkennt. Mitterrands ökonomischer Chefberater Jacques Attali präsentierte einen Plan, der eine keynesianische Nachfragepolitik und die Verstaatlichung weiterer großer Konzerne und Banken umfasste. Doch nur zwei Jahre später sah man sich mit einer kollabierenden Währung und einem explodierenden Defizit konfrontiert, was Mitterrand zu seiner berühmt-berüchtigten »Kehrtwende« veranlasste: Austerität und Angebotspolitik waren von nun an die Vorgaben, die Kommunisten zogen sich umgehend aus der Regierung zurück. Und weil sich der PCF bei den Parlamentswahlen 1986 einer Allianz verweigerte, bekam Mitterrand es mit der Anomalie einer *cohabitation* zu tun: Der sozialistische Präsident musste sich mit einem gaullistischen Premierminister arrangieren – der niemand anderes war als Jacques Chirac.

Mit ihm als Regierungschef betrieb die rechte Mitte in den kommenden zwei Jahren das, was in der Literatur bisweilen als »Roll-back-Neoliberalismus« bezeichnet wird.[4] Die Strukturen des in den *Trente Glorieuses* gewachsenen Wohlfahrtskapitalismus und der Mixed Economy sollten aufgebrochen, der

dermeyer/Richard Stöss/Melanie Haas (Hg.), *Die Parteiensysteme Westeuropas*, Wiesbaden: VS 2006, S. 161-187, S. 175.

4 Vgl. Jamie Peck/Adam Tickell, »Neoliberalizing space«, in: *Antipode* 34/3 (2002), S. 380-404.

stolze Bestand an staatseigenen Unternehmen im Sinne des thatcheristischen Zeitgeistes privatisiert werden[5] – eine deutliche Abkehr von der wirtschaftspolitischen Handschrift des traditionellen Gaullismus. Dieser angriffslustige Neoliberalismus wurde freilich nur von ausgewählten Segmenten der Wählerschaft goutiert; insbesondere der Versuch einer Bildungsreform geriet zum Desaster, als bei Großdemonstrationen ein junger Franzose von zwei Polizisten so brutal verprügelt wurde, dass er an den Folgen starb. Der Bildungsminister trat zurück; die Regierung zog das Reformpaket aus dem Verkehr.

All dies war kein gutes Omen für Chiracs Präsidentschaftskandidatur 1988, bei der er sich in einem klassischen Dilemma wiederfand: Um gegen Mitterrand und sein Linksbündnis zu reüssieren, benötigte er auch Stimmen aus klassischen Mitte-Milieus sowie von Anhängern der Rechtsaußenpartei Front National. Der Balanceakt scheiterte, und Mitterrand sicherte sich eine zweite Amtszeit. Der Schlüssel zum Erfolg war die Formel »Ni-ni«, die besagte, dass es in Zukunft *weder* weitere Privatisierungen *noch* weitere Verstaatlichungen geben sollte. Mit dieser zutiefst mittigen und in gewisser Weise auch konservativen Agenda bot Mitterrand kaum Angriffsflächen, während seine politischen Gegner als Brachialreformer erschienen.

Der distinguierte Sozialist Mitterrand hatte sich einen Ruf als visionärer Europapolitiker erarbeitet, und im Zuge der deutschen Wiedervereinigung rang er Bundeskanzler Helmut Kohl das Bekenntnis zu einer gemeinsamen europäischen Währung ab. Abgesehen davon glich seine zweite Amtszeit jedoch einem langen Niedergang, der sich nicht zuletzt daran ablesen ließ, dass Mitterrand innerhalb von nur vier Jahren drei Premierminister:innen verschliss: Nachdem er seinen glücklosen Kron-

5 Vgl. Jacques Liouville/Michael Hartmeier, »Verstaatlichungen und Privatisierungen in Frankreich«, in: *Zeitschrift für öffentliche und gemeinwirtschaftliche Unternehmen* 15/3 (1992), S. 268-277, S. 272ff.

prinz Michel Rocard schon bald wieder entlassen musste, war Édith Cresson an der Reihe. Ein Überraschungscoup, immerhin war Cresson die erste Frau in diesem Amt. Doch Mitterrand hatte zwei Dinge unterschätzt: das Ressentiment von Cressons parteiinternen Rivalen und den Sexismus, der sich bald über die neue Premierministerin ergoss. So derb wie Cresson durften damals nur Männer auftreten. Binnen kurzer Zeit hatte sie für eine ganze Reihe von Skandalen gesorgt, sie galt als homophob, einwanderungsfeindlich und vulgär; jedenfalls zu vulgär für eine Frau. Besonderes Aufsehen erregte ihr Vorschlag, Charterflugzeuge zu mieten, um irregulär im Land lebende Nicht-Franzosen zurückzuführen.[6]

Der immer stärker in die Defensive geratende Mitterrand, dessen lange verheimlichte Krebserkrankung nun zu allem Überfluss öffentlich wurde, entließ Cresson 1992 nach nur elfmonatiger Amtszeit. Als Nächster war Pierre Bérégovoy an der Reihe, der als ehemaliger Finanzminister noch einmal das Ruder herumreißen sollte. Allerdings hatte Bérégovoy nur knapp zwölf Monate Zeit, und die Erfüllung seiner Aufgabe wurde nicht gerade leichter, als immer neue Skandale publik wurden, die nun auch Mitterrands Vergangenheit betrafen: Mitterrand war ein »Vichysto-résistant« gewesen, das heißt, er hatte dem Vichy-Regime als Beamter gedient, sich aber gleichzeitig in der Résis-

6 Am Rande sei darauf hingewiesen, dass es nicht in erster Linie die Linke war, die den Einwanderungsdiskurs Anfang der Neunziger polemisch anheizte. Chirac warnte 1991 vor einer »Überdosis an Ausländern«; im selben Jahre forderte Giscard, für die Staatsbürgerschaft solle zukünftig das Ius sanguinis ausschlaggebend sein; vgl. Joachim Fritz-Vannahme, »Ein Staatsmann macht sich gemein«, in: *Die Zeit* (26. September 1991). In diesen Jahren spitzten sich die entsprechenden Auseinandersetzungen auch in der Bundesrepublik dramatisch zu, man denke an die Ausschreitungen in Hoyerswerda 1991, das *Spiegel*-Cover »Der Ansturm der Armen« im September desselben Jahres, die Krawalle in Rostock-Lichtenhagen sowie den Brandanschlag in Mölln 1992 und schließlich den »Asylkompromiss« 1993.

tance engagiert. Nun sah er sich mit einer Reihe von Enthüllungen konfrontiert, die seine Rolle wesentlich problematischer erscheinen ließen, als er es selbst dargestellt hatte.[7]

Der letzte verbliebene Pfeil im Köcher Mitterrands hatte zumindest das Potenzial, größere Durchschlagskraft zu entfalten: Nachdem die Dänen dem Maastricht-Vertrag am 2. Juni 1992 eine knappe Absage erteilt hatten, verkündete Mitterrand am folgenden Tag, Frankreich werde ebenfalls ein Referendum abhalten. Dahinter verbarg sich strategisches Kalkül, war die Frage der europäischen Integration für die gaullistische Rechte doch schon immer ein *wedge issue* gewesen. De Gaulle höchstpersönlich hatte dem Leitbild der »ever closer union« ein »Europa der Vaterländer« gegenübergestellt und Mitte der Sechziger mit seiner »Politik des leeren Stuhls« gegen die Einführung von Mehrheitsentscheidungen opponiert. Nach seinem Tod war die rechte Mitte jedoch mehrheitlich für eine weitere (wirtschaftliche) Integration eingetreten; die Idee des Gemeinsamen Europäischen Markts und die namentlich vom sozialistischen Kommissionspräsidenten Jacques Delors vorangetriebene Gemeinsame Europäische Akte von 1986 machte sich die neoliberale Chirac-Regierung geradezu enthusiastisch zu eigen.

Anders verhielt es sich mit dem nun vereinbarten Übergang zur Wirtschafts- und Währungsunion. Während sich mit einem Referendum die Einigkeit der Linken zelebrieren ließ, die zudem Bevölkerung, Kirche und Wirtschaft auf ihrer Seite wusste, hatte der Schachzug das Potenzial, Gaullisten und Rechtsliberale aus der Spur zu werfen. Im Mitte-rechts-Lager unterstützten zumindest die Führungen von UDF und RPR sowie die UDF-Fraktion im Parlament das Projekt. Allerdings zeigten Umfragen selbst im Fall der vergleichsweise geeinten UDF eine beträchtliche Divergenz zwischen der Partei und ihren Anhän-

7 Vor allem Pierre Péans im Original 1994 erschienenes Buch *Eine französische Jugend. François Mitterrand 1934-1947* (München: DTV 1995) schlug hohe Wellen.

gern, von denen 30 Prozent mit Nein votieren wollten.[8] Bald wurden Stimmen laut, die zwar markig, aber doch nicht nur polemisch gegen Maastricht argumentierten. Und während die UDF Rebellen wie Philippe de Villiers weitgehend kaltstellte, musste die stärker zerrissene RPR Maastricht-Gegnern wie dem ehemaligen Innenminister Jacques Pasqua und vor allem Philippe Séguin mehr Raum bieten. Wo andere Kritiker bisweilen den Bogen überspannten und von einer weltweiten Verschwörung fabulierten (Jean-Marie Le Pen), unterschied Séguin strikt zwischen dem Europa der Römischen Verträge, das er befürwortete, und dem Europa Maastrichts, das die Mitgliedstaaten in die Zwangsjacke einer gemeinsamen Währung stecken werde.

Die Debatte entwickelte vorübergehend eine ganz andere Dynamik als von Mitterrand kalkuliert, und bald sahen sich die »Elefanten« der rechten Mitte aus staatspolitischer Verantwortung gezwungen, sich mal mehr (Giscard), mal weniger enthusiastisch (Chirac) auf die Seite der Befürworter zu schlagen. Als der RPR-Vorsitzende bekannt gab, wie er abzustimmen gedachte, wurde er auf offener Bühne ausgebuht. Der fassungslose Chirac (»Das war das erste Mal, daß mir das passierte«) wusste aber, dass es nun kein Zurück mehr gab, und bekräftigte im Spätsommer seine Position: »Wenn die Gegner siegen, zerbricht Europa.«[9]

Der abschließende Höhepunkt war eine Fernsehdebatte zwischen Mitterrand und Séguin im Richelieu-Saal der Sorbonne am 3. September, zu der übrigens auch Bundeskanzler Kohl zugeschaltet wurde, um zu beteuern, Maastricht sei kein trojanisches Pferd der Deutschen. Der Sozialist kaufte dem Gaullisten

8 Vgl. hierzu Byron Criddle, »The French referendum on the Maastricht Treaty September 1992«, in: *Parliamentary Affairs* (1992), S. 228-238, S. 232.

9 Zit. n. Franz-Olivier Giesbert, *Jacques Chirac. Tragödie eines Mannes und Krise eines Landes*, Berlin: Econ 2006, S. 58.

mit präsidialen Gesten den Schneid ab, woraufhin Séguin im Nachhinein polterte, der angeschlagene Mitterrand sei fitgespritzt worden.[10] Jedenfalls schien die Stimmung auf den letzten Metern doch wieder zugunsten einer Annahme zu kippen, als Italien und Großbritannien just in der Woche vor dem Referendum aus dem Europäischen Währungssystem ausscheiden mussten – ein Ereignis, das beide Seiten als Beleg für ihre Position werteten.

Die Abstimmung ergab schließlich eine hauchdünne Mehrheit für Maastricht: 51 Prozent. Für Mitterrand und das Mitte-links-Lager war das Ergebnis ein Pyrrhussieg. Der Versuch, die Rechte vorzuführen, entwickelte sich zu einem veritablen Bumerang. Von der anfänglichen Maastricht-Begeisterung war in weiten Teilen der Bevölkerung nichts mehr zu spüren – schlimmer noch: Zwar lag die Zustimmung unter PS-Anhängern wie erhofft bei respektablen 78 Prozent, doch die Wahlbeteiligung war niedrig, und gerade Bauern und linke Angehörige der Arbeiterklasse hatten das Vertragswerk abgelehnt.[11] Nicht von ungefähr gilt das Referendum manchen Beobachtern nach Mitterrands Kehrtwende als zweite wichtige Wegmarke im Entfremdungsprozess zwischen dem PS und ihren ehemaligen Stammwählerschaften, den der Front National alsbald zu seinen Gunsten zu nutzen versuchte.[12]

Nachdem alle Rettungsmanöver der Sozialisten gescheitert waren, endeten die Parlamentswahlen im März 1993 in etwa so desaströs wie befürchtet. Die rechte Mitte errang nicht weni-

10 »Wenn es wie bei den Olympischen Spielen eine Dopingkontrolle gegeben hätte […], dann würde ich durch Disqualifizierung meines Gegners zum Sieger erklärt.« (Zit. n. N. N., »Letzte Messe«, in: *Der Spiegel* [27. September 1992]).

11 Ebd.; eine detaillierte politsoziologische Aufschlüsselung der Ergebnisse findet sich bei Criddle, »The French referendum«, S. 237.

12 Vgl. Bruno Amable/Stefano Palombarini, *Von Mitterrand zu Macron. Über den Kollaps des französischen Parteiensystems*, aus dem Französischen von Ulrike Bischoff, Berlin: Suhrkamp 2018.

ger als vier Fünftel der Mandate und verfügte damit über eine satte Mehrheit. Ihre ohnehin aussichtsreiche Position vor den Stichwahlen hatten UDF und RPR noch dadurch verbessert, dass sie sich im Vorfeld darauf verständigt hatten, dass sie die schwächeren Kandidaten aus dem ersten Wahlgang zurückziehen würden. Die Vereinbarung hielt bis auf wenige Ausnahmen, was nicht zuletzt dafür sorgte, dass der Front National, dessen Kandidaten immerhin in 101 Wahlkreisen die zweite Runde erreicht hatten, im Endeffekt kein einziges Mandat für sich verbuchen konnte.

Drei Familien der französischen Rechten

In seiner erstmals 1954 erschienenen Studie *Les Droites en France* unterscheidet der Historiker René Rémond drei »Familien« beziehungsweise Strömungen innerhalb des rechten Spektrums Frankreichs.[13] Zum einen die Bonapartisten, deren Vorstellungswelt sich um einen starken Staat und effektives Regieren auf Grundlage einer mehr oder weniger plebiszitären Legitimation dreht. Die Bezeichnung leitet sich ab von Napoleon III., dem Neffen Napoleon Bonapartes, der Frankreich zunächst als erster Präsident (1848-52), dann aber nach einem Staatsstreich als letzter Kaiser (1852-70) regierte. Mit seiner Regierungsweise verbindet sich das Label des Bonapartismus, den Karl Marx in *Der achtzehnte Brumaire des Louis Bonaparte* einer grandiosen Analyse unterzogen hat. Rémonds zweite Familie sind die Orléanisten, deren Sympathien eher einem angloamerikanisch geprägten Liberalkonservatismus gelten, in dem sich konservative gesellschaftspolitische Vorstellungen mit einer liberalen Wirtschaftspolitik verbinden. Diese Bezeichnung geht auf Louis-Philippe I. zurück, der dem Hause Orléans entstammte und nach der Julirevolution von 1830 als sogenannter Bürger-

13 René Rémond, *Les droites en France*, Paris: Aubier 1982 [1954].

könig den Thron bestieg, bis er 1848 im Zuge der Februarrevolution abgesetzt wurde. In dieser Phase war Frankreich eine konstitutionelle Monarchie; die Regierung stützte sich auf das liberale Großbürgertum und zeigte sich dementsprechend besonders sensibel gegenüber den wirtschaftlichen Interessen jenes Milieus. Von diesen beiden Familien unterscheidet Rémond zuletzt die Legitimisten, die sich grundsätzlich gegen das aufklärerisch-demokratische Erbe von 1789 wenden und stattdessen für das Ancien Régime und die Reaktion Partei ergreifen – eine Haltung, die im 19. Jahrhundert von Joseph de Maistre verkörpert wurde und für die heute etwa radikalkatholische Gruppierungen oder Anhänger des integralen Nationalismus stehen.

Rémond selbst hat in einer Neuausgabe seines Buches aus dem Jahr 2005 eingeräumt, seine Unterscheidung bilde die politische Landschaft rechts der Mitte fünfzig Jahre später nur (noch) bedingt ab.[14] Gewisse Bezüge lassen sich aber jedenfalls in manchen Fällen durchaus noch herstellen. Beginnen wir mit der Familie der Bonapartisten und ihren geistigen Statthaltern, den Gaullisten, die diese Tradition insofern lange repräsentierten, als sie die »Verbindung von Autorität und Demokratie« mit einem sozialen Unterton und der Absicht kombinierten, »modern zu sein«.[15] Wie wir bereits wissen, war der RPR die von Chirac mit neuem Leben gefüllte Nachfolgepartei der gaullistischen UDR. Im *Oxford Dictionary of World History* heißt es dabei lakonisch knapp, der Begriff Gaullismus bezeichne eine »französische Bewegung mit einer diffusen Ideologie«. Und tatsächlich bleibt der Gaullismus, wie er sich aus der – nicht immer stimmigen – Logik von de Gaulles ideologischen Haltungen und der in der Praxis verfolgten Politik herauslesen lässt,

14 René Remond, *Les droites aujourd'hui*, Paris: Éditions Louis Audibert 2005.

15 Rémond, *Les droites aujourd'hui*, S. 175.

in mancherlei Aspekten vage, wobei die grundsätzliche Stoßrichtung dennoch recht klar erkennbar ist: Im Zentrum seiner Ideenwelt stand die Nation, und das übergeordnete Ziel allen politischen Handelns musste dementsprechend der Erhalt der Unabhängigkeit und der Einheit der Nation sein. Für de Gaulle bestimmten allein Staaten den Lauf der Dinge: Sie seien »die einzigen Entitäten, die das Recht haben, Ordnung zu schaffen, und über die Autorität verfügen, zu handeln.«[16] In diese nüchterne Haltung, die man am ehesten der Perspektive des Realismus in den Theorien der Internationalen Beziehungen zuordnen könnte und die wenig übrighat für transnationale NGOs oder gar supranationale Governance-Strukturen, mischte sich freilich ein gehöriger Schuss romantischer Nationalismus. Im Stile eines Johann Gottfried Herder wurde hier das jeweils Besondere einer jeden Nation in ihrer Eigenart hervorgehoben, woraus das einende Band erwachse, das ihren Bestand garantiere: »Sobald eine Nation entstanden ist, [...] existiert ein Allgemeininteresse, das die internen Unterschiede transzendiert«;[17] diesem müssten sich im Kontext einer Nation alle unterordnen. Von daher traf es der UNR-Generalsekretär Robert Poujade – nicht zu verwechseln mit seinem Namensvetter Pierre, auf den wir noch zurückkommen – ganz gut, wenn er den Gaullismus als die »mystische Doktrin nationaler Einheit« charakterisierte.[18]

Bedauerlich war aus de Gaulles Perspektive dementsprechend vor allem, dass die Besonderheit der französischen Nation darin zu bestehen schien, dass sich Gemeinwohl und Partikularinteressen hier traditionell in einem Missverhältnis zugunsten

16 Charles de Gaulle, *Discours et messages*, Band 3, Paris: Plon 1970, S. 245.

17 Charles de Gaulle, *Discours et messages*, Band 4, Paris: Plon 1970, S. 388.

18 Zit. nach William R. Nester, *De Gaulle's Legacy. The Art of Power in France's Fifth Republic*, New York/Basingstoke, Palgrave Macmillan 2014, S. 39.

Letzterer befanden. Seiner Frustration über den partikularistischen Überschuss der *Grande Nation* verlieh der General bisweilen humoristischen Ausdruck, als er sich etwa öffentlich fragte: »Wie regiert man ein Land, in dem es 246 Käsesorten gibt?« Doch zumeist war es ihm bitterernst mit seiner Kritik am Partikularismus. Entsprechend beinhaltete das gaullistische Projekt eine dezidierte Skepsis gegenüber der Parteiendemokratie und verschrieb sich stattdessen der Stärkung exekutiver Strukturen. Den institutionellen Schlüssel dazu sah de Gaulle in der Direktwahl des Präsidenten und der Einführung von Referenden. Deutlich erkennbar ist also eine Art autokratisch-plebiszitäre Grundierung beziehungsweise ein »Hyperpräsidentialismus«, der auch schon den Zeitgenossen nicht verborgen blieb. Der berühmte liberalkonservative Intellektuelle Raymond Aron rang sich aber immerhin zu der Einschätzung durch: »[I]m heutigen Frankreich ist de Gaulle der bestmögliche Monarch in einer am wenigsten schlechten Regierungsform.«[19]

Das zentrale Erfordernis, die Geschicke der Nation in größtmöglicher Autonomie lenken zu können, übersetzte sich in eine Außenpolitik, in der der Gaullismus am schärfsten konturiert ist (von deren Postulaten der Post-Gaullismus aber gerade in den neunziger Jahren die größten Abweichungen vornehmen sollte). So wahrte de Gaulle im Kalten Krieg trotz seiner dezidiert antikommunistischen Haltung eine gewisse Distanz gegenüber den USA. Und dementsprechend folgerichtig war die Entscheidung, Frankreich aus den integrierten Kommandostrukturen der Nato zu führen und eine eigene Atomstreitkraft (die *force de frappe*) aufzubauen. Die Skepsis gegenüber der europäischen Integration und dem Ausbau supranationaler Strukturen war ein weiterer Ausfluss dieser Grundüberzeugung.

Wesentlich unschärfer war das Profil hingegen im Bereich

19 Raymond Aron, *Memoirs. Fifty Years of Political Reflection*, New York: Holmes and Meier 1990, S. 258.

der Wirtschaftspolitik, die de Gaulle noch ganz klassisch als *low politics* ansah. Vor allem in seiner Zeit als Chef der Übergangsregierung 1944-46 hatte er eine Reihe innenpolitischer Entscheidungen getroffen, die von einem bemerkenswerten Eklektizismus zeugten. In seinen wirtschafts- und sozialpolitischen Einstellungen war der Antikommunist stark von dem Ökonomen Jacques Rueff geprägt, der zu den Schlüsselfiguren des französischen Neoliberalismus gehörte. Von Rueff ließ sich de Gaulle unter anderem dazu überreden, für die Einführung eines modernisierten Goldstandards und für eine Abschaffung des Bretton-Woods-Systems zu werben.[20] Aber Rueff war kein Laissez-faire-Apologet und maß dem Staat eine wichtige Rolle bei der Gestaltung der wirtschaftlichen Verhältnisse zu, was seine Positionen grundsätzlich kompatibel mit dem Gaullismus machte. Wie weit de Gaulle dieses Mandat interpretierte, zeigte sich in den grundlegenden Entscheidungen nach 1945: Der französische Sozialstaat und insbesondere das Rentensystem wurden ausgebaut, Fluglinien, die Kohleindustrie, Banken und Versicherungen in kurzer Folge verstaatlicht. Ließ sich dies noch als strategischer Schachzug deuten, um Kommunisten und Sozialisten im kapitalismuskritischen Klima der Nachkriegszeit den Wind aus den Segeln zu nehmen, so war es später im Rahmen der V. Republik abermals de Gaulle, der Fünfjahrespläne entwerfen und umsetzen ließ. Dieses »indikative Planen« bedeutete freilich nicht unbedingt direkte Eingriffe in den Wirtschaftsprozess, sondern identifizierte eher Schwerpunkte für staatliche Investitionen, denn der Gaullismus, so Rémond, »ist nicht aus Prinzip konservativ oder reaktionär. Er ist von der Notwendigkeit der Modernisierung überzeugt.«[21] Dabei kam auch eine soziale Komponente zum Tragen, die sich – ähnlich der christdemokratischen Tradition – eher aus der Soziallehre

20 Joachim Joesten, »Verliebt in das Gold«, in: *Die Zeit* (10. September 1965).

21 Rémond, *Les droites aujourd'hui*, S. 167.

der katholischen Kirche speiste denn aus einer quasimarxistischen Kapitalismuskritik und die nicht zuletzt eine instrumentelle Bedeutung hatte: »Der soziale Zusammenhalt ist eine Voraussetzung für die Einheit der Nation.«[22] In ökonomischer Hinsicht ließ das gaullistische Paradigma, so man es denn als solches bezeichnen will, also umfangreiche Beinfreiheit.

Abschließend soll ein Punkt nicht unerwähnt bleiben, der aufs Engste mit de Gaulles Vita verknüpft ist, und zwar die Algerienfrage. Als er 1958 an die Macht zurückkehrte, war der Entkolonialisierungsprozess bereits weit fortgeschritten, zutiefst kontrovers war jedoch der Umgang mit Algerien, wo Zehntausende französischstämmige Siedler lebten und das gerade in den Augen vieler Rechter eine besondere Bedeutung hatte. Auch militärisch spitzte sich die Lage immer weiter zu, nachdem die Nationale Befreiungsfront mit einem Guerillakrieg gegen die etwa 400 000 französischen Soldaten begonnen hatte, die als eine Art Besatzungsarmee fungierten. Der Höhepunkt der Eskalation und gleichzeitig die tiefste Krise der V. Republik kam, als eine Reihe pensionierter Generäle am 22. April 1961 in Algier einen Putschversuch unternahm, den de Gaulle umgehend niederschlagen ließ, der ihn aber in der Auffassung bestärkte, dass der Status quo nicht länger tragbar war. Und so begann er, mit einigen dialektischen Wendungen und Manövern, die algerische Unabhängigkeit voranzutreiben – und lieferte damit einen weiteren Beleg für die These, dass bestimmte Maßnahmen nur von Vertretern der rechten Mitte durchgesetzt werden können.[23]

Wie eingangs erwähnt, brachen spätestens nach Pompidous Tod erbitterte Deutungskämpfe über das gaullistische Erbe aus,

22 Ebd., S. 170; vgl. auch Benjamin Rowland, »Gaullist economic policies. The role of indicative planning«, in: ders. (Hg.), *Charles de Gaulle's Legacy of Ideas*, Lanham: Lexington Books 2011, S. 23-32.

23 Jean Neurohr, »Was ist Gaullismus?«, in: *Zeitschrift für Politik* 16 (1969), S. 11-25, S. 21.

die erst unter Chiracs Führung eingehegt werden konnten. Dieser verordnete seiner Partei in den achtziger Jahren eine gehörige Dosis Neoliberalismus und verabschiedete sich damit von der eher dirigistischen Orthodoxie; die Zustimmung zur Gemeinsamen Europäischen Akte ließ sich ebenfalls als schleichende Ent-De-Gaullisierung interpretieren. Auch bei gesellschaftspolitischen Themen rückte die Partei nach der verlorenen Wahl 1981 näher an die Seite der UDF, so dass sich von einer gewissen Konvergenz der rechten Mitte sprechen ließ.

Zumindest bis Ende der neunziger Jahre wurde Rémonds zweite Familie, die Orléanisten, von der UDF mit ihrer Verbindung von liberaler Demokratie und liberaler Wirtschaftspolitik recht gut repräsentiert, wobei diese Kombination von den diversen Formationen innerhalb der Partei mit unterschiedlichen Nuancen ausbuchstabiert wurde: Sei es die konsequent liberale Signatur der Radikalen Partei oder die christdemokratische Grundierung etwa des Centre des démocrates sociaux.[24] Die größte Stärke der UDF bestand in ihrer breiten Verankerung auf lokaler und regionaler Ebene, über welche der RPR nie in diesem Ausmaß verfügt hatte. Die Schattenseite waren ausgeprägt dezentralisierte Strukturen und Entscheidungsprozesse. Lässt sich beim RPR über die Zeit eine gewisse zentrifugale Dynamik erkennen, so war die UDF allenfalls ein schwach integrierter Zusammenschluss von Parteien, deren Notablen wenig Bereitschaft zeigten, sich auf irgendwelche inhaltlichen Linien festzulegen. Zu Recht galt die UDF als Parteien*konföderation*, in der gewissermaßen mehrere Fürstentümer in eine übergeordnete Struktur eingebunden wurden – tatsächlich betonten die

24 Vgl. zur UDF Alistair Cole, *French Politics and Society*, New York: Routledge 2005, S. 155-158, sowie Michael Eilfort, »Die Parteien der Mitte/UDF«, in: Sabine Ruß et al. (Hg.), *Parteien in Frankreich. Kontinuität und Wandel in der V. Republik*, Opladen: Leske + Budrich 2000, S. 173-196.

UDF-Parteien immer wieder, dass man eben nicht die hierarchischen Strukturen der Gaullisten kopieren wolle.

Die UDF war auch insofern ein ungewöhnliches Konstrukt, als ihre ursprüngliche Bestimmung nach Giscards gescheiterter Wiederwahl eigentlich obsolet geworden war und sie danach nur noch als »Wahlkartell« fungierte.[25] Als der UDF-Kandidat Raymond Barre dann 1988 ebenfalls nicht in die Stichwahl einziehen konnte, verfestigte sich der Eindruck, dass das lose Gebilde nicht einmal als Wahlkampfmaschine überzeugend funktionierte. Ein RPR-Mitglied brachte es treffen auf den Punkt: »›Wir sind eine wirkliche Partei mit wirklichen Aktivisten‹ [...], ›die UDF ist dagegen ein Country Club‹.«[26] Anders und ebenfalls treffend formuliert: Die UDF war Ende der Achtziger »mehr als die Summe ihrer unterschiedlichen Bestandteile, aber eben nicht viel mehr«.[27] Mit am deutlichsten erkennbar war das Profil der UDF noch in der Europapolitik, doch zumeist verliefen die Konfliktlinien quer durch die Föderation und nicht selten entlang der Frage, wie weit die Dinge den Märkten überantwortet werden sollten. Die Konfliktachse Religion verlor dagegen immer mehr an Bedeutung, bis sie in den neunziger Jahren praktisch keine Rolle mehr spielte.

Bevor wir uns einer dritten Strömung innerhalb der französischen Rechten zuwenden, soll hier bereits eine Beobachtung im Hinblick auf die rechte Mitte Frankreichs festgehalten werden. Sie betrifft die Diffusität der ideologischen Abgrenzung zwischen RPR und UDP, welche in den neunziger Jahren noch weiter verschwimmen sollte. Nun ist es selbstverständlich so,

25 Ebd, S. 156.

26 Zit. n. Andrew Knapp, »From the Gaullist movement to the president's party«, in: Jocelyn Evans (Hg.), *The French Party System*, Manchester: Manchester University Press 2003, S. 121-136.

27 David Hanley, »Compromise, party management and fair shares: The case of the French UDF«, in: *Party Politics* 5/2 (1999), S. 171-189, S. 173.

dass es in einem bestimmten Sektor des Parteienspektrums zumeist mehr oder weniger ausgeprägte Überschneidungen zwischen den dort angesiedelten Parteien gibt. Im Falle Frankreichs nahm die Austauschbarkeit allerdings ein bedenkliches Ausmaß an: Wählerinnen und Wähler konnten immer weniger erkennen, welche Partei für welches Profil beziehungsweise welche Einzelpositionen stand. Von daher verwundert es auch nicht, dass es für das Gros des Elektorats lange keine größere Rolle zu spielen schien, wer ihnen in der zweiten Runde als gemeinsamer Kandidat in einem Wahlkreis präsentiert wurde.[28]

Die schwindende Bedeutung als Identitätsmarker zeigte sich beispielsweise daran, dass einzelne Akteure in unterschiedlichen Parteien, wie etwa Nicolas Sarkozy (RPR) und Alain Madelin (PR), sich wesentlich näher standen als vielen ihrer nominellen Parteifreunde – und so war es nur konsequent, dass man 1999 zur Europawahl mit einer gemeinsamen Liste antrat. Zum anderen wurde sie deutlich in der ständig steigenden Zahl von Kandidaten der *divers droite*, die sich zwar rechts der Mitte verorteten, aber auf eigene Rechnung antraten oder als *dissidentes* den nominellen Kandidaten ihrer Partei herausforderten. Zuletzt bot diese Diffusität aber vor allem auch dem FN eine Steilvorlage, um sich als einzige echte Alternative rechts der Mitte zu inszenieren.

Dies bringt uns zum parteipolitischen Repräsentanten einer dritten, rechts von Gaullisten und Orléanisten stehenden Familie: dem Front National. Dieser lässt sich aber, so Rémond 2005, nur bedingt in die Tradition der Legitimisten einordnen. Zwar war der FN auch ein Sammelbecken für Monarchisten, Legitimisten und Erzkatholiken, und Rémond selbst merkte an, wenn der Front National eine liturgische Feier plane, würde ein Pries-

28 Vgl. Andrew Knapp, »What's left of the French right? The RPR and the UDF from conquest to humiliation, 1993-1998«, in: *West European Politics* 22/3 (1999), S. 109-138, S. 117.

ter der reaktionären Pius-Bruderschaft eingeladen.[29] Aber auch wenn die Partei lange eine Anlaufstelle für diese Milieus darstellte, waren sie nicht die entscheidenden Prägekräfte des Profils. Der FN stand eher in der Tradition von Organisationen wie der Action française und begründete damit aus Rémonds Sicht eine neue rechtsextremistische Strömung, wobei diese durchaus Vorläufer hatte, vor allem im sogenannten Poujadismus. Diese von Pierre Poujade angeführte Bewegung, die sich ab 1953 formierte und aus der 1955 die Partei Union de défense des commercants et artisans (UDCA) hervorging, wandte sich im Namen ebenjener kleinen Geschäftsleute, Handwerker und mittelständischen Unternehmen gegen aus ihrer Sicht ungerechte und zu hohe Steuern, kritisierte aber auch die Konzentration des Kapitals, das zu einer Verdrängung kleinerer Läden und Betriebe führe. Ansonsten stand der Poujadismus für konservativ-kleinbürgerliche Ideale, wobei man sich zu den Werten der Republik und damit auch zum Laizismus bekannte. In besagter UDCA begann die politische Karriere des 1928 geborenen ehemaligen Fremdenlegionärs Jean-Marie Le Pen. Er leitete ihre Jugendorganisation und wurde 1956 in die Abgeordnetenkammer gewählt. Doch bereits ein Jahr später kam es zu einem Zerwürfnis zwischen Le Pen und Poujade, woraufhin Ersterer aus der UDCA ausgeschlossen wurde. Deren Stern begann freilich mit der Gründung der V. Republik schon wieder zu sinken, da de Gaulles UNR einen Großteil der Anhängerschaft auf ihre Seite ziehen konnte. Bei den Parlamentswahlen 1958 erhielt die UDCA nur 1,5 Prozent. Le Pen selbst schaffte allerdings den Wiedereinzug und arbeitete weiterhin daran, den Kräften rechts des Gaullismus eine politische Repräsentation zu verschaffen. Als geeignetes Gesicht der Rechten galt dann in den sechziger Jahren Jean-Louis Tixier-Vignancour. Tixier-Vignancour hatte dem Vichy-Regime gedient und war der Öffentlichkeit vor allem als Anwalt bekannt, der den Anführer

29 Rémond, *Les droites aujourd'hui*, S. 266.

der Algerien-Putschisten mit einem flammenden Plädoyer vor der Todesstrafe bewahrt und auch den De-Gaulle-Attentäter Jean-Marie Bastien-Thiry verteidigt hatte. Bald gründete sich ein Komitee zur Unterstützung einer Präsidentschaftskandidatur von Tixier-Vignancour, Le Pen fungierte als Wahlkampfmanager. Bei der Wahl 1965 blieb es dann aber bei mageren 5,3 Prozent, und die extreme Rechte fristete auch in den folgenden knapp zwanzig Jahren ein Nischendasein.

In einem religiösen Register müsste der 11. September 1983 die Ursünde des französischen Centre-droit im Umgang mit dem Front National bezeichnen. Der 1972 von Le Pen gegründete FN war bis Anfang der achtziger Jahre im politischen Niemandsland umhergeirrt; Le Pen war dermaßen marginalisiert, dass es ihm 1981 nicht einmal gelang, die 500 erforderlichen Unterschriften gewählter Amtsinhaber zu sammeln, um an den Präsidentschaftswahlen teilzunehmen. All dies änderte sich schlagartig im März 1983 anlässlich einer an sich völlig unbedeutenden Kommunal-Nachwahl in der Kleinstadt Dreux westlich von Paris. In der ersten Runde holte der FN-Generalsekretär Jean-Pierre Stirbois beachtliche 17 Prozent. Vor der Stichwahl ließen sich die lokalen Vertreter von RPR und UDF auf ein Bündnis ein, das 55 Prozent erhielt und Stirbois den Posten des stellvertretenden Bürgermeisters einbrachte.[30] Es war das erste Mal, dass ein Vertreter des FN in ein Amt gewählt wurde, und dann auch noch direkt unter tätiger Mithilfe der beiden Mitte-rechts-Parteien, deren nationale Vertreter den Tabubruch sogleich wortreich als solchen dementierten. »Ich hätte überhaupt kein Problem gehabt, im zweiten Wahlgang für die

30 Vgl. zu den Details dieser Episode David Art, *Inside the Radical Right. The Development of Anti-Immigrant Parties in Western Europe*, Cambridge: Cambridge University Press 2012, S. 126. In der ursprünglichen Wahl im März, die nach einem hauchdünnen Sieg der Linken wegen Unregelmäßigkeiten annulliert wurde, waren FN und RPR von vornherein mit einer gemeinsamen Liste angetreten.

Liste RPR-FN zu stimmen«, polterte Chirac. »Im Vergleich zu vier kommunistischen Ministern im Kabinett sind vier Vertreter des Front National in Dreux völlig bedeutungslos.«[31] Doch wo der »Donnerschlag von Dreux« noch als isoliertes Ereignis abgetan werden konnte, gelang es dem FN bei den Europawahlen im Juni 1984, einen Fuß in die Tür des politischen Systems zu bekommen, und zwar mit knapp 11 Prozent der Stimmen, die sich auf Grundlage des Verhältniswahlrechts auch in entsprechende Mandate übersetzten. Begünstigt wurde dieser Coup abermals durch die rechte Mitte, wenn auch indirekt. Nachdem man in den Wahlkämpfen seit Mitterrands Sieg 1981 scharf rechts geblinkt und damit gewissermaßen eine rechtsautoritäre Klientel angefüttert hatte, schickte man nun eine gemeinsame RPR/UDF-Liste ins Rennen, die ausgerechnet von Simone Veil angeführt wurde. Die Holocaustüberlebende hatte als Gesundheitsministerin 1975 federführend das Gesetz zur Entkriminalisierung von Schwangerschaftsabbrüchen verantwortet und war damit zu einer der im rechten Spektrum meistgehassten Personen avanciert. Dass auch die Linke eine Mitschuld am stetigen Aufstieg des FN trug, zeigten die Parlamentswahlen zwei Jahre später: Waren RPR und UDF bis Mitte der Achtziger der Meinung gewesen, der FN würde bald am Ende einer Radikalisierungsspirale verglühen, so war namentlich Mitterrand nicht bereit, den FN als Bedrohung ernst zu nehmen, und erkannte in ihm vor allem eine strategisch einsetzbare Spielfigur. Jedenfalls erklärt sich nur so, dass seine Regierung im Vorfeld der Wahlen zur Nationalversammlung 1986 das Wahlrecht auf ein reines Verhältniswahlrecht umstellte – mit dem offenkundigen Ziel, die Rechte zu spalten und durch die Präsenz des FN im Parlament zu schwächen. Tatsächlich konnte der FN stolze 35 Sitze für sich verbuchen – unter anderem einen für Stirbois –, aber nichtsdestotrotz musste Mitterrand Chirac in

31 Gilles Bresson, »Dreux, 1983: La droite s'alie au FN«, in: *Libération* (27. April 2002).

Abb. 7: Jean-Marie und Marine Le Pen im bretonischen Trinité-sur-Mer, dem Geburtsort von Le Pen senior (Dezember 1987).

der ersten *cohabitation* zum Premier ernennen. Spätestens 1987 ging dann aber ein Großteil der politischen Klasse auf Distanz zur Person Le Pen, nachdem dieser die Gaskammern als »Detail« des Zweiten Weltkriegs bezeichnet hatte – eine Aussage, die er noch mehrfach wiederholen sollte und für die er mehrfach verurteilt wurde.

Die Konstellation 1988 zwang Chirac dann allerdings, sowohl die Mitte als auch das FN-Klientel zu hofieren. Pasqua riet ihm zu einem Treffen mit Le Pen, und nach einigem Zögern ließ sich Chirac überreden.[32] Das Gespräch war von gegenseitigen Höflichkeiten geprägt und blieb zwar ergebnislos, konnte aber noch als Grundlage für eine spätere Allianz dienen. Doch die Zusammenkunft nach der ersten Runde, in welcher der FN 14 Prozent erhalten hatte, leitete Chirac brüsk dahingehend ein,

32 Vgl. zur folgenden Episode und für die Zitate Giesbert, *Jacques Chirac*, S. 32-36.

eigentlich gebe es gar nichts zu besprechen: »Ich kann Ihnen weder bei der Einwanderungspolitik noch sonst irgendwelche Zugeständnisse machen.« Le Pen war konsterniert und vermutete eine versteckte Komplizenschaft zwischen Chirac und Mitterrand. Immerhin rang er sich aber zu einer indirekten Wahlempfehlung durch: »Für wen es das Wichtigste ist – und tatsächlich zählt nur das –, daß Mitterrand und der Sozialismus verhindert werden, der stimmt für den Kandidaten mit den zweitmeisten Stimmen.« Es war ein vergiftetes Geschenk für Chirac, der eine Niederlage am Rande der Demütigung kassierte, welche er gegenüber Pasqua mit den Worten quittierte: »Da siehst du, wohin mich deine Dummheiten gebracht haben.«

Zwar musste der FN Anfang der neunziger Jahre einige Dämpfer an den Wahlurnen verkraften – 1988 verlor er nach der Wiedereinführung des absoluten Mehrheitswahlrechts all seine Parlamentssitze –, doch trotz dieser Stagnation war er nun vor allem auf der Lokal- und Regionalebene Süd(west)frankreichs fest verankert. Und auf dieser Grundlage sollte er dann bei den Präsidentschaftswahlen 1995 auf bedrohliche Weise seine Muskeln spielen lassen.

Zu diesem Zeitpunkt war die Partei nach wie vor eine autokratisch geführte und straff organisierte Formation. Le Pen hob die diversen Unterströmungen in seiner Person auf, so dass es lange vergleichsweise wenig offen ausgetragene Auseinandersetzungen über die Agenda gab. Der FN war von jeher mehr als eine Partei, deren einzige Raison d'être darin bestand, ihren Spitzenkandidaten zum Präsidenten zu machen, und die zwischen den entsprechenden Kampagnen in einen losen Zusammenschluss zerfiel. Es handelte sich vielmehr um eine in der Fläche verankerte Organisation mit fest etablierten Strukturen und einer beachtlichen Mitgliederzahl von etwa 40 000 (die Partei selbst sprach bisweilen von bis zu 80 000). Zudem legte man in auffälligem Gegensatz zur rechten Mitte großen Wert auf ein ideologisches Profil und die öffentliche Kommunikation dieser Inhalte über unterschiedlichste Kanäle. Es gab nicht nur eine

Art wissenschaftlichen Parteibeirat (Conseil scientifique du Front National), der federführend für die rechte Theoriebildung zuständig war, sondern auch eine Vielzahl von Zeitschriften, vom inoffiziellen Parteiorgan *National Hebdo* über die Reflexionen des Vorsitzenden (*La Lettre de Jean-Marie Le Pen*) bis hin zur (pseudo)intellektuellen Zeitschrift für rechte Salons *Identité*. Bezeichnend war zudem, dass der FN als erste französische Partei über einen professionellen Internetauftritt verfügte. Hinzu kam eine ganze Reihe von Unterstützerorganisationen, die als Brückenköpfe zu bestimmten Gruppen und als intellektuelle Infrastruktur dienen sollten.[33] Dass die Partei solch ausgesprochenen Wert auf die Theorie- und Ideologiebildung legte, bezeugt auch ein Erbe der Konservativen Revolution mit ihrem Konzept der Metapolitik, demgemäß der Bruch mit dem Bestehenden nur möglich ist, indem jenseits der institutionalisierten Normalpolitik eine Art fundamentalistische politische Bildung betrieben wird.[34]

Wenn man heute Marine Le Pen über die Sorgen der »kleinen Leute« reden hört, fällt es schwer zu glauben, dass der FN lange eine dezidiert neoliberale Partei war. Jean-Marie Le Pen brüstete sich noch Ende der Achtziger, er sei bereits 1978 ein Anhänger der Reaganomics gewesen.[35] Darin hallte das Erbe der pou-

33 Vgl. hierzu und zur Entwicklung des FN insgesamt James Shields, »Le Pen and the progression of the far-right vote in France«, in: *French Politics and Society* 13/2 (1995), S. 21-39, S. 37.

34 Vgl. zum Konzept der Metapolitik und der Traditionslinie, die sich von der Nouvelle Droite in Frankreich zu Armin Mohler und seiner Konstruktion der »Konservativen Revolution« zurückverfolgen lässt, Volker Weiß, *Die autoritäre Revolte. Die Neue Rechte und der Untergang des Abendlandes*, Stuttgart: Klett-Cotta 2017, sowie Roger Griffin, »Between metapolitics and apoliteia: The Nouvelle Droite's strategy for conserving the fascist vision in the ›interregnum‹«, in: *Modern & Contemporary France* 8/1 (2000), S. 35-53.

35 Vgl. Steve Bastow, »Front National economic policy: From neo-libera-

jadistischen Tradition nach, und gleichzeitig setzte Le Pen sich damit von den übrigen Gruppierungen der extremen Rechten ab, die typischerweise eher mit den korporatistischen Vorstellungen des Faschismus und einer Art »Drittem Weg« zwischen Kapitalismus und Sozialismus liebäugelten, was ja auch für die Alleanza Nazionale in Italien galt. Der Neoliberalismus des FN paarte sich jedoch bereits damals mit der expliziten Ablehnung jeder Form von Universalismus oder gar Kosmopolitismus. Und das Bekenntnis zur Legitimität der sozialen Ungleichheit radikalisierte man auf sozialdarwinistische Weise: Man strebte nach »einer geordneten, hierarchischen Gesellschaft [...], die in dem Sinn demokratisch war, dass diese Hierarchie durch die spontane Ordnung des Marktes hergestellt wurde«.[36]

Konkret implizierte die FN-Agenda eine Abkehr vom Dirigismus, Steuersenkungen und eine Verschlankung des Sozialstaats sowie umfassende Privatisierungen. Dieser letzte Punkt bezeichnet zwar auf den ersten Blick eine Übereinstimmung mit RPR und UDF, doch der FN legte Wert darauf, dass das privatisierte Kapital nicht zu einer weiteren Verfestigung oligarchischer Zustände führen dürfe. Das Ideal war also eine Art »Volkskapitalismus«, der nicht von ungefähr an die Visionen Margaret Thatchers erinnert, deren Verkauf von Sozialwohnungen an die Mieter den ausdrücklichen Beifall des FN erhielt.

Anfang der neunziger Jahre begann der FN dann jedoch mit einer weitreichenden Kurskorrektur, die bis zu einem gewissen Punkt den Wandlungen im Diskurs der Lega ähnelt und deren Zeitpunkt alles andere als zufällig war. Denn damals gewann die wirtschaftliche Globalisierung spürbar an Fahrt, und der Zusammenbruch des Kommunismus öffnete die gesamte ehemalige »Zweite Welt« für Kapital- und Warenströme. Der Maastricht-Vertrag und die damit verbundenen Auflagen spiel-

lism to protectionism«, in: *Modern & Contemporary France* 5/1 (1997), S. 61-72, S. 61.

36 Ebd., S. 63.

ten ebenfalls eine wichtige Rolle bei der Verschiebung hin zu einer eher protektionistischen Haltung. Und dieses Umdenken fand keineswegs im elektoral luftleeren Raum statt, sondern zu einer Zeit, in welcher der PCF aufgrund des Kollapses des real existierenden Sozialismus geschwächt war und die Befürwortung des Maastricht-Vertrags seitens des PS zu einer weiteren Entfremdung großer Teile ihrer Stammwählerschaft führte. Mit anderen Worten: Es gab auch links der Mitte ein beträchtliches Reservoir an Wählern, die auf der dringenden Suche nach Alternativen waren – und der FN begann, sich als eine solche Alternative zu inszenieren.

Doch der ökonomische Protektionismus und der Schutz der französischen Arbeiter und Bauern vor der ungebremsten Konkurrenz implizierte zumindest in den neunziger Jahren noch nicht automatisch, dass man dem Neoliberalismus insgesamt abschwor. Es war aber eben ein eindeutig nationalistisch imprägnierter Neoliberalismus, der nichts gegen Wettbewerb und Eigenverantwortung per se hatte und schon gar nichts gegen Steuersenkungen, der allerdings die Notwendigkeit apostrophierte, die Franzosen gegenüber dem Wettbewerbsdruck von außen abzuschotten oder diesen zumindest abzufedern. Interessanterweise galt bis Anfang der Neunziger als Schlüssel zur Vermittlung beider Ziele die danach viel geschmähte Europäischen Gemeinschaft/Union. Am Ende des Parteitags von 1988 erklang Beethovens Ode an die Freude, übertönt von Sprechchören: »L'Europe, Le Pen, Liberté«. Der FN hing damals noch der Vorstellung an, dass europäische Vorgaben als Hebel fungieren könnten, die neoliberalen Reformen endlich durchzusetzen – eine Vorstellung, wie sie auch in Italien populär war. Gleichzeitig sollte Europa Frankreich vor dem Zustrom ungewollter Importe und Menschen schützen – und nebenbei noch das Abendland gegen den Kommunismus verteidigen.[37]

37 Vgl. hierzu Amable/Palombarini, *Von Mitterrand zu Macron*, S. 163-166, sowie François Ruffin, *»Pauvres Actionnaires!«. Quarante ans*

Mit dieser protektionistischen Wende ging eine andere Neurahmung einher, die dem FN eine neuartige Wucht verlieh: Ökonomische und soziale Folgeprobleme der Globalisierung waren die eine Sache, doch ihre eigentliche Signifikanz erlangten diese Entwicklungen im FN-Framing auf einer kulturell-existenziellen Ebene, wo es um das ideelle und materielle Überleben Frankreichs ging. Diese tendenzielle Akzentverschiebung von rein ökonomischen zu umfassenderen kulturellen Fragen der *Identität* avancierte zum Erfolgsrezept des FN.[38]

Die vom FN jener Tage zusammenmontierte Drohkulisse hatte zunächst mit dem Begriff des Bevölkerungsschwundes (*dénatalité*) eine demografische Komponente. Wie wir bereits wissen, kommt gerade im rechten Spektrum Frauen als Müttern eine besondere Bedeutung zu, und dies bestätigte sich auch im Diskurs des FN. Der Grund liegt auf der Hand: Das biologische Überleben der Nation ist nur gesichert, wenn französische Frauen genügend Kinder gebären, und glaubte man den bevölkerungspolitischen Experten der Partei, war dies immer weniger der Fall. Naturgemäß rückten damit familienpolitische Fragen, aber auch traditionelle Moralvorstellungen in den Mittelpunkt. Warum kam es zu dem Bevölkerungsschwund und warum entschieden sich immer mehr Frauen dagegen, (mehr) Kinder zu haben? Die Antworten ähneln in vielerlei Hinsicht dem, was wir aus dem rechten Spektrum Italiens kennen: Familien brauchen zum einen materielle Unterstützung. Kinder zu bekommen dürfe nicht länger ein Nachteil sein, und was die Stärkung von Familien und Müttern angeht, ging der FN durchaus neue Wege, vor denen etwa die Lega zurückschreckte. So gehörte zu den unkonventionelleren Forderungen etwa die

de discours économique du Front national passés au crible, Amiens: Fakir Editions 2014, S. 12.

38 Vgl. zum Folgenden Pierre-André Taguieff, »Biopolitique de l'identité et ordre moral: L'orthodoxie du Front National«, in: *Raison présente* 127 (1998), S. 37-63.

nach einem Mütterlohn, der mindestens auf dem Niveau des Mindestlohns liegen sollte. Ergänzt wurden solche Vorschläge durch die typisch natalistische Forderung nach einer (größeren) steuerlichen Besserstellung von Familien. Doch materielle Anreize und Schutzversprechen reichten aus Sicht des FN nicht aus, vielmehr bedürfe es zudem einer geistig-moralischen Abkehr von den Achtundsechziger-Werten des (sexuellen) Hedonismus. So wetterten Le Pen und seine langjährige rechte Hand Bruno Mégret, der neben dem bulligen Parteichef den smarten Adjutanten verkörperte, nicht nur gegen die Praxis des (legalisierten) Schwangerschaftsabbruchs, die sie umstandslos mit einem Baby-Genozid gleichsetzten, sondern auch gegen das Scheidungsrecht, das Zusammenleben ohne Trauschein und die allgemeine Promiskuität der Jugend. Hier wurden grundsätzlichere Begründungen angeführt, die auf die Unverfügbarkeit natürlicher Prozesse abstellten und damit eindeutig Anschluss an das konservative Kernkonzept der normativen Natürlichkeit suchten. Normativ natürlich war aus FN-Perspektive die patriarchal geprägte Familie, deren Daseinsgrund in erster Linie in der Fortpflanzung bestand. Alles, was dieser »natürlichen« Bestimmung zuwiderlief, war als Zeichen der Dekadenz zu ächten, wozu im Übrigen zumindest indirekt auch die Homosexualität gezählt wurde. Die tief greifende Bedeutung von Dekadenz-Vorstellungen in der FN-Ideologie darf schon allein deshalb nicht übersehen werden, weil es sich hier um ein diskursives Verbindungsstück zur autoritären Tradition handelt: Schließlich ist es gerade die Erschöpfung einer Zivilisation, die sie als unrettbar verloren qualifiziert. Und was sich nicht mehr erneuern oder regenerieren kann, muss weichen, um Platz für das vitale Neue zu schaffen.[39]

39 Vgl. zum Topos der Dekadenz im FN-Denken Dimitri Almeida, »Decadence and indifferentiation in the ideology of the Front National«, in: *French Cultural Studies* 25/2 (2014), S. 221-232.

Festhalten können wir hier also zunächst einen ausgeprägten Natalismus als ein Kernelement der FN-Ideologie, die insgesamt durchzogen ist von Naturalisierungen, die als vermeintlich schlagende Argumente dienen. Dies gilt insbesondere für einen Faktor, durch den der Bevölkerungsschwund erst wirklich zur Drohkulisse wird. Denn nicht nur bekämen native französische Frauen zu wenige Kinder; die Fruchtbarkeitsraten unter Einwanderern lägen um ein Vielfaches höher. Selbst ohne größere Statistik-Kenntnisse ließ sich daraus das Szenario ableiten, dass die native Bevölkerung irgendwann rein quantitativ eine Minderheit »im eigenen Land« darstellen würde. Hinzu kam, dass diese drohende Vorherrschaft auch qualitativer Natur war, fokussierte sich die Kritik des FN doch spätestens seit dem 11. September immer mehr auf Einwanderung aus muslimischen Ländern. Der Islam wurde dabei im Sinne Eric Voegelins als eine »politische Religion« betrachtet, der untilgbare Eroberungsaspirationen zu eigen seien.[40]

Die Charakterisierung als aggressiv-expansionistisch deutet schon die Rahmung der Islam-Polemik des FN an, denn dies waren in den nordatlantischen Diskursen des Kalten Kriegs die Attribute des Sowjetkommunismus, dem man bekanntlich glaubte, mit einer Strategie des Containment entgegentreten zu müssen. Der Islam gehört in der FN-Deutung insofern in dieselbe ideologische Traditionslinie, als er eine totalitäre Ideologie darstelle, die ihrem Anspruch nach kein Außen akzeptiere, weder in sozialer noch in geografischer Hinsicht. Vor diesem Hintergrund erklärt sich auch die in Diskursen der neuen Rechten oftmals zu findende Konstruktion des »Islamofaschismus« oder

40 Vgl. zum Folgenden und zur FN-Ideologie insgesamt die hervorragende Studie von Peter Davies, *The National Front in France. Ideology, Discourse and Power*, London: Routledge 2001, S. 134-155, sowie Marc Swyndegouw/Gilles Ivaldi, »The extreme right utopia in Belgium and France: The ideology of the Flemish Vlaams Blok and the French Front National«, in: *West European Politics* 24/3 (2001), S. 1-22.

des »*islamogauchisme*«. Nicht zuletzt ergibt sich aufgrund dieses vermeintlichen Totalitätsanspruchs die These einer kategorischen Unvereinbarkeit von »westlicher« und muslimischer Kultur. Letztere habe nie die strikte Unabhängigkeit der weltlichen von der geistigen Obrigkeit akzeptiert, die im republikanischen Frankreich mit seinem Bekenntnis zur *laicité* besonders prononciert ist. Daher gebe es schlicht keine Möglichkeit, gläubige Muslime zu integrieren, deren Immigration somit unter ganz anderen Vorzeichen stehe als frühere Einwanderungswellen. Und entgegen der Ideologie des Kosmopolitismus gäbe es eben auch keinerlei Pflicht, die Anwesenheit dieses Fremden hinzunehmen – das lehre schon die Natur.

Eine bündige Zusammenfassung des Arguments lieferte Charles Gregor in einem 1990 in *Identité* veröffentlichten Aufsatz. Der »Ausschluss« des Fremden, so Gregor, sei nicht weniger als eine Art Naturgesetz. Der menschliche Körper etwa verfüge über ein gut ausgebautes Kontrollregime, das den Organismus nach Eindringlingen absuche, die sich freilich bisweilen zu tarnen versuchten, um der T-Zellen-Polizei zu entgehen. Das robuste Immunsystem eines gesunden Körpers sei aber in der Regel in der Lage, potenziell schädliche Bakterien, Viren etc. zu zerstören oder auszuscheiden.[41] Und dieses »Naturgesetz« kennzeichne auch die »natürlichen« Formen des kollektiven Zusammenlebens, nämlich die Kernfamilie und die ethnisch verstandene Nation. Spätestens an dieser Stelle wird einmal mehr die Militanz der FN-Ideologie erkennbar, die sich aus der Reinheitsfantasie eines »unkontaminierten« Volkes ergibt: Die Gesundheit des kollektiven Organismus muss unter allen Umständen erhalten werden; mit totalitären Eindringlingen kann man ebenso wenig verhandeln wie mit den nützlichen Idioten, die sich ihnen bewusst zur Verfügung oder aus dekadenter Erschöpfung nicht mehr entgegenstellen. Es handelt sich hier

41 Zit. n. Davies, *The National Front in France*, S. 36.

nicht um Gegner, sondern um Feinde, und so überrascht es nicht, dass in der Imagination des FN immer wieder der Bürgerkrieg auftaucht, mal als bedrohliches Szenario, mal als kathartische Erlösung und Voraussetzung für eine Wiedergeburt der Nation.

Anders als etwa der frühe Movimento Sociale Italiano, das aus seinen umstürzlerischen Sehnsüchten keinen Hehl machte, gab sich der FN selbst in seinen radikaleren Phasen über weite Strecken systemkonform.[42] Man bekannte sich zu den Institutionen, und der Vorsitzende betonte immer wieder, der Front National hege keinerlei Ambitionen, etwa gewaltsam eine VI. Republik zu errichten. Nun kann man natürlich mutmaßen, dass Le Pen tatsächlich keine Veranlassung für einen Regimewechsel sah, hätte ihm die Machtfülle des Präsidentenamtes doch umfassende Gestaltungsmöglichkeiten eröffnet. Lässt man diese spekulativen Erwägungen beiseite, bleibt freilich die sehr deutliche schmittianische Grundierung dieses Politikverständnisses, dessen kriegerische Codierung ja schon im Namen Nationale Front offenbar wird. Vor dem Hintergrund der absoluten Gegensätze, die in diesem Diskurs entworfen werden, sowie der existenziellen Natur der daraus resultierenden Konflikte konnte es keine Politik im konservativen Sinn geben, eben weil es um das Politische im Sinne Carl Schmitts geht. Insofern kann, ganz abgesehen von den rassistischen und zutiefst antiliberalen Elementen seiner Ideologie, letztlich kein Zweifel daran bestehen, dass der FN dem Lager des Autoritarismus zugerechnet werden muss. Allerdings werden wir sehen, dass diese Ausrichtung nicht immer Konsens innerhalb der Partei war, und die Frage, inwieweit man sich auf das parlamentarische System und entsprechende Allianzen einlassen solle, führte ab 1995 zu im-

42 »Der Front National ist nicht von dem Wunsch beseelt, die bestehende Ordnung zu untergraben«, hielt auch Rémond 2005 fest (*Les droites aujourd'hui*, S. 261).

mer größeren Spannungen und Ende der neunziger Jahre gar zur Spaltung.

Die zentrale Forderung des FN ab Anfang der neunziger Jahre bezeichnet gewissermaßen die komprimierte Schlussfolgerung aus dem skizzierten Diskurs der Partei. Sie lautet: Franzosen zuerst! Dies bezieht sich zum einen auf die wirtschaftlichen Folgen der Globalisierung und bekräftigt die Notwendigkeit, französische Erwerbstätige und Unternehmen vor »unfairen« Importen und Konkurrenz zu schützen. Vor allem geht es aber auch um die Bevorzugung von Franzosen bei der Arbeitsplatzvergabe und den Leistungen des Sozialstaats, der systematisch zwischen nativer und nichtnativer Bevölkerung diskriminieren soll. Mit diesem »Wohlfahrtschauvinismus« lieferte der FN das Modell für eine Vielzahl autoritärer Parteien in West- und später auch Osteuropa.[43] Festzuhalten bleibt, dass sich der FN mit dieser exponierten Forderung in eine stellenweise höchst widersprüchliche Position begab. Schließlich lautete *ein* zentraler Vorwurf gegen den Islam, dass er auch im Hinblick auf sein Rechtsverständnis schlicht inkompatibel sei mit der westlichen Tradition der Gleichheit vor dem Gesetz. Und analoge Widersprüche finden sich zuhauf: Ein weiterer Vorwurf gegenüber dem Islam hebt seine frauenfeindlichen und sexistischen Aspekte hervor – eine diskursive Strategie, die nicht nur in Frankreich zu geradezu aberwitzigen Allianzen zwischen Feministinnen und Rechten geführt hat –, obgleich der FN selbst natürlich keineswegs eine gleichberechtigte Existenz für Frauen vorsah,

43 Erwähnenswert ist hier die Herkunft der Idee. Denn die Politik der nationalen Präferenz entstammt tatsächlich wirtschaftsliberalen Netzwerken mit Verbindungen zum FN und geht mutmaßlich auf Überlegungen des ehemaligen PR-Mitglieds Jean-Yves Le Gallou zurück, der zu einem der führenden Köpfe des FN wurde; vgl. Jonathan Marcus, *The National Front and French Politics. The Resistable Rise of Jean-Marie Le Pen*, Basingstoke: Macmillan 1995, S. 109.

selbst wenn sie sich als Mütter um die Nation verdient machten.[44]

Solche Ambivalenzen lassen sich aber auch auf der ganz persönlichen Ebene besichtigen. Jean-Marie Le Pen, der Apostel der Familie, ließ sich dann eben doch scheiden. Von einem Mütterlohn für seine zukünftige Ex-Frau wollte er allerdings nichts wissen, ja, er war noch nicht einmal bereit, Unterhalt für die nun alleinerziehende Mutter von drei Töchtern zu zahlen, und schlug stattdessen vor, sie solle doch putzen gehen. Pierrette Lalanne ging aber stattdessen zum *Playboy* und ließ sich als leicht bekleidetes Zimmermädchen ablichten. Titelstory: Madame Le Pen macht den Haushalt.[45]

Der Triumph des Centre-droit

Jacques Chirac und Édouard Balladur verband Anfang der neunziger Jahre eine bereits beinahe dreißigjährige Freundschaft. Kennen und schätzen gelernt hatten sich die beiden in der Entourage von Georges Pompidou. Als Chirac in der ersten *cohabitation* unter Mitterrand Premier wurde, berief er seinen Parteigenossen Balladur als Finanzminister ins Kabinett. Nach dem Erdrutschsieg der Rechten 1993 musste sich Mitterrand abermals in eine *cohabitation* fügen. Der natürliche Kandidat für das Amt des Regierungschefs wäre der Vorsitzende der stärksten Partei, also Chirac, gewesen. Doch der wägte Für und Wider bereits mit Blick auf die Präsidentschaftswahlen zwei Jahre später ab. 1988 hatte sich diese Konstellation eher als Hypothek denn als Vorteil erwiesen, und so ließ er einem anderen

44 Vgl. hierzu Davies, *The National Front in France*, S. 152.

45 Vgl. zu dieser Anekdote und den Debatten um ihre (feministische) Signifikanz Kevin Passmore, »Femininity and the right: From moral order to moral order«, in: *Modern & Contemporary France* 8/1 (2000), S. 55-69, S. 65 f.

den Vortritt – seinem Vertrauten Balladur: »Ich weiß nicht, warum das zwischen uns nicht funktionieren sollte«, meinte er dazu. »Uns verknüpfen alte und stabile Bande. [...] Außerdem haben wir die Verteilung der Aufgaben genau abgesprochen.«[46] Balladur wiederum sicherte Chirac zumindest implizit seine Unterstützung zu: »Ich hätte gern, daß Sie mir Ihre Vorstellungen von der Rolle des Premierministers darlegen, denn nach Ihrer Wahl zum Staatspräsidenten behalten Sie mich doch sicher im Hotel Matignon [dem Amtssitz des Premierministers].« Chirac bejahte und fügte hinzu: »Wissen Sie, Édouard, es ist durchaus möglich, daß Sie als Premierminister sehr populär werden. Dann würden Sie bei den Präsidentschaftswahlen als der natürliche Kandidat der Rechten erscheinen, und ich müßte mich dem beugen.« Woraufhin Balladur erwiderte: »Sie wollen mich doch nicht beleidigen.«[47]

Chirac sah also keinen Anlass, argwöhnisch zu sein, vor allem auch deshalb, weil der Job des Premierministers 1993 keinesfalls als aussichtsreiche Plattform für eine Kandidatur gelten konnte: Wirtschaftlich gesehen, war es ein schwarzes Jahr, gekennzeichnet von einem Einbruch des Wachstums und einem weiteren Emporschnellen der Arbeitslosenzahlen. Gleichzeitig war ein Premier gleich welcher Couleur geradezu verdammt, eine Art Austeritätspolitik inklusive hoher Zinsen zu verfolgen, um den abermals aufkommenden Spekulationsdruck auf den Franc abzuwehren. Und zu allem Überfluss musste sich Balladur auch noch mit einem sozialistischen Präsidenten arrangieren. Doch dann geschah, was wohl niemand erwartet hätte: Balladur glänzte. Der Premier verfolgte nicht nur den angesprochenen Austeritätskurs inklusive Steuererhöhungen, er ließ auch die Unabhängigkeit der Banque de France gesetzlich festschreiben und schaffte zudem das Kunststück, eine Gesundheits- und Rentenreform durch das Parlament zu bringen, die zwar

46 Zit. n. Giesbert, *Jacques Chirac*, S. 68.
47 Ebd., S. 69.

nicht als großer Wurf gelten konnte, aber doch immerhin eine kostendämpfende Wirkung entfaltete – kurz, es handelte sich um Maßnahmen, mit denen man nicht unbedingt Popularitätspreise gewinnt und schon gar nicht inmitten einer Rezession und steigender Arbeitslosenzahlen.

Aber Balladur war genau das: populär. Seine Beliebtheitswerte und seine Erfolge verblüfften sowohl seine Freunde, deren Zahl in jener Zeit massiv zunahm, wie auch seine Gegner. Der Einzige, der wohl nicht verblüfft war, war Balladur selbst. »Alles in allem hatte Balladur […] keine Komplexe. Im Gegenteil, er hielt sich für den Besten.«[48] Tatsächlich ließ Balladur einen gewissen Standesdünkel erkennen. Er verkörperte geradezu idealtypisch den Habitus des Groß- und Bildungsbürgers, der sich seiner privilegierten Stellung bewusst ist und diese auch für gerechtfertigt hält. Balladur verfügte über einen klaren analytischen Verstand, eine umfassende Bildung und schrieb in regelmäßigen Abständen (populär)wissenschaftliche Bücher.

Zudem traf Balladur von Beginn an kluge Entscheidungen, etwa bei der Zusammenstellung des Kabinetts. Dabei überging er allerdings Chirac, und auch wenn dieser zuvor gelobt hatte, keinen Einfluss zu nehmen, sorgte Balladur so doch für erste Irritationen, die sich später zu einem tiefen Zerwürfnis ausweiten sollten. Chirac hatte man 1986 angesichts der personellen Monokultur seiner Regierung vorgeworfen, einen RPR-Staat im Stil de Gaulles anzustreben; Balladur dagegen bedachte eine ganze Reihe von UDF-Granden mit Ministerposten.

Aber Balladur besetzte keineswegs nur die Mitte. Im Wahlkampf 1993 hatte Einwanderung eine erhebliche Rolle gespielt, und der Premier versuchte nun, die mittlerweile recht gefestigte Klientel des FN für die Gaullisten zurückzugewinnen oder doch zumindest von der Wahl (des FN) abzuhalten. Dafür holte er sich den RPR-Mann fürs Grobe, Jacques Pasqua, der ohne

48 Ebd., S. 73.

mit der Wimper zu zucken das implementierte, womit Cresson zwei Jahre zuvor einen öffentlichen Aufschrei provoziert hatte: Er ließ zwei Flugzeuge chartern, um damit illegal in Frankreich lebende Migranten außer Landes zu bringen. Das Staatsbürgerschaftsrecht wurde unter Federführung von Minister Bernard Debré dahingehend reformiert, dass zwar nicht das traditionell geltende Ius soli durch ein Ius sanguinis nach deutschem Vorbild ersetzt, aber doch eingeschränkt wurde – jedenfalls erhielten im Land geborene Kinder nichtfranzösischer Eltern nicht mehr automatisch die Staatsbürgerschaft. Gleichzeitig vergab Balladur das Gesundheitsministerium abermals an Simone Veil, zu deren Kompetenzbereich auch Integrationsaufgaben gehörten, so dass die linke Mitte ebenfalls mit ihren Forderungen repräsentiert war.

Und so wurde 1993 wider Erwarten zu einem überaus erfolgreichen Jahr für Balladurs Regierung, deren Mitglieder sich zunächst hinter vorgehaltener Hand, aber bald auch öffentlich für seine Kandidatur 1995 aussprachen. Der prominenteste Neu-Anhänger war Pasqua, aber auch der aufstrebende Budgetminister Nicolas Sarkozy schlug sich auf die Seite Balladurs, was das Verhältnis zwischen Chirac und Sarkozy noch jahrelang belasten sollte. Balladur ging als unausgesprochener Favorit in das Vorwahljahr 1994, doch das Wissen um die Poleposition hinterließ Spuren in seinem Regierungsstil. In die ursprüngliche Souveränität mischte sich zunehmend die Sorge, die nun erlangte Vormachtstellung am Ende doch noch durch eine übermäßig riskante Agenda zu verspielen. So zog Balladur beispielsweise den sogenannten *Contrat insertion professionnelle* zurück, der es Arbeitgebern erlaubt hätte, jungen Arbeitnehmern bei der Ersteinstellung zumindest vorübergehend ein Anfangsgehalt von nur 80 Prozent des Mindestlohns zu zahlen. Und auch im Umgang mit streikenden Air-France-Mitarbeitern, protestierenden Studierenden und Fischern lenkte der Premier umgehend ein, wobei die gegen die Fischereipolitik der EU gerichteten Proteste selbst für französische Verhältnisse von einer ungewöhnlichen Militanz gekennzeichnet waren: Im Februar 1994 ging sogar das Parlement de Bretagne in Rennes in Flammen auf.

Nichtsdestotrotz: Insgesamt zeigten die ökonomischen Indikatoren endlich wieder nach oben – auch wenn die Arbeitslosigkeitsrate unverändert hoch lag –, so dass Balladur in einer Art Weder-noch-Politik à la Mitterrand alle weiteren Reformen auf Pause stellte und hoffte, von seinem und dem Momentum der Wirtschaft zum Sieg getragen zu werden – denn dass er kandidieren würde, stand außer Frage. Der Einzige, der dies bis zuletzt nicht glauben wollte, war Chirac, der innerhalb weniger Monate zum Außenseiter zusammengestutzt worden war. Dass der konservative Ehrenmann Balladur die Verabredung derart opportunistisch für gegenstandslos erklärte, hinterließ tiefe Spuren bei Chirac, der als Präsident defensiver und misstrauischer agierte, als es bis dahin seine Art gewesen war. So würden also aller Wahrscheinlichkeit nach zwei RPR-Politiker für das Amt des Staatspräsidenten kandidieren, was ungewöhnlich, aber im semipräsidentiellen Kontext Frankreichs insofern systemkonform war, als die Kandidaten formal nicht für oder im Namen einer Partei antreten. Das Spaltungspotenzial einer solchen Konstellation war im Hinblick auf den RPR aber dennoch erheblich; gleichzeitig grub Balladur als neuer UDF-Liebling einer möglichen Kandidatur Giscards das Wasser ab, so dass wenigstens von dieser Seite keine Konkurrenz drohte.

Als Chirac im November seine Kandidatur verkündete, löste das allenfalls höfliches Interesse aus, wurde in den Medien aber auch mit höhnischen Kommentaren bedacht. Der frisch erklärte Kandidat machte sich umgehend das Underdog-Label zu eigen: »Ich gebe gerne zu, daß ich so ziemlich als einziger an meine Chance glaube.«[49] Eine gerade veröffentlichte Studie prognostizierte desaströse elf Prozent für den Bürgermeister von Paris.[50]

49 Zit. n. Giesbert, *Jacques Chirac*, S. 117.
50 Ebd.

Chirac blieb unbeirrt, und in jenen eher tristen Herbsttagen ersann er eine Strategie, die weitreichende positive wie negative Folgen für ihn, den RPR und die rechte Mitte insgesamt haben sollte.

Es begann mit Chiracs Teilnahme an einer Diskussion mit einer Reihe von Intellektuellen. In den Gesprächen wurde ein Text erwähnt, der seine Neugier weckte. Er stammte von dem Anthropologen Emmanuel Todd und trug den Titel *Aux origines du malaise politique français* (»Über die Ursprünge der politischen Malaise in Frankreich«). Als Chirac in der etwa vierzigseitigen Broschüre blätterte, fand er seine eigenen Intuitionen bestätigt. In bester Intellektuellenmanier konstruierte der linke Maastricht-Gegner Todd einen Gegensatz zwischen Balladur und Chirac. Balladur, so Todd, sei der Mann der »Reichen, der alten Menschen, der Rentner, der Wertpapierbesitzer und der Anhänger des starken Franc«, wohingegen Chirac prädestiniert sei, der Kandidat all derer zu werden, »die Veränderungen wollen – Arme, junge Leute, Arbeitnehmer«.[51] Später wurde immer wieder suggeriert, Todd sei zu einer Art ideologischem Guru für Chirac avanciert, aber obgleich es wohl zu einer Reihe von Treffen kam, machte sich Todd im Nachhinein eher lustig darüber, wie viel Einfluss ihm zugeschrieben wurde. Sogar George Soros habe ihn irgendwann angerufen und gefragt, ob er ihm etwas über Chiracs Pläne in der Währungspolitik sagen könne. Und selbst wenn Todds Text den entscheidenden Anstoß gegeben haben mag, spielten hier doch eine Reihe von Personen und auch (strukturelle) Konstellationen eine Rolle. Dazu gehört erstens Jacques Pilhan, der ehemalige Chef-PR-Stratege Mitterrands, der mit dessen Segen die Seiten wechselte und fortan Chirac beriet. Er empfahl ebenfalls ein linkeres Profil und sorgte dafür, dass Chirac sein Bild als unbeugsamer Außenseiter kultivierte. Konsequenterweise mied Chirac die Hauptstadt und tingelte stattdessen durch die Provinz, wo er stilgerecht

51 Zit. n. Giesbert, *Jacques Chirac*, S. 109.

auch noch dem kleinsten Ortstageblatt Rede und Antwort stand. Ebenfalls von großer Bedeutung für Chiracs Positionierung war Séguin, der zwar lange gezögert hatte, aber letztlich aus Abneigung gegen Balladur für Chirac Partei ergriff. Séguin pochte auf das gaullistische Erbe einer Partei, die sich als lagerübergreifende Sammlungsbewegung verstehen und daher auch Segmente der Wählerschaft ansprechen müsse, die eher der Linken zuneigten.[52] Und nicht zuletzt war es Balladur selbst, der Chirac gewissermaßen keine andere Wahl ließ, denn mit seiner (Personal-)Politik hatte der Premier eigentlich das gesamte Spektrum rechts der Mitte besetzt.

Das Resultat dieser Erkundungsaktion war das, was man als eine Art mitfühlenden Neo-Gaullismus bezeichnen könnte, womit Chirac seinen ureigensten Sound gefunden hatte und womit er in der Gesellschaft einen Nerv traf. Der ehemalige RPR-Chef (mittlerweile hatte Alain Juppé die Führung übernommen) wurde nicht müde, die Malaise anzuprangern, die vierzehn Jahre sozialistischer Herrschaft (und immerhin insgesamt vier Jahre Mitte-rechts-Regierung) heraufbeschworen hätten, und kolorierte sie in düsteren Farben, die auch einem linken Volkstribun gut gestanden hätten. Trotz Wachstum sei Frankreich von Perspektivlosigkeit und Ungleichheit geprägt: »Wirtschaftlichen Erfolg darf man nicht auf die Trümmer einer sozial gespaltenen Gesellschaft gründen. Doch was haben wir seit fünfzehn Jahren entstehen sehen? Ein Frankreich der sozialen Ungleichheit.«[53] Die Wendung von der »sozialen Spaltung« (*fracture sociale*) stammte mutmaßlich von Todd – der sie wiederum dem Philosophen Marcel Gauchet zusprach – und wurde zu einem Kernthema des Wahlkampfs von Chirac, der zudem immer wieder Ausschlüsse (*l'exclusion*) thematisierte, die sich in der kollektiven Imagination mit dem grassierenden Problem der Obdachlosigkeit verbanden. Chirac versprach, die Wunden der sozialen

52 Vgl. hierzu auch Rémond, *Les droites aujourd'hui*, S. 198.
53 Zit. n. Giesbert, *Jacques Chirac*, S. 123.

Spaltung zu heilen und endlich all jene Probleme anzugehen, die zu lange unbeachtet geblieben seien. Er wetterte gegen die »resignierte Passivität der linken wie rechten Konservativen«, unter denen er erwartungsgemäß insbesondere einen ins Visier nahm – Balladur. Den Fokus auf Balladur konnte sich Chirac leisten, weil die Linke ihrer letzten Chance beraubt worden war, als der scheidende EU-Kommissionspräsident Jacques Delors im Dezember 1994 eine Kandidatur ausgeschlossen hatte (Mitterrand konnte schon allein aufgrund seines Gesundheitszustandes kein weiteres Mal antreten).

So befand sich Chirac plötzlich in einer durchaus günstigen Lage. Mit der Rede von der sozialen Spaltung bespielte er nicht nur das Feld der Linken, sondern auch das des FN – ohne diesen auch nur mit einer Erwähnung zu würdigen – und schoss sich immer weiter auf Balladur ein, den er als Repräsentant des Status quo attackierte: Ein Premierminister, der im Kleinklein der Tagespolitik versackt sei und über keinerlei Ideen verfüge, wie die immensen gesellschaftlichen Probleme zu lösen seien: »kleine Schritte, kleine Projekte, kleine Ambitionen« – das sei die Methode Balladur.[54]

Mit anderen Worten warf Chirac Balladur vor, ein gemäßigter Konservativer im oben definierten Sinn zu sein, wohingegen er selbst die Rolle des pseudolinken Visionärs übernahm, der umfassende Verbesserungen für die breite Masse in Aussicht stellte. Und bis zu einem gewissen Punkt passte das Programm durchaus zum Kandidaten. Chirac fühlte sich sichtbar wohl beim Bad in der Menge, beim Smalltalk mit örtlichen Notablen, dem Erinnerungsfoto mit dem Kind auf dem Arm, so sehr, dass er abends seine vom vielen Händeschütteln geschwollenen Finger kühlen musste. Der Kandidat hatte keinerlei Schwierigkeiten, sich als Mann des Volkes zu präsentieren, und sagte zu keinem Bier und keiner Merguez nein. Diese Mischung aus

54 Vgl. Joseph Szarka, »The winning of the 1995 French presidential election«, in: *West European Politics* 19/1 (1996), S. 151-167, S. 160.

ländlich rustikaler Sozialisation, Jovialität und Bonhomie verlieh ihm trotz der unzähligen Jahre im »Pariser Mikrokosmos« eine Authentizität, die nicht nur die üblichen Verdächtigen, sondern auch überraschend viele junge Menschen, Arbeitslose und Angehörige der einfachen Klassen anzog. Balladur hingegen war in seinem Habitus das Gegenmodell: ein etwas steifer Patrizier, zu dessen Gepflogenheiten es gehörte, dass seine Frau und er sich konsequent mit »Sie« ansprachen. Und während sich Chirac geradezu enthusiastisch in den Nah(wahl)kampf stürzte, fremdelte der Premier auf den viel zu wenigen Veranstaltungen, die seine Kampagne zunächst organisiert hatte, offensichtlich mit dem Volk, und auch die später von seinen Beratern ersonnene Figur des nahbaren Premiers mit dem drolligen Spitznamen »Doudou« wirkte nicht wirklich überzeugend. In Doudous Camp verzeichnete man besorgt sinkende Umfragewerte, und das Kommentariat rieb sich verwundert die Augen: Chirac war tatsächlich zurück im Rennen.

So war der Ausgang der ersten Runde einigermaßen offen, wobei die meisten Beobachter davon ausgingen, dass Chirac und Balladur das Rennen unter sich ausmachen würden; die Frage war nur, wer mit dem Rückenwind des Sieges in die Stichwahl einziehen würde. Jedenfalls hatte kaum jemand darauf gewettet, dass weder Balladur noch Chirac auf Platz eins landen würden – sondern der Sozialist Lionel Jospin mit 23 Prozent. Chirac erreichte knapp 21 Prozent; gerade einmal zwei Prozentpunkte dahinter lag der geschlagene Balladur – und Le Pen konnte seinerseits ein Rekordergebnis von 15 Prozent einfahren. Damit verschob sich die strategische Konstellation für Chirac, der nun im Duell mit Jospin klassisch rechtsliberale Themen apostrophierte, den Sozialismus Mitterrands geißelte und Steuersenkungen und Deregulierung predigte, wenn auch weniger prononciert als noch in den achtziger Jahren.

An diesem Punkt lohnt es sich, einen Moment innezuhalten und diese taktischen Manöver in den allgemeineren Rahmen und die sich daraus ergebenden Dilemmata des Centre-droit einzuordnen. Die spezifische Herausforderung für die Parteien der rechten Mitte Frankreichs ergab sich daraus, dass ihre Basis keineswegs homogen, sondern in ihren Interessenlagen systematisch gespalten war: »Den Gruppen, die eine erhebliche Flexibilisierung des Arbeitsmarktes forderten (Handwerker, Gewerbetreibende, Selbstständige), standen solche gegenüber, die sich dadurch bedroht fühlten (vor allem Beschäftigte im Privatsektor).«[55] Chirac hatte zunächst vor allem das letztere Spektrum angesprochen – und so übrigens auch Stimmen aus Wählergruppen gezogen (Junge, Arbeitslose, Arbeiter), bei denen die Gaullisten üblicherweise schlecht abschnitten. Vor der Stichwahl bediente er dann jedoch tendenziell die Interessen der neoliberalen Milieus. Und so hatte er sich in eine Position manövriert, die das Dilemma des rechten Blocks in einer auf den ersten Blick höchst eleganten, auf den zweiten aber nicht sonderlich tragfähigen Weise löste, indem es schlicht für inexistent erklärt wurde – als ob es möglich wäre, alles gleichzeitig zu haben: Flexibilität und Stabilität, fiskalische Disziplin und generös ausgestattete Sozialsysteme, Privatisierungen und öffentliche Dienstleistungen. Hatten Mitterrand und Balladur ihre jeweilige Version der Weder-noch-Politik verfolgt, so verlegte sich Chirac also gewissermaßen auf ein Sowohl-als-auch.

Als Chirac schließlich nach seinem souveränen Sieg gegen Jospin mit einwöchiger Verspätung in den Élysée-Palast einzog, stellte er verblüfft fest, dass Mitterrand den Aufschub genutzt hatte, um das Präsidentenbüro neu zu arrangieren – und zwar so, wie es seinerzeit ausgesehen hatte, als de Gaulle Präsident war. Und der Anbruch von Chiracs Regentschaft stand auch noch ganz im Zeichen des mitfühlenden Neo-Gaullismus. In seiner Rede zur Amtseinführung auf den Champs Élysées betonte der Präsident erneut die Notwendigkeit, die sozialen Aus-

55 Amable/Palombarini, *Von Mitterrand zu Macron*, S. 61.

schlüsse zu überwinden, und tatsächlich wurde der RPR-Mann Éric Raoult Leiter eines neu zugeschnittenen Ministeriums für »Integration und den Kampf gegen Ausgrenzung«. Chirac hätte ein weiteres starkes Zeichen setzen können, indem er Séguin den Premierminister-Posten anvertraut hätte, aber stattdessen ernannte er RPR-Chef Alain Juppé, und Séguin wurde mit dem Posten des Parlamentspräsidenten abgespeist. Juppé erhielt (weitgehend) Carte blanche bei der Zusammenstellung seines Kabinetts, bewies allerdings nicht unbedingt ein glückliches Händchen. Die Mannschaft verfügte insgesamt über bemerkenswert wenig Erfahrung. Und auch wenn positiv hervorgehoben wurde, dass sie wenigstens zu einem gewissen Teil aus Frauen bestand, wurden die vier Ministerinnen, die bald sexistisch als »Juppettes« (kurze Röcke) bezeichnet wurden, schon vor Ende des Jahres wieder entlassen.

Der neue Präsident bestellte die Präfekten des Landes ein und beschied ihnen, die Bekämpfung der Arbeitslosigkeit habe oberste Priorität, und in jedem Department wurde ein Beschäftigungskommissar eingesetzt. Dies ließ sich als Symbolpolitik abtun, aber daneben wurde auch der *Contrat initiative emploi* (Ersteinstellungsarbeitsvertrag) eingeführt, der eine Subventionierung der Lohn(neben)kosten beinhaltete. Doch die Kosten summierten sich schnell auf, und schon nach wenigen Monaten informierte Juppé Chirac, das Ausmaß des Defizits habe die Maastricht-Kriterien bereits in weite Ferne rücken lassen. Und so endete der kurze Sommer des mitfühlenden Neo-Gaullismus und wich einem Herbst/Winter der Unzufriedenheit, der ganz entschieden an den berühmten »Winter of Discontent« 1978/79 kurz vor Thatchers Wahlsieg in Großbritannien erinnerte.

Juppé erhielt die klare Order, dass Maastricht Priorität genoss, die Regierung schwenkte auf Einsparungen und Steuererhöhungen um, womit allerdings das anziehende Wachstum wieder abgewürgt wurde. Juppé war ein Chirac-Loyalist und bereit, die unpopuläre Wende mitzutragen, deckte sie sich doch mit seinen eigenen Einschätzungen. Aber just in diesem Moment veröffentliche das Magazin *Canard enchaîné* eine Investigativ-Story über finanzielle Begünstigungen Juppés im Zusammenhang mit seiner Pariser Mietwohnung – und dies, nachdem der Präsident gerade an die Opferbereitschaft der Bevölkerung appelliert hatte. Juppé reagierte ungelenk und war danach angeschlagen. Chirac seinerseits leistete den denkbar schlechtesten Beitrag zum sich eintrübenden Meinungsklima, indem er ohne jede Not ein unter Mitterrand verhängtes Moratorium aufhob und ein halbes Dutzend Atomwaffentests auf dem Mururoa-Atoll ankündigte. Als Anfang September der erste Test stattfand, waren die Reaktionen im In- und Ausland verheerend. Der australische Premierminister Paul Keating sprach unverblümt von einem »Akt der Dummheit«, Zehntausende demonstrierten in Paris, die linksliberale *Libération* titelte »Mururoa, son amour«.[56]

Derweil nahmen die innenpolitischen Turbulenzen immer weiter an Fahrt auf, als Juppé sich entschloss, im Zuge der Maastricht-Ertüchtigungsmaßnahmen eine weitere Rentenreform anzugehen, die vor allem Bahnmitarbeiter und in dieser Hinsicht privilegierte Beamte betraf. Im Gegensatz zu Balladurs Reform zwei Jahre zuvor schlug der Regierung massiver Widerstand entgegen – die nun ja in etwa die Politik betrieb, für die Balladur im Wahlkampf geworben hatte. Spätestens jetzt fiel dem Präsidenten und seinem Premier die Sowohl-als-auch-Politik vor die Füße, denn in der Tat sahen sich viele von denen, die vor allem wegen der Vision des mitfühlenden Gaullismus (erstmals) einem RPR-Mann ihre Stimme gegeben hatten, getäuscht – ganz abgesehen von denen, die Chirac ohnehin unversöhnlich gegenüberstanden. Zu Letzteren gehörte mittlerweile übrigens auch der FN, dessen Vorsitzender Chiracs kalte Schul-

56 In Anspielung auf Alain Resnais' Nouvelle-Vague-Klassiker *Hiroshima, mon amour* (1959), zu dem die Schriftstellerin Marguerite Duras das Drehbuch verfasst hatte; vgl. N. N., »›Ein Akt der Dummheit‹«, in: *Der Spiegel* (10. September 1995).

ter der Nichterwähnung im Wahlkampf mit seiner eigenen Version der Weder-noch-Politik quittierte. Von nun an galt die Devise: »Weder links noch rechts«, was die rechte Mitte schon alsbald vor gravierende Probleme stellen sollte. Schon in der zweiten Runde der Wahlen 1995 hatte gerade einmal etwa die Hälfte der Le-Pen-Wähler aus der ersten Runde in der zweiten Runde Chirac gewählt.

Im November 1995 erreichte die Krise ihren Siedepunkt. Nachdem die Studierenden gegen eine von Bildungsminister François Bayrou geplante Universitätsreform zu Tausenden auf die Straße gegangen waren, kam es zu Massenstreiks im Transportwesen und im öffentlichen Dienst. Demonstrationen, die bisweilen in Ausschreitungen eskalierten, waren an der Tagesordnung, und die Proteste nahmen einen Umfang und eine Intensität an, die man seit 1968 nicht mehr gesehen hatte. Gleichzeitig bekundete die Öffentlichkeit, die sich bei seiner Vorstellung mehrheitlich für den »Juppé-Plan« ausgesprochen hatte, nun ihre Sympathie mit den Streikenden, und dies obwohl die Einschränkungen des öffentlichen Lebens erheblich waren. Das Gemeinschaftsgefühl, das Chirac mit seinem Wahlprogramm »La France pour tous« (Ein Frankreich für alle) beschworen hatte, war tatsächlich entstanden – nur richtete es sich eben gegen den Präsidenten und seine Regierung, deren Umfragewerte ins Bodenlose fielen. Mitte Dezember zog man den Juppé-Plan in vielen wichtigen Aspekten zurück. Es war eine politische Niederlage, die noch einige Monate vorher unmöglich schien, und so ergab sich ein paradoxes Bild: Die rechte Mitte, die in einem beinahe nie zuvor dagewesenen Maß an den Schaltstellen der Macht saß, wirkte verunsichert und zunehmend uneinig. Séguin nutzte seine exponierte Position als Parlamentspräsident, um regelmäßig die Politik der Regierung Juppé zu kritisieren, und baute so eine Art parteiinterne Oppositionsfront auf. Und über allem lag der weiter schwelende Konflikt zwischen Balladuriens und Chiraciens, zu dem auch der Präsident selbst beitrug, indem er Balladur den Pariser Bürgermeisterposten verweigerte, nachdem er Juppé schon zuvor davon abgehalten hatte, Sarkozy als Budgetminister ins Kabinett zu holen, da dieser im Wahlkampf Balladur unterstützt hatte.

So blickte die rechte Mitte zum Jahreswechsel 1995/96 auf einen unerwarteten Scherbenhaufen. An dem desolaten Bild konnte auch der seltene Lichtblick eines außenpolitischen Erfolges nichts ändern. Schon ganz zu Beginn seiner Amtszeit war Chirac mit einer internationalen Krise konfrontiert, als französische Blauhelm-Truppen von serbischen Verbänden gewissermaßen vorgeführt wurden. Diese Episode bewog Chirac, insbesondere in Washington auf ein entschlosseneres Auftreten der westlichen Mächte zu drängen. Die Clinton-Administration gab sich zunächst zurückhaltend, aber die Aggressionspolitik (pro)serbischer Kräfte inklusive des Massakers von Srebrenica im Juli 1995 schien Chirac recht zu geben. Und so stimmte Bill Clinton dem Einsatz von Nato-Luftstreitkräften zu, was mutmaßlich den Ausschlag für das serbische Einlenken und die Verhandlungen gab, die schließlich im Abkommen von Dayton mündeten. Clinton hatte Chiracs Initiative nicht vergessen und überließ ihm einen beträchtlichen Teil der Lorbeeren, indem die offizielle Unterzeichnung am 15. Dezember in den Élysée-Palast verlegt wurde.

Zwar konnte Chiracs Engagement der Regierung Juppé kein neues Leben einhauchen, es war aber in anderer Hinsicht signifikant: Dass der Präsident in stärkerem Maße die Nähe Washingtons suchte, war nur ein Aspekt einer Abkehr vom orthodoxen Gaullismus in der Außen- und Sicherheitspolitik. Kaum zwei Monate später wurde die Wehrpflicht abgeschafft; man reduzierte die Militärpräsenz in ehemaligen afrikanischen Kolonien – und außerdem hatte Chirac im Herbst 1995 seinem US-amerikanischen Amtskollegen geschrieben, Frankreich sei bereit, seine Streitkräfte (weitgehend) wieder in die Nato-Strukturen zu integrieren. Angesichts der zeitgleich stattfindenden Atomwaffentests konnte man hier zwar von einer gewissen Ambivalenz sprechen, aber General de Gaulle hätte die genannten

Entscheidungen zweifellos als eine Schwächung der Autonomie der Grande Nation verurteilt. Nimmt man die Abkehr von dem kurzlebigen Versuch einer lagerübergreifenden neogaullistischen Innenpolitik dazu, erscheint das Urteil durchaus angemessen, mit dem Serge Bernstein 2001 seine monumentale Studie zur Geschichte der Gaullismus beschloss: »Der Gaullismus ist nun Geschichte.«[57]

Aber auch der nicht gaullistische Teil der rechten Mitte befand sich in Bewegung – und der Trend zeigte nicht unbedingt nach oben. Ausgelöst worden war die neue Dynamik ebenfalls durch die unübersichtliche Gemengelage im Vorfeld der Wahl 1995. Sowohl Giscard als auch Verteidigungsminister François Léotard hatten sich im Vorfeld zumindest Hoffnungen auf eine Kandidatur gemacht, was durch Balladurs geschickte Strategie in beiden Fällen vereitelt worden war. In der Folge unterstützte Léotard Balladur und Giscard einigermaßen überraschend Chirac. Für die UDF, deren Existenzberechtigung ja darin lag, als Vehikel präsidentieller Aspiranten zu fungieren, war dies gewissermaßen ein Offenbarungseid. Frustriert über die fehlende Unterstützung und die Grabenkämpfe, gab Giscard 1996 den Vorsitz auf. Dies setzte naturgemäß Personalrochaden in Gang – die dann mittelfristig sogar in der Auflösung der UDF gipfeln sollten. Kurzfristig führte der Rückzug Giscards zu einem Zweikampf um den Vorsitz, in dem sich Léotard gegen den neoliberalen Alain Madelin durchsetzte, der daraufhin begann, Netzwerke außerhalb der UDF zu knüpfen und darauf hinzuarbeiten, den einst von Giscard d'Estaing gegründeten Parti républicain langfristig aus der Konföderation herauszulösen. Doch bevor es dazu kam, traf der Präsident noch eine folgenschwere Entscheidung.

57 Serge Bernstein, *Histoire du gaullisme*, Paris: Perrin 2001, S. 519; Rémond kam ebenfalls zu dem Schluss, der Gaullismus habe seine Zeit gehabt: »Er verschwindet, wenn nicht aus der Erinnerung, so doch aus der aktiven Politik.« (*Les droites aujourd'hui*, S. 209)

Erste Krisen der rechten Mitte

Wer die Idee hatte, die Nationalversammlung aufzulösen und im Mai/Juni 1997 vorgezogene Neuwahlen herbeizuführen, ist umstritten, doch zumindest eine Reihe prominenter RPR- und UDF-Politiker war dagegen. Von Parlamentspräsident Séguin bis zu Bildungsminister Bayrou von der UDF überwog die Skepsis angesichts des riskanten und rechtlich zweifelhaften Schritts. Dass der Präsident unter bestimmten Bedingungen die Nationalversammlung auflösen kann, wie es de Gaulle in Reaktion auf die Unruhen 1968 und Mitterrand aufgrund von Mehrheiten gegen ihn getan hatten, war unbestritten; aber dass ein Präsident ein Parlament auflöst, in dem die »eigene« Partei beziehungsweise die rechte Mitte über eine überwältigende Mehrheit verfügte, schien nur schwer mit dem Sinn dieser Kompetenz vereinbar. Aus Chiracs Sicht sprach allerdings einiges für eine solche Maßnahme. Die Regierung lief seit Monaten immer wieder gegen dieselbe Wand. Die Proteste Ende 1995 wirkten noch immer nach, und gefühlt deckte die Presse jede Woche einen neuen Skandal auf, wobei es nicht selten um Chiracs Pariser Seilschaften ging, deren lose Enden sein Nachfolger Tiberi nicht mehr verknotet bekam. Auch Juppé persönlich war bekanntlich kompromittiert und stellte sein Amt mehrmals zur Verfügung.

Aber Chirac wollte unbedingt an Juppé festhalten, und zudem sprach noch ein weiterer Punkt für Neuwahlen: Etwa die Hälfte der Mitte-rechts-Abgeordneten hatten 1995 Balladur unterstützt, Chirac brauchte nicht nur »neuen Elan« für seine Regierung, wie es in der offiziellen Verlautbarung hieß, er brauchte auch eine Mehrheit, die auf ihn zugeschnitten war. Dass es überhaupt keine Mehrheit werden könnte, wurde zwar als theoretische Möglichkeit in Betracht gezogen, aber deutete die elektorale Erfolgsgeschichte des Centre-droit nicht darauf hin, dass man auch dieses Mal den Sieg davontragen würde? Was diesen Punkt angeht, wäre es sicherlich sinnvoll gewesen, hätten sich Chirac und sein *inner circle* noch einmal mit einem Wahlforscher besprochen. Denn wenn man sich den Siegeszug in der ersten Hälfte der Neunziger etwas genauer ansah, musste man feststellen, dass weniger die Stärke der Rechten als vielmehr die Schwäche beziehungsweise Fragmentierung der Linken den Ausschlag gegeben hatte. Ein klares Indiz für den Scheinriesenstatus bestand in den absoluten Stimmenzahlen, die die rechte Mitte in den ersten Runden der Mehrheitswahlen erhalten hatte. Über die gesamte Siegesserie hinweg lagen diese niedriger als 1981, als man sowohl die Präsidentschafts- als auch die folgende Parlamentswahl verloren hatte. Und da war natürlich auch noch die Präsidentschaftswahl 1995: Chirac hatte sie gewonnen, aber bei Lichte betrachtet nicht aus eigener Stärke, sondern weil er durch seine (Re-)Positionierungen geschickt Kapital aus der Fragmentierung des Parteiensystems sowie des Elektorats geschlagen hatte – das aber absolut gesehen recht mager war: Mit den knapp 21 Prozent im ersten Wahlgang hatte er das schlechteste Ergebnis eines zukünftigen Präsidenten in der Geschichte der V. Republik geliefert. Mitterrand hatte 1981 5 Prozentpunkte mehr erreicht, de Gaulle 1965 sogar mehr als doppelt so viel (44 Prozent). Dies war natürlich nicht auf Chirac oder auch die rechte Mitte allein zurückzuführen, Politikverdrossenheit gab es überall in der westlichen Welt. Im Vergleich etwa zum italienischen Fall bestand die Besonderheit aber in der Diskrepanz zwischen Wahlergebnissen und Sitzverteilungen, die sich aus dem Wahlsystem ergab. Bei den Regionalwahlen 1992 erhielt die rechte Mitte in der ersten Runde gerade einmal etwas über 20 Prozent, am Ende regierte sie in 20 von 22 Regionen. Umgekehrt erhielt der FN bei den Parlamentswahlen 1993 im ersten Durchgang immerhin 12 Prozent, konnte aber kein einziges Mandat erlangen. Diese Ergebnisse warfen Fragen bezüglich einer »Krise der Repräsentation« auf. Denn zum einen verfügte die FN-Wählerschaft bis Mitte der Neunziger auf der nationalen Ebene de facto schlicht über keine Repräsentation (wenngleich ihre Agenda indirekt und mit Abstrichen von anderen Parteien übernommen wurde), zum anderen erklärt sich so, warum es in Frankreich im Unterschied zur Implosion des italienischen Parteiensystems eher zur ja auch von Todd diagnostizierten Malaise kam: Selbst eine zunehmend fragmentierte Parteienlandschaft produzierte nach wie vor vergleichsweise klare Mehrheiten, denen aber die Geschlossenheit für politische Richtungsentscheidungen fehlte, was uns zurück zur strategischen Konstellation vor den anberaumten Neuwahlen bringt. Denn nicht nur war die Vorherrschaft der Rechten weitaus fragiler, als es auf den ersten Blick schien, auch hatte sich der PS nach der beachtlichen Performance Jospins bei den Präsidentschaftswahlen berappelt, und es war ihm gelungen, in Form der »pluralen Linken« ein Wahlbündnis zu schmieden, das von den Kommunisten bis zu den Grünen reichte.

In der ersten Runde am 25. Mai 1997 fuhr die rechte Mitte ihr schlechtestes Parlamentswahlergebnis in der Geschichte der V. Republik ein. Für sie votierten 36 Prozent der Wähler, für die Linke 42 und für den Front National beinahe 15. Damit hatte unweigerlich Juppés letzte Stunde als Premier geschlagen. Schon am folgenden Tag wurde er von Chirac aufgefordert, sein Amt zur Verfügung stellen, woraufhin er öffentlich verkündete, dass er am Tag nach der zweiten Wahlrunde zurücktreten werde. Doch das Bauernopfer half nichts mehr, und dementsprechend ging die Linke auch in der zweiten Runde siegreich vom Platz. Sie konnte insgesamt 320 Sitze für sich reklamieren, die rechte Mitte erhielt 256 und der FN einen. Tatsächlich hätte alles auch etwas günstiger für RPR und UDF ausgehen können, aber nun war die Zeit gekommen, in der die Kampfansage Le Pens zwei Jahre zuvor reale Effekte zeitige. Vor der zweiten Runde gab es seitens des FN keinerlei Empfehlungen zugunsten der Mitte-rechts-Parteien, noch schwerer wog jedoch, dass FN-Kandidaten in 78 Wahlkreisen so viele Stimmen erhielten, dass sie automatisch in die Stichwahl einzogen. Und ganz gemäß dem Motto »Weder links noch rechts« dachten die FN-

Leute nicht daran, zugunsten von RPR- oder UDF-Kandidaten zurückzuziehen, die dann auch prompt in 49 Fällen unterlagen. Etwas zugespitzt formuliert bedeutete dies, dass die Stärke des FN in Verbindung mit der Fragmentierung des rechten Spektrums Jospin den Sieg sicherte. Grundsätzlicher gewendet, lautete die recht klare und vor allem für die rechte Mitte unerfreuliche Lehre: Wenn die Linke geeint auftrat, war der Centre-droite in einer strukturellen Minderheit, und zwar aufgrund der Präsenz des FN, der mittlerweile über eine gefestigte Klientel verfügte, die man nicht mehr ohne Weiteres abschöpfen konnte. Gleichzeitig stellte sich damit umso dringlicher die Frage des Umgangs mit Le Pens Partei, wobei jegliche Art von Avancen in Richtung FN von den moderat-zentristischen Milieus zum Anlass genommen werden konnte, in Richtung linksmittiger oder ökologischer Kräfte abzuwandern.

Für Chirac wurde die Situation dadurch weiter verkompliziert, dass Juppé natürlich auch den RPR-Vorsitz abgeben musste. Sein Nachfolger wurde Séguin, was in gewisser Weise eine doppelte *cohabitation* heraufbeschwor, denn natürlich musste Chirac den siegreichen Jospin zum Premier ernennen. Im Gegensatz zu Juppé war Séguin Chirac alles andere als ergeben, und der Präsident erkannte schnell, dass der neue RPR-Chef die beste Ausgangsposition hatte, ihm bei den Wahlen 2002 gefährlich zu werden. So blickte er misstrauisch auf Séguins vielfältige Aktivitäten, die darauf zielten, den RPR inhaltlich und personell neu aufzustellen. Dass eine solche Erneuerung dringend notwendig war, hatten die Wahlen 1997 gezeigt. Die Sozialisten hatten während des Wahlkampfs eine Anzeige geschaltet, die den Nagel auf den Kopf traf. Ein Bild Jospins war unterlegt mit dem Text: »Ich gebe eine Suchmeldung auf: Wo ist das Programm von RPR-UDF?«[58] Eine Erneuerung der Partei bedeutete aus Sicht Séguins dabei auch, dass sich der RPR von seinem Übervater Chirac lösen musste, der Abna-

58 Giesbert, *Jacques Chirac*, S. 196.

belungsprozess erwies sich aber als schwierig. Als Séguin Anfang 1998 bei einem Parteitag ein Grußwort des abwesenden Präsidenten verlas, brandeten Applaus und »Chirac, Chirac«-Rufe durch die Halle – zwölf Minuten lang. Ein von Séguin eingebrachter Antrag zur Namensänderung scheiterte in letzter Sekunde, bei der Abstimmung über den Euro enthielten sich die RPR-Parlamentarier (anstatt dagegen zu stimmen, wie Séguin gefordert hatte).

Ende 1998 hatte Chirac sein Ziel erreicht: Séguin war als RPR-Vorsitzender eingehegt und musste sich darüber im Klaren sein, dass sich die Partei nicht umpolen lassen würde, wenn dies den Bruch mit Chirac erforderte. Versinnbildlicht wird das Scheitern dieses Projekts gewissermaßen in der Person Sarkozys. Nachdem Chirac noch sein Veto gegen eine Nominierung als Minister im Kabinett Juppé eingelegt hatte, verkündete Séguin wenige Stunden nach seiner Wahl zum RPR-Chef, dass Sarkozy den Job des Generalsekretärs übernehmen werde. Séguin hielt viel auf das Polittalent; zudem war davon auszugehen, dass Sarkozy keine allzu große Loyalität gegenüber Chirac verspürte. Doch Séguin täuschte sich, und dies war der Beginn einer alles andere als spannungsfreien, aber jedenfalls intensiven Beziehung zwischen Chirac als politischem Ziehvater und Sarkozy als (schwierigem) Sohn, den Chirac nie gehabt hatte (und möglicherweise als Fast-Schwiegersohn, da Sarkozy zeitweise mit Chiracs Tochter Claude liiert zu sein schien). Chirac traute Sarkozy nie wirklich über den Weg, umgekehrt stellte sich Sarkozy jedoch fest an die Seite des Präsidenten und tendenziell gegen den Mann, auf dessen Geheiß er eigentlich als Generalsekretär zu agieren hatte.

Doch die personellen Animositäten und Loyalitäten bezeichnen hier tatsächlich nur ein Oberflächenphänomen. Von entscheidender Bedeutung ist eine andere Ebene, auf der es um die Frage geht, welche Auswirkungen Chiracs Ränkespiel auf den RPR als Schlüsselakteur der rechten Mitte hatte. Die Kurzfassung der Antwort lautet: keine guten. »Chiracs Manipulationen des RPR-Apparats, mit denen die Aktivitäten des Parteivorsitzenden blockiert oder umgangen werden sollten, beschädigten unweigerlich den organisatorischen und politischen Erneuerungsprozess, den eine Partei normalerweise in der Opposition durchläuft.«[59] Der effektiven Führung durch eine Art Parallelstruktur beraubt, zerfiel der RPR als halbwegs straff organisierte Organisation. In das Vakuum an der Spitze traten die Partei-Elefanten und ließen ihren Ideen freien Lauf. So machte plötzlich Balladur von sich reden, indem er für die Einsetzung einer Kommission warb, die sich mit der vom FN geforderten nationalen Präferenz beschäftigen sollte. Natürlich konnte solch eine Kommission auch zu dem Ergebnis gelangen, dass diese Politik moralisch falsch, rechtlich unzulässig und praktisch undurchführbar war, aber das Thema war damit salonfähig gemacht. Der Hardliner Pasqua wiederum schien ein Damaskuserlebnis gehabt zu haben, jedenfalls forderte er aus dem Nichts, dass die über hunderttausend *sans-papiers*, die die Regierung eigentlich ausweisen wollte, Aufenthaltsgenehmigungen erhalten sollten.[60] Beide Wortmeldungen blieben ohne konkrete Folgen, sie belegen aber, wie konfus sich der RPR gegenüber dem FN verhielt, wenn man die innerparteiliche Kakophonie nicht etwa als raffiniert orchestrierte Aufgabenteilung zwischen *good cop* und *bad cop* deuten wollte.

Die fehlende klare Linie gegenüber den Rechtsautoritären führt uns zur UDF, die sich über dieser Frage letztendlich zerlegte. Wie erläutert, waren die Fliehkräfte innerhalb der Parteienkonföderation von jeher beträchtlich, und ihre Existenzberechtigung stand nach dem Offenbarungseid von 1995 nachhaltig infrage. Außerdem verlief eine ideologische Konfliktlinie zwischen christdemokratischen/christsozialen und dezidiert marktliberalen Strömungen durch die Allianz. Den Anstoß für die Spaltung lieferten die Regionalwahlen 1998. Nachdem die Stim-

59 Knapp, »What's left of the French right?«, S. 133.
60 Ebd.

men ausgezählt waren, stellte sich heraus, dass die gemäßigte Rechte vier Regionen an die Linken verlieren würde – wenn sie nicht bereit war, die Unterstützung des Front National anzunehmen. Bruno Mégret, die Nummer zwei des FN, lieferte bei den nun anberaumten Gesprächen ein taktisches Meisterstück ab, indem er den Aspiranten, die allesamt der UDF angehörten, Bedingungen stellte – die eigentlich gar keine Bedingungen waren, da es sich im Wesentlichen um Positionen handelte, die sich so oder ganz ähnlich im Programm der UDF wiederfanden. Man konnte die Sache den UDF-Kandidaten also kaum schmackhafter machen, und Mégret betonte, dass diese die Zusammenarbeit ja als einmalig rechtfertigen könnten, und genau das taten sie dann auch, nachdem sie mit den Stimmen der FN gewählt worden waren. Es hatte schon zuvor Einzelfälle auf lokaler und regionaler Ebene gegeben, in denen RPR- und UDF-Kandidaten die Unterstützung des FN akzeptiert hatten, aber eigentlich lautete die klare Vorgabe der Parteizentralen seit 1993, keinerlei Kooperationen einzugehen. Dass diese rote Linie nun in gleich vier Fällen überschritten wurde, versetzte das politische Frankreich in helle Aufregung. Die Linken verurteilten die Entscheidungen erwartungsgemäß klar, innerhalb der Rechten war das Bild jedoch weniger eindeutig. Der angeschlagene Séguin distanzierte sich explizit vom Opportunismus der UDF-Kandidaten, und als der ehemalige RPR-Generalsekretär Jean-François Mancel öffentlich befand, der FN sei Teil der Rechten der Zukunft, wurde er umgehend aus der Partei ausgeschlossen. Bayrou war außer sich und stellte die FN-Profiteure vor die Wahl, entweder von ihrem Amt zurück- oder aus der UDF auszutreten. Etwas anders sah es allerdings Alain Madelin, der Chef des mittlerweile in Démocratie libérale (DL) umbenannten ehemaligen PR, der anfangs kein Problem darin erkennen konnte, dass seine Parteifreunde nur mithilfe des FN ins Amt gewählt worden waren, und betonte, dass man sich nicht von der linken Kritik treiben lassen dürfe. Der FN sei schließlich keine verbotene Partei, und außerdem – man ahnt es schon – habe auch der PS mit den Kommunisten paktiert. Zwar wurde Madelin wieder eingebremst, aber die Entfremdung insbesondere zwischen Bayrou und Madelin war nun nicht mehr zu übersehen. Madelin zog die Konsequenz, und am 16. Mai 1998 stimmten die Delegierten auf dem DL-Parteitag mehrheitlich für ein Ausscheiden aus der UDF, woraufhin Bayrou umgehend die verbliebenen Parteien in die Nouvelle UDF mit ihm als Vorsitzenden überführte.

Doch auch wenn die Spaltung die tiefe Zerrissenheit der rechten Mitte über den Umgang mit dem FN eindringlich dokumentierte, blieb sie praktisch bemerkenswert folgenlos. Zwar saß man in der Nationalversammlung nun in unterschiedlichen Fraktionen, auf Regional- und Lokalebene fand eine solche Trennung allerdings nicht flächendeckend statt. Tatsächlich handelte es sich ja um Parteien, die nach wie vor beträchtliche Schnittmengen aufwiesen, für sich genommen aber gewissermaßen zu kohärenteren Akteuren geworden waren. Die neue UDF konstituierte sich als eindeutig zentristische Partei mit der strategischen Aussicht, eine Art Scharnierfunktion zwischen PS und RPR einzunehmen, und schloss gleichzeitig Kooperationen mit dem FN kategorial aus. Die DL hingegen konnte sich dahingehend vereindeutigen, dass sie sich als rechts- und wirtschaftsliberale Partei an der Seite des RPR positionierte – und eine Kooperation mit dem FN jedenfalls nicht so kategorisch ausschloss wie die UDF. Und so muss man eigentlich festhalten, dass die Spaltung, wenn überhaupt, dann eher positive Effekte zeitigte: Für das Parteiensystem insofern, als die Angebote der Parteien der rechten Mitte etwas klarer konturiert waren, und für Bayrou und Madelin insofern, als sie nun über Vehikel für ihre präsidentiellen Ambitionen verfügten – tatsächlich traten beide 2002 an.

Blickt man auf den Beginn des Jahres 1999, dann schien es, als ob sich die rechte Mitte immer weiter im Sinkflug befand: Nach Querelen um die Listen bei den Europawahlen trat Séguin als

RPR-Chef zurück, da seine strategische Linie, die auf Abgrenzung gegenüber der UDF und harte Opposition gegen die Regierung Jospin setzte, von Chirac konterkariert wurde. Dieser hofierte Bayrou, da die UDF bei den Wahlen 2002 das Zünglein an der Waage sein konnte. Und was Jospin anging, so konnte Chirac mittlerweile recht gut mit seinem Premier leben. Entscheidend war dabei, dass die Politik der Regierung dem Präsidenten in mancherlei Hinsicht perfekt in die Hände spielte. Einerseits bekannte sich Jospin nach anfänglichem Zögern letztlich klar zu dem Ziel, den Eintritt in die Währungsunion zu schaffen, was beispielsweise bedeutete, eine zeitlich befristete Zusatzbesteuerung von Großunternehmen und Kürzungen im Verteidigungsetat vorzunehmen. Maastricht war also nicht in Gefahr, und die Sozialisten waren nun endgültig mitgefangen. Andererseits stemmte sich die Regierung bis etwa zur Halbzeit der Legislatur erneut gegen den internationalen Trend: Ende der neunziger Jahre standen die Zeichen zumindest in drei der wichtigsten OECD-Länder auf »Neoliberalismus von links«: In den USA war seit 1992 Clinton an der Macht, in Großbritannien hatte Tony Blairs New Labour 1997 nach achtzehn Jahren die Tories abgelöst, und in Deutschland gelangte 1998 Gerhard Schröder in einer ebenfalls historischen Wahl mit einer rot-grünen Koalition ins Kanzleramt. Aber nicht die ganze Linke war neoliberal geworden, zumindest einige leisteten noch Widerstand, und dazu gehörten die französischen Sozialisten, deren linken Flügel unter anderem Jean-Luc Mélenchon als Minister für Berufsbildung repräsentierte. Die Proteste gegen den Juppé-Plan hatten Frankreich verändert, und aus dem Schoß der Zivilgesellschaft war ein Diskurs geboren worden, der die Kritik der Globalisierung mit der Kritik des Neoliberalismus verknüpfte und der spätestens 1999 anlässlich der Proteste gegen den WTO-Gipfel in Seattle weltweite Aufmerksamkeit erlangte. Am stärksten verwurzelt war der entsprechende Widerspruchsgeist in Frankreich. 1998 gründete sich in Paris die Organisation Attac; einer der führenden Linksintellektuellen,

Pierre Bourdieu, avancierte zum zentralen Stichwortgeber der Bewegung und geißelte die »strukturelle Gewalt« und die »darwinistische Welt des Kampfes aller gegen alle«.[61]

Jospin war kein Linksradikaler, aber er betrieb in den ersten Jahren eine Art neokeynesianische Politik, deren Überbau auch vom Diskurs der Globalisierungskritik zehrte. Jospin legte also im Rahmen dessen, was mit den Maastricht-Zielen vereinbar war, die Schalter auf Nachfragepolitik um, und vor allem in der Beschäftigungspolitik wurden recht weitreichende Reformen implementiert, deren Herzstück die Einführung der 35-Stunden-Woche war.

Im Élysée-Palast konnte sich Chirac angesichts dieser Entwicklungen ein Lächeln vermutlich kaum verkneifen. Jospin hatte die Maastricht-Kastanien aus dem Feuer geholt, und Chirac streute später sogar die Version, die *cohabitation* sei ein Geniestreich seinerseits gewesen, da nur eine sozialistische Regierung die letzten erforderlichen Anstrengungen habe durchsetzen können. Und nun betrieb Jospin eine sozialdemokratische Politik der Arbeitsumverteilung, gegen die noch der ideologisch unbedarfteste Konservative als eine Mischung aus Sozialismus und Bürokratie wettern konnte. Dies lieferte Chirac eine politische Vorlage, um wieder in die Statur des Präsidenten zurückzufinden – die andere kam aus der Welt des Fußballs. Denn just in dem Monat, als im Juni 1998 das erste Gesetz zur Arbeitszeitreform eingebracht worden war, hatte in Frankreich die Fußball-Weltmeisterschaft begonnen und Chirac die Möglichkeit gewährt, nach langer Zeit in der Versenkung unter den günstigsten Umständen wieder ins Licht der Öffentlichkeit zurückzukehren – als Gastgeber eines Turniers, dessen Bedeutung für die Psyche des Landes kaum überschätzt werden kann. Als *Les Bleus* am 12. Juli das Finale gewannen, wurde Frankreich von einem seltenen Einigkeitsgefühl erfasst, und Chirac verstand

61 Pierre Bourdieu, »Die Sachzwänge des Neoliberalismus«, in: *Le Monde Diplomatique* (13. März 1998).

es, sich als Personifizierung dieses aufflammenden Patriotismus zu inszenieren, der übrigens ausdrücklich die Diversität der »Blauen« hervorhob und an dem so auch weite Teile der Einwanderer-Communitys teilhaben konnten und wollten. Chirac war nun wieder ganz Landesvater, und in einem solchen Gestus kommentierte er auch die Jospin-Reformen, als rufe ein Vater seinen unvernünftigen Sohn zur Ordnung. Er konnte also die angestammte Haltung des Konservativen einnehmen, der auf konkrete Herausforderungen des Status quo reagiert und die Hybris der Reformer kritisiert. Séguin hätte sich eine härtere Kante gewünscht, doch Chirac stand die paternalistische Milde gut zu Gesicht, in späteren Jahren vollzog er gar die charakteristisch konservative Wende und sprach von der 35-Stunden-Woche als einer sozialen Errungenschaft, die nun nicht ohne Weiteres abgeschafft werden könne.

All dies vollzog sich bereits in einer dem RPR günstigen Großwetterlage, die auf Entwicklungen am rechten Rand des Parteienspektrums zurückzuführen war, die im Vorfeld der Europawahlen 1999 ihren Ausgang genommen hatten. Vordergründig ging es erneut um Personalfragen. Jean-Marie Le Pen war natürlich das Zugpferd seiner Partei, aber bei den anstehenden Wahlen plagte ihn ein Problem: Er durfte nicht antreten, weil er 1997 gegenüber einem anderen Kandidaten handgreiflich geworden war. Eigentlich wäre es selbstverständlich gewesen, den stellvertretenden Vorsitzenden Mégret auf den ersten Platz der FN-Liste zu setzen, aber der Patrimonialismus spielt nicht nur in der italienischen Rechten eine gewichtige Rolle, auch die Leitung des FN war – bekanntlich bis in die jüngste Vergangenheit – Familiensache. 1999 hatte Le Pen senior allerdings keineswegs seine Töchter im Sinn, sondern er beschied Mégret, seine zweite Ehefrau Jany Paschos werde die Liste anführen. Und als wäre dies noch kein massiver Affront gewesen, fügte Le Pen noch hinzu, dass auch ein Enkel de Gaulles auf der FN-Liste antreten werde – ebenfalls vor Mégret. Le Pens Entschluss hatte gravierende Folgen, sowohl aus patriarchaler als auch parteipolitischer Sicht. Seine Tochter Marie-Caroline stellte sich nämlich auf die Seite Mégrets, was Le Pen in einem Interview mit dem Verweis auf ein weiteres »Naturgesetz« zur Kenntnis nahm, welches »Töchter zu ihren Ehemännern oder Liebhabern statt ihren Vätern« dränge.[62] Parteipolitisch waren die Auswirkungen mindestens ebenso dramatisch, denn Mégret repräsentierte eine Strömung innerhalb des FN, die in den Jahren zuvor immer mächtiger geworden war.[63] Zwar folgten nicht alle *Mégretistes* ihrem Anführer, aber immerhin knapp die Hälfte der Top-Funktionäre trat Anfang 1999 ebenfalls aus dem FN aus, um den Mouvement national républicain (MNR) zu gründen. Substanzielle inhaltliche Überlegungen spielten dabei kaum eine Rolle. Der zentrale Streitpunkt bestand allein in der Frage, wie sich der FN zur rechten Mitte verhalten sollte, was zeigt, dass das strategische Dilemma auf Gegenseitigkeit beruhte. Le Pen und seine Fraktion hatten sich seit 1995 bekanntlich dem Kurs »Weder links noch rechts« verschrieben und waren zu keinerlei Zugeständnissen bereit. Mégret und seine Anhänger, die oftmals eher dem rechtskonservativen Milieu entstammten, waren zusehends konsterniert angesichts der harten Nicht-Kooperationslinie. Le Pen und anderen ideologischen Überzeugungstätern mochte es nichts ausmachen, politisch in der Wüste zu darben, doch für viele *Mégretistes* war die Aussicht, auf unabsehbare Zeit von Ämtern ausgeschlossen zu bleiben, nicht sonderlich attraktiv. Der MNR begab sich also scheinbar auf einen Kurs, der in etwa dem der Alleanza Nazionale entsprach, wobei sich Mégret und Fini sogar in Erscheinungsbild und Habitus insofern ähnelten, als sie dem rechten Rand ein seriös-telegenes Gesicht verliehen. Allerdings über-

62 Zit. n. Passmore, »Feminity and the right«, S. 65.

63 Vgl. zum Folgenden ausführlicher Gilles Ivaldi, »FN split: Party system change and electoral prospects«, in: Evans (Hg.), *French Party System*, S. 137-151, S. 142ff.

wogen die Divergenzen schon sehr bald die Parallelen: Wer geglaubt hatte, der MNR würde ähnliche Mäßigungsanstrengungen unternehmen, sah sich getäuscht. Die Positionen waren von denen des FN kaum zu unterscheiden. Weitaus schwerwiegender war freilich die zweite Divergenz: Wo der AN zeitweise beträchtlicher Erfolg beschieden war, blieb dieser dem MNR praktisch vollständig versagt. Bei den Europawahlen konnte die Partei nicht einmal die Fünfprozenthürde überwinden. Der wichtigste Effekt war daher die Schwächung des rechten Rands insgesamt, von dem in erster Linie die Mitte-rechts-Parteien profitierten.

Angesichts der fünf Jahre währenden *cohabitation* war die Regierungspolitik trotz eines (post-)gaullistischen Präsidenten zumindest innenpolitisch entscheidend vom sozialistischen Premier geprägt. Aber abgesehen von der außenpolitischen Abkehr vom Gaullismus, der sich auch an Chiracs Bekenntnis zur Aufgabe des Franc im Rahmen der Währungsunion ablesen ließ, setzte der Präsident noch einen weiteren wichtigen Akzent, und zwar in der Vergangenheitspolitik. Wie erwähnt, war Mitterrands Rolle als Pétain-Anhänger und Résistance-Mitglied ein höchst kontroverses Politikum. Und auch in der Vergangenheitspolitik war diese Ambivalenz der Person Mitterrands klar erkennbar gewesen: Noch als Präsident legte er alljährlich einen Kranz an Pétains Grab nieder, während er sich gleichzeitig für das Andenken an die Résistance-Kämpfer einsetzte. Einen Aspekt der Vichy-Zeit hatte Mitterrand aber ostentativ im Ungefähren belassen: die Kollaboration des Regimes bei Massendeportationen. Und Mitterrand war keineswegs der Einzige, der in dieser Frage schmallippig wurde, es handelte sich in gewisser Weise um eine vergangenheitspolitische Lebenslüge der IV. und V. Republik. Chirac räumte damit nun ein für alle Mal auf. Am 16. Juli 1995 jährte sich zum 43. Mal der Tag, an dem im Pariser Vélodrome d'Hiver 8000 – oft ausländische oder staatenlose – Juden, darunter beinahe 4000 Kinder, nach ihrer Verhaftung zusammengetrieben wurden, bevor man sie in Konzentrationslager deportierte. Verantwortlich für die Planung war René Bousquet, Generalsekretär der französischen Nationalpolizei, der auf Geheiß der Nazis handelte. Chirac war in seiner Ansprache glasklar:

> Ja, es ist wahr, dass der kriminelle Wahnsinn der Besatzer von der französischen Bevölkerung und dem französischen Staat mit unterstützt wurde. Frankreich, das Land von Aufklärung und Menschenrechten, Land der Gastfreundschaft und des Asyls, Frankreich hat an jenem Tag eine irreparable Tat verübt. Es hat seine Versprechen gebrochen und jene, die seinem Schutz anvertraut waren, an ihre Henker verraten.

Zwar war Chirac noch immer Gaullist genug, um auch an das »andere Frankreich« zu erinnern: »Jenes Frankreich war nie in Vichy, es war schon lange nicht mehr in Paris. Es war im Sand Libyens und überall dort, wo die Freien Franzosen kämpften.« Doch die Botschaft war unmissverständlich: »Eine Nation muss sich mit ihrer Vergangenheit versöhnen, wenn sie ein Gemeinschaftsgefühl haben will. Ihr Zusammenhalt kann wie bei einer Familie nicht inmitten von Tabus, Lügen und Missverständnissen bestehen bleiben.«[64] Damit hatte Chirac ein lagerübergreifendes Tabu gebrochen und die französische Mitschuld an der Schoah anerkannt. Und der Präsident beließ es nicht bei klaren Worten, es folgte eine ganze Reihe von Taten. Von Stiftungen und Gedenktagen über Reparationszahlungen bis hin zu Korrekturen in der Rechtsstellung von Angehörigen von Holocaust-Opfern unternahm man weitreichende Schritte in Richtung einer Aufarbeitung der komplizierten Vichy-Vergangenheit,[65] die auch einen kolonialen Aspekt umfasste: Endlich wurden die Pensionsansprüche nichtfranzösischer Kämpfer

64 Chirac, *My Life in Politics*, S. 165.

65 Vgl. zu Chiracs Wirken auf dem Feld der Geschichtspolitik Olivier Wieviorka, *Divided Memory. French Recollections of World War II*

der Freien Französischen Armee aus den ehemaligen Kolonien rückwirkend anerkannt.

Die Rückkehr Le Pens und die Konsolidierung der rechten Mitte

Zu Beginn des Wahljahres 2002 hatte Lionel Jospin alle Trümpfe in der Hand. Ja, er hatte einigermaßen sozialdemokratisch regiert und mit der Einführung der nach wie vor umstrittenen 35-Stunden-Woche der Rechten zunächst eine Vorlage geliefert, die diese dankend angenommen hatte. Noch wichtiger war allerdings, dass diese sozialdemokratische Politik sich mit einigen Erfolgen brüsten konnte, und zwar trotz der Störfeuer aus dem Élysée-Palast. Jospin hatte nicht nur den Eintritt in die Währungsunion gemeistert. Weitaus bedeutsamer für seine Bilanz war die spektakuläre Senkung der Arbeitslosigkeit, die seit seinem Amtsantritt um ein Viertel auf etwa neun Prozent gesunken war. Gleichzeitig war die Wirtschaft beständig gewachsen, die Steuereinnahmen lagen auf Rekordhöhe – und dies, obwohl Jospin dem modernistischen Flügel der Partei[66] das Zugeständnis von Steuersenkungen gemacht hatte. Doch nicht nur wirtschaftspolitisch hatte die Regierung Zeichen gesetzt, sie hatte auch ein Gesetz zur Geschlechterparität sowie die Zivilehe PACS eingeführt, die hetero- wie auch homosexuellen Paaren offenstand. Umgekehrt waren Chirac und der RPR wieder in die Niederungen des Politikbetriebs hinabgezogen worden, was in Chiracs Fall bedeutete, dass er sich einer Vielzahl von Affären gegenübersah. Wie bei Berlusconi hatte die Frage, ob Chirac erneut antreten und gar gewinnen würde,

from the Libération to the Present, Stanford: Stanford University Press 2012, S. 144-150.

66 Vgl. zu den verschiedenen Flügeln der PS Amable/Palombarini, *Von Mitterrand zu Macron*, S. 75-119.

daher auch eine juristische Dimension, da ihn die Immunität des Präsidenten gegen Strafverfolgung schützte. Die Stimmung erinnerte an das Ende der Ära Mitterrand, der Präsident konnte in gefühlt wöchentlich erscheinenden Büchern und Artikeln seine Verfehlungen, Schwächen und Niederlagen nachlesen.

Dass Chirac also tatsächlich noch einmal ins Rennen ging, galt geradezu als Überraschung, und schon der Wahlkampfauftakt geriet zum Fehlstart. Chirac hatte seine Kandidatur ohne größere Vorbereitungen bei einem Besuch in der Provinz verkündet. Als er am selben Abend im Fernsehen zu seiner Motivation, aber auch zu den Affären und der Bilanz seiner ersten Amtszeit befragt wurde, sah die Nation einen matten Präsidenten, dessen phrasenhafte Antworten einen beinahe hoffen ließen, er habe sie auswendig gelernt, denn es wäre beinahe noch schlimmer gewesen, wenn Chirac wirklich daran geglaubt hätte. »Was mich leitet, ist meine Leidenschaft für Frankreich. Ich liebe Frankreich, ich liebe die Franzosen […]. Ich kandidiere weder für eine bestimmte Ideologie noch aus Nostalgie, sondern aus Leidenschaft«, sprach da ein Mann, dem trotz oder auch wegen einer mehrwöchigen Schlankheitskur sein Alter von 65 Jahren anzusehen war und an dessen letztes leidenschaftlich verfochtenes Projekt sich niemand erinnern konnte.[67]

Der anschließende Wahlkampf war zäh und traf auf eine eher gleichgültige Bevölkerung, da ohnehin alle annahmen, Chirac und Jospin würden in die zweite Runde einziehen. Und als die *Libération* ihre Leserinnen zu den Unterschieden zwischen den beiden befragte, konnten stolze drei Viertel keine erkennen. Es war allerdings Chirac, der in die Offensive gehen und darlegen musste, wo sich die beiden unterschieden, was schwierig genug war, da Jospin eine beeindruckende Bilanz vorzuweisen hatte. Aber Chirac fand die eine offene Flanke der Regierung: Es war das Feld der inneren Sicherheit beziehungsweise das Gefühl der Unsicherheit, das Chirac in der Folge bespielte, und

67 Zit. n. Giesbert, *Jacques Chirac*, S. 248.

zwar mit der charakteristischen Doppelbewegung, einerseits vor Alarmismus zu warnen und andererseits im nächsten Schritt festzuhalten, dass nichts und niemand mehr sicher sei; schon gar nicht vor dem Hintergrund der Anschläge vom 11. September und der in Frankreich ebenfalls zunehmenden islamistischen Straftaten.

Tatsächlich waren die Kriminalitätsraten unter Jospin gestiegen, und er selbst hatte etwas linkisch eingeräumt, davon überrascht gewesen zu sein, da er geglaubt habe, gute Wirtschaftsdaten und eine gesunkene Arbeitslosigkeit würden eine Verringerung der Kriminalität nach sich ziehen. Das Thema der Kampagne war gefunden: »Der ganze Wahlkampf ist sehr übertrieben auf die Bekämpfung der Kriminalität ausgerichtet gewesen«, urteilte der deutsch-französische Publizist Alfred Grosser. »Bei allen TV-Stationen wird in allen Nachrichtensendungen zuerst der Mord des Tages gesendet, es gibt keine richtigen Informationen. Dabei sind die Zahlen gar nicht so verheerend.«[68]

So fand sich Jospin plötzlich in der Defensive wieder, da seine Bilanz eben doch einen Schönheitsfehler aufwies und seine Vision für die Zukunft des Landes links der Mitte keinerlei Begeisterungsstürme auslöste – schließlich stellte Jospin selbst das Programm mit den Worten vor: »Dies ist kein linkes Programm.« Entscheidend an Chiracs Aufholjagd war aber, dass sie noch einen weiteren Nutznießer hatte. Denn mit dem Fokus auf die innere Sicherheit hatte er ein Feld in den Fokus gerückt, das der FN für sich beanspruchte. Sicherheit, Kriminalität und Einwanderung waren die Topthemen des FN-Stammmilieus aus tendenziell jüngeren männlichen Franzosen mit niedrigem Bildungsgrad.[69] Chirac musste klar sein, dass er mit Aussagen wie »Niemand ist mehr sicher« nicht nur sich selbst zurück ins Ren-

68 N. N., »›Die Franzosen nehmen Chiracs Affären nicht ernst‹«, Interview mit Alfred Grosser, in: *Der Spiegel* (17. April 2002).
69 Vgl. Ivaldi, »The FN split«, S. 146f.

nen brachte, sondern auch zum Mobilisierungsfaktor für den FN avancierte. Doch trotz seiner unbestreitbaren persönlichen Abneigung gegen Le Pen und seine Partei nahm er dies in Kauf.

Dennoch hätte wohl niemand noch am Vorabend für möglich gehalten, was am 21. April 2002 gegen 19 Uhr in den Fernsehstudios, Parteizentralen und auch im Élysée-Palast die Runde machte. Nachdem die Stimmen in zwei Dutzend Wahlbüros ausgezählt waren, stand ein politisches Erdbeben im Raum. Chirac lag vorne, und dahinter folgte nicht Jospin, sondern Le Pen. Eine Stunde später war die Sorge zur Gewissheit geworden. Chirac hatte 19,9 Prozent, Le Pen 16,9 und Jospin 16,2 Prozent erhalten. Der Premier, der noch einige Wochen zuvor als Favorit gegolten hatte, war aus dem Rennen, was freilich auch daran lag, dass neben dem PS-Dissidenten Jean-Pierre Chevènement und dem Kommunisten Robert Hue gleich zwei trotzkistische Kandidaten antraten, und allein diese vier teilten sich insgesamt zwanzig Prozent der Stimmen.

Der internationale Aufschrei war enorm, weil damals – also schon fünfzehn Jahre vor Brexit und Trump – überall in der OECD-Welt das Gespenst des Rechtspopulismus oder gar Autoritarismus umging: In den USA hatte Pat Buchanan mit einem nationalpopulistischen Programm Achtungserfolge erzielt, in Österreich war die ÖVP 1999 gar eine Koalition mit der FPÖ von Jörg Haider eingegangen. Die in Madrid erscheinende *El Mundo* befürchtete, Frankreich werde womöglich zu einer »Schande für die Demokratie«, der *Daily Telegraph* befand, dies sei »eine schlechte Zeit, um Franzose zu sein«, und der für Jospin zum PS-Vorsitzenden aufgestiegene François Hollande sprach von einem »Schock für das ganze Land«.

Die Schockstarre währte allerdings nicht lange: Schon am nächsten Tag begann eine massive Kampagne gegen Le Pen, die vor allem von Parteien des linken Spektrums, Gewerkschaften und anderen zivilgesellschaftlichen Organisationen getragen wurde – eine Reaktion, die es im Übrigen in dieser Form in Italien nie gab, wenn Postfaschisten oder autoritäre Nationalisten davorstanden, in die Regierung einzutreten. Angesichts dieser Welle der Ablehnung, die sich gegen den FN-Kandidaten auftürmte, bestand für Chirac keine Veranlassung, sich ebenfalls ins Getümmel zu stürzen. Schon im Wahlkampf hatte er sich, abgesehen von den Invektiven zur inneren Sicherheit, in präsidialem Stil zentristisch positioniert und betont: »Ich bin kein Rechter.« Dies kam ihm nun zupass, da er wie der oberste Hüter der liberalen Demokratie agieren konnte und sich als solcher auch weigerte, an der üblichen TV-Debatte vor der Stichwahl teilzunehmen. Am Ende dieser fiebrigen Frühlingstage stand eine Demonstration: Getragen von einer beeindruckenden republikanischen Front erhielt Chirac mehr als 82 Prozent, Le Pen kam lediglich auf 18 Prozent und erhielt damit nur etwa 700 000 Stimmen mehr als in der ersten Runde. Das Aufatmen dies- und jenseits der Landesgrenzen war nun zwar mindestens so groß wie die Bestürzung nach dem ersten Wahlgang, aber das Ergebnis gab durchaus Anlass zur Nachdenklichkeit. Denn Chirac war bereits zum zweiten Mal mit gerade einmal knapp zwanzig Prozent im ersten Wahlgang Präsident geworden – die schlechtesten Ergebnisse in der Geschichte der V. Republik. Und es war nicht wirklich verwunderlich, dass sich die Begeisterung in Grenzen hielt, denn subtrahierte man die Erfolge Jospins, blieb für Chirac selbst eine überaus durchwachsene Bilanz, zunehmend überschattet von Finanzaffären – wobei andere Affären Chiracs ein offenes Geheimnis waren, das seine Frau Bernadette stoisch ertrug. Aufgrund der Transposition in eine Auseinandersetzung um die liberale Demokratie kam es allerdings nie zu einer öffentlichen Debatte über diese Bilanz, und selbst wenn es sie gegeben hätte, hätte die Mehrzahl der Franzosen wohl immer noch mit der Faust in der Tasche für Chirac gestimmt. In gewisser Weise spielte sich hier also zum ersten Mal ab, was sich 2017 und vor allem 2022 wiederholen sollte.

Erneut profitierte Chirac in erster Linie von der fortschreitenden Fragmentierung der politischen Landschaft (noch nie zuvor waren fünfzehn Kandidaten angetreten) und den Fehlern seiner Gegner. Hinzu kam, dass der FN insbesondere nach dem Abgang des Mégret-Flügels nicht aus der Paria-Ecke herauskam und einen eigenen Block bildete, der trotz beträchtlicher und stabiler Zustimmung permanent von der Macht ausgeschlossen blieb – wobei es mittlerweile der FN war, der von allen Parteien den größten Rückhalt in der »Arbeiterklasse« genoss, was im Umkehrschluss bedeutete, dass auch diese über keine effektive Repräsentation mehr verfügte.

Bei Chirac selbst löste der Schock vom 21. April ebenfalls ein Umdenken aus. Auch er sah die Fragmentierung als Problem an, und vor allem musste der Zersplitterung der rechten Mitte entgegengewirkt werden. Am nächsten Morgen ließ er seinen gesamten Stab zusammentrommeln und verkündete: »Die Lage ist ernst. Wir stehen heute vor einer historischen Verantwortung. Wir müssen die große Rechts-/Mitte-rechts-Partei hinkriegen, die die Franzosen von uns erwarten.«[70]

Die große Mitte-rechts-Partei, die diesen Teil des politischen Spektrums konsolidieren sollte, hatte lange Zeit als unrealistischer Wunschtraum gegolten. Aber Anfang der nuller Jahre hatte sich der Gaullismus als eigenständige Tradition aufgelöst, der RPR war nicht mehr die schlagkräftige Organisation von früher, und der bereits vermerkte Trend in Richtung unabhängiger rechter Kandidaten hielt an. Neben der strategischen Konstellation gegenüber dem FN gab es also weitere gute Gründe, eine Art Flurbereinigung in die Wege zu leiten, wenngleich der letzte Versuch in diese Richtung in Form einer L'Alliance pour la France, die Séguin und Léotard 1998 initiiert hatten, kläglich gescheitert war – nicht zuletzt am stillen Widerstand Chiracs.

1999 hatte der UDF-Politiker Renaud Dutreil erstmals ein Memorandum verfasst, in dem ein entsprechender Plan skizziert war, der allerdings lange Zeit ohne Resonanz blieb.[71] Es

70 Zit. n. Giesbert, *Jacques Chirac*, S. 281.

71 Vgl. zum Folgenden Knapp, »From the Gaullist movement to the president's party«, S. 130ff.

müsse sich, so Dutreil, um eine tatsächliche Partei und keine Föderation nach Vorbild der UDF handeln (nicht zuletzt aus Gründen der finanziellen Tragfähigkeit). Doch bis dahin war es noch ein weiter Weg, denn nachdem das Memo in Chiracs Hände gelangt war, geschah lange Zeit nichts. Dann sandte der Präsident endlich seinen langjährigen Vertrauten Jérôme Monod aus, um Kontakt zu Dutreil herzustellen und ihn in diesem Projekt zu bestärken – ohne dass jemals der Name Chirac fallen dürfe. Anfang 2001 veröffentlichte Dutreil mit zwei jungen Mitarbeitern eine Art Manifest mit dem Titel *Alternance 2002*, und nachdem der mittlerweile rehabilitierte Juppé mit ins Boot geholt worden war, gründete sich die neue große Mitte-rechts-Partei in spe am 4. April im prächtigen Maison de la Mutualité in Paris unter dem Namen Union en mouvement (UEM) – und kaum jemand wollte etwas mit ihr zu tun haben. Zwar hatte man 1500 Amtsträger der rechten Mitte eingeladen, doch viele Politprominente waren gar nicht erst erschienen, und diejenigen, die auftauchten, gaben sich äußerst bedeckt. Im Laufe der nächsten zwölf Monate verschoben sich dann jedoch langsam, aber stetig die Gewichte zugunsten der neuen Partei, die sich kurz vor der ersten Runde der Präsidentschaftswahl im April 2002 noch einmal als Wahlallianz für Chirac neu gründete. Angesichts von Le Pens Schockergebnis stellte sich nun auch Chirac mit allem Nachdruck hinter das Projekt, denn viele Mitte-rechts-Politiker waren immens besorgt über die Parlamentswahlen im Juni.[72] Wenn Le Pen (16,9) und Mégret (2,3) gemeinsam 19 Prozent im ersten Wahlgang erreicht hat-

72 Dass die Wahlen zur Nationalversammlung erst nach den Präsidentschaftswahlen stattfinden sollten, war im Jahr 2000 ebenso beschlossen worden wie die Verkürzung der Amtszeit des Präsidenten von sieben auf fünf Jahre – gegen den ursprünglich erklärten Willen Chiracs. Beide Reformen zielten darauf ab, das präsidentielle Element im (semi)präsidentiellen Regierungssystem zu stärken, indem Legislaturperiode und Amtszeit angeglichen wurden und reguläre Parlamentswahlen direkt nach der Kür des Präsidenten stattfinden sollten, um so eine *cohabita-*

ten, dann war dem FN zuzutrauen, auf den Rockschößen dieses Erfolges ein formidables Ergebnis einzufahren. Prognosen kursierten, laut denen der FN in über 200 Stichwahlen einziehen könnte. Und so wurde nur zwei Tage nach der ersten Runde eine weitere Reinkarnation der UEM gegründet, und zwar diesmal als eine Art Partei-Mantelorganisation, deren Namen bereits alles über ihren unmittelbaren Zweck sagte: UMP – Union pour la majorité présidentielle.

Hier zeigte sich abermals die Wirkmächtigkeit der FN-Drohkulisse auf die rechte Mitte, die sich schließlich nicht nur darin manifestierte, dass die gemäßigten Parteien sich bisweilen genötigt fühlten, die FN-Themen zu übernehmen, sondern auch darin zum Ausdruck kam, dass lange Zeit für unmöglich gehaltene Rekonfigurationen plötzlich rasch und geräuschlos vonstattengehen konnten. Und dieser Rekonfiguration war zumindest kurzfristig Erfolg auf der ganzen Linie beschieden: Die UMP konnte 62 Prozent beziehungsweise 369 Mandate in der Nationalversammlung für sich verbuchen – der FN kein einziges. Der Teil der UDF, der sich unter Bayrou dem Zusammenschluss widersetzt hatte, musste sich mit gerade einmal 22 Sitzen bescheiden. Nachdem die Mehrheit für den Präsidenten erreicht war, war die Zeit gekommen für eine letzte Reinkarnation der UMP als reguläre Partei, deren Akronym erhalten blieb, das aber nun für Union pour une mouvement populaire stand, in der RPR und DL offiziell aufgingen.

Es gibt eine Reihe von Gründen, die zum Erfolg der UMP beitrugen, von denen einige allerdings völlig kontingent waren: Üblicherweise wäre der amtierende Premier noch bis nach der Parlamentswahl im Amt geblieben, doch der völlig derangierte Jospin bat sofort nach der Präsidentschaftswahl um seine Entlassung. Also beorderte Chirac am Tag nach seinem Triumph den ahnungslosen Jean-Pierre Raffarin in sein Büro, um ihm

tion zu verhindern, da die Partei des Staatschefs im Windschatten seines Erfolges reüssieren können sollte.

den Job des Premierministers anzubieten. Damit war erstens ein starkes Signal im Sinne einer geeinten rechten Mitte gesetzt, denn Raffarin war kein Gaullist, sondern entstammte der DL, weshalb Chirac ihm den Vorzug vor François Fillon gab. Zweitens bedeutete die frühe Vereidigung der Regierung, dass auch der neue Innenminister unmittelbar sein Amt antreten konnte. Nicolas Sarkozy war zwar zutiefst enttäuscht von Chirac, der ihm Hoffnungen auf das Amt des Premierministers gemacht hatte, schwor sich aber daraufhin grimmig, das Potenzial seines Postens voll auszuschöpfen. An seinem ersten Abend als Innenminister ließ er sich in eine heruntergekommene Sozialsiedlung fahren, wobei eines der Begleitfahrzeuge mit Ziegelsteinen beworfen wurde, und landete damit umgehend in den Prime-Time-Nachrichten – aus denen er in den nächsten zehn Jahren eigentlich nie wieder verschwand.

Stabwechsel

Seit de Gaulle war niemand mehr mit einer derartigen Machtfülle gesegnet gewesen wie Chirac zu Beginn seiner zweiten Amtszeit. Selbst die Voraussetzungen 1995 waren kein Vergleich: Chirac hatte es nicht nur geschafft, ein zweites Mal von den politisch Toten zurückzukehren, er war nun auch die personifizierte Lebensversicherung der liberalen Demokratie. Und als wäre dies nicht genug, verfügte er in Form der UMP über eine Basis aus einem Guss sowie in Raffarin über einen Premier, der ihm jeden Wunsch von den Augen ablas. Doch was wünschte Chirac? Dies blieb zumindest innenpolitisch ein Rätsel und bestätigt in gewisser Weise den Eindruck, der sich schon im Hinblick auf die Mitte-rechts-Regierungen Italiens einstellte, nämlich dass es sich bei den entsprechenden Formationen um Maschinen des Machterwerbs und -erhalts handelt, die aber wenig mit ihrem Kapital anzufangen wissen. »Wir hatten viele Parolen, aber kaum konkrete Pläne«, räumte Raffarin im Nachhinein freimütig ein. »Wir hatten zwar angekündigt, die 35-Stunden-Woche geschmeidiger zu machen, aber wie genau? Das war das Rätsel. Ebenso hatten wir angekündigt, das Problem der Renten anzugehen. Ja, aber wie? Auch das war noch rätselhaft.«[73]

Chiracs innenpolitische Vorgaben folgten weitgehend den konservativen Instinkten, die er sich seit den turbulenten Tagen seiner zweiten Amtszeit als Premier 1986-88 angeeignet hatte. Der Wandel, der womöglich erforderlich war, sollte sich so unsichtbar und geräuschlos wie möglich vollziehen. Keine »große« Rentenreform, keine »Wende« in der Steuerpolitik, vielmehr das bedächtige Drehen an den kleinen Schrauben, bei dem man am ehesten hoffen konnte, dass es Verbänden und Organisationen kein ausreichendes Mobilisierungspotenzial liefern würde. Oder wie es der Philosoph Alain Badiou formulierte: Chirac gerierte sich als »Breschnew des Gaullismus, der wußte, daß nichts zu tun das Mittel ist, um langsam zu sterben«.[74] Der frontale Reformansatz der Regierung Juppé war seinerzeit gescheitert, nun galt es, umsichtiger zu handeln – wobei dies nicht unbedingt weitsichtiger im Sinn des Leoparden-Konservatismus bedeuten musste.

Doch obwohl Chirac seinen Premier immer wieder dahingehend instruierte, ging Raffarin das Regierungsgeschäft in seinem zweiten Jahr durchaus offensiv an. Auf dem Plan stand – mal wieder – eine Reform der Alterssicherung. Raffarin agierte geschickt.[75] Als der Versuch, in Verhandlungen zwischen Tarifpartnern und Staat eine Lösung zu finden, erneut scheiterte, spielte er die Gewerkschaften gegeneinander aus und ließ sich

73 Zit. n. Giesbert, *Jacques Chirac*, S. 297.

74 Alain Badiou, *Wofür steht der Name Sarkozy?*, aus dem Französischen von Heinz Jatho, Berlin: Diaphanes: 2008, S. 32.

75 Vgl. zum Folgenden Christoph Egle, *Reformpolitik in Deutschland und Frankreich. Wirtschafts- und Sozialpolitik bürgerlicher und sozialdemokratischer Regierungen*, Wiesbaden: VS Verlag 2009, S. 182-211.

auch von aufflammenden Protesten und Streiks nicht beirren. Diesen Erfolg konnten sich Raffarin und der federführende Sozialminister François Fillon also ans Revers heften, aber er war teuer erkauft, denn damit war ein Großteil des politischen Kapitals der Regierung bereits aufgezehrt. Der Einbruch der Zustimmungs- und Vertrauenswerte führte naturgemäß dazu, dass man nun Chiracs Warnungen umso ernster nahm. Dennoch wurde unter Raffarin auch in der Arbeitsmarktpolitik ein Kurswechsel vollzogen. Die 35-Stunden-Woche wurde flexibilisiert, und in der Steuerpolitik passte man sich ebenfalls dem internationalen Trend an: Der Spitzensteuersatz sank sukzessive um nicht weniger als 10 Prozent und lag damit erstmals unter der symbolischen Marke von 50 Prozent. Nennenswerte Anstrengungen zur Senkung der Ausgaben waren nicht zu verzeichnen, so dass Defizit und Staatsschulden zunahmen, zumal das Land abermals in eine konjunkturelle Flaute gesegelt war. Vor Maastricht wäre in dieser Situation der Franc früher oder später unter Druck geraten, aber zum ersten Mal profitierte das Land von der gemeinsamen Währung, da die Finanzmärkte zumindest implizit davon ausgingen, dass die französischen Schulden – trotz Nicht-Beistandsklausel – letztlich von der deutschen Wirtschaftskraft gedeckt seien. Damit geriet die Haushaltspolitik freilich in Konflikt mit den in diversen Pakten und Verträgen festgeschriebenen Obergrenzen. Eigentlich hätte also ein Verfahren eingeleitet werden müssen. Gemeinsam mit der Schröder-Regierung, die ebenfalls die Defizit-Latte gerissen hatte, gelang es im Rahmen eines EU-Gipfels jedoch, diese Konsequenz abzuwehren, sehr zum Ärger der kleineren EU-Länder, für die es in solchen Fällen keine Ausnahme gegeben hatte, und derjenigen, die sich um die viel beschworene »Stabilitätskultur« sorgten.

Spätestens als Präsident George W. Bush in seiner Ansprache zur Lage der Nation am 29. Januar 2001 den Irak neben Iran und Nordkorea als zentrales Element einer »Achse des Bösen«

identifiziert hatte, war klar, dass das Regime Saddam Husseins erneut im amerikanischen Fadenkreuz stand. Getragen von einer Kampagne, in der neokonservative Vorstellungen über die Verbreitung der Demokratie zumindest an der Oberfläche eine wichtige Rolle spielten, bereitete die US-Regierung eine militärische Operation vor, die vom UN-Sicherheitsrat legitimiert werden sollte – zu dessen ständigen Mitgliedern bekanntlich Frankreich gehört. Chirac, der im Frühjahr 2002 von Bush anlässlich eines Paris-Besuchs in Kenntnis gesetzt wurde, war entsetzt. Ja, der Krieg würde innerhalb von zwei Wochen mit der Niederlage Iraks enden, doch die Folge sei zweifellos ein Bürgerkrieg zwischen Sunniten, Schiiten und Kurden, der dazu führen werde, dass der Irak »in alle Richtungen auseinanderbricht. Von da an, werdet ihr nichts mehr kontrollieren können. Nichts. Mit all den Konsequenzen, die das für das Gleichgewicht im Mittleren Osten haben wird«, beschied Chirac seinem Amtskollegen – und die Geschichte sollte ihm recht geben.[76] Doch Bush hielt an seinem Plan fest, so dass es zum Showdown im Sicherheitsrat kam, wo Joschka Fischer US-Außenminister Colin Powell und dessen manipulierten Belegen für die Existenz von Massenvernichtungswaffen entgegenhielt: »Das überzeugt mich nicht.« Rhetorisch ansprechender und sehr viel wortreicher wandte sich sein französischer Kollege Dominique de Villepin gegen die Pläne und erlebte seine persönliche Sternstunde im Sicherheitsrat, als er zur Stimme der Opposition avancierte und damit auch Chirac so sehr beeindruckte, dass er ihn in die Kandidatenliste für den Premierminister-Job aufnahm. Bekanntlich ließen sich die USA auch vom Scheitern der UN-Resolution nicht beeindrucken und griffen den Irak dennoch an. Und im Gegensatz zu Deutschland, dem man vergeben könne, so damals Condoleezza Rice, müsse Frankreich bestraft werden. Abgesehen von einer Reihe gecancelter Rüstungsdeals und der zeitweiligen Umbenennung von »French

76 Chirac, *My Life in Politics*, S. 261.

Fries« in »Freedom Fries« blieben die Auswirkungen jedoch überschaubar.

Der erste Test für Chirac und die neue Regierung waren die Regionalwahlen 2004, und die Stimmung war schlecht. Nach der zweiten Runde stand die UMP vor einem Desaster: Sie hatte in dreizehn Regionen die Macht verloren und regierte nur noch im Elsass. Chirac sah sich in all seinen Befürchtungen bestätigt und kündigte umgehend Konsequenzen an. Von nun an stehe die Politik unter dem Vorbehalt der »sozialen Verträglichkeit«, und Chirac insistierte darauf, die Kürzungen bei der Arbeitslosenunterstützung wieder rückgängig zu machen. Außerdem wurde eine Kabinettsumbildung vorgenommen. Sarkozy wurde seiner Macht- und Popularitätsbasis beraubt und musste als Innenminister de Villepin weichen, den Chirac so auf die Übernahme des Premier-Postens vorbereiten wollte, den Raffarin entsprechend einer Verabredung 2005 räumen würde. Sarkozy war bereit, die Kröte Finanzministerium zu schlucken, wenn Chirac ihm bei seinem neuesten Plan keine Steine in den Weg lege: der Krönung zum UMP-Vorsitzenden. Der aktuelle Parteichef Juppé war nämlich soeben in erster Instanz wegen einer Parteispendenaffäre verurteilt worden, so dass er für zehn Jahre vom passiven Wahlrecht ausgeschlossen war, weshalb er sein Amt zur Verfügung stellte. Sarkozy war in der UMP mittlerweile ungemein populär, und so musste der Präsident mitansehen, wie sich sein Wunschnachfolger Juppé von der Bühne verabschiedete und der ungehobeltste seiner politischen Ziehsöhne sich in Stellung brachte.

Am Nationalfeiertag 2004 kündigte Chirac ein Referendum über den europäischen Verfassungsvertrag an, und zwar unter dem Eindruck der am 1. Mai jenes Jahres in Kraft getretenen EU-Osterweiterung. Die Kommission hatte den Tag der Arbeit mit Bedacht gewählt, doch für weite Teile der arbeitenden Klassen Frankreichs war dieser 1. Mai kein Feiertag. Zu groß war die Angst vor der neuen Konkurrenz, verkörpert in der tendenziell fremdenfeindlichen Figur des »polnischen Klempners« und geschürt sowohl vom FN als auch von den Kommunisten. Wäre über die Osterweiterung per Referendum entschieden worden, dann hätte sie in Frankreich keine Mehrheit gefunden, und um dem Eindruck einer in Europafragen von der Bevölkerung zunehmend entkoppelten Regierung entgegenzuwirken, versprach Chirac, die Franzosen zumindest über die Verfassung abstimmen zu lassen. Wie seinerzeit Mitterrand im Fall Maastricht unterschätzte Chirac das Spaltpotenzial europapolitischer Fragen. Jedenfalls fiel er aus allen Wolken, als ihn einige Wochen vor dem auf den 29. Mai 2005 terminierten Referendum ein Anruf seines langjährigen politischen Frenemies Valéry Giscard d'Estaing erreichte. Dieser gab sich alarmiert angesichts von Umfragen, die auf ein überaus knappes Ergebnis hindeuteten – für eine *Ablehnung* des Verfassungsentwurfs, der unter seinem Vorsitz erarbeitet worden war. Dabei stand die politische Klasse rechts der Mitte und diesseits vom FN fast geschlossen hinter dem Projekt – aber genau dies konnte man auch als Teil des Problems sehen. Jedenfalls geriet das Ergebnis zu einem Schock für ebenjenes Establishment, denn es fiel eindeutig aus: Die Gegner der Verfassung konnten 55 Prozent für sich verbuchen. Damit musste der gesamten rechten Mitte klar sein, dass der proeuropäische Kurs eine offene Flanke für Angriffe seitens des Front National darstellte, der nicht müde wurde, Währungsunion, Binnenmarkt und Verfassungsprojekt als eine Verschwörung gegen die »kleinen Leute« zu geißeln.

Chirac zog die Reißleine und kündigte eine weitere Regierungsumbildung an, die de Villepin zum Premier machen würde. Gleichzeitig sollte Sarkozy wieder das Innenministerium übernehmen, der sich darauf aber nur unter der Bedingung einließ, dass er den UMP-Vorsitz behalten konnte und dass er nicht von seinem Intimfeind de Villepin, sondern von Chirac persönlich ins Kabinett berufen würde. Chirac willigte ein und ließ Sarkozy darüber hinaus wissen, dass er ihn nie zum Premier ernennen würde, da sein Reformeifer eine Gefahr für das französische Sozialmodell darstelle. Daraus entspann sich ein Wortwechsel, der es verdient, ausführlich zitiert zu werden, nicht zuletzt, weil es um den konservativen Grundimpuls des Bewahrens geht und weil er zeigt, wie unterschiedlich dieser von Chirac und Sarkozy ausbuchstabiert wurde:

> Sarkozy sagte: »Für mich schafft ein soziales Modell einen Arbeitsplatz für jeden. Das ist aber in Frankreich nicht der Fall. [...] Dieses Land braucht Reformen, davon werde ich mich nicht abbringen lassen.«
>
> Darauf Chirac: »Das ist alles sehr schön, aber du weißt, daß man die sozialen Errungenschaften nicht in Frage stellen kann.«
>
> Sarkozy erwiderte: »Man kann das soziale Modell reformieren, ohne die sozialen Errungenschaften in Frage zu stellen. Dann wäre allerdings zu definieren, was unter sozialer Errungenschaft zu verstehen ist.«
>
> Chirac: »Ich weiß nicht, worauf du hinauswillst. Eine Errungenschaft ist eine Errungenschaft.«
>
> Woraufhin Sarkozy antwortete: »Nein, eben nicht. Die Arbeitslosenunterstützung ist eine soziale Errungenschaft. Die Erstattung der Gesundheitskosten ebenfalls. Aber nicht das Recht auf Untätigkeit, wenn man Leistungen in Höhe des sozialen Minimums bezieht. Und auch nicht die Möglichkeit, als Arbeitsloser nach drei Vorschlägen immer noch jede Arbeit abzulehnen. Das nenne ich keine Errungenschaft, sondern Feigheit.«[77]

Wie sich noch zeigen sollte, war auch Sarkozy kein Revolutionär, doch während Chirac den Status quo inklusive des französischen Sozialmodells am liebsten unangetastet lassen wollte und pauschal zur Errungenschaft erklärte, sah Sarkozy Handlungsbedarf. Chirac war gewissermaßen in Antizipation der gesellschaftlichen Beharrungskräfte, mit denen er ja des Öfteren Bekanntschaft gemacht hatte, selbst zur Beharrungskraft ge-

77 Zit. n. Giesbert, *Jacques Chirac*, S. 14.

worden. Davon sollte sich das Profil des zukünftigen Präsidenten Sarkozy signifikant unterscheiden.

Erinnern wir uns: Nach der Implosion des Parteiensystems Anfang der neunziger Jahre (re)konstituierte sich die rechte Mitte Italiens von Beginn an als Kontinuum, das vom – im weitesten Sinne – Liberalkonservatismus der Forza Italia bis hin zu weit rechts stehenden Akteuren wie der postfaschistischen Alleanza Nazionale reichte. Hier gab es nie die Vorstellung einer Brandmauer, vielmehr legitimierte Berlusconi die Lega und vor allem die bis dahin stigmatisierte AN-MSI durch eine Regierungskoalition. Entgegen den gängigen Erwartungen im Hinblick auf die Dynamiken einer solchen Konstellation entwickelte die AN in der Folge eine zentristische Schubkraft und versuchte sich gar als Hegemonialmacht der rechten *Mitte* zu etablieren, womit sie allerdings scheiterte, um letztendlich im »Haus der Freiheiten« zu verschwinden. Es war die nationalistisch rekonfigurierte Lega, die in der Folge dafür sorgte, dass sich das Gravitationszentrum immer weiter nach rechts außen verlagerte.

Natürlich weist die französische Konstellation eine Reihe von Ähnlichkeiten auf, aber der grundsätzliche Unterschied bestand jedenfalls bis 2005 darin, dass die rechte Mitte zumindest seit den frühen neunziger Jahren Kooperationen mit dem FN fast durchweg ablehnte. Begünstigt wurde diese Haltung bis zu einem gewissen Punkt durch strukturelle Faktoren wie das Wahlrecht, das einen weitgehenden Ausschluss des FN von politischen Ämtern ermöglichte – vorausgesetzt, dass die Parteien der rechten (und linken) Mitte bereit und in der Lage waren, eine einheitliche Linie zu vertreten. Diese Fähigkeit wurde durch die Fragmentierung der Parteienlandschaft inklusive der losen Föderation UDF erschwert. Mal wurde der FN als Feind der Demokratie stigmatisiert, mal wurde er totgeschwiegen, mal wurden seine Positionen stillschweigend in abgeschwächter Form übernommen, mal wurde vor seiner Dämonisierung gewarnt. Vor diesem Hintergrund erschien die Konsolidierung der rechten Mitte in Form der UMP als erfolgversprechender Schritt, als der sie sich aber nur kurz- bis mittelfristig entpuppte. Zwar vollzog sich eine ähnliche Konsolidierung auch in Italien in Form der Casa delle Libertà, jedoch aus völlig anderen strategischen Kalkülen. Eine letzte interessante Korrespondenz zwischen beiden Fällen ist die Abspaltung des Mégret-Flügels vom FN, verbunden mit dem Versuch, die Strategie der AN zu kopieren und damit endlich Zugang zu den Schalthebeln der Macht zu erlangen. Wie erläutert, war diesem Versuch kein Erfolg vergönnt. Damit war die Sache aber keineswegs erledigt, sondern allenfalls vertagt, und zwar auf die Zeit nach Jean-Marie Le Pen, als seine Tochter Marine die *dédiabolisation* der Partei einläutete und immer vehementer Anschluss an die rechte Mitte suchte, die sich unter der Führung Sarkozys ihrerseits in Richtung des Terrains des FN bewegen sollte.

2. Sarkozy und der Sarkozyismus

Am 13. Mai 1993 verschaffte sich Érick Schmitt Zugang zu einem Kindergarten in Neuilly, einer Kleinstadt außerhalb von Paris, deren Bürgermeister seit 1983 Sarkozy hieß. Schmitt, ein gescheiterter Unternehmer, hatte Sprengsätze an seinem Körper befestigt und nahm 21 Kinder sowie eine Betreuerin als Geiseln; unter anderem forderte er ein Lösegeld in Höhe von 100 Millionen Francs. Der herbeigeeilte Sarkozy verhandelte mit der »menschlichen Bombe«, wie sich Schmitt selbst bezeichnete. Sarkozy begab sich in das Gebäude – insgesamt sieben Mal – und konnte einige der Kinder herausgeleiten. Schmitt blieb mit den übrigen Geiseln im Kindergarten verschanzt und wurde zwei Tage später von einem Spezialeinsatzkommando getötet. Als der Bürgermeister zu seinen Gefühlen befragt wurde, während er in der Schule mit Schmitt verhandelte, sagte er: »Angst. Angst, einen schlechten Job zu machen.«

Diese nicht ganz unheroische Tat katapultierte Sarkozy 1993 ins Licht der Öffentlichkeit, erstmals fand sich der Name des seit März auch als Budgetminister der Regierung Balladur amtierenden Sarkozy im *Baromêtre*, dem französischen Äquivalent des Politbarometers. Wie wir wissen, folgte ein langwährender Karriereknick aufgrund seiner Parteinahme für Balladur gegen Chirac, der dem damals 20-Jährigen auf einem UDR-Parteitag 1975 anderthalb Minuten Redezeit eingeräumt hatte. Nach Sarkozys fünfminütigem flammenden Plädoyer für die Werte des Gaullismus hatte Chirac ihn beiseitegenommen und gesagt: »Du hast Talent für die Politik. Komm mit mir

Abb. 8: Jacques Chirac und Nicolas Sarkozy, damals Jugendbeauftragter des RPR, bei einem Abendessen in Paris (März 1981).

mit.«[1] Und Sarkozy kam mit – und er kam 25 Jahre später auch aus der politischen Verbannung zurück. Zunächst als RPR-Generalsekretär, dann als Interimsvorsitzender und schließlich ab Mai 2002 auf seinem Paradeposten als Innenminister. Das Ministerium war eine Schlüsselstelle der neuen Mitte-rechts-Regierung, hatte sich doch im Wahlkampf alles um Kriminalität gedreht. Also erklärte Raffarin bei seinem Regierungsantritt: »Die erste Säule unserer Politik ist ein Staat, der seine Autorität wiederherzustellen gedenkt, um ein sicheres Frankreich zu schaffen.«

Der Staat, das war in diesem Fall in erster Linie der neue Innenminister, der ein atemberaubendes Tempo vorlegte und im Wochentakt Neuerungen bei der Verbrechensbekämpfung an-

1 Zit. n. Giesbert, *Jacques Chirac*, S. 49.

kündigte.[2] Sarkozy schärfte Polizei und Gendarmerie ein, sie müssten sich umstellen auf eine »Kultur der Ergebnisse«. Dementsprechend wurden von nun an die Kriminalitätsstatistiken nicht mehr jährlich, sondern monatlich veröffentlicht. Und siehe da, nach dem steilen Anstieg Anfang der nuller Jahre gelang Sarkozy im zweiten Amtsjahr eine Trendwende. Die Kriminalitätsrate sank, und der Innenminister konnte sich in seinem Erfolg sonnen. Allerdings blieb fraglich, wie real dieser Umschwung war. Denn Sarkozy fokussierte das Wirken der Sicherheitsapparate auf eine Reihe von Performance-Indikatoren, die aber fast ausschließlich die repressive Seite der Polizeiarbeit abbildeten – so lautete jedenfalls der Vorwurf seiner Kritiker. Ein immer wieder angekündigtes Gesetz zu polizeilicher Präventionsarbeit fand nie den Weg ins Parlament, was nur konsequent war, denn schließlich zeigte sich Sarkozy überzeugt: »Die beste Art der Prävention ist die Bestrafung.«[3] Dass die strahlende Bilanz ein paar Schönheitsfehler aufwies wie etwa die Tatsache, dass es ausgerechnet bei der Gewalt gegen Personen einen Anstieg gegeben hatte, schien in den Augen der Öffentlichkeit keine Rolle zu spielen. Nachdem das Thema seit 2001 auch medial immer weiter hochgekocht worden war, kühlte es nun ebenso dramatisch ab. In den Umfragen sank die Bedeutung des Themas zwischen der ersten und der zweiten Runde der Präsidentschaftswahl 2002 um unglaubliche fünfzehn Prozent.[4] Wie auch immer man die Statistiken deuten wollte, Sarkozy hatte in kürzester Zeit mit seinem Aktivismus, seinem Appell an den Esprit de Corps von Polizei sowie Gendarmerie und auch mit seiner hemdsärmeligen Rhetorik das subjektive Sicherheits-

2 Vgl. zum Folgenden die detaillierte Analyse von Dominique Monjardet, »Assessing a policing policy: The first Sarkozy ministry (May 2002 through March 2004)«, in: *Sociologie du travail* 50S (2008), S. e30-e49.

3 Ebd., S. e42.

4 Ebd., S. e46.

gefühl in der Bevölkerung wiederhergestellt – nachdem es Chirac zuvor im Wahlkampf unterminiert hatte.

Doch auch wenn der Innenminister Sarkozy sich vor allem als repressionsorientierter Recht-und-Ordnung-Hardliner präsentierte, waren seine Vorstellungen alles andere als eindimensional. Ihn beschäftigte durchaus die Frage des Umgangs mit der überwiegend muslimischen Einwanderungsgesellschaft beziehungsweise dem Teil von ihr, der in den Banlieues zusammengepfercht lebte und dessen Zukunftsaussichten angesichts der strukturellen Diskriminierungsmechanismen als weitgehend perspektivlos bezeichnet werden mussten. Sarkozy blickte auf diese Milieus als potenzielles Sicherheitsproblem, das dann eben doch nicht allein mit den Mitteln der Repression unter Kontrolle gehalten werden konnte, und machte sich für Reformen stark: So wollte er ein modernisiertes Einwanderungsgesetz ausarbeiten lassen, wogegen Chirac aber sein Veto einlegte. Darüber hinaus plädierte er für das Kommunalwahlrecht für Einwanderer ohne französische Staatsangehörigkeit (wie dies etwa zeitgleich auch Fini in Italien forderte) und sprach sich sogar für eine Gleichstellungspolitik nach dem Vorbild der Affirmative Action aus.

Zu dieser Agenda gehörte auch eine Maßnahme, die insbesondere vor dem Hintergrund der französischen Tradition des Laizismus für Kontroversen sorgte. Es war nämlich vor allem Sarkozys Initiative, die zur Gründung des französischen Islamrats 2003 führte. Sarkozy betonte, wie wichtig es sei, dass der Staat eine Art institutionellen Ansprechpartner habe, und hoffte, ein solches Gremium könne die Regierung bei der Lösung der Probleme in den Banlieues unterstützen. Dennoch handelte es sich nicht nur insofern um einen problematischen Schritt, als es die strikte Trennung von Staat und Religionsgemeinschaften im Zeichen der Laizität eigentlich verbot, dass der Staat aktiv religiöse Organisationen ins Leben rief, sondern auch deshalb, weil Sarkozy ausdrücklich darauf drängte, dass auch die Union des organisations islamiques de France (UOIF) dem Rat angehören solle, obwohl sie der ägyptischen Muslimbruderschaft nahestand. Sarkozy setzte darauf, dass die institutionelle Beteiligung eine Entradikalisierung nach sich ziehen würde, und ging sogar so weit, sich auf den Kongress der UOIF im Frühjahr 2003 einladen zu lassen, um dort ein Grußwort zu sprechen.

Sarkozy war sichtlich nervös, als er die Bühne betrat und einer Halle gegenüberstand, in der Männer und Frauen getrennt saßen und die meisten Frauen einen Hijab trugen. Der Innenminister hatte sich zuvor offensiv gegen die Einführung eines Verschleierungsverbots positioniert, das aktuell diskutiert wurde. Wohl auch deshalb sah er sich offensichtlich genötigt, ein Zeichen zu setzen, und führte mit schweißglänzendem Gesicht aus, dass es inakzeptabel sei, wenn auf Passfotos der Hijab getragen werde. Das überraschte Publikum murrte, und als Sarkozy sich mit lauter Stimme rechtfertigte, er spreche als Freund, der die Wahrheit sagen müsse, begann die gesamte Halle, ihn auszubuhen. Die Bilder eines von einer muslimischen Menge bloßgestellten Repräsentanten des Staates liefen auf allen TV-Kanälen und kippten zusätzliches Öl ins Feuer der Debatte. »Ob dies eine Fehleinschätzung oder ein doppeltes Spiel Sarkozys war«, resümiert der Politikwissenschaftler Jeremy Ahearne im Hinblick auf diese Episode, »die Dynamik zwischen Laizität und muslimischer Kultur würde danach jedenfalls nicht mehr dieselbe sein.«[5]

Tatsächlich sollte der Topos des Laizismus von nun an eine höchst bedeutsame Rolle in den Diskursen der französischen Rechten und darüber hinaus spielen. Die Debatte(n) um Verschleierungsverbote gingen bis in die späten achtziger Jahre zurück und waren seither regelmäßig eskaliert. Doch Anfang der nuller Jahre veränderte sich das Framing der Auseinandersetzung, und zwar auch deshalb, weil sie (zumindest von einer Sei-

5 Jeremy Ahearne, *Government through Culture and the Contemporary French Right*, London: Palgrave 2014, S. 27.

te) nun im Namen einer Vorstellung von Laizismus geführt wurde, den man in den Rang eines kulturellen Basiskonzepts erhob. Im Anschluss an eine von Chirac eingesetzte Kommission verfasste der UMP-Politiker François Baroin einen Bericht, in dem es hieß:

> Während unsere Gesellschaft durch die Globalisierung, die Errichtung Europas und Dezentralisierung erschüttert wird, erscheint der Laizismus als eine stabile und gewissermaßen mythische Orientierungsmarke. […] Er wird infrage gestellt durch den Multikulturalismus […], und dies kann daher als eine Bedrohung der nationalen Identität betrachtet werden.[6]

Im Umkehrschluss bedeutete dies für Baroin, dass der Laizismus zu einem neuen Knotenpunkt werden musste, um den herum sich auch in Reaktion auf den »Schock vom 21. April 2002« die »Rechte des Mai« (des Mai 2002 im Gegensatz zum Mai 1968) formieren könne, um den Kampf gegen die multikulturalistische Linke aufzunehmen. Der somit identifizierte kulturelle Konflikt hatte aus Sicht der rechten Mitte das Potenzial, die Linke zu spalten, wo die laizistischen Intuitionen ebenfalls stark ausgeprägt waren, so dass es nicht einfach war, die Vorstellung einer Gesellschaft der kulturellen, ethnischen und religiösen Vielfalt gegen einen strikt universalistischen Laizismus zu verteidigen. Aber damit lieferte die UMP auch ihren Rivalen vom rechten Rand das ideale Vehikel, um gegen den Hijab und vermeintliche Parallelgesellschaften zu agitieren: Schließlich ging es nun nicht mehr um Islamfeindlichkeit oder Rassismus, sondern die höchst aufgeklärten Werte der Republik in all ihrem strahlenden Universalismus. Letztlich wurde 2004 ein Gesetz verabschiedet, das das ostentative Tragen religiös konnotierter Kleidungsstücke und Accessoires in staatlichen Schulen ver-

6 François Baroin, »Pour une nouvelle laicité«, online verfügbar unter: {https://www.voltairenet.org/article.html}.

bot.[7] Dies umfasste auch Kippas und Kruzifixe, aber gemeint war natürlich in erster Linie der Hijab – selbst wenn er allenfalls von einer kleinen Minderheit muslimischer Mädchen getragen wurde. Es war also offensichtlich reine, aber überaus potente Symbolpolitik, gegen die sich nicht nur der Premierminister in spe de Villepin wandte, auch Nicolas Sarkozy blieb seiner Linie treu und weigerte sich, auf die *laicité* als neuen Schlachtruf einzuschwenken. Um genauer zu sein, versuchte er in der Folge eine andere Vorstellung einer »positiven« *laicité* in Stellung zu bringen.

Sarkozy wechselte bekanntlich im März 2004 aus dem Innen- ins Finanzministerium, das er wiederum verließ, um im November desselben Jahres den UMP-Vorsitz zu übernehmen. Als er dann im Juni 2005 als Innenminister in der Regierung de Villepin zurückkehrte, wartete seine schwierigste Herausforderung, die Sarkozys Image nachhaltig prägen sollte. Am 27. Oktober 2005 starben zwei muslimische Teenager aus dem Pariser Vorort Clichy-sous-Bois auf der Flucht vor der Polizei in einem Transformatorenhäuschen an einem Stromschlag. Es folgten die schwersten Unruhen, die das Land seit Langem erlebt hatte. »Wochenlang entlud sich in den Vorortsquartieren im ganzen Land die Wut über eine territoriale, soziale und rassistische Diskriminierung«, fasste es der Frankreich-Korrespondent der *taz* später zusammen. »Mehr als 10000 Fahrzeuge und 300 Gebäude gingen, einem Fanal gleich, […] in Flammen auf.«[8]

In den ersten Tagen duckten sich sowohl Premier als auch Präsident weg. Sarkozy hingegen schien entschlossen, mit harter Hand vorzugehen. Schon nach seinem erneuten Amtsantritt hatte Sarkozy nach dem Tod eines Elfjährigen bei einer Schieße-

7 Vgl. zu dieser Thematik auch Raphael Cohen-Almagor, »Indivisibilité, sécurité, laicité: The French ban on the burqa and the niqab«, in: *French Politics* 20 (2022), S. 3-24.

8 Robert Balmer, »Pulverfass Banlieue«, in: *die tageszeitung* (27. Oktober 2015).

rei in einer Banlieue den berüchtigten Satz geäußert: »Ab morgen werden wir die Cité des 4000 [die Trabantenstadt nördlich von Paris] mit dem Kärcher säubern.« Der Kärcher ist ein Hochdruckreiniger, die offensichtlich intendierten Konnotationen hätten kaum martialischer sein können. Und der Innenminister ließ Taten folgen: Nachdem Anfang November der Ausnahmezustand verhängt worden war, patrouillierten Polizei-Hundertschaften in Riot-Gear durch die »Problemviertel«; nach knapp einem Monat waren beinahe 5000 Menschen wegen Plünderung, Brandstiftung oder anderer Vergehen verhaftet worden.

Als das Ende der zweiten Amtszeit Chiracs näher rückte, zeichnete sich ab, dass Sarkozy eine Machtbasis benötigte, wenn er sich gegen seinen favorisierten Widersacher de Villepin durchsetzen und tatsächlich Präsident werden wollte. Und diese Basis war die UMP. Sarkozy war gut vernetzt in der Partei, und so war es keine größere Überraschung gewesen, dass er sich beim Kampf um die Nachfolge Juppés im November 2004 durchgesetzt hatte. Die UMP war 2002 überaus erfolgreich gestartet, aber bereits wieder auf dem harten Boden der Tatsachen gelandet. Auch mit einer konsolidierten rechten Mitte, der sich nur der standhafte Dissident Bayrou weiterhin verweigerte, wuchsen die Bäume nicht in den Himmel, und so verordnete Sarkozy seiner Partei zunächst eine organisatorische Modernisierung, die wenig überraschend darauf hinauslief, dass man – in gewisser Weise stand hier die FI Berlusconis Pate – diese politische Organisation wie ein Unternehmen zu führen versuchte. Bestimmte Aufgaben wurden ausgelagert, vor allem an demoskopische Institute sowie PR-Berater. Und innerhalb des Parteiapparats erhielt ebenfalls das Kommunikationsmanagement Priorität, das auch und insbesondere auf die Rekrutierung neuer Mitglieder abzielte – nicht zuletzt deshalb, weil die externe Expertise jedes Jahr Millionen Euro auffraß.

Der Erfolg gab Sarkozy recht: Die UMP feierte einen Mitglieder-Boom, wie ihn die rechte Mitte seit den späten Siebzigern nicht mehr erlebt hatte, und konnte innerhalb weniger Jahre einen Zuwachs auf 330 000 Mitglieder verzeichnen. Tatsächlich war dieser Effekt nicht zuletzt der Person Sarkozy geschuldet. Von Chirac vorübergehend aus der Regierung gedrängt, konnte sich der Vorsitzende voll und ganz auf die Neugestaltung der UMP konzentrieren und entfaltete diesbezüglich den für ihn typischen rastlosen Aktivismus. »Ich verausgabe mich gerne«, sagte Sarkozy einst über sich selbst. Für die Partei war dieser hochoktanige Vorsitzende zumindest kurzfristig ein Segen, verstand er es doch im Gegensatz zum eher blutleeren Juppé, bei Wahlveranstaltungen die Menge zum Kochen zu bringen. Aber auch abgesehen von den Bierzelt-Qualitäten wirkte Sarkozy in den ersten Jahren als Parteichef unbestreitbar als Kraft der Erneuerung – das sah auch eine ganze Reihe von Intellektuellen so, die zu seinen Unterstützern wurden: vom ehemaligen Mitterrand-Berater und Kulturphilosophen Jacques Attali bis zum Linksrenegaten André Glucksmann aus dem Kreis der Nouveaux philosophes.

Sarkozy hatte aus seinen Ambitionen nie ein Geheimnis gemacht und im Fernsehen erzählt, dass er jeden Morgen beim Rasieren über die Präsidentschaft nachdenke. 2005 hatte er durchblicken lassen, dass er sogar anzutreten gedenke, sollte Chirac noch einmal kandidieren – was allerdings schon damals als unwahrscheinlich galt. Der eigentliche Rivale war der neue Premier de Villepin, dessen Stern allerdings nur kurze Zeit leuchten sollte. 2006 versuchte auch er sich an einer Lockerung des Kündigungsschutzes, die man nach Protesten notgedrungen wieder kassierte. Nachdem er dann auch noch eine eher undurchsichtige Rolle in der sogenannten Clearstream-Affäre[9] spielte,

9 Clearstream war ein Börsenabwickler mit Sitz in Luxemburg, der im Verdacht stand, Geldwäsche zu betreiben. Auf Kontenlisten, die einem Untersuchungsrichter zugespielt wurden, fand sich auch der Name Sarkozys, der sich aber als Opfer einer Denunziation darstellte, bei der indirekt auch de Villepin eine Rolle gespielt habe. Tatsächlich wurde Sar-

brachen seine Zustimmungswerte dramatisch ein, und im Herbst 2006 musste er seine präsidentiellen Ambitionen begraben. Der Weg war endlich frei für Sarkozy.

Kurz vor den Präsidentschaftswahlen 2007 gab Sarkozy dem Magazin *Figaro* ein Interview. Nach dem Routine-Frage-Antwort-Spiel zum Wahlkampf und zu seiner Hauptkonkurrentin Ségolène Royal vom PS verblüffte Sarkozy die Journalisten mit einer unerwarteten Wendung: »Tatsache ist, dass ich mir Gramscis Analyse zu eigen gemacht habe: Macht erlangt man durch Ideen. Es ist das erste Mal, dass ein Mann der Rechten sich auf diesen Kampf einlässt.«[10] An diesen Sätzen war auf den ersten Blick vieles überraschend: Da bezog sich ein Post-Gaullist auf den kommunistischen Vordenker Antonio Gramsci und brach gleichzeitig mit der lang etablierten Konvention der französischen Rechten, sich auf keinen Fall als rechts zu bezeichnen. Doch Sarkozy war sich nicht erst gestern mithilfe von Gramsci darüber klar geworden, dass dauerhafte Macht auf einer nicht nur materiell, sondern auch kulturell verankerten Hegemonie beruht. Das Projekt des hegemonialen Sarkozyismus hatte schon lange zuvor begonnen, als Sarkozy 1999 während seines Intermezzos als Generalsekretär ein Strategieteam zusammenstellte, das sich um »Feindbeobachtung«, Kommunikationsstrategien und die Entwicklung einer politischen Agenda kümmern sollte. Richtig Fahrt nahm es dann ab 2005 auf, als Sarkozy mit seiner Entourage, zu deren engstem Kreis die langjährige Mitarbeiterin Emmanuelle Mignon sowie sein Redenschreiber Henri Guaino gehörten, Workshops zu den unter-

kozy in der Folge entlastet, de Villepin hingegen musste sich 2009 wegen Komplizenschaft bei einer verleumderischen Denunziation vor Gericht verantworten, wurde allerdings freigesprochen.

10 Nicolas Beytout et al., »Sarkozy: le vrai sujet, ce sont les valeurs«, in: *Le Figaro* (17. April 2007).

schiedlichsten Politikfeldern veranstaltete und Bildungsreisen nach Schweden und Großbritannien unternahm.

Hier war also ein Kandidat, der sich tatsächlich für Policy-Rezepte, für Ideen und Argumente, ja sogar für Erkenntnisse aus den Sozialwissenschaften zu interessieren schien, immerhin stand am Ende der diversen Workshops ein Abschlussbericht mit 180 Vorschlägen, der in der Folge in ein Wahlprogramm kondensiert wurde. Sarkozy stürzte sich ins Getümmel, gab konservativen Zeitschriften Interviews, diskutierte mit dem Philosophen Michel Onfray und saugte auf der Suche nach einer Agenda alles auf, was er finden konnte.

Das Kernstück von Sarkozys Agenda war ein moralisch aufgeladener Arbeitsbegriff, der die Grundlage für eine Konstruktion nationaler Identität bildete. Sarkozy inszenierte sich als Repräsentant des »Frankreich, das arbeitet«, wie es in einer der immer wiederkehrenden Formeln hieß, des »Frankreich, das früh aufsteht«. Sarkozy wollte Leistungsbereitschaft wieder belohnt sehen und wandte sich umgekehrt gegen all diejenigen, die sich auf die Unterstützung des Staates verließen oder gar Sozialbetrug begingen. Sarkozy knüpfte mit dieser Botschaft an die Positionen des amerikanischen und auch deutschen Neokonservatismus an, die im Grunde um einen ethisch imprägnierten Kapitalismus kreisen: eine Wirtschaftsform, die Leistung, Disziplin, Findigkeit und Opferbereitschaft erfordert und im Gegenzug all diese Tugenden mit materiellem Erfolg und immateriellem Ansehen belohnt. Aber diese Werte, so der neokonservative Diskurs, wurden durch 1968 und den damit einsetzenden normativen Wandel in Richtung Postmaterialismus, moralischer Permissivität und allgemeinem Hedonismus unterminiert. In der Folge seien die Ansprüche der Bevölkerung an den Staat immer weiter angewachsen (Stichwort: Anspruchsinflation), gleichzeitig sei die Bereitschaft, sich der Autorität des Staates zu unterwerfen, gesunken (Stichwort: Unregierbarkeit), und der Kapitalismus selbst sei im Zuge dieser Entwicklungen zu einer amoralischen oder gar unmoralischen Veranstaltung degeneriert, schließlich würden erfolglose Manager mit »vergoldeten Handschlägen« verabschiedet. Die Krise Frankreichs, so der aus den Zeiten der geistig-moralischen Wende in Deutschland bekannte Refrain, sei keine der Wirtschaft, sondern der Moral. »Bei dieser Wahl [...] werden wir herausfinden, ob das Erbe des Mai '68 weitergetragen oder ein für alle Mal ausgelöscht wird«, tönte Sarkozy im Wahlkampf, um gleichzeitig die Erneuerung eines ethischen Kapitalismus in Aussicht zu stellen.[11] Gleichzeitig warf Sarkozy der Linken vor, sich seit der postmaterialistischen Wende nach 1968 nicht mehr wirklich für die arbeitenden Menschen zu interessieren und sich stattdessen auf den Pfad der Identitätspolitik begeben zu haben. Nicht die Bobos (also die bourgeoisen Bohemiens), die mittlerweile im PS den Ton angäben, sondern die UMP sei der wahre Anwalt des »Frankreich, das arbeitet«.

Wer das wahre Frankreich der Arbeit und den wahren Kapitalismus der angemessenen Belohnung wiederherstellen wollte, musste die entsprechenden Werte gegen den Geist von 1968 mobilisieren. Damit wurde ein lange vergessen geglaubtes Feindbild wiederbelebt, das sich aber immer wieder als erstaunlich potent erweist[12] und dementsprechend in regelmäßigen Abständen aus der politischen Mottenkiste geholt wird – man denke nur an Alexander Dobrindts Aufruf von Anfang 2018, als der CSU-Politiker in einem Meinungsbeitrag erklärte: »Fünfzig Jahre nach 1968 muss endlich klar sein: Unser Land war nie links, sondern immer bürgerlich. Auf die linke Revolution der Eliten sollte unbedingt eine konservative Revolution der

11 Zit. n. Nina Power/Alberto Toscano, »The philosophy of restoration: Alain Badiou and the enemies of May«, in: *Boundary 2* (2009), S. 27-46, S. 27; vgl. auch Philippe Marlière, »›Sarkozysm‹: From political ambivalence to hard right«, in: Gino G. Raymond (Hg.), *The Sarkozy Presidency. Breaking the Mould*, New York: Palgrave 2013, S. 28-55, S. 41 f.

12 Vgl. hierzu auch Badiou, *Was bedeutet der Name Sarkozy?*, S. 41.

Bürger folgen.«[13] Gleichzeitig war Sarkozy nicht bereit, das Label des Brachialreformers zu akzeptieren. Er wollte sich als jemand präsentieren, der den Franzosen die unbequemen Wahrheiten sagt und dahin geht, wo es wehtut, um im nächsten Schritt die aufgerissenen Wunden mit dem Versprechen zu balsamieren, dass alles nur halb so schlimm sei. Folgerichtig war einer der zentralen Slogans seiner Kampagne die *rupture tranquille*, der sanfte Bruch. Dem Sarkozy-Team mangelte es also nicht an Ideen, und mit der Rede von einem ethischen Kapitalismus und den Nöten der arbeitenden Bevölkerung visierte der Kandidat tatsächlich ein hegemoniales Projekt im Sinne Gramscis an.[14]

Garniert wurde das Ganze mit geschichtspolitischen Akzenten, die in gewisser Weise ebenfalls an deutsche Diskurse im Kontext der geistig-moralischen Wende erinnern. Hier war seinerzeit betont worden, dass man sich nicht die eigene nationale Vergangenheit rauben lasse, indem diese auf den Nationalsozialismus reduziert werde. Sarkozy gemeindete nun einerseits, ganz im Geiste des Gaullismus, eine Vielzahl politischer Persönlichkeiten in die »nationale Geschichte« ein, egal ob es sich um Konservative, Liberale oder auch »vaterlandslose« Kommunisten handelte. Alle waren sie französische Helden und im Zweifelsfall für Frankreich gestorben, von Jeanne d'Arc bis zum Sozialisten Jean Jaurès (selbst wenn sie wie Letztere von Franzosen verbrannt oder ermordet wurden). Daneben gab es aber auch explizite Apologetik. Schon bei seiner Antrittsrede als UMP-Chef hatte Sarkozy gegen den »Schuldkult« der Linksintellektuellen gewettert. Sicher habe man in der Vergan-

13 Alexander Dobrindt, »Wir brauchen eine bürgerlich-konservative Wende«, in: *Die Welt* (4. Januar 2018).

14 Vgl. zum hegemonialen Projekt des Sarkozyismus die hervorragende Studie von Kolja Lindner, *Die Hegemoniekämpfe in Frankreich. Laizismus, politische Repräsentation und Sarkozysmus*, Hamburg: Argument Verlag 2017.

genheit nicht immer richtig gehandelt, aber »nicht alle Franzosen waren Pétainisten« und »nicht alle Franzosen waren Kolonialisten«, man dürfe sie also nicht kollektiv dafür verantwortlich machen, was Einzelne verbrochen hätten, rief er ins Mikrofon.[15] Bei einer anderen Veranstaltung ließ Sarkozy das Publikum wissen, er habe »genug davon, immer das Gefühl zu haben, sich dafür entschuldigen zu müssen, Franzose zu sein«.[16]

Im französischen Kontext hatte Rechtssein lange Zeit die negative Konnotation des Reaktionären mit sich getragen; zudem gehörte es zur gaullistischen Tradition, sich jenseits oder oberhalb von links und rechts anzusiedeln, so dass auch ihre Vertreter das Label »rechts« weitgehend mieden und es im Endeffekt dem FN sowie anderen radikalen Gruppierungen überließen. Sarkozy brach mit diesem Erbe und reklamierte das Etikett offensiv für sich. Der Kandidat wollte sich weder dafür entschuldigen müssen, Franzose noch ein rechter Franzose zu sein. Er versprach eine Befreiung von den Schuldgefühlen der Vergangenheit und brachte seine Vision einer konservativen Erneuerung auf den Begriff der *droite décomplexée*, einer von ihren Komplexen geheilten Rechten. In seiner 2006 veröffentlichten Autobiografie *Témoignage*, die zum Bestseller avancierte – und für deren italienische Ausgabe Gianfranco Fini das Vorwort verfasste –, schrieb Sarkozy hierzu:

> Ich habe hart dafür gearbeitet, der französischen Rechten ihr Selbstbewusstsein zurückzugeben. Eine lange Zeit war sie paralysiert angesichts einer Linken, die sich darin gefiel, auf dem hohen Moralross zu sitzen. Und so wurde die Rechte durch ihr Schweigen zum Komplizen der Zerstörung ihrer eigenen Identität. Anstatt zu definieren, wofür sie stand, definierte sie sich letztlich durch das, was sie

15 Nicolas Sarkozy, »Discours inaugural du congrès de l'UMP«, Paris (14. Januar 2010).

16 Nicolas Sarkozy, »Discours de bienvenue aux nouveaux members de l'UMP«, Paris (22. April 2006).

> nicht war oder nicht mehr war [...]. [D]iese selbstmörderische Strategie erklärt zum Teil den anhaltenden Erfolg des Front National.[17]

Es ist unschwer zu erkennen, dass sich Sarkozy damit einer Diskursfigur annäherte, die bis dahin typisch für ebenjenen FN gewesen war, wo man sich als Opfer des linken Mainstreams porträtierte. Das waren selbst für Nicht-Hunde-Ohren recht klar hörbare *dog whistles*, denn Sarkozy wollte dem FN nicht nur das Label rechts streitig machen, sondern auch sein Wählermilieu. Tatsächlich hielt er mit diesem Plan nicht hinterm Berg: »Sobald ich etwas zu dick auftrage, wird mir vorgeworfen, damit die Wähler des Front National locken zu wollen«, sagte er bei einem Treffen mit UMP-Abgeordneten 2006. »Aber das ist ja auch gerade der Punkt! Warum wollt ihr mich davon abhalten, eine Wählerschaft anzusprechen, die einmal zu uns gehörte?«[18] Einen nach dem anderen wolle er die zum FN Abgewanderten zurück in den Schoß des bürgerlichen Konservatismus führen, und um sie dort abzuholen, wo sie sich vermeintlich befanden, entwickelte das Team Sarkozys ein Projekt, dessen hegemoniale Ambitionen sich daran festmachen lassen, dass man sich einer konsequenten Antidiskriminierungspolitik verschrieb und damit Themen aufgriff, die links der Mitte populär waren. In der Migrationspolitik verabschiedete man sich von der alten Lebenslüge einer Null-Einwanderung und propagierte stattdessen das Konzept der »gewählten Einwanderung«, was im Wesentlichen auf eine Quotierung nach Ländern und Berufsgruppen abzielte und so vor allem (Wirtschafts-)Liberale ansprach. Aber Sarkozy bespielte auch ein rechtes Publikum, indem er sich eben selbst als Rechter bezeichnete, der es nicht nötig habe, sich dafür zu entschuldigen, und vor allem, indem er eine über den Begriff der Arbeit vermittelte Vorstellung nationaler Identi-

17 Nicolas Sarkozy, *Témoignage*, Paris: Plon 2006, S. 17.

18 Zit. n. Marlière, »›Sarkozysm‹: From political ambivalence to hard right«, S. 33.

tät in den Mittelpunkt rückte und so eine Verknüpfung herstellte, die bis dahin eine Domäne des FN gewesen war: Arbeit, Fleiß etc. waren nicht mehr individuelle Werte und Tugenden, wie sie Konservative von jeher schätzen, nun gerieten sie zu Identitätsmerkmalen einer nationalen Gemeinschaft, die sich darüber definieren sollte – eine Verknüpfung, wie sie sich auch im Diskurs der Lega findet. Und wem diese Verschiebung zu subtil war, dem half Sarkozy auf die Sprünge, indem er während des Wahlkampfs den Plan verkündete, ein Ministerium für Einwanderung und nationale Identität zu schaffen.

Dieser Wahlkampf begann am 14. Januar 2007 mit dem UMP-Kongress, der Nicolas Sarkozy mit nicht weniger als 98 Prozent zum Kandidaten kürte. Diese Krönungszeremonie, die mit einer Rede Sarkozys endete, in der er sich von seinem Image als Krawall-Sarko lossagte und der Öffentlichkeit erstmals die Figur des Präsidenten in spe präsentierte, katapultierte den so Geläuterten in einen der mitreißenderen Wahlkämpfe der V. Republik, in deren Mittelpunkt neben Ségolène Royal Jean-Marie Le Pen und François Bayrou standen, der für seine neue Partei Mouvement démocrate (Modem) ins Rennen ging.[19] Royal verband eine dezidiert linke Wirtschaftspolitik – gewissermaßen ohne Komplexe – mit einer eher konservativen Gesellschaftspolitik und kombinierte dies mit dem Versprechen einer partizipativeren Demokratie. Ihre Achillesferse war anfangs eher organisatorischer Natur, denn nachdem sie in der internen Vorauswahl bereits im ersten Wahlgang die absolute Mehrheit erhalten hatte, versäumte sie es, ihre unterlegenen Konkurrenten und damit auch die Partei ins Boot zu holen. Ohne die Ressourcen des PS begann es im hoffnungslos überforderten Wahlkampfteam schon bald zu haken, Interviewanfragen blieben tagelang unbeantwortet, das Programm ließ quälend lang auf

19 Vgl. zum Folgenden auch John Gaffney, *Political Leadership in France. From Charles de Gaulle to Nicolas Sarkozy*, Basingstoke: Palgrave Macmillan 2010, S. 179-204.

sich warten. Als Sarkozy dann im Januar die Wahlkampfmaschine UMP anwarf, begann sich das Momentum zu drehen. Und zwar nicht zuletzt deshalb, weil Sarkozys Team systematisch eine Art Negative Campaigning betrieb, wobei er darauf insistierte, dass Royal nie als Frau angegriffen werden dürfe. Gleichzeitig feilte er an seinem Image als gereifter Heißsporn, dem nun die Nachdenkfalten geradezu in die Stirn gemeißelt schienen. Um sicherzustellen, dass Sarkozys zupackendes Naturell darüber nicht in Vergessenheit geriet, war sich sein Wahlkampfteam nicht zu schade, 450 000 Exemplare eines Videos zu produzieren, in dem Bilder vom Tag der »menschlichen Bombe« zusammengeschnitten waren, unterlegt mit Musik aus dem Film *Gladiator*.

Sarkozys Programm stellte die Verbindung von Arbeit und nationaler Identität in den Mittelpunkt und versprach konkret eine Aufweichung der 35-Stunden-Woche, Verschärfungen bei der Arbeitslosenunterstützung, aber eben auch konsequente Antidiskriminierungspolitik sowie eine Kombilohn-Regelung. An die wirtschaftsliberal Gesinnten richtete sich das Versprechen, die Steuern zu senken, und garniert wurde alles mit dem wenig überraschenden Bekenntnis zu Law and Order.

Erwähnenswert ist aber auch die Rolle des Islam. Nach dem Eklat beim UIOF-Kongress und dem Scheitern des Islamrates hatte sich Sarkozys taktische Einschätzung gewandelt, und er schreckte nun nicht mehr davor zurück, diffuse Ressentiments zu schüren. Frankreich sei ein Land, erklärte er im Februar 2007, in dem man »nicht polygam ist, keine Beschneidung seiner Mädchen vornimmt, das Lamm nicht in seiner Wohnung opfert und die republikanischen Regeln achtet«.[20]

In der Endphase des Wahlkampfs zeichnete sich immer deutlicher ab, dass Sarkozy die besten Karten hatte. Royal wirkte bisweilen zerstreut und fachlich nicht auf der Höhe, was im me-

20 Zit. n. Marc Adrault, *Sarkozy et dieu. De l'usage politique des monothéismes*, Paris: Berg International 2008, S. 55.

dialen Echo sofort die üblichen Stereotype über weibliche Kandidatinnen auslöste – befeuert von einem Buch ihres Finanzberaters Éric Besson, in dem er nicht nur die mangelnde Professionalität des Wahlkampfs kritisierte, sondern auch Royal persönlich angriff. Werde sie Präsidentin, so Besson in *Qui connaît Madame Royal?*, dann habe er Angst um seine Kinder – schriebs und wechselte umgehend ins Wahlkampfteam von Sarkozy.

Der erste Wahlgang am 22. April 2007 belegte eindrucksvoll, dass sich politische Entwicklungen nur selten linear vollziehen, denn eine Vielzahl der Trends, die bis 2002 zu beobachten gewesen waren, kehrten sich um. Während fünf Jahre zuvor die Fragmentierung einen Höchststand erreicht hatte, zeichnete sich am Wahlabend 2007 schon bald eine deutliche Rekonsolidierung ab: Die beiden Erstplatzierten Sarkozy und Royal kamen zusammen auf 57 Prozent. Dass es nicht noch mehr waren, lag an einer weiteren Trendumkehr in Form der bemerkenswert starken 18 Prozent, die Bayrou für sich verbuchen konnte, was das Verdikt vom irreversiblen Niedergang des politischen Zentrums widerlegte, zumal seine liberale und europafreundliche Politik ziemlich genau auf jenen bürgerlichen Block zugeschnitten war, der eine Dekade später die Basis für Emmanuel Macrons Sieg bilden sollte, wobei Bayrous Politikangebot noch stärker christdemokratisch akzentuiert war.[21] Und auch zwei andere Tendenzen kehrten sich um: Während Wahlenthaltung und ungültige Stimmzettel sich 2002 auf Rekordhöhe bewegt hatten, war die Wahlbeteiligung nun die dritthöchste seit 1958. Und zuletzt war da noch der Aufwärtstrend des FN, der seit den frühen Neunzigern fast kontinuierlich angehalten hatte und nun mit enttäuschenden 10 Prozent für Le Pen ebenfalls abbrach. Mancher Beobachter sprach bereits von einer »histori-

21 Vgl. Daniela Kallinich, *Das Mouvement Démocrate. Eine Partei im Zentrum der französischen Politik*, Wiesbaden: Springer 2019.

schen Niederlage für den FN, von dem er sich nur schwer erholen« werde.[22]

Da Royal sechs Punkte hinter Sarkozy lag, musste sie die Initiative ergreifen und machte Bayrou Avancen, doch dagegen rebellierte ihre Partei. So blieb ihr als letzter Strohhalm das große TV-Duell. Sarkozy war sich im Klaren darüber, dass ein falsches Wort, ein aufbrausender Moment ihn den Sieg kosten könnte. Dementsprechend erlegte er sich in der Debatte, die von zwanzig Millionen Haushalten verfolgt wurde, eiserne Disziplin auf, sprach leise und bedächtig, wohingegen Royal zusehends fahriger und lauter wurde. Zuletzt war es Sarkozy, der sie in bereits präsidialem Gestus zur Mäßigung aufforderte – woraufhin sie auffuhr: »Ich werde mich nicht beruhigen«, und er erwiderte: »Als Präsident der Republik müssen sie Ruhe bewahren.«

Spätestens damit stand fest, dass Sarkozy der nächste Präsident der Republik werden würde. Das Ergebnis ist dennoch erwähnenswert, denn Sarkozy erhielt im zweiten Wahlgang neunzehn Millionen Stimmen und bewegte sich damit (sieht man von der Anomalie von 2002 ab) in den Gefilden eines de Gaulle. Darüber hinaus war er der erste Kandidat der rechten Mitte seit dem General, der sich auch jenseits der Stammmilieus breiter Zustimmung erfreuen konnte. Dass Sarkozys hegemoniale Ambitionen ein Stück weit aufgegangen waren, zeigte sich nicht zuletzt daran, dass über zwanzig Prozent der Angehörigen der einfachen Klassen für ihn votiert hatten.[23]

Der beeindruckende Wahlsieg Sarkozys lieferte also – zumindest auf den ersten Blick – ein Erfolgsrezept für die rechte Mit-

22 Nick Hewlett, »Nicolas Sarkozy and the legacy of Bonapartism: The French presidential and parliamentary elections of 2007«, in: *Modern & Contemporary France* 15/4 (2007), S. 405-422, S. 405.

23 Vgl. zur Zusammensetzung von Sarkozys Wählerschaft ebd., S. 414-417.

te: Hier präsentierten sich eine Partei und ein Kandidat, die vor Ideen und Gestaltungsdrang beinahe zu platzen schienen, wobei Pragmatismus, unkonventionelle Ansätze und konservative Verwurzelung sich die Waage hielten. Auf dieser Basis schmiedete Sarkozy ein Bündnis von Milieus, das von der liberalen Mitte bis tief ins rechte Spektrum reichte – und so an die lagerübergreifende Sammlungsbewegung erinnerte, die der Gaullismus ursprünglich war oder zumindest sein wollte. Doch hier liegt natürlich auch die Ambivalenz des Sarkozyismus begründet: Sicher war das schlechte Abschneiden des FN unter anderem darauf zurückzuführen, dass viele Wähler nach dem »Schock« von 2002 bewusst nicht »mit dem Herzen« gewählt hatten, aber Sarkozy war es eben tatsächlich gelungen, der Le-Pen-Partei Wähler abspenstig zu machen.[24] Der Preis dafür sollte sich aber als hoch erweisen. Als Marine Le Pen am Abend des 22. April in einem TV-Interview gefragt wurde, ob die Niederlage das Ende der Karriere ihres Vaters bedeute, antwortete sie: »Das glaube ich nicht. Jedenfalls ist es der Sieg seiner Ideen.« Tatsächlich war es die letzte Wahl, die Jean-Marie Le Pen bestritt, doch mit dem wichtigeren Punkt sollte seine Tochter recht behalten. Sarkozy hatte die Themen des FN endgültig im Mainstream etabliert, was auf lange Sicht zur Implosion der rechten Mitte führen sollte.

Sarkozyismus in der Praxis

Sarkozy hatte im Wahlkampf hart rechts geblinkt, doch als es darum ging, nach den mit einem Rekordwert gewonnenen Parlamentswahlen eine Regierung unter François Fillon zusammenzustellen, wurde wieder die hegemoniale Dimension seines Projektes sichtbar, und zwar in Form der sogenannten »Strategie

24 38 Prozent der Wähler, die 2002 Jean-Marie Le Pen gewählt hatten, stimmten 2007 für Sarkozy.

der Öffnung«. Die erste Regierung Fillon war nämlich in vielerlei Hinsicht wohl die diverseste, die die V. Republik je gesehen hatte. Von zwanzig Ministerien wurden sieben mit Frauen besetzt. Die zukünftige EZB-Präsidentin Christine Lagarde übernahm das Finanzministerium, Justizministerin Rachida Dati war zudem das erste Kabinettsmitglied nordafrikanischer Herkunft. Aber die Diversität hatte noch andere Dimensionen: So holte Sarkozy bewusst Vertreterinnen von Verbänden in die Regierung. Fadela Amara, die neue Staatssekretärin für Stadtpolitik, gehörte beispielsweise der Organisation Ni putes ni soumises (»Weder Huren noch unterwürfig«) an, die sich für die Rechte von Frauen in den Banlieues einsetzt, der Hohe Kommissar für aktive Solidaritäten war der Vorsitzende der Wohlfahrtsorganisation Emmaus Martin Hirsch, also keine Berufspolitiker, sondern Quereinsteiger. Und vor allem versuchte Sarkozy gezielt, Persönlichkeiten aus dem linken Spektrum zu rekrutieren. Jean-Pierre Jouyet, ein ehemaliger Mitarbeiter Jospins, wurde mit dem Europaressort betraut, der Königstransfer, wie man im Fußball sagen würde, war aber Bernard Kouchner: Der Mitbegründer der Médecins sans frontières, PS-Mitglied und ausdrücklicher Royal-Unterstützer, akzeptierte das Angebot, das Außenministerium zu übernehmen. Zwar erwies sich diese Politik der Öffnung zu einem beträchtlichen Grad als Kosmetik, aber Sarkozys Signal, dass tatsächlich ein sanfter Bruch herbeigeführt werden sollte, war deutlich erkennbar. Die Monokultur der *Énarques*, das heißt der Absolventen der Kaderschmiede École nationale d'administration (ENA) und vergleichbarer Hochschulen, sollte einer vielfältigeren Zusammensetzung der ersten Regierungsreihe weichen. Die Expertise sollten Sarkozy wiederum diverse Elder Statesmen liefern, die er an die Spitze von Kommissionen berief, etwa den ehemaligen Mitterrand-Berater Jacques Attali, an dessen Bericht zum wirtschaftlichen Wachstum übrigens ein junger *Énarques* namens Emmanuel Macron mitwirkte.

Doch damit nicht genug. Eine der vielen Kommissionen hat-

Abb. 9: Ein hochoktaniger Präsident mit seiner Entourage – Nicolas Sarkozy nach seinem Wahlsieg im Mai 2007.

te den Auftrag, sich mit Verfassungsreformen zu befassen und eine Neujustierung des Machtverhältnisses zwischen Exekutive und Legislative auszuloten. Sarkozy schien also ernst zu machen mit einer Abkehr von der quasimonarchischen Präsidentschaft, aber schon bald wurde deutlich, dass dies nur in einer ganz bestimmten Hinsicht der Fall war.

Mindestens quasimonarchisch war zunächst die Art und Weise, wie Sarkozy seine Präsidentschaft begann, nämlich mit einer glamourösen Feier im Luxusrestaurant Fouquet's und einem Urlaub auf der Yacht eines befreundeten Unternehmers.[25] Diese »Fehltritte«, für die sich Sarkozy im Wahlkampf 2012 sogar entschuldigen sollte, prägten sehr früh das Bild des Staatschefs, dessen unverhohlenes Faible für zur Schau gestellten Reichtum ihm den Spitznamen »Bling-Bling-Präsident«

25 Die Yacht gehörte dem Milliardär Vincent Bolloré, der uns später noch einmal begegnen wird.

einbrachte, was immerhin besser klang als »Brioni-Kanzler«. Und selbst wenn Episoden wie die Heirat mit dem Ex-Model Carla Bruni 2008 eher Material für die Klatschspalten waren, darf der politische Gesamteffekt nicht unterschätzt werden. Sarkozy war natürlich mit einer leicht bilderstürmerischen Attitüde angetreten. Dennoch vermisste gerade der eher konservativere Teil seiner Wählerschaft eine gewisse Gravitas. Sarkozy war zumindest in den ersten zwei Jahren seiner Amtszeit das Gegenteil eines über dem Lärm des politischen Betriebs schwebenden Hüters des nationalen Gemeinwohls, als der sich de Gaulle inszeniert hatte.[26] Man konnte Sarkozy einerseits als Emporkömmling sehen, der habituell eigentlich nicht in die politische Elite passte. Seine Berater arbeiteten minutiös an seinem Image und waren darauf bedacht, die Kontrolle über die medialen Narrative zu behalten. Doch gleichzeitig schien Sarkozy selbst immer wieder die Kontrolle zu verlieren, und der gar nicht so präsidentielle Sarko kam zum Vorschein. Am berühmtesten ist wohl die Anekdote, als auf einer Landwirtschaftsschau 2008 ein Besucher sich mit brüsken Worten weigerte, Sarkozy die Hand zu schütteln, und dieser kurz, derb und immer lächelnd erwiderte: »Hau ab, du Mistkerl.« Andererseits lieferte diese Neigung zur Normverletzung den Medien genau die Art von Unberechenbarkeit, die Sarkozy seit vielen Jahren zu einem gefragten Talkshowgast gemacht hatte.[27] Jedenfalls blieb auch der Präsident Sarkozy dauerpräsent, stets darauf bedacht, dass die Initiative bei ihm lag, immer mit einer neuen Reforminitiative im Ärmel. Nicht nur, aber vor allem in dieser Hinsicht ähnelte er Berlusconi, der die Berichterstattung phasenweise komplett dominierte und die Konkurrenz so weitgehend aus der öffent-

26 Vgl. Alistair Cole, »The fast presidency? Nicolas Sarkozy and the political institutions of the Fifth Republic«, in: *Contemporary French and Francophone Studies* 16/3 (2012), S. 311-321, S. 321.

27 Vgl. Ahearne, *Government through Culture and the Contemporary French Right*, S. 73ff.

lichen Aufmerksamkeit verdrängte. Zu Recht war daher immer wieder von der »Sarko-Show« die Rede, und auch der Begriff des »Sarkoberlusconismus«,[28] der seinerzeit geprägt wurde, verweist auf diese Parallelen, zu denen neben dem systematische Einsatz von PR-Strategien auch die Absicht gehörte, Partei und Staat wie ein Unternehmen zu führen.

Dass Sarkozy dermaßen omnipräsent war, hatte aber auch einen substanziellen Grund, der auf seinen Regierungsstil verweist. Denn tatsächlich änderte sich unter ihm die Art, wie französische Präsidenten Politik betrieben, was sowohl dem rastlosen Temperament Sarkozys, der dafür bekannt war, beständig ungeduldig mit den Füßen zu wippen, wie auch dem veränderten strukturellen Kontext geschuldet war. In dieser Hinsicht ließ der neue Präsident tatsächlich alle quasimonarchische Zurückhaltung hinter sich und stürzte sich ins Regieren. Der Arbeitstag des lebenslangen Abstinenzlers dauerte in der Regel achtzehn Stunden, und er ließ keinen Zweifel daran, dass er seinen Premier – den er öffentlich als seinen »Mitarbeiter« bezeichnete – eher als ausführendes Organ betrachtete: »Nachdem er [Sarkozy] im Ministerrat seine Position dargelegt hatte, fixierte er seinen Premier und sagte: ›Du stimmst doch zu oder, François?‹« Und der arme François Fillon hatte keine andere Wahl, als sich zu fügen.[29]

Sarkozy zog also alles an sich beziehungsweise den Élysée-Palast. Jede einzelne Reforminitiative der ersten Jahre – und es waren viele – verband sich mit dem Namen des Präsidenten, dessen Stab oft genug diverse Minister vor vollendete Tatsachen stellte. Und so fiel es eben letztlich nicht sonderlich ins Gewicht, dass etwa der Außenminister ein Linksliberaler war – die Entscheidungen wurden de facto im Élysée-Palast getroffen, und zur Frustration Kouchners realisierten dies auch seine Mitarbeiter und schickten Vorlagen zunächst an Sarkozys Bera-

28 Vgl. Pierre Musso, *Le Sarkoberlusconisme*, Paris: Perrin 2008.
29 Nester, *De Gaulle's Legacy*, S. 183.

ter, um sie absegnen zu lassen, bevor sie im Haus zirkulierten.[30] Auch die Diversität des Kabinetts blieb weitgehend folgenlos und war nach drei Jahren ohnehin Vergangenheit: Von den (linken) Quereinsteigern mit oder ohne Migrationshintergrund waren bis 2010 fast alle aus der Regierung verschwunden. In dieses Muster passte auch die Verfassungsreform, die am 21. Juli 2008 verabschiedet wurde und die Macht des Präsidenten letztlich nur insofern einschränkte, als sie eine Begrenzung auf zwei aufeinanderfolgende Amtszeiten beinhaltete. Das Parlament wurde praktisch nicht gestärkt, was ein UMP-Politiker mit den Worten quittierte: »Wir machen Lärm, wir heulen, wir schreien, aber sonst nichts. Es ist erbärmlich. Dies ist keine repräsentative Demokratie mehr.«[31]

Dass Sarkozy sich persönlich so sehr ins Zeug legte, hatte aber auch mit dem veränderten politischen Kalender zu tun. Nachdem man im Jahr 2000 beschlossen hatte, die Amtszeit des Präsidenten um zwei Jahre zu verkürzen und die Präsidentschafts- mit den Parlamentswahlen zu verkoppeln, konnte Sarkozy sich nicht den Luxus leisten, seinen Premier gegebenenfalls nach drei oder vier Jahren auszuwechseln. Tatsächlich blieb Fillon die gesamte Legislaturperiode im Amt, was den Premier, der durchgehend bessere Beliebtheitswerte verzeichnen konnte, zu einem potenziellen Konkurrenten bei den Wahlen 2012 machte.[32]

Und so verschrieb sich Sarkozy als eine Art Über-Regierungschef ganz seinem Projekt eines sanften Bruchs, um in einer Leoparden-Mentalität Frankreich zu erhalten, indem es

30 Vgl. Lindner, *Die Hegemoniekämpfe in Frankreich*, S. 203.

31 Zit. n. Olivier Costa/Tinette Schnatterer/Laure Squarcioni, »The French Constitutional Law of 23 July 2008 as seen by MPs: Working or talking parliament?«, in: *The Journal of Legislative Studies* 19/2 (2008), S. 261-277, S. 264.

32 Vgl. zu dieser These der Schwächung des Präsidenten durch die Amtszeitverkürzung die ausführliche Analyse von Cole, »The fast presidency?«, S. 317.

umfassend reformiert wurde: die Arbeitszeit, die Universitäten, die Umwelt und zuletzt auch die berüchtigten Renten sowie die Verfassung selbst – nichts und niemand war sicher vor seinem Reformeifer. Dabei blieben zumindest die wirtschaftspolitischen Maßnahmen seinen neoliberal-angebotspolitischen Überzeugungen treu, wenn auch nicht ganz klar war, inwieweit es tatsächlich noch um einen ethischen Kapitalismus ging: Im sogenannten TEPA-Gesetz, das im Juli 2007 verabschiedet wurde, wurden zwar die Überstunden steuerfrei gestellt (ein Versprechen aus dem Wahlkampf gemäß dem Slogan »Arbeite mehr, um mehr zu verdienen«), aber es blieb eher wegen der Abschaffung der Erbschaftssteuer und vor allem wegen des sogenannten »fiskalischen Schildes« in Erinnerung, einer Deckelung aller Steuern auf 50 Prozent. Prominenteste Nutznießerin war übrigens Liliane Bettencourt, die L'Oréal-Hauptaktionärin und reichste Frau Frankreichs, die eine Steuerrückerstattung im Umfang von 30 Millionen Euro erhielt – dieselbe Bettencourt, deren Geld mutmaßlich in illegalen Wahlkampfkassen der UMP und Sarkozys landete, wobei allerdings trotz diverser Verurteilungen in seinem Umfeld die Ermittlungen gegen Sarkozy in *dieser* Angelegenheit eingestellt wurden. Der progressive Thinktank Terra Nova errechnete, dass das Volumen der Umverteilungseffekte durch Steuersenkungen über fünf Jahre 84 Milliarden Euro betrug, von denen 50 Milliarden Unternehmen und 34 Milliarden Haushalten zugutekamen, wobei etwa fünfzig Prozent davon an die reichsten zehn Prozent der Bevölkerung gingen – es waren degressive *trickle-down economics*, die Ronald Reagan Tränen der Rührung in die Augen getrieben hätten.[33]

33 Vgl. Terra Nova, »Le bilan redistributif du Sarkozysme« (2012), online verfügbar unter: {https://tnova.fr/economie-social/finances-macro-economie/le-bilan-redistributif-du-sarkozysme/}.

Wie sich diese Reformen unter normalen Umständen in Sachen Wettbewerbsfähigkeit und Wirtschaftswachstum ausgewirkt hätten, muss Spekulation bleiben, denn mit dem Beginn der Bankenkrise 2007/08 waren die Umstände natürlich alles andere als normal. Gerade französische Banken gehörten neben deutschen, britischen und irischen zu den exponiertesten, und so überlagerten die Bankenrettung und das Ringen um den Erhalt der Eurozone ab spätestens 2009 die gesamte Politik Frankreichs und monopolisierten die Ressourcen der Regierung in einem solchen Ausmaß, dass eine Vielzahl der bereits initiierten Reformen revidiert oder ganz einkassiert wurde. Zwar lieferte die Finanzkrise Sarkozy nun wieder Munition, um den unethischen Kapitalismus anzuprangern, aber das wirkte insofern heuchlerisch, als auch die Regierung Fillon natürlich nicht bereit war, das Risiko von Bankenpleiten einzugehen, und stattdessen die höchst unpopuläre Maßnahme traf, die Rettung von Finanzinstituten über eine Erhöhung der Mehrwertsteuer von der Allgemeinheit (mit)finanzieren zu lassen. Die Krisen und die dadurch in den Status der Alternativlosigkeit erhobene Austerität gaben Sarkozy aber immerhin die Hebel in die Hand, die sicherlich kontroverseste Reform seiner Amtszeit anzugehen, die sich wenig überraschend auf die Alterssicherung bezog. Um die weiter gewachsene Staatsverschuldung zu senken, sollte das Mindestrenteneintrittsalter von 60 auf 62 Jahre angehoben und auch die Lebensarbeitszeit verlängert werden, so dass man gegebenenfalls erst mit 67 statt mit 65 Jahren ohne Abschläge in Rente gehen könnte. Die Reaktion der Gewerkschaften war massiv: Bei Protesten am 7. September 2010 versammelten sich über eine Million Demonstranten in Paris, und den gesamten September hindurch kam es zu größeren Streiks und Kundgebungen. Doch Arbeitsminister Éric Woerth blieb mit Rückendeckung Sarkozys hart; die extrem unpopuläre Reform trat in Kraft.

Mit jedem Jahr wurde die Bilanz Sarkozys ernüchternder. Die Arbeitslosenrate, die Ende 2007 knapp über 7 Prozent gelegen hatte, war danach beinahe kontinuierlich gestiegen und erreichte 2010 8,9, 2012 gar 9,4 Prozent; die Staatsverschuldung war um beinahe 50 Prozent auf 90 Prozent des BIP angewachsen. Diese schwache Bilanz ist insofern wichtig, als sie einen Beitrag zur Erklärung einer thematischen Verschiebung und damit einhergehenden Radikalisierung von UMP und Sarkozy in der zweiten Hälfte seiner Amtszeit leistet. Spätestens 2010 musste dem Präsidenten und der Regierung Fillon klar sein, dass man im nächsten Wahlkampf wohl kaum mit wirtschaftspolitischen Erfolgen für sich würde werben können. Anämisches Wachstum, gestiegene Arbeitslosigkeit und wachsende Staatsverschuldung lieferten der Opposition ein ganzes Arsenal an Argumenten. Anfang 2012 zeigten Umfragen nicht nur, dass die Arbeitslosigkeit das alles überragende Thema war, sondern auch, dass interessanterweise nicht in erster Linie die Wirtschaftskrise dafür verantwortlich gemacht wurde, sondern politische Reformen oder zumindest eine Kombination aus beidem. Sarkozy, der sich als Über-Regierungschef jede einzelne Reform ans Revers geheftet hatte, galt nun als Hauptverantwortlicher der Misere. Man musste also das Thema wechseln, und was lag da näher als der bereits erprobte Registerwechsel vom Sozioökonomischen in die Sphäre des National-Kulturellen?

Nun ist es keineswegs so, dass Sarkozy und die Regierung die entsprechenden Themenfelder nicht schon vorher bespielt hätten, im Gegenteil. Zwei Ereignisse zu Beginn seiner Amtszeit stechen in diesem Zusammenhang hervor. Nach guter alter europäischer Sitte hatte seine erste Auslandsreise den Präsidenten nach Berlin geführt, doch schon im Juli unternahm er eine Afrikareise, und sein Stab kündigte anlässlich des Besuchs in der senegalesischen Hauptstadt Dakar eine Grundsatzrede an. Was die 1300 geladenen Gäste im Auditorium der Université Cheikh Anta Diop dann allerdings am 27. Juli zu hören bekamen, klang nicht besonders neu, sondern vielmehr so, als sei Sarkozy aus dem 19. Jahrhundert angereist. Zwar fielen unverbindliche Floskeln wie die, dass Frankreich seinen afrikanischen Freunden stets als Partner zur Verfügung stehe, doch dann begann Sarkozy alle Klischees aneinanderzureihen, die der Orientalismus zu bieten hat:

> Afrikas Drama ist, dass der Afrikaner nicht genug in die Geschichte eingetreten ist. Der afrikanische Bauer kennt nur den ewigen Wiederbeginn der Zeit im Rhythmus der endlosen Wiederholung derselben Gesten und derselben Worte. In dieser Geisteshaltung, wo alles immer wieder von vorne anfängt, gibt es Platz weder für das Abenteuer der Menschheit noch für die Idee des Fortschritts.[34]

Zu allem Überfluss rief Sarkozy dem verblüfften Publikum dann auch noch in Erinnerung, dass der Kolonialismus den afrikanischen Völkern nicht nur geschadet habe und dass sich die ehemaligen Kolonialmächte nicht verantwortlich fühlen müssten für die aktuellen Konflikte auf dem Kontinent. Sarkozy stimmte also einmal mehr die Melodie einer *France décomplexée* an – was ihm Applaus aus dem rechten Spektrum einbrachte.

Das zweite Ereignis führt uns zurück zum Thema Laizismus, das Sarkozy nie losgelassen hatte, wie auch der 2004 erschienene Interviewband *La république, les religions, l'espérance* dokumentiert. Darin legt Sarkozy dar, dass es aus seiner Sicht keinen grundsätzlichen Konflikt zwischen Laizismus und Religion gebe, da weder die Republik der Feind der Religion sei noch die religiöse Praxis die Republik gefährde – was damals auch noch den Islam einschloss. Im Wahlkampf hatte Sarkozy seine Rhetorik gegenüber muslimischen Praktiken dann immer weiter verschärft, und kurz vor Weihnachten 2007 nahm er eine weitere Reise zum Anlass, um dem Thema eine überaus kontroverse Wendung zu geben. Die Reise führte Sarkozy in den Vatikan.

In Gegenwart von Benedikt XVI. zeichnete Sarkozy das

34 Zit. n. Dominic Johnson, »Sarkozy befremdet Afrika«, in: *die tageszeitung* (1. August 2007).

Bild eines Frankreich, das eine besondere Verbindung zur (katholischen) Kirche habe:

> Weil der christliche Glaube die französische Gesellschaft, ihre Kultur, ihre Landschaft, ihre Lebensart, ihre Architektur und ihre Literatur so tief durchdrungen hat, hat Frankreich so eine besondere Verbindung zum Heiligen Stuhl. Die Wurzeln Frankreichs sind im Wesentlichen christlich.[35]

Der Laizismus in seiner überkommenen Version habe Frankreich von diesem Erbe getrennt – keineswegs zum Besten des Landes.

> Das zunehmende Verkümmern ländlicher Kirchengemeinden, die spirituelle Wüste der Vorstädte, das Verschwinden der Schutzheiligen und der Mangel an Priestern haben die Franzosen nicht glücklicher gemacht. [...] [D]ie laizistische Ethik läuft immer Gefahr, sich zu erschöpfen, wenn sie nicht an eine Hoffnung auf Unendlichkeit angelehnt ist.[36]

Daraus folgerte Sarkozy zuletzt: »Bei der Vermittlung von Werten und dem Unterschied zwischen Gut und Böse kann der Grundschullehrer nicht den Priester oder Pastor ersetzen.«[37]

In dieser von Emmanuelle Mignon verfassten Rede skizzierte Sarkozy also ein neues Verständnis, das dem ähnelte, was der Papst zuvor als »positiven Laizismus« bezeichnet hatte und was auf ein positiveres Verhältnis zwischen Staat und Kirche hinauslief. Dies hörte man gern im Vatikan, und man hörte es auch gern im katholischen Flügel der UMP sowie den entsprechenden Milieus, die in der Partei vor allem von Wohnungsbauministerin Christine Boutin repräsentiert wurden und die er-

35 Zit. n. Ahearne, *Government through Culture and the Contemporary French Right*, S. 28.

36 Zit. n. Lindner, *Die Hegemoniekämpfe in Frankreich*, S. 218.

37 Zit. n. Ahearne, *Government through Culture and the Contemporary French Right*, S. 29.

heblich zu Sarkozys Wahlsieg beigetragen hatten. Weit weniger gern hörte man das jedoch in weiten Teilen der französischen Linken, die Sarkozys Einlassungen als Versuch deuteten, den Laizismus auszuhöhlen. Der spätere Präsidentschaftskandidat Jean-Luc Mélenchon sorgte sich in einer umgehend verfassten Entgegnung, es handle sich um »eine Rückkehr zur Situation vor 1905«, als die gesetzliche Grundlage für den Laizismus etabliert worden war.[38]

Der »positive« Laizismus war freilich nur die eine Seite von Sarkozys Neufassung des Prinzips und ausschließlich für das Christentum reserviert, wohingegen der Islam bald die restriktiven Seiten zu spüren bekommen sollte. Damit vollzog sich ein geradezu kurioser Seitenwechsel, waren doch die Rechten früher an der Seite der Kirchen als entschiedene *Gegner* des Laizismus aufgetreten, den sie unter Sarkozy nun emphatisch für sich reklamierten und gegen Islam, Hijab und Vollverschleierung wendeten.[39]

Die Ansprachen in Dakar und im Vatikan waren Paukenschläge, mit denen der Präsident schon zu Beginn seiner Amtszeit die Felder beackerte, mit denen er auch weiterhin die Wählerschaft vom rechten Rand an sich zu binden gedachte. Diesbezügliche Initiativen kamen nicht nur aus dem Élysée-Palast, sondern auch aus dem neugeschaffenen Ministerium für Einwanderung und Nationale Identität, das von Sarkozys langjährigem Freund Brice Hortefeux geleitet wurde, der umgehend die Abschiebepraxis forcierte und ein Einwanderungsgesetz einbrachte, laut dem Immigranten verpflichtend an Seminaren zu französischer Geschichte und Kultur teilnehmen und eine Art Selbstverpflichtung unterschreiben sollten, dass sie sich an die hiesige Lebensart assimilieren würden. Als der UMP-

38 Jean-Luc Mélenchon, *Laïcité. Réplique au discours de Nicolas Sarkozy, chanoine de Latran*, Paris: Bruno Leprince 2008, S. 70.

39 Vgl. Rémond, *Les droites aujourd'hui*, S. 71-76.

Abgeordnete Thierry Mariani – von dem noch die Rede sein wird – gar einen obligatorischen Gentest im Fall von Familienzusammenführungen forderte, ging das selbst Teilen der UMP-Fraktion zu weit. Fadela Amara drohte mit Rücktritt, über hundert Intellektuelle unterzeichneten einen Protestbrief, und Hortefeux musste das Gesetz entschärfen.

Hortefeux' Nachfolger, der Royal-Überläufer Éric Besson, stieß dann im Herbst 2009 eine große Debatte über nationale Identität an. Besson wirkte ein wenig wie ein zweiter Sarko und stand seit seinem Seitenwechsel im Fadenkreuz der Linken, die er unablässig weiter provozierte. Nun ließ er landesweit Podiumsdiskussionen organisieren und eine Website einrichten, doch schon bald entglitt ihm die Debatte: Nach dem ersten Monat musste er berichten, dass etwa fünfzehn Prozent der Beiträge auf der Website wegen rassistischer Inhalte gelöscht worden waren.[40] Und auch in den nicht virtuellen Gesprächsforen kam es regelmäßig zu antimuslimischen Ausfällen. Was als Möglichkeit kollektiver Reflexion annonciert worden war, degenerierte in kürzester Zeit zu einer Bühne für ressentimentgeladenes Gekeife. Besson, ein »smarter Politiker«, der »fliederfarbene Hemden zur lila Krawatte« trug und sich in seinem Büro neben einem antiken Globus fotografieren ließ,[41] beteuerte zwar eisern, die große Mehrzahl der Teilnehmer tausche sich respektvoll aus, aber je länger die Debatte andauerte, desto unwohler fühlten sich die Franzosen mit ihr. Eine Diskussion, die übrigens im Endeffekt ähnlich ergebnislos blieb wie die diversen deutschen Leitkultur-Debatten, und zwar schon allein deshalb, weil es sich um einen klassischen Fall der konservativen Tragik handelt: Wenn erst einmal darüber diskutiert werden muss, was nationale Identität (oder Leitkultur) bedeutet, und sie nicht einfach gelebt und »im Herzen getragen wird«, dann

40 Florian Rötzer, »Die Debatte um die nationale Identität in Frankreich«, in: *Telepolis* (6. Januar 2010).

41 Stefan Simons, »Monsieur Identité«, in: *Der Spiegel* (31. Januar 2010).

ist eigentlich schon das meiste verloren – die einzigen Gewinner sind die Kräfte von rechts außen, deren Positionen nun Aufmerksamkeit erhalten.

Anfang 2010 wurde die Debatte offiziell für beendet erklärt, aber das Porzellan, das in den drei Monaten zerschlagen worden war, ließ sich nur schwer wieder kitten. Dies betraf nicht nur das Verhältnis der UMP zur muslimischen Gemeinschaft, sondern auch das Bündnis, das Sarkozy zwischen Liberalen und einwanderungskritischen Konservativen geschmiedet hatte. Erstere betrachteten die Entwicklung der UMP ohnehin mit zunehmender Irritation, denn parallel zur Debatte um nationale Identität entspann sich unter dem Oberbegriff des »neuen« Laizismus eine Auseinandersetzung um das Recht auf Vollverschleierung.

Angestoßen wurde die Diskussion von Jean-François Copé, der als Fraktionsvorsitzender gewissermaßen der starke Mann der Partei war, denn in berlusconesker Gutsherrenart hatte Sarkozy dafür gesorgt, dass der UMP-Vorsitz nach seiner Wahl zum Präsidenten schlicht nicht besetzt wurde. Die Sekretäre, die die Partei leiteten, verfügten über wenig Einfluss, und so war Copé mit seiner Fraktion neben Sarkozy der wichtigste Akteur. Copé folgte dem Muster des Gesetzes zum Verbot religiöser Accessoires von 2004, indem er, unterstützt vom kommunistischen Abgeordneten André Gerin, eine Untersuchungskommission einsetzen ließ, zu deren Vorsitzendem Sarkozy den Kommunisten ernannte, der die Vollverschleierung zuvor als »ambulantes Gefängnis« bezeichnet hatte. Sarkozy selbst hatte in einer Art *State of the Union*-Ansprache vor den beiden Parlamentskammern 2009 bereits unmissverständlich festgestellt: »Die Burka ist nicht willkommen auf unserem Staatsgebiet.« Es war also nicht allzu weit hergeholt, in der einberufenen Kommission ein legitimatorisches Mittel zu sehen, das den politischen Akteuren die Argumente liefern sollte, um restriktive Maßnahmen gegen die Vollverschleierung zu ergreifen. Allerdings verlief dies nicht so reibungslos, wie es sich Copé und die UMP-Hardliner vorgestellt hatten. Eine Reihe der eingeladenen Expert:innen wandte sich gegen ein Verbot, und eine Untersuchung des Innenministeriums kam zu dem Ergebnis, dass in Frankreich momentan 367 Frauen mit Vollverschleierung identifiziert worden seien. Abgesehen davon, dass man sich fragen musste, wie der Bericht auf genau diese Zahl gekommen war, wurde angesichts dieser mikroskopisch kleinen Gruppe klar, dass es sich vor allem um Symbolpolitik handelte. Dieser Punkt lässt sich durchaus auf den Konservatismus insgesamt verallgemeinern: In einer Ära, in der die klassischen Feindbilder verloren gegangen sind, müssen sie entweder als Untote am Leben erhalten werden, wie im Fall von Berlusconi der Kommunismus oder in Sarkozys Wahlkampf die Achtundsechziger, oder es müssen neue erschaffen werden, seien sie auch noch so phantasmagorisch wie etwa die 367 Vollverschleierung tragenden Frauen. Jedenfalls gelangte der Abschlussbericht zum womöglich intendierten Ergebnis, die Vollverschleierung sei unvereinbar mit den französischen Sitten und verstoße gegen das Prinzip des Laizismus. Zwar empfahl die Kommission kein Verbot, aber die Vorlage blieb nicht lange ungenutzt, und auf Initiative Copés wurde ein entsprechendes Gesetz eingebracht. Doch auch auf dieser Ebene ging es nicht ohne Reibereien ab, die selbst Premierminister Fillon öffentlich einräumte. Die bürgerliche Rechte hatte sich mit dem kulturkämpferischen Sammelsurium einen veritablen Spaltpilz ins Haus geholt. Der gemäßigt-liberale Flügel der UMP gab sich fassungslos angesichts des Kampfes gegen weitgehend imaginäre Windmühlen, während der Lebensstandard der Bevölkerung inmitten der Wirtschaftskrise jeden Tag weiter zu sinken schien. Nichtsdestotrotz votierte eine deutliche Mehrheit der Fraktion für das Gesetz, und auch der lange zögernde Sarkozy stimmte schließlich zu.

Wer nun vermutet, gehofft oder auch gefürchtet hatte, die UMP würde sich nach diesen harten Schlachten und den Verwerfungen innerhalb der rechten Mitte zumindest eine kurze Pause auf dem Kulturkriegspfad gönnen, sah sich getäuscht – im Gegenteil, sie befand sich 2010 bereits in einer Radikalisierungsspirale.[42] Das hatte natürlich zunächst mit den Nöten einer Präsidialregierung zu tun, die inmitten der tiefsten Wirtschaftskrise seit den dreißiger Jahren und während die Uhr bis zu den Wahlen 2012 heruntertickte, händeringend nach einem Gewinnerthema suchte. Zweitens war für die Eskalationsdynamik auch eine zunehmende Fragmentierung der UMP verantwortlich. Diese führte nämlich zum einen dazu, dass die Diskursstrategie zunehmend einer Kakophonie glich, die bisweilen die Form eines Überbietungswettbewerbs annahm; zum anderen schien niemand mehr in der Lage, diesem Trommelfeuer Einhalt zu gebieten – auch nicht der abwesende König Sarkozy, dem die Kontrolle immer weiter entglitt. Zudem hatte sich das Kräftegleichgewicht in den oberen Etagen der Partei verschoben. Die Rekruten von Sarkozys Strategie der Öffnung waren fast alle verschwunden. Die alte RPR-Elite, zu der auch Copé gehörte, drängte zurück an die Spitze, und die Sarkozyisten gerieten zunehmend in die Defensive. Auch in der Fraktion taten sich erkennbare Risse auf. Zwar wurden laut Parteistatut erst 2012 offiziell »Flügel« anerkannt, aber nichtsdestotrotz gründete eine Gruppe von 35 Delegierten am Nationalfeiertag 2010 La Droite populaire (LDP) und veröffentlichte ein Gründungsmanifest, in dem man sich gegen die Gefahren der politischen Korrektheit und für den Wirtschaftsliberalismus aussprach. Zu diesen Delegierten zählte auch Thierry Mariani, und so war die LDP bald so etwas wie der rechte und durchaus einflussreiche Flügel der UMP.[43]

Zuletzt sind hier aber auch personelle Verschiebungen im un-

42 Vgl. hierzu und zum Folgenden auch Lindner, *Hegemoniekämpfe in Frankreich*, S. 248-257.

43 Vgl. zur Bedeutung der Droite populaire Florence Haegel, »The Union for a Popular Movement after Sarkozy«, in: Gabriel Goodliffe/Ri-

mittelbaren Umfeld Sarkozys in Betracht zu ziehen. Emmanuelle Mignon verließ das Team Ende 2009, kehrte zwar zum Wahlkampf 2012 zurück, spielte aber eine weit weniger einflussreiche Rolle. Dasselbe gilt für den Erschaffer der Figur des Präsidenten Sarkozy, seinen Redenschreiber Henri Guaino. Während Mignon und Guaino an Einfluss verloren, fand in der zweiten Hälfte der Amtszeit vor allem der Journalist Patrick Buisson mit seinen Vorschlägen Gehör. Buisson war in etwa das, was Steve Bannon für Donald Trump und Dominic Cummings für Boris Johnson waren, nämlich das »bösartige Genie Nicolas Sarkozys«, wie es ein einschlägiger Buchtitel auf den Punkt brachte.[44] Buisson hatte lange Zeit in rechtsradikalen Kreisen verkehrt, unterhielt gute Beziehungen zu Jean-Marie Le Pen und galt als geistiger Vater von Sarkozys Strategie einer Umarmung der FN-Wählerschaft 2007. Tatsächlich stellte Sarkozy Buisson bei seinem Besuch im Vatikan mit den Worten vor: »Diesem Mann verdanke ich meine Präsidentschaft.« Dem finsteren Einflüsterer Buisson wurde schließlich die Verantwortung für den Wahlkampf 2012 übertragen, in dem die Eskalationsdynamik ihren Höhepunkt erreichen sollte, da er Sarkozy empfahl, »einen ›Kulturkrieg‹ nach amerikanischem Vorbild anzuzetteln«.[45]

Die Radikalisierungsspirale kommt hoch komprimiert in folgender Episode zum Ausdruck: Im Sommer 2010 starb nach einem Schusswechsel mit der Polizei in der Nähe von Grenoble ein junger Rom, und in der Folge kam es zu Ausschreitungen. Daraufhin hielt Sarkozy kurze Zeit später in Grenoble eine Rede, in der er ankündigte, Franzosen mit Migrationshintergrund

cardo Brizzi (Hg.), *France after 2012*, New York: Berghahn 2015, S. 61-73, S. 67-69.

44 Ariane Chemin/Vanessa Schneider, *Le mauvais génie des Nicolas Sarkozy. Patrick Buisson, l'homme qui a décomplexé la droite*, Paris: Fayard/Pluriel 2016.

45 Marlière, »›Sarkozysm‹: From political ambivalence to hard right«, S. 46.

solle zukünftig die Staatsbürgerschaft entzogen werden können, falls sie einen Angehörigen der Staatsmacht gefährdeten – tatsächlich wurde im Herbst ein entsprechender Gesetzesentwurf eingebracht. Zudem kündigte Sarkozy die Räumung aller nicht genehmigten Roma-Camps und gegebenenfalls Massenabschiebungen an. Die Wellen schlugen hoch, die EU-Kommission ließ ausrichten, dieses Vorgehen sei keinesfalls mit der Europäischen Menschenrechtskonvention vereinbar, und Staatsrechtler sahen dies mit Blick auf die französische Verfassung genauso. Sogar der Vatikan schaltete sich ein, und als Sarkozy im Oktober abermals dort zu Gast war, wurde das Thema in aller sardonischen Subtilität angesprochen. Im Petersdom wünschte Kardinal Jean-Louis Tauran Sarkozy »Mut« bei der »Aufnahme von Verfolgten und Immigranten«.[46]

Innerhalb der rechten Mitte wurde Sarkozys harter Kurs ebenfalls zum Zankapfel. Die Parteigranden, vom alten Sarkozy-Widersacher de Villepin bis zum Ex-Premier Raffarin, gaben sich bestürzt, und selbst der bis dahin bis zur Selbstverleugnung loyale »Mitarbeiter« Fillon äußerte seinen Unmut. Die drastischste Reaktion kam von der obersten Katholikin der UMP, Boutin, die sich scharf distanzierte und die Gründung einer neuen Partei, des Parti chrétien-democrate (PCD), unter ihrer Führung ankündigte – die freilich genau genommen schon seit 2001 existierte, nur unter anderem Namen.

In der Folge machten dann »die Abgeordneten der LDP mit Gesetzesinitiativen zur ›Anerkennung der Leiden‹ französischer Staatsbürgerinnen und Soldaten während des Algerienkrieges auf sich aufmerksam«, forderten die Abschaffung des Ius soli, der doppelten Staatsbürgerschaft oder auch des Streikrechts.[47] Es war die Abteilung Attacke, die aber eben oft genug auf eigene Rechnung agierte und deren Kalkül überaus durch-

46 Zit. n. N. N., »Roma kein Thema im Vatikan«, in: *die tageszeitung* (9. Oktober 2010).

47 Lindner, *Die Hegemoniekämpfe in Frankreich*, S. 256.

sichtig war: Es handelte sich nämlich fast durchgehend um Abgeordnete aus dem Süden Frankreichs, die hart von FN-Konkurrenten bedrängt wurden und glaubten, diese rechts überholen zu können – was sich als falsch erweisen sollte. Im Endspurt des Wahlkampfs gingen UMP und Sarkozy dann endgültig in eine Art demagogische Schnappatmung über: Der Kandidat stellte am einen Tag den Austritt aus dem Schengenraum in Aussicht, irritierte in Radiointerviews mit dem Verweis auf »Franzosen mit muslimischem Äußeren« und ließ sich vor der Stichwahl, in die er als Zweitplatzierter hinter François Hollande einzog, sogar zu der Einschätzung hinreißen, es gebe »zu viele Einwanderer in Frankreich«, verbunden mit dem Vorschlag, in Zukunft den Anspruch auf den sogenannten *Revenue de solidarité active*, eine Art Sozialhilfe, nur solchen Immigranten vorzubehalten, die mindestens zehn Jahre im Land gelebt und mindestens fünf davon gearbeitet hatten – eine alles andere als subtile Annäherung an die Forderung des FN nach einer Politik der nationalen Präferenz.

Sarkozy wurde am 6. Mai 2012 nicht wiedergewählt. Er verlor im zweiten Wahlgang gegen François Hollande, den Kandidaten eines ideell noch immer ausgebrannten PS, gegen den Angela Merkel wie eine Charismatikern wirkte. Die eigentliche Gewinnerin war die neue Chefin des FN, Marine Le Pen: Sie erzielte mit 17,9 Prozent im ersten Wahlgang ein Rekordergebnis. Es war die Zeitenwende der französischen Politik rechts der Mitte.

Der Niedergang der rechten Mitte

Als es 1999 zum Bruch zwischen Le Pen senior und Bruno Mégret kam, hatte sich die älteste der drei Töchter, Marie-Caroline, mit ihrem Partner auf die Seite Mégrets geschlagen. Marine, die Jüngste, hielt ihrem Vater hingegen die Treue, wie abseitig und inakzeptabel seine Einlassungen auch sein mochten. Doch der eigentliche Gegenstand des Streits zwischen den FN-Alphamännchen ließ ihr keine Ruhe: Sollte der FN eine radikale oder gar extremistische Partei in selbstgewählter politischer Isolationshaft bleiben, oder sollte sie versuchen, die Strategie der Alleanza in Italien zu übernehmen? Als Jean-Marie Le Pen 2010 angesichts seines fortgeschrittenen Alters seinen Rücktritt vom Parteivorsitz ankündigte, verband er dies mit der Empfehlung, Marine mit dem Posten zu betrauen. Aber nachdem Marine Le Pen im Januar 2011 gewählt worden war, verlor sie keine Zeit, den FN genau so umzukrempeln, wie Mégret es einst vorgehabt hatte, sie prägte sogar eigens eine Bezeichnung für den Prozess: *dédiabolisation*, also die Entdämonisierung der Partei. Bereits Ende 2010 hatte sie angekündigt, dass »radikale, groteske und anachronistische Gruppen wie etwa Ultra-Katholiken, Pétainisten und Holocaust-Leugner« keinen Platz mehr hätten; der FN werde sich nicht »als Plattform für ihre Obsessionen benutzen lassen«.[48] Mitglieder, die sich mit Hitlergruß ablichten ließen, wurden ausgeschlossen, und überhaupt begann die Führung penibel darauf zu achten, dass der FN zumindest offiziell auf Distanz zu offen extremistischen Gruppierungen und Milieus ging, was auch zur Folge hatte, dass die alten Kader, die über die engsten Verbindungen in diese Richtung verfügten, systematisch in die zweite Reihe oder ganz an den Rand gedrängt wurden. Mit dieser personellen »Entdämonisierung« ging auch eine Modernisierung der Ideologie einher. Marine Le Pen verordnete der Partei eine konsequent globalisierungs- und EU-kritische Haltung und beschwor eine protektionistische und wohlfahrtschauvinistische Politik, die sowohl das kulturelle Erbe Frankreichs als auch seine Industriearbeiter vor der Ausradierung bewahren sollte. Das Leitbild war das einer unab-

48 Zit. n. Emmanuel Godin, »The porosity between the mainstream right and extreme right in France: Les droites décomplexées under Nicolas Sarkozy and Marine Le Pen's leadership«, in: *Journal of Contemporary European Studies* 21/1 (2013), S. 53-67, S. 55.

hängigen, souveränen Nation, die sich von den europäischen Fesseln befreien und weder der kulturellen Gleichmacherei des globalen Kapitalismus noch dem Unterbietungswettbewerb mit Niedriglohnländern beugen werde – und schloss damit in gewisser Weise auch an ein altes gaullistisches Ideal an. Es war eine Formel, die Matteo Salvini später übernehmen sollte und die sich gerade in den popularen Klassen[49] und allgemein bei denen großer Beliebtheit erfreute, deren reale Lebensbedingungen sich im Zeichen von Deregulierung, Wirtschaftskrise und Austeritätspolitik verschlechtert hatten. Dass die großen Parteien rechts und links der Mitte, vom Zentrum ganz zu schweigen, weitgehend proeuropäisch agierten,[50] lieferte dem FN dabei eine Steilvorlage, um sich mit der Forderung nach einem Austritt aus EU und Eurozone als einzig wahre Alternative zur »UMPS« zu stilisieren.

In sozioökonomischen Fragen blieb die FN-Ideologie aber auch unter Marine Le Pen diffus bis widersprüchlich, da zumindest auf der Ebene der Funktionäre das neoliberale Erbe noch immer höchst lebendig war. Angesichts dieser Spannung zwischen Sozialprotektionismus und Neoliberalismus konnte es dem FN nur lieb sein, wenn vor allem über die französische Identität und ihre vermeintliche Gefährdung durch den Islam

49 33 Prozent der Industriearbeiter und 28 Prozent der Beschäftigten im Dienstleistungssektor stimmten 2012 für Le Pen – sie lag damit in beiden Gruppen unter allen Kandidaten der ersten Runde auf Platz eins.

50 Dies gilt a fortiori für Sarkozy selbst, der zwar vor der Stichwahl verzweifelt drohte, Frankreich würde sich aus dem Schengenraum zurückziehen, aber grundsätzlich eine durchaus positive Rolle für die europäische Integration spielte, denkt man etwa an den Vertrag von Lissabon. Dabei überraschte nicht zuletzt das überaus gute Verhältnis zwischen Sarkozy und Merkel (»Merkozy«), wenn es auch bisweilen von Frotzeleien durchsetzt war. Sarkozy beschrieb ihr Verhältnis dahingehend, dass er der Kopf sei und sie die Beine. Darauf entgegnete Merkel: »Ich bin die Bank.«

debattiert wurde – was übrigens in gewisser Weise für alle größeren Parteien galt und die fortschreitende »Kulturalisierung« der öffentlichen Debatten erklärt. Den Schlüssel zur Entdämonisierung auf dem Feld kultureller Fragen und insbesondere der kontroversen Islam-Kritik hatte dem FN der neue Laizismus à la UMP geliefert, und es entbehrte nicht einer gewissen Ironie, das eine ursprünglich auch dem Ultra-Katholizismus nahestehende Partei nun im Brustton der Überzeugung verkündete, es gehe ihr einzig und allein um die hehren Ideale der religiös neutralen Republik, wenn sie etwa das Abhalten öffentlicher Gebete von Muslimen skandalisierte. Im Zusammenhang mit diesem vergleichsweise seltenen (und auf den Platzmangel in vielen Moscheen zurückgehenden) Phänomen sprach Le Pen gar von einer Art »Besatzung«, womit sie die Islamkritik geschickt als Verteidigung der Republik framte und vergangenheitspolitisch in die positiv besetzte Tradition der Résistance einordnete – womit sie sich prompt eine Anklage wegen Volksverhetzung einhandelte. Auch der entdämonisierte FN verstand sich also noch auf die kalkulierte Normverletzung. Und natürlich agitierte Le Pen auch weiter gegen Islam und Einwanderer, doch nun war Ersteres eine aus dem Laizismus erwachsende Pflicht und Zweiteres eigentlich in erster Linie eine Kritik am globalen Kapitalismus. Die Menschenströme seien schließlich Effekte eines globalen Standortwettbewerbs, der von vaterlandslosen Eliten im Rahmen eines als multikulturelle Gesellschaft verklärten Bevölkerungsaustausches ins Werk gesetzt werde: Einwanderer seien also in gewisser Weise sogar eher Opfer als Täter.[51]

Zur Entdämonisierung gehörte zu guter Letzt, dass Le Pen

51 Vgl. Annie Benveniste/Etienne Pingaud, »Far-right movements in France: The principal role of Front National and the rise of islamophobia«, in: Gabriella Lazaridis/Giovanna Campani/Annie Benveniste (Hg.), *The Rise of the Far Right in Europe. Populist Shifts and »Othering«*, New York: Palgrave 2016, S. 55-79, S. 63.

zwar ganz sozialkonservativ auf mehr Disziplin in den Schulen pochte, als zweifach geschiedene Mutter von drei Kindern und selbsterklärte Befürworterin des Rechts auf Abtreibung um die entsprechenden *hot-button issues* jedoch einen weiten Bogen machte.

Aber diese umfassende Entdämonisierung, von der man eigentlich bis heute nicht genau sagen kann, ob sie die Partei substanziell verändert oder die radikalextremistischen Ecken und Kanten nur oberflächlich kaschiert hat,[52] erklärt den Erfolg des FN nicht, sie war allenfalls die notwendige Bedingung. Das Set an hinreichenden Bedingungen lieferten vor allem Sarkozy und die UMP, und zwar durch eine fatale Kombination: Die UMP ließ sich gewissermaßen die Agenda vom FN diktieren und hatte sich spätestens in der heißen Phase des Wahlkampfs fast ausschließlich auf Themen konzentriert, die zum Markenkern des FN gehörten: Einwanderung, Islamkritik, Identität. Damit wurde eine Vielzahl der FN-Positionen zumindest als erwägenswert legitimiert und entsprechend normalisiert. Andererseits hatte Sarkozy wie schon 2007 die unmissverständliche Order ausgegeben, es dürfe keinerlei formelle Zusammenarbeit mit dem FN geben, so dass die Partei weiterhin von politischen Ämtern ausgeschlossen blieb. Wie die Forschung zeigt, bietet genau diese Konstellation einen idealen Nährboden für rechtsautoritäre Parteien:[53] Einerseits wird ihnen vonseiten der Mainstream-Parteien attestiert, eigentlich die richtige Agenda zu verfolgen; andererseits können sie sich im Status des Paria sonnen, der vom »System« daran gehindert wird, den Worten Taten fol-

52 Vgl. James Shields, »Marine Le Pen and the ›new‹ FN: A change of style or of substance?«, in: *Parliamentary Affairs* 66 (2013), S. 179-196.

53 Vgl. Kai Arzheimer/Elisabeth Carter, »Political opportunity structures and right-wing extremism success«, in: *European Journal of Political Research* 45/3 (2006), S. 419-443; Joost Van Spanje/Wouter van der Burg, »The party as pariah: The exclusion of anti-immigration parties and its effect on their ideological positions«, in: *West European Politics* 30/5 (2007), S. 1022-40.

gen lassen zu *können*. Die Parteien der rechten Mitte erscheinen im Kontrast als Akteure, die zwar die Rechtsaußenthemen kopieren, diesen Worten aber keine Taten folgen lassen *wollen*. Und so leistete Sarkozys UMP einen beträchtlichen Beitrag zur *droitisation*, einer Rechtsverschiebung, die sich aus unzähligen Umfragen ablesen lässt. So gaben beispielsweise sechs Monate vor den Wahlen 2012 nicht weniger als sechzig Prozent der Befragten an, in Frankreich gebe es zu viele Einwanderer;[54] über die Hälfte stimmten der Aussage zu, der FN sei eine »normale« Partei.[55] Und wo seit Ende der neunziger Jahre immer etwa ein Drittel der RPR- beziehungsweise UMP-Anhänger lokale Allianzen befürwortet hatten, war diese Zahl 2012 auf über die Hälfte angewachsen, was die strategische Falle zeigt, die sich die UMP selbst gestellt hatte, um dann festen Schrittes hineinzutappen. Das Resultat bestand unter anderem darin, dass viele derjenigen, die Sarkozy 2007 noch aus dem FN-Orbit zur UMP hatte locken können, sich nun enttäuscht wieder dem Original zuwandten beziehungsweise in der zweiten Runde nicht bereit waren, Sarkozy zu wählen – wofür Le Pen im Übrigen auch keine Empfehlung ausgesprochen hatte. Hier griffen also verschiedene Entwicklungen ineinander, wobei nicht unerwähnt bleiben soll, dass zumindest eine Studie des Thinktanks Terra Nova nachweisen zu können glaubte, dass sich der (Miss-)Erfolg von FN beziehungsweise UMP weniger auf die *dédiabolisation* des FN als vielmehr auf eine Selbst-*Droitisation* der UMP unter Sarkozy zurückführen ließ.[56]

Diese augenfällige Assimilierung von »UMPFN« wie natür-

54 Vgl. Gabriel Goodliffe, »The resurgence of the Front National«, in: Goodliffe/Brizzi (Hg.), *France after 2012*, S. 112-129, S. 127.

55 Vgl. Godin, »The porosity between the mainstream right and extreme right in France«, S. 63.

56 Vgl. Oliver Ferrand/Jean-Yves Camus/Erwan Lecoeur/Grégoire Kauffmann/Ismail Tsouria, »L'axe UMPFN: Vers le parti patriote?« (12. Juni 2012), online verfügbar unter: {https://tnova.fr/democratie/politique-institutions/laxe-umpfn-vers-le-parti-patriote/}.

lich auch das starke Abschneiden Le Pens sorgten dafür, dass die Parlamentswahlen fünf Wochen später sorgenvoll erwartet wurden. Le Pen hatte die Entdämonisierung in einem kühnen Akt des politischen Rebranding weiter vorangetrieben, indem die FN-Kandidaten nun unter dem weniger anstößigen und ganz auf das neue Zugpferd zugeschnittenen Label Rassemblement bleu Marine antraten – eine Personalisierungsstrategie, die Salvini später ebenfalls kopierte. Und auch Le Pen selbst ging ins Rennen, was nationale Aufmerksamkeit auf sich zog, weil sie es im Wahlkreis Pas-de-Calais mit Mélenchon zu tun bekam, der als Vertreter des Linksbündnisses Front de gauche ebenfalls an der Präsidentschaftswahl teilgenommen hatte und im damaligen Wahlkampf bereits einige Male hart mit Le Pen aneinandergeraten war. Doch aus dem Showdown wurde nichts, jedenfalls nicht für Mélenchon, der sich nach dem ersten Wahlgang als Drittplatzierter aus dem Rennen verabschieden musste. Landesweit erreichte der FN mit 13,6 Prozent das zweitbeste Ergebnis seiner Geschichte. Der PS konnte nach dem Sieg Hollandes leicht zulegen, während die UMP mit einem Minus von über zwölf Prozentpunkten eine schmerzhafte Niederlage einstecken musste.

Vor der zweiten Runde stellte sich nun erneut die Frage, ob das von der UMP-Führung ausgegebene Kooperationsverbot halten würde, zumal sich Sarkozy nach der verlorenen Präsidentschaftswahl im politischen Nirvana befand. Die Mitglieder des rechtskonservativen LDP-Flügels wiederum waren durchaus versucht, auf die »unmoralischen« Angebote der Marine-Blauen einzugehen, die hofften, so einen Keil in die UMP treiben zu können. Gelegenheiten, die Standfestigkeit der Mitte-rechts-Kandidaten zu prüfen, gab es genug: Immerhin in 32 Wahlkreisen hatten sich Dreieckskonstellationen ergeben, in denen Vertreter von UMP, PS und FN in die zweite Runde eingezogen. Zur Überraschung vieler Beobachter blieben Rechtsrechts-Bündnisse jedoch aus, allerdings hatte Copé vor der zweiten Runde immerhin das Ende der republikanischen Front verkündet: UMP-Kandidaten würden in entsprechenden Konstellationen nicht länger zugunsten besser platzierter PS-Leute zurückziehen. Der PS trug dennoch einen großen Sieg davon, und Hollande verfügte in der Folge über eine komfortable *majorité présidentielle* von 57,4 Prozent.

Den FN hingegen trafen einmal mehr die Ausschlusseffekte des Wahlsystems: Die 13,6 Prozent aus dem ersten Wahlgang übersetzten sich am 17. Juni in mickrige 0,35 Prozent der Sitze, also genau zwei. Marine Le Pen selbst zog nicht in die Nationalversammlung ein, da sie sich in ihrem Wahlkreis nach einem wahren Krimi ihrem Rivalen Philippe Kemel vom PS geschlagen geben musste. Bei insgesamt 53 500 abgegebenen Stimmen hatte dieser am Ende einen Vorsprung von ganzen 118 Stimmen – eines der knappsten Ergebnisse in der Geschichte der V. Republik. Für den FN zog zum einen Gilbert Collard ins Parlament ein, der kurioserweise Pierrette Le Pens Scheidungsanwalt gewesen war und seitdem eine enge Freundschaft mit Marine unterhielt – obwohl diese sich damals auf die Seite ihres Vaters geschlagen hatte. Die andere Abgeordnete war Marines Nichte Marion Maréchal-Le Pen, wobei das wichtigste Kapital der damals 22-jährigen Jurastudentin offensichtlich ihr Name war. In den folgenden fünf Jahren sollte sie zur FN-Nachwuchshoffnung hochgejubelt werden, doch nach den Präsidentschaftswahlen 2017 zog sie sich aus der Politik zurück, ließ Le Pen aus ihrem Nachnamen streichen – und unterstützte dann 2022 den Rechts-Rivalen ihrer Tante Éric Zemmour.

Opposition: (Kurzer) Wiederaufstieg und (langer) Fall

Es war eine halbe Stunde vor Mitternacht am 18. November 2012, als ein freudestrahlender Jean-François Copé vor seine Anhänger und die versammelte Presse trat, um zur Begeisterung Ersterer und Verwunderung Letzterer zu verkünden, er habe die Wahl zum UMP-Vorsitzenden gewonnen – mit einem Abstand von gerade einmal 1000 Stimmen gegenüber seinem Rivalen François Fillon. Die Verblüffung der Medienvertreter rührte daher, dass sich herumgesprochen hatte, dass noch gar nicht alle Stimmen der parteiinternen Urwahl ausgezählt waren. Copé, von dem seine Mutter erzählte, dass er schon als Kind gerne Napoleon-Kostüme getragen habe, wollte offensichtlich durch eine dreiste Offensive das Wahlglück zu seinen Gunsten wenden. Doch als wäre dies nicht schon aufsehenerregend genug, wurde Copés Attacke umgehend pariert: Nur Minuten später trat Fillon in seiner Zentrale vor die Presse, um ebenfalls seinen Sieg zu verkünden.

Es war natürlich keineswegs überraschend, dass es nach Sarkozys – wie sich herausstellen sollte: vorübergehendem – Rückzug zu Diadochenkämpfen zwischen den beiden offensichtlichen Nachfolge-Kandidaten Copé und Fillon kommen würde. Mit dieser personellen Alternative gingen aber auch unterschiedliche inhaltliche Optionen einher. Denn zwar gab es den eher liberal-zentristischen Flügel um Ex-Premier Jean-Pierre Raffarin und den vor einem parteipolitischen Kurz-Comeback stehenden Alain Juppé, die den Grund für die Niederlage in der Selbstradikalisierung der rechten Mitte sahen. Auf der anderen Seite stand aber der rechte Flügel, zu dem mittlerweile neben der LDP auch La Droite forte gehörte und dessen Vertreter argumentierten, Sarkozy habe in einem überaus schwierigen Umfeld noch das Maximum herausgeholt, indem er konsequent auf den »FN-Transfer« gesetzt und das Zentrum gewissermaßen aufgegeben habe.

Sarkozys Strategie hatte der Partei also gehöriges Spaltungspotenzial hinterlassen zwischen denjenigen, die für eine Weiterführung des Sarkozyismus warben, und denjenigen, die eine nüchterne Bilanzierung und gegebenenfalls eine Abkehr von diesem Kurs einforderten. Diese zweite Gruppe hatte aber keinen wirklichen Wortführer, am ehesten noch Ex-Premier Fillon, was insofern ironisch war, als er ja als oberster »Mitarbeiter« Sarkozys Mitverantwortung für die Entwicklungen getragen hatte.

Auf der anderen Seite stand sein Rivale Copé, aus dessen Sicht es vor allem um einen Sarkozyismus ohne Sarkozy ging. So publizierte er mitten im parteiinternen Wahlkampf ein Buch mit dem Titel *Manifest pour une droite décomplexée* und reklamierte wenig subtil das vom Ex-Präsidenten geprägte Label für sich. Fillon wurde zu Beginn als Favorit gehandelt, auch weil er mit Blick auf 2017 über ein höheres Wählbarkeitspotenzial jenseits des rechten Spektrums verfügte. Doch Copé legte eine elektrisierende Kampagne hin. Berühmt-berüchtigt wurde der Pain-au-Chocolat-Zwischenfall, den er in seine Reden einzuflechten begann. Er erzählte die Geschichte eines nichtmuslimischen Jungen, dem muslimische Männer mit dem Verweis auf Ramadan sein Pain au Chocolat abgenommen hätten. Den öffentlichen Aufschrei hatte Copé vermutlich einkalkuliert. Fillon wies darauf hin, dass bezeichnenderweise Marine Le Pen im Wahlkampf eine ähnliche Anekdote erzählt hätte.

Und diese Schlammschlacht wurde nun auch durch die Abstimmung am 18. November nicht beendet, nach der sich beide Lager des Wahlbetrugs bezichtigten. Den gefühlten Tiefpunkt lieferte der Vorsitzende der Wahlkommission Patrice Gélard: Zunächst korrigierte er das Ergebnis zugunsten von Fillon, nachdem dieser vermeintlich nicht gezählte Stimmen aus den Überseedepartements ausfindig gemacht hatte, bevor er dann doch Copé den Sieg zusprach, um lakonisch und mit einer leichten Prise Nihilismus – oder Realismus – zu resümieren: »Betrug ist Teil der historischen Tradition bestimmter Parteiföderationen.«[57]

Der Kampf um den Vorsitz war natürlich insbesondere des-

57 Carole Barjon/Bruno Jeudy, *Le coup monté*, Paris: Plon 2013, S. 83 f.; vgl. hierzu auch Andrew Knapp, »En attendant Sarko? France's mainstream and centre, 2012-14«, in: *Modern & Contemporary France* 22/4 (2014), S. 473-489, S. 480.

halb so erbittert geführt worden, weil sich der Sieger gute Chancen auf die Präsidentschaftskandidatur 2017 ausrechnen durfte. Aber selbst als UMP-Chef konnte einem eine Person immer noch einen Strich durch die Rechnung machen – Sarkozy. Zwar hatte es zunächst den Anschein gehabt, als wolle er sich aus der Politik zurückziehen, doch schon bald machte der zum Zeitpunkt seiner Niederlage 57 Jahre alte Sarkozy vage Andeutungen. Was sich so abzeichnete, war ein massives Problem für die UMP, die ganz in gaullistischer Tradition immer auf eine Führungsperson ausgerichtet gewesen war und nun vor einer Situation stand, in der die Autorität des Vorsitzenden Copé – der in Frankreich übrigens zur unangenehmsten Person 2012 gekürt wurde – infrage stand. Denn die UMP[58] verfügte über kein festgelegtes Prozedere, um ihren Kandidaten für 2017 zu bestimmen. In der Vergangenheit hatte sich die Frage nie in dieser Dringlichkeit gestellt, der Vorsitzende war gewissermaßen der »natürliche« Kandidat gewesen, doch je mehr Zeit verstrich, desto klarer wurde, dass Sarkozy seine politischen Ambitionen nicht begraben hatte – ohne dass er dies je offen aussprach.[59]

Die Situation ähnelt in vielerlei Hinsicht der Zwickmühle, in der sich die deutsche Union knapp zehn Jahre später befinden sollte, als Armin Laschet Anfang 2021 zum CDU-Vorsitzenden gekürt wurde, ohne dass er damit automatisch auch als Kanzlerkandidat galt. Dafür war schließlich das Plazet von CSU-Chef Markus Söder notwendig, der sich aber zunächst bedeckt hielt und der Union eine quälende Hängepartie bescherte.[60] Und hier taten sich ebenfalls erstaunliche Lücken hinsichtlich der Frage auf, wie über die Kandidatur entschieden

58 Vgl. hierzu Florence Haegel, »The Union for a Popular Movement after Sarkozy«, in: Goodliffe/Brizzi (Hg.), *France after 2012*, S. 61-73, S. 63-64.

59 Knapp, »En attendant Sarko«, S. 479.

60 Vgl. zu den Fallstricken parteiinterner Auswahlverfahren, mit denen auch Parteien rechts der Mitte zu kämpfen haben, Manow, *(Ent-)Demokratisierung der Demokratie*, S. 76-103.

werden sollte. Irgendwie hatte man schließlich immer zusammengefunden – bis es dann eben nicht mehr so war und niemand wusste, wie man aus der verfahrenen Situation herauskommen sollte.

Doch zurück ins Frankreich der Post-Sarkozy-Ära, die sich doch als noch nicht ganz abgeschlossen erwies – ein Eindruck, der dadurch verstärkt wurde, dass innerhalb weniger Monate klar schien, dass sein Nachfolger an der Staatspitze wohl kaum eine neue Ära prägen würde. Hollandes Sieg war unspektakulär und nicht zuletzt denjenigen in der rechten Mitte zu verdanken gewesen, die sich wie Bayrou eher von Sarkozy ab- als Hollande zugewandt hatten. Der fehlende Enthusiasmus für den neuen Präsidenten und seine von Jean-Marc Ayrault geführte Regierung war mit Händen zu greifen. Hollande stand für die modernistische Strömung innerhalb des PS und schwärmte beinahe so oft wie Sarkozy von der Wettbewerbsfähigkeit Deutschlands und der Agenda 2010. Zwar kassierte die Regierung gleich zu Beginn Sarkozys Rentenreform und beschloss diverse Steuererhöhungen, aber nichtsdestotrotz spricht vieles für die Einschätzung von Bruno Amable und Stefano Palombarini:

> Seit 2012 folgt Frankreich dem Weg, den Deutschland in den Jahren nach dem Jahrhundertwechsel eingeschlagen hat. Diese Strategie, die sich auf einen angeblichen »Realismus« und auf die Erfordernisse der Wettbewerbsfähigkeit und »Modernisierung« der Wirtschaft beruft, markiert den endgültigen Bruch mit der politischen und sozialen Einheit der Linken: Nach logischem Ermessen steht sie im Begriff, eine tief greifende Umstrukturierung des politischen Spektrums in Frankreich zu provozieren.[61]

Hollandes Regierung verlor also binnen kürzester Zeit an Unterstützung innerhalb und außerhalb des Parlaments, und der

61 Amable/Palombarini, *Von Mitterrand zu Macron*, S. 151.

Präsident brauchte dringend ein Gewinnerthema, das die Stimmung innerhalb der Linken aufhellen konnte, ohne weiter in den Wunden der wirtschaftspolitischen Zerwürfnisse zu bohren. Dieses Thema war die Ehe für alle: eine Herzensangelegenheit für beinahe die gesamte Linke inklusive des liberalen Zentrums (laut einer Umfrage der Zeitschrift *L'Express* waren dort 75 Prozent dafür) – die zudem den unschlagbaren Vorteil hatte, den Staat nichts zu kosten. Allerdings gab Hollande damit zugleich der rechten Mitte die Möglichkeit, ihre Kampagnenfähigkeit als frischgebackene Opposition zu erproben.

Am 17. November 2012 stiegen in Paris überall pinkfarbene Ballons in den Himmel. Warum man ausgerechnet diese Farbe gewählt hatte, blieb unklar, jedenfalls zogen an jenem Samstag in der Seine-Metropole und anderen französischen Städten Zehntausende durch die Straßen, um gegen den Gesetzentwurf zu protestieren, der allerdings noch vom Parlament verabschiedet werden musste. Die »Manif pour tous« – die Demo für alle – hatte begonnen, die Protestierenden riefen »Hände weg von meinem Code civil«, und Copé und andere UMP-Elefanten liefen in der ersten Reihe mit. Ein verheißungsvoller Auftakt, der freilich am 13. Januar noch einmal übertroffen wurde, als das von der Kirche ausdrücklich unterstützte Manif-pour-tous-Bündnis anlässlich der Parlamentsdebatte abermals zu einer Demonstration aufrief. Als sich die drei Züge auf dem Marsfeld vereinigten, waren es nach Angaben der Polizei etwa 350000 Menschen, die ihrem Ärger über die geplante Gesetzesnovelle lauthals Luft machten – mittendrin abermals Copé und Fillon. Die Conferencière der Abschlusskundgebung gab die Comédienne Virginie Tellenne, die unter ihrem Pseudonym Frigide Barjot in die TV-Kameras erklärte, die Ehe für alle sei falsch, weil Kinder einen Vater und eine Mutter bräuchten. Das eine konnte aber nur aus dem anderen folgen, wenn man mitdachte, dass das Recht auf Eheschließung das Adoptionsrecht beinhaltete, und dass Barjot direkt darauf abzielte, war bezeichnend. Denn die Protestbewegung, die bis ins Jahr 2016 andauerte, war zwar als Demo für alle annonciert, das bedeutete aber nicht, dass alle aus den gleichen Gründen demonstrierten.

Zunächst überwog allerdings der Eindruck, dass die Mitte-rechts-Opposition mithilfe der Manif-pour-tous-Kampagne überraschend schnell Tritt gefasst hatte. Nicht nur war es gelungen, Hunderttausende zu mobilisieren, das Bündnis hinter den Kulissen bot der UMP zudem die Möglichkeit, Allianzen zu erneuern, wie etwa im Fall der katholischen Kirche, oder auch neue zu schmieden, wie etwa mit der Organisation Sens commun (»Gesunder Menschenverstand«), die 2013 aus Manif pour tous hervorging. Sens commun repräsentierte aber vor allem auch die Zerrissenheit der UMP. Während der eine Flügel sie als Mitstreiterin im gesellschaftspolitischen Rollback und als Brückenkopf zu bestimmten Milieus begrüßte, galt die Organisation anderen als radikalkonservativ und ultrakatholisch – und repräsentierte damit gewissermaßen Rémonds dritte Familie der Legitimisten; mit ihr habe man sich Aktivistinnen mit Kreuzzugsmentalität ins Haus geholt. Und tatsächlich: Je länger die Proteste andauerten, desto stärker trat ein unverkennbar homophober Zug hervor, der viele alarmierte, die für sich in Anspruch nahmen, per se nichts gegen Homosexualität zu haben, die aber aus Gründen des Kindeswohls gegen das Adoptionsrecht für gleichgeschlechtliche Paare waren. Die prominenteste Vertreterin dieser Gruppe war die erwähnte Barjot, die sich bereits im Frühjahr 2013 von Manif pour tous lossagte. Im Oktober 2013 sah sich dann selbst UMP-Hardliner Copé gezwungen, die Zusammenarbeit zu beenden.[62] Im Gegensatz zu Copé hielt der strenggläubige Katholik Fillon der Kampagne bis zur letzten Demonstration die Treue, was sich noch für ihn auszahlen sollte. Wie gespalten die UMP tatsächlich war, ließ sich zuletzt auch daran festmachen, welches Ziel eigentlich mit den Protesten erreicht werden sollte, was uns einmal mehr

62 Vgl. N. N., »Copé et la Manif pour tous divorcent«, in: *Le Point* (21. Oktober 2013).

Anschauungsunterricht in Sachen unterschiedlicher Verständnisse von Konservatismus liefert. Alain Juppé vertrat die quintessenzielle Position eines moderaten Konservatismus, der bereit ist, sich mit gesellschaftlichen Veränderungen ins Benehmen zu setzen: »Die Ehe für alle ist nun Teil unseres Rechts und unserer Sitten, und ich werde nichts daran ändern«, betonte er 2016.[63] Dies bedeutete konkret, dass weitere Novellierungen etwa im Hinblick auf Leihmutterschaft und künstliche Befruchtung verhindert werden sollten, was auch tatsächlich gelang. Dann gab es diejenigen, die das Gesetz zähneknirschend akzeptierten, aber zumindest auf ergänzende Restriktionen im Hinblick auf das Adoptionsrecht hofften. Und dann waren da diejenigen, die das Rad der Zeit entschlossen zurückdrehen und das Gesetz ganz abschaffen wollten – die Position der Reaktion.[64] Nachdem Hollandes Schachzug sich zunächst als Bumerang zu entpuppen drohte, ließ er so mittelfristig die Risse innerhalb der rechten Mitte hervortreten.

Die Erschöpfungstendenzen, die eine ganze Reihe europäischer Mitte-rechts-Parteien und nicht zuletzt die deutsche Union zumindest bis in die jüngste Vergangenheit kennzeichneten, sind auch auf eine Entkoppelung des politischen Konservatismus von einer gesellschaftlichen Infrastruktur zurückzuführen, auf mangelnden Austausch mit intellektuellen Milieus und fehlende Anbindung an konservative Organisationen und Bewegungen. Auf die UMP in den zehner Jahren traf dies jedoch allenfalls bedingt zu: Neben der Zusammenarbeit mit Manif pour tous und Sens Commun suchte man auch den Schulterschluss mit anderen »Graswurzelbewegungen« wie etwa Les Pigeons, deren Agenda sich in Anlehnung an die US-amerikani-

63 Zit. n. Agnès Leclair, » Le mariage pour tous, sujet de divergences entre François Fillon et Alain Juppé«, in: *Le Figaro* (23. November 2016).

64 Laurent de Boissieu, »Selon un sondage, les électeurs de droite veulent réécrire a loi Taubira«, in: *La Croix* (6. Juni 2016).

sche Tradition der *tax revolts*, aber auch des Poujadismus gegen die Steuererhöhungen der Regierung richtete, die vor allem für Kleinunternehmen ruinös seien. Und auch zu den Bonnets Rouges, die sich gegen die geplante Einführung einer CO_2-Steuer wandten und damit gewissermaßen die Vorgängerbewegung der Gelbwesten waren, knüpfte man Kontakte. Dementsprechend mangelte es nicht an mahnenden Worten derer, die die Allianzen mit diesen teils radikalen Bewegungen mit großer Sorge verfolgten.

Trotz aller Unkenrufe und der dunklen Vorzeichen, die sich bereits 2013 am Horizont abzuzeichnen begannen, meldete sich die UMP bei den Kommunalwahlen 2014 mit einem beachtlichen Ergebnis zurück. Die UMP siegte in neun der zehn größten Städte und sah kurzzeitig wie eine personell verjüngte und insgesamt gut erholte Oppositionspartei aus – und das Ganze vor dem Hintergrund einer völlig desolaten sozialistischen Regierung. Doch die Champagnerflaschen waren kaum geleert, als bereits die herbe Ernüchterung eintrat, da der Front National zwei Monate später bei den Europawahlen erstmals stärkste Partei wurde und mit knapp 25 Prozent die UMP (20 Prozent) mühelos überflügelte. So wurde die Wahl allgemein als Menetekel gedeutet. Auch wenn es sich »nur« um eine Europawahl handeln mochte, bei der die Bevölkerung ihrem Protest freien Lauf ließ: Der Urnengang war nach Le Pens Rekordergebnis 2012 die Bestätigung, dass sich die Kräfteverhältnisse rechts der Mitte umzukehren begannen – zugunsten des FN.

Dies lag auch daran, dass die Turbulenzen innerhalb der UMP nicht enden wollten.[65] Zwei Tage nach diesem Tiefschlag trat der gesamte Parteivorstand inklusive des Vorsitzenden zurück. Der Grund war allerdings nicht in erster Linie das schwache Abschneiden. Vielmehr lag mittlerweile der Schatten diverser Finanzskandale im Zusammenhang mit dem Wahlkampf 2012 über der UMP und Sarkozy im Besonderen. Konkreter

65 Vgl. zum Folgenden Knapp, »En attendant Sarko?«, S. 474.

Anlass für den Rückzug war die Bygmalion-Affäre. Die gleichnamige Werbeagentur hatte überhöhte Rechnungen gestellt, um die Differenz in schwarze Kassen Sarkozys zu verschieben, die genutzt wurden, um die Obergrenze für Wahlkampfausgaben nicht zu verletzen. Die Affäre sollte den Ex-Präsidenten noch teuer zu stehen kommen, aber für den Moment ging es darum, die führungslose Partei zu stabilisieren. Zu diesem Zweck wurde ein provisorisches Führungstriumvirat aus den drei Ex-Premiers Fillon, Raffarin und Juppé gebildet. Vor allem der zentristisch-liberale Flügel sehnte sich nach einer Galionsfigur. Juppé nahm die Rolle gerne an und überraschte Freund und Feind bereits 2014 mit der Ankündigung, sich um die Präsidentschaftskandidatur zu bewerben, und zwar mit einer Agenda des gemäßigten Konservatismus, der nicht bereit war, dem FN hinterherzuhecheln.

Das Umfeld für ein solches Projekt stellte sich allerdings bereits zu jenem Zeitpunkt ungünstig dar. Innerhalb der UMP war die kulturalistische Rechte nach wie vor auf dem Vormarsch, schürte die Sorge vor dem Untergang des Abendlandes und erfreute sich der Zustimmung weiter Teile der Basis. In der Literatur ist hier von einer immer ausgeprägteren »kulturellen Verunsicherung« die Rede,[66] die weite Teile des rechten Spektrums erfasst hatte und weiter angefacht wurde, durch die vermeintlich ultraliberalen Initiativen des politischen Gegners – Stichwort: Ehe für alle –, aber nicht zuletzt auch durch islamistische Anschläge wie etwa den auf die Redaktion des Satiremagazins *Charlie Hebdo* am 7. Januar 2015 und das Massaker im Pariser Konzertsaal Bataclan am 13. November desselben Jahres, bei dem neunzig Menschen getötet wurden.

Inmitten dieser Flügelkämpfe hatte sich auch Sarkozy zu-

66 Vgl. Laurent Bouvet, *L'insécurité culturelle*, Paris: Fayard 2015, sowie William Rispin, »Division within the centre right during the Hollande presidency: The case of cultural insecurity«, in: *Modern & Contemporary France* 27/3 (2019), S. 381-396.

rückgemeldet: Ende November 2014 hatte er sich zur Wahl für den vakanten Posten des UMP-Vorsitzenden gestellt – und gewonnen. Die Art und Weise war freilich wenig verheißungsvoll. Seine Rivalen waren der eher mittig orientierte Bruno Le Maire und der stramm rechte Hervé Mariton. Juppé und Fillon hatten es aus taktischen Gründen für sinnvoller gehalten, ihren Hut nicht in den Ring zu werfen. Doch der zurückgekehrte König fand kein ihm durchgehend ergebenes Parteivolk mehr vor. Schmale 65 Prozent der Stimmen erhielt Sarkozy gerade einmal in dieser Urwahl, und das bei einer Wahlbeteiligung von knapp unter 60 Prozent. Eine enthusiasmierte Partei sah anders aus, aber der rastlose Sarkozy machte sich umgehend an eine Generalüberholung: Wenn die UMP ein Produkt war, das sich nicht mehr so recht verkaufte, dann würde doch jeder halbwegs vernünftige Sales Manager als Erstes die Marketing-Abteilung mit einem Rebranding beauftragen. Folgerichtig hatte sich Sarkozy bereits im Wahlkampf für eine Überarbeitung der Statuten ausgesprochen, in deren Rahmen auch der Name der Partei geändert werden sollte. Der Vorschlag wurde Anfang 2015 per Referendum angenommen, und so wurden aus der UMP Les Républicains (LR). Die eigentlich unspektakuläre Änderung war durch diverse Äußerungen Sarkozys zu einem Politikum geworden,[67] und was in dem Aufruhr darüber beinahe unterging, war eine weitere Reform, laut der der Kandidat für die Präsidentschaftswahl in offenen Vorwahlen bestimmt werden sollte, womit endlich ein entsprechendes Verfahren kodifiziert wurde – das sich allerdings als fatal für seinen Urheber erweisen würde.

Mit der Terminierung der Vorwahlen auf November 2016 war die Zeit des internen Wahlkampfs angebrochen. Juppé schwamm Mitte 2015 auf einer Welle der Zustimmung; die Umfragen kürten ihn regelmäßig zum beliebtesten Politiker Frank-

67 Vgl. zu dieser Debatte Ludovic Vigogne, »Les Républicains: le nom qui fâche«, in: *L'Opinion* (vom 26. April 2015).

reichs. Im Juni 2015 fasste die Intelligence-Unit des *Economist* ihre Lesart der Lage folgendermaßen zusammen: »Wir bekräftigen unsere Einschätzung, dass der Kandidat der Republikaner die nächste Präsidentschaftswahl gewinnen wird. Unserer Ansicht nach wird der Popularitätsvorsprung von Herrn Juppé ihm letztlich die Kandidatur [...] einbringen.«[68] Im Laufe der kommenden Monate verkündeten eine ganze Reihe mehr oder weniger bekannter Republikaner, dass sie antreten würden, darunter auch die alten Rivalen Fillon und Copé. Und natürlich erklärte auch Sarkozy sich öffentlich. Doch bei aller Ergebenheit bestimmter Flügel wollte die Partei insgesamt nicht auf die Ermunterungsversuche ihres ehemaligen Meister-Impresarios anspringen – stattdessen gab es Unmutsbekundungen bis in die höchsten Parteiebenen, nachdem der FN aus der ersten Runde der Regionalwahlen Ende 2015 als stärkste Partei hervorging. Daraufhin kam es zu einem öffentlichen Schlagabtausch zwischen Sarkozy und seiner Stellvertreterin Nathalie Kosciusko-Morizet, die die seit 2012 geltende Aufkündigung der republikanischen Front infrage stellte, welche Sarkozy nach der ersten Runde abermals bekräftigt hatte – obwohl die Sozialisten angekündigt hatten, ihre Kandidaten in zwei Regionen zurückzuziehen. Nach den Stichwahlen, aus denen die Republikaner als Sieger hervorgingen und bei denen der FN leer ausging, kündigte Sarkozy an, seine Stellvertreterin zu entlassen, woraufhin »NKM« selbst zurücktrat, allerdings nicht ohne vorher zu Protokoll zu geben: »Zu glauben, dass eine Partei gestärkt wird, wenn man sie reinigt, ist eine alte stalinistische Idee«[69] – um dann ebenfalls ihre Kandidatur in den Vorwahlen zu verkünden.

Schnell kristallisierte sich heraus, dass Juppé und Sarkozy

68 N. N., »Opposition UMP rebrands as Les Républicains«, in: *The Economist* (1. Juni 2015).

69 N. N., »Wahlsieger Sarkozy wirft seine Stellvertreterin raus«, in: *Die Welt* (14. Dezember 2015).

die Favoriten waren. Fillons Chancen galten mit Blick auf die Umfragen als äußerst begrenzt. Schließlich hatte Juppé den moderaten Flügels hinter sich, und den rechten Flügel hatte mutmaßlich Sarkozy für sich gepachtet. Der Wahlkampf verlief dann entlang der einigermaßen erwartbaren Konfliktlinien. Im Hinblick auf die Fragen Identität und Einwanderung entwarf Juppé gegen die um sich greifende kulturelle Verunsicherung die Vision einer »fröhlichen Identität«, die sich von ihrem Anderen nicht bedroht fühlen müsse. In einer viel beachteten Rede in Straßburg verwies er auf das Elsass als Beispiel für die positiven Effekte dessen, was man wohl als Hybridisierung bezeichnen könnte. Fillon hingegen positionierte sich mit einer Kombination aus Sozialkonservatismus und Neoliberalismus. Niemand versprach mehr Stellen im öffentlichen Dienst einzusparen als der Ex-Premier, der gleichzeitig eine Initiative zur Stärkung der Wettbewerbsfähigkeit ankündigte.[70] Kulturell gab sich Fillon als Traditionalist, der seine altmodischen Moralvorstellungen trotzig den Pariser Meinungsführern und dem woken Zeitgeist entgegenhalten wollte und sich damit als Anwalt der »kleinen Leute« und ihrer Werte inszenierte, die, in seinen Worten, »ein Anlass zur Belustigung für die großstädtische Elite« seien.[71] Und auch auf dem heiklen Feld der Vergangenheitspolitik unterstrich Fillon, dass er sich nicht den Mund verbieten lassen werde, und schlug früh einige prominente Pflöcke ein, indem er etwa die bemerkenswert euphemistisch formulierte Meinung vertrat, Frankreich werde sich ja wohl kaum dafür entschuldigen müssen, dass es seine Kultur mit Nordamerika, Asien und Afrika habe teilen wollen. In derselben Rede betonte er zudem, Frankreich sei weder erst 1789 entstanden noch sei es erst 1981

70 Vgl. zum wirtschaftspolitischen Programm Fillons William Rispin, *The French Centre Right and the Challenges of a Party System in Transition*, Cham: Palgrave Macmillan 2021, S. 91-130.

71 Thomas Liabot, »Après Sarkozy, Fillon s'attaque à son tour aux élites«, in: *Le Journal du Dimanche* (24. November 2016).

(dem Jahr von Mitterrands Amtsantritt) der Finsternis entronnen. Das waren klare Signale an das rechte Spektrum bis hin zu jener gegenaufklärerischen Strömung der Legitimisten, die nie ihren Frieden mit der Revolution gemacht hatten, die sich in der Gegenwart vor allem in kirchennahen ultrakatholischen Milieus sammelten und denen nach der »republikanisch-laizistischen Wende« des FN nun der direkte Ansprechpartner fehlte. Für diese Klientel stellte der tiefgläubige Fillon den idealen Kandidaten dar, war er doch unter anderem bis zum bitteren Ende bei Manif pour tous mitgelaufen. Und Fillon scheute sich auch nicht, seinen Rivalen um die Gunst des rechten UMP-Flügels aufs Korn zu nehmen, ohne dabei jedoch Sarkozy beim Namen zu nennen: »Um es ganz klar zu sagen, es reicht nicht aus, wie eine Ziege auf dem Stuhl auf und ab zu springen und ›Identität!‹, ›Identität!‹ zu rufen, um zu definieren, was Frankreich ist.«[72]

Tatsächlich kreiste Sarkozys Agenda auch im Spätherbst 2016 um die nationale Identität. Immer wieder betonte er, nur eine strikte Assimilierung der Immigranten an die französische Kultur sei akzeptabel, keinesfalls dürfe man »Parallelgesellschaften« dulden und schon gar nicht dürfe an die Mehrheitsgesellschaft die Forderung gestellt werden, sich an Bedürfnisse von Minderheiten anzupassen. Sarkozy sprach, als wäre es 2012, übrigens auch im Hinblick auf Reformen in Finanz- und Wirtschaftspolitik, die im Wesentlichen an Initiativen während seiner Amtszeit anschlossen – und dies entpuppte sich als zentrales Problem für den Ex-Präsidenten, der ein massives Glaubwürdigkeitsproblem bekam, da er nun erneut in etwa das versprach, was ihm zwischen 2007 und 2012 nicht geglückt war. Zudem hatte seine Amtszeit durchaus Wunden hinterlassen, die noch längst nicht verheilt waren. Wie erwähnt, standen weite Teile der Partei nach wie vor zu Sarkozy, aber außerhalb dieser Fan-

72 Ein Transkript der Rede ist online verfügbar unter: {http://www.geopolitique-geostrategie.fr/je-veux-faire-pour-les-francais-21584}.

basis und erst recht außerhalb der UMP war er mindestens so unbeliebt, wie er es schon als Präsident gewesen war. Dennoch waren sich die Demoskopen noch kurz vor der Wahl einig, dass Fillon höchstens Außenseiterchance hatte. Aber es kam anders – wie 2016 aus demoskopischer Sicht so vieles anders kam. Man hätte sich innerparteiliche Auswahlverfahren vorstellen können, in denen Sarkozy die Hypothek der weitverbreiteten Aversion gegen ihn durch die Mobilisierung seiner Basis hätte kompensieren können, doch das Prozedere, das auf seine eigene Initiative zurückging, erschwerte dies massiv. Denn bei den Vorwahlen handelte es sich eben um *offene* Vorwahlen.[73] Dies bedeutete, dass jeder wahlberechtigte Franzose teilnehmen konnte, solange er seine Sympathie für einen konservativen Wertekanon bekundete und zwei Euro Unkostenbeitrag entrichtete. Und so unterschrieben Tausende, deren politische Überzeugungen eher in der Mitte oder links davon angesiedelt waren, den konservativen Wertekatalog, um in der ersten Runde für einen anderen Kandidaten als Sarkozy zu stimmen. Als die Ergebnisse am Abend des 20. November verkündet wurden, mischte sich der Jubel der einen mit dem ungläubigen Staunen und der tiefen Enttäuschung der anderen: Fillon erhielt 44 Prozent und verwies den vermeintlichen Favoriten Juppé mit 28 Prozent auf den zweiten Rang. Sarkozy musste sich mit 21 Prozent geschlagen geben. In dem, was sich als seine politische Abschiedsrede erweisen sollte, mahnte er, die Bruderkriege müssten nun vorbei sein, was etwas vorschnell war, denn schließlich stand die Stichwahl ja noch aus. Er jedenfalls werde für seinen ehemalige Premier Fillon stimmen. Nach nur wenigen Minuten schloss er mit »Alles Gute für Frankreich« und verließ mit für seine Verhältnisse eher schleppendem Gang die Bühne.

In der verbleibenden Woche musste Juppé in die Offensive gehen und griff Fillons viktorianisch anmutende Moralvorstel-

73 Vgl. Manow, *(Ent-)Demokratisierung der Demokratie*, S. 105.

lungen ebenso an wie die knallharten Wirtschaftsreformen, die jener forderte und die ihm bald den etwas irreführenden Spitznamen als französischer Thatcher einbrachten. Aber obwohl der Juppé-Flügel keineswegs nur ein versprengtes Häuflein von Zentristen war, verfügte er innerhalb der LR längst nicht mehr über eine strukturelle Mehrheit. Getragen von seiner Kerngefolgschaft und den Netzwerken, die etwa Sens Commun äußerst erfolgreich geknüpft hatte, holte Fillon 67 Prozent und wies damit erwartungsgemäß Juppé in die Schranken. Fillon, dessen staatsmännische Ausstrahlung ihm Punkte gegen den im Wahlkampf abwechselnd larmoyanten und schnippischen Ex-Präsidenten eingebracht hatte, verkündete gravitätisch, er werde »einen für Frankreich ungewöhnlichen Weg gehen: Die Wahrheit sagen und das Betriebssystem komplett ändern.«[74] Die Sache mit der Wahrheit sollte sich für Fillon noch als unerwartet hohe Hürde erweisen, aber am Abend seiner Kür war er nicht weniger als der Favorit auf das Amt des Präsidenten.

74 N.N., »Ex-Premier Fillon wird Kandidat der Konservativen«, in: *Der Spiegel* (27. November 2016).

3. Zwischen Macron und Le Pen

Als Emmanuel Macron am 16. November 2016 vor die Presse trat, war seine Ankündigung, bei der Präsidentschaftswahl anzutreten, keine wirkliche Überraschung mehr. Der Shooting-Star der französischen Politik hatte bereits im Frühjahr seine Bewegung En Marche gegründet (ähnlich der Forza Italia eine personalisierte Flash-Partei wie aus dem Lehrbuch), und spätestens nachdem er dann im Sommer seinen Posten als Wirtschaftsminister zur Verfügung gestellt hatte, gingen die Beobachter fest davon aus, dass er kandidieren würde. Der parteilose ehemalige Investmentbanker hatte bereits Erstaunliches erreicht: Zwei Gesetze, von denen eines sogar seinen Namen trug, verbanden sich mit seiner Amtszeit, die vom Versuch geprägt war, die Strukturen der Wirtschaft von dem zu befreien, was Macron als schädliche Verkrustungen betrachtete. Im Gesetz zur Förderung von Aktivität, Wachstum und wirtschaftlicher Chancengleichheit (Loi Macron), das 2016 trotz massiver Proteste in Kraft getreten war, wurden beispielsweise die Ladenöffnungszeiten und der Fernverkehr liberalisiert. Diese Durchsetzungsfähigkeit machte Macron vor allem für die wirtschaftsnahen Milieus zum Hoffnungsträger, seine klare proeuropäische Haltung und seine gesellschaftspolitisch liberalen Positionen würden wiederum vor allem das Zentrum ansprechen. Dass dort noch immer zumindest ein virtuelles Wählerreservoir vorhanden war, wusste man spätestens seit Bayrous Überraschungscoup 2007; ob dieser »bürgerliche Block« (Amable/Palombarini) sich auch tatsächlich zu einem solchen würde formen lassen, erschien Ende 2016 allerdings noch weitgehend ungewiss. Sicher, Macron hatte sich als Minister Meriten erworben, doch der damals 38-Jährige wäre nicht der Erste gewesen, der eine medial genährte Popularität mit tatsächlichen Wahlchancen verwechselt hätte. Und da er überdies mit einem politischen Start-up als Vehikel seiner Ambitionen antrat, das über keinerlei Verankerung in der Fläche verfügte, überwog nach seiner Ankündigung die Skepsis.

Und tatsächlich, bis Anfang 2017 lag Macron in den Umfragen durchgehend hinter Fillon und der zweitplatzierten Le Pen. Dieser Favoritenstatus, welcher nicht zuletzt der Figur Fillon geschuldet war, der sich als unverbiegbarer Klartexter, demütiger Katholik und insgesamt authentische Persönlichkeit präsentierte, verdeckte aber eine sich abzeichnende strategische Konstellation, die sich für Fillon und die Républicains kurz-, mittel- und langfristig als fatal erweisen sollte.

Dies führt uns zurück zur eingangs formulierten Hypothese, laut der die Krise des gemäßigten Konservatismus aus der Sollbruchstelle zwischen liberalen und konservativen Elementen herrührt, die zum Ansatzpunkt für Fliehkräfte in die eine oder andere Richtung wird. Der Fall Italiens konnte diese These allenfalls eingeschränkt bestätigen, und bis 2017 galt das auch für Frankreich. Doch nun begann sich genau das skizzierte Szenario anzubahnen: Fillon und seine Republikaner sahen sich plötzlich eingezwängt zwischen dem FN und einer zentristischen Bewegung, die der Familie der Orléanisten eine neue Heimat bot. Sicherlich kann man bezweifeln, ob sich diese Konstellation ohne Fillons diverse Skandale gleichermaßen desaströs ausgewirkt hätte. Es erscheint angebracht, hier zwischen Auslösern und strukturellen Ursachen für die historische Niederlage der rechten Mitte zu unterscheiden. Natürlich war das sogenannte Penelope-Gate ein Wirkungstreffer, denn gerade Fillon war ja auf dem hohen Ross des Moralismus durch die politische Landschaft geritten und musste nun quasi täglich neue Verfehlungen einräumen. Im Wesentlichen ging es dabei darum, dass er seine Frau Penelope und seine Kinder auf Staatskosten scheinbeschäftigt hatte. Aber abgesehen vom unmittelbaren Fallout wirkte der Skandal auch als Katalysator für das oben skizzierte Szenario. Die angeschlagene Fillon-Kampagne erzeugte das Momentum, auf das Macron bis Februar 2017 gewartet hatte, und plötzlich sahen sich Les Républicains veritablen Kontrahenten am rechten Rand und in der Mitte gegenüber, während Fillon nicht nur persönlich angezählt war, sondern auch ein Programm vertrat, das im Vergleich zu En Marche und FN weder Fisch noch Fleisch darstellte.[1] Wirtschaftspolitisch saß Fillon insofern zwischen den Stühlen, als sein Programm für diejenigen, die auf einen protektionistischen Nationalismus hofften, natürlich nichts zu bieten hatte. Aber auch die neoliberal gesinnten Milieus neigten eher Macron zu, der zwar weniger versteigene Ziele formulierte, aber grundsätzlich auf der gleichen Linie lag, dabei aber den Vorteil hatte, seine Effektivität als Wirtschaftsminister unter Beweis gestellt zu haben. An den von ihm verantworteten Gesetzen konnten auch die Mitterechts-Parteien wenig Falsches finden. Hinzu kam, dass Macron in wirtschaftsnahen Kreisen wegen seiner dezidiert europafreundlichen Haltung auf größere Zustimmung stieß. Auch diesbezüglich bewegte sich Fillon mit seinem lauen Bekenntnis zur EU gewissermaßen im Niemandsland: Macron sprach sich in glühenden Worten für die Vorzüge der EU und die Notwendigkeit ihrer weiteren Vertiefung aus, wohingegen Le Pen mindestens den Schengenraum und womöglich sogar die Eurozone verlassen wollte und überdies auf ein entschiedenes Zurückschneiden der EU-Kompetenzen pochte, um die Souveränität der Nationalstaaten zu stärken. Die entsprechende Agenda hatte Le Pen übrigens im Schulterschluss mit anderen Größen des

1 Vgl. zum Folgenden David Lees, »A controversial campaign: François Fillon and the decline of the centre-right in the 2017 elections«, in: *Modern & Contemporary France* 25/4 (2017), S. 391-402.

Abb. 10: Wahlplakate für Marine Le Pen und Emmanuel Macron in Paris (April 2017).

rechten Spektrums Europas vertreten, als man bei einem von der AfD organisierten Treffen im Januar 2017 in Koblenz zusammenkam: Alle hier Versammelten, von Le Pen über Frauke Petry und Geert Wilders bis zu Matteo Salvini, waren sich einig, dass die EU wahlweise als Tyrannei, Diktatur oder Totalitarismus zu verurteilen sei.[2]

Und auch im Hinblick auf gesellschaftspolitische Fragen wie Einwanderung, Laizismus, die Kolonialvergangenheit[3] musste Fillon mitansehen, wie seine Position zerrieben wurde zwischen dem auf modern getrimmten Liberalismus Macrons und den rechtsnationalen, nun aber in pseudobürgerliche Melodien verpackten Tönen des FN. Fillons Team hatte beschlossen, den Fo-

2 Vgl. Justus Bender, »Hurra-Rufe für Petry, Wilders, Le Pen und Trump«, in: *Frankfurter Allgemeine Zeitung* (21. Januar 2107).

3 Während Fillon eine halbgare Apologie des Kolonialismus lieferte, deren Kernbotschaft wir bereits kennen, kritisierte Macron den Kolonialismus in aller Deutlichkeit. Später unterstützte er auch die Rückgabe geraubter Kunstschätze an die afrikanischen Ursprungsländer.

kus auf christlich grundierte traditionelle Moralvorstellungen beizubehalten. Doch mit diesem Schwerpunkt ließ sich schon der zentristische Flügel der LR nicht wirklich begeistern, der immer stärker in Richtung Macron tendierte, und gerade für jüngere rechtsgerichtete Wähler hatten Fragen wie künstliche Befruchtung und das Adoptionsrecht für homosexuelle Paare auch nicht gerade oberste Priorität.[4] In gewisser Weise wurde hier eine Selbstverzwergung der rechten Mitte offenkundig, die ihre reale Dezimierung bereits vorwegnahm, indem sie jedenfalls auf der kulturellen Ebene ein sehr spezifisches rechtskonservatives und katholisch geprägtes Milieu ansprach, das zudem im Durchschnitt seine besten Jahre hinter sich hatte. Zwar konnte Fillon dieses Milieu mehrheitlich für sich gewinnen, doch angesichts seiner quantitativen Überschaubarkeit war dies nicht annähernd genug. Fillon trat in gewisser Weise nicht mehr wie der Vertreter einer Volkspartei der rechten Mitte auf, sondern als Repräsentant einer christlich-konservativen Nischenpartei.

Als dann der 23. April anbrach, war jedem in Fillons Team klar, dass ein Wunder notwendig wäre, um ihn in die zweite Runde einziehen zu lassen – und das Wunder blieb aus. Fillon, der nach dem Tiefschlag der Penelopegate-Affäre trotzig weitergemacht hatte, erreichte ein angesichts der Umstände achtbares Ergebnis, doch davon konnte sich niemand etwas kaufen, und aus Sicht der LR war dies keine Redensart, sondern alarmierende Realität. Denn nach den Skandalen im Umfeld der letzten Präsidentschaftswahl befand sich die Partei auch finanziell in massiver Schieflage. Für Sarkozy, der ebenfalls Nach- und Strafzahlungen zu leisten hatte, war eine Spendenaktion organisiert worden, bei der über zehn Millionen Euro zusammenkamen. Für die LR gab es keine Benefizaktion, sie musste auf Wahlerfolge hoffen, denn die Verbindlichkeiten lagen laut einer inter-

4 Vgl. Lees, »A controversial campaign«, S. 401.

nen Untersuchung bei etwa 75 Millionen Euro.[5] Aber ihr Kandidat gewann nicht, er zog mit etwas mehr als 20 Prozent noch nicht einmal in die zweite Runde ein – ein Novum in der V. Republik. Und damit nicht genug: Nachdem Macron die Stichwahl gegen Le Pen gewonnen hatte und ein kollektives Aufatmen durch das liberale Europa ging, dass nach Brexit und Trump die populistische Siegesserie abgerissen war, begann er systematisch, führende Mitglieder des zentristischen Flügels abzuwerben. Das gab einer demoralisierten LR den Rest, die in den Parlamentswahlen erneut dramatische Verluste hinnehmen musste und am Ende nur noch 112 Sitze verzeichnete. Der Gewinner war wie erwartet die nun als Partei firmierende La République en marche (LREM), und auch der FN konnte sich als Sieger fühlen, zogen doch acht Abgeordnete ins Palais Bourbon ein.

Die Zeitenwende war da: Das Auftauchen von En marche hatte Mechanismen in Bewegung gesetzt, die letztlich zum Kollaps des französischen Parteiensystems führten. Einem weiter erstarkten FN standen finanziell klamme Républicains gegenüber, die quasi täglich Abgänge in Richtung LREM verzeichnen mussten und sich programmatisch in genau der Zwickmühle befanden, die sich aus der Ausgangshypothese zur Krise des gemäßigten Konservatismus ergibt.

Countdown to Extinction – Les Républicains und der Absturz der rechten Mitte

Es ist leicht, die Jahre seit Fillons Niederlage bis in die Gegenwart als kontinuierliche Abstiegsgeschichte der Republikaner zu beschreiben, aber ganz so eindeutig erscheinen die Dinge erst im historischen Rückspiegel. Denn auch in den vergangenen sechs Jahren gab es immer wieder Momente, in denen es schien, als könne sich die rechte Mitte erholen.

5 Vgl. Knapp, »En attendant Sarko?«, S. 487.

Doch schon der erste signifikante Schritt hinein in die neue Zeit sorgte für Kontroversen. Es handelte sich um die Besetzung des vakanten Postens des LR-Chefs, den Fillon als Präsidentschaftskandidat de facto innegehabt hatte. Der Sieger hieß Laurent Wauquiez, ein langjähriges Parteischwergewicht, dessen Karriere eng mit Sarkozy verknüpft war. Vertrat Wauquiez den Sarkozy-Flügel, so waren seine Rivalen Maël de Calan und Florence Portelli Repräsentanten der Juppé- beziehungsweise der Fillon-Fraktion. Dass Wauquiez mit stolzen 75 Prozent bereits in der ersten Runde gewählt wurde, bedeutete vor diesem Hintergrund nicht notwendigerweise, dass auch die ganze Partei hinter ihm stand, die nach wie vor zwischen diesen drei Fraktionen und unzähligen inoffiziellen Flügeln zerrissen war (die offiziellen hatte man mittlerweile wieder verboten). Wer auch immer den Vorsitz übernahm, konnte eigentlich nur Fehler machen: Ein Schritt in Richtung Mitte und Macron wäre als Kotau vor LREM verstanden worden. So viel Defätismus hätte Chuzpe erfordert und gleichzeitig den Vorwurf provoziert, dem FN das rechte Feld kampflos zu überlassen. Umgekehrt war ein Schritt nach rechts dazu geeignet, die Abwanderungswellen in Richtung Macron noch weiter anschwellen zu lassen. Vor dieses Dilemma gestellt, musste Wauquiez nicht lange überlegen. Er hatte das Mantra Sarkozys, man müsse den Rechten ihre Wähler auf deren Territorium abjagen, komplett verinnerlicht und war schon in der Vergangenheit mit rechtsrandigen Positionen aufgefallen. Wauquiez genoss eine gewisse Popularität an der Basis, aber in den oberen Stockwerken der LR – und nicht nur in den Trakten der Juppé-Anhänger – verfolgte man mit Sorge, wie er sich anschickte, die Partei immer noch weiter nach rechts zu rücken.

Zu denjenigen, die auf Distanz zur neuen Führung gingen, gehörte auch Valerie Pécresse, die beschloss, nicht mehr alles auf die Mitte-rechts-Karte zu setzen, und Mitte 2017 die Bewegung Libres! gründete, womit auch ein frühes Zeichen hinsichtlich etwaiger präsidentieller Ambitionen gesetzt war. Wauquiez' offensiver Rechtskurs verursachte also beträchtliches Unbehagen und beschleunigte den Exodus der gemäßigten Partei-Elite in Richtung LREM. Wauquiez hielt gute zwei Jahre eisern an seiner Strategie fest, aber die Europawahlen 2019 markierten das Ende der Fahnenstange. Natürlich handelte es sich einmal mehr »nur« um Europawahlen, aber das Ergebnis fiel dermaßen desaströs aus, dass es die Republikaner auch bei einer Bürgermeisterwahl erschüttert hätte. Auf dem ersten Platz landete erwartungsgemäß die eindeutig proeuropäische LREM und auf dem zweiten Platz ihr europaskeptischer Gegenpart, der sich im Bestreben nach bürgerlicher Respektabilität mittlerweile in Rassemblement National umbenannt hatte. Aber Les Républicains kamen noch nicht einmal auf den dritten Platz, sondern mussten diesen dem PS überlassen, der nach der tiefen Enttäuschung der Hollande-Präsidentschaft nie wieder Tritt gefasst hatte und nach dem Auftauchen von Macrons En marche eigentlich eine Partei in Auflösung war. Noch hinter diesen Sozialisten belegte man also mit jämmerlichen 8,5 Prozent Platz vier.

Folgerichtig trat Wauquiez am 2. Juni zurück, und damit stand den LR eine weitere Auseinandersetzung um ihre Führung ins Haus. Die Partei, beziehungsweise der Vorstand, hatte aus dem Hahnenkampf zwischen Fillon und Copé allerdings seine Lehren gezogen und bedeutete den potenziellen Kandidaten, sie müssten allen präsidentiellen Ambitionen abschwören und sich ganz auf den Vorsitz konzentrieren. Man kann mit guten Gründen bezweifeln, ob dies wirklich die optimale Schlussfolgerung aus dem Copé-Fillon-Fiasko war, denn mit dieser Ankündigung reduzierte sich das Bewerberfeld abrupt um die vermeintlich interessantesten Figuren. Als sich dann Christian Jacob gegen Julien Aubert und Guillaume Larrivé durchsetzte, war es den Medien lediglich eine kurze Meldung wert.

Unter anderen Umständen hätte sich der ideologisch unauffällige Parteisoldat als gute Wahl erweisen können, doch in der strategischen Konstellation Ende 2019 war Jacob keine Idealbesetzung. Sein Temperament war in jeder Hinsicht gemäßigt bis zu dem Punkt, dass er den Eindruck einer Persönlichkeit machte, die »eher dazu geeignet ist zu folgen, als zu führen«.[6] Das bedeutete aber, dass sich die rechte Mitte ein etwa zwei Jahre langes Vakuum an der Spitze leistete, da Jacob ja gewissermaßen nur als Statthalter eines zukünftigen Präsidentschaftskandidaten agierte, womit alles angerichtet war für 24 Monate voller interner Rivalitäten.

Nichtsdestotrotz verzeichneten die Republikaner in jener Zeit durchaus einige Erfolge. Dazu gehörte ein Sieg bei den Senatswahlen 2020, bei denen sie ihre Mehrheit um sechs Sitze ausbauen konnten. Doch auch dieses Ergebnis wollte keine wirkliche Euphorie aufkommen lassen, was erstens daran lag, dass der Senat seit Menschengedenken eine Bastion der rechten Mitte gewesen war. Zweitens spielt das französische Oberhaus institutionell eine eher nachgeordnete und weitaus schwächere Rolle als etwa der italienische Senat. Aber die Regionalwahlen 2021 zeigten dann ebenfalls, dass man die LR noch nicht komplett abschreiben durfte. Hier standen nach der zweiten Runde immerhin in mehr als der Hälfte aller Regionen Siege für LR-geführte Mitte-rechts-Bündnisse zu Buche, die großen Verlierer waren LREM und RN, der auch unter dem neuen Namen abermals leer ausging. Im *Spiegel* war bereits die Rede von der »alten neuen Kraft«, und angesichts des positiven Wahlausgangs wurde spekuliert, die Republikaner würden sich möglicherweise als Herausforderer re-etablieren: »[P]lötzlich wirkt es so, als könnten sie das erwartete Duell zwischen Emmanuel Macron und Le Pen im April 2022 aufmischen.«[7] Es erforderte freilich überschaubaren politischen Sachverstand, um das Ergebnis angemessen einzuordnen: Die alteingesessenen Parteien hatten aufgrund ihrer lokalen und regionalen Verankerung bei

6 N.N., »Les Républicains: Squeezed between the centre and the far right«, in: *The Economist* (10. Oktober 2019).

7 Anant Agarwala, »Die neue alte Kraft«, in: *Der Spiegel* (28. Juni 2021).

den entsprechenden Wahlen schlicht nach wie vor einen klaren Wettbewerbsvorteil gegenüber Neulingen wie LREM oder der Ökopartei Les Verts. Angesichts der ausgeprägten Zentralisierung des Landes konnte aber auch hier nicht von einer soliden und effektiven Gegenmachtbasis für die rechte Mitte gesprochen werden, und vor allem hatten die günstigen Resultate für LR und ihre Allianzpartner einen erkennbar schalen Beigeschmack, der in der historisch niedrigen Wahlbeteiligung von unter 35 Prozent lag.

Doch war die rechte Mitte eigentlich je weg gewesen? Die womöglich kurios anmutende Frage ist keineswegs so abwegig, wie es zunächst scheinen mag. Denn die Republikaner mochten sich seit 2012 im Sinkflug befinden und die Wahlen 2017 verloren haben. Dies bedeutete aber nicht, dass nicht auch ohne sie rechtsmittige Regierungspolitik betrieben wurde. Zumindest konnte man beim Blick auf die Kabinette von Édouard Philippe (dem anfangs auch Bayrou angehörte) und seinem Nachfolger Jean Castex den Eindruck gewinnen, dass es sich hier zumindest um Regierungen mit einer entsprechenden Schlagseite handelte. Innenminister Gérald Darmanin, Finanzminister Bruno Le Maire wie auch Philippe und Castex selbst waren von den Republikanern abgeworben worden. Damit konnten sich die LR natürlich kaum trösten, im Gegenteil, sie waren die Hauptleidtragenden von Macrons Politik, die ausdrücklich darauf abzielte, sie immer weiter zu schwächen, indem man sich sowohl ihr Personal als auch einen Teil ihrer Agenda aneignete. Denn man brauchte aus Macrons Perspektive kein Machiavelli zu sein, um sich auszurechnen, dass die Republikaner noch immer die größte Bedrohung für seine Wiederwahl darstellten. Und zwar nicht nur, weil angeschlagene Boxer bekanntlich die gefährlichsten sind, sondern weil der PS nach wie vor weit davon entfernt war, eine wirkliche Herausforderung darzustellen, und Macron sich beinahe sicher sein konnte, aus einer Stichwahl gegen Le Pen erneut als Sieger hervorzugehen.

Nur wenn er in der zweiten Runde gegen einen Kandidaten der rechten Mitte antreten müsste, könnte es für ihn gefährlich werden.

Und damit noch einmal zurück zu den Regionalwahlen 2021, aus denen tatsächlich kaum belastbare Prognosen abzuleiten waren, die aber vor allem dem Rassemblement National dennoch zu denken geben mussten. Im Gegensatz zu den Novizen von LREM war der Rassemblement kein Neuling und hatte schon in den neunziger Jahren auf regionaler Ebene Achtungserfolge gefeiert. Der Einbruch, den Le Pen mit der niedrigen Wahlbeteiligung (»ein demokratischer Skandal«) wegzuerklären versuchte, hatte aber tiefere Ursachen, die in gewisser Weise an die Konstellation erinnern, die wir in Italien kennengelernt haben. Dort war Finis Versuch, die Alleanza in die (rechte) Mitte zu führen, von Anfang an ein prekärer Drahtseilakt gewesen, bei dem die programmatischen Giftschränke entsorgt werden mussten, ohne dabei die Parteibasis zu vergrätzen. Das hatte mal besser, mal schlechter geklappt, war aber jedenfalls immer wieder auch an seine Grenzen gestoßen. An einem ähnlichen Punkt befand sich Le Pen 2021 mit ihrem Projekt der *dédiabolisation*. In der »marinierten« Partei, aus der mittlerweile auch Le Pen senior auf Betreiben seiner Tochter ausgeschlossen worden war, regte sich wie in der AN Unmut gegen den Kurs der Mäßigung, den die Führung seit 2017 weiter forciert hatte. Seinerzeit hatte der damalige Stellvertreter Le Pens Florian Philippot die harten europafeindlichen Positionen dafür verantwortlich gemacht, dass es nur zum Achtungserfolg und zwei Mandaten gereicht hatte. Zwar wurde Philippot nach monatelangen Querelen aus der Partei gedrängt, doch danach machte sich auch Le Pen seine Position zu eigen und fuhr die Europakritik zurück – wie es Meloni in Italien später ebenfalls tun würde. Weder aus der Eurozone noch aus der EU sollte Frankreich unter RN-Führung ausscheiden – auch wenn man über das Schengenabkommen definitiv reden müsse. Angesichts dieser Abrundung vieler ehemals scharf nationalistischer Kanten begann in den stramm rechten Milieus das Wort vom Ausverkauf die Runde zu machen: Die Führung mochte sich darüber freuen, dass die Franzosen in Umfragen mittlerweile regelmäßig mehrheitlich befanden, der RN sei »eine Partei wie jede andere«, aus Sicht der rechten Basis war dies kein Anlass zum Jubel, sondern ein Problem: Man wollte keine Partei wie jede andere sein, schließlich war man damit schon so gut wie Teil des Systems. In der Folge entstand unter potenziellen RN-Wählern das, was in der Wahlsoziologie als »Enthusiasmus-Lücke« bezeichnet wird: Viele konnten sich schlicht nicht dazu aufraffen, eine Partei zu wählen, die den Sirenengesängen der Macht offensichtlich erlegen war.

Nimmt man all diese Faktoren zusammen, konnte man aus Sicht der Strategieabteilung der LR Mitte 2021 zu einer überraschend hoffnungsvollen Gesamteinschätzung der Lage gelangen: Die Partei war nach 2017 zumindest nicht auseinandergebrochen, und auch wenn die alten Domänen des Senats sowie der Lokal- und Regionalpolitik nur von begrenzter Bedeutung waren, hatte man sie doch zumindest nicht eingebüßt. Die Sozialisten wanderten bis auf Weiteres in der politischen Wüste, und in der Tat wären die Republikaner die größte Bedrohung für Macron, wenn sie es in die Stichwahl schafften, zumal dessen strahlendes Image nach den harten Auseinandersetzungen mit den Gelbwesten und den Konflikten um die Coronapolitik zumindest ein paar Schrammen aufwies. Es war zudem durchaus nicht ausgeschlossen, den RN in der ersten Runde zu überflügeln. Das Einzige, was nun noch fehlte, war ein Akteur, der den Platz am rechten Rand für sich beanspruchte, den der RN vermeintlich geräumt hatte – wie einst die Fratelli d'Italia den Platz der Alleanza in Italien übernahmen –, und es würde rechts außen zum Infight kommen, der den Rassemblement National genug Stimmen kosten könnte, um den republikanischen Kandidaten in die Stichwahl zu tragen.

Natürlich beinhaltete diese Einschätzung eine ganze Reihe von Konjunktiven und klang ein wenig zu sehr wie das sprichwörtliche Pfeifen im Walde, doch dann wurden die LR-Strategen im Juli 2021 hellhörig, als ein TV-Journalist auf einem eher obskuren Youtube-Kanal en passant erwähnte, er überlege, ob er für ein politisches Amt kandidieren solle. Éric Zemmour war Moderator bei dem vom erzkonservativen Milliardär Vincent Bolloré finanzierten Sender CNews, auf dessen Yacht Sarkozy einst seinen präsidentiellen Antrittsurlaub verbracht hatte, und seine tägliche Show erfreute sich sagenhafter Einschaltquoten. Zemmour gerierte sich als rechter Provokateur ersten Ranges, klug, eloquent und immer bereit, das Radikalisierungspotenzial voll auszureizen. Für die LR war er beileibe kein Unbekannter. Anfang 2019 hatte man Zemmour sogar zum Ideenaustausch in die Parteizentrale eingeladen, wo ihn der damalige Vorsitzende Laurent Wauquiez mit den Worten begrüßte: »Éric ist hier zu Hause, Éric, du bist hier unter deinesgleichen.«[8] Im Zuge seines Rechtskurses hatte Wauquiez Zemmour sogar Avancen gemacht, für die Republikaner anzutreten. Dieser lehnte ab, und für diejenigen in der Partei, die die Mitte zumindest noch in Sichtweite behalten wollten, war dies eine gute Nachricht. Der ehemalige *Figaro*-Kolumnist, der unter anderem 2002 eine Chirac-Biografie verfasst hatte (*L'homme qui ne s'aimait pas*, deutsch etwa: »Der Mann, der sich nicht mochte«), schrieb nämlich seit einigen Jahren Bücher wie *Le Suicide française* (2014), das es in seiner rassistischen Polemik und islamfeindlichen Apokalyptik mit Thilo Sarrazins 2010 erschienenem *Deutschland schafft sich ab* aufnehmen konnte – und sich auch in etwa so oft verkaufte. Zemmour fabulierte gern vom »Großen Austausch«, dem unter anderen von Renaud Camus lancierten Meisternarrativ der identitär-autoritären Rechten, laut dem die westlichen Regierungen ein Komplott geschmiedet haben, um die autochthonen Bevölkerungen durch muslimische Masseneinwanderung zu ersetzen. Und auch sonst war

8 Zit. n. Serge Halimi, »Rendezvous mit einem Brandstifter«, in: *Le Monde diplomatique* (07. November 2019).

ihm kein Eisen zu heiß, keine These zu reaktionär: Er habe noch nie eine Frau getroffen, die es in Sachen Intelligenz mit ihm aufnehmen könne, ließ er wissen. Es war nicht ganz klar, ob das auch seine Beraterin Sarah Knafo umfasste, von der es hieß, sie sei Zemmours »rechte Hand, sein Ohr, sein Gehirn« – und womöglich auch seine Geliebte.[9] Aus Sicht der LR schien ein Traum wahr geworden zu sein, denn Zemmours Andeutungen reichten aus, um ihn in Umfragen aus dem Stand knapp hinter oder sogar vor Le Pen zu katapultieren.

Chronik eines aufgeschobenen Todes

Am Ende führen alle Wege zurück zu de Gaulle. Am Tag nach der ersten Fernsehdebatte zwischen den Anwärtern auf die Präsidentschaftskandidatur für die rechte Mitte stand ein Pflichttermin, der Eintracht und Traditionsverbundenheit signalisieren sollte. Zum 51. Todestag von Charles de Gaulle begaben sich alle fünf nach Colombey-les-deux-Églises, um wie 25 Jahre zuvor Jacques Chirac einen Kranz am Grab des Generals niederzulegen – und das, obwohl zwei von ihnen gar nicht mehr Mitglied in der aktuellen Reinkarnation seiner Partei waren. Auf einen solchen symbolträchtigen Moment konnten aber auch Xavier Bertrand und Valérie Pécresse nicht verzichten, wenn sie ihre Chancen auf die Kandidatur wahren wollten, über die im Rahmen einer parteiinternen Urwahl entschieden werden sollte, und zwar Anfang Dezember nach weiteren drei TV-Debatten. Das Urwahlverfahren, mit dem man Manipulationen parteifremder Kräfte ausschließen wollte, bevorteilte eigentlich Bertrand, der als ehemaliger Parteisekretär nach wie vor über eine Gefolgschaft verfügte, sich aber selbst geschadet hatte, indem er 2017 aus der Partei ausgetreten war, um deren

9 Tristan Berteloot/Guillaume Gendron, »Sarah Knafo, l'éminence grisée d'Eric Zemmour«, in: *Libération* (2. November 2021).

Unterstützung er nun warb. Mit einer ähnlichen Hypothek kämpfte Pécresse. Von Chirac seinerzeit entdeckt, hatte sie im Kabinett Fillon die umstrittene Hochschulreform verantwortet und war so eigentlich ein Parteiurgestein – wenn sie denn noch Mitglied gewesen wäre. Das immerhin waren die übrigen drei Bewerber, unter denen dem Arzt Philippe Juvin, der sich in der Coronazeit einen Namen gemacht hatte, noch nicht einmal Außenseiterchancen eingeräumt wurden. Wenig aussichtsreich erschien auch Éric Ciottis Kandidatur, der als Rechtsaußen firmierte und in der TV-Debatte den ersten Paukenschlag lieferte, als er bekannte, er stehe Zemmour politisch näher als Macron. So tief in die rechte Tasche musste man aber auch greifen, um sicher zu sein, nicht noch rechts überholt zu werden. Denn die anderen Kandidaten sparten ebenfalls nicht mit Versuchen, im rechten Lager zu punkten. Das sorgte vor allem im Fall Michel Barniers für Verblüffung. Vom Brexit-Unterhändler der EU hätte man eine halbwegs europafreundliche Position erwartet, stattdessen hatte Barnier im Vorwahlkampf den Vorrang des EU-Rechts gegenüber dem nationalen Recht infrage gestellt – was das Ende der EU als Rechtsgemeinschaft bedeuten und in Warschau und Budapest für Freudentränen sorgen würde. Aber auch Bertrand und Pécresse ließen sich nicht lumpen und forderten unbedingte Assimilation von Einwanderern und eine Revision des Migrationsregimes. Barnier, Bertrand und Pécresse galten als Topfavoriten, Letztere auch deshalb, weil sie gerade als Regionalpräsident:innen wiedergewählt worden waren und somit über mehrfach bestätigte *electability* verfügten. Noch bis in den Herbst hinein war nicht ganz klar gewesen, ob nicht doch noch ein weiterer Kandidat zum Feld stoßen würde, doch die Hoffnungen der Basis wurden jäh zerschlagen, als Nicolas Sarkozy im September 2021 tatsächlich im Zusammenhang mit der Bygmalion-Affäre zu einer Freiheitsstrafe von einem Jahr ohne Bewährung verurteilt wurde, die er übrigens zu Hause mit einer Fußfessel absaß – die aber zum Glück für den notorischen Fußwipper nur eine elektronische war. So kämpften die fünf Bewerber um die Gunst des konservativen Elektorats, als Ende November Zemmour zu nächtlicher Stunde einen Tweet mit einer Sanduhr absetzte und damit signalisierte, dass er tatsächlich bereit war, als Präsidentschaftskandidat anzutreten.

Das tags darauf auf Youtube veröffentlichte Bewerbungsvideo zeigte Zemmour in schummrigem Licht vor einem Regal, aus dem dicke Buchrücken mit Ledereinbänden ragten. Zemmour saß an einem Holzsekretär und verlas mit gravitätischer Stimme seine zehnminütige Erklärung in ein überdimensioniertes Mikrofon. Man hatte angesichts der Retro-Aufmachung das Gefühl, jeden Moment könne Winston Churchill zur Tür hereinkommen, und genau diese Assoziation war auch intendiert. Der Rechtsaußen versuchte, sich in die Tradition des konservativen Meisterdiskurses zu stellen, indem er sich als Wiedergänger de Gaulles und seiner berühmten Londoner Radioansprache inszenierte: De Gaulle hatte zum Widerstand gegen die Nazis aufgerufen – und war das, was Zemmour in seinem Video beschrieb, nicht mindestens ebenso Anlass zum Widerstand? Da wurde das Bild eines Landes kurz vor dem Zusammenbruch gezeichnet und idyllischen Eindrücken einer besseren Vergangenheit gegenübergestellt. Das korrespondierte sehr gut mit Umfragen, in denen mittlerweile über die Hälfte der Franzosen der Aussage zustimmten, dass man sich in Frankreich nicht mehr so zu Hause fühlen könne wie früher. Aber das war noch nicht das letzte Wort, wie Zemmour schon im Titel seines kurz zuvor veröffentlichten Buches *La France n'a pas dit son dernier mot* betont hatte: Er, Zemmour, trete nicht an, um das Land zu reformieren, denn dazu sei es längst zu spät. Er trete vielmehr an, um Frankreich zu retten.

Zemmours Ankündigung war tagelang das Topthema in den Medien, wobei er, oder womöglich »sein Gehirn«, den Termin fraglos gewählt hatte, um Aufmerksamkeit von der Urwahl der Republikaner abzuziehen, deren erste Runde nämlich genau einen Tag später stattfand – aber schon allein aufgrund des Ergebnisses dennoch breite Erwähnung in den Medien fand. Denn in der ersten Runde wurden mit Barnier und Bertrand gleich zwei Favoriten eliminiert, und den Sieg trug Rechtsaußen Ciotti davon. Damit stand aber eigentlich fest, dass er die Stichwahl nicht gewinnen würde, denn die unterlegenen Kandidaten sprachen sich sogleich einhellig für die zweitplatzierte Pécresse aus, die dann den zweiten Durchgang für sich entschied. Es war der Punkt, an dem es einige Wochen lang schien, als könnte die Wahl zugunsten von Pécresse kippen. Zwar brauchte man immer noch eine gute Dosis an Stimmungsaufhellern, um zu dieser Prognose zu gelangen, aber das Momentum schlug rund um den Jahreswechsel tatsächlich zugunsten der Mitte-rechts-Kandidatin um. In den Umfragen hatte sie Zemmour hinter sich gelassen, der sich eigentlich ab dem Moment seines offiziellen Eintritts in das Rennen auf Talfahrt befand – nicht zuletzt, weil ein ausgestreckter Mittelfinger in Richtung einer Demonstrantin für einen größeren Sturm der Empörung sorgte als all sein sexistisches, verschwörungstheoretisches und rassistisches Gerede zusammen. Zudem lag sie gleichauf mit Le Pen, und dann geriet auch noch Macron in Schwierigkeiten, weil ihm das Hinauszögern der Verkündung seiner Kandidatur als Arroganz der Macht ausgelegt wurde – in Frankreich keineswegs ein Kavaliersdelikt. Pécresse galt grundsätzlich als passende Kandidatin. Schon 2019 hatte die 1967 in Neuilly, wo Sarkozy Bürgermeister gewesen war, geborene ENA-Absolventin in einem Interview-Band klar die Herausforderung für die Art von postgaullistischem Konservatismus benannt, für die sie zu stehen behauptete – auch wenn ihre ideologische Fundierung nicht sonderlich festgefügt schien. Als Jugendliche habe sie sich als weder links noch rechts wahrgenommen, um dann entwaffnend ehrlich hinzuzufügen: »Aber das heißt ja meist, dass man rechts ist, wenn man links ist, dann weiß man das.«[10]

Doch dann ebbte die relative Begeisterung für Pécresse so

10 Zit. n. Nadia Pantel, »Macrons gefährlichste Konkurrentin«, in: *Süddeutsche Zeitung* (10. Dezember 2021).

schnell ab, wie sie aufgekommen war, und zum offiziellen Beginn ihres Wahlkampfs im Februar 2022 stand sie bereits stark unter Druck. Pécresse war klar, dass sie gerade auch das rechtskonservative Spektrum für sich gewinnen musste, und so sparte sie nicht mit markigen Sprüchen. Ihren unterlegenen Widersacher Ciotti holte sie umgehend in ihr Wahlkampfteam und verpasste ihm – nur halb ironisch – den Titel »Monsieur Autorité«. Sie selbst wurde im Hinblick auf die öffentliche Sicherheit, die als vermeintliche Schwachstelle in Macrons Bilanz galt, ebenfalls deutlich, und zwar mit einer unverblümten Hommage an die ehemalige Law-and-Order-Ikone. Man müsse wieder »den Kärcher aus dem Keller holen«, befand sie Anfang 2022, »wo ihn François Hollande und Emmanuel Macron in den letzten zehn Jahren« abgestellt hätten.[11] Die schwäbische Firma ließ übrigens ausrichten, man empfinde diesen Verweis auf ihr Vorzeigeprodukt als geschäftsschädigend. Auch in der Wirtschafts- und Finanzpolitik gab sich Pécresse als Hardlinerin, indem sie ankündigte, zu zwei Dritteln wie Angela Merkel sein zu wollen, die in Frankreich im Ruf einer pragmatischen, aber unnachgiebigen Austeritätsfalkin stand, und zu einem Drittel wie Margaret Thatcher. Den ersten umfassenderen Entwurf einer politischen Vision entwickelte Pécresse dann in einer Grundsatzrede bei ihrer ersten großen Wahlkampfveranstaltung im Februar. Der *Spiegel* fasste den Inhalt folgendermaßen zusammen: In dem neuen »Frankreich, das sie als Präsidentin führen und aufbauen« wolle, »solle es nicht weiterhin den Zickzackkurs des amtierenden Präsidenten geben [...], sondern nur noch gerade Linien«. In diesem Land solle »niemand mehr die französische Geschichte« verunglimpfen, wie Macron es getan habe, als er von »Verbrechen gegen die Menschlichkeit in Algerien sprach«. In diesem Frankreich werde »eine Präsidentin Pécresse [...] ein Referendum über die Einwanderung zur Abstimmung vorle-

11 Zit. n. Michaela Wiegel, »›Den Kärcher aus dem Keller holen‹«, in: *Frankfurter Allgemeine Zeitung* (7. Januar 2021).

gen«. Und außerdem wolle sie auch »der ›Woke‹-Bewegung Einhalt gebieten, die nur zum Ziel habe, die französische Identität zu zerstören«.[12]

Wer eine rechte Mitte hat, die so spricht, der braucht keinen rechten Rand – dachte sich jedenfalls eine ganze Reihe mehr oder weniger prominenter LR-Vertreter, die schon zuvor öffentlich verkündet hatten, bei der Wahl nicht Pécresse, sondern Macron zu unterstützen. Und auch wenn die Parteispitze in demonstrativer Geschlossenheit zu ihrer Kandidatin hielt, so blieb doch einer auffällig unsichtbar: der Mann mit dem Kärcher und neuerdings mit der Fußfessel, Nicolas Sarkozy, dem man kaum verhohlene Sympathien für Macron nachsagte und der sich nicht zu einer Wahlempfehlung für Pécresse aufraffen konnte. Am Ende stand ein Ergebnis im ersten Wahlgang, das nur als demütigend bezeichnet werden konnte: Valerie Pécresse lag hinter Macron, Le Pen, Mélenchon (der das Linksbündnis Nouvelle union populaire écologique et sociale, Nupes, geformt hatte) und Zemmour auf Platz fünf – und erreichte noch nicht einmal so viele Prozentpunkte.

Am nächsten Tag musste eine zerknirschte Pécresse vor die Presse treten und nicht nur das desaströse Abschneiden ihrer Partei erklären, das man nur noch als Kollaps beschreiben konnte. Nachdem sie pflichtschuldigst ihre Anhänger aufgefordert hatte, im zweiten Wahlgang Macron zu unterstützen, musste sie zudem flehenden Blickes einen Spendenaufruf an ebenjene Anhänger richten, denn sowohl die Partei als auch Pécresse persönlich waren massiv in Vorleistung gegangen, um den Wahlkampf zu finanzieren. Und im Gegensatz zu 2017, als die finanziellen Verhältnisse der Partei bereits alles andere als solide waren, wurden 2022 die Wahlkampfkosten nicht erstattet – weil Pécresse es nicht über die Fünfprozenthürde geschafft hatte. Die Medien überschlugen sich angesichts dieses Absturzes, und

12 Britta Sandberg, »Diese Frau will, dass Emmanuel Macron für sie Platz machen muss im Élysée«, in: *Der Spiegel* (13. Februar 2022).

eine Todesanzeige für die Republikaner folgte der anderen. Schon zu Beginn ihres Wahlkampfs hatte es über die Kandidatin geheißen: »Valérie Pécresse könnte also die erste Präsidentin werden – oder die letzte Kandidatin der Konservativen.«[13] Tatsächlich war die Situation genauso dramatisch, wie Pécresse bei der Pressekonferenz nach ihrer Niederlage klang. Die ehemals hegemonialen Akteure des französischen Parteiensystems, PS und LR, waren pulverisiert worden, denn noch schlechter als Pécresse schnitt die sozialistische Pariser Bürgermeisterin Anne Hidalgo ab, die lediglich 1,75 Prozent erhielt und das Rennen als Vorvorletzte des zwölfköpfigen Feldes beendete. Es war ein Zusammenbruch, wie man ihn in Westeuropa seit dem Ende der Ersten Republik in Italien nicht mehr gesehen hatte, und in den Tagen und Wochen nach diesem Fanal schien es durchaus möglich, dass die Republikaner von den Ereignissen einfach hinweggefegt würden. Alles würde nun von den Parlamentswahlen abhängen, und mit »alles« war wirklich alles bis hin zur schieren Existenz der Partei gemeint. Im Fußball würde man sagen, dass die LR-Mannschaft in dieser existenziellen Situation Moral zeigte – was nicht unbedingt für die Frau an der Spitze galt, die auch nach der zweiten Runde, die Macron wie erwartet für sich entschied, abgetaucht blieb und keine Anstalten machte, in den Parlamentswahlkampf einzugreifen, womöglich auch, weil die LR-Kandidaten nicht sonderlich erpicht auf ihre Unterstützung waren. Doch die verbliebene Führungsriege warf sich in diese Kampagne, als könnte es die letzte sein, was ja auch eine durchaus realistische Einschätzung war, und führte genau dies der LR-Kernanhängerschaft vor Augen: Wenn diese die Partei beim anstehenden Urnengang abstrafen würden, werde es in Zukunft vermutlich niemanden mehr zum Abstrafen geben. Das sollte Wirkung zeigen. Die Demoskopie hatte den Republikanern ein Fiasko prognostiziert, und tatsächlich verloren sie in der ersten Runde noch einmal fünf Prozentpunk-

13 Matthias Krupa, »Ihr Hobby: Boxen«, in: *Die Zeit* (16. Februar 2022).

te gegenüber 2017, aber dann geschah Bemerkenswertes: Die LR-Kandidaten hatten es mit ihren Mitte-rechts-Bündnissen zwar nur in 90 Wahlkreisen in die Stichwahl geschafft, doch davon gewannen sie beinahe 70 Prozent, was eine rekordverdächtige Quote war und bestätigte, dass der harte Kern und auch der engere Sympathisantenkreis der LR in der Bevölkerung erfolgreich mobilisiert worden war, um das mutmaßliche Ende der Partei im letzten Moment abzuwenden. Fraglich war allerdings, ob man damit nur Zeit gewonnen hatte und ob die Republikaner mit ihrer dezimierten Fraktion, die gerade noch 61 Mitglieder umfasste, nicht im Lauf der nächsten vier Jahre sang- und klanglos in der Bedeutungslosigkeit verschwinden würden. Diese Frage stellte sich umso drängender, als die Rivalen vom rechten Rand im ersten Wahlgang etwa so viel gewonnen hatten, wie die LR verloren hatten, und als sich – wichtiger noch – dieses Ergebnis nun auch in Parlamentssitze übersetzte, und zwar nicht weniger als 89. Die Wachablösung war vollendet – an der Vorherrschaft des RN konnte kein Zweifel mehr bestehen.

Man erwartet womöglich, dass an dieser Stelle ein lakonischer Abgesang auf die Republikaner und damit gewissermaßen auch auf die rechte Mitte einsetzt. Das wäre aber trotz der prekären Lage zumindest vorschnell, und zwar aus einer Reihe von Gründen, von denen vor allem einer herausragt: Hätte Macrons nun umbenannte Partei Renaissance mit ihrem Wahlbündnis Ensemble, zu dem auch Modem und der Parti radical gehören, also Orléanisten, die einst Teil der UDF-Konföderation waren, die absolute Mehrheit erlangt, dann spräche tatsächlich nur wenig für das Weiterbestehen der Republikaner als relevanter politischer Akteur: Selbst die Senatsmehrheit und die regional-lokale Verankerung könnten die parlamentarische Nischenexistenz im Schatten des RN kaum kompensieren. Doch bekanntlich sicherte sich Macrons Wahlbündnis zwar die relative, aber eben nicht die absolute Mehrheit, was der V. Republik ein weiteres Novum bescherte – und Macron ein massives Problem: Denn zwar kam es zu keiner *cohabitation*, aber Renaissance sowie die mit ihr verbündeten Parteien mussten sich nun nach möglichen Koalitionspartnern umsehen – und die Republikaner waren in jederlei Hinsicht die naheliegendste Option, hatte Macron seine Kabinette in der ersten Amtszeit doch ohnehin zu einem guten Teil mit ehemaligen Republikanern besetzt. Es war eine abermals dramatische Wende der Geschicke der LR, die innerhalb von Stunden vom Streichkandidaten zum Königsmacher avancierten – um genau diese Rolle in Form eines Pakts oder gar einer Koalition umgehend abzulehnen. Der Präsident hatte die Führer der diversen Bündnisse zu Gesprächen in den Élysée-Palast eingeladen, und der LR-Vorsitzende verkündete danach, er habe das Angebot zurückgewiesen, und zwar mit den denkwürdigen Worten: »Ich bin doch kein Deutscher.« Damit war der Tatsache Ausdruck verliehen, dass Koalitionsregierungen in Frankreich im Gegensatz zur anderen Rheinseite eben nicht die Regel sind und offensichtlich in bestimmten Milieus auch nicht in besonders gutem Ruf stehen – womöglich, weil sie in Deutschland die Regel sind. Aber selbst wenn sich mancher Beobachter verwundert die Augen rieb, dass eine Partei nach einer politischen Nahtoderfahrung das Angebot einer Regierungsbeteiligung ausschlug, war die Entscheidung bei Lichte betrachtet höchst nachvollziehbar: Die LR-Spitze hatte natürlich nicht vergessen, wie Macron die Partei ausgeblutet und auch sonst nach allen Regeln der Kunst bekämpft hatte. Nun eine Koalition mit Renaissance einzugehen hätte die gebeutelte Partei einer weiteren Zerreißprobe ausgesetzt, denn vor allem der rechte Flügel um Ciotti hatte eine förmliche Zusammenarbeit umgehend als inakzeptabel ausgeschlossen. Tatsächlich stand ja zu befürchten, dass die kleine Fraktion der LR in Macrons Regierungsbündnis aufgehen und nicht mehr als eigenständige Partei wahrgenommen würde. Zugleich hätte man mit einem solchen Schritt alle Verbindungen ins rechte Spektrum gekappt, womit der alte Sarkozy-Traum der Wiedereroberung des FN-Territoriums endgültig in unerreichbare Ferne gerückt wäre. Und zuletzt befanden sich die LR auch so in einer komfortablen Position: Das Parlament war durch die Konstellation in einer Weise aufgewertet wie noch nie in der Geschichte der V. Republik, und wenn die Regierung Mehrheiten für ihre Gesetze wollte, würde sie in vielen Fällen nicht an den Republikanern vorbeikommen, die sich ihre Zustimmung dann von Fall zu Fall teuer erkaufen lassen könnten.

Und damit nehmen die Dinge am Ende dieses Abschnitts zur rechten Mitte Frankreichs eine weitere überraschende Wendung: Auch wenn es noch bis zur zweiten Runde der Parlamentswahl so aussah, als ob die zentrale Repräsentationsinstanz der rechten Mitte ausradiert werden könnte, sind die LR zwar nur noch eine Nischenpartei, die in vielerlei Hinsicht die Vorherrschaft an den Rassemblement National verloren hat, aber sie nehmen in strategischer Hinsicht eine neuralgische Position ein: Sie können unter ihrem neuen Vorsitzenden Ciotti das Zünglein an der Waage sein, das über Erfolg und Misserfolg von gesetzgeberischen Initiativen entscheidet – keine unkomplizierte Rolle, wird man doch beständig abwägen müssen, wie weit man sich auf die Regierungspolitik einlässt und damit im gleichen Maße die Kritik vom linken und vor allem rechten Rand als Erfüllungsgehilfe »des Systems« auf sich zieht. Aber wenn die Partei ihre Karten gut ausspielt, dann kann sie relevant bleiben und sich so in eine womöglich sogar aussichtsreiche Position für die Wahlen 2027 bringen. Denn zumindest ein Faktor wird dann anders sein: Emmanuel Macron darf dank Sarkozys Verfassungsreform von 2008 nicht erneut antreten, und auch wenn sich potenzielle Kronprinzen wie Ex-Premier Édouard Philippe bereits in Stellung gebracht und eigene Parteien gegründet haben (Philippes Horizons gehört zum Wahlbündnis Macrons), so ist doch durchaus möglich, dass die zentristische Bewegung/Partei, die Macron ins Leben gerufen hat, mit ihm auch wieder von der Bühne verschwindet. Jedenfalls erscheint es bei derart personalisierten Vehikeln alles andere als ausgemacht, dass eine neue Führungsperson umstandslos und vor allem erfolgreich in die Fußstapfen des Vorgängers treten kann – die Ausnahme des Übergangs von Bossi zu Salvini bestätigt die Regel. Ein Szenario für die Konstellation nach Macron wäre also das Auseinanderbrechen des »bürgerlichen Blocks« beziehungsweise seiner politischen Repräsentation, was auch für die reche Mitte und insbesondere die Republikaner gewichtige und begrüßenswerte Folgen hätte, da sie so nicht länger dem doppelten Klammergriff von rechts und aus der Mitte ausgesetzt wären und sich womöglich neu und effektiv gegen den Gegner positionieren könnten, der mutmaßlich auch noch in fünf Jahren versuchen wird, nach der Macht zu greifen: Marine Le Pens Rassemblement National.

Blickt man noch einmal zurück auf die Entwicklungen innerhalb des französischen Spektrums rechts der Mitte, lassen sich einige Dynamiken identifizieren, deren wichtigste zweifellos der Aufstieg des FN/RN und der damit verbundene Niedergang des Centre-droit ist, der rekapitulierend an einer Reihe von Wegmarken festgemacht werden kann.

Der Ausgangspunkt sind die Jahre 1983/84, als es dem FN nach langen Jahren des Ausschlusses endlich gelang, die Bühne des französischen Politikbetriebes zu betreten, und zwar mithilfe der Mitte-rechts-Parteien. Der uneinheitliche Umgang von UDF und RPR mit der Herausforderung der extremen Rechten wich dann nach 1993 einer Linie der schärferen Abgrenzung, doch diese hielt nur bis 1998, als sich diverse UDF-Politiker mit den Stimmen des FN zu Regionalpräsidenten wählen ließen, was letztlich zum Auseinanderbrechen der ohnehin fragilen Konföderation führte, innerhalb derer Bayrou und Madelin seinerzeit die konträren Haltungen zum Umgang mit dem FN personifizierten. Die nächste Zäsur bezeichnete zweifellos die Ära Sarkozy, die in vielerlei Hinsicht den Boden bereitete für die heutige Konstellation. Er war es, der – zunächst erfolgreich – versuchte, die FN-Wählerschaft zur Partei der vereinigten rechten Mitte, der UMP, (zurück) zu lotsen, indem er offensiv die entsprechenden Themen aufgriff. Damit ging aber auch eine immer deutlichere Kulturalisierung des Diskurses einher, was sich mittelfristig als fatal erweisen sollte: Die Betonung von nationaler Identität und Einwanderung in Verbindung mit einem strikten Kooperationsverbot gewährte der mittlerweile von Marine Le Pen geführten Partei den hochprofitablen Status des ausgeschlossenen Opfers eines Kartells der Mainstream-Parteien, das aber eigentlich die richtigen und wichtigen Themen und Fragen aufwirft. Die Zeitenwende innerhalb des Spektrums vollzog sich dann 2017, als LR-Kandidat Fillon nicht in die zweite Runde der Präsidentschaftswahl einzog und sich gleichzeitig eine Konstellation manifestierte, die die LR bis heute in existenzielle Nöte bringt: Sie wird von nun an zerrissen zwischen Macrons bürgerlichem Block auf der einen und dem autoritären Nationalismus des mittlerweile umbenannten RN auf der andere Seite. Die Wahlen 2022 bestätigten dann in aller Deutlichkeit, dass die LR ihren hegemonialen Status an den Rassemblement National verloren hatten.

Abschließend lohnt sich ein letzter Blick auf die Permutationen der französischen Rechten im Lichte der diversen Familien Rémonds. 1954 hatte er zwischen Bonapartisten, Orléanisten und Legitimisten unterschieden, und wie wir wissen, fanden die Angehörigen der beiden ersten Familien eine zumindest provisorische parteipolitische Heimat bei den Gaullisten von UNR/RPR beziehungsweise den diversen Bestandteilen der UDF. Die Legitimisten spielten laut Rémond zu jener Zeit keine nennenswerte Rolle. Spätestens ab den achtziger Jahren verschwammen zunehmend die Unterschiede zwischen Bonapartisten und Orléanisten, und mit der Gründung der UMP kam es dann gewissermaßen zur Familienzusammenführung, wobei hier anzumerken ist, dass die Repräsentation der Orléanisten in Form der UDF zudem auseinandergebrochen war. Aus dieser Konkursmasse entstand aber, so Rémond, eine neue Familie der Christdemokraten in Form von Bayrous Rumpf-UDF und später Modem. Der andere Familienzuwachs auf der Rechten, den Rémond 2005 identifizierte, war der FN, den er der Familie eines heterogenen Rechtsextremismus zurechnete. Springt man nun in die Gegenwart, so lassen sich einige höchst interessante Verschiebungen verzeichnen. Da ist zum einen jene letztgenannte Familie, die durch den Rassemblement National repräsentiert wird, die sich aber im Zeichen der Entdämonisierungsstrategie unter Marine Le Pen auch einige bonapartistisch-gaullistische Insignien angeeignet hat, die sich mit Konzepten wie Protektionismus, Autorität, Laizismus und vor allem nationaler Souveränität verbinden. Zudem lässt sich dies auch daran festmachen, dass die gaullistische Repräsentation des Bonapartismus ursprünglich eine lagerübergreifende Bewegung war, und Le Pens Rassemblement tritt gewissermaßen in diese Fußstapfen, kann er doch nicht nur in den typischen rechten Milieus, sondern auch bei der ehemaligen Kernwählerschaft der Linken hohe Zustimmungswerte – genau genommen: die höchsten aller Parteien – verzeichnen. Wir sehen hier also, zugespitzt formuliert, die Vereinigung der extremistischen mit der zwischenzeitlich eigentlich verschwundenen bonapartistischen Familie. Deren ehemalige Repräsentanten, die mittlerweile als Les Républicains auftreten, haben vor allem unter Fillon eine bemerkenswerte Wandlung durchlaufen und bieten nun den lange Zeit heimatlosen Legitimisten aus dem ultrakatholischen Milieu wieder eine Anlaufstelle, während man gleichzeitig mit wirtschaftspolitischen Rosskuren die orléanistischen Hardliner anzusprechen versucht. Die Orléanisten schließlich werden mittlerweile von Macrons Partei/Bewegung repräsentiert, wobei der Präsident sich in seiner ersten Amtszeit übrigens bei aller Liberalität eindeutig als Repräsentant der *rechten* Mitte erwiesen hat; diese ist wiederum mehr oder weniger eng verbandelt mit der Christdemokratie, welche damit bemerkenswerterweise auf Distanz zu LR gegangen ist, deren frühere Inkarnation UMP seinerzeit ausdrücklich mit Blick auf das Modell der deutschen und spanischen Christdemokraten gegründet worden war.

III. GROSSBRITANNIEN

1. Im langen Schatten der Eisernen Lady: John Major

Margaret Thatcher kam die Treppe vor der britischen Botschaft in Paris beinahe im Laufschritt herab. Sie wollte – in für ihre Verhältnisse glamouröser Abendgarderobe – noch rechtzeitig zu einer Ballettaufführung und daher nur ein paar kurze Bemerkungen an die Reporter richten, die zu Hunderten auf sie warteten. Die Neugier war verständlich, hatte sich am frühen Abend in London doch ein politisches Erdbeben ereignet: Während Thatcher in der französischen Hauptstadt an einem Gipfel teilnahm, auf dem die großen Linien der globalen Ordnung nach dem Ende des Kalten Krieges besprochen wurden, hatte die Tory-Fraktion um 18:30 Uhr in Westminster über den Vorsitz der Partei abgestimmt. Thatcher hatte zwar die absolute Mehrheit der Stimmen erhalten, ihren Herausforderer Michael Heseltine aber noch nicht besiegt. Gemäß den Verfahrensregeln hätte sie als Amtsinhaberin nämlich fünfzehn Prozentpunkte mehr gebraucht als der ehemalige Verteidigungsminister, und diesen Abstand hatte sie um gerade einmal vier Stimmen verpasst. Also würde in genau einer Woche ein weiterer Wahlgang stattfinden, und Thatcher diktierte den atemlosen Journalisten mit sturer Entschlossenheit oder auch entschlossener Sturheit (nicht umsonst lautete ihr inoffizielles Motto »This lady's not for turning«) in den Notizblock, dass sie selbstverständlich antreten werde: »I confirm it is my intention to let my name go forward for the second ballot.« Diese Absicht verkündete nur wenig später auch Heseltine in London. Und obwohl die Eiserne Lady im ersten Durchgang mit 204 von 372 Stimmen (bei 16 Enthaltungen) nur knapp 55 Prozent erhalten hatte, standen ihre Chancen eigentlich nicht schlecht. Zwar hatte Heseltine mit seiner Kandidatur vielen in der Fraktion aus der Seele gesprochen, er war aber doch eher die Verkörperung ihres Protests als jemand, den sich die konservativen *members of Parliament* als neuen Vorsitzenden und damit auch Premierminister vorstellen konnten. Als europafreundlicher Anhänger einer interventionistischen Wirtschaftspolitik war Heseltine schließlich weit vom ideologischen Median der Fraktion entfernt. Aber dann kam am Abend die Nachricht, dass es einen weiteren Kandidaten geben würde, nämlich den erst ein knappes Jahr zuvor zum Schatzkanzler ernannten John Major. Spätestens nun musste Thatcher nach der Rückkehr aus dem Ballett einsehen, dass ihre Tage gezählt waren. Major ließ sich in der Breite der Fraktion leichter vermitteln, und selbst wenn Thatcher sich letztlich durchsetzen würde, wäre sie schwer beschädigt – ein Ausblick, der Labour-Chef Neil Kinnock bereits im Fernsehen frohlocken ließ. Also verkündete Thatcher 48 Stunden später, dass sie im zweiten Wahlgang doch nicht antreten werde.

Bis zum darauffolgenden Dienstag warf auch Innenminister Douglas Hurd seinen Hut in den Ring, nachdem er zuvor ausgeschlossen hatte, gegen Thatcher anzutreten, und so standen nun zwei Vertreter des zentristischen Flügels John Major gegenüber, der aber über eine Reihe von Trümpfen verfügte: Gegenüber Heseltine hatte er den unbestreitbaren Vorteil, zumindest kein Königinnenmörder zu sein, und gegenüber dem amtierenden Innenminister konnte er seine Herkunft aus bescheidenen Verhältnissen ins Feld führen, wohingegen dem Eton-Absolventen Hurd der Ruch des Establishments anhing, dem Thatcher den Kampf angesagt hatte. Und nicht zuletzt instruierte ebenjene Thatcher ihre nach wie vor vorhandene Anhängerschaft, Major zu unterstützen. Aus der Wahl der Fraktion ging Major folgerichtig als klarer Sieger hervor, und auch wenn er die absolute Mehrheit verfehlte, war ein weiterer Wahlgang nicht nötig, da die Unterlegenen zurückzogen. Damit war Major als Vorsit-

Abb. 11: John Major und Margaret Thatcher auf dem Tory-Parteitag 1991.

zender der Conservative Party gewählt und wurde am folgenden Tag auch Premierminister Großbritanniens. Es war der 28. November 1990; die elf Jahre währende Thatcher-Ära war vorbei, und für die Tories brach eine postthatcheristische Periode an, die noch deutlich länger dauern sollte.

Über politische und andere Persönlichkeiten wird oft gesagt, sie stünden auf den Schultern von Riesen; John Major jedoch verbrachte seine Zeit als Premierminister vor allem im übergroßen Schatten seiner Vorgängerin. Das zeigte sich bereits bei seiner Wahl, die sich nämlich am plausibelsten dadurch erklären lässt, dass Major als Projektionsfläche für beide Lager innerhalb der Partei dienen konnte, für die Thatcheristen wie auch für ihre Gegner aus dem zentristischen Flügel, der sich nach wie vor auf einen noch zu erläuternden »One-Nation-Konservatismus« bezog und spätestens seit der zweiten Hälfte der Achtziger immer stärker gegen die Eiserne Lady opponiert hatte. Als Thatcher 1979 Premierministerin wurde, war der 1943 geborene Major erstmals ins Unterhaus eingezogen und hatte es seitdem verstanden, sich allen Schubladen zu entziehen. Seine Haltungen schienen undurchsichtig, aber jedenfalls nicht sonderlich ausgeprägt, und er hatte ein beeindruckendes Netzwerk von Gesprächspartnern und Unterstützern aufgebaut. Major selbst verwies immer wieder auf seine »sozialliberale« Prägung und schien auch wegen seines verbindlichen Habitus manchen als Gegenentwurf zu Thatcher. In deren Lager gab es wiederum keine Zweifel, dass er zumindest im Vergleich zu den Mitbewerbern der attraktivste Kandidat war. Immerhin hatte sie ihrem Protegé zu einer steilen Karriere verholfen: Nach nur acht Jahren im Parlament hatte er bereits 1987 seinen ersten Regierungsjob als Chief Secretary of the Treasury erhalten, um dann 1989 kurzzeitig zum Außenminister aufzusteigen, bevor Thatcher ihn wenige Monate später zum Schatzkanzler machte.[1] Majors Trumpf war also, dass er den unterschiedlichen Lagern gleichermaßen vermittelbar war – wenn auch womöglich nur als kleineres Übel; seine Tragik bestand darin, dass sich alsbald beide Lager von ihm ent- oder gar getäuscht sehen sollten.

Wenn schon die Wahl Majors ganz im Zeichen des mittlerweile nicht mehr unumstrittenen Erbes der Eisernen Lady stand, dann gilt dies in gewisser Weise für seine gesamte Amtszeit und die darauf folgenden langen Oppositionsjahre. In diesen bestand die zentrale Herausforderung des britischen Konservatismus im Wesentlichen darin, das eigene Selbstverständnis im Verhältnis zu diesem Vermächtnis so zu klären, dass die Partei nach außen wieder attraktiver und nach innen geeinter würde. Es ist also noch einmal ein völlig anderer Ausgangspunkt als in Italien oder in Frankreich zu Beginn der neunziger Jahre: Während in Italien weite Teile des Parteiensystems hinweggefegt wurden,

1 Ihre Unterstützung war freilich von Beginn an von Skepsis durchzogen und sollte sich nicht als sonderlich langlebig erweisen. In ihren Memoiren schrieb Thatcher: »Ich wollte – und vielleicht musste ich auch – daran glauben, dass er der Mann war, der mein Erbe schützen und bewahren würde.« (Thatcher, *The Downing Street Years*, S. 860)

so dass in der rechten Mitte gewissermaßen Tabula rasa herrschte, und während in Frankreich die Mitte-rechts-Parteien im Begriff standen, die erste linksdominierte Ära in der V. Republik zu beenden, blickten die Tories auf eine außergewöhnliche Dekade der Dominanz zurück, die den Konservatismus freilich fast bis zur Unkenntlichkeit verwandelt hatte.

Als politisches Projekt muss der Thatcherismus nicht zuletzt als eine Abgrenzungsbewegung vom erwähnten One-Nation-Konservatismus verstanden werden. Dessen Wurzeln reichen zurück bis ins 19. Jahrhundert; als sein Begründer und prägender Vordenker gilt der Tory-Premier Benjamin Disraeli.[2] Seine Hochzeit erlebte dieser Ansatz aber in den ersten Jahrzehnten der Nachkriegsära, die nach dem Zwischenspiel der Labour-Regierung unter Clement Attlee (1945-51) von Konservativen geprägt wurde. Die One-Nation-Tories waren typische Vertreter eines gemäßigten Konservatismus nicht nur im Hinblick auf ihre eher zentristischen Positionen, sondern auch weil sie bereit waren, sich den Entwicklungen der Zeit anzupassen, zu denen nicht zuletzt gehörte, dass dem Staat eine größere Verantwortung für die Gestaltung der Wirtschaft auferlegt wurde. Und dieses Programm wurde eben nicht von Labour-Regierungen getragen, sondern von Tories, die sich mit alldem ins Benehmen setzten, weil ein mehr oder weniger ausgeprägter Sinn für soziale Verantwortung Teil dieses Selbstverständnisses war. So hatte bereits Disraeli davor gewarnt, das Vereinigte Königreich zerfalle in zwei Nationen, eine der Reichen und eine der Armen. Im Namen einer idealisierten Nation sollten Klassengegensätze nicht überwunden, aber doch zumindest abgemildert werden.

Dabei bedeutete One-Nation-Konservatismus keineswegs Linksliberalismus unter falschem Namen; mit dem sorgenden

2 Vgl. zum One-Nation-Konservatismus Peter Dorey, *British Conservatism. The Politics and Philosophy of Inequality*, London: Tauris 2011, S. 49-110.

Paternalismus der Eliten, die aus ihrer privilegierten Position gewisse Verpflichtungen ableiteten, verband sich auch weiterhin ein Bekenntnis zu gesellschaftlicher Ungleichheit, die als natürlich galt. Doch bei aller Ehrfurcht vor den kreativen Kräften des Kapitalismus war jene Tradition eben keineswegs blind für die ökonomischen und ethischen Defizite dieser Wirtschaftsweise, ganz zu schweigen von ihren sozialen Folgekosten. Allerdings war dem Projekt auch eine strategische Dimension zu eigen: »Sinn und Zweck des One-Nation-Konservatismus war die Konsolidierung von Hierarchien, nicht ihre Beseitigung«, und zwar indem man dafür sorgte, »dass die Armen nicht länger eine Bedrohung für die etablierte Ordnung darstellten«.[3] Das Resultat dieser Konstellation aus einer Tory-Partei, die dominiert war vom One-Nation-Konservatismus, und einer Labour-Partei, die noch bis in die neunziger Jahre die Einführung des Sozialismus als Ziel formulierte, war das, was im britischen Kontext als »Nachkriegskonsens« oder auch »Butskellism« bezeichnet wird:[4] Auf- und Ausbau sozialstaatlicher Strukturen (insbesondere des Nationalen Gesundheitsdiensts NHS) entlang des berühmten Beveridge-Plans, demokratischer Kapitalismus in Form einer Mixed Economy mit staatseigenen Betrieben, keynesianische Wirtschaftspolitik und mehr oder weniger gut funktionierende korporatistische Aushandlungsprozesse.

Es war dieser Nachkriegskonsens, der vom Thatcherismus grundlegend infrage gestellt wurde. Und dies bedeutete eben, dass Thatcher und ihre Anhänger keineswegs nur gegen Kommunismus, Gewerkschaften und Moskau wetterten, sondern auch gegen jene Tories, die gemeinsame Sache machten mit den Möchtegernsozialisten von Labour. Thatchers Version des Kon-

3 Andrew Vincent, *Modern Political Ideologies*, Oxford: Blackwell 1992, S. 88.

4 Der Begriff setzt sich zusammen aus den Nachnamen von Hugh Gaitskell, Labour-Schatzkanzler 1950/51, und seinem Tory-Nachfolger Rab Butler (1951-55), die sich beide zur Mixed Economy bekannten.

servatismus war tief neoliberal eingefärbt und geprägt von ihren Stichwortgebern Friedrich August Hayek und Milton Friedman. Hayeks *Der Weg zur Knechtschaft* (1944) hatte sie in jungen Jahren beeindruckt, und nachdem sie Premierministerin geworden war, soll sie *Die Verfassung der Freiheit* mit den Worten auf den Kabinettstisch geworfen haben: »Das ist es, woran wir glauben.« Ob diese Anekdote wahr ist und ob Thatcher das Buch je gelesen hat, lässt sich nicht zweifelsfrei klären. Fest steht aber, dass Hayek mit Thatcher und ihrem Umfeld in regem Austausch stand und dass auch Friedman zu einer Stippvisite in 10 Downing Street anreiste.

Gleich zu Beginn ihrer ersten Amtszeit leitete Thatcher eine harte monetaristische Wende ein, um die Inflation nach unten zu drücken: Das Wachstum der Geldmenge sollte von der Bank of England streng kontrolliert und in bestimmten Grenzen gehalten werden. Die Operation gelang – die Inflation wurde binnen weniger Jahre massiv reduziert –, aber der Patient war trotzdem beinahe tot: Der Preis der Hochzinspolitik war eine der schwersten Wirtschaftskrisen, die Großbritannien seit dem Zweiten Weltkrieg erlebt hatte, und man kann mit Blick auf die desaströsen Umfragewerte Anfang der achtziger Jahre zu Recht daran zweifeln, ob die kompromisslose Premierministerin die nächsten Wahlen überstanden hätte, wenn sich nicht die Junta in Buenos Aires entschlossen hätte, ihre lange gehegten Besitzansprüche auf die Islas Malvinas vor der argentinischen Südküste zu untermauern, indem sie Anfang April 1982 kurzerhand die unter britischer Verwaltung stehenden Inseln besetzen ließ. Dies löste den Falklandkrieg aus, in dem Argentinien erwartungsgemäß der britischen Taskforce nicht allzu lange Widerstand leisten konnte. Nach gerade einmal gut zwei Monaten hatten die Briten die Inseln zurückerobert. Für Thatcher war der Kurzkrieg ein Geschenk des Himmels, ermöglichte er ihr doch, auf einer Welle des Patriotismus zu reiten und den neoliberalen Diskurs ihrer Regierung mit nationalistischen Komponenten anzureichern. Thatcher gewann die Wahlen 1983 mit einem Rekordergebnis und setzte ihr Projekt fort: Eine Privatisierungswelle jagte die nächste, und die Regierung lieferte sich serienweise Kräftemessen mit diversen Gewerkschaften. 1984/85 kam es zum Showdown, als die National Union of Mineworkers einen Streik ausrief, um gegen Zechenschließungen und den Abbau Zehntausender Arbeitsplätze zu protestieren. Der Streik war lang, umfangreich und militant; immer wieder kam es zu wahren Schlachten mit der Polizei; wie später bekannt wurde, erwog Thatcher zeitweise gar, den Ausnahmezustand zu verhängen. Jedenfalls blieb die Regierung hart, und nach beinahe einem Jahr gab die Bergarbeitergewerkschaft auf. Die Eiserne Lady hatte ein Exempel statuiert und den einst stolzen Gewerkschaften das Rückgrat gebrochen. Lag der Organisationsgrad der britischen Arbeiterschaft bis Mitte der Achtziger noch bei etwa vierzig Prozent, sank er in der Folge auf die Hälfte. Und damit war der Thatcherismus noch keineswegs am Ende. Nachdem Thatcher bei den Wahlen 1987 als erster Politikerin seit 1820 ein dritter Sieg in Folge gelang, konzentrierte sich die Regierung insbesondere auf den Um- und Abbau des (Sozial-)Staates. So wurden die vermeintlich trägen Staatsdiener in der Verwaltung und im NHS in die Konkurrenz mit privaten Anbietern gezwungen, wenn nicht bestimmte Aufgaben gleich dem Privatsektor überantwortet wurden. Daneben sprießte eine Vielzahl sogenannter Quangos (Quasi Non-Governmental Organisations) aus dem Boden, also quasistaatlicher Stellen, die nicht etwa von gewählten Politikern, sondern von aus London ernannten »Experten« geleitet wurden und die zu einer beispiellosen Fragmentierung der Verwaltung führten. Diese bewirkte jedoch zugleich eine immer stärkere Zentralisierung, was auch ausdrücklich gewollt war, denn Städte und Gemeinden galten ebenfalls als Widerstandsbastionen gegen Thatchers Agenda, zumal angesichts der britischen Tradition eines *municipal socialism.*[5] Flankiert wurden diese Maßnahmen durch einen Dis-

5 Vgl. Quinn Slobodian, *Crack-Up Capitalism. Market Radicals and the*

kurs, der individuelle Leistungsbereitschaft beschwor und das Hohelied der Freiheit mit einer viktorianischen Moral kombinierte. Spätestens seit dem Falklandkrieg und dem Bergarbeiterstreik gehörte zudem das uneingeschränkte Bekenntnis zu Law and Order, Polizei und einem starken Militär zur Marke Thatcher – inklusive der berühmten Fotos der Premierministerin im Panzer.

Thatcher war die Ikone des »Roll-back-Neoliberalismus«, also des Versuchs, bestehende Strukturen zu zerschlagen – kurz: der bewussten Destabilisierung des Status quo. Wie weitreichend die Effekte waren, ist naturgemäß bis heute umstritten. Fest steht, dass der Thatcherismus eine Gesellschaft hinterließ, in der die soziale Ungleichheit massiv angewachsen und der Kapitalismus ebenso umfassend reorganisiert worden war: Die Deregulierung des Finanzsektors – der sogenannte Big Bang im Jahr 1986 – markierte in Verbindung mit der von Thatcher beschleunigten Deindustrialisierung den Beginn eines Finanzkapitalismus, der das Land bis heute prägt.

Lässt sich ein solches Unterfangen überhaupt noch unter die Rubrik des gemäßigten Konservatismus einordnen? Nicht von ungefähr hat Stuart Hall den Thatcherismus seinerzeit als »autoritären Populismus« kritisiert.[6] Thatchers Projekt kann durchaus als Grenzfall gelten, aber letztlich blieb sie mit Blick auf ihr Politikverständnis doch eher auf der Seite des gemäßigten Konservatismus positioniert. Zwar war dabei immer wieder die Rede von inneren und äußeren Feinden, was der Rhetorik der Autoritären entspricht, aber bei aller Radikalität scheute die Premierministerin doch vor der Option einer genuin autoritären Politik zurück: Ihr Mentor Hayek hatte sich in den späten siebziger und frühen achtziger Jahren nicht nur einmal anerkennend

Dream of a World Without Democracy, New York: Metropolitan 2023, S. 48.

6 Stuart Hall, »The great moving right show«, in: *Marxism Today* (19. Januar 1979), S. 14-20, S. 15.

zur Militärdiktatur Augusto Pinochets in Chile geäußert, dessen drastische Reformen dem Land den Ruf eines neoliberalen Experimentierfelds ebenso einbrachten wie eine tatsächlich so bezeichnete »Verfassung der Freiheit«, die bis heute in Kraft ist. 1982 drängte Hayek Thatcher in einem Brief, Großbritannien einer ähnlichen Rosskur zu unterziehen. Thatchers Antwort verdient es, wörtlich zitiert zu werden:

> Der Fortschritt vom Sozialismus Allendes zu dem auf freiem Unternehmertum basierenden Kapitalismus der achtziger Jahre ist ein leuchtendes Beispiel wirtschaftlicher Reformen, von dem wir viel lernen können.
>
> Aber Sie werden mir sicher zustimmen, dass manche der Maßnahmen [...] für Großbritannien mit seinen demokratischen Institutionen und seinem ausgeprägten Konsensbedürfnis doch ziemlich inakzeptabel sind. Unsere Reform muss im Einklang mit unseren Traditionen und unserer Verfassung sein. Bisweilen mag es nur schmerzhaft langsam vorangehen. Aber ich bin sicher, dass wir unsere Reformziele zu ihrer Zeit und auf unsere eigene Art und Weise erreichen werden. Dann werden sie Bestand haben.[7]

Doch selbst wenn die Eiserne Lady davor zurückschreckte, den gordischen Knoten der liberalen Demokratie einfach zu zerschlagen, wohnte dem Thatcherismus eine Eskalationsdynamik inne. Reagan hatte seine neoliberalen Reformen in einer Art Überraschungsangriff durchgesetzt und damit die Honeymoon-These bestätigt, laut der einschneidende Maßnahmen nur zu Beginn einer Amtszeit möglich sind, solange sich die Opposition noch nicht formiert hat. Thatcher hingegen verfolgte eine langfristige Strategie, ihr Elan erlahmte nicht, vielmehr setzte sie sich immer ambitioniertere Ziele. Innerhalb der britischen Ge-

7 Margaret Thatcher an Friedrich August von Hayek, Brief vom 17. Februar 1982.

sellschaft und selbst in ihrer eigenen Partei waren die Unmutsäußerungen am Ende jedoch nicht mehr zu überhören. Neben ihrem zunehmend autoritären Führungsstil waren es zwei Punkte, die Thatcher letztendlich zu Fall brachten: erstens die Einführung einer Gemeindeabgabe 1989/90, die ganz im Sinne der Vermarktlichungslogik als eine Gebühr für die Leistungen der örtlichen Verwaltung eingezogen wurde. Bei dieser *Poll Tax* handelte es sich um eine Kopfsteuer mit überaus regressiven Effekten, ärmere Bürger wurden also relativ benachteiligt, weshalb sie als zutiefst ungerecht kritisiert wurde – und zwar nicht nur von Trotzkisten. Die *Poll Tax* ließ die Umfragewerte der Tories in den Keller rauschen, und im Mittelbau wie auch in den oberen Parteietagen drehte sich der Wind. Solange Thatcher Wahlen gewonnen hatte, hatten die One-Nation-Konservativen zähneknirschend stillgehalten angesichts der neoliberalen Frontalattacke auf Staat, Ökonomie und Gesellschaft (»There is no such thing as society«). Aber nun wurde Thatcher zunehmend zum Wahlrisiko, zumal sie keinerlei Einsicht zeigte, sondern eher eine Art Bunkermentalität an den Tag legte.

Der zweite Punkt betraf Europa. Bekanntlich war Großbritannien 1973 erst nach langem Zögern und dem Ende der Blockade de Gaulles der EWG beigetreten. Danach waren die Briten zwar selten unkomplizierte Mitglieder, aber mit Thatcher wurde die britische Europapolitik noch einmal konfrontativer. Schon unmittelbar nach ihrem Amtsantritt nahm die Premierministerin bei ihrem ersten EWG-Gipfel am 29. November 1979 kein Blatt vor den Mund: »Was wir fordern, ist, dass wir eine ganze Menge unseres eigenen Geldes zurückbekommen.« Großbritannien alimentiere die übrigen Mitgliedsländer (außer Westdeutschland), stattdessen wolle man dieses Geld lieber selber ausgeben – tatsächlich erstritt Thatcher 1984 den »Briten-Rabatt«. In einer berühmten Rede in Brügge distanzierte sie sich dann 1988 mit scharfen Worten von der Vision einer »ever closer union« und kritisierte die Zentralisierungstendenzen der EG, welche sie – mutmaßlich auch wegen ihrer quasisozialistischen Politik – mit der UdSSR zu vergleichen schien. Dagegen setzte sie die Vorstellung eines Europas der Vaterländer, die weitgehende Kontrolle über ihre eigene Politik behalten sollten. Dies erstreckte sich auch auf die Währung, und dementsprechend war es keine Überraschung, dass sich Thatcher lange gegen einen Beitritt zum Europäischen Währungssystem sträubte. Zumindest im Hinblick auf das EWS gab es aber einflussreiche Gegenspieler wie Schatzkanzler Nigel Lawson, Außenminister Geoffrey Howe und nicht zuletzt die britische Wirtschaft, so dass die Premierministerin schließlich einlenkte. Doch es sagt viel über die »Wertschätzung«, die die späte Thatcher gegenüber dissentierenden Meinungen hegte, dass sie Howe deshalb durch John Major ersetzte und mit dem eher symbolischen Posten des Vize-Premiers abspeiste. Im Oktober wehrte sie sich dann auf einem Gipfel in Rom schon geradezu verzweifelt gegen eine weitere Vertiefung, wie sie von Kommissionspräsident Delors vorgeschlagen wurde, und rief an einer Stelle ohnmächtig aus: »Nein, nein, nein!« Das wirkte wenig souverän, wie auch die anwesenden Pressevertreter notierten, zu denen übrigens der junge Boris Johnson gehörte, der seinerzeit noch für den *Daily Telegraph* berichtete. Für Howe war das Ende der Fahnenstange erreicht. Er reichte seinen Rücktritt ein und hielt im Unterhaus eine geharnischte Abschiedsrede. Den Rest der Geschichte kennen wir bereits: Mit Howes Demission sah Heseltine den Moment gekommen, Thatcher herauszufordern, und am Ende war John Major Premierminister.

Wie bereits erläutert, war Major der Kandidat, auf den sich die diversen Lager innerhalb der Fraktion noch am ehesten einigen konnten. Dies bedeutete aber zugleich, dass er sich von Anfang an mit der alles andere als trivialen Aufgabe konfrontiert sah, eine Partei zu einen, deren Fragmentierung spätestens mit dem Rücktritt Thatchers offensichtlich geworden war – nicht nur ein britischer Politikwissenschaftler versuchte seinerzeit, die zerklüfteten Binnenverhältnisse mit unterschiedlichsten Methoden zu vermessen.[8] Ohne hier in die Details gehen zu wollen, können wir festhalten, dass durch die Post-Thatcher-Partei mindestens drei Konfliktlinien verliefen: in der ökonomischen Dimension rangen als »drys« apostrophierte Verfechter des neoliberalen Kurses mit »wets«, die zumindest eine gewisse Mäßigung forderten. Was gesellschaftspolitische Fragen wie die Wiedereinführung der Todesstrafe oder die Rolle der Familie anbelangte, standen sich autoritäre und liberale Vorstellungen gegenüber. Und drittens war da noch die Europa-Konfliktlinie, die vor allem innerhalb der Fraktion immer größere Prominenz erlangte. Natürlich kamen gewisse Cluster-Effekte zum Tragen, Neoliberalismus verband sich oft mit autoritären Positionen und Euroskepsis, aber klare Mehrheiten für die diversen Lager gab es kaum. Entsprechend schwierig war es für Major, auf diesem Terrain zu navigieren. Hinzu kam, dass die wirtschaftlichen Aussichten zu jener Zeit alles andere als rosig waren: Thatchers Politik hatte eine weitere Rezession heraufbeschworen; an die drei Millionen Menschen waren als arbeitslos gemeldet, und in den folgenden zwei Jahren kletterte die Arbeitslosenquote auf bis zu zehn Prozent. Dennoch erfreute sich der neue Premier einer wenn auch nur kurz währenden Flitterwochen-Phase, die ihm vor allem deswegen vergönnt war, weil mit seinem Amtsantritt die Umfragewerte der Tories wieder vor denen Labours lagen. Profitieren konnte Major zudem von der Tatsache, dass er sich in der anlaufenden Operation Desert Storm unmittelbar als Commander in Chief präsentieren konnte.

Der Premier seinerseits war darauf bedacht, Signale an alle Flügel zu senden. Die One-Nation-Tories konnten erleichtert aufatmen, als Major nach seinem Antrittsbesuch bei der Queen verkündete, er wünsche sich ein Land, das mit sich selbst im Reinen sei (»at ease with itself«). Zum Entzücken der Zentristen

8 Vgl. beispielsweise Timothy Heppell/Michael Hill, »Ideological typologies of contemporary British conservatism«, in: *Political Studies Review* 3 (2005), S. 335-355.

ging er bisweilen gar so weit, von einer »klassenlosen Gesellschaft« zu sprechen. Zustimmung von allen Lagern gab es für die Ersetzung der *Poll Tax* durch eine neue Gemeindesteuer, die der ins Kabinett berufene Heseltine federführend erarbeitet hatte. Und auch die eher thatcheristisch Orientierten konnten zufrieden die Veröffentlichung des Weißbuchs *Competing with Quality* verzeichnen, das sich weiterhin dem Umbau der Staatsapparate durch die Einführung von Marktmechanismen verschrieb. Auch die Verkündung der »Citizens' Charter«, die als die »Big Idea« der Regierung vermarktet wurde, wies in diese Richtung, sollte doch die Stellung der Bürger als Konsumenten staatlicher Leistungen gestärkt werden, und zwar mit den üblichen aus der Privatwirtschaft übernommenen Techniken: Performance-Indikatoren, Auskunft-Hotlines, Ranglisten. Für Major schien es also nicht schlecht zu laufen, auch wenn die Euroskeptiker besorgt aufhorchten, als er bei seinem Antrittsbesuch in Bonn verkündete, Großbritannien solle einen Platz »im Herzen Europas« einnehmen.

Das konnte man allerdings auch als Geste an die europäischen Regierungen verstehen, um im Vorfeld der nun anstehenden Maastricht-Verhandlungen für gutes Wetter zu sorgen. Major reiste mit dem Wissen um die Gespaltenheit seiner Partei an und hatte eine Strategie:[9] Wenn er tatsächlich den Vertrag unterschreiben solle, dürfe dieser keinen Hinweis auf weitere föderale Strukturen enthalten und müsse das Prinzip der Subsidiarität in den Vordergrund rücken. Um das Vertragswerk den Euroskeptikern schmackhaft zu machen (oder es zumindest nicht gänzlich ungenießbar erscheinen zu lassen), musste aber noch mehr erreicht werden: Großbritannien pochte auf eine »Opt-out«-Option hinsichtlich der Währungsunion und

9 Vgl. hierzu Daniel Wincott/Jim Buller/Colin Hay, »Strategic errors and/or structural binds? Major and European integration«, in: Peter Dorey (Hg.), *The Major Premiership. Politics and Policies under John Major, 1990-1997*, Basingstoke: Palgrave Macmillan 1999, S. 87-107.

der sogenannten Sozialcharta, die ebenfalls ursprünglich Teil des Vertrags war. Und tatsächlich: Den übrigen Regierungen war so sehr an der Einbindung Großbritanniens gelegen, dass man allen vier Forderungen entsprach – auch wenn Kritiker darauf hinwiesen, ein »Europa à la carte« werde letztlich desintegrierend wirken. Als Major zurückkehrte, verkündete er einen Erfolg auf ganzer Linie: »Spiel, Satz und Sieg« für das Vereinigte Königreich. Die unmittelbare Reaktion der Fraktion schien diese Einschätzung zu bestätigen, denn bei einer ersten, eher symbolischen Abstimmung über das Verhandlungsergebnis gab es im Dezember 1991 gerade einmal sieben Gegenstimmen und neun Enthaltungen – eine davon von Thatcher. Der Premier wähnte sich in Sicherheit und beschloss, den eigentlichen Ratifizierungsprozess auf die Zeit nach den nun für April 1992 terminierten Wahlen zu vertagen, was sich als schicksalsträchtigste Fehleinschätzung erweisen sollte.

Im Vorfeld der Wahlen gingen die meisten Demoskopen davon aus, dass Major keine Mehrheit erhalten werde. Das Umfragebarometer war längst wieder gefallen, was nicht zuletzt mit der schlechten wirtschaftlichen Lage zu tun hatte. Zudem hatte man keinerlei Vorstellung, wie die Kampagne organisiert und gestaltet werden sollte. Die Strategie ließ sich dann letztlich auf drei Kernelemente reduzieren: Erstens schrieb man weitere Privatisierungspläne ins Programm; nun sollten Kohleindustrie, Bahn und Post an der Reihe sein. Zweitens wurde der Wahlkampf auf Major zugeschnitten, dessen Plakate in vielen Fällen ohne die Erwähnung des Parteinamens auskamen. Major war zu jener Zeit durchaus beliebt und funktionierte auch als Wahlkampfzugpferd gut. Bisweilen ließ er sich sogar zu spontanen Reden auf Seifenkisten in benachteiligten Quartieren hinreißen, was angesichts seiner Kindheit im multikulturellen Arbeiterviertel Brixton exzellente PR generierte. Die dritte und wichtigste Komponente bestand aber im bewährten Negative Campaigning gegen Labour: Ja, Arbeitslosigkeit und Inflation waren hoch, das Wachstum niedrig – aber wie viel schlimmer würde alles werden, wenn die inkompetenten Labour-Politiker um Neil Kinnock die Chance erhielten, tatsächlich den Sozialismus in Großbritannien einzuführen? Dieser Refrain hatte in den Achtzigern sehr gut verfangen, damals aber vor dem Hintergrund einer zutiefst zerstrittenen Opposition, und so standen die Prognosen schlecht. Man rechnete mit einer knappen Niederlage, und manche in der Parteiführung konnten diesem Szenario durchaus Positives abgewinnen: Wenn man schon das Verhältnis zur ehemaligen Vorsitzenden und ihrem Erbe klären musste, dann würde dies in der Opposition vermutlich leichter fallen.

Major und die Tories verloren aber nicht etwa knapp, sie gewannen. Zwar büßte man im Vergleich zu 1987 minimal an Stimmen ein, lag aber mit 41 Prozent immer noch stolze 7 Prozentpunkte vor der Labour Party, die leichte Gewinne verbuchen konnte, und den Liberal Democrats, die beträchtliche Verluste hinnehmen mussten. Dies war die gute Nachricht – und es sollte eine der ganz wenigen der nächsten fünf Jahre bleiben. Die erste schlechte ereilte Major schon am Wahlabend und lautete, dass sich aus diesem komfortablen Vorsprung (mit über 14 Millionen waren es die meisten Stimmen, die je eine Partei erhielt) lediglich eine Mehrheit von 21 Sitzen ergab, was Major größtes Kopfzerbrechen bereiten sollte, wuchs die Macht der Hinterbänkler dadurch doch massiv an.

Bevor wir uns die folgende, überaus turbulente Legislaturperiode genauer ansehen, gilt es aber noch einmal auf die Bedeutung und die tiefe Ambivalenz dieses Wahlsiegs zurückzukommen, die Major selbst in seinen Memoiren am besten auf den Punkt gebracht hat:

> Ich frage mich manchmal, was passiert wäre, wenn wir 1992 verloren hätten. Labour und nicht die Konservativen hätten sich mit dem Schwarzen Mittwoch und einer euroskeptischen Haltung in ihrer Partei auseinandersetzen müssen, die genauso ausgeprägt war wie bei uns. [...] Dement-

> sprechend haben einige Tories argumentiert, dass 1992 die Wahl war, die wir hätten verlieren sollen. Was die Tories brauchten, war nicht noch etwas mehr Zeit an der Macht, sondern der kalte, harte Schock der Opposition [...]. Aber trotz unserer Niederlage 1997 bin ich anderer Meinung [...]. Unser Sieg 1992 machte dem Sozialismus in Großbritannien den Garaus.

Tatsächlich ist dieser Punkt nicht zu unterschätzen, denn erst nachdem der Thatcherismus auch ohne seine Erfinderin erneut bestätigt worden war, musste man sich auf Labour-Seite eingestehen, dass die elf Jahre unter der Eisernen Lady die Koordinaten so weit in Richtung eines konservativ eingefärbten Neoliberalismus verschoben hatten, dass die überkommene Agenda Labours genau das war: überkommen und obsolet. Major war dies zumindest retrospektiv klar. Er schreibt weiter: »[Aber dieser Sieg], das muss ich so schlussfolgern, bereitete auch den Boden für Tony Blair. Unser Sieg bedeutete, dass Labour sich zwischen 1992 und 1997 verändern musste.«[10]

Die Mehrheitsverhältnisse im neuen Parlament waren zwar eng, aber Major machte unverdrossen dort weiter, wo er vor der Wahl aufgehört hatte, und ließ die Ratifizierung des Maastricht-Vertrags anlaufen. Und selbst als die Zahl der Gegenstimmen nach der ersten Lesung schon bei über zwanzig lag, sah man in der Fraktionsführung noch keinen Grund zur Besorgnis. Im Endeffekt vergingen allerdings zwischen der Unterzeichnung des Vertrags durch Major am 7. Januar 1992 und der Ratifizierung am 2. August 1993 nicht weniger als anderthalb Jahre, und danach würde die Partei im Hinblick auf Europafragen nie wieder dieselbe sein.

Im Nachhinein könnte man meinen, Thatcher selbst habe das Signal zur Attacke gegeben, als sie sich im Mai 1992 aus der Deckung wagte und bei einer Rede in Den Haag erstmals offen den Vertrag kritisierte – auch wenn sie Major dafür lobte, die

10 John Major, *The Autobiography*, New York: Harper Collins, S. 310f.

Sozialcharta herausgelöst zu haben. Nichtsdestotrotz, so konnte man schlussfolgern, war Maastricht ein Fehler, laufe der Vertrag doch auf die Vereinigten Staaten von Europa hinaus. Nun begannen immer mehr in der Fraktion, die nach der Wahl erheblich jünger, ein wenig thatcheristischer und durchaus europaskeptischer geworden war, das Abkommen offen infrage zu stellen, und als dann auch noch die Dänen im Juni 1992 den Vertrag ablehnten, beschloss Major, die Ratifizierung erst im Herbst weiterzuführen. Schließlich hatte Frankreich in Reaktion auf das dänische Ergebnis ebenfalls ein Referendum angekündigt, und falls die Franzosen im September gegen den Vertrag votierten, hätte sich Major ohne Grund dem Spießrutenlauf im Parlament ausgesetzt.

Auch dies erwies sich allerdings als unglückliche Entscheidung, denn noch bevor das Unterhaus den Prozess wieder aufnehmen konnte, musste Großbritannien am Schwarzen Mittwoch, dem 16. September 1992, das EWS verlassen. Kurz zuvor hatte Rom bei der britischen Regierung angefragt, ob man den Schock im Hinblick auf die Finanzmärkte nicht dadurch mildern sollte, dass man gemeinsam austrat, und London hatte das Ansinnen brüsk zurückgewiesen. Major schien sich seiner Sache sicher zu sein, denn noch Tage zuvor zog er bei einer Rede vor der Confederation of British Industry (CBI) gegen diejenigen vom Leder, die vor dem EWS gewarnt hatten: »Ich habe damals gesagt, dass die Mitgliedschaft keine leichte Option ist. Die leichte Option, die Option der Währungsabwerter, die Inflationsoption, wäre Verrat an unserer Zukunft.« Doch innerhalb von Wochenfrist musste der Premier einsehen, dass die Option der »Währungsabwerter« nun plötzlich eine durchaus realistische und überaus bedrohliche war, und ein Teil der Schuld lag abermals bei Major selbst. Denn er war es gewesen, der 1990 als Schatzkanzler die Verhandlungen geführt und dabei zugelassen hatte, dass das Pfund zu einem stark überhöhten Kurs an die D-Mark gekoppelt wurde, der nun inmitten der Rezession nicht mehr zu halten war. Es musste de facto abgewertet werden, indem man das Pfund floaten ließ und aus dem EWS ausschied. Allerdings erst nach manischen Rettungsversuchen in Form von teils auf 15 Prozent kletternden Leitzinsen und Stützungskäufen durch die Bank of England, durch die Milliarden von Pfund verbrannt wurden. Das Chaos, in dem sich der Austritt vollzog, war dementsprechend mindestens so schlimm wie der Austritt selbst, denn es fügte der Reputation der Tories als Partei des wirtschaftlichen Sachverstands irreparablen Schaden zu. Das Bild einer Mischung aus Arroganz und Dilettantismus, das die Regierung an jenem 16. September bot, sollte weitreichende Folgen haben, auf die der Chefredakteur des Boulevardblatts *The Sun* Major noch am selben Tag einstimmte: »Auf dem Schreibtisch in meinem Büro steht ein Eimer voller Scheiße, und morgen früh kippe ich alles über deinen Kopf.«[11]

Tatsächlich ist es nur ein wenig übertrieben, wenn man feststellt, dass die Tories zwar die Wahl im Frühjahr gewannen, ihre faktische Regierungszeit aber eigentlich im September schon wieder vorüber war. Kaum war der erste Aufschrei nach dem Schwarzen Mittwoch verhallt, da verkündete die Regierung bereits die nächste Hiobsbotschaft: Bevor die Kohleindustrie privatisiert werden konnte, musste sie noch auf Profitabilität getrimmt werden, und so gab der zuständige Minister Heseltine einen Monat später bekannt, dass man gedenke, über dreißig Zechen zu schließen, was einen Verlust von 30000 Arbeitsplätzen bedeuten würde. Nach massiven Protesten ruderte die Regierung zurück, aber ihre Reputation lag bereits in Trümmern: Sie hatte die wirtschaftliche Kompetenz am Schwarzen Mittwoch verloren, und unter den Euroskeptikern wurde das EWS-Debakel als weiterer Beleg gewertet, dass die Europäisierung der sichere Weg in den Untergang war. Zudem sahen sich angesichts der Schließungspläne im Bergbau all jene bestätigt, die Major die One-Nation-Rhetorik nie abgenommen hatten: Es

11 Zit. n. Bale, *The Conservative Party*, S. 42.

handelte sich mitnichten um einen »Thatcherismus mit menschlichem Antlitz«, wie es der Zentrist Kenneth Clarke einmal formuliert hatte, es war einfach nur Thatcherismus ohne Thatcher. Und das machte die Sache nicht unbedingt besser, denn wenigstens hatte die Ex-Premierministerin als führungsstark gegolten. Hatte Major zunächst durch einen konzilianteren Politikstil und eine Wiederaufwertung des Kabinetts als kollegiales Entscheidungsgremium punkten können, wurden ihm nun Durchsetzungsfähigkeit und Führungsstärke abgesprochen.[12] Major, mit dem man intuitiv die Farbe Grau assoziierte, war von jeher kein Medienliebling gewesen, und seine selbst für die frühen Neunziger etwas sehr große Brille und die Bankangestelltenfrisur setzten seiner Telegenität enge Grenzen. Doch nun ergoss sich eine Häme über ihn, die zusehends seine Autorität infrage stellte: In der Satire-Sendung *Spitting Image* firmierte er als »Der graue Mann in Downing Street«, und ein beliebter Kalauer jener Zeit war in Anspielung auf Majors mutmaßliche Unfähigkeit, die Regierung zu führen (»to run the government«), die Frage, ob er sich denn wohl wenigstens selbst ein Bad einlassen könne: »Can Major run a bath?« Dieser Eindruck wurde dann im Frühjahr 1993 von (beinahe) höchster Stelle bestätigt. Nach dem Schwarzen Mittwoch hatten sich Major und Schatzkanzler Norman Lamont gegenseitig die Schuld gegeben, und obwohl er seinerzeit noch ein Rücktrittsangebot abgelehnt hatte, entschloss sich Major im Mai 1993, den unbeliebten Lamont zu schassen, nachdem er ihn unter anderem noch eine Mehrwertsteuererhöhung auf Benzin hatte ankündigen lassen. Lamont ging aber alles andere als leise. Vor dem versammelten Unterhaus holte er zu einer Generalabrechnung mit der Regierung aus, der er gerade noch angehört hatte, und schloss mit dem verheerenden Resümee:

12 Vgl. David Broughton, »The limitations of likeability: The Major premiership and public opinion«, in: Dorey (Hg.), *The Major Premiership*, S. 199-217, S. 205.

> Etwas stimmt nicht damit, wie wir unsere Entscheidungen treffen. Die Regierung hört zu sehr auf die Umfragen und die Parteifunktionäre. […] Das Resultat sind kurzsichtige Entscheidungen, viel zu viel Reaktion auf Entwicklungen und zu wenig aktives Einwirken auf diese Entwicklungen. Wir vermitteln den Eindruck, dass wir im Amt sind, aber nicht an der Macht.[13]

Back to Basics

Wie bei einem Musikfestival hatten die Parteitagschoreografen alles auf den Headliner ausgerichtet, der nach vier langen Konferenztagen im nordenglischen Herbst am Sonntagabend endlich die Bühne erklimmen sollte. Sogar Behelfsbalkone hatte man in die riesige Halle eingezogen, um eine intimere Atmosphäre für Major zu schaffen, der nicht gern zu einem Massenpublikum sprach. Und auch die Teilnehmer waren auf das alles Entscheidende eingeschworen: Hier galt es, dem angezählten Vorsitzenden den Rücken zu stärken, koste es, was es wolle. Von daher hatten die Journalisten, die vor der BBC-Übertragung befragt wurden, durchaus recht mit ihrer Einschätzung, dass die Delegierten dem Vorsitzenden auch dann mit stehenden Ovationen applaudieren würden, wenn er ihnen ein Buch vorlesen oder ein Gedicht vortragen würde.

Als Major nach der enthusiastischen Vorstellung durch die Parteitagsvorsitzende das Wort ergriff, strafte er all jene Lügen, die ihn als drögen Politikverwalter sahen – *he came out swinging*, wie man es in seiner Muttersprache ausdrücken würde. Der Vorsitzende betrat das Podium und klopfte erst einmal gegen das Mikrofon: »Es ist immer gut zu wissen, ob die an sind.«

13 Zit. n. Thomas McMeeking, *The Political Leadership of Prime Minister John Major. A Reassessment Using the Greenstein Model*, New York: Macmillan 2021, S. 2.

Damit erntete er zustimmendes Gelächter, handelte es sich doch um eine Anspielung auf eine andere Episode, die seinem Ansehen geschadet hatte: Nachdem er im Juli endlich eine Mehrheit für die optionale Sozialcharta gesichert hatte, erklärte Major nach dem Ende eines TV-Interviews, weshalb neben Lamont nicht auch noch weitere Kritiker entlassen worden seien. Er habe nicht ausschließen können, dass die Entmachteten dann womöglich umso schärfer gegen die Regierung schössen, und man wolle, so Major wenig diplomatisch, nicht »noch drei mehr von diesen Bastarden da draußen« haben. Aber was weder Major noch sein Gesprächspartner wussten: Nicht nur die Kamera, sondern auch das Mikro lief noch, die Äußerung wurde aufgenommen und gelangte an die Öffentlichkeit.[14] Major zeigte also ein gesundes Maß an Selbstironie, genau mit dieser Anspielung die Rede zu beginnen. Und es ging direkt angriffslustig weiter. »Frau Parteitagsvorsitzende«, hob Major an,

> als ich während der Parteitagswoche durch die Winter Gardens [einen Unterhaltungskomplex in Blackpool] spazierte, lief ich an vielen Buchauslagen vorbei, und was sehe ich da, ich sehe Memoiren – Memoiren zu meiner Linken, Memoiren zu meiner Rechten, Memoiren vor mir. [...] Lassen Sie mich direkt sagen, dass ich noch nicht dabei bin, meine Memoiren zu schreiben, und zwar noch eine ganze Weile nicht.

Für den uneingeweihten Beobachter war dies ein seltsam beiläufiger Einstieg, aber das Publikum brach nach den letzten Worten erneut in Jubel und Applaus aus. Denn Majors Worte waren auf die Memoiren Margaret Thatchers gemünzt, die zwar offiziell erst eine Woche später erscheinen sollten, doch es hatte sich bereits herumgesprochen, dass Major darin nicht besonders gut wegkam, was insofern nicht überraschend war, als

14 Vgl. Paul Routledge/Simon Hoggart, »Major hits out at cabinet«, in: *The Guardian* (25. Juli 1993).

Thatcher seit dem Wahlsieg im April 1992 kontinuierlich gegen ihren Nachfolger agitiert hatte. In jenen Oktobertagen in Blackpool hatte es nun aber den Eindruck, als ob die Partei genug vom Störfeuer Thatchers habe, jedenfalls zog Major das Publikum innerhalb der ersten Minute seiner Rede auf seine Seite, wo es die nächsten 45 Minuten verblieb, in denen er zunächst die parteiinternen Querelen ansprach, die er unter Familienstreitigkeiten verbuchte, um sich dann dem eigentlichen Thema seiner Rede mit dem Titel »Back to Basics« zuzuwenden. Es folgte eine in vielerlei Hinsicht typische Tory-Ansprache, in der von der Stärke der britischen Wirtschaft berichtet wurde, die nur von den Fesseln der Bürokratie befreit werden müsse. Die europäischen Partner wurden gewarnt, den Gemeinschaftsbogen nicht zu überspannen, und überhaupt: Großbritannien sehe einer Zukunft entgegen, die nicht strahlender sein könne – zumindest solange die Partei an der Macht sei, die »unserem Land als Regierungspartei öfter und besser gedient hat als jede andere demokratische Partei auf der Welt«.

Aber dann stimmte er eine ernstere Melodie an:

> Ich glaube, dass viele Menschen, besonders diejenigen von euch, die älter sind, in den Straßen oder auf dem Fernsehschirm Dinge sehen, die sie als zutiefst verstörend empfinden. […] Alte Gewissheiten zerbröckeln, traditionelle Werte gehen verloren, Menschen sind verwirrt. Woche für Woche, Monat für Monat sehen sie Angriffe auf die Pfeiler unserer Gesellschaft – die Kirche, das Recht, sogar die Monarchie […]. Und die Menschen fragen sich, wohin führt das? Wie konnte es dazu kommen? Und vor allem, wie können wir es stoppen?

Die quintessenziell konservative Antwort auf diese Frage lieferte Major nur wenige Absätze später:

> Es ist Zeit, zu diesen alten Grundwerten zurückzukehren, Zeit, zu den Grundlagen zurückzukehren [*time to get back to basics*], zu Selbstdisziplin und Respekt vor dem Recht, zur Sorge für andere und dazu, Verantwortung für sich

> selbst und seine Familie zu übernehmen und sie nicht auf andere Menschen oder den Staat abzuwälzen. [...] Ich glaube, dass das Land nicht weniger Konservatismus braucht, sondern mehr Konservatismus von dieser traditionellen Sorte [...].

In der verbleibenden Zeit buchstabierte Major aus, was dies in diversen Zusammenhängen bedeutete. In Sachen Erziehung: landesweit genormte Tests und keine pädagogischen Experimente. In Sachen Kriminalitätsbekämpfung: DNA-Tests und mehr Gefängnisse. In Sachen Familie: mehr Respekt und Unterstützung für die traditionelle Kernfamilie. Am Ende bedankte Major sich bei der Partei für ihre Loyalität und nahm die überschwänglichen Ovationen des Publikums entgegen. Der Jubel war ohrenbetäubend, Union-Jack-Fahnen und Hüte wurden geschwenkt, man begann, »For he's a jolly good fellow« zu singen, und tatsächlich hielten einige Delegierte irgendwann sogar ein gerahmtes Porträt von Winston Churchill in die Höhe.

Majors Rede war im Kern eine Variation auf ein konservatives Grundmotiv: Der gesellschaftliche Wandel bedrohte althergebrachte Praktiken und Vorstellungen, weshalb es einer Rückerinnerung an die verschüttgegangenen Grundlagen und überzeitlichen Wahrheiten bedurfte, welche die (britische) Gesellschaft zu dem gemacht hatten, was sie war. Diese Werte und nicht vorübergehende Modeerscheinungen mussten wieder zum Leitbild werden. Die Kommentatoren, die inmitten der Jubelgesänge die ersten Einschätzungen für die BBC lieferten, waren sich schnell einig: Es war nicht nur die längste, sondern auch die beste Rede in Majors bisheriger Karriere. Einig war man sich aber auch, dass er einen bemerkenswert nostalgischen Ton angeschlagen hatte. Manche Passagen hatten geklungen, als trauere Major einer Nachkriegsidylle nach. Auch wenn Major damit die Delegierten begeisterte, schwante den Kommentatoren bereits, dass der mittelfristige Effekt ambivalenter ausfallen könnte.

Tatsächlich zeigte sich diese Ambivalenz schon sehr bald in zweierlei Form. Im Medienecho erschien Majors Rede als Angriff auf eine permissive Post-1968-Gesellschaft, in der Drogen, Kriminalität und Hedonismus eine unheilige Allianz eingegangen waren. Dadurch ermutigt, sahen nun die sozialkonservativen Hardliner ihre Zeit gekommen, deren Anliegen angesichts ökonomischer und europapolitischer Debatten lange in den Hintergrund gedrängt worden waren. Sie deuteten die Rede als Freibrief für Agitation gegen all jene Aspekte der zeitgenössischen Gesellschaft, die traditionellen Moralvorstellungen zu widersprechen schienen, wobei man nicht nur Kriminelle und Drogensüchtige ins Fadenkreuz nahm, sondern auch alleinerziehende Mütter. Der Parteispitze war schnell klar, dass man mit einem solchen Diskurs zwar den rechten Rand bei Laune halten, aber keinesfalls in der Mitte Boden gutmachen konnte, was aber angesichts der Geländegewinne von Labour und Liberal Democrats dringend notwendig war. Gleichwohl schien niemand in der Lage, die Tugendwächter an die Kette zu legen, schließlich hatte Major diese Geister ja höchstselbst gerufen.

Außerdem war die Presse zu dem Schluss gekommen, dass die Tories natürlich die verlotterten Sitten anprangern konnten, dass sie aber zunächst einmal selbst die hohen Standards an den Tag legen mussten, die sie vom Rest der Gesellschaft einforderten. Also schwärmten die Reporter aus, um den Parteigrößen auf den Zahn zu fühlen. Angesichts der hinlänglich bekannten Skrupellosigkeit der britischen Yellow Press ging unter den Konservativen schon bald die Angst um, und zwar zu Recht: Major musste während seiner Amtszeit reihenweise Rücktritte von Kabinettsmitgliedern entgegennehmen, nachdem die Medien in verheerender Regelmäßigkeit Finanz- und Sexaffären ans Licht brachten. Ob es Abgeordnete waren, die sich dafür bezahlen ließen, im Unterhaus bestimmte Fragen zu stellen, oder ein adliger Minister, dessen Ehefrau sich wegen seiner Affäre mit der ehemaligen Privatsekretärin von Prinzessin Anne mit einem Jagdgewehr erschoss – was die Yellow Press zutage förderte, waren Schmuddelgeschichten allererster Güte.[15]

Und auch in einer weiteren Hinsicht entpuppte sich die »Back to Basics«-Agenda als veritabler Bumerang. Wie oben zitiert, hatte Major in gut konservativer Manier die Kriminalitätsbekämpfung als zentrales Element einer »anständigen« Gesellschaft hervorgehoben. Das Problem war nur, dass seine Bilanz den entsprechenden Erwartungen nicht annähernd genügen konnte. Bereits 1992 war ein sprunghafter Anstieg von 18 Prozent zu verzeichnen gewesen, und bis 1994 sollte die Kriminalitätsrate gegenüber 1990 um nicht weniger als ein Drittel ansteigen. Also hatte man eine Reform-Kommission gebildet, und aus Gründen, die mit dem neoliberalen Grundkonsens der Major-Regierung zu haben dürften, hatte man nicht etwa einen Fachmann, sondern den Chef von British American Tobacco, Patrick Sheehy, zu ihrem Vorsitzenden ernannt. Sheehy verfügte über keinerlei Expertise in Sachen Polizei, er sah schlicht eine Behörde, die nicht wie ein Unternehmen geführt wurde. Also schlug seine Kommission in ihrem Abschlussbericht vor, diverse Hierarchieebenen innerhalb des Apparats abzubauen, leistungsbezogene Gehälter einzuführen, Altersrenten zu deckeln und außerdem dafür zu sorgen, dass sich die Polizisten ihrer Jobs nicht mehr sicher sein konnten. Nun galten die britischen Strafverfolgungsbehörden nicht gerade als Bastion des Linksradikalismus, und der Regierung Thatcher waren sie geradezu treu ergeben gewesen, aber eine Polizeireform im Geiste des Neoliberalismus kam auch bei diesen staatstragendsten aller Staatsdiener nicht gut an. Und so konnte London am 30. Juli 1993 mit einem seltenen Schauspiel aufwarten, nämlich Polizisten, die keine Demonstration begleiteten, sondern selbst demonstrierten – und zwar 20000.[16] Die Regierung war alarmiert, Innenminister Michael Howard distanzierte sich umgehend von

15 Vgl. N.N., »Schlecht französisch«, in: *Der Spiegel* (16. Januar 1994).
16 Vgl. zur Polizeireform und dem Widerstand gegen sie John Kingdom,

einigen besonders kontroversen Empfehlungen, aber da war es schon zu spät. Damit war ein weiterer Pfeiler der Tory-Hegemonie weggebrochen: Nicht nur hatte man über den Schwarzen Mittwoch den Ruf der überlegenen ökonomischen Expertise verloren, nun wanderte auch noch die Polizei in Richtung Labour und Schatten-Innenminister Tony Blair ab, der seiner Partei einen gehörigen Schuss Law-and-Order-Mentalität verabreicht und das in die salomonische Formel »Hart gegen Verbrechen, hart gegen die Ursachen von Verbrechen« verpackt hatte.

Angesichts dieser langen Liste von Fehltritten und Versäumnissen hätte man denken können, dass Major die Talsohle erreicht hatte, das war aber nicht der Fall. 1994 geriet die Situation immer noch weiter außer Kontrolle. Bei den Europawahlen im Juni holten die Konservativen gerade einmal achtzehn Sitze, wohingegen Labour mehr als das Dreifache für sich verbuchen konnte. Nun war dies nicht sonderlich überraschend, bestand Majors Europapolitik doch in einer nebulösen Strategie, die zunächst tatsächlich als »Wait and see« vorgestellt, dann aber zu »Negotiate and decide« aufgehübscht wurde, womit er freilich weiterhin zwischen allen Stühlen saß. Befrieden ließ sich das Thema so jedenfalls nicht, wobei man Major zugestehen muss, dass er keine überzeugenden Alternativen hatte: Hätte er sich auf eine Seite geschlagen, wäre eine Spaltung der Partei wohl nicht auszuschließen gewesen.

Wie knapp das politische Kapital der Regierung bemessen war, ließ sich ganz konkret an der Tory-Mehrheit im Unterhaus ablesen, die mit jeder Nachwahl weiter schwand – unter Major konnten die Konservativen keine einzige für sich entscheiden. Mit einer derart dünnen Mehrheit zu regieren war alles andere als einfach; dass sie immer kleiner wurde, lag aber auch an den streitlustigen MPs selbst. Als das Unterhaus im November über die Beiträge zum EU-Budget abstimmte, zeig-

»Centralisation and fragmentation: John Major and the reform of local government«, in: Dorey (Hg.), *The Major Premiership*, S. 45-67, S. 60f.

ten ein weiteres Mal die Hinterbänkler Flagge. Major musste das Votum erneut mit einer Vertrauensfrage verbinden, und als sich dann immer noch acht Tories enthielten, platzte ihm der Kragen: Er ließ alle acht umgehend aus der Fraktion ausschließen. Doch auch dieser vermeintliche Ausweis von Entschlossenheit sollte sich in sein Gegenteil verwandeln. So groß war die Personalnot angesichts der immer weiter bröckelnden Mehrheit, dass Major sich einige Monate später genötigt sah, die Rebellen zurückzuholen, ohne im Gegenzug irgendwelche Garantien zu bekommen, dass sie sich in Zukunft stärker an seine Linie halten würden. Der Aderlass hatte jedoch noch einen anderen Grund, nämlich Parteiaustritte, und zwar nicht weniger als fünf. Die prominenteste Figur, die die Fraktion in Richtung Liberal Democrats verließ, war die ehemalige Partei-Vize Emma Nicholson. Die Begründung fasst die Motive der meisten, die sich nun entweder den Lib Dems oder Labour anschlossen, gut zusammen: »Es ist eigentlich gar nicht so, dass ich die Partei verlassen hätte, vielmehr hat die Partei mich verlassen. [...] Die Konservative Partei ist einfach nicht mehr die One-Nation-Partei, der ich beigetreten bin.«[17]

Der schwerste Schlag, den die Tories 1994 hinnehmen mussten, kam aber ausnahmsweise nicht aus der eigenen Partei, sondern vom Gegner: Als Blair im Juli zum Labour-Vorsitzenden gewählt wurde, hätten die Konservativen einen »totalen Nervenzusammenbruch« erlitten, wie ein Major-Berater berichtete. »Unser Kompass begann völlig verrücktzuspielen.«[18] In den Umfragen schnellte der Vorsprung von Labour schon bald auf »stratosphärische 39,5 Prozent«.[19]

17 Emma Nicholson, *Secret Society: Inside – and Outside – the Conservative Party*, London: Indigo 1996, S. 215; vgl. auch Ian Gilmour/Mark Garnett, *Whatever Happened to the Tories? The Conservatives since 1945*, London: Fourth Estate 1998, S. 366.

18 Tim Bale, *The Conservative Party from Thatcher to Cameron*, 2. Auflage, Cambridge: Polity 2016, S. 47.

19 Ebd.

Der Neuanfang, den Major 1993 unter dem Motto »Back to Basics« angestrebt hatte, war gescheitert, seine persönliche Autorität lag in Trümmern, die Regierungspolitik war ein Scherbenhaufen, jedenfalls im Hinblick auf die Zustimmung der Bevölkerung. In letzterer Hinsicht ähnelte die Situation durchaus der Endphase der Ära Thatcher, und hatte nicht damals ein Führungswechsel der Partei noch einmal frisches Leben eingehaucht – wenn auch nur für kurze Zeit? So dachten viele in der Fraktion, was auch Major nicht verborgen blieb, der sich die mahnenden Worte seines Intimfeinds Lamont zu Herzen nahm und zumindest dieses eine Mal nicht nur auf Entwicklungen reagieren, sondern auf diese einwirken wollte. Er erklärte seinen Rücktritt und lud damit seine internen Gegner ein, sich aus der Deckung zu wagen: »Jede Führungsperson kann nur mit der Unterstützung der Partei führen. [...] Daher bin ich nicht bereit, die derzeitige Situation weiter zu tolerieren. Kurz, es ist Zeit, Stellung zu beziehen oder die Klappe zu halten.« Man konnte nicht sagen, dass sich die Herausforderer nach dieser Kampfansage drängelten. Der offensichtliche Kandidat des europhilen Zentrums war (immer noch) Michael Heseltine, doch er hatte gesundheitliche Probleme, was nicht zuletzt insofern eine schwere Hypothek darstellte, als im Jahr zuvor der Labour-Vorsitzende John Smith an einem Herzinfarkt gestorben war. Als Liebling des Thatcher-Flügels galt der ehemalige Verteidigungsminister Michael Portillo, aber den hatte Major geschickt auf dem falschen Fuß erwischt, als er ihm schon vor der öffentlichen Ankündigung anvertraut hatte, zurückzutreten, so dass Portillo sich innerhalb von Sekunden entscheiden musste, anzutreten oder zurückzustehen. Er tat Letzteres.[20]

Aber dann fand sich doch noch ein Gegenkandidat in Person von John Redwood, der als Wales-Minister zurücktrat, um Major herauszufordern. Im ideologischen Spektrum der Fraktion war er weit rechts verortet, und der zentrale Punkt seines Wahl-

20 Vgl. ebd., S. 51 f.

kampfs bestand darin, die Abgeordneten daran zu erinnern, dass viele von ihnen dem nächsten Parlament nicht mehr angehören würden, wenn Major an der Macht bliebe. Doch das Duell »Redwood gegen Deadwood«, wie es die Boulevardblätter genüsslich betitelten, war nie eines auf Augenhöhe. Am Ende lautete das Resultat 218 Stimmen für Major zu 89 für Redwood, bei 22 Enthaltungen. Das war weit mehr als die erforderlichen 15 Prozent Abstand und übertraf auch das Minimalziel, das sich Major selbst gesetzt hatte, aber Begeisterung für den bestätigten Parteichef klang anders. Als der ehemalige Minister Steve Norris gefragt wurde, wen er gewählt hatte, nuschelte er: »John Major. Ich schuldete ihm etwas, und er war die am wenigsten schlechte Option.«[21]

Mit entsprechend wenig Elan ging die Regierung in den Endspurt ihrer Amtszeit, die, so viel stand bereits Monate vorher fest, mit einer Niederlage enden würde – fraglich war nur die Höhe. Wie im berühmten Bild der tanzenden Gäste auf der untergehenden Titanic zerfleischte sich die Fraktion weiter über die Maastricht-Frage – obwohl das Thema in der Bevölkerung nach wie vor eine untergeordnete Rolle spielte. Major hatte erklärt, ein Beitritt komme nur nach einem vorherigen Referendum infrage, aber als Blair dies (nach einem Deal mit dem Medien-Unternehmer Rupert Murdoch, dessen Boulevardzeitungen bislang stets gegen Labour geschossen hatten, nun aber Blair unterstützten – »Give change a chance«, titelte die *Sun* später im Wahlkampf[22]) im Namen der Labour-Partei ebenfalls ver-

21 Zit. n. John Retoul, »Unrepentant Norris romps and tells«, in: *The Independent* (23. November 1996).

22 Vgl. John Pilger, »Welcome to the first murdochracy«, in: *The New Statesman* (15. März 2010), S. 20; das Verhältnis von Murdoch und Blair ist u.a. Gegenstand der ersten Folge der BBC-Serie *The Rise of the Murdoch Dynasty* aus dem Jahr 2020; vgl. zu den wesentlichen Enthüllungen Charlotte Tobitt, »Andrew Neil: Line between Murdoch press and state became blurred during Blair era«, in: *PressGazette* (16. Juli 2020); vgl. zu den Parallelen, Unterschieden und Verbindungen

sprochen hatte, wollten die Euroskeptiker Major dazu bringen, einen Beitritt für die nächste Legislaturperiode auszuschließen, doch dagegen intervenierten Heseltine und Schatzkanzler Clarke. Nichtsdestotrotz kündigte eine ganze Reihe von Tories an, ihren Wahlkampf mit dem Versprechen zu bestreiten, dass sie im Fall ihrer Wiederwahl keinesfalls einem Beitritt zustimmen würden. Das konnten sie sich unter anderem deshalb leisten, weil der Millionär Paul Sykes insgesamt 500 000 Pfund versprochen hatte, um die Wahlkampfschatullen all jener Kandidaten zu füllen, die an ihrer euroskeptischen Haltung festhielten – ein Angebot, das keiner von ihnen ausschlug.[23]

James Goldsmith war eine, vorsichtig ausgedrückt, schillernde Figur; ein wohlhabender Geschäftsmann, ja, ein Tycoon, der aus einer französisch-englischen Familie stammte und sein Geld mit undurchsichtigen Deals verdiente. Der Rücktritt der Eisernen Lady hatte den bekennenden Thatcher-Fan alarmiert, da sie seiner Ansicht nach das letzte Bollwerk gegen die Vereinigten Staaten von Europa dargestellt hatte. Goldsmith begann, in der europaskeptischen Welle mitzuschwimmen, und 1994 gelang ihm auf Philippe de Villiers' Liste Majorité pour l'autre Europe in Frankreich der Einzug ins Europaparlament. Im selben Jahr legte er auf dem Tory-Parteitag in Bournemouth dar, man bereite ein Projekt vor, »das eine Alternative zu dem des Establishments der rechten und linken Mitte« darstellen solle.[24]

Bis zu diesem Zeitpunkt hatten die Tories Goldsmiths Aktivitäten mit wohlwollender Gleichgültigkeit begleitet, doch kurz darauf verkündete er die Gründung der Referendum Party, de-

zwischen Murdoch und Silvio Berlusconi Ginsborg, *Berlusconi*, S. 13-19, S. 76, S. 107.

23 Vgl. Helen Margetts, »The 1997 British general election: New Labour, new Britain?«, in: *West European Politics* 20/4 (1997), S. 180-191, S. 182.

24 Sir James Goldsmith, »The Bournemouth Speech« (11. November 1994).

ren einzige Forderung darin bestand, eine Abstimmung über den Maastricht-Vertrag abzuhalten. Das versetzte manchen Tory bereits in Unruhe, aber noch war die neue »Partei« ein loses Gebilde mit viel Geld und ein paar tausend Unterstützern. Doch dann verkündete Goldsmith 1996, man werde tatsächlich bei den anstehenden Parlamentswahlen antreten, und zwar in beinahe jedem Wahlkreis. Auch dies dürfte ein Grund gewesen sein, warum sich gerade die euroskeptischen Tory-Kandidaten keine Blöße geben wollten.

Das Jahr 1997 brach an, und damit die heiße Phase des Wahlkampfs bis zum Urnengang am 1. Mai. Nach langen Diskussionen hatte man in der Strategieabteilung der Tories beschlossen, vor allem auf das altbewährte Negative Campaigning zu setzen und die Angst vor einer Labour-Regierung zu schüren. Auf den Punkt brachte diese Strategie das berühmt-berüchtigte »Demon Eye«-Plakat, das Tony Blair mit Dämonenaugen zeigte, dazu die Bildunterschrift: »New Labour, New Danger«. Damit lag man auf der Demagogie-Skala von eins bis zehn bei etwa elf, und dementsprechend wirkte die Strategie eher verzweifelt, als dass sie wirklich effektiv war. Dies hatte auch mit anderen Faktoren zu tun, auf die wir sogleich zurückkommen. Zwar schleppte sich Major in bester Stiff-upper-lip-Manier durch diese Monate, ansonsten schritten die Tories aber gewohnt uneins in Richtung Wahltermin; das Programm bot kaum Konkretes, und dies betraf vor allem die Europapolitik, wo Major schlicht nicht verraten wollte, was er im Falle eines Sieges vorhatte. Blair brachte den Eindruck, den die Konkurrenz hinterließ, auf den Punkt: »Zu dieser Wahl treten zwei Konservative Parteien an […], und John Major führt weder die eine noch die andere.«[25]

Die Optimisten um Major hatten auf rund 35 Prozent der Stimmen und um die 250 Sitze gehofft, was immer noch eine herbe Niederlage gewesen wäre, die Substanz der Partei im Par-

25 Zit. n. Anthony Seldon, *Major. A Political Life*, London: Weidenfeld and Nicolson 1999, S. 723.

lament aber intakt gelassen hätte. Am Ende verloren die Konservativen über 10 Prozentpunkte und kamen auf knapp über 30 Prozent. Dies übersetzte sich in 165 Sitze – ein Absturz sondergleichen. Nie seit der Einführung des allgemeinen Wahlrechts hatten die Tories weniger Stimmen erhalten, und das Ergebnis war das schlechteste seit dem Zweiten Weltkrieg. In Wales und Schottland konnten sie gar keinen einzigen Sitz für sich verbuchen.[26]

Die Wahl war also ein Desaster, und abgesehen vom Ergebnis lieferte sie bereits einen Vorgeschmack darauf, was den Tories in den kommenden zwanzig Jahren blühen würde. James Goldsmith war für seine Referendum Party im Londoner Wahlkreis Putney gegen den ehemaligen konservativen Minister David Mellor angetreten. Mellor musste sich dem Labour-Kandidaten geschlagen geben, und Goldsmith konnte gerade einmal knapp über drei Prozent verbuchen. Bei der Verkündung des Ergebnisses kam es jedoch zu denkwürdigen Szenen. Mellor kündigte an, sich aus der Politik zurückzuziehen – er war wie seine beiden Konkurrenten Millionär –, aber als er zu ein paar erbaulichen Worten anheben wollte, waren aus dem Publikum »Out, out!«-Rufe zu hören. Als Goldsmith hämisch einstimmte, keilte Mellor auf offener Bühne zurück. Er solle doch, empfahl er Goldsmith, zurück nach Mexiko gehen (wo dieser ein Anwesen besaß), da sein Versuch, die britische Politik zu kaufen, offensichtlich gescheitert sei – niemand hatte mehr für Wahlwerbung ausgegeben als die Referendum-Partei. Im Interview mit der BBC legte Mellor nach. »Worüber ich mich aber ganz besonders freue, ist die Tatsache, dass Goldsmith hier unmissverständlich gestoppt worden ist. 1500 Stimmen sind ein lächerliches Ergebnis. Es sieht wohl ganz so aus, als habe Putney gesprochen, und es hat gesagt: Up your Hacienda, Jimmy.« Goldsmith verstarb übrigens nur wenige Monate später – nicht

26 David Butler/Dennis Kavanagh, *The British General Election of 1997*, London: Macmillan 1997, S. 244.

in Mexiko, sondern Spanien –, und die Referendum Party löste sich kurz danach auf. Die meisten ihrer Unterstützer fanden eine neue politische Heimat in einer Formation, die bis dahin im Schatten der Referendum Party gestanden hatte, nämlich der UK Independence Party – kurz: Ukip.

Wie sieht nun die Bilanz der sieben Jahre unter Major aus? Der Ausgangspunkt muss hier noch einmal das katastrophale Ergebnis von 1997 sein, das nämlich insofern doch etwas Überraschendes hatte, als es den typischen Annahmen darüber widersprach, wie sich Wahlerfolge und -niederlagen erklären lassen. Regierungen, die in Zeiten von Wirtschaftskrisen an der Macht sind, haben demnach ceteris paribus einen schweren Stand, aber umgekehrt können sie gemeinhin auch vom Rückenwind einer anziehenden oder brummenden Konjunktur profitieren. Die Wahl 1997 ließ bemerkenswerterweise nichts von diesem Effekt erkennen, konnte die Major-Regierung doch eigentlich eine positive Bilanz vorweisen. Zwischen 1992 und 1997 war die Arbeitslosigkeit um beinahe 3 Prozentpunkte auf 7,5 Prozent gefallen. Die Inflation war von knapp 10 Prozent im Jahr 1990 massiv gesunken und hatte sich zwischen 1 und 4 Prozent eingependelt; auch das Wachstum hatte nach der tiefen Rezession Anfang der Neunziger nie unter 2,5 Prozent gelegen.[27] Natürlich gibt es eine Reihe von Erklärungen dafür, dass Major nie die Rendite für diese Zahlen einstreichen konnte, von denen eine lautet, dass es in der öffentlichen Wahrnehmung so schien, als vollziehe sich die Erholung eher zufällig – so schlecht war es mittlerweile um den Ruf der Wirtschaftskompetenz der Tories bestellt.[28] Aber es gibt auch tiefer liegende Gründe, die eher mit dem kulturellen Wandel im Großbritannien der neunziger Jahre zu tun haben, was uns erneut zurück zu den Basics bringt,

27 Timothy Heppell, *The Tories. From Winston Churchill to David Cameron*, London: Bloomsbury 2014, S. 111.

28 Vgl. Broughton, »The limitations of likeability«, S. 215.

wie sie Major 1993 in Blackpool skizziert hatte. Das Leitbild jener Rede war zutiefst rückwärtsgewandt gewesen, und der Premier hatte die Gegenwart in bedrohlichen Farben gemalt. Doch dies wirkte spätestens ab Mitte der Neunziger völlig aus der Zeit gefallen. 1994 veröffentlichten Oasis ihr Debütalbum *Definitely Maybe*, schon seit Anfang des Jahrzehnts galt Damien Hirst als Fixpunkt der internationalen Kunstszene, und das einzige Filmposter, das in jener Dekade in mehr Studentenwohnheimzimmern hing als das von *Pulp Fiction*, war zweifellos das von *Trainspotting*. Es war die Zeit von Cool Britannia, als die Insel einen Vitalitätsausbruch erlebte, wie es ihn seit den Swinging Sixties nicht mehr gegeben hatte. Majors altbackene Agenda hatte schlicht den Kontakt zu dieser von den jungen Kohorten getragenen Erneuerung verloren. Die wirtschaftlichen Daten mochten noch so positiv sein, weder Liam noch Noel Gallagher hätten jemals für die Tories gestimmt, auch wenn sie sich schon damals über fast sonst nichts einig werden konnten. Es sprach für sich, dass Blair zur Wahlparty gerade Vertreter dieses coolen Großbritannien eingeladen hatte: den Komiker Eddie Izzard, die Modeschöpferin Vivienne Westwood, die Pet Shop Boys und eben Noel Gallagher, der mit Sektglas in der Hand lachend im Gespräch mit Blair fotografiert wurde.[29]

Das führt uns zu einer abschließenden Betrachtung dessen, was bisweilen als »Majorismus« bezeichnet, im selben Atemzug jedoch stets mit einem Fragezeichen versehen wurde. Peter Dorey formulierte es folgendermaßen: »Weit davon entfernt, den Thatcherismus zu verraten, bewirkte Majors Regierung seine Konsolidierung. Der ›Majorismus‹ war einfach Thatcherismus ohne Thatcher und mit einer etwas weniger scharfen und selbstbewussten Rhetorik.«[30] Über dieses konzise Urteil hin-

29 Vgl. dazu und zu den auch ambivalenten Auswirkungen John Harris, »Cool Britannia: Where did it all go wrong«, in: *The New Statesman* (1. Mai 2017).

30 Peter Dorey, »Despair and disillusion abound: The Major premiership

aus sind drei weitere Punkte festzuhalten.[31] Erstens vollzog sich unter Major ein historisches Realignment, das sich in manchen Aspekten allerdings bereits unter Thatcher angedeutet hatte. Anders formuliert, fand im Laufe der neunziger Jahre ein Rollentausch zwischen den Tories und (New) Labour statt. Nachdem Labour mehr als eine Dekade lang die ökonomische Kompetenz abgesprochen worden war, galten nun die Tories als wirtschaftspolitische Ignoranten. Ähnlich verhielt es sich mit dem Themenfeld Law and Order. Jahrzehntelang hatte man Labour vorgeworfen, sie seien »soft on crime«, doch nun präsentierte sich (New) Labour als die Partei von Recht und Ordnung. Am bemerkenswertesten und folgenreichsten war aber der Rollentausch in der Europapolitik. Über viele Jahre hinweg hatte sich Labour zutiefst skeptisch gegenüber dem Projekt der europäischen Integration gezeigt, weil Binnenmarkt und Währungsunion eine effektive keynesianische Nachfragepolitik, ganz zu schweigen von einer quasisozialistischen Politik, unmöglich machen würden, wie das Beispiel Mitterrands Anfang der achtziger Jahre eindrucksvoll gezeigt hatte. Es sprach für sich, dass es nicht ein Labour-Premier, sondern der Konservative Edward Heath war, der Großbritannien in die EWG führte. Doch im Laufe der Neunziger freundete sich Labour immer mehr mit dem Einigungsprojekt an, nicht zuletzt, weil es über die europäische Bande noch am ehesten möglich schien, zumindest ansatzweise Widerstand gegen die Hegemonie des Thatcherismus zu leisten. Umgekehrt verwickelten sich die Tories schon im Lauf der Neunziger immer tiefer in schmerzhafte Debatten, aus denen nach jeder Runde die europaskeptischen Kräfte gestärkt hervorgingen.[32] Festzuhalten ist vor diesem Hintergrund

in perspective«, in: ders. (Hg.), *The Major Premiership*, S. 218-249, S. 226.

31 Vgl. zum Folgenden ebd., S. 235-240.

32 Vgl. Hugh Berrington, »Britain in the nineties. The politics of paradox«, in: *West European Politics* 21/1 (1998), S. 1-27, S. 5.

aber auch, dass paradoxerweise nicht der Sieg Majors 1992 die Hegemonie des Thatcherismus und den Tod des Sozialismus in Großbritannien besiegelte, sondern der Triumph Blairs 1997 – denn Blair hatte im Vorfeld öffentlich diverse Garantien gegeben, im Falle eines Wahlsiegs bestimmte Reformen der Thatcher-Ära unangetastet zu lassen. Nicht umsonst antwortete Thatcher 2002 auf die Frage nach ihrer größten Errungenschaft: »Tony Blair und New Labour. Wir zwangen unsere Gegner, ihre Meinung zu ändern.« Hegemonial sind Vorstellungen dann, wenn sie sich selbst die andere Seite zu eigen macht. Dies zeigt aber auch, dass die Tories vor einer besonders schweren, weil doppelten Herausforderung standen: Wie alle anderen konservativen Parteien mussten sie in jener Zeit den Verlust des Sowjetkommunismus als einende Klammer und zentrales Feindbild verkraften. Hinzu kam aber im Falle Großbritanniens, dass unter Thatcher bereits diverse andere »Feinde«, wie die Bergarbeiter, die Gewerkschaften, die Lehrer und die Kommunalpolitiker, so nachhaltig in die Schranken gewiesen worden waren, dass sie nur noch begrenzt als Schreckgespenst dienen konnten, und darüber hinaus bekam es Major eben mit einer Labour-Partei zu tun, die sich unter Blair gar nicht schnell genug in die Mitte bewegen konnte. Diese Erosion der diversen Gegnerschaften liefert auch eine überzeugende Erklärung, warum Brüssel – sozusagen in Ermangelung von Alternativen – zu einem solch veritablen Feindbild avancieren konnte.

Die Frage Europas bringt uns zu einem zweiten Punkt, nämlich den Widersprüchen in der Europapolitik der Konservativen. Da ist zum einen das Prinzip der Subsidiarität, das den Euroskeptikern als Geheimwaffe gegen weitere Zentralisierungstendenzen erschien. Abgesehen davon, dass dieses Prinzip sich in viele Richtungen ausdeuten lässt, konnte man es in seiner zentralen Stoßrichtung auch gegen die Tory-Politik wenden: Schließlich besagt es, dass nur diejenigen Fragen und Probleme inklusive der erforderlichen Kompetenzen an übergeordnete Ebenen delegiert werden sollen, die von den niedrigeren Ebenen nicht effektiv bearbeitet werden können. Brachte man dieses Postulat aber im Brustton der Überzeugung gegenüber Brüssel in Stellung, musste man sich fragen lassen, wie es eigentlich um das Verhältnis zwischen staatlichen und *substaatlichen* Ebenen innerhalb des Vereinigten Königreichs bestellt war. Denn wie wir wissen, wurden unter Thatcher und Major systematisch Städte und Kommunen geschwächt, und darüber hinaus weigerte man sich hartnäckig, Wales und Schottland auch nur die kleinsten Konzessionen im Sinne größerer Selbstbestimmungsrechte zu machen. Die Devolution musste warten, bis New Labour an die Macht kam.

Ein zweiter Widerspruch betrifft die grundsätzliche strategische Position der Tory-Euroskeptiker, die letztlich zutiefst inkonsequent war. Denn für diejenigen, denen die fortschreitende Einigung ein Dorn im Auge war, hätte es eigentlich nur die Wahl zwischen zwei Positionen gegeben. Zum einen hätte man schlicht den Austritt aus der Gemeinschaft fordern können, was aber in den neunziger Jahren mit der Ausnahme Lamonts niemand aus der ersten oder auch zweiten Reihe tat. Wenn man aber nicht komplett austreten wollte, sondern eine lockerere Form der Integration anstrebte, dann ging das nur, indem man die Europäischen Verträge neu aushandelte. Man hätte also Allianzen schmieden und um Verbündete werben müssen. Von der Seitenlinie jenseits des Kanals würde es jedenfalls nicht gelingen, und damit blieb die Rede von einer »anderen« Gemeinschaft, die man schaffen wolle, eigentlich eine Lebenslüge der europaskeptischen Tories.

Der dritte und letzte Punkt ist grundsätzlicherer Natur und verweist auf einen der Widersprüche vieler konservativer Traditionen, den wir schon am Beispiel der Lega Nord kennengelernt haben und der im Fall der Tories auf die Spitze getrieben wurde. Es handelt sich um das Bekenntnis zum Kapitalismus als Wirtschaftsform der kreativen Zerstörung, des Individualismus und Massenkonsums bei gleichzeitigem Bekenntnis zu traditionellen, quasinatürlichen Lebensformen. Wie bereits im

Zusammenhang mit der Lega ausgeführt, bleibt es rätselhaft, wie ein derart disruptives Wirtschaftsregime spurlos an empfindlichen sozialen Zusammenhängen vorübergehen soll. Im Falle der Lega blieb dies ein eher intellektueller Widerspruch, da sie in jener Phase nur über überschaubare Gestaltungsmöglichkeiten verfügte, aber im Falle der Tories ließ sich die Widersprüchlichkeit mit Händen greifen: Da war ein Jahrzehnt lang der Nachkriegskonsens unter extremen sozialen Verwerfungen demontiert worden, und 1993 stand Major auf dem Podium in Blackpool und beschwor die gute alte Zeit der Tante-Emma-Läden. Natürlich konnte man versuchen, die Verantwortung für Individualismus und Kriminalität bei den Achtundsechzigern abzuladen, aber mindestens genauso plausibel war es, die Ursache in der kapitalistischen Subjektzurichtung zu sehen, der gerade die Briten seit 1979 ausgesetzt gewesen waren. Und tatsächlich gab es Denker, die am Ende der Ära Thatcher/Major den Finger in diese Wunde legten. Der konservative Philosoph Roger Scruton tat dies aus einer eher ästhetischen Perspektive und nahm Vulgarisierung und Massenkonsum aufs Korn. John Gray, ein an Hayek geschulter ehemaliger Vertreter einer neoliberalen Rechten, zeigte sich Mitte der neunziger Jahre ebenfalls zutiefst ernüchtert:

> Marktliberalismus, wie wir ihn in Großbritannien und anderswo in den achtziger Jahren kennengelernt haben, führt zur Privilegierung der Wahlfreiheit und einem Kult der Mobilität, die schlecht mit den stabilen Gemeinschaften zusammenpassen, die traditionellen Konservativen so viel bedeuten. In der Tat […], Marktliberalismus hat […] unweigerlich subversive Auswirkungen auf Tradition und Gemeinschaft. […] Gemeinschaften werden in alle Winde zerstreut vom Sturm der kreativen Zerstörung.[33]

33 John Gray, *Enlightenment's Wake. Politics and Culture at the Close of the Modern Age*, London: Routledge 1995, S. 147.

2. Der Post-Thatcherismus in der Opposition: Von William Hague bis David Cameron

1997 war William Hague gerade einmal 34 Jahre alt, und mit seinem jungenhaften Äußeren wirkte er auch keinen Tag älter. Die Zeit drängte für ihn also wahrlich nicht, seine Karriere hatte eben erst begonnen, als er in den letzten beiden Jahren der Major-Regierung als Minister für walisische Angelegenheiten fungierte. Von daher war es keineswegs selbstverständlich, dass sich der Jungpolitiker für den Vorsitz einer Partei bewarb, die gerade die schlimmste Niederlage seit dem Zweiten Weltkrieg erlitten hatte und das war, was Friedrich Merz wohl einen politischen Sanierungsfall genannt hätte. Aber Hague war fest entschlossen und sollte in seiner Zuversicht bestätigt werden. Nachdem Major unmittelbar nach der verlorenen Wahl seinen Rücktritt erklärt hatte, mussten die Tories zunächst feststellen, dass die Lieblinge der dominanten Flügel, Heseltine und Portillo, erneut nicht zur Verfügung standen: Gegen Heseltine sprach nach wie vor seine angeschlagene Gesundheit, und Portillo hatte seinen Parlamentssitz verloren. Zur Wahl stellten sich also Howard, erneut Redwood, der ehemalige Minister für Sozialversicherung Peter Lilley und – für den europhilen Flügel – der populäre Ex-Schatzkanzler Kenneth Clarke. Nach dem ersten Wahlgang schieden Lilley und Howard aus, und nach dem zweiten zog sich auch Redwood zurück. Nun schien Clarke die besten Karten zu haben, doch das rief Thatcher auf den Plan, die die Losung »ABC« ausgab, was in den distinguierteren Tory-Milieus für »Anything but Chardonnay« steht, hier aber schlicht bedeutete: »Anyone but Clarke«. Sie bekam ihren Willen, Hague setzte sich mit 93 zu 70 Stimmen durch und hatte nun das zweifelhafte Vergnügen, eine am Boden liegende Partei wieder aufzurichten.

Überzeugt, dass sich während der Flitterwochen-Phase der neuen Regierung ohnehin niemand für irgendwelche inhaltlichen Debatten der Tories interessieren würde, beschloss er, die Erneuerung der Partei von der organisatorisch-strukturellen Seite her anzugehen. Zwei miteinander verknüpfte Aspekte standen hierbei im Mittelpunkt. Zum einen wurde das Prozedere der Wahl des Vorsitzenden reformiert und damit auch das Verhältnis zwischen Fraktion und Mitgliedern neu justiert. Bis dato mussten sich Vorsitzende jedes Jahr im November der Wiederwahl durch die Fraktion stellen, wobei das Detail des erforderlichen Fünfzehn-Prozent-Vorsprungs galt. Diese turnusmäßige Wahl wurde nun abgeschafft, stattdessen konnte jederzeit ein Misstrauensvotum eingeleitet werden, unter der Voraussetzung, dass mindestens fünfzehn Prozent der Fraktionsmitglieder dies schriftlich beantragten. Sprach die Fraktion jedoch mehrheitlich nicht das Vertrauen aus, musste die Wahl eines neuen Vorsitzenden unter Ausschluss des bisherigen Amtsträgers durchgeführt werden. Falls es mehr als zwei Bewerber geben sollte, würde die Fraktion alle bis auf zwei eliminieren, die Stichwahl würde dann aber an die Parteimitglieder delegiert werden. Das Prozedere war ein Kompromiss zwischen Fraktion und Basis, da Erstere zumindest die Möglichkeit behielt, das Kandidatenfeld auszusieben, bevor Letztere die endgültige Entscheidung treffen sollte. Dieses Verfahren verlangte zum anderen nach einer organisatorischen Modernisierung der Partei, die bis dahin kurioserweise aus drei separaten Bestandteilen zusammengefügt war: Parlamentsfraktion, lokalen »Associations« sowie der Funktionärsebene. Nun wurde aus diesen drei Komponenten erstmals eine einheitliche Organisation inklusive Gremien, Satzung und einem Mitgliederverzeichnis, ohne das eine Urwahl schließlich gar nicht durchgeführt werden konnte. Die Partei segnete in wohlwollendem Desinteresse die Reformen ab, und nun musste sich Hague der ungleich schwereren Herausforderung stellen, die Grabenkämpfe des Post-Thatcherismus wenn nicht zu beenden, so doch zu begrenzen und die Partei wieder attraktiver zu machen. Die erste Hürde bestand freilich bereits darin, seiner Partei zu vermitteln, dass überhaupt Handlungsbedarf bestand. Denn wie so oft bei Parteien, die sich an das Regieren gewöhnt haben, erschien der Gang in die Opposition vielen als ein Betriebsunfall. Zweifellos würden die Dinge schon wieder zurechtgerückt werden, wenn sich Tony Blair im Regierungsalltag als politischer Scharlatan in falschen (Tory-)Kleidern enttarnt hätte, man selbst besser kommunizierte oder endlich wieder auf den wahren Pfad des euroskeptischen Thatcherismus sans phrase zurückkehrte.

Hague selbst verfügte über einen klaren analytischen Verstand und hinreichend intakte politische Intuitionen. Beide sagten ihm zweierlei: Erstens mussten sich die Tories – auf welche Weise auch immer – der immerwährenden Europadebatte entledigen. Zweitens sah auch Hague eine Partei, die sich von den Lebenswirklichkeiten vor allem jüngerer Generationen abgekoppelt hatte und wie der misanthrope Onkel wirkte, der mit seiner schlechten Laune die Familienfeier ruiniert. Eine Partei, die auf alleinerziehenden Müttern herumhackte und diese zu einer Gefahr für die britische Zivilisation stilisierte, konnte sich keine Hoffnungen machen, in den Mitte-Milieus zu reüssieren, was für eine Rückkehr an die Macht unerlässlich war.[1] Zum einen sollte also das Europathema dadurch abgeräumt werden, dass sich die Konservativen darauf festlegten, weder in der aktuellen noch in der nächsten Legislaturperiode für einen Beitritt zur Währungsunion zu stimmen. Dafür musste Hague in Kauf nehmen, dass die verbliebenen Pro-Europäer im Schattenkabinett ihren Rückzug erklärten und dass Clarke und Heseltine zwar offiziell die Parteilinie mittrugen, aber kein Pro-

1 Vgl. zu Hagues Reformvorschlägen William Hague, *A Fresh Future for the Conservative Party*, London: Conservative Central Office 1997.

blem darin sahen, mit Blair öffentlich und überaus wohlwollend über dessen Agenda »Britain in Europe« zu debattieren. Zum anderen warb Hague für eine Liberalisierung im Hinblick auf Minderheitenrechte und andere gesellschaftspolitische Fragen. Es galt, Anschluss an Debatten zu gewinnen, die wirklich zählten, und so einen echten Neustart für die Tories zu ermöglichen. Zu diesem Schluss kam auch ein breit diskutiertes Memorandum aus der Parteizentrale, das auf Grundlage empirischer Erhebungen nahelegte, die Konservativen müssten sich wieder der alltäglichen Sorgen und Nöte annehmen, die abends am Küchentisch besprochen würden. Der Titel der Studie lautete übersetzt »Küchentisch-Konservative«, und Hague war noch Anfang 1999 dermaßen begeistert von diesem Ansatz, dass er einen wirklichen Küchentisch anschaffen ließ: »Der anderthalb Meter lange lackierte Tisch – erstanden in einem Second-Hand-Shop – ist gegenüber dem Aufzug in der Parteizentrale aufgestellt worden. Die Mitarbeiter sollten sich daran erinnern, dass sie sich auf Brot-und-Butter-Themen konzentrieren sollten, wann immer sie daran vorbeiliefen«, vermeldete der *Independent*, ohne sich einen ironischen Unterton ganz verkneifen zu können, und ließ auch einen Mitarbeiter der Parteizentrale zu Wort kommen, der Wert darauf legte, dass »es nicht die Art von Tisch ist, die man in Esszimmern in Islington [einem der besseren Viertel Londons] findet; aber in Middle Britain wäre es ein respektabler Küchentisch«.[2]

Bei aller vorgeblichen Begeisterung, belegt durch Gimmicks, wie man sie in Management-Handbüchern findet, schien sich Hague allerdings doch nicht ganz sicher zu sein, wie viel Umorientierung er seiner Partei zumuten konnte. Beim Parteitag Ende 1998 hatte jedenfalls noch vieles nach dem Sound von

2 Rachel Sylvester, »Hague buys a table for his kitchen cabinet«, in: *The Independent* (3. April 1999), online verfügbar unter: {https://www.independent.co.uk/news/hague-buys-a-table-for-his-kitchen-cabinet-1084955.html}.

1993 geklungen, etwa als Hague über Sozialstaat und Familie sprach. Man müsse eine Sozialhilfereform entwickeln,

> die die Kultur der Abhängigkeit beendet, die überall in unseren Innenstädten existiert, eine Reform, die Familien dazu anhält, zusammenzubleiben, und nicht gegen die Ehe diskriminiert; [...] die dafür sorgt, dass Menschen nicht länger auf Unterstützung angewiesen sind, sondern richtige Jobs finden. Ein starkes und stabiles Familienleben ist die Grundlage einer gesunden Gesellschaft [...].[3]

Dabei hatte es durchaus den Anschein, dass einige wichtige Stimmen im Tory-Chor bereit waren, wenn nicht für einen Kurswechsel, so doch zumindest für eine Korrektur angesichts der unbestreitbaren Schwachstellen, Defizite und blinden Flecken, die man zuletzt mit den Konservativen assoziiert hatte. Zu diesen nachdenklichen Stimmen gehörte auch Michael Portillo, der ehemalige Poster-Boy des Thatcherismus, der sich nun etwas weiter aus dem Fenster lehnte und die Öffentlichkeit in einer Vielzahl von Zeitungsessays an seinem Reflexionsprozess teilhaben ließ. Einer der ersten dieser Texte war der Konservativen Partei gewidmet und legte den Finger in die diversen Wunden. Im Zuge einer von ihm selbst produzierten Fernsehdokumentation über die Zukunft des Konservatismus habe er sich mit »kleinen Leuten« unterhalten, die durchaus eine Nähe zu den Konservativen aufwiesen. Von diesen Menschen, so Portillo, würde es aber vermutlich keiner »je in Betracht ziehen, die Tories zu wählen. Für sie ist Konservatismus mittlerweile untrennbar verknüpft mit herzlosen Einstellungen, egoistischen Verhaltensweisen und natürlich Skandalen.«[4] Schon hier zeigte sich, dass Portillo zu denjenigen gehören sollte, denen die typische Gratwanderung des Post-Thatcherismus noch am besten

3 William Hague, »1998 Conservative Party conference speech« (Oktober 1998).

4 Michael Portillo, »On the Conservative Party«, in: *The Sunday Times* (20. September 1998).

gelang: Der ehemalige Verteidigungsminister ließ nichts auf die ökonomische Bilanz der Thatcher/Major-Ära kommen, begann aber darauf zu drängen, dass die Partei inklusiver werden müsse, mehr Toleranz für Lebensformen aufbringen solle, die nicht der heteronormativen Standard-Familie entsprachen, und sich die mittlerweile mit ihr assoziierte soziale Kälte abtrainieren müsse. Portillo entwickelte sich etwas überraschenderweise zu einem der tiefsinnigeren Denker, die im Gewand des Politikers auftreten, aber es war auch gerade jener Politiker in ihm, der hier sprach: Ohne eine gesellschaftspolitische Liberalisierung würde es ungemein schwer werden, diejenigen demografischen Gruppen anzusprechen, ohne die eine Rückkehr an die Macht auf lange Sicht ausgeschlossen bleiben würde. Bestärkt von solchen Signalen, fasste sich dann Peter Lilley ein Herz und legte die Karten der Reformer auf den Tisch. Lilley war mittlerweile Schattenschatzkanzler, konnte also durchaus als Nummer zwei hinter Hague gelten. Und wie auch Portillo wurde er eigentlich dem Lager der Thatcheristen zugerechnet, was den Paukenschlag umso lauter machte. Im April 1999 hielt Lilley die R.-A.-Butler-Memorial-Rede, der Anlass stellte also bezeichnenderweise einen Bezug zum »Butskellism« der Nachkriegszeit her. Folglich lobte Lilley zunächst die Verdienste des großen One-Nation-Tories: Aus einer Partei, die als gehässig, abgehoben und kapitalhörig galt, habe Butler eine über die eigene Kernklientel hinaus beliebte Dauerregierungspartei geformt. Damit dies abermals gelinge, müssten die Konservativen zunächst ihr gestörtes Verhältnis zum Sozialstaat überwinden, den man ja schließlich mit aufgebaut habe. Mittlerweile herrsche allerdings der Eindruck, die Tories wollten die Daseinsvorsorge kaputtsparen. Es sei desaströs für die Partei, wenn sie in der Wahrnehmung der Öffentlichkeit keine andere Antwort geben könne als die ewige Leier von mehr Wettbewerb. »Freie Märkte«, so Lilley weiter, »gelten nicht nur als Teil des Konservatismus, sondern sie werden gleichgesetzt mit Konservatismus insgesamt.«

Das mochte alles halbwegs moderat und vernünftig klingen, aber schon am nächsten Tag brach ein Sturm der Entrüstung los. Lilleys Worte wurden weithin als Verrat am thatcheristischen Erbe gedeutet. Die strategische Einschätzung, dass man Wahlen nur in der Mitte gewinnen könne, wurde als mangelnde Standfestigkeit angegriffen. Exemplarisch sind hier die Zeilen, die der Journalist Michael Gove in der *Times* veröffentlichte und die noch einmal ein ganz anderes Licht auf die Mitte als vermeintlichen Sehnsuchtsort des Konservatismus werfen: »Kein Ort ist unwürdiger, als ›in der Mitte‹ zu sein, wo der kleinste gemeinsame Nenner und die höchstmöglichen staatlichen Ausgaben sich treffen.« »Die Tories haben 1997 nicht verloren, weil sie es versäumt haben, sich zum öffentlichen Sektor zu bekennen, sie haben verloren, weil sie die öffentlichen Finanzen ruinierten auf der Suche nach der Mitte.«[5] Angesichts solcher Reaktionen zog Hague gleich zwei Reißleinen: Zum einen wurde Lilley zum Rückzug von seinen Ämtern gedrängt. Zum anderen war es mit den Erneuerungsanstrengungen im Zeichen des Küchentischs auch schon wieder vorbei.

Von nun an ging es wieder in erster Linie um Steuersenkungen, Asylmissbrauch und die verkommenen Sitten in den Innenstädten. Es wäre aber irreführend, diesen Strategiewechsel allein auf Lilley zurückzuführen. Sicherlich führte die Empörung Hague eindrücklich vor Augen, mit welch militanten Beharrungskräften er es zu tun hatte. Denn Lilleys Punkt, dass man Labour im Bereich der *public services* attackieren und dafür das eigene Bekenntnis zum Leistungsstaat erneuern musste, wäre wohl von jedem Wahlforscher abgesegnet worden. Stattdessen verbarrikadierten sich weite Teile der Partei und des Tory-nahen Kommentariats intellektuell bequem und ideologisch verbohrt hinter der empirisch unhaltbaren These, man habe die Wahl 1997 verloren, weil Tory-Wähler entweder in Richtung

5 Michael Gove, »A striptease that costs too much«, in: *The Times* (27. April 1999).

der Referendum Party abgewandert oder angesichts der Abkehr von der reinen Lehre des Thatcherismus zu Hause geblieben seien. Tatsache war, dass die Konservative Partei ganz überwiegend Wähler an Labour verloren hatte,[6] die man kaum durch einen Schwenk nach rechts würde zurückholen können. Der tiefere Grund für den Strategiewechsel war schlicht die Tatsache, dass die Modernisierungsansätze unter Hague auf wenig bis keine Resonanz in der Öffentlichkeit stießen. Dies wiederum war noch nicht einmal darauf zurückzuführen, dass New Labour an der Regierung eine glänzende Figur gemacht hätte. Vielmehr hatte es zum Beispiel damit zu tun, dass Hague trotz seiner unbestrittenen Fähigkeiten alles war, nur kein charismatischer Medienliebling. Denkwürdig war etwa sein Versuch, Anschluss an die Cool-Britannia-Milieus zu finden, indem er sich unter das bunte Treiben des Notting Hill Carnivals mischte, das Epizentrum millenialer Hipness – dabei aber doch tatsächlich eine Baseballmütze trug, auf der in Großbuchstaben HAGUE stand. Doch nicht nur Hague nahm man nicht ab, dass er mit ein paar Drag Queens chillen wollte, auch seine Partei wirkte in den Kleidern, die ihr gerade neu angepasst werden sollten, völlig deplatziert: »Die Wähler«, so Peter Dorey, seien »einfach nicht davon zu überzeugen« gewesen, dass »altgediente Konservative, die sich noch vor Monaten oder gar Wochen für Neoliberalismus und/oder sozialen Autoritarismus ausgesprochen hatten, plötzlich ein paulinisches Bekehrungserlebnis gehabt und sich in sozial fürsorgliche Konservative verwandelt« hätten.[7]

Als Hague dann im Herbst 1999 die Kehrtwende der »Common Sense Revolution« verkündete, schien ein hörbares Aufatmen durch die Partei zu gehen: Arbeitslose sollten nun wieder stärker gefordert, Jobcenter privatisiert und Schulen komplett

6 Vgl. Butler/Kavanagh, *The British General Election of 1997*.
7 Dorey, *British Conservatism*, S. 174.

in die Autonomie entlassen werden. Dazu gab es Steuersenkungen, verschärfte Asylrichtlinien und das Versprechen, das Pfund zu retten. Es war eine Botschaft, die in allen Gefilden links der Partei – angesichts der Rechtswende nun sehr weite Teile des Spektrums – fast überhaupt nicht zündete. Aber wie der ewige europapolitische Mahner Heseltine schon damals anmerkte, war es eine Botschaft, die man nicht nur im mittlerweile klar dominanten euroskeptischen Flügel hörte, sondern auch bei allen anderen Kräften, die Brüssel in zunehmend unversöhnlicher Feindschaft gegenüberstanden. Was diese ebenfalls hörten, war ein Tory-Chef, dessen Rhetorik eine erkennbare Radikalisierung durchlaufen hatte, die sich etwa in der berüchtigten Rede in Harrowgate am 4. März 2001 besichtigen ließ. Hague klang, als hätte er gerade ein Einführungsseminar in die Rhetorik des Rechtspopulismus absolviert:

> Lasst mich euch mitnehmen auf eine Reise in ein fremdes Land; Großbritannien nach einer zweiten Labour-Regierung: Die königliche Prägeanstalt schmelzt Pfund-Münzen ein, während Euro-Scheine zu zirkulieren beginnen. Unsere Währung auf immer verloren. Der Schatzkanzler kehrt aus Brüssel mit Instruktionen zurück, die Steuern weiter zu erhöhen. […] Die Gefängnistore öffnen sich, und weitere Tausende Straftäter werden früher entlassen, um weitere Verbrechen zu verüben.

Daneben beteuerte Hague immer und immer wieder, dass er unerschütterliches Vertrauen in das Volk habe, und mindestens ebenso oft, dass er diesem Volk die Kontrolle über sein Land zurückgeben werde.[8] Es waren vertraute Motive vom rechten Rand, wie man sie im Vereinigten Königreich zur Genüge kannte – bis dahin allerdings vor allem aus Berichten über den Front National in Frankreich.

Als Stimmenmaximierungsstrategie war die »Save the Pound«-Kampagne eine Katastrophe: New Labour hatte an der Regie-

8 William Hague, »Speech at Harrowgate« (4. März 2001).

rung noch nicht einmal Wunder vollbracht, und dennoch konnten die Tories bei den Wahlen 2001 gegenüber 1997 bei den Stimmen gerade einmal einen Prozentpunkt zulegen, was sich in genau ein zusätzliches Mandat übersetzte. Dass die Partei auf der Stelle trat, war noch die wohlwollendste Lesart. Gegenüber 1992 hatten die Tories um die 40 Prozent an Stimmen verloren: Aus 14 Millionen waren 8,3 Millionen geworden, ihre niedrigste Stimmenanzahl seit 1929.[9]

Man wird Iain Duncan Smith, der nach der Wahl die Nachfolge Hagues antrat, indem er sich nach dem reformierten Verfahren gegen den erneut unterlegenen Clarke durchsetzte, nicht ganz gerecht, wenn man feststellt, dass die Tories unter seiner Führung das gleiche Muster durchliefen wie schon unter Hague – aber tatsächlich waren die Parallelen frappierend. Duncan Smith, der im Gegensatz zu den meisten seiner Tory-Kollegen keine Oxbridge-Ausbildung genossen, sondern eine Militärakademie besucht, als Offizier bei den Scots Guards gedient hatte und zudem bekennender Katholik war, hatte sich unter Major einen Namen als Europagegner gemacht. So hatte er etwa 1996 den Vorschlag eingebracht, das britische Parlament müsse europäisches Recht überstimmen können – was man in dieser Deutlichkeit erst wieder etwa zwanzig Jahre später aus Polen und Ungarn hören sollte. Dass Duncan Smith sich gegen den ewigen Europhilen der Partei, Clarke, durchgesetzt hatte, konnte nicht wirklich als Überraschung gelten, bemerkenswert war eher, dass der ehemalige Liebling der Partei-Rechten, Portillo, es noch nicht einmal in die Stichwahl geschafft hatte. Dies ist insofern bedeutsam, als Portillo ja zu denjenigen gehörte, die am prononciertesten für eine sozialliberalere Partei eintraten und in gewisser Weise das anpeilten, was später rückblickend aus linker Perspektive als progressiver Neoliberalismus kritisiert werden würde: neoliberale Wirtschafts- in Verbindung mit

9 David Butler/Dennis Kavanagh, *The British General Election of 2001*, London: Macmillan, 2001, S. 251.

Abb. 12: Iain Duncan Smith (links) und William Hague auf dem Tory-Parteitag 2001.

einer »progressiven« Gesellschaftspolitik. Ganz unabhängig von seinen persönlichen Überzeugungen betrachtete es Portillo als eine Frage des politischen Überlebens, ob die Tories ein unverkrampfteres Verhältnis zu Themen wie Minderheitenrechten oder der multikulturellen Gesellschaft finden würden, denn sowohl bei jüngeren Wählern als auch bei Menschen mit Migrationshintergrund sowie unter Frauen sah es in den Umfragen düster aus. Dies war auch wenig verwunderlich, bedenkt man, dass das letzte Kabinett unter Major knapp über zwanzig Minister umfasst hatte – aber keine einzige Ministerin, ganz zu schweigen von einer Person mit auch nur etwas dunklerer Hautfarbe als der typischen englischen Blässe. Und auch Hagues Führungszirkel hatte fast ausschließlich aus weißen Männern bestanden – die aber immerhin nicht alt, sondern auffallend jung waren. Portillo machte deutlich, dass er eine Art Geschlechterquotierung bei der Aufstellung der Kandidatenlisten für die Wahlkreise befürworten würde, und wäre damit beispielsweise der deutschen CDU knapp zwanzig Jahre voraus gewesen – wenn ihm bei der Kür des Vorsitzenden nicht eine Stimme zum Einzug in die Stichwahl gefehlt hätte. Die Gründe hierfür sind vielfältig, offensichtlich konnte und/oder wollte man in der Fraktion keinen größeren Handlungsbedarf erkennen, und unter den liberalen Tories trauten längst nicht alle dem vermeintlich geläuterten Portillo über den Weg. Die Sympathie der Sozialkonservativen hatte er spätestens in dem Moment verspielt, als er bekannte, als Jugendlicher homosexuelle Erfahrungen gemacht zu haben.

Zunächst signalisierte aber auch Duncan Smith, dass er die Tories gesellschaftspolitisch zu entstauben gedachte. Immerhin lehnte er die Mitgliedschaft im hoch exklusiven Carlton Club ab, welcher der Partei lange Jahre als Hauptquartier gedient hatte, bevor sie sich eine eigene Zentrale gönnte – und zwar weil der Club keine Frauen aufnahm. Aber in Sachen Geschlechterparität blieb es weitgehend bei solchen Gesten, und dies galt auch für die Austarierung der Parteiflügel. Als »IDS«, wie er mittlerweile von vielen genannt wurde, sein Schattenkabinett vorstellte, fanden sich unter den knapp zwei Dutzend Kandidaten lediglich drei Frauen – darunter übrigens Theresa May. Ebenso rar waren europhile oder liberale Positionen, die fast ausschließlich vom ausgewiesenen One-Nation-Tory David Willetts repräsentiert wurden. IDS war sich dennoch bewusst, dass zumindest die breitere Öffentlichkeit eine Art Charme-Offensive erwartete. Nicht zuletzt Theresa May warnte auf dem Parteitag 2002, die Tories müssten das bedenkliche Image der *nasty party* endlich abstreifen. Und so ließ der Vorsitzende in seinem ersten längeren Interview für die Bastion der konservativen Publizistik, den *Telegraph*, wissen, dass man sehr wohl verstanden habe. Die Partei bekenne sich zur Aufgabe, das staatliche Gesundheits- und Bildungssystem zu verbessern, und wolle sich auch – ein Stück weit – auf den gesellschaftlichen Wandel einlassen. Dass IDS dabei klarstellen musste: »Wir sind eine Mitte-rechts-Partei, aber es gibt einen großen Unterschied zwischen einer Mitte-rechts-Partei und einer extremen«, ließ freilich tief blicken – diese Positionsbestimmung schien jedenfalls nicht mehr ganz selbstverständlich. Der wichtigste Satz des Interviews lautete: »Wir haben es zugelassen, dass wir als eine Partei charakterisiert werden konnten, die buchstäblich den Preis von allem, aber den Wert von nichts kennt.«[10]

Obwohl er nicht gerade als Großstratege galt und seine analytisch-intellektuellen Fähigkeiten bisweilen auch grundlegender infrage gestellt wurden, schien IDS tatsächlich einen Plan zur Neupositionierung zu verfolgen, aus dem zwei Komponenten herausragten. Die Anschläge vom 11. September hatten natürlich auch in Großbritannien Spuren hinterlassen; unter anderem verabschiedete die Blair-Regierung drakonische Anti-Terror-Reformen. Der Versuch, die Regierung auf diesem Gebiet zu überflügeln, erschien also wenig erfolgversprechend. Dementsprechend konzentrierte sich die Partei auf zwei andere Felder. Zum einen gelobte IDS, Großbritannien werde unter seinem Vorsitz nie der Währungsunion beitreten, was der überwiegend euroskeptischen Stimmung in der Partei entsprach, für deren Basis das Thema immer mehr an Bedeutung gewonnen hatte – was angesichts der anhaltenden antieuropäischen Stimmungsmache wenig verwunderlich war. Zum anderen schien IDS bereit, sich auf die Debatte um die *public services* einzulas-

10 Rachel Sylvester/George Jones, »The navel-gazing is over«, in: *The Telegraph* (6. Oktober 2001).

sen, und forderte von seiner Partei, aus dem von Labour immer wieder erfolgreich apostrophierten Kontrast zwischen mehr Investitionen oder mehr Einsparungen auszubrechen. Darüber hinaus entdeckte er den mitfühlenden Konservatismus für sich, mit dem George W. Bush zwei Jahr zuvor in den USA erfolgreich Wahlkampf gemacht hatte, und verkündete einigermaßen überraschend, dass sich die Tories von nun an als Anwälte der Armen und Schwachen zu verstehen gedachten. Zwar war dies ein gewagter Versuch der Repositionierung, entgegen Duncan Smiths Ruf, sich von seinem Bauchgefühl leiten zu lassen, hatte er aber einen durchaus nachvollziehbaren Hintergrund. Womöglich hatte IDS einfach etwas genauer hingehört, wenn die parteinahen Demoskopie-Institute von ihren Erhebungen berichteten, als das etwa noch unter Hague der Fall gewesen war, wobei auch weiterhin viele Tory-Granden voller Verachtung auf die Fokusgruppen und andere Instrumente herabblickten, derer sich die Parvenüs von New Labour so virtuos bedienten. Was sich hier zeigte, war nämlich die Konstellation eines Elektorats, das wirtschafts- und sozialpolitisch eher links, dafür aber auf den Feldern Gesellschaft, Europa und vor allem Einwanderung zunehmend rechts tickte. Es lag also nahe, eine Formel zu finden, die diesem Muster auf der Nachfrageseite entsprach, was auf ein Profil hinauslief, wie es bereits den FN in Frankreich charakterisierte und das später auch von der Lega übernommen werden sollte. Duncan Smith – man kann es vorwegnehmen – scheiterte allerdings bei dem Versuch, seine Partei dementsprechend zu ent-thatcherisieren und zu einer Art nationalistischen Kümmerer-Partei umzumodeln. Natürlich kann man bezweifeln, ob dies mehr als ein opportunistisches Manöver war, um aus der desaströsen Bilanz von New Labour im Hinblick auf eine dramatisch ansteigende Ungleichheit Profit zu schlagen, aber zumindest IDS selbst blieb auch später dieser Linie treu und gründete einen Thinktank namens Centre for Social Justice (CSJ). Die Studien, die dort entstanden, sollten eine nicht unwichtige Rolle beim Versuch David Camerons spielen, die

Tories aus ihrer babylonischen Gefangenschaft im Post-Thatcherismus zu befreien.[11] Bis dahin war es allerdings noch ein weiter Weg, dessen nächste Etappe darin bestand, dass auch Duncan Smith angesichts der völligen Resonanzlosigkeit seines Anfang 2003 verkündeten Programms »A fair deal for everyone« wieder die Klassiker anstimmte – womöglich weniger aus persönlicher Überzeugung, sondern weil die Uhr für ihn unerbittlich heruntertickte und bald abgelaufen sein würde, wenn er keine Erfolge zustande brachte. Duncan Smith war kein begabter Redner, was gerade seinen in den Debating Societys von Oxbridge ausgebildeten Parteifreunden unangenehm auffiel. Hinzu kamen taktisch-strategische Fehler, die dem Oppositionsführer immer wieder unterliefen und zu dem auch die Nibelungentreue zur Labour-Regierung im Zusammenhang mit dem Irak-Krieg gehörte. Es versteht sich von selbst, dass IDS unter allen Umständen vermeiden wollte, von Blair als unpatriotisch charakterisiert zu werden. Doch ein versierterer Politiker hätte sich nicht auf Gedeih und Verderb an eine Regierung gekettet, die einen extrem unpopulären Krieg führte, der trotz aller von Bush und Blair gezündeten Nebelkerzen eben auch einen völkerrechtswidrigen Angriffskrieg darstellte, den nicht nur die Regierung Schröder, sondern auch der französische Präsident Chirac ablehnte. Als am 15. Februar 2003 Antikriegsdemonstrationen in mehreren europäischen Hauptstädten stattfanden, die bei Jürgen Habermas und anderen Intellektuellen gar die Hoffnung auf einen entscheidenden Schritt in Richtung einer europäischen Öffentlichkeit weckten, protestierten auch in London etwa eine halbe Million Menschen. Unter ihnen befanden sich eine ganze Reihe von Labour-Politikern, die nicht bereit waren, Blairs Kurs mitzutragen, der übrigens die Zustimmung von Rupert

11 Vgl. Heppell, *The Tories*, S. 140; Peter Dorey/Mark Garnett/Andrew Denham, *From Crisis to Coalition. The Conservative Party 1997-2010*, Basingstoke: Palgrave Macmillan, S. 73.

Murdoch fand.[12] Als am 18. März nach einer zehnstündigen Debatte über ein Anti-War-Amendment abgestimmt wurde, votierten 139 von 410 Labour-MPs dafür. Auch einige prominente Konservative schlossen sich den Labour-Rebellen in dem Wissen an, dafür auf die Hinterbänke verbannt zu werden. Für den Vorsitzenden war dies eine Pleite auf mehreren Ebenen: Nicht nur konnte IDS keinen Profit aus der Antikriegsstimmung schlagen, die so in erster Linie den Liberal Democrats weiteren Auftrieb gab; die Abweichler demonstrierten zudem erneut, wie brüchig die Autorität des Oppositionsführers mittlerweile geworden war.

Duncan Smith blieb noch bis Ende 2003 im Amt. Das lag aber im Wesentlichen allein daran, dass auch seine schärfsten Kritiker wussten, dass ein erneutes Kandidatenrennen unkontrollierbare Fliehkräfte freisetzen konnte. Allerdings musste es ja nicht zwingend so weit kommen, denn eine Urwahl inklusive einer Schlammschlacht, wie sie sich Clarke und IDS geliefert hatten,[13] ließ sich schließlich vermeiden, wenn es nur einen einzigen Kandidaten gäbe. Während sich also die Opposition gegen den Vorsitzenden immer weiter formierte, wurde hinter den Kulissen händeringend nach einem Konsenskandidaten gefahndet.

Gemäß der Parteireform von 1998 reichten 25 schriftliche Erklärungen von Tory-MPs zur Initiierung eines Misstrauensvotums, und im Herbst 2003 war es schließlich so weit. Duncan Smith hätte 83 Stimmen benötigt; er erhielt aber nur 75, bei 90 Gegenstimmen. Damit war das Zwischenspiel IDS beendet. Innerhalb weniger Tage zeichnete sich dann ab, dass das Szenario eintreten würde, auf das viele der Abgeordneten und Parteigranden gehofft hatten. Michael Howard, der als Schattenschatz-

12 Vgl. Tobitt, »Andrew Neil: Line between Murdoch press and state became blurred during Blair era«.

13 Vgl. Neal Carter/Keith Alderman, »The Conservative Party leadership election of 2001«, in: *Parliamentary Affairs* 55/3 (2002), S. 569-585.

kanzler eine gute Figur gemacht hatte, erklärte seine Kandidatur, und nachdem sich eine Vielzahl von MPs für ihn ausgesprochen hatten, verstrich die Bewerbungsfrist, ohne dass sich weitere Aspiranten meldeten. Dabei ging es der Fraktion nicht nur um die Person Howards, sondern auch darum, die eigene Machtstellung gegenüber der Basis zu bekräftigen, die so gänzlich außen vor blieb. Die vermeintliche Demokratisierung der Partei war bereits bei ihrer zweiten Bewährungsprobe durch Hinterzimmergespräche ausgehebelt worden.

Michael Howard war ein konservatives Urgestein, gestählt in den Kämpfen um Thatchers Schocktherapie. Er hatte seinerzeit zu denjenigen gehört, die Thatcher anerkennend als »drys« bezeichnete: kompromisslose Neoliberale, die sich auch von steigenden Arbeitslosenzahlen nicht kirremachen ließen. Und was die Kehrseite der Medaille des »freien« Marktes anging, nämlich den starken Law-and-Order-Staat, hatte Howard ebenfalls einiges aufzuweisen. Unter ihm als Innenminister war die umstrittene Strafrechtsreform von 1996 entwickelt worden, und mit ihm verband sich der ebenso einfache wie empirisch unhaltbare Slogan: »Gefängnis funktioniert!« (»Prison works!«) Kurz, Howard musste sich um seine Glaubwürdigkeit im Thatcher-Gedächtnis-Kreis keine Gedanken machen, und in Verbindung mit seinem überzeugenden Mandat gewährte ihm dies einen Gestaltungsspielraum, von dem Hague und Duncan Smith nur hatten träumen können. Allerdings war seine Situation ansonsten in vielerlei Hinsicht kaum beneidenswerter: Vor allem die Fraktion hatte sich zu einer wahren Schlangengrube entwickelt, in der es geradezu Usus geworden war, die Führung aus rein opportunistischen Gründen zu unterminieren. Hinzu kam, dass sich mittlerweile eine weitere Konfliktlinie herauskristallisiert hatte, die die Partei noch stärker spaltete als das zwischenzeitlich in den Hintergrund gerückte Europathema: Es war der Konflikt, der in den britischen Medien genialerweise als »Mods versus Rockers« zusammengefasst wurde, wobei die »Mods«

die Modernisierer waren und die »Rocker« das, was sie nun mal im Allgemeinen sind: Traditionalisten.[14] Hinter dieser scheinbar klaren Konfliktlinie verbarg sich allerdings eine komplexere Konstellation, weil das Camp der Mods weitaus heterogener war als zu den Hochzeiten von The Who. Da gab es diejenigen, denen es vor allem um die Fortführung der von Hague eingeleiteten organisatorischen Modernisierung ging; aber auch diejenigen, die wie Portillo eine gesellschaftspolitisch liberalere Partei anstrebten; diejenigen, die sich eine weniger ressentimentgeladene Europapolitik wünschten, und diejenigen, die die Partei grundsätzlich aus dem Bann Thatchers befreien wollten. In dieser Gemengelage Einheit zu stiften und die diversen Mod-Strömungen untereinander und mit den Rockern zu versöhnen stellte eine nicht unerhebliche Herausforderung dar. Zugleich waren aber auch die materiellen Rahmenbedingungen alles andere als ideal. Wie bereits angedeutet, war Hagues Parteireform in vielerlei Hinsicht verpufft. An der Basis rumorte es angesichts ihrer Umgehung beim Führungswechsel. Wenn es Hagues Intention gewesen war, der Partei eine rationalere Organisationsform zu geben und gleichzeitig eine erhebliche Zentralisierung ins Werk zu setzen, dann musste zumindest Zweiteres als gescheitert gelten: Auch weiterhin gab es noch nicht einmal genaue Statistiken zur Mitgliederzahl. Worüber aber selbst Schätzungen keinen Zweifel ließen, war ein eklatanter Schwund unter Duncan Smith. Dies wiederum verschärfte die finanziellen Sorgen der Partei, die zwar traditionell auf eine ganze Reihe von Großspendern zählen konnte, deren Unterstützung aber längst nicht mehr in allen Fällen sicher war. Einer jener Großspender hatte öffentlich sogar die Einstellung aller Zahlungen verkündet, solange Duncan Smith Vorsitzender sei. Angesichts von sechs Oppositionsjahren und einer unklaren Machtperspektive standen die Spender nicht gerade Schlange. Und zuletzt gab es

14 Vgl. etwa Julian Glover, »Mods and rockers return«, in: *The Guardian* (23. Juli 2002).

da noch das zentrale inhaltliche Dilemma, aus dem weder Hague noch Duncan Smith einen Weg gefunden hatten: Wenn es tatsächlich zutraf, dass man sich für die Rückkehr an die Macht zu erstklassigen öffentlichen Dienstleistungen bekennen musste – ein Versprechen, das Labour gegeben und mit großen Investitionen einzulösen versucht hatte –, wie ließ sich ein solch kostenträchtiges Bekenntnis dann in Einklang bringen mit dem alten Tory-Glaubenssatz, dass nur gesenkte Steuern gute Steuern sind?

Was sich seit den Tagen von Hague und IDS jedoch durchaus geändert hatte, war der Status der Labour-Regierung. Noch um die Jahrtausendwende war Blairs Partei eine schier unaufhaltsame Politikdampfwalze gewesen, deren hoch professionelle PR-, Demoskopie- und Strategieabteilungen den Tories praktisch die Luft zum Atmen genommen hatten. Mittlerweile sah die Bilanz aber nicht mehr so glänzend aus; trotz Milliardenspritzen weigerte sich die öffentliche Infrastruktur, endlich effizienter zu werden, und das, obwohl sie nach allen Regeln des New Public Management restrukturiert – manche würden sagen: durchbürokratisiert – wurde. Selbst dort, wo es sich nicht mehr um öffentliche, sondern um privatisierte Infrastruktur handelte, musste der Staat beständig Feuer löschen (im Fall der Bahn bisweilen buchstäblich), weil die neu entstandenen Märkte so schlecht funktionierten, dass man nicht umhinkam, Mindeststandards festzuschreiben. Und das war die Situation gewesen, *bevor* Blair Großbritannien in einen der dümmsten Kriege seit 1945 geführt hatte.

Howard mochte also einige Hausaufgaben zu erledigen haben, aber wenn er sie gut machte, könnte er einer eminent verwundbaren Labour-Regierung gefährlich werden. Dies spiegelte sich Anfang 2004 auch in den Umfragen wider, die den Konservativen einen erkennbaren Howard-Schub attestierten, der sie kurzzeitig sogar an Labour vorbeiziehen ließ. Vieles hing also davon ab, wie Howard die diversen Dilemmata zu überwinden gedachte.

Ein diesbezüglicher Vorschlag kam von John Gray. Dieser veröffentlichte im *New Statesman* einen Essay, dessen Schlussfolgerungen man nicht teilen muss, um die Konsequenz und die Weitsicht seiner Argumentation anzuerkennen. Bekanntlich hatte sich Gray schon Mitte der neunziger Jahre vom thatcheristischen Saulus zum One-Nation-Paulus gewandelt. Die Politik der permanenten Disruption zerstöre Stück für Stück das feine Gewebe der gesellschaftlichen Sozialität, von der Edmund Burke einst gesprochen hatte, und als per definitionem stabilitätsaffiner Konservativer könne man daher nicht gleichzeitig Thatcherist sein. Knapp zehn Jahre später klang diese Diagnose und der entsprechende Appell in Richtung Tories umso eindringlicher, da es schließlich Blair war, der mit New Labour und einer Mischung aus Neoliberalismus und Law-and-Order gewissermaßen das Erbe Thatchers angetreten hatte:

> Es heißt immer wieder, dass die Tories nur den Weg in den politischen Mainstream zurückfinden könnten, wenn sie eine Transformation im Blair-Stil unterliefen. Das ist eine ganz und gar nicht verheißungsvolle Strategie [...]. Sie würde darauf hinauslaufen, Blair darin nachzuahmen, wie er Thatcher nachahmt – was wohl kaum ein erfolgversprechender Plan ist in einer Zeit, in der die Wähler sich nach etwas ganz anderem sehnen als der neoliberalen Grütze, die ihr beide Parteien über die letzte Dekade hinweg vorgesetzt haben.[15]

Aber auch die gesellschaftspolitische Modernisierungsstrategie, die zu etwa genau jener Zeit Teil der Erfolgsformel der deutschen CDU werden sollte, lehnte Gray ab. Portillos Vision eines minderheitssensiblen Konservatismus werde in den hippen Cafés in Kensington, wo der Londoner Geldadel bisweilen ohne Krawatte fünfe gerade sein ließ, sicherlich goutiert, aber in

15 John Gray, »Michael Howard may turn out to be the Tory leader who lays Thatcher's ghost«, in: *New Statesman* (10. November 2003), S. 29-31, S. 29.

den Vorstädten Colchesters und Norwichs stoße diese Botschaft auf taube Ohren. Die hässliche Wahrheit, so Gray pointiert, sei die: »Im Gegensatz zu Thatcher ist die Öffentlichkeit davon überzeugt, dass es so etwas wie Gesellschaft gibt; aber mit Gesellschaft meint sie Leute, die so sind wie sie selbst.«[16] Angesichts einer unübersichtlichen, von Globalisierung, ethnischer Diversität und sozioökonomischen Umwälzungen gekennzeichneten Welt sei Sicherheit das hervorstechendste Bedürfnis, und zwar sowohl kulturell als auch materiell. Wollten Konservative Wahlen gewinnen, so Gray, bedürfe es einer generösen Sozial- und Wirtschaftspolitik, die Schutz vor den Fährnissen der globalen Konkurrenz verspreche, kombiniert mit einer unnachgiebigen Law-and-Order-Ausrichtung sowie einer strikteren Einwanderungspolitik:

> Jeder Parteiführer, der versucht, die Wechselwählerstimmen für sich zu verbuchen, muss einen Mix an Positionen vertreten, der nur schwer in die existierenden politischen Kategorien passt. Er ist »liberal«, was Drogen und Sex betrifft, »reaktionär«, wenn es um Einwanderung und Law-and-Order geht, wie Old Labour im Hinblick auf öffentliche Dienstleistungen, aber widerwillig hinsichtlich der Steuern, die erforderlich sind, um diese zu finanzieren. Das Bild [...] mag nicht schön sein, aber falls es in der Politik eine Mitte gibt, dann ist sie genau dort.[17]

Was Gray hier nachdrücklich empfahl, war also in etwa der Pfad, den der FN in Frankreich beschritt und den ja auch schon Duncan Smith in groben Umrissen anvisiert hatte. Die Vorschläge für eine Strategie der konservativen Erneuerung lagen also auf dem Tisch und reichten vom Traditionalismus der Thatcher-Gemeinde über den mitfühlenden Autoritarismus à la Gray bis hin zu einer Vermittung der Partei, wie sie den Mods

16 Ebd., S. 30.
17 Ebd., S. 31.

vorschwebte. Angespannt warteten Partei und Öffentlichkeit auf ein erstes Signal Howards, wohin die Reise gehen sollte – und sie erhielten ein Glaubensbekenntnis.

Zum Jahreswechsel ließ der neue Parteivorsitzende über die Medien ein Schriftstück mit dem Titel »I believe« verbreiten, das sechzehn Glaubenssätze auflistete, zu denen sich Howard per Unterschrift bekannte.[18] Angesichts des Genres konnte niemand mit konkreten Vorschlägen zu Fragen wie der Finanzierung öffentlicher Dienstleistungen rechnen, aber Howards Thesen enttäuschten selbst jene, die die Erwartungslatte bereits abgesenkt hatten. Für eine Vielzahl dieser Glaubenssätze galt, dass schon ein ganzes Investigativteam erforderlich gewesen wäre, um Menschen zu finden, die ihnen widersprochen hätten: »Ich glaube daran, dass Menschen jede Möglichkeit erhalten sollten, um ihr Potenzial zu entfalten.« »Ich glaube daran, dass jedes Kind möchte, dass seine Eltern im Alter abgesichert sind.« Doch neben diesen Allerweltssätzen (mit Subtext) waren auch Bekenntnisse dabei, die seltsam fehl am Platz wirkten, etwa die mehrfache Beteuerung, es gebe keinerlei faktischen und dementsprechend wohl auch keinen normativen Zusammenhang zwischen der Armut der einen und dem Reichtum der anderen. Und war der Wortlaut der Kalendersprüche noch allgemein oder zumindest allgemein vermittelbar, so schien der Subtext auf die Leugnung jeglichen Zusammenhanges zwischen den diversen Phänomenen hinauszulaufen, so dass man unweigerlich an das untrennbar mit Thatcher verknüpfte Diktum erinnert wurde, wonach es so etwas wie Gesellschaft eben nicht gebe, sondern nur Individuen und Familien, die nebeneinanderher leben. Wer angesichts solcher Sätze eine klare Zäsur und eine Abkehr von den Mantras des Thatcherismus erwartet hatte, musste sich getäuscht sehen – allerdings auch nicht mehr als diejenigen, die sich ein klares Bekenntnis zu diesem Kurs ge-

18 N.N., »What Michael Howard believes«, in: *The Guardian* (2. Januar 2004).

wünscht hätten. Man konnte natürlich nicht erwarten, dass sich der frisch gekürte Parteivorsitzende eindeutig auf wessen Seite auch immer schlagen würde, aber Howard weigerte sich ganz offenbar schlicht, aus der Deckung des ungefähren »Sowohl als auch« zu gehen. Hague und sogar der im Nachhinein als Fehlbesetzung angesehene Duncan Smith hatten zumindest versucht, Erneuerungsimpulse zu geben, doch unter Howard kamen solche Anstrengungen zum Erliegen. Obwohl er aus einer halbwegs aussichtsreichen Position gestartet war, fand er sich schon bald in den altbekannten Gefilden schlechter Umfragewerte wieder, und angesichts der offensichtlichen Unfähigkeit der Tories, aus den offenen Flanken Labours Kapital zu schlagen, begann die konservative Presse bald, den gerade erst gewählten Parteichef anzuzählen.

Wenn es dazu noch einen Anlass gebraucht hätte, dann kam dieser in Form der Europawahlen 2004. Diese sind allerdings nicht nur deshalb erwähnenswert, weil die Tories zwar stärkste Partei wurden, aber gegenüber 1999 mehr als sieben Prozentpunkte einbüßten und mit knapp 26 Prozent der Stimmen das schlechteste Ergebnis in einer landesweiten Wahl seit 1832 einfuhren. Besorgniserregend waren vor allem die Ergebnisse zweier anderer Parteien, zu denen nicht New Labour gehörte. Die Regierung hatte nämlich im Zeichen des Irak-Krieges ebenfalls Stimmen eingebüßt, wenn auch weniger als die Konservativen. Die eigentlichen Wahlgewinner waren zum einen die Liberal Democrats, die zumindest einen, wenn auch bescheidenen, Zuwachs verbuchen konnten und auf zwölf Sitze kamen. Und zum anderen war es Ukip, die Partei, die das Erbe der kurzlebigen Referendum Party Goldsmiths angetreten hatte, aber die längste Zeit in der politischen Obskurität gefangen geblieben war. Nicht so bei dieser Wahl: Die Partei, die mittlerweile von dem ehemaligen Tory-MP Roger Knapman angeführt wurde, der ihr größere Respektabilität und die Gunst einiger wohlsituierter Großspender einbrachte, konnte einen Zuwachs von beinahe zehn Prozentpunkten verzeichnen und verfügte dementsprechend ebenso wie die Lib Dems über zwölf Sitze in Brüssel beziehungsweise Straßburg. Natürlich warfen beide etablierten Parteien umgehend die Beschwichtigungsmaschinerie an, laut der es sich nur um eine Europawahl gehandelt habe. Hinter verschlossenen Türen wurde in der Tory-Zentrale aber durchaus mit Sorge registriert, dass sich hier eine bedrohliche Konstellation abzeichnete, die ziemlich genau dem Szenario unserer Arbeitshypothese zur Krise des gemäßigten Konservatismus entspricht: Auf der einen Seite war den Tories in Form der Liberal Democrats eine dezidiert liberale Konkurrenz mit Einschlag ins Sozialliberale erwachsen, wobei hier auch das komplett durchneoliberalisierte New Labour nicht vergessen werden darf, das allerdings in der Innen- und Rechtspolitik weit entfernt von einem genuin liberalen Kurs war, wofür als rein anekdotischer Beleg die ca. 4,5 Millionen Überwachungskameras dienen können, die am Ende von Blairs Amtszeit im öffentlichen Raum installiert waren.[19] Auf der anderen Seite wurden ihr am rechten Rand die Wähler von einer nationalistisch-autoritären Partei streitig gemacht. Zwar muss man einschränkend hinzufügen, dass sich diese aus konservativer Sicht gefährliche Konstellation bislang nur auf die Europapolitik bezog (und bei den entsprechenden Wahlen eben auch das Verhältniswahlrecht galt), da Ukip bis dato vornehmlich als Singe-Issue-Partei agierte – aber was, wenn die Partei ihr Portfolio um andere Themen erweitern würde? Die größte Hoffnung setzte man daher vor allem in die verbürgte Fähigkeit von Parteien am linken und rechten Rand, sich selbst zu zerlegen, und zumindest kurzfristig enttäuschte auch Ukip in dieser Hinsicht nicht. Schon bald entbrannte in der Rechtsaußenpartei ein Streit über die Strategie im Umgang mit den Tories, wobei es konkret um die Frage ging, ob Ukip auch Kandidaten in Wahlkreisen

19 Vgl. Marten Rolff, »Die toten Augen von London«, in: *Süddeutsche Zeitung* (17. Mai 2010).

aufstellen sollte, in denen offen europakritische Konservative antraten. Der Disput endete mit dem Austritt eines prominenten Aushängeschilds der Partei, des Talkshow-Moderators und ehemaligen Labour-Politikers Robert Kilroy-Silk, dem der *New Statesman* fünfzehn Jahre später den Titel »Godfather of Brexit« verleihen sollte.[20] Mit ihm verließ ein Großteil seiner Anhänger die Partei, die dementsprechend geschwächt in die Unterhauswahlen 2005 ging und unter hörbarem Aufatmen der Tories nur magere 2,2 Prozent verbuchen konnte.

Das war allerdings die einzige wirklich gute Nachricht für die Tories. Ja, Labour hatte erwartungsgemäß massiv an Zustimmung verloren, aber die Hauptprofiteure waren die Liberal Democrats, die unter der Führung Charles Kennedys vor allem den Irak-Krieg und die Einführung von Studiengebühren hart kritisiert hatten. Je näher der Wahltermin im Mai 2005 gerückt war, desto stärker war Howard in das Muster seiner Vorgänger zurückgefallen, die Evergreens Kriminalitätsbekämpfung, Euroskepsis und Steuersenkungen anzustimmen. Zudem sprachen sich die Tories für ein Punktesystem nach Vorbild Australiens aus und gingen damit einen ähnlichen Weg wie Sarkozys UMP mit dem Konzept der »gewählten Einwanderung«. Doch der Schwerpunkt auf einwanderungskritische Positionen war nicht nur aus den offensichtlichen Gründen äußerst umstritten, sondern auch deshalb delikat, weil Howard im Februar einräumen musste, dass sein Großvater vermutlich illegal ins Vereinigte Königreich eingewandert war.

Durchschlagender Erfolg war dem Wahlkampf jedenfalls nicht beschieden. Zwar konnte Howard behaupten, zumindest bei der absoluten Stimmenzahl den Abstand auf Labour verringert zu haben, doch dies lag eben vor allem an den Verlusten Labours. Die Tories konnten gegenüber 2001 lediglich ein Plus von

20 Patrick Maguire, »Robert Kilroy-Silk: The godfather of Brexit«, in: *The New Statesman* (18. September 2019).

0,7 Prozentpunkten verbuchen, und obwohl sich dies 2005 in einen relativ höheren Zuwachs bei den Mandaten übersetzte, gab es im ganzen politischen London niemanden, der daran zweifelte, dass Howards Tage gezählt waren. Man munkelte, dass ein Kandidat für die Nachfolge, David Davis, bereits auf der Suche nach den 25 MPs für einen Misstrauensantrag war.

David Cameron und die Erfindung des Civic Conservatism

Im Londoner Stadtteil Whitehall liegt das Royal United Services Institute for Defense and Security Studies, nach eigenen Angaben der älteste sicherheitspolitische Thinktank der Welt. Das Institut wurde bereits 1832 von Lord Wellington gegründet, und das Gebäude, das das Institut beherbergt, entspricht dem klassizistischen Pomp jener Zeit. Marmorsäulen säumen die weitläufigen Bibliothekshallen mit ihrem kreisförmigen Wandelgang; ein architektonisches Schmuckstück, das dem damaligen Weltmachtstatus Großbritanniens perfekt Ausdruck verlieh. David Cameron hatte also keine schlechte Wahl getroffen, als er sich entschied, hier seine Kandidatur für den Vorsitz der Conservative Party zu verkünden.

Fünf Monate waren vergangen, seitdem die Tories die Wahlen verloren und Howard seinen Rücktritt angekündigt hatte. Howard blieb kommissarisch im Amt und versuchte sich an einer Revision des Prozederes, die das letzte Wort in Sachen Vorsitz wieder der Fraktion gegeben hätte. Doch als *lame duck* fehlte ihm hierfür der Rückhalt, und so blieb es bei dem unter Hague eingeführten Verfahren. Die Kandidaten begannen, ihre Aussichten zu sondieren, und am Ende meldeten vier Tories ihre Ambitionen an. Neben dem favorisierten David Davis, der unter Major Minister für Europaangelegenheiten gewesen war, trat abermals der in der breiteren Öffentlichkeit nach wie vor äußerst beliebte Clarke an, der als Favorit des zentristischen La-

Abb. 13: Boris Johnson und David Cameron (Dezember 2014).

gers galt. Für die Parteirechte ging neben Davis Liam Fox ins Rennen, der als Schattengesundheitsminister in der Ära IDS von sich reden gemacht hatte, indem er bei einer geschlossenen Veranstaltung die Teilprivatisierung des National Health Service als Ziel ausgegeben hatte, was ziemlich genau das Gegenteil des Bekenntnisses zu hoch qualitativen *öffentlichen* Dienstleistungen darstellte, das damals die Linie der Parteispitze war. Nun positionierte sich Fox als Hardliner, der Schwangerschaftsabbrüche erschweren, die Ehe fördern und die britischen Europaabgeordneten aus der EVP führen wollte. Der ehemalige Außenminister Malcolm Rifkind wiederum wurde eher der Mitte zugeordnet, angesichts der vermeintlichen Vorherrschaft Clarkes über dieses Lager galt seine Kandidatur jedoch als aussichtslos. Und dann war da eben noch der Abgeordnete David Cameron, dem mit gerade einmal vier Jahren Parlamentserfahrung und im zarten Alter von 39 ebenfalls maximal Außenseiterchancen eingeräumt wurden.

Cameron konnte auf einen langen konservativen Stammbaum zurückblicken und hatte die übliche Erziehung und Ausbildung der britischen Upper Class genossen:[21] Nach einigen Jahren an der hoch exklusiven Prep School Heatherdown wurde er in Eton angenommen, um dann in Oxford Politik, Philosophie und Ökonomie zu studieren, wo er als Mitglied des berühmt-berüchtigten Bullingdon Club, einer Art Verein gewordener toxischer Männlichkeit, auch die Bekanntschaft von Boris Johnson machte. Cameron entschied sich für eine Karriere in der Politik und trat eine Stelle in der Zentrale der Konservativen an. Als gerade einmal 24-Jähriger war er unter anderem dafür zuständig, den damaligen Premier Major auf die wöchentliche parlamentarische Fragestunde vorzubereiten, und nachdem er diese Herausforderung mit Bravour gemeistert hatte, fungierte er als einer der Berater von Schatzkanzler Lamont. Nach dessen Rücktritt beschloss Cameron, mittelfristig einen Unterhaussitz anzustreben, nahm aber zunächst einen Job als Kommunikationsdirektor bei einem Technologie- und Medienkonzern an. Nachdem ihm der Unterhauseinzug 1997 in einer eigentlich sicheren Tory-Hochburg durch den Erdrutschsieg Labours noch verwehrt geblieben war, gewann er 2001 in einem anderen Wahlkreis (mit knappem Vorsprung). Im Unterhaus traf er dann unter anderem auf seinen alten Bekannten Johnson und schloss schon bald eine neue Freundschaft mit seinem Fraktionskollegen George Osborne, ebenfalls einst Mitglied im Bullingdon Club. Zu dritt fungierten sie als weitgehend erfolgloses Beraterteam des rhetorisch überforderten Duncan Smith, und um sie herum formierte sich ein Kreis vornehmlich junger und wohlhabender MPs, dem die Presse den Namen »Notting-Hill-Gruppe« gab und zu dem bald auch der erwähnte Michael Gove gehörte, der inzwischen – wie Johnson – seinen Weg aus den Zeitungsredaktionen in die Politik gefunden hatte. Nachdem die Notting-Hiller ihre Unterstützung signali-

21 Vgl. zur Vita Camerons Dick Leonard, »David Cameron: The accidental architect of Brexit«, in: ders., *Modern British Prime Ministers from Balfour to Johnson*, Bd. 2, New York: Routledge 2022, S. 262-284.

siert hatten, verkündete Cameron also frohgemut seine Kandidatur, die zunächst freilich mehr oder weniger unbeachtet blieb. Dann kam jedoch ebenjener Tag Ende September 2005, an dem Cameron im festlichen Ambiente des Institutes seinen Wahlkampf offiziell eröffnete. Der junge Abgeordnete hatte lange herumgefragt, für die Vorstellung schließlich aber nur Oliver Letwin gefunden, der jedoch schon damals als einer der Vordenker der Partei galt. Letwin erinnerte sich später, wie er in dem großen Saal vor die versammelte Presse und eine Handvoll Unterstützer trat und dabei dachte: »Das ist offensichtlich ein hoffnungsloses Unterfangen, aber wenigstens bin ich hier am richtigen Ort.«[22] Und wirklich trug wohl auch das staatstragende Flair des Gebäudes dazu bei, dass Camerons kurze Ansprache, frei vorgetragen und vor Optimismus sprühend, den Medienvertretern nicht als das erschien, was man im American Football einen Hail-Mary-Pass nennt: ein letzter verzweifelter Versuch, eine drohende Niederlage abzuwenden. Sein Statement wurde vielmehr als ein ernst zu nehmender Anspruch auf die Führung der Konservativen Partei gewertet. Cameron war also plötzlich im Rennen, dessen entscheidende Etappe Anfang Oktober auf dem Parteitag in Blackpool stattfinden sollte, wo sich die fünf Kandidaten den Delegierten und dem Fernsehpublikum anempfehlen konnten.

Rifkind hatte wohl aus dramaturgischen Gründen die Redezeit am ersten Tag erhalten, und sein Auftritt änderte nichts daran, dass er keine Chancen auf den Sieg hatte, was er auch selbst einsah und aus dem Rennen ausstieg. Clarke umgarnte am zweiten Tag die Delegierten, wohl wissend, dass es im euroskeptischen Teil der Basis nach wie vor große Vorbehalte gegen ihn gab. Am dritten Tag war Cameron an der Reihe – und hielt die Rede seines Lebens. Dabei stand weniger der Inhalt im Vorder-

22 Oliver Letwin, *Hearts and Minds. The Battle for the Conservative Party from Thatcher to the Present*, London: Biteback 2017, E-Book ohne Seitenangabe.

grund: »Tatsächlich können sich nur wenige Konservative, die damals Camerons Rede hörten, daran erinnern, was er eigentlich sagte«, so Andrew Denham und Peter Dore.[23] Es waren Camerons Ausstrahlung und das Feuer, das er auf der Bühne versprühte, als er die Abgeordneten leidenschaftlich zu einer Erneuerung der Partei aufrief: Wenn man diesem jungen Mann zuhörte, klang diese Aufgabe weniger wie die frustrierende Sisyphosarbeit, als die sie sich in den acht Oppositionsjahren angefühlt hatte, sondern wie ein aufregendes gemeinsames Abenteuer. Am Ende seiner Rede brach der gesamte Parteitag in Jubel aus, und auch wenn diesmal kein gerahmtes Churchill-Porträt emporgereckt wurde, konnte kein Zweifel bestehen, dass Cameron die Delegierten im Sturm erobert und dem am nächsten Tag auftretenden Favoriten David Davis die Show gestohlen hatte.

Und in der Tat hätte der Kontrast dramatischer kaum sein können: Der siebzehn Jahre ältere Davis schien die verknöcherte, von Grabenkämpfen und Oppositionsjahren ausgezehrte Partei zu verkörpern, als er, steif an einem Pult stehend, seine Rede verlas. So nichtssagend war seine Vortragsweise, dass das Publikum noch nicht einmal unmittelbar realisierte, dass er geendet hatte, und erst verzögert zu klatschen begann, bevor es peinlicherweise von Davis selbst zu stehenden Ovationen ermuntert werden musste.

In den zwei Wochen bis zu den Abstimmungen in der Fraktion wandte sich das Blatt eindeutig zugunsten Camerons, als die Boulevardpresse plötzlich eine alte Geschichte aus dessen Prep-School-Tagen ausgrub und an die große Glocke hängte: Damals wäre der junge David beinahe wegen mutmaßlichen Cannabis-Konsums von der Schule geflogen. Aber die Geschichte verpuffte; zum einen weil Davis integer genug war, sie nicht

23 Andrew Denham/Peter Dorey, »A tale of two speeches? The Conservative leadership election of 2005«, in: *The Political Quarterly* 77/1 (2006), S. 35-42, S. 41.

auszuschlachten, aber auch, weil man bei den Tories offensichtlich bereit war, eher den Konsum von (weichen) Drogen zu tolerieren (den Cameron übrigens nie zugab) als homosexuelle Jugendexperimente, deren Eingeständnis Portillo um alle Chancen gebrachte hatte.

Nach Clarkes Ausscheiden im ersten Wahlgang stimmten im zweiten erwartungsgemäß fast alle seine Anhänger für Cameron, was Liam Fox das Aus brachte und Cameron als Favoriten in die Urwahl gehen ließ, die er dann mit über sechzig Prozent klar für sich entschied, was am Abend des 6. Dezember 2005 verkündet wurde. Der neue Parteichef genoss eine breite Legitimation, die sich sowohl auf die Fraktion als auch auf die Basis stützte, und er verfügte über ein klares Mandat, die Partei zu verändern. Das bedeutete natürlich nicht, dass es nicht auch prominente Gegner gegeben hätte, aber insgesamt schienen die Konservativen erleichtert, endlich einen Vorsitzenden zu haben, der auch in der breiteren Öffentlichkeit gut ankam – und nicht Kenneth Clarke hieß. Denn die Medien liebten Cameron mit seiner einnehmenden Kombination aus jovialer Verbindlichkeit, glasklarer Eloquenz und volkstümlicher Unverblümtheit, die ihn bisweilen Dinge sagen ließ wie etwa, dass die Bevölkerung sich von der politischen Klasse »angekotzt« fühle und dass Ukip ein »Sammelsurium von Verrückten und heimlichen Rassisten« sei.[24]

Blickt man auf die ersten Monate und Jahre von Cameron an der Spitze der Tories, drängt sich nicht nur wegen der teils hemdsärmeligen Rhetorik unmittelbar der Vergleich mit Nicolas Sarkozy auf, der 2004 zum Vorsitzenden der UMP aufgestiegen war. Hier wie dort handelte es sich um junge, reformeifrige Konservative, die mit beeindruckendem Elan versuchten, einer

24 Tim Bale, »David Cameron 2005-2010«, in: Timothy Heppell (Hg.), *Leaders of the Opposition. From Churchill to Cameron*, Basingstoke: Palgrave 2012, S. 222-236, S. 225.

anämischen Partei neues Leben einzuhauchen – wobei allerdings die ideologischen Endhaltestellen weit voneinander entfernt lagen. Sarkozys Projekt einer komplexfreien Rechten hatte nicht viel mit dem zu tun, was Cameron zumindest anfangs für die Tories anvisierte. Und im Gegensatz zu Howard ließ Cameron schon innerhalb der ersten Wochen keinen Zweifel daran, wohin die Reise gehen sollte – beziehungsweise wohin sie auf keinen Fall mehr gehen dürfe. In seiner Neujahrsbotschaft 2007 hieß es:

> Bei der nächsten Wahl wird eine ganze Generation ihre Stimme abgeben, die nach dem Ende der Amtszeit Margaret Thatchers geboren wurde. Wenn wir also die großen Herausforderungen angehen wollen, vor denen unsere Gesellschaft steht, dann werde ich ganz sicher kein Gefangener der ideologischen Vergangenheit sein.[25]

Damit war ein klares Signal gesendet, dass Cameron fest entschlossen war, die Debatten aus der Ära des Post-Thatcherismus hinter sich zu lassen, indem er gewissermaßen versuchte, aus ihren zentralen Gegensätzen auszubrechen. Auf eine Formel gebracht, lautete Camerons Botschaft nämlich: Ja, es gibt durchaus so etwas wie eine Gesellschaft, aber diese darf eben nicht mit dem Staat verwechselt werden. Diese eigentlich eher schlichte Einsicht war Camerons Schlüssel zum Rebranding der Partei: Labour und der Thatcherismus seien in einer Konstellation verkeilt gewesen, in der die Thatcheristen die Existenz des Sozialen bestritten und auf dem Markt als Koordinationsmechanismus insistierten, wohingegen Labour den Staat favorisierte. Camerons Vorschlag bestand darin, die Existenz der Gesellschaft gegen die Thatcheristen einzuklagen, gleichzeitig aber ihre Irreduzibilität auf die staatliche Sphäre gegenüber der vermeintlich technokratischen Perspektive von Labour zu verteidigen. Wären die Tories eine Marke – und nicht wenige

25 Nigel Morris, »I'm no prisoner of Thatcherism, says Cameron«, in: *The Independent* (2. Januar 2006).

von ihnen neigten tatsächlich dieser Sichtweise zu –, dann stellte Camerons Formel einen genialen Marketing-Kniff dar. Camerons Neuerfindung war dabei eigentlich nur eine Rückkehr zu den alten Einsichten der konservativen Tradition, wie sie nicht zuletzt im britischen Kontext entwickelt wurde. Schon der Ahnherr Burke hatte nachdrücklich die Bedeutung dessen betont, was in der Sozialwissenschaft als intermediäre Institutionen oder auch etwas unschärfer als zivilgesellschaftliche Organisationen bezeichnet wird. Es gehe nicht mehr, so Cameron nun, um das ideologisch aufgeladene Nullsummenspiel zwischen mehr/weniger Staat und mehr/weniger Markt, sondern um die Stärkung der Gesellschaft durch die Förderung von Gemeinschaft, und so ließe sich hier durchaus von einem kommunitaristischen Konservatismus sprechen, der sich im Unterschied zur Lega Nord die eigene Folklore immerhin nicht erst zusammensuchen musste – der britische Kontext hat hier bekanntlich einiges zu bieten.

Im Grunde handelte es sich also um eine Agenda der Subsidiarität, die eine lange Tradition im konservativen Denken hat und die es Cameron auch ermöglichte, den Widerspruch der Europapolitik in der Ära Major aufzulösen: Denn nun wurde die Forderung nach mehr Subsidiarität auf europäischer Ebene nicht mehr dadurch ad absurdum geführt, dass man den britischen Nationalstaat gleichzeitig immer straffer zentralisierte. Die Stärkung von Gesellschaft und (lokalen) Gemeinschaften stand für eine Dezentralisierung beziehungsweise Entstaatlichung von Aufgaben. Und im ersten programmatischen Manifest der Ära Cameron »Built to last« stand zudem nachzulesen, dass die Tories bereit waren, die unter Labour vollzogene Devolution sowie die Abtretung von Kompetenzen an die Regionalparlamente in Wales und Schottland anzuerkennen. Wie Cameron in einer Formulierung aus dem Lehrbuch des gemäßigten Konservatismus in einem Interview festgehalten hatte, ging es ihm nicht darum, »die Uhr zurückzudrehen«. Vielmehr stelle sich die Frage: »Was von dem, was geschehen und getan worden ist, ist gut, so dass wir darauf aufbauen können, und was muss sich ändern?«[26]

Natürlich hatte sich Cameron diese kommunitaristische Wende nicht allein beim abendlichen Abspülen ausgedacht, wobei er sich übrigens öffentlichkeitswirksam ablichten ließ, um zu suggerieren, dass mit ihm auch ein neuer geschlechterpolitischer Geist Einzug in eine Partei gehalten hatte, die gerade bei der weiblichen Bevölkerung grandios schlechte Umfragewerte genoss. Da war etwa der bereits erwähnte Letwin, der unter Cameron die *Policy Review* der Partei übernahm und schon früher ähnliche Überlegungen angestellt hatte.[27] Vor allem aber hatte David Willetts bereits Mitte der Neunziger eine Blaupause für eine kommunitaristische Abwendung vom Marktpurismus geliefert und dafür den Begriff des »Civic Conservatism«[28] mit einem sozialliberalen Einschlag geprägt, den Cameron mit übernahm und gegen die Bilanz von New Labour wendete: Unter Blair sei zwar die Wirtschaft gewachsen, aber wirklich profitiert hätten nur wenige. Belegt wurden die exponentiell angewachsenen sozialen Probleme von einer Vielzahl an Studien des Centre for Social Justice, das einst von Duncan Smith gegründet worden war und in dessen Beirat eben auch Willetts saß. »Broken Britain« lautete die Diagnose, die nun von Cameron regelmäßig angeführt wurde, was zeigt, dass seine Neupositionierung inhaltlich weniger mit Sarkozys Projekt vergleichbar war als vielmehr mit Chiracs Formel von der sozialen Spaltung aus dem Wahlkampf 1995. Denn genau wie Chirac intonierte Cameron nun einen mitfühlenden Konservatismus, dessen Antwort auf die Herausforderungen aber vor allem in einer Stär-

26 Andrew Rawnsley, »The Cameron interview«, in: *The Observer* (18. Dezember 2005).

27 Oliver Letwin, *The Neighbourly Society. Collected Speeches 2001-2003*, London: Centre for Policy Studies 2003.

28 David Willetts, *Civic Conservatism*, London: Social Market Foundation 1994.

kung der Gesellschaft bestand: Weder Staat noch Markt, sondern der dritte, freiwillige Sektor, also Wohltätigkeitsorganisationen, lokale Bündnisse, Philanthropie und Sozialunternehmer sollten der Schlüssel zum Erfolg im Kampf gegen Arbeitslosigkeit, zerrüttete Familienverhältnisse und die Krise der öffentlichen Gesundheit sein.

Geradezu nebenbei verfügte Cameron überdies eine gesellschaftspolitische Modernisierung im Geiste Portillos: Schon bevor er Vorsitzender wurde, hatte er sich klar zugunsten der gleichgeschlechtlichen Ehe positioniert, und als Parteichef entschuldigte er sich nicht nur dafür, dass die Tories lange auf einer Kommunalverordnung (»Section 28«) beharrt hatten, die auf die Marginalisierung schwul-lesbischer Sichtbarkeit im öffentlichen Raum ausgelegt war.[29] Auf dem Parteitag im Jahr 2006 verkündete er zudem nonchalant, dass die Ehe immer etwas Besonderes sei, egal ob es sich um einen Mann und eine Frau, zwei Frauen oder auch zwei Männer handele. Im Publikum fragte sich vermutlich der ein oder andere, ob der neue Vorsitzende dem Marihuana doch nicht ganz abgeschworen hatte.

Cameron flogen wahrhaftig nicht alle Herzen zu, was sowohl mit seiner Person als auch mit der Neuaufstellung zu tun hatte, die aus unterschiedlichen Richtungen kritisiert wurde. Da gab es natürlich die Hardliner aus der sogenannten Cornerstone-Gruppe, die an der nach dem erzkonservativen Norman Tebbit benannten Tebbit-Dreifaltigkeit festhalten wollten: Steuern, Einwanderung, Europa. Genauer gesagt: Steuern senken, Einwanderung auf ein Minimum beschränken und Europa weitgehend den Rücken kehren. Aber nicht nur die Erbverwalter Thatchers zweifelten an der Entscheidung, diese Themen nicht nur nicht scharf zu machen, sondern sie bis auf Weiteres im Giftschrank einzuschließen. Immerhin hatten sie ja lange

29 Vgl. Tim Bale/Paul Webb, »The Conservative Party«, in: John Bartle/Nicholas Allen (Hg.), *Britain at the Polls 2010*, London: Sage 2011, S. 37-62, S. 46.

Zeit den Markenkern der Tories ausgemacht, und die nun scheinbar erfolgende Abkehr konnte überaus unliebsame Folgen haben. Tatsächlich verließ schon bald nach Camerons Amtsantritt ein Abgeordneter die Fraktion in Richtung Ukip, und zwar mit denselben Worten, mit denen einst Nicholson ihren Wechsel zu den Lib Dems begründet hatte: Nicht er habe die Partei verlassen, die Partei habe ihn verlassen.

Aber, und das war die Frage, die sich an die Person Camerons richtete, war der Vorsitzende wirklich der Passende, um diese Abkehr vom rechten Rand zu orchestrieren? Das fragten sich nicht nur Anhänger des rechten Lagers, sondern auch diejenigen, die dem neuen Kurs durchaus wohlwollend gegenüberstanden. In der Tat hatte der junge Vorsitzende in seiner politischen Vita einige bemerkenswerte Kehrtwenden vollführt. Cameron war in den Neunzigern auch als Berater für den damaligen Innenminister Howard tätig gewesen, und zwar just zu der Zeit, als jener die Losung »Gefängnis funktioniert!« ausgegeben hatte. Nun warb Cameron plötzlich für Verständnis gegenüber jugendlichen Straftätern. In Reaktion auf das, was Soziologen gerne als »moralischen Panikanfall« einer Gesellschaft bezeichnen, der sich in diesem Fall auf Kapuzenpullis als Marker der Jugendkriminalität bezog, sagte Cameron in einer Rede am CSJ 2006:

> Der Kapuzenpulli ist die Reaktion auf ein Problem, nicht das Problem selbst. Uns – den Anzugträgern – erscheint so ein Hoodie oft als aggressiv, als die Uniform einer Rebellenarmee junger Gangster. [...] Wenn wir ein Kind die Straße runterlaufen sehen, Kapuze auf, gesenkter Kopf, übellaunig, breitbeinig, den Bürgersteig dominierend – dann sollten wir darüber nachdenken, was das Kind dorthin gebracht hat.

Ja, Cameron ging so weit zu fordern, man müsse jungen Menschen aus schwierigen Verhältnissen »viel mehr Liebe entgegenbringen«.[30]

30 Zit. n. Dorey/Garnett/Denham, *From Crisis to Coalition*, S. 66.

Der Vorsitzende vollzog noch in einer weiteren Hinsicht einen U-Turn. So war er nicht unwesentlich an der Erarbeitung des Wahlprogramms 2005 beteiligt gewesen, das in altbewährter Manier Neoliberalismus mit Law-and-Order-Themen kombiniert hatte, nur um sich nun emphatisch von dieser genuin thatcheristischen Mischung zu distanzieren. Cameron selbst bezeichnete sich in typisch gemäßigt konservativer Manier als jemand, der keine tiefen ideologischen Überzeugungen hege, sondern eher pragmatisch veranlagt sei. Angesichts der diversen persönlichen Kehrtwenden, bei denen wohl selbst Markus Söder schwindelig geworden wäre, war also durchaus die Frage angebracht, ob Camerons Verhältnis zu Inhalten nicht rein opportunistisch war – ganz wie er es in seinem Job bei Carlton Communications gelernt hatte. Da war zum Beispiel die Sache mit der ökologischen Wende, die Cameron unter großer medialer Aufmerksamkeit initiierte, womit er nicht nur das Image der Konservativen aufpolierte, sondern auch eine erste Avance in Richtung Liberal Democrats sandte. Die Zweifler sahen sich jedenfalls bestätigt, als bekannt wurde, dass Cameron zwar täglich ins Büro radelte, dass hinter ihm aber sein Dienstwagen fuhr, in dem seine Schuhe und Unterlagen transportiert wurden.[31] Hague und Duncan Smith waren ebenfalls als Reformer gestartet, hatten ihre Ambitionen aber unter dem Termindruck anstehender Wahlen bald wieder zurückgeschraubt. Es würde sich also noch zeigen müssen, ob Cameron mehr Beharrlichkeit oder gar genuine Überzeugung an den Tag legen würde.

Und dann waren da noch die Kritiker, die sich nicht von der auf den ersten Blick eingängigen Formel überzeugen ließen, die die Kernidee von Camerons Neuerfindung des Tory-Konservatismus enthielt: eine Art »neuer« Dritter Weg (ein solcher war ja bereits von New Labour mit Verweis auf den Soziologen Anthony Giddens angekündigt worden), der aus dem Nullsum-

31 Leonard, *Modern British Prime Ministers from Balfour to Johnson*, S. 271.

menspiel zwischen Staat und Markt ausscherte und nun die Zivilgesellschaft als zentralen Schauplatz für die Selbstheilung von »Broken Britain« identifizierte. War in Howards Glaubensbekenntnis noch die alte Tory-Losung zu lesen gewesen, dass der Staat klein und die Menschen groß sein sollten, so formierte sich nun eine Agenda, die schon bald unter dem Begriff der »Big Society« firmierte. Das klang gut und plausibel, warf aber doch die Frage auf, wie genau die Gesellschaft sich denn nun eigentlich selbst heilen sollte.

Diese Vagheit kam nicht von ungefähr. Die Konservativen hielten sich mit konkreten Politikvorschlägen bewusst lange zurück, um der Regierung keine Gelegenheit zu bieten, diese entweder als fehlgeleitet verwerfen oder aber stillschweigend übernehmen zu können; die Rede von der »Big Society« hatte dabei den zusätzlichen Vorteil, dass nicht sofort die Frage im Raum stand, wie viel dies kosten würde – da eben nicht einmal klar war, was genau passieren sollte. Damit drängte sich aber der Verdacht auf, dass es sich beim mitfühlenden Konservatismus um einen ähnlichen Etikettenschwindel handeln könnte wie im Fall George W. Bushs, der unter diesem Label Wahlkampf gemacht hatte und nach seinem Sieg die Sache mit dem Mitgefühl eigentlich nie mehr erwähnte. Klar war, dass Cameron den Staat zumindest ein Stück weit aus der Verantwortung entlassen wollte und dagegen eine dreifache Revolution der Verantwortung beschwor, wie es in »Built to last« heißt: Verantwortung übernehmen sollten Individuen, privatwirtschaftliche Akteure und eben jene lokalen Gemeinschaften, die man in die Lage versetzen müsse, »ihr Schicksal selbst zu bestimmen, gegen Kriminalität zu kämpfen und die Lebensqualität zu steigern«.[32] Das klang formelhaft und eher dünn, und zwar vor allem wenn man bedachte, dass »Cameron's Conservatives« – wie sich die

32 The Conservative Party, *Built to Last. The Aims and Values of the Conservative Party* (2006), S. 3, online verfügbar unter: {http://news.bbc.co.uk/2/shared/bsp/hi/pdfs/16_08_06_cameron.pdf}.

Partei nun auf ihrer Website nannte – auch in der Armutsbekämpfung ambitionierte Ziele und eine gleichzeitige Abkehr von thatcheristischen Überzeugungen vollzogen hatten. Laut jenen gab es nur absolute Armut, was Howard ja erneut bestätigt hatte, als er ausdrücklich behauptete, dass der Reichtum der einen nichts mit der Armut der anderen zu tun habe. Dagegen erklärte Cameron nun explizit die relative Armut zum Problem, aber gerade in diesem Punkt schienen die Grenzen seines Lösungsansatzes eng gesteckt: Selbst wenn so eine halbwegs effektive Armutsbekämpfung gelingen sollte, bestand das Problem seit der Ära Thatcher zwar auch darin, dass die untertesten Einkommensschichten kaum reale Zuwächse verzeichnen konnten, doch die Ungleichheit war vor allem deshalb explodiert, weil der Reichtum der oberen zwanzig Prozent massiv zugenommen hatte, zumal nach der Liberalisierung des Finanzsektors. Wenn man die relative Armut als Problem angehen wollte, war es daher zynisch, nur bei den Armen anzusetzen – man musste auch über die Boni-Kultur, die Auseinanderentwicklung der Erträge aus Kapital und Arbeit und natürlich das Steuersystem sprechen, aber dazu fiel den neu ernannten Vorkämpfern gegen die soziale Ungleichheit nicht viel ein.

Fasst man die Reformanstrengungen in den ersten etwa drei Jahren unter Cameron zusammen, dann ist bei allen Leerstellen festzuhalten, dass sie tatsächlich die erste ernst zu nehmende Zäsur in der Entwicklung des Tory-Konservatismus seit Thatchers Siegeszug in den Siebzigern darstellten. Die Führung schnitt eine ganze Reihe alter Zöpfe ab, weitete die Agenda des gemäßigten Konservatismus auf postmaterialistische Themen wie Ökologie sowie die Vereinbarkeit von Familie und Beruf aus und setzte einen mitfühlend-konservativen Schwerpunkt auf den Kampf gegen die vielen Facetten gesellschaftlicher Deprivation.

Und auch in der Personalpolitik ging Cameron andere Wege als seine Vorgänger, deren Führungsmannschaft genau dies war: Eine Gruppe von *Männern*, die zudem fast ausschließlich weiß und reich waren und eine Ausbildung an einer Elite-Universität genossen hatten – außer eben Duncan Smith, den man oft genug daran erinnerte. Nun galt all dies ebenso für Cameron und seinen Freund und Schattenschatzkanzler George Osborne. Auch die ehemaligen Rivalen Davis und Fox, die Cameron ebenfalls einband, brachten wenig Diversität ein, um es vorsichtig auszudrücken. Aber dem Schattenkabinett gehörten nun immerhin vier Frauen und auch Alan Duncan an, der insofern erwähnenswert ist, als er der erste Tory-Abgeordnete war, der sich öffentlich – auch über Jugendexperimente hinaus – zu seiner Homosexualität bekannte. Womöglich noch wichtiger war aber das Zeichen, das Cameron im Hinblick auf die Aufstellung von Wahlkreiskandidaten setzte, indem er sich den einst von Portillo propagierten Vorschlag einer Quotierung nach Geschlecht zu eigen machte, wobei auch Angehörige von Minderheiten ausdrücklich stärker berücksichtigt werden sollten.

Kurz, es wäre zu hoch gegriffen, den Cameronismus als eine komplette Neuerfindung des gemäßigten Konservatismus zu bezeichnen, aber auch wenn man den Teil abzieht, der offensichtlich in einer reinen Oberflächenbehandlung bestand, gingen die Anstrengungen und auch die Ergebnisse im Hinblick auf eine Erneuerung weiter als alles, was in den Jahren nach Thatchers Rücktritt geschehen war. Die Partei war zwei Jahre nach seinem Amtsantritt wieder fest dort verankert, wohin sie der Vorsitzende führen wollte, nämlich in der (rechten) Mitte, und hatte bis dahin diszipliniert der Tebbit-Dreifaltigkeit abgeschworen – auch weil sie es sich eigentlich leisten konnte: Die Labour-Regierung bot in Tony Blairs dritter Amtszeit ein Bild der internen Zerstrittenheit, und auch der Premier selbst wirkte zusehends ermattet. Sich von dieser Regierung positiv abzuheben war nicht sonderlich schwer, weder für die Tories noch für die Lib Dems; hinzu kam, dass Blair und sein Schatzkanzler Brown sich nach langem Gezerre darauf geeinigt hatten, dass Letzterer Blair im Laufe des Jahres 2007 ersetzen sollte, wodurch die Regierung möglicherweise noch verwundbarer würde, denn was auch immer seine sonstigen Vorzüge waren: Brown war nicht Blair, sondern wirkte eher wie sein grummeliger älterer Bruder, gegen den sowohl Cameron als auch der neue, smarte Vorsitzende der Lib Dems, Nick Clegg, umso jünger aussehen würden.

Als Brown schließlich im Juni 2007 als Nachfolger von Blair zum Premierminister gewählt wurde, konnten die Tories bereits auf einige Monate zurückblicken, in denen sie in den Umfragen kontinuierlich vor Labour gelegen hatten – wobei nach wie vor unklar war, wie hoch der Vorsprung anwachsen müsste, um im reinen Mehrheitswahlsystem auch tatsächlich die Sitzmehrheit zu gewinnen. Aber dies erschien plötzlich als eine akademische Frage, denn entgegen aller Erwartungen erfreute sich Brown einer echten Honeymoon-Phase, die denjenigen im Labour-Camp recht zu geben schien, die die Misere vor allem an Blair festgemacht hatten. Im Herbst sah es so aus, als könne Brown vorzeitige Neuwahlen ausrufen, um sich die Legitimation für eine weitere Legislaturperiode zu sichern. Tatsächlich wurden bereits Vorwahlkampf-Plakate geklebt, und angesichts ihrer womöglich davonschwimmenden Felle setzten Cameron und Osborne alles auf die maximale Mobilisierung ihrer Wähler, wozu auch das Versprechen des Schattenschatzkanzlers gehörte, den Freibetrag der Erbschaftssteuer auf eine Million Pfund zu erhöhen. Gleichzeitig verkündete der nun bereits im jungen Alter von 42 Jahren zum Elder Statesman aufgestiegene Hague, dass dies mitnichten der Beginn einer Rückkehr zu den alten Kernthemen sei: »Wir haben zwei Wahlen mit Steuern, Einwanderung und Europa bestritten und wir wissen, wie diese Wahlen ausgegangen sind. […] David Cameron macht nicht den Hague, denn Hague schaut ihm über die Schulter und sorgt dafür, dass er nicht den Hague macht.«[33] Sogar ein Notfall-Wahlprogramm wurde in Auftrag gegeben, und Andy

33 Alice Thomson/Rachel Sylvester, »David Cameron has not had a baseball cap moment yet«, in: *The Telegraph* (7. August 2007).

Coulson, der neue Kommunikationsdirektor der Partei, dachte bereits über Slogans nach. Coulson war zwar ein Politnovize, als ehemaliger Redakteur der Boulevardzeitung *News of the World* stand er aber immerhin in dem Ruf, einen guten Draht zu Rupert Murdoch zu haben. Dass die Wahl auf ihn gefallen war, sollte sich noch als unglückliche Personalentscheidung entpuppen.

Ob es wirklich diese Anstrengungen waren, die Brown dazu veranlassten, seine Pläne noch einmal zu überdenken, ist nicht endgültig zu klären; fest steht jedoch, dass der Premier dann doch keine vorzeitigen Wahlen ausrief. Stattdessen sollte der nächste Urnengang turnusgemäß 2010 abgehalten werden. Aber wenn Brown gehofft hatte, dass sich die Umstände noch weiter zu seinen Gunsten verbessern würden, trat nun in etwa das Gegenteil ein, und das Hin und Her um die abgeblasene Neuwahl brachte ihm zudem den Ruf des vergrübelten Zauderers ein, der nur wenig attraktiver war als der des schlecht gelaunten Bruders von Tony Blair. Ein Jahr später hatte sich das Momentum bereits dramatisch in Richtung der Tories gedreht, was sich an drei Ereignissen festmachen lässt. Es begann mit einer in Newcastle ansässigen Bank, die in den frühen nuller Jahren mit Hypothekendarlehen viel Geld verdient, aber vor allem immens viele Kredite aufgenommen hatte, von denen sie im Herbst 2007 einräumen musste, dass sie sie nicht mehr würde bedienen können. Der Name der Bank war Northern Rock, und ihre drohende Insolvenz gilt retrospektiv als erstes klares Anzeichen für den Beginn der Bankenkrise. Von einer globalen Rezession war damals allerdings noch keine Rede; weder die City noch die Finanzökonomen schlugen Alarm, was die Queen später zu ihrer denkwürdigen Frage an die Experten veranlasste, warum eigentlich niemand die Finanzkrise habe kommen sehen – worauf sie die wenig befriedigende Antwort erhielt, dass sie einfach sehr unwahrscheinlich gewesen sei. Das war aber jedenfalls Anfang 2008 die bei Weitem vorherrschende Meinung, und dementsprechend war das, was nur wenige Monate später zur Normalität werden sollte, nämlich millionen- und milliardenschwere Rettungsschirme für Banken und gar ihre (Teil-)Verstaatlichung im Fall von Northern Rock, noch ein Vorgang, der die Verteidiger der freien Marktwirtschaft in Schnappatmung versetzte. Ob es auch andere Optionen gegeben hätte, kann hier nicht erörtert werden, jedenfalls war die Rettungsaktion ein ähnlich schwerer Schlag für die ökonomische Kompetenz der Labour-Regierung wie 1992 der Schwarze Mittwoch für die Tories. Brown, der wie kein anderer für die wirtschaftlichen Erfolge der vergangenen Jahre gestanden hatte, nun aber notgedrungen die Agenda der Verstaatlichung wiederbeleben musste, war so ein gefundenes Fressen für die Tories. Für die kam es aber noch besser: Nachdem 2007 die interne Bewerbungsfrist für Kandidaten für die Londoner Bürgermeisterwahl langsam auslief, ohne dass sich jemand von Rang und Namen bereit erklärt hätte, gegen den populären Ken Livingston (Spitzname »Red Ken«) anzutreten, warf schließlich nach langem Zögern Boris Johnson seinen Hut in den Ring. Und als am 2. Mai 2008 die Stimmen ausgezählt waren, hatte er einigermaßen sensationell mit 53 zu 46 Prozent gewonnen – ein Ergebnis, das sich sowohl für die Konservative Partei und David Cameron als auch für die britische Demokratie insgesamt als höchst folgenreich erweisen sollte. Kurzfristig allerdings bescherte es Cameron einen weiteren durchaus unerwarteten Erfolg, und wenn es noch eines Belegs bedurft hätte, dass die Tories auf einer wahren Welle des Erfolgs ritten, so wurde dieser nicht einmal einen Monat später bei einer Nachwahl in Crewe und Nantwich geliefert. Nach dem Tod der hochbetagten Labour-Politikerin Gwyneth Dunwoody trat dort für die Tories Edward Timpson gegen Tamsin Dunwoody an, die Tochter der verstorbenen Amtsinhaberin. Timpson gewann mit einem Vorsprung von beinahe zwanzig Prozentpunkten und sicherte damit den Konservativen den sage und schreibe ersten Sitzzuwachs bei einer Nachwahl seit 1982. Wer konnte jetzt noch daran zweifeln, dass die Tories zurück im Spiel waren und dabei auch noch die besseren Karten zu haben schienen? Die große Frage war und blieb aber, ob der Stimmungsumschwung groß genug sein würden, um den Konservativen eine absolute Mehrheit zu bescheren, oder ob es zu einem *hung parliament* kommen würde.

Bei einem solchen Ausgang gäbe es drei Optionen: Neuwahlen, woran niemandem gelegen sein konnte, eine Minderheitsregierung der stärksten Partei, also mutmaßlich der Konservativen, oder ein weitgehendes Novum im britischen Regierungssystem, nämlich eine Koalitionsregierung. In diesem Fall wären die Liberal Democrats das Zünglein an der Waage. Genau dieses Szenario dürfte Cameron bei seinem Mitte-Kurs im Hinterkopf gehabt haben. Von daher wusste jeder, dass es auch um das Verhältnis von Tories und Lib Dems gegangen war, als Cameron 2007 die passgenaue Komplementarität von Liberalismus und Konservatismus beschworen hatte:

> Wir brauchen einen neuen liberalen Konsens in unserem Land. Ohne die konservative Betonung von gemeinschaftlichen Verpflichtungen und Institutionen kann Individualismus zu leerem Individualismus werden; eine Philosophie der Selbstsucht, die unsere Verantwortung gegenüber unseren Nachbarn und unserer Nation leugnet. Und ohne die liberale Betonung individueller Freiheit kann Konservatismus zur reinen Konformität werden, die Kreativität und Fortschritt einengt.

Um noch die letzten Zweifel auszuräumen, stellte Cameron klar: »Ich bin ein liberaler Konservativer. [...] Und für all diejenigen, die an diese Philosophie glauben, gibt es eine Heimat in der modernen und moderaten Konservativen Partei.«[34] Zwar konnten auch diese offenen Liebesbekundungen in Richtung der Liberalen Demokraten nicht darüber hinwegtäuschen, dass es bei aller Konvergenz nach wie vor eine ganze Reihe von Dif-

34 David Cameron, »2007 speech on liberal consensus«, gehalten in Bath am 22. März 2007.

ferenzen gab, zum Beispiel in der Sozialpolitik, in der die Konservativen den Lösungsansatz der »Big Society« dann doch eher in traditioneller Tory-Sprache ausbuchstabierten: Nachdem »Broken Britain« die Diagnose des CSJ gewesen war, enthielt der viele hundert Seiten umfassende Bericht »Breakthrough Britain« nun tatsächlich eine ganze Reihe konkreter Vorschläge, wie das kaputte Land wieder aufgerichtet werden könnte, die allerdings irritierend oft auf die Beendigung der Abhängigkeit von staatlichen Transfers, den Kampf gegen Suchtkrankheiten und die Stärkung von Ehe und Familie hinausliefen, was ziemlich wenig mit den Vorstellungen der Liberal Democrats zu tun hatte. Nichtsdestotrotz fuhr Cameron weiter seine Charmeoffensive, die 2009 in der gewagten Parteinahme für einen »progressiven Konservatismus« resultierte, den Cameron mit einigem dialektischen Aufwand als die Verfolgung progressiver Ziele mit konservativen Mitteln definierte.[35] Dies sollte offenkundig den Lib Dems noch einmal signalisieren, dass die Konservativen nicht mehr der ewig gestrige Thatcher-Gedächtnisverein waren, sondern dass mit ihnen die Art von progressiver Politik betrieben werden konnte – wenn auch mit konservativen Mitteln –, die sich die von Nick Clegg geführte Partei auf die Fahnen geschrieben hatte. Aber selbst wenn Camerons Konservative dies an einer Reihe von Beispielen glaubhaft machen konnten, der Salto rückwärts in der Sozialpolitik war von liberaldemokratischen Politikern durchaus registriert worden, und ihre Skepsis sollte im Gefolge der Europawahlen von 2009 weiter zunehmen. Gleichzeitig verstärkte das Ergebnis den Druck auf Cameron, bei aller neu entdeckten Progressivität nicht zu vergessen, dass er ein Tory war. Denn als am 4. Juni 2009 das vorläufige Ergebnis vorlag, stachen zwei Aspekte hervor: Labour hatte einigermaßen dramatische Stimmeinbußen hinnehmen müssen, was per se aber keineswegs unerwartet gewesen

35 David Cameron, »Making progressive conservatism a reality«, Rede vom 22. Januar 2009.

war. Eine gewisse Symbolträchtigkeit erhielt das Ganze allerdings dadurch, dass Ukip keineswegs in der politischen Versenkung verschwand. Vielmehr konnte die Partei unter ihrem neuen Vorsitzenden Nigel Farage sogar einen zusätzlichen Sitz gewinnen und damit genauso viele wie Labour für sich beanspruchen, wobei Ukip die Sozialdemokraten bei den absoluten Stimmen sogar überflügelt hatte. Das Ergebnis ließ sowohl im europhilen wie auch im euroskeptischen Flügel der Tories die Alarmglocken schrillen. Während Erstere vor allem über die zunehmende Euroskepsis in der Bevölkerung Sorge äußerten, sahen Zweitere das Ergebnis als deutlichen Beleg, dass man die Herausforderung Ukip ernst nehmen müsse. Wir sehen also erneut, wie auf die Konservative Partei entgegengesetzte Fliehkräfte einwirkten, die sie vor ein massives Dilemma stellten: Einerseits musste man sich schon allein deshalb zur Mitte orientieren, um im Fall eines *hung parliament* die Liberal Democrats für sich zu gewinnen. Andererseits war nicht zu übersehen, dass sich mit Ukip am rechten Rand ein Akteur formierte, der den euroskeptischen Teil der Bevölkerung an sich binden konnte, nachdem die Tories das Thema weitgehend heruntergefahren hatten. Und womöglich müsste man überhaupt nicht über Koalitionen mit den Liberaldemokraten spekulieren, wenn man einfach den altbewährten Tory-Kurs fahren und so Ukip kleinhalten könnte – wobei man, wie Hague zu Protokoll gegeben hatte, mit dieser Strategie gerade drei Wahlen hintereinander verloren hatte. Der Kurs der Tories stand auf Messers Schneide, da sich die Kräfte, die einen europapolitischen Rechtsschwenk forderten, und diejenigen, die für ein Festhalten am Mitte-Kurs plädierten und darauf drangen, dass sich die Partei antieuropäische Ausfälle verkneifen solle, in etwa gleich stark waren. Den Ausschlag gab ein folgenschweres Versprechen Camerons aus dem internen Wahlkampf, auf dessen Einlösung nun so nachhaltig gedrängt wurde, dass der Vorsitzende dem Druck nicht mehr standhalten konnte. Nachdem Liam Fox angekündigt hatte, im Falles seines Sieges die Tories im Europaparlament aus der

EVP abzuziehen, beschloss Cameron den hohen Einsatz mitzugehen, um seine Chancen bei der Parteirechten zu wahren – und schließlich war die Euroskepsis der eine Teil des thatcheristischen Erbes, den Cameron nie abgelehnt hatte, wenn er auch kein fanatischer Europagegner war. Wohl wissend, dass ein solcher Schritt eine hochsymbolische Tragweite haben würde, hatte Cameron die Entscheidung immer weiter verschleppt. Nun fügte er sich nolens volens und gab das Signal, den schon vor der Wahl verkündeten Plan einer neuen europäischen Parteienfamilie endlich umzusetzen. Und so wurde am 22. Juni die Fraktion Europäische Konservative und Reformisten gegründet, der sich die Tories nach ihrem Austritt aus der EVP umgehend anschlossen und wo sie sich nun in der illustren Gesellschaft etwa der polnischen PiS-Abgeordneten wiederfanden; nach der Wahl 2014 stießen dann noch die AfD und die Wahren Finnen dazu. Vor diesem Hintergrund waren sich die meisten Beobachter einig, dass es überhaupt nicht als ausgemacht gelten konnte, für wen sich die Lib Dems entscheiden würden, sollten die Wahlen am 6. Mai 2010 tatsächlich zu einem *hung parliament* führen.

3. Der Weg in den Brexit

Die Tories gingen wie erwartet aus den Wahlen, die im Zeichen der alles überragenden Banken- beziehungsweise Finanzkrise stattfanden, als stärkste Partei hervor. Allerdings verpassten sie tatsächlich die absolute Sitzmehrheit. Zu den erforderlichen 326 fehlten ihnen 19. Das Ergebnis war einerseits erfreulich für eine Partei, die so viele Jahre in der Opposition gedarbt hatte; es war andererseits aber eben auch enttäuschend, und dadurch war es für Cameron selbst gefährlich. Die Enttäuschung kam nicht von ungefähr: »Als eine Oppositionspartei, die es mit einem unbeliebten Premierminister zu tun hat«, analysierte Peter Dorey, »der eine diskreditierte Regierung anführt, in deren Amtszeit ein seismischer ökonomischer Kollaps fiel, der massive fiskalische Defizite nach sich zog, hätte man erwarten müssen, dass sich das in Unterstützung für die Konservativen übersetzt.«[1]

Aber offensichtlich war einer Mehrheit der Wähler nicht wohl dabei, die Regierungsverantwortung inmitten einer Finanzkrise kurzerhand in die Hände der Konservativen zu legen. Das hatte unter anderem mit einer fundamentalen Verschiebung in den Prioritäten der Debatten zu tun, die den Wahlkampf geprägt hatten. Angesichts der Rekordverschuldung durch Rezession und kostspielige Rettungsaktionen hatten die Konservativen ihre Versprechen kassiert, mindestens so viel wie Labour in öffentliche Dienstleistungen zu investieren. Im Wahlkampf

1 Dorey, *The Tories*, S. 143.

überboten sich Labour und Tories stattdessen mit Austeritätsplänen, wobei Labour Steuererhöhungen und die Tories sofortige Ausgabenkürzungen favorisierten. Damit waren große Teile der Strategie, die die Konservativen in den Jahren zuvor verfolgt hatten, passé, und die Öffentlichkeit schien sich an ihren unsympathischen Ruf als Partei der Kaputtsparer zu erinnern.

Nun entspann sich erwartungsgemäß ein Wettbewerb zwischen Labour und Tories um die Gunst der Liberaldemokraten, die mit beiden Parteien parallel verhandelten und damit vor allem die Tories und Cameron selbst in helle Aufregung versetzten. Den Elfmeter der Wahl nicht in Form einer absoluten Mehrheit zu verwandeln, war eine Sache; sich unmittelbar danach ein entscheidendes Gegentor in Form einer »Lib-Lab-Koalition« einzufangen, noch einmal eine ganz andere. Camerons Lage erinnerte hier ein wenig an die Angela Merkels im Jahr 2005, als die CDU-Vorsitzende einen sicher geglaubten Sieg beinahe noch verspielt hätte, wenn die Groko-Verhandlungen mit der SPD gescheitert wären. Cameron stand also unter Druck, und es war nicht zuletzt seinem Einsatz geschuldet, dass sich die Liberaldemokraten tatsächlich für die Tories entschieden. Die Liberal Democrats waren bis dahin eher eine Mitte-links-Partei gewesen, die Vorgänger von Clegg hätten sich eine Koalition mit den Tories wohl kaum vorstellen können – was umgekehrt auch für Camerons Vorgänger galt. Dass sich die Lib Dems auf die Koalition einließen, hatte also zum einen damit zu tun, dass die Chemie zwischen Clegg und Cameron weitaus besser war als die zwischen Clegg und Brown. Zum anderen zog Cameron die Liberaldemokraten mit dem zentralen Verhandlungschip eines Referendums über eine Wahlrechtsreform auf seine Seite. Dieses Versprechen war durchaus gewagt, denn im Falle eines positiven Resultats sollte ein »Alternative Member«-System eingeführt werden. Bei diesem Verfahren können die Wählerinnen in Einermandatskreisen ihre Präferenzen in eine Rangordnung bringen; gewinnt ihr Favorit nicht, gehen ihre Stimmen an den als zweiten gerankten Kandidaten über, bis eine absolute Mehrheit erreicht ist. Eine solche Reform hätte eine beträchtliche Tragweite gehabt. Bereits 2010 musste man angesichts der Tatsache, dass die Liberaldemokraten zum zweiten Mal in Folge bei einer Unterhauswahl 62 Sitze erlangt hatten, von einem Zweieinhalbparteiensystem sprechen, und dies, obwohl das »First-past-the-post«-System eigentlich kleine, nicht lokal konzentrierte Parteien – wie etwa auch die Grünen – massiv benachteiligt und in der Tendenz reine Zweiparteiensysteme hervorbringt. Würde das Alternative-Member-System eingeführt, wäre fest davon auszugehen, dass sich ein Vielparteiensystem herausbildet mit den entsprechenden Machteinbußen für Tories und Labour. Angesichts der realen Gefahr einer Lib-Lab-Koalition, die ihn aller Wahrscheinlichkeit nach den Vorsitz gekostet hätte, war Cameron jedoch bereit, das Risiko einzugehen, und bekanntlich sollte es nicht das letzte Mal sein, dass er eine derart riskante Abstimmung versprach; nur dass das Risiko beim Brexit-Referendum nicht die etablierten Parteien trugen, sondern das Land.

Was nun folgte, waren Koalitionsverhandlungen, die der Tory-Experte Tim Bale treffenderweise als Beispiel dafür bezeichnete, was passiert, wenn Vegetarier mit Fleischfressern verhandeln,[2] um an anderer Stelle hinzuzufügen, dass es wohl keine kontinentaleuropäische Koalitionspartei gebe, die je so schlecht mit einem Seniorpartner verhandelt habe.[3] Um diesen zweifelhaften Titel konkurrierten die Lib Dems freilich mit den deutschen Liberalen, die sich 2009 auf eine Koalition mit der Union eingelassen hatten. Tatsächlich sind die Parallelen frappierend: Sowohl den Liberal Democrats als auch der FDP unterliefen in den Verhandlungen schwere Fehler, und am Ende der Legis-

2 Tim Bale, »The Black Widow effect: Why Britain's Conservative-Liberal Democrat coalition might have an unhappy ending«, in: *Parliamentary Affairs* 65/2 (2012), S. 323-337, S. 328.

3 Tim Bale, »I don't agree with Nick: Retrodicting the Conservative-Liberal Democrat Coalition«, in: *Political Quarterly* 82/2 (2011), S. 244-250, S. 248.

laturperiode waren die als Shooting-Stars gestarteten Juniorpartner nicht nur zurechtgestutzt, bei den darauffolgenden Wahlen erlebten beide einen dramatischen Absturz.

Dabei schienen die Liberaldemokraten unter Clegg auf den ersten Blick gut verhandelt zu haben: Vier Kabinettsminister und vierzehn Junior Ministers waren mehr, als ihnen rein numerisch zustand. Blickte man etwas genauer auf die neue Regierung, zeigte sich jedoch, dass die Tories alle strategisch wichtigen und prestigeträchtigen Ressorts erhalten hatten: Osborne wurde selbstverständlich Schatzkanzler, Hague Außenminister, und May übernahm das Innenministerium. Aber auch die ausgabenintensiven Ministerien für Arbeit, Soziales etc. kamen in Tory-Hand, so dass die Liberaldemokraten genau wie die FDP über keinerlei finanzpolitische Einflussmöglichkeiten verfügten.[4] Anders als die FDP hatten die Lib Dems allerdings nicht mit dem Versprechen von Steuersenkungen Wahlkampf gemacht, sondern sich gegen den austeritätspolitischen Überbietungswettbewerb von Tories und Labour sowie gegen die unter Blair eingeführten Studiengebühren gewandt. Doch nun wurden die Liberaldemokraten auf den austeritätspolitischen Kurs der Tories eingenordet und ließen sich mitverhaften für das, was Schatzkanzler Osborne bald als »Not-Budget« vorstellte – das im Übrigen nur erforderlich sei aufgrund der desaströsen finanzpolitischen Lage, in die Labour das Land mit geradezu griechenlandartigen Ausgabenorgien gebracht habe. Was Osborne präsentierte, war wahrhaft drakonische Austeritätspolitik – und das ganz ohne Troika: Über 150 Milliarden Pfund sollten in den nächsten fünf Jahren durch einen Maßnahmenmix eingespart werden, der zu etwa drei Vierteln aus Ausgabensenkungen und zu einem Viertel aus Steuererhöhungen bestand. Für fast alle Ministerien wurden globale Einsparziele von etwa zwanzig Prozent angekündigt, dazu kamen Nullrunden im öffentlichen Dienst und eine Mehrwertsteuererhöhung. Die bit-

4 Vgl. Heppell, *The Tories*, S. 150.

terste Pille für die Lib Dems waren allerdings die Studiengebühren: Ihr eigener Minister Vince Cable war nun gezwungen, nicht etwa die Abschaffung, sondern eine saftige Erhöhung bekannt zu geben. Ähnlich erging es dem liberaldemokratischen Energieminister, der entgegen der Forderungen nach einem mittelfristigen Atomausstieg sogar den Bau neuer Kernkraftwerke verkünden musste. Es war die politische Höchststrafe für die Liberal Democrats, deren Agenda weitgehend pulverisiert wurde und die zu allem Übel auch noch als Feigenblatt für die Tories herhalten mussten, die nun darauf verweisen konnten, ihre völlig ideologieferne Vernunft zeige sich darin, dass auch die zutiefst zentristischen Liberaldemokraten den Austeritätskurs mittrügen.

Einerseits war die Koalitionsvereinbarung zwischen Tories und Liberal Democrats David Camerons größter persönlicher Triumph, dessen Tragweite man nicht unterschätzen darf. Erinnern wir uns an die Fälle Italien und Frankreich, wo lange Zeit immer wieder vergeblich versucht wurde, eine stabile Einigung des Mitte-rechts-Lagers als Ausgangsbasis für eine langfristige Vormachtstellung zu erreichen. Cameron hatte mit der Vereinbarung genau das geschafft, wobei er auch noch das Kunststück vollbracht hatte, eine eher linksmittige Partei auf die rechte Seite zu ziehen. Wie weiter oben erwähnt, unterschieden sich Camerons und Sarkozys Projekte ideologisch eklatant, aber gleichzeitig wird nun auch klar, dass beide hegemoniale Ambitionen hegten, die sie mit unterschiedlichen Mitteln verfolgten – Sarkozy hatte so 2007 die Präsidentschaftswahlen gewonnen, und im Frühsommer 2010 war Cameron ebenfalls Erfolg beschieden: »Das Realignment der linken Mitte, auf das so viele Progressive gehofft hatten, wurde von Cameron verwandelt in ein Realignment der rechten Mitte.«[5]

Doch wenn die Koalitionsvereinbarung gewissermaßen den

5 Andrew Gamble, »New Labour and political change«, in: *Parliamentary Affairs* 63/4 (2010), S. 639-652, S. 644.

hegemonialen Moment der rechten Mitte im Vereinigten Königreich verkörperte, dann bezeichnete sie paradoxerweise auch schon wieder das absehbare Ende dieses kurzen Sommers der rechtsmittigen Hegemonie. Zum einen war die Vereinbarung dermaßen unvorteilhaft für die Liberaldemokraten, dass eigentlich schon mit ihrer Unterzeichnung feststand, dass sie mittelfristig als Partner ausfallen würden, da fest mit einer Abstrafung durch ihre Wähler zu rechnen war; und selbst im Falle einer Erholung würden sie vermutlich nicht noch einmal den Fehler begehen, mit den Tories zu koalieren – auch hier zeigen sich Parallelen zu den deutschen Liberalen in ihrem langfristig getrübten Verhältnis zur Union. Zweitens eröffnete die Mitte-rechts-Koalition einen Opportunitätsraum für Ukip, den die Partei konsequent ausnutzte, indem sie sich als wahre rechtskonservative Alternative zu den verweichlichten Tories inszenierte. Politikwissenschaftler haben in der Vergangenheit immer wieder auf die vermeintliche Immunität Großbritanniens gegenüber radikalen Parteien hingewiesen, wobei sie die pragmatische Aushandlungskultur, die langen demokratischen Traditionen oder – etwas prosaischer – die Ausschlussmechanismen des Westminster-Systems als Gründe anführten. All dies mag seine Richtigkeit haben, mindestens ebenso wichtig ist aber, dass die Konservative Partei die längste Zeit – und zwar ziemlich genau bis zum Amtsantritt Camerons – eigentlich das gesamte Spektrum rechts der Mitte bespielt hatte, inklusive des rechten Rands, an dessen äußerstem Ende gerade noch Platz war für Paria-Splitterparteien wie die British National Party oder die National Front, deren offensichtliche faschistische Tendenzen sie allerdings jenseits eines überschaubaren Milieus völlig unwählbar machten. Auch unter Camerons unmittelbaren Vorgängern war den vorsichtigen Ansätzen einer zentristischen Modernisierung immer wieder die Rückbesinnung auf die rechten Kernthemen Steuern, Einwanderung und Europa gefolgt, um eine schwindende Basis auch mithilfe von Stimmen von rechtsaußen zu konsolidieren. Damit war die Partei aber de facto einen Kurs gefahren, dessen fatale Auswirkungen uns aus dem französischen Kontext bekannt sind. Denn einerseits befeuerte man Xenophobie und Einwanderungsskepsis und leitete damit Wasser auf die Mühlen von Ukip; andererseits erteilte die Führung den bisweilen zaghaft erhobenen Forderungen nach Bündnissen eine strikte Absage, so dass sich Farages Partei wie der Front National als Opfer eines Duopols inszenieren konnte. Jedenfalls präsentierten sich die Konservativen unter Cameron erstmals seit sehr langer Zeit wieder als eine eindeutig in der rechten *Mitte* positionierte Formation. Welches Potenzial darin für Ukip steckte, zeigte sich bereits nach den Wahlen von 2010: Obwohl die Partei gerade einmal knapp über drei Prozent erhielt, machten bei den Konservativen Kalkulationen die Runde, denen zufolge Ukip-Kandidaten eine ganze Reihe von Tories den Sieg gekostet hätten. Nach dem Koalitionsschluss mit den Liberaldemokraten war davon auszugehen, dass sich die Bedrohung verschärfen würde, und hier zeigt sich nun die ganze Tragweite dessen, was man je nach politisch-analytischer Couleur als Ironie, Paradoxie oder Tragik beschreiben kann: Durch ihre Koalition mit den Liberaldemokraten legten die Konservativen den Grundstein für eine potenziell langwährende Hegemonie der rechten Mitte, gleichzeitig stärkten sie damit den rechten Rand. Doch durch ihren Umgang mit den Lib Dems brachten sich die Tories schon wieder um ihren strategischen Partner, und auch diesbezüglich ist eine gewisse Ambivalenz zu konstatieren. So konnten sie nun zwar nicht mehr zwischen (sozial)liberalen und radikalkonservativen Konkurrenten zerrissen werden, aber, und das ist die letzte von vielen ironischen Pointen, damit ging den Tories eben genau der (potenzielle) Partner verloren, mit dem sie die Herausforderung Ukip womöglich hätten meistern können, ohne in den Mahlstrom des Brexit hinabgezogen zu werden.

Nick Clegg hatte als Vorsitzender der Liberaldemokraten den eher symbolischen Job des Vize-Premiers erhalten, aber in

Cleggs Fall kam die Federführung in einer Reihe von verfassungspolitischen Reformen hinzu, die sowohl die zentralen parlamentarischen Institutionen, Ober- und Unterhaus, als auch das Wahlrecht betrafen. Die einzige von insgesamt vier Reformen, die einvernehmlich verabschiedet wurde, war der Fixed Term Parliament Act, mit dem die Hürden für eine Auflösung des Parlaments zur Herbeiführung vorzeitiger Neuwahlen erhöht wurden. Doch damit endete auch schon die verfassungspolitische Einvernehmlichkeit, denn die übrigen drei Initiativen entpuppten sich als weitaus kontroverser, wobei vor allem die Wahlrechtsreform gemäß dem Alternative-Member-Prinzip im Vordergrund stand. Wie verabredet, wurde ein Referendum angesetzt, allerdings erst zum 5. Mai 2011. Cameron hatte sich ausbedungen, dass seine Partei nicht für die Reform werben müsse, und so positionierten sich die Konservativen bis auf wenige Ausnahmen klar dagegen, während die Liberal Democrats, die Labour Party unter ihrem frisch gewählten Vorsitzenden Ed Miliband und auch Ukip dafür waren. Doch trotz dieses breiteren Unterstützerkreises scheiterte das Referendum mehr als deutlich: 68 Prozent der Teilnehmenden votierten gegen die Reform. Spätestens jetzt hing der Haussegen in der Koalition erkennbar schief, denn die Liberal Democrats waren in gleichzeitig stattfindenden Kommunalwahlen brutal abgestraft worden, wohingegen die Tories sogar zugelegt hatten. Als dann auch noch die vor allem von den Lib Dems favorisierte Oberhaus-Reform am Widerstand der Tories scheiterte, war das Tischtuch endgültig zerschnitten: Im Gegenzug blockierten die Liberaldemokraten nämlich die letzte der vier Reformen, die einen veränderten Wahlkreiszuschnitt und eine Verkleinerung des Unterhauses beinhaltet und den Tories einen klaren Vorteil zuungunsten der Liberaldemokraten verschafft hätte. Dass man sich zu diesem Zeitpunkt nicht gegenseitig als »Gurkentruppe« diffamierte, wie es in der schwarz-gelben Regierung im Sommer 2010 der Fall war, lag eigentlich nur daran, dass die englische Sprache kein Äquivalent für diesen Ausdruck enthält.

Gleichzeitig wurde die Stimmung im Land erkennbar schlechter, was sich nicht zuletzt in den Riots im August 2011 manifestierte, bei denen es in mehreren Städten zu tagelangen Protesten, Plünderungen und bisweilen wahren Straßenschlachten kam. Die Konservativen sahen darin die Bestätigung ihrer Diagnose der sozialen Verwahrlosung, wohingegen andere mit einer gewissen Berechtigung darauf hinwiesen, dass es die Austeritätspolitik der Regierung war, an der Großbritannien in erster Linie zu zerbrechen drohte. Denn im Gegensatz zu den salbungsvollen Reden, die Camerons Konservative in der Opposition geschwungen hatten, nutzten die Tories in der Regierung die fiskalische Krise als Rechtfertigung einer fast schon thatcheristischen Sozialpolitik: Staatliche Leistungen wurden weiter gekürzt oder fielen gleich ganz dem Spardiktat zum Opfer, und die Verteilung der Belastungen wies eine eindeutige Schlagseite zugunsten der Besserverdienenden auf. Dazu kam eine weitere Kehrtwende der Tories gegenüber dem, was sich nun als bloße Oppositionsrhetorik erwies: In jenen Jahren hatte Cameron vollmundig verkündet, Blair habe seinerzeit seine Grundüberzeugung mit drei Worten zusammengefasst: Bildung, Bildung, Bildung. Er brauche nur drei Buchstaben: N-H-S. Doch nun verabschiedete die Regierung die Health and Social Care Bill, mit der privatwirtschaftlichen Akteuren Tür und Tor zum Nationalen Gesundheitsdienst geöffnet wurden. Kaum waren sie an der Macht, warfen die Tories den mitfühlenden Konservatismus also wieder über Bord. Und die Liberal Democrats waren mitgefangen, würden später aber ganz alleine hängen.

Im Gegensatz zu den optimistischen Erwartungen Osbornes machte sich die Reformpolitik der neoliberalen Austerität nicht bezahlt. Sie sorgte nicht nur für eine spürbare Erhöhung des gesellschaftlichen Pulses bis hin zu den erwähnten Riots, sie scheiterte auch daran, die seinerzeit so oft bemühten »Finanzmärkte« zu beruhigen. Und das hatte vor allem damit zu tun, dass Austerität eben nicht selbstverständlich zu Wachstum führt, sondern diesem zumeist sogar entgegensteht; eine

Einsicht, die Berlusconi in Italien zu jener Zeit nicht müde wurde zu wiederholen – und zwar zu Recht. Schon bald musste Osborne angesichts einer nicht mehr zu leugnenden Double-dip-Rezession, bei der einer kurzen Erholung ein erneuter Abschwung mit Arbeitslosigkeitsraten jenseits der acht Prozent folgte, einräumen, dass man angesichts des anämischen Wachstums mitnichten spätestens im nächsten Wahljahr wieder einen ausgeglichenen Haushalt würde vorlegen können, wie bis dahin immer wieder beteuert worden war. Überdies erhielt Großbritannien eine veritable Ohrfeige, als die Bewertungsagentur Moody's britischen Staatsanleihen das AAA-Rating aberkannte. Selbst der damals noch für seinen finanzpolitischen Fundamentalismus verschriene Weltwährungsfonds mahnte einen Kurswechsel an, wozu den Bewohnern von 10 und 11 Downing Street, dem Premierminister und dem Schatzkanzler, nicht viel anderes einfiel als das, was ihnen dazu bis in die jüngste Vergangenheit immer einfällt: Man könne doch die Steuern senken; am besten den Spitzensteuersatz, der damals tatsächlich von 50 auf 45 Prozent reduziert wurde.

Und dann war da noch das Thema Europa. Die Parlamentswahl 2010 ging mit einem Generationenwechsel bei den Konservativen einher; schon im Vorfeld hatte festgestanden, dass »höchstens 80 MPs die Wahlen bestreiten« würden, »die schon vor 1997 Parlamentsmitglieder« gewesen waren.[6] Diese Fluktuation hatte durchaus ihre guten Seiten, etwa dass der neuen Fraktion 49 Frauen angehörten, nachdem es noch 2005 gerade einmal 17 gewesen waren. Dennoch war die große Mehrheit natürlich männlich, weiß – und entstammte ganz gewiss nicht den unteren Schichten, die nämlich überhaupt keine deskriptive Repräsentation bei den Tories mehr genossen. Und darüber hinaus war die Fraktion nicht gut auf Europa zu sprechen. Die Zeiten, in denen man von einer Konfliktlinie zwischen Euro-

6 Philip Cowley, »The parliamentary party«, in: *The Political Quarterly* 80/2 (2009), S. 214-221, S. 214.

skeptikern und Europhilen sprechen konnte, gehörten endgültig der Vergangenheit an. Spätestens ab 2010 gab es eigentlich nur noch die Unterscheidung von gemäßigten und radikalen Euroskeptikern, mit ein paar versprengten Europafreunden dazwischen. In der Opposition hatte die Fraktion lange Zeit stillgehalten, obwohl es immer wieder Mahner gegeben hatte, die auf die Geländegewinne von Ukip hinwiesen. Im neuen Parlament wollten sich zwar vor allem die vielen Debütanten nicht sofort mit der Fraktionsführung anlegen, um sich die gerade angelaufene Politkarriere nicht direkt wieder zu verbauen, aber nach etwa einem Jahr war die Schonzeit für die Regierung vorüber. Dies hatte auch mit dem zu tun, was sich in Reaktion auf die Eurozonenkrise in den Brüsseler Sitzungssälen zusammenbraute. Da war nun plötzlich die Rede von »Six-Packs«, »Two-Packs« und einem »Europäischen Semester«, und die damit gemeinten Reformpakete liefen darauf hinaus, der Kommission zumindest nominell mehr Kompetenzen bei der Überwachung und gegebenenfalls Sanktionierung von Ländern zuzuweisen, die übermäßige Schulden und/oder Defizite aufwiesen.[7] Zwar galt dies nur für Mitglieder der Eurozone, aber dennoch wuchs auf der Insel das Unbehagen, in das hineingezogen zu werden, was sich gerade vielen Konservativen als ökonomisch-politische Eskalationsspirale aus Schuldenmisere sowie fehlendem Wachstum und einer immer weiter gehenden supranationalen Zentralisierung darstellte. So kam der Antrag, ein Referendum über den Verbleib in der EU abzuhalten, der am 24. Oktober 2011 ins Unterhaus eingebracht wurde, keineswegs von ungefähr. Es war keine Frage, dass der Antrag nicht zuletzt aufgrund der klar europafreundlichen Haltung, die bei den Liberal Democrats und damals auch noch bei der Labour-Fraktion vorherrschte, keine Mehrheit finden würde. Bemerkenswert war das Ergebnis der Abstimmung, bei der die Tory-Fraktionsfüh-

7 Vgl. hierzu Thomas Biebricher, »Disciplining Europe: The production of economic delinquency«, in: *Foucault Studies* 23 (2017), S. 63-85.

rung es ihren MPs freistellte, sich zu enthalten, aber dennoch. Denn abgesehen von den 16 Tories, die sich dementsprechend enthielten, stimmten nicht weniger als 81 dafür – »eine der größten Rebellionen der gesamten Nachkriegszeit«.[8] Diesen Warnschuss konnte man auch in No. 10 nicht ignorieren, und nur so erklärt sich eine europapolitische Entscheidung Camerons, die man ansonsten eigentlich als geradezu irrational verbuchen müsste, nämlich sein Veto gegen den »Vertrag über Stabilität, Koordinierung und Steuerung in der Wirtschafts- und Währungsunion« einzulegen, der umgangssprachlich unter der Bezeichnung Fiskalpakt firmiert. Sicher, der Fiskalpakt war ein Manifest der Defizit-Falken des Kontinents, verlangte nach Schuldenbremsen und drängte auf mehr Koordination. Doch wenn die Kontinentaleuropäer Falken waren, dann waren die Briten das, als was sie auch in ihrer Sprache bezeichnet werden, nämlich *fiscal hawks*. Der Habicht genießt den zweifelhaften Ruf, der etwas blutrünstigere Cousin des Falken zu sein – und jedenfalls lässt sich dies insofern auf die europäische Konstellation übertragen, als die Briten alle Forderungen des Fiskalpakts in Sachen Austerität bereits übererfüllten. Sie hatten gewissermaßen die Austerität aus freier Einsicht in die fiskalische Notwendigkeit erfunden. Von daher ging es bei Camerons Entscheidung einzig und allein um Symbolpolitik für die eigene Fraktion und den europaskeptischen Teil der Bevölkerung. Gewonnen war damit aber eigentlich nichts, denn nicht nur zog die europäische Karawane weiter, der Gärungsprozess in der Tory-Fraktion wurde durch Camerons Veto ebenso wenig gestoppt, was im Übrigen auch für den Vormarsch von Ukip galt.

Konsultiert man die Literatur zu der Frage, wie es zur Entscheidung Camerons kam, ein Referendum über den Verbleib in der

8 Philip Cowley/Mark Stuart, »The Cambusters: The Conservative European Union referendum rebellion of October 2011«, in: *The Political Quarterly* 83/2 (2012), S. 402-406, S. 403.

EU anzukündigen, lassen sich drei Argumentationslinien herauspräparieren, die sich keinesfalls gegenseitig ausschließen. Die ersten beiden sind rein strategischer Natur und verweisen zum einen auf den Druck, der spätestens seit der Referendumsrebellion auf Cameron lastete, da dieser ernsthaft fürchten musste, von seiner Fraktion gestürzt zu werden. Zum anderen wird die Bedrohung durch Ukip angeführt. Und selbst wenn der Premier im Nachhinein viel harsche Kritik einstecken musste, darf man nicht vergessen, dass ein Votum *für* den Verbleib in der EU vermutlich beide Ziele erreicht hätte: Sowohl die Tory-Fraktion als auch Ukip wären damit um einen guten Teil ihres Agitationspotenzials gebracht worden. Hier zeigte sich ein weiteres Mal, dass der selbsterklärte progressive Konservative Cameron gar nicht so stabilitätsfixiert und risikoavers agierte, wie man hätte vermuten können. Sicher, Cameron war kein Boris Johnson und auch kein Berlusconi, ja, noch nicht einmal ein Sarkozy: halbseidene, unseriöse Spielertypen, deren Präsenz in den Führungsetagen europäischer Mitte-rechts-Parteien im Übrigen dafür spricht, dass jene neben vielen anderen Defiziten auch ihre Funktion der Führungsauslese unter den Bedingungen der (sozialen) Mediendemokratie nicht mehr adäquat erfüllen. Aber was Cameron mit all diesen Figuren teilte, war doch sein feines, durch seine Zeit im Privatsektor geschultes Gespür für mediale Logiken sowie die unbedingte Bereitschaft zur Inszenierung von Politik; und auch wenn er kein Hasardeur wie Johnson war, war er doch regelmäßig bereit, immense Risiken einzugehen. Das begann mit dem Versprechen, die Tories aus der EVP abzuziehen, ging weiter mit dem Referendum zur Wahlrechtsreform und mündete schließlich im Versprechen einer Abstimmung über den Brexit.

Bevor wir uns der noch ausstehenden dritten Argumentationslinie zuwenden, ist hier noch ein Skandal zu erwähnen, der die britische Medienlandschaft und Politik seit Juli 2011 erschütterte und Cameron ebenfalls unter Druck setzte. Damals wurde bekannt, dass die zum Murdoch-Imperium gehörende

News of the World sich besonders skrupelloser Methoden bedient und nicht nur die Telefone von Mitgliedern der Königsfamilie, sondern auch der Angehörigen von Verbrechensopfern abgehört hatte. Cameron sah sich gezwungen, eine Kommission einzuberufen, ab 2012 wurde dann jedoch auch gegen seinen zurückgetretenen Kommunikationsdirektor Andy Coulson ermittelt. Schließlich musste der Premier selbst öffentlich aussagen, und bei der Anhörung wurden Textnachrichten der ehemaligen Chefredakteurin Rebekah Brooks an den Regierungschef vorgelesen. So hatte Brooks ihm etwa vor dem Tory-Parteitag 2009 geschrieben: »Ich drücke Dir für morgen fest die Daumen, nicht nur als eine stolze Freundin, sondern auch, weil wir auf einer professionellen Ebene definitiv in einem Boot sitzen. Rede Deines Lebens? Yes he Cam.«[9] Ein weiterer deutlicher Beleg dafür, wie tief (Murdoch-)Medien und Politik mittlerweile miteinander verquickt, um nicht zu sagen verstrickt waren.

Kommen wir nun aber auf die noch ausstehende dritte Argumentationslinie zurück, die auf die substanziellen Gründe für ein Referendum verweist, die sich – zumindest in einer sehr wohlwollenden Lesart – als eine Strategie im Geiste des Leoparden-Konservatismus deuten lassen. Schließlich könnte man Camerons Handeln auch so interpretieren, dass es ihm in der Tat und aus genuiner Sorge um die problematischen Entwicklungstendenzen der EU darum ging, diese zu reformieren, und zwar um sie zu retten und Großbritannien in ihr zu halten.[10] Cameron selbst deutete später an, dass alle drei Motive eine Rolle spielten. So schreibt er in seinen Memoiren, »im Hinblick auf Europa« sei »die konservative Partei (in der sich die allgemeine Stimmung im Land widerspiegelte) zunehmend unregierbar« geworden,

9 Bale, *The Conservative Party*, S. 372.

10 Vgl. zu diesem Argument die Analyse von Karl Pike, »Reform to conserve: Europe and David Cameron's conservatism«, in: *Journal of Political Ideologies* (2022) (DOI:10.1080/13569317.2022.2045459, online first).

und »Großbritanniens damaliger Status in Europa« habe sich als »zunehmend untragbar« dargestellt.[11] Die Reform der EU wäre somit das einzige Mittel gewesen, um den großen Knall zu vermeiden.

Immerhin hatte Cameron eigentlich kein schlechtes Blatt, um für eine EU-Reform zu kämpfen. Die wirtschaftliche, außenpolitische und kulturelle Bedeutung Großbritanniens für die EU ließ sich kaum überschätzen. Zudem galten die Briten als verlässliche und einflussreiche Allianzpartner für all jene EU-Mitglieder, insbesondere in Osteuropa, die mit der Vorstellung einer immer engeren Union inklusive des weiteren Transfers nationaler Souveränitätsrechte auf die supranationale Ebene wenig anfangen konnten, nicht zuletzt, weil sie jene erst vor vergleichsweise kurzer Zeit wiedergewonnen hatten. Dazu kam eine Reihe kleinerer, auch westeuropäischer Staaten, die für den Fall eines britischen Austritts eine deutsch-französische Co-Hegemonie fürchteten. Kurz, es war mit europäischem Entgegenkommen zu rechnen, und ein Referendum würde den Forderungen zusätzlichen Nachdruck verleihen.

Am 23. Januar 2013 war es dann so weit. Cameron erklomm das Podium im großen Saal der Bloomberg-Zentrale in London. Hinter ihm prangte auf der toryblau eingefärbten Wand der Schriftzug »Britain and Europe« – in subtiler, aber doch markanter Abgrenzung zu Blairs Kampagne »Britain in Europe« um die Jahrtausendwende. Der Premierminister schlug schnell den Bogen von einem Europa der Vergangenheit, in dem es um Frieden gegangen sei, zu einem der Gegenwart und der Zukunft, in der die Förderung des Wohlstands im Mittelpunkt stehen müsse. Er betonte, Großbritannien sei stolz auf seine Eigenständigkeit, wolle sich aber keineswegs abschotten: »Ich bin kein britischer Isolationist.« Man müsse jedoch zu einem Arrangement finden, das sowohl für die EU als auch für das Land

11 David Cameron, *For the Record*, London: William Collins 2019, S. 339.

akzeptabel sei. Konkret forderte Cameron Reformen gemäß vier zentralen Prinzipien: Die EU müsste kompetitiver und effizienter werden, indem etwa der Binnenmarkt endlich vollendet würde. Zweitens klagte er größere Flexibilität gegen die vermeintliche Uniformität von One-size-fits-all-Regeln ein, die die damals 27 Mitgliedstaaten in Korsetten erstarren ließen. Drittens solle ernsthaft die Möglichkeit der Rückverlagerung bestimmter Kompetenzen auf die Nationalstaaten im Sinne des Subsidiaritätsprinzips erwogen werden, und viertens müsse sichergestellt werden, dass es im Verhältnis von EU-Institutionen und europäischer Bevölkerung so etwas gab wie demokratische Rechenschaft. Und dann legte Cameron die Karten auf den Tisch: Mittelfristig sei es erforderlich, die Europäischen Verträge neu auszuhandeln, kurzfristig gehe es darum, dass die EU ihre Reformbereitschaft unter Beweise stelle, indem sie bestimmte Zusagen gebe. Die Ergebnisse der entsprechenden Verhandlungen werde er dann der Bevölkerung zur Entscheidung vorlegen. »Es ist Zeit, diese europäische Frage in der britischen Politik abschließend zu klären. An die britische Bevölkerung gerichtet, sage ich: Das ist eure Entscheidung.«[12]

Damit waren die Zahnräder in Bewegung gesetzt, und es gab keinen Weg zurück, doch zur Frustration der Parteiführung wurden die beiden Ziele, die mit dem Referendum, ja, eigentlich schon mit der Ankündigung erreicht werden sollten, weitgehend verfehlt. Die Tory-Fraktion spendete Camerons Bloomberg-Rede zwar den obligatorischen Applaus, lehnte sich nun aber keineswegs zurück, sondern meldete bereits die nächsten Forderungen an. Und wenn Cameron gehofft hatte, das Europathema zumindest ein Stück weit abzuräumen, dann trat das Gegenteil ein, da sich nun sowohl die euroskeptischen Tories als auch Ukip-Politiker bestärkt fühlen konnten: Wenn die Be-

12 David Cameron, »Speech at Bloomberg« (23. Januar 2013); online verfügbar unter: {https://www.gov.uk/government/speeches/eu-speech-at-bloomberg}.

völkerung entscheiden sollte, mussten schließlich alle Argumente auf den Tisch, und dass die Regierung ein Referendum für angebracht hielt, zeige doch, dass die Kritik durchaus legitim war. Der Ukip-Konjunktur tat die Ankündigung also keinerlei Abbruch. Und von einer Befriedung der Tory-Fraktion konnte ebenso wenig die Rede sein, es war eher so, als hätte man dem Affen Zucker gegeben.

Zudem bahnte sich die nächste Auseinandersetzung bereits an: Die Einführung der gleichgeschlechtlichen Ehe war ausdrücklich Teil des Wahlprogramms 2010 gewesen, und Cameron und Osborne hatten sich dafür auch persönlich eingesetzt. Doch plötzlich wollte eine ganze Reihe von Tory-MPs verhindern, dass über einen entsprechenden Entwurf abgestimmt wurde. Cameron wollte die symbolträchtige Reform aber unbedingt durchkämpfen, und im Parlament wurde sie im Juli 2013 für England und Wales beschlossen – allerdings mit nicht weniger als 133 Gegenstimmen aus der Fraktion der Konservativen; Schottland und Nordirland folgten einige Monate beziehungsweise Jahre später. Welche Signifikanz der Reform zukam, wird deutlich, wenn man eine Online-Umfrage unter knapp tausend Tory-Parteimitgliedern betrachtet, die Anfang 2013, also noch vor der Verabschiedung der Ehe für alle, durchgeführt wurde.[13] Aus Sicht der Parteiführung hätten die Antworten kaum alarmierender ausfallen können, immerhin gab etwa ein Drittel an, sie könnten sich vorstellen, bei der nächsten Wahl für Ukip zu stimmen. Das wäre vielleicht noch verkraftbar gewesen, wenn nicht ein weiteres knappes Drittel angegeben hätte, dass sie wahrscheinlich Ukip ihre Stimme geben würden. Abgesehen von der hier erkennbaren Verschmelzung von Tory- und Ukip-Wählerschaft, die ihre Parallele in der zunehmenden Überschneidung von UMP- und FN-Milieus findet, war aber vor allem das

13 Vgl. hierzu die Analyse von Paul Webb/Tim Bale, »Why do Tories defect to Ukip? Conservative party members and the temptations of the populist radical right«, in: *Political Studies* 62 (2014), S. 961-970.

Profil der möglichen/wahrscheinlichen Tory-Ukip-Wähler interessant, denn es zeigte sich, dass »diejenigen, die die höchste Wahrscheinlichkeit« aufwiesen, für Ukip zu stimmen, »deutlich links von denjenigen zu verorten« waren, »die die niedrigste Wahrscheinlichkeit« aufwiesen, sie waren aber »sozial deutlich autoritärer gesinnt«. Das bedeutete also, »dass es ihr kultureller Konservatismus und nicht so sehr ihre verteilungspolitischen Vorstellungen« waren, die sie in Richtung Ukip tendieren ließ.[14]

Dies ist insofern höchst erhellend, als die Attraktivität Ukips auf den zweiten Blick keineswegs so leicht zu erklären ist, wie es zunächst scheinen mag. Sicher, Camerons Dekontaminierungsmaßnahmen sowie die Koalition mit den Liberaldemokraten lieferte der Partei durchschlagkräftige Munition, um die Tories als konservative Sellouts zugunsten der zentristischen Kantenlosigkeit abzustempeln. Aber wenn man sich die Maßnahmen der Regierung ansah, musste man feststellen, dass auf den Feldern Wirtschaft, Finanzen und Soziales Politik betrieben wurde, als sei es das Jahr 1984. Mehr Thatcher war seit Thatcher eigentlich nie gewesen – allen Beschwörungen der »Big Society« zum Trotz. Das rechtskonservative Unbehagen am Kurs der Tory-Führung musste sich also an anderen Themen festmachen lassen, und diesbezüglich lieferte die Umfrage wichtige Hinweise, da sie deutlich machte, dass die Ukip-Neigung der Tory-Mitglieder vor allem mit ihrer Haltung zu kulturellen Themen zu tun hatte. Ja, im Zweifelsfall hätten die Ukip-Affinen unter den Tory-Mitgliedern wohl sogar eher für weniger Austerität votiert; ihnen ging es aber um andere Fragen. Und auch in diesem Profil zeigen sich natürlich gewisse Parallelen zu Frankreich, wo sich ebenfalls eine stärkere Betonung kultureller gegenüber ökonomischen Aspekten diagnostizieren lässt, die im französischen Fall durch die entsprechende Themensetzung rund um die Frage nationaler Identität ja auch noch forciert worden war.

14 Ebd., S. 964f.

Ende August 2014 hatte die Ukip-Führung eine Pressekonferenz einberufen, um einen neuen Großspender vorzustellen. Die Journalisten hatten sich nicht gerade in Scharen eingefunden, denn die Ankündigung eines neuen Geldgebers war zwar *newsworthy*, aber auch keine wirkliche Sensation. Immerhin hatte das Jahr 2014 für Ukip bislang einen glänzenden Verlauf genommen, was sich vor allem am Ergebnis der Europawahlen am 22. Mai festmachen ließ. Wie wir wissen, hatten viele Beobachter schon das Ergebnis von 2009 als Zäsur gewertet, da Ukip mehr Stimmen als Labour erhalten hatte. Aber wenn 2009 eine Zäsur bedeutete, dann stellte das Ergebnis von 2014 tatsächlich eine Zeitenwende dar: Ukip gewann 27 Prozent der Stimmen und somit 24 Sitze im Europäischen Parlament. Auf dem zweiten Platz landete Labour mit etwas über 24 Prozent, und erst dahinter, auf dem dritten Platz, fanden sich die Konservativen wieder. Sie hatten etwas über 23 Prozent der Stimmen erhalten und büßten gegenüber 2009 sieben Sitze ein. Wenn es noch eines weiteren Belegs dafür bedürft hätte, dass Camerons Hoffnung, schon allein durch die Ankündigung eines Referendums Ukip zu schwächen, vergeblich gewesen war, dann wurde er durch diesen Urnengang geliefert, der sogar insofern historische Dimensionen hatte, als seit 1906 stets entweder Labour oder Tories als stärkste Partei aus landesweiten Wahlen hervorgegangen waren. Der scheinbar unaufhaltsame Aufstieg hatte Ukip in der Folge bereits die Türen einiger wohlhabender Spender geöffnet, und von daher hielt sich die Spannung der Pressevertreter am 28. August in Grenzen. Doch es folgte einer jener *publicity stunts*, wie sie immer mehr zum Markenzeichen der Partei werden sollten. Denn neben Nigel Farage betrat kein zukünftiger Geldgeber die Bühne, sondern ein zukünftiger Ukip-Abgeordneter: Douglas Carswell, der den verblüfften Journalisten verkündete, dass er beschlossen habe, aus der Konservativen Partei aus- und Ukip beizutreten. Er sehe keine Bereitschaft der Parteiführung, auf die Forderungen aus der Fraktion einzugehen; man werde hingehalten und vertröstet, sagte ein sichtlich verbitterter Carswell, der zu den Cameron-Unterstützern der ersten Stunde gehört hatte. Gefragt, ob ihn die Ankündigung des Referendums nicht zufriedengestellt habe, antwortete er, die Berater des Premiers hätten »deutlich gemacht, dass sie versuchen« würden, »einen Deal mit der EU zu schließen, der der Regierung gerade genug gibt, um die Bevölkerung dazu zu bewegen, für einen Verbleib zu stimmen«[15] – womit er vermutlich nicht ganz Unrecht hatte. Ein sichtlich vergnügter Farage fügte sardonisch lächelnd hinzu, er bewundere Carswells Entscheidung und sei sicher, dass ihm schon bald weitere Tory-MPs folgen würden. Und tatsächlich wechselte gerade einmal einen Monat später Mark Reckless die Seiten, der den Bedeutungsschattierungen seines Nachnamens zwischen wagemutig, leichtsinnig und rücksichtslos damit und auch in Zukunft noch alle Ehre machen sollte. Abermals gelang es Ukip, aus dem Übertritt ein Medienereignis zu machen, denn Reckless wurde auf dem Parteitag in Doncaster präsentiert, den man unmittelbar vor den Beginn des Tory-Kongresses gelegt hatte. Und genau wie im Fall Carswell fiel die Tory-Parteiführung aus allen Wolken. Reckless, ein enger Freund Carswells, hatte noch einen Monat zuvor öffentlich betont, er wolle den Konservativen zu einem Sieg bei den anstehenden Wahlen verhelfen, damit auch tatsächlich ein Referendum stattfinden könne. Und nur wenige Stunden vor seinem Auftritt in Doncaster hatte er gegenüber dem Tory-Vorsitzenden in seinem Wahlkreis beteuert, dass er nicht abtrünnig werden würde – obwohl er sich zu jenem Zeitpunkt mit Farage schon handelseinig geworden war.[16] Die Führung sprach in beiden Fällen von bedauerlichen Entscheidungen, da ein Übertritt zu Ukip letztlich nur der Labour-Partei nutze, und gelobte im Übrigen, alles dafür zu tun, dass die Nach-

15 N. N., »Tory MP Douglas Carswell defects to Ukip and forces by-election«, BBC News (28. August 2014).

16 Vgl. Chris Johnston, »Mark Reckless defects to Ukip«, in: *The Guardian* (27. September 2014).

wahlen, die Reckless und Carswell herbeiführten, indem sie ihr Tory-Mandat niederlegten, nicht zugunsten von Ukip ausgehen würden. Tatsächlich wäre dies als eine erhebliche Schadensbegrenzung zu werten gewesen, schließlich hätte man damit eine deutliche Warnung an die Adresse all jener gesandt, die mit dem Gedanken an einen Übertritt spielten. Umgekehrt war der Schaden allerdings umso größer, als sowohl Carswell als auch Reckless gewannen. Reckless konnte im November 2014 stolze 41 Prozent der Stimmen für sich verbuchen und die Tory-Kandidatin mit 34 Prozent auf den zweiten Platz verweisen. Aber auch für die zweite Regierungspartei erwies sich diese Nachwahl als Desaster: Der Kandidat der Lib Dems erhielt weniger als ein Prozent; nie hatte eine Regierungspartei bei einer Wahl ein schlechteres Ergebnis erzielt.

Die Parlamentswahlen 2015 waren für den 7. Mai angesetzt, und die sozialwissenschaftlichen Wahlforscher wie auch die wahren Demoskopen in den Wettbüros waren sich von Anfang an einig, dass das Ergebnis in vielerlei Hinsicht dem von 2010 ähneln würde, insofern weder Labour noch die Tories eine absolute Mehrheit erlangen würden, so dass ein weiteres *hung parliament* drohe. Das war nicht unplausibel, denn zwar war davon auszugehen, dass die Liberaldemokraten massiv verlieren würden, aber dennoch bestanden große Zweifel, ob Labour genug Momentum generieren könnte, um tatsächlich einen *Swing* zugunsten der Opposition herbeizuführen. Natürlich stand außer Frage, dass die Konservativen mit einer Vielzahl interner Probleme zu kämpfen hatten und außerdem ihrem Herausforderer von rechts Paroli bieten mussten. Andererseits waren die Wahlkampfkassen prall gefüllt, die Medienlandschaft stand bis auf wenige Ausnahmen wie den *Guardian* auf der Seite der Tories, und vor allem machten sie das, was sie schon in grauer Vorzeit 1992 getan hatten: Auch damals gab es wenig Positives, mit dem die Tories für sich werben konnten; stattdessen stempelten sie Labour als unverantwortliche Quasi-Sozialisten mit einem zwangsstörungshaften Hang zum Geldausgeben ab. 2015 blickten die Tories erneut auf eine Ära der Austerität zurück, die noch immer zu keiner dauerhaften Erholung geführt, dem Land – und vor allem den weniger gut Situierten – aber enorme Bürden auferlegt hatte. Also ging man einen ähnlichen Weg, was für Cameron gewissermaßen der Weg zurück zu seinen Wurzeln war, denn 1992 hatte die Materialsammlung für das Negative Campaigning zu seinen Aufgaben gehört.[17] Dessen Kernpunkte lauteten 2015 erstens: Die Schuldenmisere war allein die Schuld der Labour-Regierungen bis 2010. Ed Miliband war nicht zu trauen, schließlich hatte er im Rennen um den Parteivorsitz entgegen vorheriger Absprachen seinen eigenen Bruder ausgestochen – einem solchen metaphorischen Brudermörder war alles zuzutrauen, nur nicht, dass er das Land solide führen würde. Drittens – und dies sollte sich als erstaunlich mobilisierungskräftiges Argument erweisen – stehe zu befürchten, dass Labour im Fall eines *hung parliament* eine Koalition mit der Scottish Nationalist Party (SNP) von Nicola Sturgeon eingehen und sich damit zur Geisel einer dezidiert links-sozialdemokratischen und offen separatistischen Partei machen würde. Die Kampagne operierte also mit drei miteinander verzahnten Schreckgespenstern und damit in der besten Tradition des reaktiven Konservatismus, wobei man zum Verständnis der Effektivität des schottischen Schreckgespenstes ergänzen muss, was in der Zwischenzeit passiert war – ein weiteres Referendum, und zwar das über die schottische Unabhängigkeit 2014.

Die Regierung Cameron hatte diesem Volksentscheid nur widerwillig zugestimmt, und vor allem die Tories warben mit Nachdruck für den Verbleib Schottlands im Vereinigten Königreich. Das Angebot, mit dem man die schottische Bevölkerung überzeugen wollte, war eine Agenda der maximalen Devolution, kurz Devomax, die dem nördlichen Landesteil größtmögliche Autonomie in Aussicht stellte. Diese Offerte zeigte Wirkung; dazu kam die Sorge vieler Schotten um die Tragfähigkeit

17 Vgl. hierzu Leonard, *Modern British Prime Ministers*, S. 279f.

einer eigenen Volkswirtschaft inklusive eigener Währung. Als die Stimmen am 18. September ausgezählt waren, fiel das Resultat eindeutiger aus, als viele gehofft oder gefürchtet hatten. Knapp über 55 Prozent votierten für einen Verbleib, und das bei einer Beteiligung von stolzen 86 Prozent. Nun hätte man sich in 10 Downing Street entspannt zurücklehnen und in der Gewissheit sonnen können, die territoriale Integrität des Landes gewahrt zu haben, aber da zeigten die Tories doch noch einmal ihr Gesicht der *nasty party.* Denn im gleichen Atemzug mit der Ankündigung, die versprochene maximale Autonomisierung Schottlands zu implementieren, kündigte die Regierung in London ein Gesetz an, laut dem schottische Abgeordnete in Westminster nun nicht mehr über englische Angelegenheiten abstimmen können sollten. Dieses Nachtreten verfehlte seinen Effekt nicht, und die mittlerweile zurückgetretene SNP-Vorsitzende Sturgeon schwor den Tories ewige Feindschaft.[18]

Am Ende sollte diese Fehde freilich zu Resultaten führen, die man nur als hochironisch bezeichnen kann. Denn die SNP stürzte sich in den Wahlkampf, als ginge es um ihre Existenz, und wurde mit einem herausragenden Ergebnis belohnt. Die Leidtragenden waren aber mitnichten die konservativen Intimfeinde, sondern die Labour-Partei, die in Schottland, wo sie traditionell einen recht starken Stand gehabt hatte, komplett ausradiert wurde. Und so war es ausgerechnet die SNP, die den Tories zum Wahlsieg verhalf, indem sie zum einen als Schreckgespenst zur Mobilisierung der eigenen Wählerschaft instrumentalisiert werden konnte und zum anderen Labour massiv schwächte.

Das weithin erwartete *hung parliament* blieb aus, und das Ergebnis war in vielerlei Hinsicht spektakulär. Die SNP triumphierte mit einem Zuwachs von 50 Sitzen, wohingegen die Liberal Democrats in einer Weise abstürzten, die selbst die düsters-

18 Mark Kettle, »Nicola Sturgeon detests Tories and still craves independence. But her route to it is perilous«, in: *The Guardian* (13. Oktober 2022).

ten Szenarien als zu optimistisch erscheinen ließ: Der Verlust von 49 Mandaten bedeutete, dass die Partei im nächsten Parlament noch nicht einmal mehr eine zweistellige Anzahl an Sitzen haben würde. Am Anfang der Legislaturperiode hatte es noch so ausgesehen, als könnten sich die Lib Dems auch mithilfe einer Wahlrechtsreform zu einer dritten Volkspartei mausern, jetzt verschwanden sie in der Versenkung. Labour legte zwar bei den absoluten Stimmen minimal zu, büßte aber dennoch 26 Sitze ein, wohingegen die Tories sowohl bei den Stimmen als auch bei den Sitzen ein beträchtliches Plus verbuchen konnten und mit 330 Mandaten die absolute Mehrheit erlangten. Und Ukip? Bei den abgegebenen Stimmen waren die starken 12 Prozent zwar keine wirkliche Enttäuschung, aber man hatte sich mehr erhofft, und dies galt auch für die Sitze, von denen lediglich einer auf Ukip entfiel, und der wurde nicht vom Aushängeschild und Parteivorsitzenden Farage gewonnen – sondern vom Tory-Abtrünnigen Carswell. Den Konservativen war also das Kunststück gelungen, nach einer Legislaturperiode, deren Bilanz, vorsichtig ausgedrückt, durchwachsen war, unter ungewollter Mithilfe der SNP, aber auch der Liberal Democrats nach 23 Jahren erstmals wieder eine reine Tory-Regierung zu stellen. Und alle und jeder wussten, was dies bedeutete: ein Referendum über den Verbleib in der EU.

Into the Maelström

Wäre nicht das angekündigte Referendum gewesen, hätte Cameron seinen Sieg in vollen Zügen genießen können. Nicht nur hatten die Wahlen den Konservativen einen unerwarteten Erfolg beschert, für die Konkurrenz und vor allem deren Führungspersonal hatten sie sich als fatal erwiesen: Ed Miliband war als Labour-Vorsitzender ebenso Vergangenheit wie Nick Clegg als Chef der Lib Dems, und sogar Nigel Farage trat den Rückzug an, machte dann aber doch wieder einen Rückzieher –

was sich als außerordentlich folgenreich erweisen sollte. Denn Farage war das Gesicht der Partei; er hatte sie nach langen, von beständigen Führungswechseln und Richtungsstreits geprägten Jahren stabilisiert und auf einen klaren Kurs eingeschworen: Ukip sollte sich von der extremen Rechten wie etwa der British National Party dezidiert absetzen, gleichzeitig aber eine Anti-Establishment-Haltung im Geist des Populismus einnehmen. Inhaltlich gelang es Ukip, erfolgreich das zu schmieden, was Ernesto Laclau und Chantal Mouffe als Äquivalenzkette bezeichnen: die Verlinkung bestimmter Themen und Identitäten. Ukip stand für eine englische Identität, die sich zum einen darin manifestierte, dass sie ihrem »Anderen«, der EU, entgegengesetzt war. Diese englische (nicht unbedingt britische) Anti-EU-Einstellung wurde unter Farage gleichgesetzt mit einer einwanderungskritischen Haltung, so dass diese beiden Themen untrennbar miteinander verknüpft wurden.[19] Erstmals unter Beweis gestellt wurde die Potenz dieser Formel, in der ein dreifaches Nein – zu Einwanderung, EU und Establishment – mit einem großen Ja zur englischen Nation verbunden wurde, bei den Europawahlen 2014, bei denen die Partei mit einem Programm antrat, das den wenig subtilen Titel »Löst ein Erdbeben aus!« trug und deutlich machte, dass sie keinerlei Interesse an den Stabilitätsmaximen des gemäßigten Konservatismus hatte, sondern auf die autoritär gesinnte Disruption abzielte. Aber dass die Partei überhaupt in der Lage war, einen solchen Profit aus dieser aus liberaler Sicht hochtoxischen Mischung zu schlagen, hatte auch damit zu tun, dass die Konservativen ihr in vielerlei Hinsicht den Weg geebnet hatten: Die Verknüpfung von Einwanderung und EU war erst dadurch zwingend geworden, dass Innenministerin May angedeutet hatte, man könne womöglich mit der EU eine Verabredung

19 Vgl. Karine Tournier-Sol, »Reworking the eurosceptic and conservative traditions into a populist narrative: UKIP's winning formula?«, in: *Journal of Common Market Studies* 53/1 (2015), S. 140-156.

über die Einschränkung der Personenfreizügigkeit erzielen. Das war ein wahres Geschenk für Ukip, denn Cameron selbst hatte es tunlichst vermieden, im Hinblick auf die Erwartungen an einen »Deal« mit der EU konkret zu werden. Doch mithilfe Mays gelang Ukip nun die konkretisierende Zuspitzung: Jede Vereinbarung mit der EU müsse sich vor allem daran messen lassen, welche Auswirkungen sie im Hinblick auf das Einwanderungsregime habe würde. Und natürlich hatten die Tories in ihrer ganzen Rhetorik dem apokalyptischen Raunen von ganz rechts Vorschub geleistet. Beim Parteitag im Februar 2014 sagte Farage:

> Ob ich glaube, dass Teile Großbritanniens ein fremdes Land sind? Vor einigen Tagen stieg ich abends während der Rush Hour in Charing Cross in den Zug. […] Wir hielten in London Bridge, New Cross, Hither Green, und erst als wir an Grove Park vorbei waren, wurde in dem Abteil hörbar Englisch gesprochen. Ob ich mich dabei ein bisschen komisch gefühlt habe? Allerdings.[20]

Anschließend ließ er alle Rassismus- und Extremismus-Vorwürfe an sich abprallen, indem er darauf verwies, er habe ja nichts anderes gesagt als William Hague seinerzeit in seiner »Foreign Lands«-Rede. Tatsächlich kann man den autoritär-xenophoben Zug innerhalb des Tory-Konservatismus noch weiter zurückverfolgen: bis zu Thatcher, die 1978 in einem Interview davon gesprochen hatte, die Menschen hätten zu Recht Angst, dass ihr Land von Menschen aus fremden Kulturen »überschwemmt« werde,[21] und insbesondere zu Enoch Powell, der bereits 1968 in einer berüchtigten Rede angesichts der Zuwanderung nichtweißer Menschen davor gewarnte hatte, dass die

20 Zitiert nach Andrew Sparrow, »Nigel Farage speaks at Ukip's spring conference: Politics live blog«, in: *The Guardian* (28. Februar 2014).

21 So Thatcher in der Sendung »World in Action« auf Granada Television (27. Januar 1978), ein Transkript des Gesprächs ist online verfügbar unter: {https://www.margaretthatcher.org/document/103485}.

Flüsse bald rot von Blut gefärbt sein würden: »Es ist, als sähe man einer Nation dabei zu, wie sie voller Geschäftigkeit den Scheiterhaufen für ihre eigene Feuerbestattung errichtet.«[22] Für Powell, der eindeutig auf der Seite des Autoritarismus inklusive rassistisch unterlegter Bürgerkriegsfantasien verortet war, bedeutete die Rede allerdings das Ende seiner Tory-Karriere. Farage wiederum würdigte den 1998 verstorbenen Powell mehrfach als Held, und Ukip hatte in den Neunzigern gar zweimal versucht, ihn als Kandidaten zu gewinnen.[23]

Zwei Punkte sind hier festzuhalten: In Bezug auf das Verhältnis zwischen Ukip und Tories ist oftmals davon die Rede, Erstere habe Letztere gewissermaßen vor sich hergetrieben und eine Agenda vorgegeben, die dann auf die Tories abfärbte beziehungsweise aktiv von ihnen übernommen wurde. Dies ist zwar zutreffend, wie wir im weiteren Verlauf sehen werden, aber man darf nicht vergessen, dass erst die Tories Ukip in die Lage versetzt hatten, einen derartigen Einfluss auf sie auszuüben. Konservative und autoritäre Kräfte agieren eben nicht in völliger Isolation voneinander, sondern gewissermaßen als kommunizierende Röhren.[24]

Das führt uns zu dem zweiten Punkt, der im Fall Großbritanniens bestätigt, was sich bereits im italienischen und französischen Kontext gezeigt hat: Die notwendige Bedingung für den Aufstieg rechtsautoritärer Kräfte ist ihre mehr oder weniger direkte Legitimierung beziehungsweise Normalisierung durch die Parteien der rechten Mitte. Sei es Berlusconis Forza Italia, die gleich zu Beginn der Zweiten Republik rechte und separatistische Kräfte sogar in Form einer Koalitionsregierung salonfä-

22 Enoch Powell, »Rivers of blood speech« (20. April 1968).

23 Rowena Mason, »Farage asked former Conservative MP Enoch Powell to back Ukip«, in: *The Guardian* (13. Dezember 2014).

24 Tim Bale, »Who leads and who follows? The symbiotic relationship between Ukip and the Conservatives – and populism and euroscepticism«, in: *Politics* 38/3 (2018), S. 263-277, S. 264.

Abb. 14: Nigel Farage 2013 in Brüssel.

hig machte, oder Sarkozy, der zwar Kooperationen mit dem FN ausschloss, aber dessen gesamte Themenpalette bespielte und damit nicht nur die Legitimität der entsprechenden Anliegen bestätigte, sondern auch zu einer immer weiteren Assimilierung der jeweiligen Wählermilieus beitrug; diese erschwerte es wiederum nominellen Mitte-rechts-Akteuren zunehmend, den Weg zurück in die Mitte zu finden, ohne bei diesem Drahtseilakt elektoral abzustürzen. Oder sei es eben die Conservative Party, die lange genug die rechte Klaviatur bespielte – Stichwort: Tebbit-Dreifaltigkeit –, um ein rechtes Milieu anzufüttern, so dass in dem Moment, als die Partei in Form der Koalition mit den Lib Dems einen vermeintlichen Mitte-Kurs einschlug, verwaiste rechtsautoritär gepolte Wähler zurückblieben, die in Ukip ihre einzig verbliebene Repräsentationsinstanz sahen. Auch hier war es also neben vielen anderen, teils hoch kontingenten

Faktoren der konservative Mainstream, der sich seine eigene Nemesis heranzüchtete.

Als David Cameron am 19. Februar 2016 von den abschließenden Verhandlungen in Brüssel zurückkehrte, hatte er eine ganze Reihe von Zugeständnissen an Großbritannien sowie Reformversprechen im Hinblick auf die EU im Gepäck. Sein Kabinett signalisierte am nächsten Tag Zustimmung zu diesem »Deal«, anschließend trat der Premier vor die Presse. Nachdem er das Offensichtliche noch einmal beteuert hatte (»Ich liebe nicht Brüssel, ich liebe Großbritannien«), stellte er klar, dass die Entscheidung am 23. Juni, dem nun festgesetzten Termin für das Referendum, zwar bei der Bevölkerung liege, dass er und seine Regierung jedoch nachdrücklich für einen Verbleib in der EU werben würden. Der Austritt gleiche »einem Sprung im Dunkeln« – oder »in die Dunkelheit«, je nachdem, wie man »a leap in the dark« übersetzt – und stellte somit ein Szenario dar, das bei konservativ Gesinnten eigentlich Gänsehaut hervorrufen musste. Cameron setzte auf den Angstfaktor, und das Schottland-Referendum hatte aus seiner Sicht die Wirkmächtigkeit einer solchen Strategie bestätigt. Nun charakterisierte Cameron den Brexit gar als Gefahr für die nationale Sicherheit und den Wohlstand, selbst wenn Großbritannien in all seiner exzeptionellen Besonderheit natürlich auch dies irgendwie meistern würde.

Diese Strategie war jedoch in zweifacher Hinsicht angreifbar. Erstens konnte man natürlich fragen, warum die Regierung sich überhaupt auf ein Referendum über eine Frage eingelassen hatte, die angesichts dieser düsteren Szenarien eigentlich nur eine Antwort zuließ. Umgekehrt musste man folgern, dass die Drohkulisse dann wohl in erster Linie Kulisse war, denn ansonsten hätte eine verantwortungsvolle Regierung nie eine solche Entscheidung zur Wahl gestellt. Zweitens konnte man an genau dieser Überlegung ansetzen und sie weitertreiben, indem man den vermeintlichen Nachweis erbrachte, dass es sich tatsächlich nur um eine Kulisse handelte, da der Brexit sich in Wirklichkeit als das Gegenteil erweisen würde: als Wohlstandsgenerator, der eine neue Blüte Großbritanniens als global agierende Handelsmacht einleiten würde. *Global Britain* erfreute sich nicht nur unter den neoliberal gesinnten Finanzjongleuren der City einer breiten Popularität, sondern auch bei denjenigen Konservativen, die immer noch dem Empire hinterhertrauerten und sich nie mit dem Abschied aus dem Konzert der Großmächte abgefunden hatten. Hier träumte man von einer *Anglosphere*, die in eine Art Großraumordnung eingebettet war, um einen schmittianisch belasteten Begriff zu benutzen, der an dieser Stelle aber nicht ganz unangebracht scheint. Britannien sollte ein neues politökonomisches Bündnis schließen, das auf »natürlicher« kultureller Nähe beruhe und Länder wie Kanada, Neuseeland und Australien, aber auch Singapur umfassen sollte. Unter den prominentesten Fürsprechern einer solchen Vorstellung waren Liam Fox von der Konservativen Partei, aber auch Nigel Farage.[25] An vorderster Front im Kampf um die Deutungshoheit stritt der Wirtschaftswissenschaftler Patrick Minford, der sich mit einigen Kollegen zu den Economists for Brexit zusammengefunden hatte. Gemeinsam legten sie in einer kurzen Broschüre dar, dass es aus fachlicher Perspektive keinerlei Bedenken gegen einen Brexit gebe, und zwar noch nicht einmal dann, wenn man mit der EU danach keine Handelsabkommen treffen könne:

> Das Vereinigte Königreich benötigt keine Handelsvereinbarung, um Handel zu betreiben! Das Vereinigte König-

25 Vgl. zur *Anglosphere* und ihrer Rolle in den Brexit-Auseinandersetzungen Ray Kiely, *The Conservative Challenge to Globalization. Anglo-American Perspectives*, London: Agenda Publishing 2020, S. 95 f. Eine weitere erwähnenswerte Vision für die Post-Brexit-Welt, die sich in das Global-Britain-Register einordnen lässt, ist die »Singapur an der Themse«-Fantasie, deren Attraktivität für Konservative und Neoliberale von Quinn Slobodian erläutert wird; vgl. Slobodian, *Crack-Up Capitalism*, S. 73 f.

> reich treibt bereits jetzt intensiven Handel mit vielen Ländern in aller Welt, mit denen es keine Handelsvereinbarung hat. Wir treiben erfolgreich Handel mit diesen Ländern gemäß den Regeln der WTO, und wir können das in Zukunft auch mit EU-Ländern tun.

Und weiter:

> Die Autoren sind sich einig, dass der Brexit in besseren ökonomischen Ergebnissen resultieren wird [...]. Wir sind zuversichtlich hinsichtlich der Fähigkeit des Vereinigten Königreichs, mit einem Brexit längerfristig ökonomisch erfolgreicher zu sein als in der EU [...].

Es war ein bemerkenswert rosarotes Szenario, das Sorgen über Arbeitskräftemangel als übertrieben abqualifizierte und nicht vergaß zu erwähnen, dass die Millionen an britischen Steuergeldern, die im aufgeblähten EU-Budget verschwänden, im Land selbst wesentlich besser investiert werden könnten.[26] Natürlich blieben diese optimistischen Szenarien nicht unwidersprochen, aber dennoch reichte die wissenschaftliche Autorität der Autoren aus, um die düsteren Prophezeiungen der *Remainer* infrage zu stellen. Damit wurde aber die schärfste Waffe der Befürworter eines Verbleibs abgestumpft, denn deren Problem bestand ja darin, dass es Ukip gelungen war, die Begrenzung der Migration zur ultimativen Messlatte für Camerons Deal zu erheben, und diesbezüglich blieb der Deal zwangsläufig im Ungefähren, da die Staats- und Regierungschefs aus offensichtlichen Gründen nicht bereit waren, an den vier Grundfreiheiten zu rütteln. Das Thema Einwanderung war in der Referendumskampagne also aus Sicht der Remainer am besten zu meiden, so dass nur das Angstszenario blieb, denn eine genuin proeuropäische Strategie erschien zumindest unter den Tories unvorstellbar. Wie hatte doch Cameron gesagt: »Ich liebe nicht Brüssel, ich liebe Groß-

26 Economists for Brexit, *The Economy after Brexit* (2016), S. 5; online verfügbar unter: {https://issuu.com/efbkl/docs/economists_for_brexit_-_the_economy/1}.

britannien.« Mit Europapathos würde man den Leuten also nicht kommen können.

Als Cameron seinerzeit angekündigt hatte, im Falle eines Wahlsiegs ein Referendum abzuhalten, war er aus einer Reihe von Gründen davon ausgegangen, dass man dieses durchaus gewinnen könne: Die Liberal Democrats waren 2013 zwar bereits angeschlagen, aber immer noch eine ernst zu nehmende politische Kraft, die ihr ganzes Gewicht für einen Verbleib in die Waagschale werfen würde. Labour war eine noch viel ernster zu nehmende Kraft, bei der man ebenfalls fest davon ausgehen konnte, dass sie sich gegen einen Austritt positionieren würde. Und schließlich war da die britische Wirtschaft, die die Vorzüge des Binnenmarkts durchaus zu schätzen wusste. Würde eine solche Koalition nicht selbst dann die Oberhand behalten, wenn sich eine Reihe euroskeptischer Tories für einen Brexit starkmachten?

Aber seit 2013 hatten sich die Dinge eben beträchtlich gewandelt. Die Lib Dems spielten keine Rolle mehr, und Labour hatte zum Nachfolger Milibands ausgerechnet Jeremy Corbyn erkoren: einen ehemaligen Hinterbänkler, der zu der Minderheit in der Partei gehörte, die die EU in erster Linie als eine Apparatur des strukturellen Neoliberalismus betrachtete – wofür man durchaus Argumente finden kann. Und die Spitzenverbände der britischen Wirtschaft? Die Confederation of British Industry (CBI) stand zwar auf der Seite der Remainer, aber in einer postindustriellen Volkswirtschaft, die komplett vom Finanzsektor dominiert wurde, hatte deren Wort nur begrenzt Gewicht. Und die Akteure der City mit ihrer Hybris, die wahrscheinlich ein Berufsrisiko der Profession ist, fanden die Vorstellung einer globalen Handelsmacht namens Großbritannien eben komplett plausibel, schließlich flossen die von ihnen dirigierten Finanzströme ohnehin schon um die ganze Welt.

Das waren freilich nicht die einzigen schlechten Nachrichten für Cameron und die übrigen Bürger jener inoffiziellen Nation, für die der *Guardian*-Kolumnist Rafael Behr den Namen *Re-*

mainia erfand.[27] Für Cameron begannen die Hiobsbotschaften noch am Nachmittag jenes Februartages, an dem er verkündet hatte, sein Deal habe die Zustimmung des Kabinetts gefunden – aber eben offensichtlich nicht des gesamten Kabinetts. Camerons Kurzansprache war noch keine zehn Minuten vorüber, da posierten nicht weniger als sechs Kabinettsmitglieder für ein Foto vor dem Hauptquartier der Vote-Leave-Kampagne, in der sich die Mainstream-Brexiteers diesseits von Ukip sammelten. Besonders hart musste Cameron treffen, dass auch Michael Gove zu den sechs gehörte, womit das Referendum mit der Eintracht des Notting-Hill-Clubs ein erstes Opfer gefordert hatte. Von wesentlich größerer Bedeutung war allerdings die noch ausstehende Entscheidung eines anderen Notting-Hillers: Boris Johnson hatte als Londoner Bürgermeister internationale Bekanntheit erlangt. Seine, vorsichtig ausgedrückt, unkonventionelle Art, der joviale Charme, die brillante Rhetorik und eine kräftige Dosis britischer Exzentrik hatten ihm nach einem harten Wahlkampf gegen Ken Livingstone 2012 die Wiederwahl eingebracht, und im Jahr 2016 war er so etwas wie der Popstar unter den britischen Politikern. Sein Wort würde mehr Gewicht haben als das des gesamten CBI.

Johnson hielt sich lange bedeckt. Wie später an die Öffentlichkeit kam, hatte er noch im Februar eine Kolumne für den *Daily Telegraph* verfasst, in der alle Vorteile eines Verbleibs glasklar analysiert wurden. Doch wie es sich für die Sophisten aus den Debating Societys gehört, konnte Johnson genauso gut das Gegenteil komplett schlüssig behaupten, wie er es in der Version der Kolumne tat, die schließlich veröffentlicht wurde. Als Johnson sich dann offiziell dem Leave-Lager anschloss, war dies ein wahrhafter Coup. Wären Farage und Gove die Gesichter der Kampagne gewesen, mutmaßte später der Politikberater Dominic Cummings, hätte sich dies in ca. 600 000 Stimmen we-

27 Rafael Behr, »How remain failed. The inside story of a doomed campaign«, in: *The Guardian* (5. Juli 2016).

niger übersetzt.[28] Cummings selbst war eine weitere zentrale Personalie, denn als Leiter von Vote Leave optierte er für ein extrem aggressives Vorgehen. Angesichts der Konstellation fühlte man sich unmittelbar an Bales Vergleich oben erinnert: Auch hier schienen Fleisch- gegen Pflanzenfresser anzutreten. Auf der einen Seite stand das Team Leave, das bereit war, die Menschen »auf systematische Weise in die Irre zu führen« (»to mislead on an industrial scale«), wie es später Camerons Kommunikationsdirektor Craig Oliver zusammenfasste,[29] mit Cummings als sinistrem Mastermind, der Busse durch die Städte fahren ließ, auf denen stand, die Briten würden wöchentlich 350 Millionen Pfund an die EU überweisen, obwohl es in Wirklichkeit gerade einmal die Hälfte war. Und gerade zum Ende der Kampagne kupferte Vote Leave geradezu schamlos von Ukip ab, und zwar nicht zuletzt im Hinblick auf die einwanderungspolitischen Bedrohungsszenarien, die vor dem Hintergrund der europaweiten Turbulenzen vom Sommer und Herbst 2015 eine umso alarmierendere Wirkung entfalteten. So wurde denn auch dreist behauptet, ein EU-Beitritt der Türkei stehe unmittelbar bevor, obwohl dies natürlich frei erfunden war. Ein schockierendes Resultat dieses beständigen Aufpeitschens der öffentlichen Stimmung war der tödliche Angriff auf die Labour-Abgeordnete und Remainerin Jo Cox eine Woche vor dem Referendum. Auf der anderen Seite hatte Cameron explizit die Anweisung gegeben, sich mit den Angriffen auf die Brexiteers zurückzuhalten. Der Premier ging sogar so weit, im Endspurt sein Veto gegen eine Poster-Kampagne einzulegen, auf dem ein kleiner Boris Johnson aus der Jackett-Tasche Nigel Farages hervorguckte und das betitelt war mit: »In his Pocket«. Zudem hatte man sich nach der Absage des legendären australischen Wahlkampfmanagers Lynton Crosby, auf dessen Konto der Sieg 2015 und Johnsons (Wieder-)Wahl in London gingen, im Remain-Lager für eine

28 Der Abstand betrug letztlich 1,3 Millionen Stimmen.

29 Zit. n. Leonard, *Modern British Prime Ministers*, S. 283.

Doppelspitze entschieden, deren eine Hälfte ausgerechnet aus dem Mann bestand, der 2015 den desaströsen Wahlkampf der Lib Dems verantwortet hatte. Es war, als würden die Remainer mit einem Arm auf den Rücken gebunden gegen einen Gegner kämpfen, der nicht nur beidhändig aus der Hüfte schoss, sondern auch unter die Gürtellinie zielte.

Die Prognosen zum Ausgang des Referendums gehören nicht zu den Sternstunden der Wahlforschung, aus deren Instituten es noch bis in den frühen Abend hinein hieß, dass wohl eine (wenn auch recht knappe) Mehrheit für den Verbleib stimmen werde. Doch als dann bereits im ersten Wahlkreis, Newcastle im Norden Englands, das Remain-Lager nur sehr viel knapper als erwartet die Oberhand behielt, begannen die Telefone in den Wahlkampfzentralen in immer kürzeren Abständen zu klingeln. Schon am späten Abend sagten dann fast alle Prognosen einen Sieg für das Leave-Lager vorher, der am nächsten Morgen zur Gewissheit wurde und in ganz Europa für Fassungslosigkeit, ungläubiges Staunen oder euphorischen Jubel sorgte – und auch in Großbritannien selbst noch einmal Anlass zum Nachdenken gab: Bekanntlich lautete die häufigste Google-Suchanfrage im Vereinigten Königreich am Tag nach dem Brexit-Referendum: »Was ist die EU?«

Cameron trat nachmittags überraschend gelöst vor die Presse und bestätigte mit diesem Auftritt das oben skizzierte Charakterbild einer aalglatten Person, die bei aller staatstragenden Form doch immer wieder auch unseriöse Züge verriet und bisweilen den Eindruck machte, den Ernst bestimmter Situationen einfach nicht zu erkennen. So auch an jenem Nachmittag, als er, der ja mit seiner Referendumsankündigung das verantwortete, was nun auf das Land – wie auch auf seine Partei – zukam, kurz und knapp seinen Rücktritt verkündete, als sei nicht gerade nationale Geschichte geschrieben worden, und dann davonschlenderte und dabei tatsächlich fröhlich vor sich hin pfiff.

In gewisser Weise kann man die folgenden drei Jahre mit den

Worten zusammenfassen: The rest is (Brexit) history, denn das Thema des Austritts und seiner Modalitäten dominierte wie kein anderes die britische Politik. Was sich aber im Zuge dieser Debatten ebenfalls vollzog, war eine Radikalisierung der Tories, die offensichtliche Parallelen zum (selbstgewählten) Schicksal der französischen Républicains aufweist. Cameron hatte bereits einen radikalen Kurs der neoliberalen Austerität verfolgt, bezüglich der Migration härtere Töne angeschlagen, gesellschaftspolitisch aber eine ausgesprochen liberale Agenda verfolgt. Unter Theresa May verschärfte sich diese Rechtsdrift, wobei seine Nachfolgerin im Gegensatz zu Cameron nicht davor zurückschreckte, die Anti-Establishment-Rhetorik von Ukip zu kopieren. In ihrer ersten Parteitagsrede schien sie deren Kernmilieus ausdrücklich anzusprechen: »Sie finden euren Patriotismus geschmacklos, eure Sorgen über Einwanderung engstirnig, eure Sichtweise auf Kriminalität illiberal, und die Tatsache, dass ihr auf Arbeitsplatzsicherheit pocht, kommt ihnen ungelegen.«[30]

Im Vorfeld waren sich viele nicht sicher gewesen, wie sich May positionieren würde. Manche sahen in ihr eine One-Nation-Konservative, die an die mittlerweile versandeten Reformanstrengungen im Namen von Camerons »Big Society« anschließen würde, wofür sprach, dass sie in ihrer ersten öffentlichen Erklärung als Premierministerin gelobte, die »himmelschreiende Ungerechtigkeit« in der Gesellschaft zu beseitigen.[31] Andere waren skeptischer und verwiesen auf Mays Vergangenheit als Innenministerin, in der sie die Rhetorik verschärft und bisweilen einen etwas irregeleiteten Aktivismus an den Tag gelegt hatte, der unmittelbar an die Sarko-Show erinnerte, etwa als sie Lautsprecherwagen durch Einwandererviertel fahren ließ, um illegale Migranten aufzufordern, sich den Behörden zu stellen oder das Land zu verlassen – mit wenig durchschlagendem Er-

30 Theresa May, »2016 conference speech« (5. Oktober 2016).

31 Heather Stewart, »Theresa May appeals to centre ground but cabinet tilts to the right«, in: *The Guardian* (14. Juli 2016).

folg. May hatte daneben aber auch geschafft, was den Tories zuletzt unter John Major gelungen war, nämlich die Polizei mit harschen Personalkürzungen gegen sich aufzubringen. Ihre kurze Amtszeit als Premierministerin zeigte dann, dass sie beide Aspekte – also sicherheitspolitisches Hardlinertum und sozialpolitischen One-Nation-Konservatismus – miteinander zu verbinden suchte, aber letztlich unverortbar blieb. Das hatte auch damit zu tun, dass sie widersprüchliche Lehren aus dem Brexit-Votum zog, und es waren in gewisser Weise auch diese Widersprüche, an denen May schließlich scheiterte.

Dass May überhaupt Premierministerin wurde, lag nicht zuletzt daran, dass sich die Zerwürfnisse in der Notting-Hill-Gruppe fortsetzten. Nun war es Boris Johnson, der feststellen musste, dass seine Chancen gegen null tendierten, nachdem sein vermeintlich wichtigster Unterstützer sich in allerletzter Sekunde von ihm abgewandt hatte. Eigentlich hätte Michael Gove Johnsons parteiinternen Wahlkampf managen sollen, aber dann beschloss er, doch lieber selbst anzutreten – was der *Telegraph* als das »spektakulärste politische Attentat in einer ganzen Generation« wertete. Johnson verabschiedete sich direkt aus dem Rennen, und Gove wurde die mangelnde Loyalität angekreidet, so dass auch er bereits in der zweiten Runde eliminiert wurde, nachdem zuvor bereits Liam Fox und Stephen Crabb ausgeschieden waren. Übrig blieben May und Kabinettsministerin Andrea Leadsom, die dann aber in einem Interview mit der *Times* zu insinuieren schien, dass ihr das Schicksal Großbritanniens mehr am Herzen liege, da sie im Unterschied zu May Kinder habe.[32] Der Furor nach der Veröffentlichung war zwar übertrieben, aber Leadsom zog daraufhin ihre Kandidatur zurück, womit die Parteimitglieder sich noch nicht einmal die Mühe machen mussten, zu entscheiden: May war die einzige verbliebene Kandidatin, und ein Auswahlprozess, von dem

32 Sam Coates/Rachel Sylvester, »Being a mother gives me edge on May – Leadsom«, in: *The Times* (9. Juli 2016).

man erwartet hatte, dass er sich über mehrere Wochen ziehen würde, schon nach kurzer Zeit vorbei.

Als Premierministerin beschloss May, mit Johnson die Galionsfigur der Brexit-Bewegung als Außenminister in die Regierung einzubinden, was in den europäischen Hauptstädten für wenig Freude sorgte. Nun galt es, das Referendumsvotum in die Tat umzusetzen, aber dies sollte May vor Probleme stellen, die sich als unüberwindbar erwiesen, was eben auch mit den Widersprüchen innerhalb der Brexit-Bewegung zu tun hatte. Selbstverständlich wurde die Zusammensetzung der siebzehn Millionen Briten, die für den Austritt gestimmt hatten, in der Folge minutiös auf ihre soziologisch-politischen Merkmale untersucht, und es stellte sich heraus, dass die Gruppe der oftmals als »left behinds« Titulierten, ältere weiße Männer mit niedrigem Bildungsgrad, bei Weitem die größte im Leave-Lager war.[33] Daneben gab es aber auch eine signifikante Anzahl typischer Labour-Wähler aus den einfachen Klassen, die für den Austritt optiert hatten, und vor allem waren da die wohlhabenden Euroskeptiker, die von einem *Global Britain* träumten.[34] Die Hoffnungen, die sich bei diesen Gruppen mit dem Brexit verbanden, wiesen, abgesehen von den autoritären Einstellungen, die sie alle teilten, in teils sehr unterschiedliche Richtungen – und hier lässt sich eine klare Parallele zu den Widersprüchen erkennen, auf die ich oben im Zusammenhang mit dem FN in Frankreich und der Lega in Italien hingewiesen habe: Den »Zurückgelassenen« und den Labour-Anhängern ging es, zugespitzt formuliert, vor allem um ökonomischen Protektionismus und eine massive Einschränkung der Zuwanderung – das war es, was sie

33 Vgl. den Überblick in Michael Burton, *From Broke to Brexit. Britain's Lost Decade*, Cham: Palgrave 2022, S. 179-183.

34 Vgl. hierzu Kirby Swales, *Understanding the Leave Vote*, London: Natcen Social Research 2012; Paula Surridge/Alan Wager/Dan Wincott, *Comfortable Leavers. The Expectations and Hopes of the Overlooked Brexit Voters*, London: UK in a Changing Europe 2021.

darunter verstanden, sich die Kontrolle über ihr Land zurückzuholen, wie es der Leave-Slogan »Take back control« versprochen hatte. Dagegen ging es der dritten Gruppe mitnichten um eine Minderung des europäischen oder gar globalen Wettbewerbsdrucks, im Gegenteil, aus ihrer Perspektive konnte und musste sich Großbritannien noch viel entschlossener in die Stürme der Globalisierung stürzen, aber wenn man den Wettbewerb annahm, würde man wohlhabender und mächtiger daraus hervorgehen – nichts anderes hatten schließlich auch Professor Minford und seine Kollegen behauptet. May sandte bereits in ihrer Antrittsrede im Oktober 2016 Signale in beide Richtungen. Die bereits zitierte Passage hatte ganz offensichtlich die *left behinds* im Blick, wie auch die Beteuerung, der Staat solle »Sicherheit gegenüber Kriminalität, aber auch im Falle von Krankheit und Arbeitslosigkeit« gewährleisten. May adressierte allerdings auch die Enthusiasten des globalen Wettbewerbs, indem sie von einem »selbstbewussten Global Britain« sprach. Die Preisfrage lautete also, ob es ihr gelingen würde, aus diesen widerstrebenden Agenden eine konsistente Position zu formen und diese in den Verhandlungen mit der EU durchzusetzen. Anders formuliert, stand sie vor der Herausforderung, all die Brexit-Sympathisanten aus dem Ukip-, aber auch dem Labour-Lager einzusammeln und zu Tory-Wählern zu machen – nicht zuletzt, indem man klar populistisch-autoritäre Töne anschlug –, ohne dabei den eher wirtschaftsliberal tickenden Teil der Tories sowie die gesellschaftspolitisch liberalen Milieus zu verlieren. Die Probe aufs Exempel stand schon sehr bald ins Haus, und zwar deshalb, weil die Premierministerin bereits in ihrem zweiten Amtsjahr glaubte, eine vermeintliche Schwäche Labours ausnutzen zu können, um in einer vorgezogenen Neuwahl ihre Mehrheit auszubauen. Nach der ziemlich dürftigen Performance, die Corbyn in der Referendumskampagne abgeliefert hatte, schien sich May sicher, mit den Tories als Partei des Brexit zu reüssieren, Labour weiter zu schwächen und Ukip von der Bildfläche verschwinden lassen zu können. Tatsächlich erreichte sie zumindest eines dieser Ziele. Dass es nicht mehr wurden, lag auch an Jeremy Corbyn, der sich im Klaren war, dass es bei dieser Wahl keine Labour-Mehrheit zu gewinnen gab, daraus aber die befreiende Schlussfolgerung zog, dass er auch nichts zu verlieren hatte. Jedenfalls führte er den Wahlkampf seines Lebens und entfachte gerade unter jüngeren Linken einen wahren Enthusiasmus, was die Frage aufwirft, warum die Milieus, die doch eigentlich tendenziell mit alten weißen Männern fremdeln, dann doch gerade von dieser Spezies immer wieder in Begeisterungsstürme versetzt werden, was ja auch für Bernie Sanders und Jean-Luc Mélenchon gilt. Umgekehrt erwies sich May als Alptraum jedes Wahlkampfmanagers, von denen es 2017 einige gab, darunter auch viele vertraute Gesichter aus der Kampagne von 2015. Weder Lynton Crosby noch Jim Messina, der einst Barack Obamas Wahlkampf geleitet hatte, konnten über die Schwächen der Premierministerin hinwegtäuschen. Offenkundig hatte man sich darauf verständigt, May als »starke und stabile« Alternative zum windigen Corbyn zu inszenieren, doch auch wenn man »strong and stable« in jedem Statement unterbrachte, wirkte ihr Auftreten alles andere als stark und stabil – und die ewig gleichen Floskeln brachten ihr den wenig schmeichelhaften Spitznamen »Maybot« ein. Im Aufeinandertreffen mit Bürgern wirkte sie hölzern, und ihre Defizite in Sachen Schlagfertigkeit bewogen das Wahlkampfteam schließlich dazu, die Teilnahme an TV-Debatten mit den übrigen Parteichefs abzusagen. Abgesehen von der kläglichen Performance war es aber auch Mays politische Bilanz, die in der Zentrale Anlass zu Befürchtungen gab. In der Tat hatten May und ihre Regierung in vielerlei Hinsicht die Ukip-Rhetorik übernommen, aber was den »Schutz« der hart arbeitenden Bevölkerung anging, war wenig Veränderung zu spüren. Eine klare Abkehr von der Austeritätsdevise ihres Vorgängers war mitnichten zu erkennen – im Gegenteil.

May, die ursprünglich ja sogar dem Lager der Remainer angehört hatte, hatte sich schon in der Eröffnungsrede zum Parteitag in Birmingham auf einen harten Brexit inklusive Austritt aus Zollunion und Binnenmarkt festgelegt. Ihre Einsicht in den Willen der Referendumsmehrheit signalisierte sie seitdem mit der legendären Formel »Brexit means Brexit«. Das klang konsequent und sparte die erwähnten Widersprüche innerhalb des Brexit-Lagers geschickt aus, aber mit zunehmender Dauer dämmerte doch dem ein oder der anderen, dass es sich um eine Formel von geradezu gähnender Leere handelte, die am Ende nicht mehr als einen verzweifelten Versuch darstellte, die tiefe Ratlosigkeit der Regierung zu kaschieren. Allerdings ist festzuhalten, dass der Brexit in diesem Wahlkampf noch keine alles überragende Rolle spielte, und zwar auch, weil die letzten Wochen von Terroranschlägen in Manchester und London überschattet wurden, von denen die Tories aber nicht profitieren konnten, da sie gewissermaßen der Regierung angekreidet wurden. Womöglich auch deshalb entpuppte sich die Vorverlegung als Fehlentscheidung in der Größenordnung der 1997 von Chirac anberaumten Parlamentswahl. Eine *cohabitation* gibt es im Westminster-System bekanntlich nicht, aber was May stattdessen blühte, war in etwa das Äquivalent. Denn anstatt zuzulegen, mussten die Tories sogar einen Nettoverlust an Sitzen (13) hinnehmen, wohingegen Labour den glorreichen Wahlkampf mit einem Zugewinn von 30 Mandaten krönte. May war also nicht nur daran gescheitert, ihre Mehrheit auszubauen – sie hatte die absolute Mehrheit im Unterhaus sogar verloren und war gezwungen, eine Minderheitsregierung zu bilden, die sich auf eine Tolerierungsvereinbarung mit der nordirischen Democratic Unionist Party (DUP) stützen musste. Das war natürlich einerseits ein Desaster und erhöhte den Druck auf May, nun ein gutes Verhandlungsergebnis mit der EU zu erzielen, erheblich – allerdings mit weitaus weniger Spielraum. Denn schließlich gehört der Status Nordirlands bis heute zu den diffizileren unter sehr vielen diffizilen Aspekten des Brexit, und die DUP würde May diesbezüglich fraglos an der kurzen Leine halten. Andererseits konnte man in dem Ergebnis aber auch Lichtblicke für die Tories finden. Denn was die Stimmenanzahl anging, verzeichneten die Konservativen das beste Ergebnis seit 1983; außerdem erlitten sie zwar einen Netto-Sitzverlust, sie konnten aber eine ganze Reihe ehemals tiefroter Wahlkreise gewinnen – und zwar vor allem solche, die mehrheitlich für den Brexit gestimmt hatten. Hier ließ sich bereits erahnen, dass eine neue Konfliktlinie in die politische Landschaft eingezogen worden war, die andere überlagerte oder sogar übertrumpfte, wovon Boris Johnson dann zwei Jahre später entscheidend profitieren sollte. Und zuletzt war es ja tatsächlich gelungen, Ukip in der Bedeutungslosigkeit verschwinden zu lassen, die sich in einem Ergebnis von lediglich 1,8 Prozent dokumentierte. Doch als May sich nicht in der Lage erwies, die widersprüchlichen Erwartungen der Brexit-Gemeinde in eine konsistente Verhandlungsposition zu übersetzen, und auch aufgrund ihrer innenpolitischen Schwäche aus Brüssel mit Ergebnissen zurückkehrte, die die Mehrheit der Fraktion für inakzeptabel hielt, gelang Nigel Farage ein erneuter politischer Coup, der die Anfälligkeit der Konservativen für Attacken von rechts schonungslos offenlegte. Die Brexit Party, die er sechs Monate zuvor angesichts der Verzögerungen im Austrittsprozess aus der Taufe gehoben hatte, wurde aus dem Stand stärkste Partei bei den Europawahlen im Mai 2019 – wobei die Tatsache, dass sie in Großbritannien überhaupt noch abgehalten wurden, angesichts des anstehenden Austritts natürlich eine Farce war.

Für die Tories war es ein demütigendes Ergebnis, denn nicht nur mussten sie feststellen, dass ihnen der vermeintlich sicher geglaubte Status als Partei des Brexit von der Brexit Party vollständig geraubt worden war. Zudem landeten sie mit 8,8 Prozent gerade einmal auf dem fünften Platz hinter der Brexit Party, Labour, den Liberal Democrats und sogar den Grünen. Erstmals in der parlamentarischen Moderne blieben die Konservativen unter zehn Prozent. Das war der ziemlich große Tropfen, der das Fass zum Überlaufen gebracht und eine offene Revolte gegen May ausgelöst hätte – wenn sie nicht direkt am Tag nach der Wahl ihren Rücktritt angekündigt hätte. Die Premierministerin war schon seit der verpatzten Neuwahl angeschlagen gewesen, wurde aber nicht zuletzt deshalb von der Fraktion gestützt, um den Brexit ausverhandeln zu können. Doch in den innerfraktionellen Kämpfen über die Modalitäten, den Status Nordirlands, Freizügigkeit und vieles mehr verfügte May schon längst nicht mehr über die Autorität, eine gemeinsame Linie durchzusetzen. Und die Ergebnisse ihrer Verhandlungen mit Brüssel hielten vor allem die harten Euroskeptiker für inakzeptabel, denn schließlich war es May gewesen, die immer wieder betont hatte: »Brexit means Brexit.« Die Unzufriedenheit mit den Kompromissen, die May mit EU-Verhandlungsführer Michel Barnier einging, hatte bereits im Jahr zuvor zu hochrangigen Rücktritten geführt, unter anderem von David Davis, dem ehemaligen Minister für Europaangelegenheiten, den man ironischerweise mit dem Amt des Brexit-Ministers bekleidet hatte, und von Außenminister Boris Johnson – ein Schelm, wer hier strategisches Kalkül gewittert hätte. Noch bis kurz vor der Europawahl hatte May zunehmend verzweifelt versucht, eine Mehrheit für ihre Vereinbarung mit der EU zu erlangen, war aber dreimal gescheitert, und dies, obwohl sie der Labour-Opposition äußerst weitreichende Zugeständnisse gemacht hatte. Und so gab sie in traditioneller Manier, aber unter bitteren Tränen vor 10 Downing Street ihren Rücktritt zum 7. Juni bekannt.

An Bewerberinnen und Bewerbern für ihre Nachfolge mangelte es keineswegs. Ganze dreizehn Tories stellten sich zur Wahl, bei der gemäß dem üblichen Prozedere zunächst die Fraktion das Feld dezimierte, bis die Entscheidung zwischen den verbliebenen Kandidaten dann in einer Urwahl von den Parteimitgliedern herbeigeführt wurde. Die drei Favoriten waren Michael Gove, der mittlerweile seine Rolle als harter Brexiteer gefunden hatte, Jeremy Hunt, der amtierende Außenminister, der für einen weichen Brexit eintrat, und natürlich Boris Johnson, der eindeutig die besten Aussichten genoss. Johnson gewann jeden der fünf parlamentarischen Wahlgänge, aber im vierten lag erstmals Gove zwei Stimmen vor Hunt. Das bewog nach unbestätigten Berichten eine ganze Reihe von Johnson-Unterstützern, im letzten Wahlgang für Hunt zu votieren, da Johnson gegen Gove weitaus größere Schwierigkeiten haben würde. Das Kalkül ging auf: Hunt zog in die Stichwahl ein und unterlag sang- und klanglos, nachdem beinahe exakt zwei Drittel der 140000 abgegebenen Stimmen auf Johnson entfielen.

Am 24. Juli 2019 war es so weit, und nach dem Antrittsbesuch bei der Queen trat der frisch ernannte Premier vor die Presse. Schon in seiner ersten Rede als Regierungschef deutete Johnson an, dass er in gewisser Weise das Projekt Mays fortzuführen gedachte, nur ehrgeiziger und vor allem natürlich besser als sie. Die Schlüsselformulierung, die danach immer wieder Verwendung fand, lautete »levelling-up«, was man etwas umständlich als »auf ein höheres Niveau bringen« übersetzen könnte:

> Und ich möchte Ihnen noch etwas über meinen Job sagen. Er besteht darin, Premierminister des gesamten Vereinigten Königreichs zu sein, und das bedeutet, das Land zu einen und endlich das Flehen der Vergessenen und der zurückgelassenen Orte zu hören, indem wir physisch und buchstäblich das Band erneuern, das uns eint […]. Wir werden ganz Großbritannien auf ein höheres Niveau bringen.[35]

»Levelling-up« wurde von der Presse schnell als Codewort für eine Abkehr von der Austeritätspolitik dechiffriert, der May ja programmatisch und rhetorisch ebenfalls schon abgeschworen, die aber faktisch angedauert und so zu einer höchst inopportunen Kluft zwischen Rhetorik und Wirklichkeit geführt hatte. Johnson war offensichtlich zu der Überzeugung gelangt, dass Mays grundsätzliche Richtungsentscheidung korrekt gewesen war: Der Brexit bot den Konservativen eine historische Gele-

35 »Boris Johnson's first speech as Prime Minister« (24. Juli 2019).

genheit, signifikante Teile der Labour-Wählerschaft und andere ihnen eher skeptisch gegenüberstehende Milieus auf ihre Seite zu ziehen, wenn ihre Politik drei Bedingungen erfüllte: den Brexit zum Abschluss bringen – woran May gescheitert war –, ein sozioökonomisches Schutzversprechen gegenüber den Left Behinds abgeben – was May getan, aber nicht eingelöst hatte – und zuletzt auf der kulturellen Ebene die autoritären Orientierungen ansprechen, die sich quer durch die diversen Segmente der Leave-Wählerschaft zogen – was May immer wieder angedeutet hatte, ohne diesen Weg jedoch konsequent zu beschreiten. Johnson war entschlossen, alle drei Anforderungen zu erfüllen, und der Preis, der im Falle des Erfolges winkte, war nicht nur eine Konsolidierung der Partei, sondern eine konservative Hegemonie, wie es sie seit Thatcher nicht mehr gegeben hatte. Umgekehrt hatten die Europawahlen den Tories die Gefahr vor Augen geführt, die drohte, sollte man diesen Weg nicht einschlagen: eine Rechtsaußenpartei, die sie mühelos auf die hinteren Plätze verwiesen hatte.

Der Preis, den Johnson für jene Hegemonie zu entrichten bereit war, war aber ebenfalls beträchtlich: De facto bedeutete das Ganze, die Konservativen mit einer Kombination aus pseudolinker Wirtschafts- sowie Sozialpolitik und autoritären Elementen weit nach rechts zu führen, um so ein Szenario zu vermeiden, wie es in Frankreich zu beobachten war, wo die flächendeckende Präsenz des Front National der UMP beziehungsweise den Républicains immer größeren Schaden zugefügt und wo die Rechtskonkurrenz diese 2017 sogar überflügelt hatte. Die ideologische Reprofilierung, die Johnson zu diesem Zweck anpeilte, entsprach dabei aber eben ziemlich genau dem Profil des FN in Frankreich oder – etwas eingeschränkter – der Lega in Italien.

Johnson hatte mit der Rede vom »Levelling-up« ein erstes Signal im Hinblick auf den zweiten Punkt gesandt, aber offensichtlich war schon allein aufgrund des Zeitdrucks der Brexit der unmittelbare Hebel für die Umsetzung seines Projekts. Schließlich war es seine kompromisslose Haltung gewesen (»Do or die«), die ihm mutmaßlich den Sieg im innerparteilichen Rennen gesichert hatte. Nun musste er seine Glaubwürdigkeit durch eine zügige Abwicklung unter Beweis stellen, wobei er die Möglichkeit eines No-Deal-Brexit ausdrücklich nicht ausschloss, was wiederum nicht nur die Opposition, sondern auch die Bedächtigeren in der Tory-Fraktion alarmierte. Die Frist für eine Verhandlungslösung lief Ende Oktober 2019 aus, falls Großbritannien nicht eine weitere Verlängerung gemäß Artikel 50 des EU-Vertrags beantragte. Johnson, der als langjähriger Brüssel-Korrespondent die dortige Verhandlungskultur kannte, setzte offensichtlich darauf, dass ihm seine kontintentaleuropäischen Pendants in einer Nachtsitzung um buchstäblich kurz vor zwölf doch noch entgegenkommen würden, aber eine ganze Reihe von Parlamentariern war angesichts der heruntertickenden Uhr nicht bereit, sich auf dieses *chicken game* einzulassen. Also beschlossen Anfang September 21 Tory-MPs, gemeinsam mit der Opposition für eine Verlängerung der Frist zu stimmen, falls bis zum 19. Oktober keine Einigung erreicht sein würde, um so einen No-Deal-Brexit auszuschließen. Das war eine herbe Schlappe für den mit so viel Elan gestarteten Premier, der daraufhin die Samthandschuhe aus- und im Umgang mit Partei, Parlament und Institutionen eigentlich nicht wieder anzog. Wir erinnern uns, wie John Major einst im Zuge der Europakämpfe acht MPs die Fraktionszugehörigkeit entzogen hatte, was als höchst ungewöhnliche und extreme Maßnahme galt. Johnson beschloss nun gar, alle 21 Rebellen auszuschließen, was der *Daily Telegraph* als »eines der größten parlamentarischen Blutbäder der Geschichte« bezeichnete.[36] Zu den Betroffenen gehörten auch Kenneth Clarke sowie Oliver Letwin, so dass es in der Fraktion nun keine prominenten Fürsprecher eines weichen Brexit mehr gab. Diese drakonische Maßnahme war ein

36 Anna Mikhailova, »Boris Johnson to strip 21 MPs of the Tory whip in parliamentary bloodbath«, in: *The Daily Telegraph* (4. September 2019).

erstes Signal im Hinblick auf die dritte Bedingung einer zukünftigen Tory-Hegemonie, nämlich eine stärker autoritäre Ausrichtung. Zu denen, die diese Wende nicht mitgehen wollten, gehörte nicht nur die Ministerin für Frauen und Gleichheit, Amber Rudd, die aus Protest zurück- und aus der Fraktion austrat. Auch Johnsons jüngerer Bruder Jo, der als Minister für die Universitäten zuständig war, erklärte seinen Rückzug. Nun könnte man natürlich argumentieren, dass zwischen Majors und Johnsons Entscheidung nur ein rein quantitativer Unterschied bestand – aber dieser quantitative Unterschied war aufgrund des Kontexts einer ums Ganze und belegt noch einmal die Radikalität von Johnsons Schritt: Denn Major konnte zu jenem Zeitpunkt auf die acht Stimmen verzichten, aber Johnson brachte seine Fraktion durch den Ausschluss um die Mehrheit und verlor dadurch auch die Kontrolle über den parlamentarischen Kalender und die Sitzungsordnung.

Heraufbeschworen hatte diese Konfrontation aber nicht allein die heruntertickende Uhr, sondern ein Manöver Johnsons, das ebenfalls autoritäre Anklänge hatte und sich gegen das Parlament als Ganzes richtete. Schon Ende August hatte Johnson nämlich der Queen empfohlen, die Sitzungspause des Unterhauses auf einen ganzen Monat anzusetzen, was zu dem Verdacht Anlass gab, Johnson wolle das Parlament in der kritischen Phase vor dem Auslaufen der Frist im Dunkeln über die Vorgehensweise der Regierung lassen. Ein Viktor Orbán wäre womöglich auf eine ähnliche Idee gekommen – gäbe es noch eine nennenswerte Opposition im ungarischen Parlament.[37] Doch im Gegensatz zu Ungarn war der Oberste Gerichtshof in Groß-

37 Allerdings wird zu Recht darauf hingewiesen, dass Johnson nicht über sonderlich viele Optionen verfügte angesichts eines Parlaments, das zwar auf seinem Mitspracherecht beharrte, aber nicht in der Lage war, sich mehrheitlich auf eine bestimmte Variante des Brexit festzulegen, und das so eine zutiefst dysfunktionale Rolle spielte; vgl. Manow, *(Ent-)Demokratisierung der Demokratie*, S. 132-137.

britannien noch nicht auf Regierungslinie gebracht worden, und die Richter gaben den Klagen gegen Johnsons Vorgehen statt; die Pause wurde auf zwei Wochen reduziert. In eher linksliberalen Medien entlud sich die Entrüstung, und auch die ein oder andere konservative Stimme zeigte sich empört, dass der Premier offensichtlich die Queen angelogen hatte. Doch im rechten Teil des Medienspektrums herrschte ganz eindeutig ein anderer Ton und ein anderes Narrativ vor, das sich ausdrücklich gegen die Institutionen des Regierungssystems richtete:[38] Johnson selbst hatte nicht nur ein Mal dem Parlament vorgeworfen, sich durch das beständige Verschleppen des Prozesses gegen den erklärten Willen der britischen Bevölkerung zu stellen, und damit die letztlich antiparlamentarische Rhetorik der Brexit Party übernommen, die immer wieder die Verschiebung des Austritts gemäß Artikel 50 als »totalen Betrug« gebrandmarkt hatte.[39] Nach der Entscheidung des Gerichts richteten sich die Invektiven gegen die Judikative: Jacob Rees-Mogg, der erzkonservative Leader of the House of Commons, sprach von einem »Putsch gegen die Verfassung«, und das war nicht das erste Mal, dass die Richter unter Beschuss gerieten. Nachdem der Supreme Court 2016 entschieden hatte, dass die Regierung den Brexit nicht ohne Zustimmung des Parlaments erklären könne, hatten rechtskonservative publizistische Kampfgeschütze mit Fotos der Richter getitelt, die »die Bodenhaftung verloren« hätten und »Feinde des Volkes« seien (*Daily Mail*). Johnson schlug in der ersten Sitzung nach dem Urteil in dieselbe Kerbe. Er war soeben von seinem Antrittsbesuch in den USA zurückgekehrt und hatte sich offensichtlich von Donald

38 Vgl. zum Folgenden Karine Tournier-Sol, »From Ukip to Brexit: The right-wing populist surge in the UK«, in: dies./Gayte (Hg.), *The Faces of Contemporary Populism in Western Europe and the US*, S. 1-22, S. 17f.

39 Therese Raphael, »Nigel Farage suddenly has the upper Hand«, in: *Bloomberg News* (22. Mai 2019).

Trump inspirieren lassen. Jedenfalls teilte er in alle Richtungen aus: Das Gerichtsurteil sei »falsch«, die Opposition oder womöglich gar das ganze Parlament übten »Verrat« am britischen Volk, weil sie den Brexit sabotierten, und Jeremy Corbyn sei ein Meister der »kommunistischen Rhetorik«. Die Labour-Abgeordnete Paula Sherif ermahnte ihn daraufhin, er solle seine Rhetorik zügeln, schließlich wisse man mittlerweile, welche Auswirkungen diese Sprache haben konnte: Der Angreifer, der Jo Cox ermordet hatte, schrie »Tod den Verrätern!«. Johnson erwiderte: »Ich habe in meinem ganzen Leben noch nie so einen Humbug gehört« – woraufhin die Kammer sich in ein klatschendes, schreiendes und buhendes Tollhaus verwandelte, das abermals und immer wieder vom mittlerweile legendären Speaker John Bercow zur Räson gebracht werden musste: »Order! Order!«

Doch dann, am 17. Oktober, geschah das Unerwartete, auf das Johnson immer gesetzt hatte: Es kam zu einer Einigung mit Brüssel, und plötzlich stand ein Deal im Raum, von dem der Premier behauptete, er könne innerhalb kürzester Zeit umgesetzt werden, um so den geplanten Austrittstermin doch noch einzuhalten. Die Opposition war freilich skeptisch, und eine knappe Mehrheit stimmte dafür, die Austrittsvereinbarung erst dann zu ratifizieren, wenn ein entsprechendes Durchführungsgesetz verabschiedet worden war, um zu verhindern, dass es nicht doch noch zu einem No-Deal Brexit käme. Die Sorge war berechtigt, und zwar nicht zuletzt deshalb, weil der Deal nur zustande gekommen war, nachdem Johnson sich auf das sogenannte Nordirland-Protokoll eingelassen hatte, womit eine zolltechnische Grenze durch die Irische See eingezogen wurde, um eine solche zwischen Nordirland und Irland zu vermeiden – was Johnson selbst aber bestritt.

Im Prinzip hätte die Opposition die Möglichkeit gehabt, Johnsons Regierung während der restlichen Legislaturperiode in vielerlei Hinsicht zu kontrollieren, verfügte er doch über keine Mehrheit mehr. Aus Gründen, die schwer nachzuvollziehen sind, beschlossen die Führer der Opposition jedoch, den dringendsten Wunsch des Premiers zu erfüllen, indem sie Neuwahlen zustimmten, die sie aufgrund des Fixed Parliament Act durch ihr Veto auch hätten verhindern können. Am 29. Oktober votierte das Parlament für vorgezogene Neuwahlen, die für den 12. Dezember angesetzt wurden, und angesichts dieser überaus positiven Entwicklung gab sich Johnson gnädig und nahm zumindest zehn der 21 Ausgeschlossenen wieder in die Fraktion auf.

Wenn Jeremy Corbyn geglaubt hatte, er könnte seinen spektakulären Wahlkampf aus dem Frühjahr 2017 wiederholen, dann musste er schon bald einsehen, dass er sich dramatisch getäuscht hatte. Ihm gegenüber stand nicht mehr der monotone Maybot, sondern ein Polit-Entertainer, der in öffentlichen Veranstaltungen aufblühte und Corbyn genauso alt aussehen ließ, wie er war. Der Wahlkampf der Konservativen wurde vom kompromisslosen Cummings geleitet, den Johnson als Chefberater in die Downing Street geholt hatte, und dieser hatte eine ziemlich klare Vorstellung hinsichtlich der Strategie: die gesamten Kräfte auf das eine, alles dominierende Thema fokussieren: »Get Brexit done« – und ansonsten im Vagen bleiben. Denn damit würde nicht nur Ukip und der Brexit Party das Wasser abgegraben, es sprach natürlich all diejenigen an, die für einen Austritt votiert hatten, und selbst unter Remainern konnte man damit Punkte sammeln, zumindest bei denjenigen, die eine klare Entscheidung einer jahrelangen Hängepartie vorzogen.

Am Tag nach der Wahl fasste der *Economist* zusammen, wie ironisch der Sieg der Konservativen war:

> Die Konservative Partei hat sich größte Mühe gegeben, Labour zu einem Wahlsieg zu verhelfen. Sie hat den Brexit ausgebrütet und ist dann daran gescheitert, ihn auch durchzuziehen. Sie verantwortet zehn Jahre Austerität, an denen die öffentlichen Leistungen beinahe zerbrochen sind. Sie hat Fanatikern zum Aufstieg verholfen und erstklassi-

ges Personal vergrätzt. Und dennoch ist es der Labour Party gelungen, ihre vierte Niederlage nacheinander unter Jeremy Corbyn einzufahren, und nicht nur irgendeine Niederlage.[40]

Es war wahrhaftig nicht nur irgendeine Niederlage. Es war zunächst einmal Corbyns letzte Niederlage, der nämlich unmittelbar danach zurücktrat; und es war eine der schwersten Niederlagen, die Labour oder irgendeine andere Oppositionspartei je erlebt hatte. Die Partei konnte nur 32,1 Prozent der Stimmen für sich gewinnen und musste den Nettoverlust von 59 Sitzen verkraften – das schlechteste Resultat seit 1935.[41] Umgekehrt konnten sich die Konservativen über einen Zuwachs von 48 Mandaten und damit eine überaus komfortable Mehrheit von 80 Sitzen freuen. Doch das erfasste noch längst nicht die Signifikanz des Ergebnisses. Zum einen hatte sich eine Tendenz der Wahl 2017 zu einem klaren Trend verstetigt: Hatte es noch Anfang der Dekade so ausgesehen, als könne sich das Zweiparteiensystem zu einem Vielparteiensystem wandeln, so konnte von einer Fragmentierung wie in Frankreich und erst recht in Italien keine Rede sein. Die Liberaldemokraten verloren leicht und blieben bei knapp über zehn Sitzen, Ukip und die Brexit-Partei spielten überhaupt keine Rolle. Die einzige Ausnahme war weiterhin Sturgeons SNP, die aber nur in Schottland antrat und dort auch wegen des Brexit ein Stimmen-Plus verzeichnete. Abgesehen von diesen allgemeineren Befunden waren es aber vor allem die Spezifika des Resultats, die einige Ausrufezeichen enthielten. Da war eben das völlig desolate Abschneiden einer mittlerweile immer weiter nach rechts gewanderten Ukip und einer Brexit Party, die noch bei den Europawahlen im Mai als Tiger gesprungen, nun aber als Bettvorleger gelandet war – jedenfalls

40 N.N., »Jeremy Corbyn's crushing defeat. Don't expect the Labour Party to move back to the centre quickly«, in: *The Economist* (13. Dezember 2019).

41 Vgl. Burton, *From Broke to Brexit*, S. 235.

legten dies die mickrigen 642000 oder zwei Prozent der Stimmen nahe, die sie noch für sich verbuchen konnte. Womöglich noch wichtiger war aber, was sich nicht in Zahlen ausdrücken ließ: Die Brexit Party hatte den Konservativen eines jener »unmoralischen Angebote« gemacht, wie wir sie aus dem italienischen und aus dem französischen Kontext kennen: Im *Sunday Telegraph* hatte Farage Johnson Anfang September ein Bündnis offeriert, das die Chancen beider Parteien maximieren sollte, indem man die Wahlkreise untereinander aufteilte und den jeweils aussichtsreichsten Kandidaten gegen Labour unterstützte. Die Konservativen lehnten nonchalant mit dem Hinweis ab, Farage dürfe nicht einmal in die Nähe einer Regierung kommen, da ihm alle charakterlichen Voraussetzungen fehlten[42] – über die Boris Johnson glücklicherweise verfügte. Daraufhin ging Farage sogar in Vorleistung und er gab von sich aus bekannt, dass man zumindest in den Wahlkreisen nicht antreten werde, in denen für die Tories Brexit-Hardliner ins Rennen gingen. Doch auch diesen Köder schluckten die Konservativen nicht; sie begrüßten die Geste, betonten aber, dass man in keinerlei Kontakt mit Farage und seiner Partei stehe, die sich zu diesem Zeitpunkt aus Sicht der Demoskopen bereits auf dem absteigenden Ast befand. Dass die Konservativen Farages Avancen dermaßen souverän an sich abtropfen ließen, lag aber vor allem daran, dass man ja eigentlich die Agenda der Brexit-Partei für sich gekapert hatte und von daher zu Recht hoffen konnte, auch ohne deren Schützenhilfe zu reüssieren. Obwohl Farages Partei bei der Wahl keine in Stimmen messbare Rolle spielte, war ihr autoritärer Geist in Form der Conservative Party durchaus präsent, die die Konkurrenz irrelevant gemacht hatte, indem sie sich ihr immer weiter anverwandelte.

Wahlstrategisch handelte es sich um eine spektakulär erfolg-

42 Owen Bennett, »Nigel Farage not a ›fit and proper person‹ to enter into an electoral pact with, say Conservatives«, in: *The Daily Telegraph* (11. September 2019).

reiche Repositionierung: Das Ergebnis war nicht nur rein quantitativ mit den Erfolgen Thatchers zu vergleichen, die Tories hatten vor allem auch die legendäre »Red Wall« traditionell sicherer Labour-Wahlkreise in Mittel- und Nordengland durchbrochen. Denn auch hier hatte in vielen Fällen die Haltung zum Brexit andere Erwägungen übertrumpft und zu Tory-Siegen in Labour-Hochburgen wie dem hochsymbolischen Wahlkreis Sedgefield nördlich von Middlesbrough geführt, wo einst Tony Blair angetreten war. Die Wahlen 2019 stellten in dieser Hinsicht den Schlusspunkt eines langjährigen Realignments dar, das mit der Selbstverwandlung von Labour in New Labour begonnen hatte. Im französischen Kontext haben wir bereits den Entfremdungsprozess zwischen dem PS und seiner traditionellen Klientel unter den einfachen Klassen hervorgehoben, dessen prominente Wegmarken Mitterrands Kehrtwende, die Referenden über den Maastricht-Vertrag und den europäischen Verfassungsentwurf sowie die Hollande-Präsidentschaft waren. In Großbritannien nahm dieser Prozess einen etwas anderen Verlauf, weil New Labour sich als legitimer Erbe des Neoliberalismus der Thatcher-Ära gerierte und damit noch wesentlich schneller von der britischen Arbeiterklasse entfernte, die wiederum nach den Thatcher-Jahren bereits dezimiert und geschwächt war. Nichtsdestotrotz gab es natürlich eine Labour-Kernwählerschaft, die sich lange immun gegenüber Lockangeboten der Konkurrenz gezeigt hatte. Doch 2019 lief sie in Scharen zu den Konservativen über, was uns immer wieder zur überragenden Rolle des Brexit bringt und uns weitere Parallelen zwischen dem französischen und dem britischen Fall vor Augen führt, insofern ja hier wie dort die Europapolitik eine katalysierende Rolle für das Realignment spielte, bei dem traditionell links wählende Angehörige der einfachen Klassen zu den Parteien der Rechten – und gar nicht so sehr der rechten Mitte – überliefen. Johnsons Rechnung war jedenfalls aufgegangen: Die Mischung aus einer kompromisslosen Brexit-Haltung, dem »Levelling-up«-Versprechen und einer deutlich autoritäreren Handschrift zahlte sich spektakulär aus – der Grundstein für eine neue konservative Vorherrschaft war gelegt: Johnson, resümierte der Politikwissenschaftler Andrew Gamble, habe »die konservative politische und ideologische Hegemonie wiederhergestellt, was ihn [...] zum wichtigsten Tory-Vorsitzenden seit Thatcher« mache.[43]

Dominic Cummings hatte einst für kurze Zeit als strategischer Direktor des überforderten Vorsitzenden Iain Duncan Smith fungiert und schon damals auf eine grundlegende Erneuerung der Tories gedrängt, war damit aber in alle Richtungen gegen Wände gelaufen. Nach einigen Jahren in weitestmöglicher Entfernung von den Hebeln der Macht kehrte Cummings dann als Berater des 2010 zum Bildungsminister ernannten Michael Gove zurück. Cummings blieb jedoch auf Distanz zur Regierung und verkündete bereits 2014 in einem Hintergrundgespräch, Camerons Projekt einer Neuerfindung der Tories sei selbst im Fall eines Wahlsiegs 2015 gescheitert. Der Grund, so Cummings, war die Entscheidung, als Plan B zur schlecht funktionierenden Austeritätspolitik den Spitzensteuersatz zu senken. Cummings hatte ein klares Gespür für den Zynismus, der sich in den Augen vieler Menschen darin spiegelte und das Bild der Partei als »einer Gang von Leuten an der Spitze der Gesellschaft und ihren Freunden, den Hedgefonds-Managern«, bestätige, »die letztlich nur in die eigene Tasche wirtschaften«.[44] Es war eine bemerkenswert pointierte Beschreibung der Tories und eine ebenso bemerkenswerte Einschätzung der Tragweite einer Maßnahme, die seinerzeit zwar viel kritisiert wurde, dann aber rasch wieder aus dem Fokus verschwand. Dass sie für

43 Andrew Gamble, »The remaking of conservativism: Boris Johnson and the politics of Brexit«, in: *The Political Quarterly* 92/3 (2021), S. 461-468, S. 464.

44 Zitiert in Harry Lambert, »The humbling of Dominic Cummings«, in: *The New Statesman* 149 (2020), S. 36-39, S. 38.

Cummings eine so zentrale Rolle spielte, war bezeichnend, denn seine Vision für eine erneuerte Conservative Party war die einer quasipopulistischen Formation, die sich gegen die wirtschaftlichen und kulturellen Eliten positionierte. Als Johnson ihn 2019 als Chefberater engagierte, konnte Cummings seine Vision auf den Schoßröcken der Brexit-Bewegung dann endlich umsetzen. Dabei umgab ihn eine – auch durch Fremd- und Selbstmythologisierung entstandene – Aura des Genialischen in Kombination mit einer tiefen Misanthropie und blankem Zynismus. Cummings galt als »Machiavelli in Downing Street«, und auf den ersten Blick schien das unfair gegenüber Machiavelli zu sein, der immerhin nicht nur ein berüchtigtes Handbüchlein für erfolgreiche Alleinherrschaft verfasst, sondern in den *Discorsi* auch die Vorzüge der Republik gepriesen hatte. Auf den zweiten Blick war es allerdings durchaus passend, denn heute gelten jene *Discorsi* auch als Traktat im Geiste des Populismus, und in diesem Sinne war Cummings eben durch und durch Machiavellist.[45]

Das strategische Problem, mit dem sich Cummings konfrontiert sah, resultierte – wie so oft in der Geschichte des Konservatismus – gerade aus einem großen Erfolg. Wie wir wissen, bedarf der Konservatismus aufgrund seiner ausgeprägten Reaktivität idealerweise mobilisierungskräftiger Feindbilder. Wie wir zudem wissen, führte der Fall der Mauer mittelfristig nicht nur zum Verschwinden der Kommunistischen Partei Italiens, sondern auch der Democrazia Cristiana. Am 31. Januar 2020 waren es dann die Tories, die im Zeichen ihres Triumphs das Verschwinden eines potenten Feindbildes verzeichnen mussten. Denn an diesem Tag endete offiziell die Zeit Großbritanniens in der EU, und die verbliebenen Tory-Remainer hatten sich entweder in gut gemäßigt konservativer Manier ins Benehmen mit dieser Entwicklung gesetzt – oder sie waren wie etwa Clarke

45 Vgl. John McCormick, *Machiavelli und der populistische Schmerzensschrei. Studien zur politischen Theorie*, Berlin: Suhrkamp 2023.

aus der Partei gedrängt worden. Dies bedeutete, dass neue Feindbilder gesucht werden mussten, und es dauerte nicht allzu lange, bis man eines gefunden hatte: Nun war es eben nicht mehr der ökonomische Klassenkampf, sondern das, was als Ausfluss eines »Kulturmarxismus« gekennzeichnet und bekämpft werden musste, die »Woke-Ideologie«, verkörpert von Bewegungen wie Black Lives Matter und in die Praxis der Identitätspolitik gegossen von LGBT-Aktivistinnen und anderen. Ein ähnliches Feindbild wurde in diesen Jahren auch im rechten Spektrum Frankreichs erschaffen, wobei es in Großbritannien noch einmal anders und auf höchst interessante Weise ausbuchstabiert wurde.

Was die beiden Fälle zunächst gemeinsam hatten, waren die Oppositionen, die den Diskurs strukturierten, denn sowohl diesseits wie jenseits des Ärmelkanals wurde die Identitätspolitik mit ihrem Fokus auf die strukturelle Diskriminierung von Minderheiten rechts der Mitte als ein Phänomen gebrandmarkt, das im scharfen Gegensatz zur nationalen Identität stehe. In Frankreich war immer wieder zu hören, es handele sich um eine »fremde« Ideologie, die aus den Ivy-League-Universitäten in den USA ins Land getragen worden sei. Sie war aber auch insofern dem nationalen Selbstverständnis fremd, als die Republik nach offiziellem Selbstverständnis nur Bürgerinnen und Bürger (aner)kennt, jedoch keine Gruppen und ihre Identitäten. Auch im britischen Kontext wurde das woke Denken als eine Art illegaler diskursiver Einwanderer kritisiert, aber eben mit einer etwas anderen normativen Aufladung. Denn die Kritiker konstruierten die linke Identitätspolitik ebenfalls als Bedrohung für den fragilen Zusammenhalt, konnten damit allerdings eine Tory-Tradition neu für sich reklamieren, die die längste Zeit ein Schattendasein gefristet hatte. Wer war es denn gewesen, der als Erster vor einem Auseinanderdriften der Bevölkerung gewarnt hatte? Natürlich Disraeli und in der Folge die One-Nation-Konservativen! Während die »Levelling-up«-Agenda an die sozioökonomische Dimension dieses Erbes anknüpfe, gelte es gesellschaftspolitisch, einer Spaltung durch die woke Ideologie entgegenzutreten. Abgerundet wurde das Ganze, indem man schlicht den Spieß umdrehte: Wo den Konservativen vorgeworfen wurde, zunehmend ins Autoritäre abzudriften, behauptete man nun, in Wirklichkeit seien die vor moralischer Überheblichkeit kaum laufen könnenden Transgender-Kämpfer die eigentlichen Autoritären, denen man im Geiste des Common Sense Widerstand leisten müsse.

Jener gesunde Menschenverstand stand namentlich Pate für die Gruppe von 25 Tory-MPs, die diese Agenda am konsequentesten zu Ende dachten und zur Grundlage dessen machten, was sie offen als eine Art Kulturkampf deklarierten. Die »Common Sense Group« war nicht etwa auf Initiative Cummings' entstanden, aber sie hatte eine Lösung für das Problem des fehlenden Feindbildes, das ganz nach seiner Fasson war. Gegründet und geleitet wurde die Gruppe von John Hayes, dem früheren Vorsitzenden der Cornerstone Group, die seinerzeit am hartnäckigsten gegen Camerons Reformen opponiert hatte. 2021 publizierte man einen Band mit einem Dutzend Aufsätzen, der den programmatischen Titel *Common Sense. Conservative Thinking for a Post-Liberal Age* trug. Die Tage einer Verbindung von Liberalismus und Konservatismus waren vorüber – wie auch die Tage des Liberalismus gezählt schienen. Nun herrschten andere, härtere Zeiten: »Die Schlacht um Großbritannien hat begonnen«, verkündete Hayes in seinem Beitrag:

> Radikaler Islam, Black Lives Matter und Extinction Rebellion sind kulturelle, nicht ökonomische Bewegungen, die uns unserer geteilten Vergangenheit berauben und so unsere Lebensweise verändern wollen, um uns die Zukunft zu diktieren. Politik dreht sich nun um Werte und nicht mehr um langweilige, mechanistische ökonomische Details.[46]

46 John Hayes, »Turning the tide – the struggle for the common good«, in: The Common Sense Group (Hg.), *Common Sense. Conservative Think-*

Ob Hayes mit den »langweiligen ökonomischen Details« die Finanzkrise, die Austeritätspolitik oder auch die wirtschaftlichen Folgen des Brexit im Auge hatte, die die Lebenschancen von Millionen von Briten beeinträchtigten, ging aus dem Zusammenhang nicht so recht hervor. Klar war allerdings, dass Hayes & Co. sich wild entschlossen zeigten, den Kulturkampf aufzunehmen – und wenn es keinen gab, dann würde man ihn vom Zaun brechen. Hier können nicht alle Aspekte dieser Agenda erörtert werden, aber eine Agenda war es durchaus, die den Bogen schlug von der sozialkonservativen Familienpolitik zu Einwanderung und Kriminalität und vor dort zur Vergangenheitspolitik und – man möchte beinahe sagen: natürlich – zur BBC. Denn auf diese altehrwürdige Institution hatte sich auch Johnson eingeschossen. Immer wieder wurde dem Sender Parteilichkeit vorgeworfen, zugunsten der Woke-Ideologie, der Remainer oder wem oder was auch immer den Konservativen ein Dorn im Auge war. Dieser Bias sei insofern doppelt bedenklich, als die BBC zusammen mit Google, Facebook und Twitter über eine Art Angebotsoligopol verfüge, wobei die großen Tech-Konzerne ebenfalls eine klar antikonservative Schlagseite aufweisen würden. Vor allem der letzte Punkt ist empirisch klar widerlegbar, aber hier ging es schließlich nicht um »langweilige Details«, sondern um Werte, und zwar die einer »geteilten nationalen Identität«: »Patriotismus, Familie, Glaube, Pflicht, Freiheit im Rahmen der Gesetze, Demokratie und Eigenverantwortung«, wie es Gareth Bacon in seinem Beitrag »Was ist Wokeism und wie kann er besiegt werden?« formulierte.[47] Worin angesichts dieser Aufzählung das Neue an der »neuen Art von So-

ing in a Post-Liberal Age (2021), online verfügbar unter: {https://www.marcolonghi.org.uk/news/common-sense}, S. 7-18, S. 18. Als besonders gefährlichen liberalen Schurken machte Hayes dabei den »radical German philosopher Jurgen Habermas« aus (S. 10).

47 Gareth Bacon, »What is wokeism and how can it be defeated«?, in: The Common Sense Group (Hg.), *Common Sense*, S. 19-26, S. 26.

zialkonservatismus« bestehen sollte, mit dem Alexander Stafford, der einen Wahlkreis im Reich der Roten Mauer gewonnen hatte, »den Norden und die Midlands« für Jahrzehnte »in Tory-Blau tauchen« wollte, blieb eher im Unklaren.[48]

Viel wichtiger war, dass man hier einen kollektiven Feind gefunden beziehungsweise konstruiert hatte, der beinahe ideal den Erfordernissen einer vor allem kulturell weit nach rechts gewanderten Konservativen Partei entsprach: Da waren zum einen die jungen radikalisierten Aktivistinnen, deren Extremismus sich leicht belegen ließ, wenn sie etwa das Andenken der britischen Geschichte beschmutzten, indem sie symbolträchtige Denkmäler stürzten. Eines der ersten Opfer war Edward Colston (beziehungsweise seine Statue), wobei der Geschäftsmann und Tory-Parlamentarier doch an der Wende vom 17. zum 18. Jahrhundert so viel Gutes für seine Heimatstadt Bristol getan und seinen zu einem guten Teil mit dem Sklavenhandel erzielten Reichtum zumindest in Teilen für einen guten Zweck verwendet hatte. Als Black-Lives-Matter-Aktivistinnen das Standbild am 7. Juni 2020 in den Bristoler Hafen warfen, griff abermals eine Art moralischer Panik um sich: Aus Sorge, sie könnte einer ähnlichen Respektlosigkeit zum Opfer fallen, wurde eine Statue Churchills vorsorglich mit Metallplatten umhüllt – man ist geneigt, geradezu von einem *safe space* zu sprechen. Natürlich konnte man durchaus darüber streiten, ob die Entfernung von Denkmälern für (anstößige) Figuren der britischen Geschichte den richtigen Umgang mit dieser manifestierte, aber umgekehrt schien es dringend geboten, diese Geschichte einer kritischen Durchleuchtung zu unterziehen, gerade in einer Zeit, als sich Großbritannien außerhalb der EU gewissermaßen neu erfinden musste. Schließlich spielt in solchen Prozessen insbesondere aus konservativer Perspektive die Rückver-

48 Alexander Stafford (Hg.), »Social Conservatism – turning the Red Wall blue for years to come«, in: The Common Sense Group, *Common Sense*, S. 107-111, S. 108, S. 107.

sicherung in der eigenen Historie stets eine wichtige Rolle. In Frankreich und Italien hatte die Frage der nationalen Vergangenheit sich schon wesentlich länger zu einem umkämpften Feld entwickelt; spätestens 2020 war das Thema mit all seiner kontroversen Wucht auch in Großbritannien angekommen, wo die Kritik an einer imperialistischen Kolonialmacht auf Trauer und Ressentiment angesichts der verlorenen Größe eines Weltreichs traf.

Im Narrativ der Kulturkämpfer im Namen des gesunden Menschenverstandes waren die jugendlichen Bilderstürmer aber mindestens ebenso sehr Opfer wie Täter. Denn sie waren verführt und korrumpiert worden von all den Brutstätten der Woke-Ideologie: Und dies war eben nicht nur die BBC, der Johnson 2019 mit der Abschaffung der Rundfunkabgabe drohte. Es waren vor allem auch die Sozialisationsagenturen von den Schulen bis zu den Universitäten, die zur Verantwortung gezogen werden mussten, denn hier wurde zur Gendersensibilität erzogen, geschützte Diskursräume geschaffen, kontroverse Vorträge gecancelt, über mehr als zwei Geschlechter fabuliert und doch tatsächlich behauptet, dass die Briten in ihrer Geschichte nicht immer auf der richtigen Seite gestanden hätten: »Das britische Empire gilt nicht mehr als eine Kraft der Modernisierung und Zivilisierung, die Handel, Wohlstand und rechtsstaatliche Prinzipien auf der ganzen Welt verbreitete«, echauffierte sich Gareth Bacon in seinem Essay.[49] Folgerichtig verkündete die Tory-Politikerin Kemi Badenoch anlässlich des Black History Month 2020 im Unterhaus:

> Ich möchte klarstellen, dass die Regierung sich eindeutig gegen Critical Race Theory positioniert. [...] Wir wollen nicht, dass Lehrer ihre weißen Schüler über weiße Privilegien und die vererbte Schuld der Weißen instruieren. Lassen Sie mich unterstreichen, dass jede Schule, die diese Elemente der Critical Race Theory als Tatsachen darstellt

49 Bacon, »What is wokeism and how can it be defeated«?, S. 20.

> oder parteiische Standpunkte wie etwa die Vorstellung befördert, der Polizei Gelder zu entziehen [*defunding the police*], ohne gegenteilige Meinungen ausgewogen darzustellen, das Recht bricht.[50]

Badenoch, das muss hinzugefügt werden, war zu diesem Zeitpunkt nicht nur Ministerin für Gleichheit und Frauenangelegenheiten, sie ist auch die Tochter nigerianischstämmiger Einwanderer, und ihre scharfe Positionierung gegen die »Critical Race Theory« führt uns die Komplexität dieser Debatten vor Augen, in denen auch Angehörige rassifizierter Gruppen in mehr oder weniger hohen Ämtern immer wieder öffentlichkeitswirksam die Woke-Ideologie verurteilen. Ein weiteres Beispiel ist die unter Johnson als Innenministerin fungierende Priti Patel, deren Großeltern väterlicherseits aus Indien nach Uganda ausgewandert und von dort schließlich nach Großbritannien gekommen waren. Patel machte mit einer strikten Einwanderungspolitik von sich reden, zu deren kontroversesten Aspekten gehörte, dass Asylsuchende nach Ruanda ausgeflogen werden sollen, um dort ihre Ansprüche prüfen zu lassen. Auch ihre Nachfolgerin im Amt, Suella Braverman, die ebenfalls Migrationshintergrund hat, blieb dieser Linie treu und sprach im Oktober 2022 von einer »Invasion« an der englischen Südküste – nur wenige Stunden, nachdem eine womöglich bewusst überbelegte Flüchtlingsunterkunft in Flammen aufgegangen war.

Weniger komplex – jedenfalls in Sachen Herkunft – lag die Sache im Fall von Bildungsminister Gavin Williamson, der sich ebenfalls um die Korrumpierung der Jugend sorgte, von Amts wegen aber für die Universitäten zuständig war. Im Mai 2021 brachte er einen Entwurf ins Unterhaus ein, den er als »Redefreiheit-Gesetz« bezeichnete und der die rechtlichen Voraussetzungen schaffen sollte, Universitäten, die umstrittene Vorträge absagten, mit finanziellen Sanktionen zu belegen. Ein durch di-

50 Kemi Badenoch, Rede zum Abschluss der Unterhausdebatte über den »Black History Month« (20. Oktober 2020).

verse Zusätze leicht entschärfter Entwurf nahm im Dezember 2022 die parlamentarischen Hürden im Oberhaus.

Festzuhalten bleibt, dass die Konservative Partei ähnlich wie die rechte Mitte in Frankreich, ganz zu schweigen von der italienischen Lega, konsequent den Weg in Richtung eines kulturalistischen Autoritarismus beschritten hat, in der Überzeugung, dass diese Ausrichtung in Verbindung mit einem protektionistischen sozioökonomischen Profil die Erfolgsformel für eine langfristige konservative Hegemonie bezeichnet. Dabei haben die Tories vor allem gegenüber ihrem französischen Pendant zumindest aktuell den Vorteil, dass sie es nicht mit einer rechten Konkurrenzpartei zu tun haben. Cummings hätte jedenfalls als Chefberater durchaus seine Freude an dieser Entwicklung gehabt – wenn er denn auf dem Höhepunkt jener Kulturkämpfe noch im Amt gewesen wäre.

Man kann wohl davon ausgehen, dass Johnson am Abend des 31. Januar 2020 tiefe Erleichterung verspürte und sich recht sicher war, dass die kommenden Monate zumindest nicht so chaotisch werden würden wie die vergangenen. Was konnte schon dramatischer sein als ein Brexit? Die Antwort lautete: ein Brexit in Kombination mit einer globalen Pandemie. Und es war diese Pandemie, die Cummings und letztlich auch Johnson selbst zu Fall bringen sollte. Cummings Sturz war geradezu ironisch: Am 27. März, kurz nachdem in Großbritannien der erste Lockdown verhängt und der Premierminister positiv auf Corona getestet worden war, fuhr der ebenfalls infizierte Cummings mit seiner Frau, einer Journalistin und Ex-Kollegin Johnsons beim *Spectator*, und ihrem vierjährigen Sohn nach Durham im Norden Englands. Knapp zwei Wochen später wurde die Familie beim Besuch einer mittelalterlichen Schlossruine gesichtet. Als die Presse davon Wind bekam, flüchtete sich Cummings in die fadenscheinige Behauptung, er habe auf der Autofahrt seine Sehkraft erproben wollen – was ihn und seine Familie just am Geburtstag seiner Frau zum Barnard Castle geführt habe. Was sich hier offenbarte, war in gewisser Weise genau jene Arroganz der Macht, die Cummings seinerzeit anlässlich der Senkung des Spitzensteuersatzes gewittert hatte.[51] Johnson lehnte sich auch noch lange nach seiner Rückkehr von der Intensivstation sehr weit aus dem Fenster, um seinen wichtigsten Mann zu halten, aber nachdem sich selbst die konservative Presse auf Cummings eingeschossen hatte, musste er ihn im November 2020 entlassen. Der ehemalige Chefberater kehrte jedoch noch einmal ins Rampenlicht zurück, als er im Sommer 2021 einem Untersuchungsausschuss sieben (!) Stunden lang Rede und Antwort über die Politik zu Beginn der Pandemie stand. In seinen Ausführungen, die »von technischen Details bis zum Höchstpersönlichen reichten«, zeichnete Cummings das Bild einer »von Chaos, Verwirrung und Inkompetenz lahmgelegten« Regierung, deren Zustand »das Pandemie-Management Großbritanniens auf fatale Weise beeinträchtigte und Zehntausende Menschenleben kostete«.[52] Zum »Höchstpersönlichen« gehörte die farbenfrohe Schilderung, wie eine hohe Beamtin aus dem Gesundheitsministerium im März 2020 in 10 Downing Street von den völlig inadäquaten Plänen ihres Hauses berichtete: Das Land sei »absolutely fucked«.[53] Johnson sei hin- und hergerissen gewesen und habe sich vor allem Sorgen über die öffentliche Wahrnehmung seiner Politik gemacht, weniger über ihre tatsächlichen Effekte.

Cummings war offensichtlich mit gewetzten Messern in den Ausschuss gekommen, aber auch aus weniger voreingenommener Perspektive war die Bilanz der Regierung in den ersten Mo-

51 Vgl. Lambert, »The humbling of Dominic Cummings«, S. 38.

52 Mark Landler/Stephen Castle, »›Lions led by donkeys‹: Cummings unloads on Johnson government«, in: *The New York Times* (18. Juli 2021).

53 Vgl. hierzu und zum Folgenden Therese Raphael, »Dominic Cummings tells a chilling story of British failure«, in: *Bloomberg Opinion* (26. Mai 2021).

naten des Coronazäns mehr als dürftig. Nachdem er zunächst instinktiv auf die rasche Erreichung einer Herdenimmunität gesetzt hatte, musste Johnson angesichts dramatisch hoher Hospitalisierungszahlen schon bald eine Kehrtwende einleiten. Damit war er natürlich in der europäischen Politik keineswegs der Einzige. Aber die Kehrtwenden fielen noch abrupter aus, und insgesamt war die Regierung noch weniger bereit, die Lehren aus den Erfolgen Japans, Singapurs oder Südkoreas zu ziehen. Das Resultat war jedenfalls eine sehr viel höhere Sterblichkeit wie auch ein drastischerer wirtschaftlicher Einbruch. Aber zumindest in zweierlei Hinsicht hatte die Pandemie aus Sicht Johnsons und der Konservativen auch ihr Gutes: Erstens mussten selbst die schärfsten Fiskalhabichte ihre Zustimmung zu milliardenschweren Hilfspaketen geben, und die Regierung konnte diese als ersten Schritt zur Einlösung ihrer Versprechen größerer sozioökonomischer Sicherheit annoncieren, obwohl Schatzkanzler Rishi Sunak, seines Zeichens Fiskalhabicht, bereits signalisiert hatte, dass mit ihm eine Art britischer New Deal im Geiste Roosevelts nicht zu machen sei. Zweitens ließ die Interferenz der Auswirkungen der diversen Lockdowns und der bereits spürbaren Folgen des Brexit (inklusive der Abwanderung ausländischer Arbeitskräfte, was umgehend zu einem entsprechenden Mangel führte) keine seriöse Einschätzung bezüglich der wirtschaftlichen »Kosten« des EU-Austritts zu. Den Remainern blieb somit die Genugtuung versagt, sich in ihren düsteren Voraussagen bestätigt zu sehen. Ja, Großbritannien mochte wirtschaftlich in schlechter Verfassung sein, aber die Regierung konnte argumentieren, dies habe in erster Linie mit der Pandemie zu tun – und womöglich würde es dem Land noch schlechter gehen, wenn man in der EU geblieben wäre. Diese Argumentation gewann erheblich an Überzeugungskraft, als die erste, für Großbritannien fatale Phase der Pandemie vorüber war und die Impfkampagne begann. Denn zumindest kurzfristig schien die EU diesbezüglich hinterherzuhinken, jedenfalls erreichten die Vakzine die Insel wesentlich schneller und die Kampagne konnte nur als Erfolg bezeichnet werden – der aber nicht mehr als ein Zwischenhoch brachte.

Der Premierminister versank spätestens ab dem Frühjahr 2021 immer tiefer im Sumpf immer neuer Affären, die von der ungeklärten Finanzierung der Renovierung seiner Wohnung über seiner Frau angeblich zugeschanzte Verträge bis hin zu Lockdown-Partys in der Regierungszentrale reichten. Man muss Boris Johnson lassen, dass er sich als echter Bullingdon-Boy erwies, indem er bei der Vielzahl der Affären ausgerechnet über eine alkoholgeschwängerte Partynacht stolperte. Johnson entschuldigte sich öffentlich, und zwar nicht nur einmal, musste aber in der Folge mit der Peinlichkeit leben, als erster regierender Premierminister für einen Gesetzesverstoß belangt zu werden (für seine Teilnahme an der Party hatte er eine Geldstrafe zu entrichten), obwohl es in seiner Darstellung eher so geklungen hatte, als habe man ihm im Vorbeilaufen ein Glas Wein in die Hand gedrückt und ihn dann quasi gegen seinen Willen festgehalten.

Zu diesem Zeitpunkt war Johnsons Administration bereits in ihr Zombie-Stadium eingetreten, denn wie üblich war die Fraktion bei der Stange geblieben, solange der Premier seinem Ruf als Stimmenfänger gerecht wurde. Doch bei einer Nachwahl im Dezember 2021 gelang der Liberaldemokratin Helen Morgan ein sensationeller Sieg in einem Wahlkreis, der – nicht nur Labour hatte Mauern – jahrzehntelang zur *Blue Wall* gehört hatte. Das Ergebnis verfehlte nicht seinen Eindruck auf die Fraktion, wo nun immer mehr MPs auf Distanz zu »Boris« gingen. Im Juni 2022 fanden sich dann die zur Einleitung eines Misstrauensvotums erforderlichen hundert Abgeordneten; dieses gewann Johnson zwar, aber die Zombifizierung war nicht mehr aufzuhalten, was sich nicht zuletzt in einer beispiellosen Welle von Demissionen manifestierte: Anfang Juli nahmen innerhalb weniger Tage knapp sechzig hochrangige Regierungs- und Parteimitglieder ihren Hut. Am 7. Juli gab Johnson schließlich seinen Rücktritt bekannt.

Johnson wird natürlich in die Annalen des Landes eingehen als der Premier, der es – *for better or worse* – aus der EU führte. Wie genau sein Eintrag in den Annalen der Konservativen Partei aussehen wird, ist derzeit noch offen. Zum einen ist seine Bilanz zutiefst ambivalent: Johnson legte gewissermaßen das Fundament für eine neue konservative Hegemonie, musste die Tories aber für seinen Wahltriumph 2019 in Gefilde verrücken, die bis dahin die Domäne von Ukip und Brexit Party gewesen waren; zudem hinterließ er eine Partei, die aufgrund interner Kämpfe, aber auch der schieren Erschöpfung nach über einer Dekade an der Regierung ziemlich ramponiert und dünnhäutig war und der man bisweilen gar nicht anmerkte, dass sie über die größte Mehrheit seit Thatchers Fabelsieg 1983 verfügte. Wenn Johnson jedenfalls für die Zukunft des Konservatismus stehen soll, wie es bisweilen auch in den deutschen Feuilletons angedeutet wurde,[54] dann könnte sich das zwar als empirisch akkurate Prognose erweisen, allerdings steht dann auch zu befürchten, dass diese Zukunft nicht allzu lange währen wird.

»Es ist schon so lange her, dass aus der Tory-Fraktion auch nur die Spur eines eigenständigen, originellen Gedankens gekommen ist, dass es schon beinahe zutiefst schockierend ist, wenn es dann doch einmal aus dem Nichts heraus geschieht.«[55] Mit diesen Worten begann 2012 die Besprechung, die der nicht gerade für seine Subtilität bekannte *Daily Telegraph*-Kolumnist Simon Heffer einem Buch namens *Britannia Unchained* widmete, das soeben von fünf konservativen MPs veröffentlicht worden war. Heffer sparte nicht mit Lob: Die drei Autoren und zwei Autorinnen seien ganz klar von einem anderen Kaliber als die Mehrheit der intellektuell mittelmäßigen Tories; es

54 Vgl. hierzu Jan Roß, *Boris Johnson. Porträt eines Störenfrieds*, Berlin: Rowohlt Berlin 2020.

55 Simon Heffer, »Out of the blue«, in: *The New Statesman* 142 (2012), S. 40f.

Abb. 15: Rishi Sunak und Liz Truss auf einem Wandgemälde von Ciaran Gallagher in Belfast.

stehe außer Frage, dass man noch viel von ihnen hören werde. Heffer sollte mit seiner Einschätzung recht behalten: von Priti Patel war schon die Rede; Chris Skidmore wurde 2018 zum Forschungsminister ernannt, was er nach einer Zwischenstation im Gesundheitsministerium auch heute wieder ist. Dominic Raab wurde erst Brexit-, dann Außenminister und stieg schließlich sogar zum Justizminister und Vize-Premier auf. Die steilste Karriere verzeichneten jedoch Kwasi Kwarteng und vor allem Liz Truss, die sich in einer Urwahl – wie man nun sagen muss: zunächst – gegen Rishi Sunak durchsetzte und ihren alten Gefährten Kwarteng daraufhin zum Schatzkanzler machte. *Britannia Unchained* war ein forsch geschriebenes Buch mit einer ungewöhnlichen Herangehensweise: Gewissermaßen wurde hier nämlich die hegemoniale Perspektive umgekehrt, und anstelle des ehemaligen Weltreichs waren es nun ehemalige Kolonien wie Brasilien, aber auch kleinere Länder wie Israel, die zu Vorbildern erhoben wurden, von denen es zu lernen gelte: Gerichtet war die Suada an ein saturiertes

Großbritannien, in dem es gerade noch »Nischen der Arbeitsethik« gebe,[56] das aber ansonsten über seine Verhältnisse lebe und die Jungen gnadenlos übervorteile, um den Alten üppige Renten zahlen zu können.[57] Dennoch gebe es durchaus Anlass zur Hoffnung – zumindest in demografischer Hinsicht –, verfüge Großbritannien doch über eine ständig wachsende und vergleichsweise junge Bevölkerung, wohingegen Länder wie Deutschland, Japan und Italien mit Überalterung und Schrumpfung zu kämpfen hätten. Mittelfristig war also einiges an Wettbewerbspotenzial vorhanden, es gelte lediglich, die Lektion der agilen Vorbilder zu lernen, um Britanniens Fesseln endlich zu lösen. Das hieß, ganz im Stil des traditionellen Neokonservatismus, einerseits die guten alten kapitalistischen Werte Leistungsbereitschaft und Sparsamkeit wieder zu stärken, weitaus konkreter aber vor allem, die Dynamik des Privatsektors durch massive Steuersenkungen anzufachen, die wiederum Ausgabenkürzungen erforderlich machen würden. Irgendwo hatte man dieses Rezept schon einmal gehört; es schien, als hätten die neoliberalen Ideen die Welt umrundet, um nun als »Lehren« anderer Staaten wieder ins Vereinigte Königreich zurückzukehren – ein Land, das sich gerade eine der härtesten Austeritätskuren verordnet hatte, wo also nicht gerade spätrömische Dekadenz herrschte, höchstens bei denjenigen, denen die Tories dann zum Leidwesen Cummings eine Senkung des Spitzensteuersatzes gönnten. Nichtsdestotrotz wurde das Buch auch von den Cameron-Skeptikern geradezu begeistert aufgenommen, und jedenfalls hatten sich die Autoren damit für Höheres empfohlen, wenn auch nicht unbedingt unter Cameron. Betrachtet man die kurze, sehr kurze Amtszeit von Liz Truss

56 Kwasi Kwarteng/Priti Patel/Dominic Raab/Chris Skidmore/Elizabeth Truss, *Britannia Unchained. Global Lessons for Growth and Prosperity*, London: Palgrave 2012.

57 Vgl. hierzu auch Brett Christophers, *Rentier Capitalism. Who Owns the Economy and Who Pays for It*, London: Verso 2022.

im Lichte von *Britannia Unchained*, dann könnte man sagen, dass sie sich zum einen die falschen Vorbilder gesucht und zum anderen ihre eigenen Mahnungen missachtet hatte.

Truss und Kwarteng traten bekanntlich mit einer ziemlich radikalen angebotspolitischen Offensive an. Sie verkündeten massive Steuersenkungen, darunter erneut eine Senkung des Spitzensteuersatzes, die aber eben gerade nicht durch entsprechende Einsparungen gedeckt waren. Ja, genau genommen legte Kwarteng überhaupt kein wirklich durchgerechnetes Budget vor, sondern nur Schätzungen, die das Wort Einsparungen höchstens im unbestimmten Futur enthielten. Gleichzeitig versprach Truss vollmundig Unterstützung angesichts der massiv gestiegenen Energiekosten, und all dies inmitten einer nicht galoppierenden, aber doch eben recht flott trabenden Inflation. Eine gewagte Mischung also, mit der vielleicht die USA durchkommen mochten – die hier gewissermaßen als falsches Vorbild fungierten –, aber über Großbritannien schüttelte man an den Finanzmärkten einmal ungläubig den Kopf, bevor das Pfund in den Keller rauschte und die Bank of England, wo man übrigens ebenfalls den Kopf schüttelte, Hals über Kopf Stützkäufe britischer Staatsanleihen durchführen musste. Mit der neuen Souveränität der Insel, für die auch Truss und Kwarteng gekämpft hatten, schien es dann doch nicht so weit her zu sein; die frisch zurückeroberte Kontrolle musste man sich nach dem EU-Austritt nun offensichtlich mit den Finanzmärkten teilen, wobei dies eigentlich für niemanden in der Banking Capital of the World eine größere Überraschung gewesen sein konnte, außer scheinbar für Premier und Schatzkanzler. Die Regierungschefin stand damit bereits wenige Tage nach ihrem Amtsantritt massiv unter Druck und bekam dies auch beim Parteitag der Tories zu spüren. Truss hatte schon als Außenministerin versucht, sich als Erbin der Eisernen Lady zu inszenieren, indem sie beispielsweise zu Beginn des Ukraine-Kriegs das ikonische Foto Thatchers im Panzer nachstellte – und ansonsten eine nicht sonderlich überzeugende Figur abgab. Als sie ihren Amtskollegen kurz vor dem Angriff Russlands in Moskau besucht und mit einer harten Haltung hatte punkten wollen, ließ Sergei Lawrow sie auflaufen und als Dilettantin dastehen: Ob sie jemals die russische Kontrolle über Woronesch und Rostow anerkennen werde, fragte er Truss, die dies im Brustton der Überzeugung verneinte – und offensichtlich keinen blassen Schimmer hatte, dass es sich um zwei Provinzen in Russland und nicht in der Ostukraine handelte.[58] Und auch der nächste Versuch, sich als legitime Erbin Thatchers zu präsentieren, scheiterte. Deren legendäre Entschlossenheit (»This lady's not for turning«) kopierend, insistierte Truss, dass sie an ihrem Budgetplan festhalten werde – bis sie dann eben doch einknickte. Was als Erstes zurückgenommen wurde, war die Senkung des Spitzensteuersatzes. Wer als Zweites abtreten musste, war Schatzkanzler Kwarteng, dem die Finanzmärkte nicht mehr über den Weg trauten. An seine Stelle trat einer von nur zwei weißen Männern, die im Rennen um die Nachfolge Johnsons angetreten waren, was noch einmal belegt, dass die Tories in Sachen Diversität einsame Spitze unter Mitte-rechts-Parteien in der gesamten nordatlantischen Welt sein dürften. Jeremy Hunt war Truss' Vor-Vorgänger als Außenminister gewesen und bei der Kandidatenkür bereits in der ersten Runde eliminiert worden. Vielleicht verspürte er daher eine gewisse Genugtuung, als er unmittelbar nach seinem Amtsantritt vor die Presse trat und verkündete, er werde in etwa den gesamten Haushaltsplan von Truss massiv revidieren oder ganz verwerfen. Ein beispielloser Vorgang, der keinen anderen Schluss zuließ, als dass Hunt mit Verspätung de facto doch noch die Kandidatenkür für sich entschieden hatte, denn mit seiner Ankündigung war Truss zur Königin ohne Land degradiert. Und obwohl sie ein letztes Mal ihre Unnachgiebigkeit unter Beweis zu stellen versuchte und beteuerte, ein

58 Vgl. Mathieu von Rohr, »Im Russlandkonflikt beginnt die gefährlichste Phase«, in: *Spiegel.de* (11. Februar 2022).

Rücktritt sei keine Option, war es nur eine Frage der Zeit, bis es so weit sein würde. Ein britisches Satiremagazin fragte öffentlich, ob Truss wohl länger durchhalten würde als ein Salatkopf, dessen Zustand im Tagesabstand gezeigt wurde. Tatsächlich gewann der Salatkopf; nach nur 45 Tagen musste die Premierministerin zurücktreten und tat dies mit einem Statement, das proportional zur Länge ihrer Amtszeit war, mit der sie einen neuen Negativrekord gesetzt hatte: Lediglich dreißig Sekunden dauerte die Ansprache einer offensichtlich verbitterten Truss, deren Fall zwar auf die Verwegenheit und/oder die Ignoranz ihrer Fiskalpolitik zurückzuführen war, aber durchaus einige Fragen aufwarf, wie die *taz* resümierte:

> Die Geschichte der Intrigen, in denen Truss geschreddert wurde, muss erst noch geschrieben werden, samt der Rolle der Finanzmärkte […]. Wer auch immer nun die kommende Wahl für Truss' Nachfolge gewinnt, steht vor genau den gleichen Problemen: eine dysfunktionale Partei, in der kein Konsens über die richtige Politik herrscht und alle Akteure sich gegenseitig hassen.[59]

Der logische Nachfolger war Truss' unterlegener Rivale Rishi Sunak, aber da war auch noch Johnson, der sich im Rahmen der Zombifizierung seiner Regierung selbst infiziert zu haben schien und sich nun umgehend auf die Rückreise aus dem Urlaub machte – passenderweise aus der Karibik, der traditionellen Heimat des Voodoo. Aber Johnson, der Berichten zufolge beim Betreten des Flugzeugs von Passagieren ausgebuht wurde, erwies sich als verhinderter Wiedergänger, jedenfalls scheute er letztlich doch davor zurück, ins Rennen einzusteigen. Dies bewahrte die Tories vor einem formellen Verfahren, da Sunak der einzige Kandidat blieb und so zum ersten Premierminister indischer Abstammung und nichtchristlicher Religionszugehörigkeit gewählt und ernannt wurde. Aber allein die Tat-

59 Dominic Johnson, »Regierungsunfähige Konservative«, in: *die tageszeitung* (20. Oktober 2022).

sache, dass Johnson noch einmal kurz nach der Macht gezuckt hatte, legt nahe, dass er – der in Teilen der Basis nach wie vor sehr populär ist – noch eine ganze Weile seinen Schatten über die Partei werfen könnte. Eine Konstellation, die an das Verhältnis zwischen Sarkozy und den Républicains erinnert – bis Sarkozy zu einer Haftstrafe verurteilt wurde. Man ist geneigt, sowohl den Tories als auch Johnson zu wünschen, dass es nicht so weit kommen muss, damit es der Partei gelingt, sich von ihm abzunabeln.

»A Descent into the Maelström« ist eine 1841 erschienene Kurzgeschichte von Edgar Allan Poe, in der drei Fischer vor der Küste Norwegens in einen gewaltigen Strudel geraten, der sie in die Tiefe zieht. Es ist ein schreckliches Schauspiel, und Poe beschreibt detailliert die panische Angst der Protagonisten. Das Schicksal der Konservativen Partei seit 2015 erinnert in vielerlei Hinsicht an diese Todesfahrt, die spätestens mit der Ankündigung des Brexit-Referendums begann, wobei die Tories schon lange zuvor von dem Mahlstrom erfasst worden waren. Die Conservative Party hat sich mit jeder Drehung in diesem Strudel weiter verformt. Cameron hatte noch versucht, aus den post-thatcheristischen Debatten mit ihren wiederkehrenden Ausfällen nach rechts auszubrechen und die Tories zurück in die politische Mitte zu führen. Diesem Projekt war durchaus eine Zeitlang Erfolg beschieden, wenn auch der Widerstand in Fraktion und Partei nie ganz verschwand. Aber schon in den Cameron-Jahren sorgte die harte Austeritätspolitik für soziale Verwerfungen und Ressentiments, die einen reichen Nährboden für die rechtspopulistischen Marktführer von Ukip boten. Und im Zuge der Referendumskampagne gerieten auch Camerons Konservative immer mehr in das Fahrwasser des Autoritarismus, den Nigel Farage mit seinem geradezu schalkhaften Habitus populär machte. Die internen Kämpfe um den Brexit wurden zur Zerreißprobe für die Tories, deren tiefe Zerstrittenheit in der kurzen Ära May unter Beweis gestellt wurde.

In Poes Schilderung gibt es immer wieder Momente, in denen der Sog nachzulassen und die tosenden Fluten plötzlich zur Ruhe zu kommen scheinen. Als Äquivalent zu diesen Episoden bieten sich die zwei Monate nach Johnsons Wahlsieg 2019 an, als es kurzzeitig den Eindruck hatte, als habe die Partei endlich die Erfolgsformel für eine dauerhafte konservative Hegemonie gefunden. Doch nicht nur wurden die Hoffnungen auf ruhigeres Fahrwasser durch die einsetzende Pandemie zerstört. Wichtiger noch ist die Einsicht, dass es sich insofern um eine trügerische Stabilisierung handelte, als sie auf der mehr oder weniger feindlichen Übernahme der Agenda von Ukip beziehungsweise der Brexit Party beruhte, die sich unter Johnson zum Dreiklang aus Brexit-Nationalismus (inklusive postimperialer Anklänge à la *Anglosphere*), sozioökonomischem Protektionismus und Anti-Wokismus verdichtete.

Zu Beginn der zehner Jahre hatte es eine Konstellation gegeben, die dem Szenario unserer Arbeitshypothese recht genau entsprach, in der die Konservativen Fliehkräften aus der Mitte (Liberal Democrats) und von rechts (Ukip) ausgesetzt waren. Die Lib Dems erholten sich nie mehr wirklich von dem Debakel 2015, aber beim Versuch, sich auch ihrer Konkurrenz vom rechten Rand zu entledigen, kollabierte die Mitte-rechts-Formation, die die Tories unter Cameron zweifellos waren, und transformierte sich im Zeichen des erwähnten Dreiklangs zu einer Partei, die man immer weniger von jenen Rivalen unterscheiden konnte und die diese vom Markt verdrängte, indem sie ihren Platz im politischen Spektrum einnahm. Das Resultat war eine zur Unkenntlichkeit deformierte Partei, die nicht länger einen gemäßigten Konservatismus, sondern autoritäre Disruption repräsentierte. Zu Recht fragte sich der ehemalige Minister im Kabinett Major William Waldegrave im *New Statesman* fassungslos:

> Wie um alles in der Welt konnte es geschehen, dass die britischen Konservativen, die Erben jener immens reichhaltigen pragmatischen intellektuellen Tradition, die ich be-

> schrieben habe [der des gemäßigten Konservatismus], sich längst überholte Business-School-Sprache ausgeborgt haben und sich als selbsterklärte Disruptoren inszenierten – ein Wort, das für alles steht, gegen das sie eigentlich sein sollten?[60]

Der Mahlstrom in Poes Erzählung verschlingt tatsächlich zwei der drei Fischer, doch dem dritten gelingt es inmitten des tosenden Pandämoniums für einen Moment, einen klaren Gedanken zu fassen. Er realisiert, dass kugel- und zylinderförmige Gegenstände nicht hinabgezogen werden. Das ist seine Rettung. Mit letzter Kraft wuchtet er sich in ein Fass und kann so dem sicheren Tod entrinnen, um später die Geschichte zu erzählen. Ob Rishi Sunak eine ähnlich spektakuläre Rettung der Tories gelingt, ist noch nicht abzusehen. Dass die Partei die nächsten Wahlen, die spätestens 2024 abgehalten werden, gewinnt, erscheint angesichts eines Rückstands von bis zu dreißig Prozentpunkten gegenüber Labour überaus fraglich, selbst wenn Sunak schaffen sollte, was ihm der Journalist John Kampfner rät, nämlich das Land »etwas weniger unterhaltsam und dafür ein wenig zuverlässiger zu machen«.[61]

In der Tat spricht manches dafür, dass Sunak die Tories zumindest vorübergehend in ruhigeres Fahrwasser führen könnte. Der Premier gilt nicht als Kulturkämpfer, sondern eher als Technokrat, und als Multimillionär mit einer Vergangenheit bei diversen Hedgefonds sowie Goldman Sachs ist er nicht unbedingt der ideale Kandidat für eine Anti-Establishment-Linie, wie sie einst Cummings propagierte. Hinzu kommt, dass womöglich auch auf der Nachfrageseite ein Trendwechsel zu verzeichnen ist. In einer Umfrage vom Sommer 2022 deutete sich an, dass das Spaltungspotenzial der Kulturkampfagenda erheb-

60 William Waldegrave, »The uncertain future of the Conservative Party«, in: *The New Statesman* (2. November 2022).

61 John Kampfner, »Staatsziel Langeweile«, in: *Die Zeit* (27. Oktober 2022).

lich abgenommen hat und dass viele Reizthemen nicht mehr die einstmalige Zugkraft entwickeln:

> Eine Mehrheit der Briten, und auch eine Mehrheit von […] Konservativen sind der Meinung, dass Trans-Männer Männer sind und Trans-Frauen Frauen. Beinahe 60 Prozent der Briten sind der Meinung, dass die Parthenon-Marmorstücke nach Griechenland gehören und nicht nach Großbritannien. Selbst unter Leave-Wählern ist das Verhältnis 52 zu 26. […] Das ist kein fruchtbarer Boden für einen Kulturkampf.[62]

Andererseits ist Sunaks eher technokratische Herangehensweise mit dem Tech-Utopismus des Silicon Valley unterlegt, wo er vor seiner Bankerkarriere eine prägende Zeit verbrachte. In Stanford studierte er auch bei Paul Romer, dessen Ideen von Privatstädten und künstlichen Inseln über ein von Sunak verfasstes Memorandum in Form von »Freeports« sogar in die »Levelling-up«-Agenda aufgenommen wurden: »Sowohl Sunaks Begeisterung für die Fragmentierung von Territorien, um einem dynamischeren Kapitalismus zum Durchbruch zu verhelfen«, so der kanadische Ideenhistoriker Quinn Slobodian, »als auch sein Enthusiasmus für das Silicon Valley haben einige Kritiker zu düsteren Prognosen hinsichtlich seiner Pläne für das Land veranlasst.«[63] Das wahre Problem dürfte aber die Konservative Partei insgesamt sein, von der mancher Beobachter gar glaubt, ihre Zeit als prägende Kraft sei abgelaufen. John Gray schreibt:

> Die historische Rolle der Konservativen in der britischen Politik ist beinahe sicher vorbei. Über Generationen hinweg dominierte sie, indem sie sich verändernde Kombinationen von Ideen aus einem breiten Spektrum zusammen-

62 Henri Mance, »Is Britain tiring of the culture wars?«, in: *Financial Times* (15. Juli 2022).

63 Quinn Slobodian, »The sovereign individual in Downing Street«, in: *The New Statesman* (2. November 2022).

> fügte, die das Land widerspiegelten, das sie regierten. Heute bietet die Partei nur noch ein Theater bitterer Grabenkämpfe und ausgezehrter Ideologien.[64]

Der Horror des Mahlstroms und die dramatische Rettung haben die Haare des jungen Erzählers von einem Tag auf den anderen ergrauen lassen. Wenn dies der Preis wäre, den der 1980 geborene Sunak für die Rettung seiner Partei zahlen müsste, dann wäre er womöglich sogar dazu bereit. Fraglich ist aber, ob dies wirklich ausreichen wird.

64 John Gray, »The fall of Liz Truss will not bring calm but rather a new period of conflict«, in: *The New Statesman* (26. Oktober 2022).

Zusammenfassung

Bevor wir uns in diesem abschließenden Kapitel mit dem deutschen Kontext und der Frage befassen, was die Transformationen der rechten Mitte in Italien, Frankreich und Großbritannien für den gemäßigten Konservatismus hierzulande bedeuten, muss zunächst geklärt werden, ob und welche Lehren man überhaupt aus den drei behandelten Fällen ziehen kann – oder, weniger pädagogisch formuliert: Welche Schlussfolgerungen lassen sich aus den geschilderten Schicksalen der rechten Mitte ableiten?

Die wichtigste Einsicht lautet meiner Ansicht nach zunächst einmal, dass ein in verschiedenen Kontexten zu beobachtender Effekt nicht überall die gleiche Ursache haben muss: Die drei betrachteten Fälle weisen ja insofern eine grundlegende Gemeinsamkeit auf, als der gemäßigte Konservatismus in einer tiefen Krise steckt, wenn diese sich auch unterschiedlich manifestiert. In Italien ist die einzige halbwegs glaubhafte Kandidatin für eine Mitte-rechts-Partei, Silvio Berlusconis Forza Italia, zu einem Anhängsel und Mehrheitsbeschaffer von Lega und Fratelli d'Italia zusammengeschrumpft, die mittlerweile ganz eindeutig die hegemoniale Stellung über das Spektrum rechts der Mitte innehaben. Konnten die von Berlusconi geführten Koalitionen angesichts der Größenverhältnisse mit einem gewissen Wohlwollen noch als *Mitte*-rechts-Regierungen bezeichnet werden, so erscheint dies mit Blick auf die Seniorpartner des aktuellen Bündnisses nicht mehr angemessen: Es handelt sich um eine Regierung, die von autoritär-nationalistischen Kräften angeführt wird. In Frankreich ist die rechte Mitte ähnlich verwaist, und hier ist die Situation womöglich noch dramatischer, bedenkt man, dass Les Républicains sich nach schweren Wahlniederlagen nun schon seit vielen Jahren in der Opposition befinden und auch intern nicht zur Ruhe kommen – Éric Ciotti ist der dritte Parteivorsitzende innerhalb von fünf Jahren. Die Tories verbrauchten im gleichen Zeitraum sogar vier Chefinnen beziehungsweise Chefs, wobei wir es in Großbritannien mit dem paradoxen Fall einer Konservativen Partei zu tun haben, die seit 2015 allein an der Regierung ist, aktuell über die größte Mehrheit seit der Ära Thatcher verfügt und dennoch – oder auch deshalb – auf dem Zahnfleisch zu gehen scheint. Die Kämpfe um den Brexit sowie die Richtungsentscheidungen bezüglich der Positionierung gegenüber Ukip und der Brexit Party haben tiefe Spuren hinterlassen. Hätte die Tory-Partei ein Gesicht, dann wäre es faltenzerfurcht und übersät von Narben. Zum jetzigen Zeitpunkt rechnet kaum jemand damit, dass Rishi Sunak auch nach den nächsten Wahlen noch Premierminister sein wird, und erst in der dann drohenden Opposition dürfte das autodestruktive Potenzial, das sich in der Partei aufgestaut hat, zur vollen Entfaltung kommen, wobei auch schon die aktuelle Selbstzerstörungskraft beeindruckend ist, bedenkt man etwa das Fiasko der kurzen Amtszeit von Liz Truss.

Wir haben es also mit einem gleich lautenden Allgemeinbefund in allen drei Fällen zu tun, aber die Längsschnittanalysen zeigen doch auch, dass es nicht die eine uniforme Dynamik oder die gleichen Faktoren(bündel) sind, die für diese Entwicklung verantwortlich gemacht werden können. Sicherlich gibt es hier Korrespondenzen und Parallelen, auf die ich im weiteren Verlauf zu sprechen komme, aber es erscheint mir wichtig zu betonen, dass die jeweiligen Dynamiken stark von spezifischen kontextuellen Faktoren geprägt sind: Dies gilt ganz offensichtlich für Großbritannien, wo eine spezielle, über Jahrzehnte entstandene Konfliktlinie hinsichtlich der EU-Mitgliedschaft die Tories in eine Radikalisierungsspirale zog, die dann selbst mit dem Brexit nicht endete. Das Gewicht kontextueller und hoch kontingenter Faktoren ist auch für Frankreich hervorzuheben, wo man etwa auf die außergewöhnliche Rolle der Person Marine Le Pens hinweisen kann. Ja, auch der »alte« Front National verfügte über ein nicht zu unterschätzendes Wählerpotenzial, wie der »Schock« von 2002 bewies, aber nichtsdestotrotz wäre die Partei unter der Führung Jean-Marie Le Pens vermutlich im politischen Abseits eingemauert geblieben; zu alt und zu radikal wäre der heute 94-Jährige schon vor zehn Jahren gewesen, um dem »Mainstream« wirklich gefährlich werden zu können. Dass die Stabübergabe bei Parteien wie dem FN funktioniert, ohne dass es zu Abspaltungen kommt, ist selten genug der Fall, aber was Marine Le Pen erreichte, ging weit darüber hinaus: Sie holte die alte Strategie des Le-Pen-Widersachers Mégret aus der Schublade und verordnete ihrer Formation einen pseudobürgerlichen Facelift, doch spätestens bei solchen Versuchen der »Entdämonisierung« erleiden die Parteikapitäne üblicherweise Schiffbruch, was ja nach anfänglichen Erfolgen letztlich auch das Schicksal Gianfranco Finis in Italien war. Le Pen junior schaffte es aber, die Partei auf Linie zu bringen und ihr die Respektabilität als »Normalpartei« zu verschaffen. Diese Linie hielt selbst dann noch (weitgehend), als Marine außer Achtungserfolgen wie 2017 wenig Zählbares vorzuweisen hatte – schließlich gelang erst bei den Wahlen 2022 der parlamentarische Durchbruch. Ohne das außergewöhnliche politische Talent und strategische Geschick, mit dem nun ausgerechnet die Tochter des Parteipatriarchen gesegnet war, ist die Erfolgsgeschichte des heutigen Rassemblement National und damit auch der Niedergang der Républicains schlechterdings nicht zu erklären.

In Italien wiederum besteht der alles überragende Kontextfaktor in der Zäsur des Übergangs von der Ersten zur Zweiten Republik. In der Folge trifft eine aus dem Boden gestampfte, auf bedingungslosen Erfolg getrimmte Forza Italia auf die Parias von Lega Nord und Alleanza Nazionale, um bei den Wahlen 1994 quasi handstreichartig den bis dahin recht breiten Konsens über die Ausgrenzung der Rechten auf der nationalen Ebene zu kassieren und den zwei Parteien durch die Einbindung in eine Regierungskoalition erhebliche Legitimation zu verschaffen. Das Spezifische am Fall Italiens besteht also darin, dass durch die Zäsur von 1992-94 zum einen die Pfadabhängigkeiten und Traditionslinien, die etablierte Parteiensysteme strukturieren, in beträchtlichem Maße unterbrochen beziehungsweise gekappt wurden und dass Berlusconi durch seine Entscheidung eine neue Pfadabhängigkeit begründete, die bis heute wirkt: Im Unterschied zu Frankreich, Großbritannien und vielen anderen Ländern, wo zu den Strategien des politischen Spiels rechts der Mitte immer auch die Abgrenzung nach rechts gehört, wo Brandmauern errichtet und die Mitte beschworen wird, gab es im Italien der Zweiten Republik noch nicht einmal einen Zaun, der den mutmaßlichen Vertreter der rechten Mitte, Forza Italia, von seinen rechtsautoritären Wettbewerbern trennte, die ja schließlich meistens auch seine Allianzpartner waren. Dies verweist im Übrigen auf einen weiteren überaus wichtigen kontextuellen Faktor, nämlich das Wahlrecht, das in allen drei Fällen unterschiedliche, aber jedenfalls gewichtige Auswirkungen hat. Italien ist aufgrund der Besonderheit dieser Zäsur in gewisser Weise eine Anomalie, und dementsprechend sind die Parallelen zwischen Großbritannien und Frankreich ausgeprägter als etwa zwischen Italien und Großbritannien (eben auch, weil sich die Effekte des Mehrheitswahlrechts in Frankreich und Großbritannien stärker ähneln). Doch das bedeutet mitnichten, dass Italien kein interessanter Fall wäre, denn erstens kann man hier den Raum der rechten Mitte und die Positionskämpfe, die ihn seit 1989/90 kennzeichnen, gewissermaßen unter Laborbedingungen studieren, und zudem ist es keineswegs so, dass sich keine Bezüge zu den anderen Fällen herstellen ließen, nur liegen diese auf anderen Ebenen, wie wir noch sehen werden. Vor allem ist Italien aber insofern ein geradezu zentraler Referenzpunkt, als sich hier viele Entwicklungen wesentlich früher vollziehen als in anderen Kontexten und das Land in diesem Sinn Modellcharakter hat – ganz Italien, oder womöglich auch nur Silvio Berlusconi und die FI: Schließlich hat der Cavaliere die Figur des erfolgreichen und medial mit allen Wassern gewaschenen Geschäftsmanns, der den Staat im zupackenden Geist der unternehmerischen Vernunft aufzumöbeln verspricht, erfunden – Donald Trump ist in dieser Hinsicht nichts weiter als einer seiner Epigonen.

An dieser Stelle kommt aber auch die politische Dimension dieses ersten Befundes zur Bedeutung kontextueller und kontingenter Faktoren ins Spiel, denn zwar mag Italien in vielerlei Hinsicht Vorreiter sein, und manche würden wohl gar von einem Menetekel sprechen. Angesichts der Kontextualität und Kontingenz der geschilderten Entwicklungen gibt es allerdings zunächst einmal keinen Grund anzunehmen, dass die Dinge rechts der Mitte andernorts zwangsläufig den italienischen Weg gehen müssten – oder den französischen oder den britischen. Dass sich bestimmte Entwicklungen in Richtung eines Niedergangs des gemäßigten Konservatismus mit einer gewissen Notwendigkeit vollziehen, wäre allenfalls dann eine überzeugende Einschätzung, wenn kontextübergreifend strukturelle Konstellationen existierten, aus denen sich entsprechende Mechanismen ableiten ließen. Genau um dies zu prüfen, wurde ja unsere Arbeitshypothese eingeführt, die zunächst postuliert, dass im gemäßigten Konservatismus der rechten Mitte konservative und liberale Elemente eine mehr oder weniger stimmige Bindung eingegangen waren, die in dem Moment brüchig zu werden beginnt, wo an ihr von einer Seite genuin liberale, von der anderen Seite genuin autoritäre Kräfte zerren. Die Krise des Konservatismus wäre dann darauf zurückzuführen, dass gemäßigt konservativen Parteien mittlerweile flächendeckend nicht nur liberale, sondern eben auch autoritäre Konkurrenz erwachsen ist und sie so von zwei Seiten in die Zange genommen werden, wobei das im Übrigen die Folgefrage aufwirft, worauf dieser Aufwuchs von Rivalen am rechten Rand zurückzuführen ist.[1] Die Niederlande oder auch Spanien belegen, dass man bezüglich eines solchen Musters zumindest eine Art Anfangsverdacht hegen kann. Im Hinblick auf die hier diskutierten Fälle muss man jedoch festhalten, dass es eine beträchtliche Varianz gibt, was die Erklärungskraft der These angeht, wobei Italien am wenigsten in das Muster passt. Dieser Befund ist in Teilen abermals auf die Zäsur im Übergang zur Zweiten Republik zurückzuführen, hat aber auch noch spezifischere Gründe wie etwa das Fehlen einer genuin liberalen Partei und darüber hinaus die Segmentierung der italienischen Wählerschaft: Nicht nur die Wähler der Lega und der Fratelli d'Italia, sondern auch die der FI identifizierten sich in weiten Teilen als »rechts« und zeigten sich dementsprechend grundsätzlich wenig empfänglich für Avancen vonseiten des liberalen Zentrums oder auch einer linksliberal-sozialdemokratischen Partei wie dem Partito Democratico. Ob diese Einschätzung weiterhin gültig ist, würde sich sehr gut daran ablesen lassen, wer sich – gegebenenfalls – im Kampf um Berlusconis Erbe durchsetzen wird, ob also seine Wählerschaft eher in Richtung FdI wandert oder sich etwa für Matteo Renzis Italia Viva einnehmen lässt, die einer liberal-zentristischen Partei im italienischen Kontext wohl noch am nächsten kommt. Damit ist ein Szenario benannt, in dem tatsächlich

1 Eine Antwort auf diese Folgefrage lautet, dass diese Entwicklung auf eine »stille Gegenrevolution« zurückzuführen ist, die sich als eine Art Backlash in Reaktion auf die ursprüngliche stille Revolution eines Wertewandels in Richtung Postmaterialismus verstehen lässt, die sich ab Beginn der siebziger Jahre vollzog. Dies scheint mir durchaus plausibel, solange man diesen Rechtsdrift innerhalb der Elektorate nicht als unabhängige Variable begreift. Wie die vorigen Kapitel gezeigt haben, gibt es durchaus Interaktionseffekte zwischen politischem Angebot und Nachfrage, das heißt, die Wählerschaft wird in ihrem ideologischen Profil auch durch die Agenden der Parteien geprägt; vgl. zur »stillen Gegenrevolution« Bale/Rovira Kaltwasser (Hg.), *Riding the Populist*.

einer bereits tief geschwächten FI dadurch der Todesstoß versetzt würde, dass sie zwischen dem rechten Pol von Lega und FdI und einer womöglich doch erstarkenden Mitte aufgeteilt wird, aber das bleibt natürlich zum jetzigen Zeitpunkt spekulativ. Von daher muss man Folgendes resümieren: Die Misere der rechten Mitte in Italien kann – und muss – auf verschiedene Faktoren zurückgeführt werden, zu denen das Kontinuum zwischen rechter Mitte und rechtem Rand ebenso gehört wie die gravierenden Schwächen, die FI und Berlusconi als Regierungsakteure offenbarten; dagegen verblasst meiner Ansicht nach zumindest für den Untersuchungszeitraum die Erklärungskraft der Arbeitshypothese.

Auch Großbritannien entspricht über lange Zeit hinweg nicht dem aus der Hypothese ableitbaren Muster, wobei die Westminster-Demokratie natürlich zu den »hard cases« gehört, weil ein tendenzielles Zweiparteiensystem, wie es das britische jahrzehntelang war, nur schwerlich das Nebeneinander von drei politischen Kräften in einer solchen Konstellation zulässt. Vor diesem Hintergrund ist es zunächst einmal bemerkenswert, *dass* die Hypothese greift, wenn auch nur vorübergehend und bezeichnenderweise während einer Periode, in der Ansätze einer Entwicklung hin zu einem Vielparteiensystem zu beobachten sind: Als die Liberal Democrats sich 2010 im Zenit ihrer Stärke befinden, ist Großbritannien mindestens ein Zweieinhalb-Parteien-System, und mit ihrem Aufstieg erwächst den Tories in der Tat eine liberale Konkurrenz, wobei die Sorge von Cameron's Conservatives seinerzeit insbesondere darin bestand, dass die Lib Dems mit New Labour koalieren könnten. Bekanntlich formiert sich in genau jener Zeit auch die Konkurrenz vom rechten Rand, wobei Ukip ja gerade von der vermeintlichen Vermittung der Tories im Zuge ihrer Koalition mit den Lib Dems profitierte. So zeichnet sich hier tatsächlich, zumindest für eine kurze Phase, das Szenario unserer Arbeitshypothese ab: Die Tories mussten einerseits insbesondere im Umfeld der Wahlen von 2010 auf die Lib Dems zugehen, um das Worst-Case-Szenario eines Mitte-links-Alignments zu verhindern; andererseits war ab dem Beginn der Legislatur immer deutlicher der Druck der zukünftigen Brexiteers und der autoritären Rechten insgesamt zu spüren, was für harte parteiinterne Auseinandersetzungen sorgte, wie man auf dieses Dilemma reagieren sollte. Aber in dem Moment, indem sich diese Konstellation und die damit einhergehende Bedrohung herauskristallisiert hatte, verging sie auch schon wieder: Hätte das von den Lib Dems propagierte Referendum über eine Wahlrechtsreform Erfolg gehabt, wäre es durchaus denkbar gewesen, dass Lib Dems und Ukip die Tories in die Zange genommen hätten; die Volksabstimmung scheiterte jedoch, und die Regierungsbeteiligung entwickelte sich zum Alptraum für die Liberaldemokraten, die 2015 wieder in die relative Bedeutungslosigkeit zurückfielen. Damit war zumindest die liberale Seite des potenziellen Zangengriffs Vergangenheit, was nicht nur am Niedergang der Lib Dems lag, sondern auch daran, dass New Labour, das in Sachen innerer Sicherheit nie eine annähernd liberale Partei gewesen war, mit der Wahl Jeremy Corbyns wirtschaftspolitisch weit nach links rückte. Angesichts des Verschwindens der liberal-zentristischen Gefahr ist es gewissermaßen aus strategischer Perspektive konsequent, dass die Tories sich in der Folge an eine Art feindliche Übernahme der Ukip-Agenda machten, um auch diesen Gegner zu neutralisieren. Wie geschildert, bestand der Preis dieser Verdrängungsaktion darin, dass man sich selbst in eine in weiten Teilen dezidiert euroskeptische Partei transformierte, Einwanderung als Bedrohung brandmarkte und auch in kulturkämpferischen Gefilden auf den Spuren von Rechtsaußen wandelte. Der US-amerikanische Politikwissenschaftler Paul Pierson, der der Forschungstradition des Historischen Institutionalismus zugerechnet wird, welcher unter anderem das Konzept der bereits mehrfach erwähnten Pfadabhängigkeit entstammt, hat in seinen Untersuchungen darauf hingewiesen, dass selbst nur vorübergehend gegebene Ursachen kontinuierliche und/oder erst viel später eintretende Wirkungen entfalten können.[2] Vor diesem Hintergrund ließe sich argumentieren, dass jene flüchtige Konstellation der liberal-autoritären Komplementärbedrohung Mechanismen in Bewegung setzte, die letztlich in die Radikalisierung der Tories unter May und vor allem Johnson mündeten, wobei die Voraussetzung dafür die europakritische Vorprägung der Partei war, die hier ja bis in die Ära Thatcher/Major zurückverfolgt wurde – eine weitere, ideationale Pfadabhängigkeit also. Und obwohl jene Zangenkonstellation nie mehr in gleicher Weise manifest wurde, ist doch festzuhalten, dass sie als potenzielles Bedrohungsszenario die kollektive Imagination der Tories durchaus weiterhin beschäftigte: Sei es auf der einen Seite die Sorge, dass sich in Reaktion auf die Coronapolitik ein neuer rechter Rivale gründen könnte (wobei Farages Plan, mit ReformUK den ehemaligen Platz von Ukip und Brexit-Partei einzunehmen, grandios scheiterte) oder dass sich die Lib Dems doch dauerhaft erholen könnten, wenn ihnen etwa bei Nachwahlen Erfolge gelangen, die allerdings bis dato selten geblieben sind.

Unkomplizierter liegen die Dinge im Falle Frankreichs, denn hier kann man über lange Zeit hinweg konstatieren, dass die Hypothese eigentlich gar nicht greift. Bis in die späten Neunziger geht der RPR als parteipolitischer Hauptrepräsentant des gemäßigten Konservatismus immer wieder Wahlbündnisse mit der UDF ein, die ja in erster Linie das Lager des liberalen Zentrismus repräsentiert – wenn auch mit zunehmend diffusem Profil. Mit der Gründung der UMP vollzieht sich dann sogar die Vereinigung beider Lager minus Bayrou und seiner UDF/Modem, deren machtpolitische Bedeutung freilich sehr überschaubar bleibt. All dies verändert sich jedoch, als Macron LREM initiiert. Er erweckt quasi von heute auf morgen einen »bürgerlichen Block« und besetzt kraftvoll die Mitte des Spektrums. Dieser liberalen Konkurrenz der Républicains steht am

2 Vgl. Paul Pierson, *Politics in Time. History, Institutions and Social Analysis*, Princeton: Princeton University Press 2004.

rechten Rand ein Front National mit pseudobürgerlichen Aspirationen gegenüber, und das Resultat entspricht ziemlich genau den Erwartungen der Hypothese: Die LR werden seit 2017 zwischen Macrons Ensemble und Le Pens Rassemblement zerrissen, was sich am augenfälligsten in der reihenweisen Abwerbung von Spitzenpersonal der LR durch Macron dokumentiert. Der liberal-zentristische Flügel der Républicains ist mittlerweile zu einem großen Teil zu Macrons Bündnis übergelaufen, und folgerichtig tendieren die Rest-LR immer stärker nach rechts. Es ist bezeichnend, dass der neue Vorsitzende Ciotti den Hauptunterschied zwischen dem RN und seiner Partei darin sieht, dass diese zu regieren verstehe – die jeweiligen Agenden sind offensichtlich zusehends kongruent.

Was lässt sich aus diesen Befunden ableiten? Nun, jedenfalls einerseits nicht, dass die Hypothese zu verwerfen ist, weil sie in keinem der Fälle Erklärungskraft entfalten kann; andererseits aber auch nicht, dass wir mit ihr eine Erklärung gefunden haben, die über diverse Kontexte hinweg gleichermaßen greift und dementsprechend auch andere Faktoren, wie etwa das Wahlsystem, neutralisieren beziehungsweise übertrumpfen würde – wobei dann noch zu ergründen wäre, warum diese Konstellation der politischen Kräfte so flächendeckend auftritt. Die Hypothese kann zwar einen Beitrag zu Erklärung der Krise des Konservatismus leisten, bedarf aber der Ergänzung durch alternative Ansätze. Dieser Spur will ich aber an dieser Stelle nicht weiter folgen, sondern stattdessen auf die Kongruenzen und Korrespondenzen zu sprechen kommen, die sich unterhalb des Abstraktionsgrades der Arbeitshypothese verzeichnen lassen. Hier geht es nicht um eine weitere Kausalhypothese zur Erklärung der konservativen Misere, sondern um parallele Entwicklungen und Auffälligkeiten, die den Prozess des Niedergangs des gemäßigten Konservatismus in den drei Fällen kennzeichnen. Ich will diese Gemeinsamkeiten an fünf Punkten festmachen: Parteien, Personen, Feindbildern, Europa und der zunehmenden Prominenz von Kulturkämpfen.

Parteien: Als Silvio Berlusconi 1994 die FI aus der Taufe hob und sie zu einer komplett auf ihn zugeschnittenen Partei formte, war dieses Modell noch ein relatives Novum. Zwar existierte im italienischen Kontext mit Umberto Bossis Lega Nord eine weitere hoch personalisierte Partei, was sich darin äußerte, dass Bossi über viele Jahre hinweg ohne Wiederwahl als Vorsitzender im Amt blieb; aber Berlusconis Kontrolle über die FI, die durch fehlende Parteistrukturen und programmatische Fluidität noch verstärkt wurde, war außergewöhnlich. Und dies gilt nicht nur für den italienischen, sondern für den (west)europäischen Kontext insgesamt. Über die letzten dreißig Jahre hat sich jedoch ein Strukturwandel der Parteienlandschaft vollzogen, der insbesondere, wenn auch nicht ausschließlich rechts der Mitte eine immer stärkere Personalisierung mit sich gebracht hat. Man denke etwa an Geert Wilders' PVV, die nur ein einziges Mitglied hat (nämlich den Vorsitzenden selbst), oder die ÖVP unter Sebastian Kurz. Blickt man auf die in diesem Buch erörterten Beispiele, fällt sofort die Lega Salvinis ins Auge, die seinen Namen in den offiziellen Parteinamen integrierte, wobei die Änderung ohne vorherige Absprache von Salvini per Fernsehinterview verkündet wurde. Im französischen Kontext lässt sich dieser Trend ebenfalls beobachten, erinnert Macrons Partei/Bewegung LREM von ihrer *Struktur* her doch frappierend an die frühe FI – nur dass der Chef hier nicht unter Cavaliere, sondern unter Jupiter firmiert. Aber auch die entscheidend von Sarkozy geformte UMP exemplifiziert diese Entwicklung, bedenkt man, dass die Ausrichtung auf die Führungspersönlichkeit so weit ging, dass das Amt des Vorsitzenden nach Sarkozys Wahl zum Präsidenten einfach unbesetzt blieb und die Partei nicht mehr geführt, sondern von Generalsekretären verwaltet wurde. Die Patrimonialisierung des Verhältnisses zwischen Vorsitzendem und Partei ist also keine exklusive Spezialität Berlusconis. Im britischen Kontext lässt sich dieser Trend schließlich ebenfalls verzeichnen, für den hier einerseits Farages Ukip steht, der aber auch die Tories erfasste und besonders offenkundig wurde in der Ära von Boris Johnson, der bis zum heutigen Tag über beträchtlichen Einfluss auf Fraktion sowie Basis verfügt und so, ähnlich dem späten Sarkozy, immer noch seinen Schatten auf alle Entscheidungen wirft, scheinbar ständig bereit, in einem günstigen Moment aus den Kulissen auf die Bühne zurückzukehren.

Mindestens drei Faktoren erklären meiner Ansicht nach diese Entwicklung in Richtung Persönlichkeitspartei: Erstens sind dies Veränderungen im Verhältnis zwischen Parteiführung und -basis, die sich etwas paradox als Demokratisierung beschreiben lassen.[3] Denn Teil dieser Personalisierung ist die Schwächung der intermediären Ebene der Funktionäre und ihrer Gremien. Die Entscheidung über den Vorsitz, die früher das Vorrecht jener Ebene der Mandatsträger und/oder Funktionäre war, liegt heute immer öfter bei der Basis, wenn auch etwa im britischen Fall ein Auswahlverfahren der Fraktion vorgeschaltet ist. Aus der Legitimationskette wird gewissermaßen das Glied der Funktionärsebene herausgelöst, und entsprechend stärker ist die Bindung zwischen Basis und Führung. Das bedeutet freilich auch, dass die Führung tendenziell über größere diskretionäre Spielräume verfügt, was taktische Positionierungen sowie inhaltliche Festlegungen angeht, so dass die Personalisierung noch weiter zunimmt. Verstärkt wird dieser Prozess zweitens dadurch, dass gerade rechts der Mitte die programmatischen Festlegungen nicht sonderlich stark ausgeprägt sind. Diese Einschätzung bedarf zwar durchaus der Differenzierung, denn wie wir gesehen haben, gibt es immer wieder Episoden, in denen zumindest Versuche einer programmatischen (Re-)Profilierung angeschoben werden, sei es im Fall der UMP unter Sarkozy, den Tories unter Cameron oder der Lega, gerade in ihrer padanischen Phase. Die LN bezeugt allerdings auch, welch untergeordnete Bedeutung das programmatische Profil mittlerweile

3 Vgl. die erhellenden Ausführungen hierzu in Manow, *(Ent-)Demokratisierung der Demokratie*, S. 70-84.

hat: Immerhin war Salvini in der Lage, innerhalb kürzester Zeit aus einer quasiseparatistischen eine ultranationalistische Partei zu machen, um dann auch noch eine höchst umstrittene Koalition mit der Fünf-Sterne-Bewegung einzugehen. Aber wenn das programmatische Profil nur noch schwach ausgebildet ist, erweitert dies die Handlungsspielräume der Führung, und vor allem sind es dann zwangsläufig die Personen an der Spitze, auf die sich die Aufmerksamkeit von Öffentlichkeit und Medien konzentriert – denen trotz gegenteiliger Bekundungen auflagen- und quotenträchtiger Horse-Race-Journalismus ohnehin näherliegen dürfte als das kritische Durchleuchten und der Abgleich von Parteiprogrammen.

Damit sind wir beim dritten Punkt angelangt, einem weiteren Strukturwandel, und zwar dem der Medienlandschaft. Von den weitreichenden Veränderungen in diesem Bereich sollen hier nur diejenigen erwähnt werden, die in Richtung einer Personalisierung wirken: Natürlich spielt die Digitalisierung eine überragende Rolle, aber es ist zumindest auch erwähnenswert, dass sich der Aufstieg des Privatfernsehens in allen drei Fällen unter konservativen Regierungen vollzog. Und mit ihrer Tendenz zur boulevardesken Berichterstattung, zu Homestorys oder allgemein dem, was man zunächst mit dem Begriff des »Politainment« zu fassen versuchte, leistete sie dieser Entwicklung der Personalisierung Vorschub. Der virtuose Umgang mit diesen (privatisierten) Fernsehmedien vonseiten Berlusconis, Sarkozys oder auch Camerons wurde oben geschildert, und ihr Erfolg lässt sich ohne diese extreme Medienaffinität kaum erklären. Und dann ist da natürlich die angesprochene Digitalisierung, welche die politische Kommunikation auf allen Ebenen nachhaltig verändert, nicht zuletzt dahingehend, dass Führungspersönlichkeiten direkt mit Basis und Öffentlichkeit kommunizieren können, ohne auf Funktionäre und Gremien oder die Vertreter der analogen Medien angewiesen zu sein, die ja immer auch als Gatekeeper fungieren konnten. Im Hinblick auf die Bedeutung dieser Kommunikation erweist sich abermals Italien als Avant-garde und Labor, was sich dadurch illustrieren lässt, dass die politikwissenschaftliche Forschung dort in manchen Fällen bereits dazu übergangen ist, als empirische Basis zur Ermittlung des ideologischen Profils der Parteien nicht mehr die Programme, sondern Tweets und Facebook-Posts heranzuziehen. Abschließend sei erwähnt, dass diese Personalisierung – auch wenn sie sich unter anderem aus einer Demokratisierung der parteiinternen Willensbildung speist – durchaus autoritäres Potenzial hat, da hier ja Alleinherrschaften auf der Basis einer Art autoritären Vertrauens errichtet werden (können), was dafür spricht, dass derart geprägte Formationen mit einer gewissen Wahrscheinlichkeit von der rechten Mitte in Richtung des rechten Randes gravitieren. Ob dies der Fall ist, hängt natürlich nicht zuletzt von den entsprechenden Führungspersönlichkeiten ab.

Personen: Die skizzierte Personalisierung führt gerade durch ihre basisdemokratischen Aspekte in Form von Urwahlen oder geschlossenen Primarys tendenziell zur Auswahl von Figuren, die das Ohr am Puls der Basis haben und in der Lage sind, daraus quasipopulistisches Kapital zu schlagen. Das bedeutet zunächst, dass es angesichts der ideologischen Ausrichtung der Basis zu einer Art Radikalitäts-Bias kommt. Die Basis von Mitte-rechts-Parteien ist gemeinhin konservativer eingestellt als ihre Wählerschaft und – zumindest in der Vergangenheit – ihre Führung. Da Gremien nicht allein aus Überzeugungstätern zusammengesetzt sind und Funktionäre klassischerweise die Wählbarkeit jenseits der Stammwählerschaft im Blick haben, hinterließ dieses Kalkül auch bei der Auswahl des Führungspersonals Spuren. Geht es aber darum, das Herz der Parteibasis zu erobern, dann sind ganz klar die Johnsons wie 2019 gegenüber den Hunts im Vorteil und die Fillons wie 2017 gegen die Juppés. Diese Tendenzen zur Radikalisierung und einer entsprechenden Polarisierung sind seit Langem aus dem amerikanischen Primary-System bekannt, wo sie nicht zuletzt deshalb so starke Effekte entfalten, weil die Wahlkreise durch das sogenannte

Gerrymandering oftmals dermaßen homogenisiert sind, dass eine Reorientierung Richtung Mitte nicht mehr notwendig erscheint. Allgemeiner könnte man formulieren, dass diese Tendenz in Richtung einer Auswahl radikalerer Kandidaten in dem Maße nicht kompensiert wird, in dem es keine Anreize gibt, auch parteiferne Wählergruppen anzusprechen, und das zentrale strategische Ziel in der Mobilisierung der eigenen Anhängerschaft besteht. Zwar haben wir mit Sarkozy, Cameron und Johnson (womöglich auch Berlusconi) mindestens drei Beispiele kennengelernt, in denen ausdrücklich weiter reichende Aspirationen, wenn nicht gar hegemoniale Projekte verfolgt wurden. Dennoch: In Vielparteiensystemen mit erodierenden Volksparteien, in denen man schon mit knapp über zwanzig Prozent Regierungen anführen kann, ist die hegemoniale Strategie womöglich nicht die erste Wahl, und selbst in einem (tendenziellen) Zweiparteiensystem wie Großbritannien haben wir gesehen, dass die Tories etwa unter Hague, Duncan Smith und Howard immer wieder auf die sogenannte *Core votes*-Strategie zurückfielen, also auf die Mobilisierung der (schwindenden) Stammwählerschaft abzielten.

Daneben fällt aber vor allem auf, dass die skizzierten Veränderungen einem bestimmten Persönlichkeitstypus mit einer gewissen Regelmäßigkeit gerade an die Spitze von (Mitte-) Rechtsparteien zu verhelfen scheinen. Das Profil ist das einer kommunikativ versierten, ideologisch schillernden und bisweilen hemdsärmelig auftretenden Figur, die zu medialer Omnipräsenz neigt und die Sprache des Volkes spricht: In diese Kategorie passen im italienischen Kontext sowohl Berlusconi und Salvini – sie sind beinahe der Idealtyp – als auch Bossi (und Renzi). In Frankreich ist es natürlich Sarkozy, der diesen Typus bestmöglich verkörpert, was durch den Kontrast zu seinem Vorgänger Chirac und seinem Nachfolger Hollande besonders augenfällig ist. Im britischen Kontext könnte der Unterschied zwischen John Major und David Cameron als nächstem konservativen Premier ebenfalls nicht deutlicher sein. Dass Johnson diesen Typus verkörpert, liegt ohnehin auf der Hand. Was diesen Befund zusätzlich interessant macht, ist die Tatsache, dass ihnen allen etwas Halbseidenes anhängt, die Attitüde des *hustlers*, der gerne um hohe Einsätze spielt – und in der Tat auch eine gewisse Zockermentalität an den Tag legt, denkt man an Camerons diverse *gambles*, von denen eben einer schiefging. Unter der medial aufpolierten Oberfläche findet sich ein bisweilen auffallender Mangel an Seriosität, den Salvini und Johnson geradezu zelebrieren, und auch bei Sarkozy dominierten die fehlende Gravitas und das ungehobelt-fahrige Gehabe des Emporkömmlings bald schon seine Wahrnehmung in der Öffentlichkeit. Berlusconis falstaffartiges Auftreten, die skandalträchtigen Aufreger, die er nonchalant lächelnd in Nebensätzen einstreut und nie so gemeint hat, wie natürlich auch Bossi im Trenchcoat-Look des windigen Gebrauchtwagenhändlers passen hier ebenfalls bestens ins Bild.

Eingangs war im Zuge der Anatomie des Konservatismus auch vom Komplementärbegriff des Bürgerlichen die Rede, und bemerkenswert ist vor diesem Hintergrund doch, wie roh sich diese Bürgerlichkeit mittlerweile in vielen Fällen des Führungspersonals ausnimmt. Geht man davon aus, dass konservativ geprägte Milieus eben auch ein gewisses Maß an postaristokratischer Distinguiertheit, das unaufdringlich Geschliffene, das bürgerlich Integre und die Verkörperung des ehrlichen Kaufmanns an (ihren) Führungspersönlichkeiten schätzen, dann muss es auf den ersten Blick verwundern, dass nun gerade solche Figuren an die Spitze der jeweiligen Parteien klettern konnten. Aber die geschilderten Entwicklungen begünstigen eben den marktschreierischen und vor Entrüstung bebenden Volkstribunen oder den politischen Unterhaltungskünstler, der sein Publikum geschickt zu umgarnen weiß, was im Endeffekt bedeutet, dass sich gemäßigter Konservatismus und Autoritarismus auch im Habitus der Führungspersönlichkeiten annähern – allerdings nicht, um sich in der Mitte, sondern am rechten Rand zu treffen. Denn die rohe Bürgerlichkeit ist schließlich die angestammte Domäne eines Nigel Farage und selbst noch einer auf Mutter der Nation getrimmten Marine Le Pen.

Feindbilder: Eines der hervorstechendsten Merkmale im Transformationsprozess der rechten Mitte seit 1990 sind die Feindbilder, die einerseits verloren gehen, andererseits aber von solch eminenter Bedeutung für Konservative sind, dass sie entweder wiederbelebt oder neu erfunden werden müssen. Der Untersuchungszeitraum wurde schließlich nicht zuletzt deshalb so gewählt, weil mit der Zäsur des Zusammenbruchs von Sowjetunion, Ostblock und Kommunismus eben auch dem Konservatismus sein wohl potentestes Feindbild wegbrach. Die dramatischsten Auswirkungen hatte das in Italien, wo Anfang der Neunziger das Parteiensystem kollabierte. Dort war es aber auch, wo der Kommunismus insbesondere von der FI als Bedrohung am hartnäckigsten am Leben erhalten wurde. Wenn man Berlusconi zuhörte, konnte man sich wahrhaftig an Marx und Engels erinnert fühlen: Ein Gespenst ging immer noch um – und zwar vor allem in Italien –, das Gespenst des Kommunismus. Die Metapher des Gespenstes ist dabei nicht zuletzt insofern treffend, als es, vorsichtig gesagt, überschaubare Belege für die entsprechenden Einschätzungen Berlusconis gab. Bekanntlich war es kurioserweise der Postfaschist Fini, der einst anmerkte, es sei wenig sinnvoll, gegen den Kommunismus Sturm zu laufen, wenn dieser eigentlich gar nicht mehr existiere.

Wie mehrfach dargelegt, ist der Konservatismus aufgrund seiner ausgeprägten Reaktivität mehr noch als andere Ideologien abhängig von Feindbildern. Diese Abhängigkeit verstärkt sich aber noch in dem Maße, in dem das eigene programmatische Profil verwaschen wird oder von jeher vage bleibt – was ja bei vielen gemäßigt konservativen Parteien der Fall ist. Die Fini-Anekdote belegt in gewisser Weise diesen Zusammenhang: Auch die programmatisch dünn aufgestellte Forza Italia machte natürlich – mehr oder weniger realitätsferne – Versprechungen in Sachen Wachstum, Beschäftigung etc., musste sich aber zugleich an das Feindbild des Kommunismus klammern, wohingegen die mit einer vergleichsweise opulenten Programmatik ausgestatte Alleanza offensichtlich bereit war, zumindest auf *dieses* Schreckgespenst zu verzichten. Die oben angesprochene Tendenz der programmatischen Auszehrung, die im Zusammenhang mit der Personalisierung der Parteien steht, verstärkt also den Bedarf an potenten und mobilisierungsfähigen Feindbildern, aber dieser erhöhte Bedarf fällt nun gerade in eine Zeit, in der die Feindbilder knapp und knapper werden. Denn schließlich entwickelten sich aus konservativer Perspektive die Dinge bis Ende der neunziger Jahre diesbezüglich nicht zum Besseren – im Gegenteil: Ab Mitte der Dekade vollzieht sich im Zeichen des »Dritten Weges«, wie er von Anthony Giddens oder auch Ulrich Beck skizziert wurde, eine merkliche Vermittung, um nicht zu sagen Neoliberalisierung nomineller Mitte-links-Parteien, die bis dahin etwa in Italien als Surrogat-Kommunisten herhalten mussten. Dort gelang dann aber ausgerechnet Romano Prodi, dem Anführer der sogenannten Olivenbaum-Koalition der linken Mitte, das Kunststück, unter Aufbietung eines gehörigen Maßes an finanzpolitischer Disziplin das Land in die Eurozone zu führen. Wenn überhaupt, dann war es eher die Diktatur der Maastricht-Kriterien als die des Proletariats, die sich hier besichtigen ließ, und der nüchterne Wirtschaftsprofessor war in etwa das Gegenteil eines kommunistischen Demagogen. Kaum weniger dramatisch stellte sich die Lage für die britischen Tories dar, denen mit der Verwandlung von Labour in New Labour das Feindbild verloren ging, das ihnen noch 1992 den Wahlsieg gerettet hatte. Das Plakat, das Blair im Wahlkampf 1997 mit Dämonenaugen zeigte, belegt, wie verzweifelt die Konservativen versuchten, an diesem Schreckgespenst festzuhalten, obwohl Blair ja bereits öffentlich gelobt hatte, das Erbe Thatchers weitgehend unangetastet zu lassen. Aber da Majors Partei in ihrer Zerstrittenheit einem Scherbenhaufen glich und auch programmatisch nicht viel mehr aufzubieten hatte als Vergangenheitsnostalgie mit Mottenkugel-Flair, gab es eben keine andere Option. Und selbst wenn man in Rechnung stellt, dass die Regierung Jospin ja durchaus nachfragepolitische Akzente setzte und die 35-Stunden-Woche einführte, war die Agenda für die Verhältnisse der französischen Linken doch recht moderat. Kurz, nachdem schon der Kommunismus als Gegenspieler ausgefallen war und mit immer abenteuerlicheren Operationen künstlich am Leben erhalten werden musste, brach auch die Sozialdemokratie weg: zunächst durch ihre Reise in die »neue Mitte« und dann, weil sie es versäumte, ihre Stammwählerschaften auf diese Reise mitzunehmen und unter anderem deshalb in eine bis heute andauernde säkulare Krise schlitterte, die den Konservativen zwar einerseits in die Karten spielt, ihnen andererseits aber auch ein Feindbild raubte, denn eine ausgeblutete Sozialdemokratie verliert nicht nur für ihre verbliebene Anhängerschaft an positiver, sondern auch für ihre Gegner an negativer Mobilisierungskraft.

Konfrontiert mit diesem Doppelverlust bei gleichzeitiger Personalisierung und programmatischer Schmalkost, liegt es nahe, dass Konservative sich nach neuen Feindbildern umsehen, von denen manche mehr, manche weniger überzeugend sind: So werden dann wie in den Tory-Oppositionsjahren alleinerziehende Mütter zur Gefahr für die Grundfesten der Gesellschaft und im Sarkozy-Frankreich ein paar hundert vollverschleierte Muslima zur Bedrohung des Abendlandes stilisiert. Geradezu kurios wird es bisweilen, wenn einmal mehr die Gefahr beschworen wird, die – noch immer – vom unduldsamen Geist von 1968 ausgehe; einer Revolution, die ihre Kinder ja nicht gefressen, sondern auf den Gang durch die Institutionen geschickt hat, wo sie dann eine auffallend unrevolutionäre Politik betrieben. Ein Ereignis, dessen zumindest außerhalb Frankreichs nur noch zu runden Jahrestagen gedacht wird, wo dann Veteranen über die Ereignisse diskutieren, bevor sie in die Geschichtsbücher zurückverschwinden, spielt so in der konservativen Imagination immer noch eine erstaunlich große Rolle – jedenfalls dann, wenn gerade kein anderes Feindbild zur Hand ist.

Zumeist sind die neuen Bedrohungsszenarien aber etwas weniger luftig, und sie lassen sich meiner Meinung nach auf drei Kernfeindbilder reduzieren: Einwanderung, Europa und die sogenannte Woke-Ideologie. Was das Feindbild des Einwanderers angeht, so bedarf dies hier eigentlich keiner größeren Erläuterung. Zwei Punkte sollen aber doch ausgeführt werden. Erstens handelt es sich hier insofern um kein »neues« Feindbild, als die Opposition gegenüber Einwanderung, vor allem aus zum jeweiligen Zeitpunkt als »kulturfremd« geltenden Gegenden, bereits lange vor 1990 von großer Bedeutung für das rechte Spektrum war. In den vergangenen dreißig Jahren haben entsprechende Forderungen aber immer mehr Verbreitung gefunden, und die teils erheblichen Vorbehalte gegenüber Zuwanderung haben die Mitte der Gesellschaft erreicht. Mittlerweile gibt es weder in Frankreich noch in Italien oder Großbritannien rechts der Mitte politische Akteure, die sich nicht als Hardliner im Hinblick auf jegliche Art von Zuwanderung inklusive des Asylrechts präsentieren würden – und dies gilt mit einigen Qualifizierungen für ganz Westeuropa.[4]

Zweitens mag es auf den ersten Blick aus Sicht (ehemaliger) Mitte-rechts-Parteien gute strategische Gründe geben, dieses Thema schärfer zu prononcieren, aber darüber darf nicht vergessen werden, dass diese Positionierung einige Hypotheken und politökonomische Folgekosten mit sich bringt (sieht man einmal von den ganz offensichtlichen in Form einer Verschlechterung der Beziehungen zwischen Immigranten und Mehrheitsgesellschaft sowie den Auswirkungen auf die Lebenschancen derjenigen ab, die von der restriktiveren Gangart direkt oder indirekt betroffen sind). Da ist zum einen die Frage, ob man mit dieser Art von Anti-Einwanderungspolitik nachhaltig reüssieren

4 Vgl. Tarik Abou-Chadi/Werner Krause, »The supply side: Mainstream right party policy positions in a changing political space in Western Europe«, in: Bale/Rovira Kaltwasser (Hg.), *Riding the Populist Wave*, S. 67-90, S. 80.

kann, wenn selbst unter den härtesten Immigrationskritikern wie etwa der Lega die italienische Einwanderungs-Restriktions-Politik doch auffallend ambivalent blieb. Verschärfungen gingen mit umfassenden Amnestien und Ausnahmeklauseln einher, so dass man gar von einer simulativen Politik sprechen könnte. Vor diesem Hintergrund ist die Fantasie einer radikalen Beschränkung von Einwanderung und der konsequenten Rückführung von Migranten mit unklarem Aufenthaltsstatus womöglich genau das: eine Fantasie. Ähnliches lässt sich auch in Großbritannien beobachten, wo selbst erklärte Hardlinerinnen wie Suella Braverman und vor ihr Priti Patel keine wirklich weitreichenden Veränderungen ins Werk setzten.[5] Trotz allen Triumphgeheuls, nun endlich die Kontrolle über die eigenen Grenzen wiedererlangt zu haben, verzeichnete Großbritannien 2022 eine Netto-Zuwanderung von etwa 500 000 Personen – ziemlich genau doppelt so viele wie im Brexit-Jahr 2016. Selbst dann also, wenn groß annonciert wird, nun Schluss zu machen mit der ungebremsten Einwanderung, bleiben die Dinge de facto weitaus komplexer, womit keineswegs geleugnet werden soll, dass sich Länder wie das Vereinigte Königreich oder Italien mit teils höchst bedenklichen Mitteln abzuschotten versuchen – Ende 2022 bestätigte ein britisches Gericht, dass das Ausfliegen von Asylbewerbern nach Ruanda rechtens sei. Aber dass Schiffe der italienischen Küstenwache durch die Straße von Sizilien patrouillieren, ist eben in erster Linie Symbolpolitik angesichts der Tatsache, dass irreguläre Einwanderer überwiegend auf der Landroute ins Land kommen. Fraglich ist aber, wie lang sich eine solche Symbolpolitik durchalten lässt, wenn ihre Vertreter tatsächlich an der Macht sind und nicht die Ergebnisse liefern, die sie versprochen haben. Der Backlash könnte enorm sein und einen weiteren Rechtsruck nach sich ziehen. Wobei hier die zynische Spekulation im Raum steht, dass die Lösung des

5 Vgl. Bale, *The Conservative Party after Brexit*, S. 173.

»Problems« der Einwanderung für die Konservativen ein neues Problem schaffen würde, da damit ja noch ein Feindbild entwertet würde; womöglich handelt es sich hier also um Probleme, die gar nicht gelöst werden sollen, da die Konservativen ein geradezu symbiotisches Verhältnis zur Einwanderung unterhalten. Dennoch: Wer erst von Flüchtlingsinvasionen fabuliert, wie Braverman, und dann »zunehmend hilflos und inkompetent agiert und damit für unhaltbare Zustände in den Flüchtlingszentren sorgt«,[6] der – oder die – spielt ein gefährliches Spiel, das leicht außer Kontrolle geraten kann.

Und das ist nicht das einzige Problem, das droht, wenn die Fantasie dann doch konsequenter in die Tat umgesetzt wird, wie im Fall des Brexit, der ja auch mit Erschwerungen und Beschränkungen für in Großbritannien ansässige Nicht-Briten einherging: Die Verwirklichung war nämlich extrem kostspielig. Ein Exodus von Arbeitskräften sorgte in Verbindung mit coronabedingten Einschränkungen und Grenzengpässen bekanntlich für Lieferschwierigkeiten und Knappheiten, wie man sie auf der Insel seit der Nachkriegszeit nicht mehr erlebt hatte. Jedenfalls ist der volkswirtschaftliche Schaden, der dem Land im Zuge des Brexit entstand, enorm. Dass dies offensichtlich in Kauf genommen wird, hängt mit einer anderen Entwicklung zusammen, auf die ich gesondert zurückkomme. Abgesehen von den erwähnten Kosten werden durch dieses Feindbild aber auch traditionelle Allianzen infrage gestellt, was abermals der italienische Fall am besten vor Augen führt: Dort befinden sich sowohl die katholische Kirche als auch die Arbeitgebervereinigung Confindustria mehrheitlich auf Distanz zur einwanderungskritischen Haltung der Rechtsparteien. Damit hat sich eine Konstellation herausgebildet, die man lange Zeit für eher unwahrscheinlich gehalten hätte: Die Parteien rechts der Mitte

6 Annette Dittert, »Johnson, Truss, Sunak – Tory-Elend ohne Ende«, in: *Blätter für deutsche und internationale Politik* 1/23 (2023), S. 27-30.

vertreten in dem von ihnen als zentral erachteten Politikfeld – Migration – beinahe unisono Positionen, die weder den Zuspruch des Kapitals noch den der Kirche finden. Und über die Spannungen mit Letzterer kann dann auch die neuentdeckte Bibelaffinität Salvinis nicht hinwegtäuschen.

Da das Thema Europa sogleich separat behandelt wird, bleibt hier noch das letzte der neuen Kernfeindbilder zu besprechen: Die sogenannte Woke-Ideologie, also etwa die postkolonial geschulte Hinterfragung der eigenen Landesgeschichte, die Parteinahme für eine gendergerechte Sprache, Kritik an einem systemischen Rassismus, die Erwägung der Möglichkeit, dass es mehr als zwei Geschlechter gibt, und natürlich das Pochen auf LGBT+-Rechten. Eine Reihe von Gründen erklärt den steilen Bedeutungsanstieg der Figur der Woke-Aktivistin, die dann auch noch Gemälde pseudovandalisiert, um auf Klimawandel und Artensterben aufmerksam zu machen. Der erste besteht in der Depotenzierung oder dem gänzlichen Verschwinden anderer Feindbilder, was sich besonders klar im Falle Großbritanniens zeigt, wo es meiner Einschätzung nach keine Koinzidenz ist, dass die *Woke Wars* ziemlich genau in dem Moment ausbrechen, in dem im Ringen um den Brexit eine grundsätzliche Einigung erzielt wird. Damit geht der Konservativen Partei eines der beiden Feindbilder verloren, mit denen sie in den Jahren zuvor ihren gesamten thymotischen Haushalt bestritten hatte: Das andere war Jeremy Corbyn, dem man noch – beziehungsweise wieder – die Einführung des Sozialismus als Ziel unterstellen *und* eine gleichzeitige Affinität zum Antisemitismus vorwerfen konnte und der sich damit trotz seines Achtungserfolges gegen May in vielerlei Hinsicht als ein Geschenk für die Tories erwies, da er ein wahrhaft zugkräftiges Schreckgespenst abgab. Aber Corbyn trat 2019 zurück, und mit dem Brexit war nun auch die EU als Bedrohung und Sündenbock zugleich perdu, dementsprechend mussten nun dringend andere Feindbilder her. Dabei liegt der Charme der Woke-Ideologie als Widerpart, an dem man sich abarbeitet, in einer ganzen Reihe von Aspekten, von denen an dieser Stelle nur erwähnt werden soll, dass sie sich als Aktualisierung des doch etwas angestaubten Achtundsechziger-Feindbildes konstruieren lässt: Denn hier wie dort war und ist der Vorwurf ja zum einen eine gewisse Wohlstandsverwahrlosung in der Hinsicht, dass es sich bei den postmaterialistischen Werten der Neuen Linken oder heute der Frage, ob Mohrenstraßen weiterhin so heißen dürfen, um reine Luxusthemen handele. Diese aufzugreifen und zu politisieren könne nur Kindern aus besseren Häusern in den Sinn kommen, die keinerlei Vorstellung vom Ernst des Lebens hätten und denen die alten konservativen Werte wie Disziplin, Opfer- und Leistungsbereitschaft völlig abgingen. In der Gegenwart habe man es mit verwöhnten *snowflakes* zu tun, die bei jeder Mikroaggression sofort in ihre *safe spaces* flüchteten und im Übrigen das alte Authentizitätscredo der Neuen Linken insofern auf die Spitze trieben, als sich der unbedingte Drang zur Selbstverwirklichung mittlerweile sogar auf die »Wahl« des eigenen Geschlechts erstrecke. Selbst wo der Ernst des Lebens dann eben doch präsent sei wie im Klimaaktivismus, kehre er sich in eine infantile Hysterie der Woke-Warrior um, die jetzt und hier eine 180-Grad-Wende verlangten, um sich ansonsten nicht wie Kleinkinder auf den Boden zu werfen, sondern gleich daran festzukleben. Und auch ein letzter Aspekt zeigt die Anschlussfähigkeit an das alte Feindbild der Achtundsechziger. Damals wie heute wurde der Gegendiskurs angereichert mit einem klassischen Topos der konservativen Gedankenwelt, der sich tatsächlich bis zu Sokrates zurückverfolgen lässt: Jenem wurde bekanntlich unter anderem vorgehalten, die Jugend zu korrumpieren, und dieses Motiv fand beziehungsweise findet sich in der Kritik von 1968 ebenso wieder wie in den zeitgenössischen Auseinandersetzungen um die Woke-Ideologie: Die in ihrer Adoleszenz noch hoch beeinflussbaren jungen Menschen sind demnach zwar auch Täter, vor allem aber Opfer von Intellektuellen und Akademikern, die sie mit ihren postkolonialen und Gendertheorien indoktrinieren, um letztlich ihre eigene Machtposition zu stärken.[7] Die nachhaltigsten Versuche, auf Schulen und Universitäten politisch Einfluss zu nehmen, um eine solche mutmaßliche Indoktrination zu verhindern, werden in den oben erörterten Fällen in Großbritannien unternommen, wobei diesbezüglich die Vereinigten Staaten Pate stehen, wo die Einschränkungen von Lehre und Unterricht durch die Zensur bestimmter Bücher und andere Maßnahmen wie das kontroverse »Dont't say gay«-Gesetz Floridas bereits sehr viel weiter fortgeschritten sind.

Zusammenfassend lässt sich an dieser Stelle festhalten, dass der konservative Diskurs eine Vielzahl von mehr oder weniger neuen Feindbildern erzeugt hat, um den Wegfall der kommunistischen Bedrohung zu kompensieren. Einer der Vorzüge des Kommunismus als Widerpart lag jedoch in der Tatsache, dass man diesen aus einer gemäßigt konservativen Position heraus angreifen konnte, die sich erkennbar von einer rechtsautoritären Kritik unterschied. Diese klare Unterscheidbarkeit ist bei den neuen Feindbildern nicht mehr in gleicher Weise gegeben, zumindest ist es wesentlich schwieriger (wenn auch nicht unmöglich), sich bei der Kritik des Genderns und der Woke-Ideologie insgesamt von einer autoritären Perspektive abzusetzen.[8] Dies bedeutet nicht, dass gemäßigte Positionen, wenn sie sich an den neuen Feindbildern abarbeiten, zwangsläufig ins Rechtsautoritäre kippen, aber die Überschneidungen zwischen den jeweiligen Feindbildern und der entsprechenden Kritik werden

7 Vgl. zu diesem Topos im deutschen Post-1968-Kontext Helmut Schelskys klassische Studie *Die Arbeit tun die anderen. Klassenkampf und Priesterherrschaft der Intellektuellen*, Opladen: Westdeutscher Verlag 1975.

8 Vgl. zum äußerst schmalen Grat zwischen rechtsmittiger und rechtsautoritärer Europakritik Oliver Treib, »Exploring mainstream euroscepticism: Similarities and differences between eurosceptic claims of centre-right and radical right parties«, in: *Research and Politics* 7/3 (2020), S. 1-7.

fraglos größer, und dies bewirkt unter anderem einen Legitimationsschub für die Diskurse von rechtsaußen. Wie sich die geschilderte Konstellation durch Russlands Angriff auf die Ukraine verändert, ist noch nicht abzusehen, aber es gibt zumindest Anzeichen, dass hier im Zeichen eines neuen »Kalten Kriegs« (oder »Kalten Friedens«) ein zugkräftiges Feindbild entsteht, das von gemäßigt Konservativen auch gegen autoritäre Kräfte gerichtet werden könnte.

Europa: Worin die Mobilisierungskraft des Feindbilds Europa besteht, liegt auf der Hand. Die Figur des Brüsseler Bürokraten, der aus einem obsessiven Regelungsbedürfnis heraus auch noch die Krümmung von Bananen normieren will, die anonyme Macht von Gremien und Spitzenrunden, die auf undurchsichtige Weise und zumeist spätnachts Kompromisse fabrizieren, für die der Begriff des Kuhhandels nicht immer unangebracht ist, und eine Architektur von Institutionen, deren demokratische Legitimation man auch dann für äußerst dünn halten kann, wenn man sich nicht zum Lager der Verschwörungstheoretiker und/oder Reichsbürger zählt, geben in dieser Hinsicht einiges her. Dass dieses Thema hier separat behandelt wird, rechtfertigt sich dadurch, dass die EU nicht nur als diskursiv konstruiertes Feindbild, sondern auch als reale und umstrittene politische Kraft eine hervorstechende Rolle für die Entwicklungen in den drei untersuchten Kontexten spielt – und zwar nicht zuletzt rechts der Mitte. In Frankreich zeigt sich die Bedeutung Europas als Spaltpilz und Zankapfel im Zuge des Maastricht-Referendums, aber auch bei der Abstimmung über die Europäische Verfassung. In Großbritannien wiederum prägen der erzwungene Austritt aus dem Europäischen Währungssystem und die Ratifizierung des Maastricht-Vertrags die gesamte Amtszeit Majors und setzen dermaßen korrosive Kräfte frei, dass für jeden seiner Nachfolger die Neutralisierung des Europathemas und die Arretierung jener Kräfte zu den zentralen Aufgaben gehört, bis hin zu Cameron, der womöglich wirklich glaubte, das Thema mit der Ankündigung eines Referendums endgültig abräumen zu können.

In Italien ist die Gemengelage nicht zuletzt deshalb etwas anders, weil die Bevölkerung dort über fast alle Lager hinweg lange Zeit überaus europafreundlich eingestellt war. Die Zustimmung zum Maastricht-Vertrag beispielsweise fiel dort um ein Vielfaches höher aus als in Großbritannien, aber auch in Frankreich. Die EU war in der öffentlichen Wahrnehmung gewissermaßen Teil der italienischen Aufstiegsgeschichte seit 1945, und diverse »Modernisierungs«-Koalitionen nutzten immer wieder die europäische Ebene, um Reformen voranzutreiben. Diese Konstellation wandelte sich in etwa ab dem Zeitpunkt, als unter Prodi der Eintritt in die Eurozone geschafft wurde. Von nun an gab sich die FI immer zurückhaltender, was den Euro angeht, und nachdem die LN in ihren Anfangsjahren der Europäischen Gemeinschaft noch grundsätzlich wohlwollend gegenüberstand und ja in der padanischen Phase sogar davon träumte, mit einem eigenständigen Nationalstaat der Eurozone beizutreten, ging man auch hier zusehends auf Distanz. Spätestens im Zuge von Finanz- und Eurokrise, Berlusconis erzwungenem Rücktritt, der von der EU verordneten Austerität und der Kämpfe zwischen Kommission und M5S-Lega-Regierung Ende der zehner Jahre wird die Opposition gegenüber Brüssel dann zum gemeinsamen Nenner der italienischen Rechten von FI bis FdI.

Auffällig ist in allen drei Fällen, wie sehr sich die Diskussionen von der deutschen Prägung des Diskurses unterscheiden, wo Europa eher als Friedensgarant und Wertegemeinschaft und damit als kulturelles Thema erscheint. Diese Ebene ist auch in den hier behandelten Kontexten nicht abwesend, und ich werde gleich noch einmal darauf zu sprechen kommen; aber in Italien, Frankreich und Großbritannien lässt sich eine politökonomische Problematisierung Europas beobachten, die jedenfalls in dieser Prominenz in Deutschland nicht zu verzeichnen ist. Der Grund dafür dürfte nicht zuletzt darin liegen, dass die deutsche

Volkswirtschaft in der Bilanz eben zu den klaren Profiteuren von Binnenmarkt und Währungsunion gehört, weil sie ihrer Struktur nach geradezu ideal die Art von Wettbewerbsfähigkeit repräsentiert(e), die von den jeweiligen Regelordnungen gefordert und belohnt wird, von den kooperativen Tarifbeziehungen, die gegebenenfalls eine Aushandlung von »Lohnzurückhaltung« zum Zweck der internen Abwertung zulassen, bis hin zur extremen Exportorientierung inklusive regelmäßigen exorbitanten Außenhandelsüberschüssen. Dass die deutsche Volkswirtschaft strukturell so gut in die europäische Regelordnung passt, könnte auch daran liegen, dass diese nicht zuletzt auf deutschen Druck zumindest in der Tendenz so ausgestaltet wurde, dass sie einen möglichst günstigen strukturellen Rahmen für die hiesige Wirtschaft bietet. Aber unabhängig davon, wie man Genese und Ausgestaltung der Römischen Verträge, des Maastricht-Vertrags oder des Schengenabkommens sieht, muss man nüchtern festhalten, dass der *Fit* zwischen den Erfordernissen dieser Regime und dem Kapitalismus deutscher Prägung wesentlich höher ist als im Fall von insbesondere Frankreich oder Italien. Die europäische Dimension wird dort – nicht zu Unrecht – viel stärker als Einschränkung und Eingriff in die politische Ökonomie der jeweiligen Länder erlebt und problematisiert. Jedenfalls ist festzuhalten, dass sich vor diesem Hintergrund rechts der Mitte in allen drei Fällen ein beinahe vollständiges Realignment im Hinblick auf Europa vollzogen hat: Nirgendwo finden sich mittlerweile noch in nennenswertem Umfang proeuropäische Kräfte in den jeweiligen Parteien. Dies gilt für die britischen Tories ebenso wie für die französischen Republikaner, ganz zu schweigen von Lega und FdI in Italien. Die einzige mehr oder weniger ernst zu nehmende Ausnahme war zumindest bis vor Kurzem kurioserweise die FI, nachdem Berlusconi im Zuge der Coronakrise ja in der Hoffnung, sich so vom Feld der Euroskeptiker absetzen zu können, einen europafreundlicheren Kurs eingeschlagen hatte. Es bleibt aber doch fraglich, ob er im Rahmen der aktuellen Rechtskoalition entsprechenden Einfluss nehmen kann oder will – auch wenn EVP-Chef Manfred Weber dies als Motiv angab, als er Wahlwerbung für Berlusconi betrieb.

Kulturkampf: Damit sind wir beim letzten Punkt angelangt, der sich unmittelbar in Verbindung mit dem soeben Erläuterten bringen lässt. Denn wie gesagt erleben Frankreich und vor allem Italien die europäische Regelordnung als sehr reale Einschränkung ihrer wirtschafts- und finanzpolitischen Möglichkeiten, wovon dann eben auch der Gestaltungsspielraum der politischen Akteure betroffen ist. Wer hier Steuersenkungen verspricht, wie es ja auch die italienische Rechte gerne macht, die dieses Versprechen erst kürzlich zumindest in Form der Einführung einer Flat Tax eingelöst hat, der stößt schnell an die Grenzen der europäischen Fiskalregeln, vor allem wenn der Schuldenstand ohnehin bereits hoch ist. Gleichzeitig geht von der europäischen Ebene immer wieder Druck aus, sozialpolitische Arrangements umzustrukturieren, um – im Zweifelsfall – die Wettbewerbsfähigkeit zu erhöhen. Der Klassiker ist das System der Alterssicherung, dessen Reformen, beziehungsweise die entsprechenden Versuche, regelmäßig für Kontroversen sorgen, so dass sich gerade Mitte-rechts-Regierungen sowohl in Italien als auch in Frankreich immer wieder die Zähne daran ausbissen und dabei massiv politisches Kapital verbrannten. Dieser Punkt lässt sich über die Europäische Union hinweg verallgemeinern, und das Vereinigte Königreich spürt selbst nach dem Ende der EU-Mitgliedschaft die Restriktionen, denen der Nationalstaat gerade im Hinblick auf sozioökonomische Fragen durch seine inter-, trans- und supranationale Einbettung unterliegt. Konkret traf dies zuletzt die Regierung Truss, deren Budget-Ankündigung die Finanzmärkte in derart helle Aufregung versetzte, dass es zu einer Vertrauenskrise kam, deren Dynamik nicht mehr einzufangen war, so dass die Premierministerin letztendlich zurücktreten musste.

Ganz grundsätzlich lautet die Schlussfolgerung aus all diesen

Punkten, dass den wirtschafts- und finanzpolitischen Spielräumen nationalstaatlicher Regierungen durch ihre inter- und supranationale Verflechtung mehr oder weniger enge Grenzen gesteckt sind bis hin zur (selbst)auferlegten Politik der Austerität. Ein Effekt besteht darin, dass das gesamte Politikfeld der Wirtschafts-, Handels- und insbesondere der Finanzpolitik an relativer Attraktivität verliert. Hier lassen sich immer weniger glaubhafte Versprechungen machen, manches kann ohnehin nicht mehr auf nationalstaatlicher Ebene entschieden werden, weil es an Brüssel, die WTO oder bilaterale Freihandelsabkommen ausgelagert ist, aber auch die Finanzmärkte haben eine nicht zu unterschätzende disziplinierende Wirkung. Und wer will sich schon die Finger an einer Rentenreform verbrennen? Hinzu kommt aus Sicht der Mitte-rechts-Akteure die schon geschilderte Entwicklung, dass sich die Parteien der linken Mitte seit Ende der neunziger Jahre nicht mehr ohne Weiteres als verkappte Kommunisten charakterisieren lassen – sieht man einmal von seltenen Ausnahmen wie Jeremy Corbyn ab –, und auch dadurch verliert die sozioökonomische Ebene als Betätigungsfeld für (gemäßigte) Konservative an Attraktivität.

Vor diesem Hintergrund ist es strategisch gesehen geradezu konsequent und aus Beobachterperspektive zumindest nachvollziehbar, dass es insgesamt zu einer zunehmenden Kulturalisierung der politischen Auseinandersetzung kommt. Der zentrale Vorteil der Kulturkampf-Strategie ist so trivial wie fundamental: Kulturkämpfe kosten wenig bis gar kein Geld, und auch allgemeiner muss man für sie nicht das politische Kapital aufwenden, das man zur Durchsetzung einer Rentenreform bräuchte. Kulturkampf-Strategien sind billig, was sie übrigens auch links der Mitte attraktiv macht – siehe etwa die Einführung der Ehe für alle unter Hollande in Frankreich –, und dies bedeutet wiederum, dass es sich bei der Kulturalisierung um eine Dynamik handelt, der sich nur wenige Akteure entziehen können. Dazu kommt schließlich, dass Kulturkampf-Strategien maximale Aufmerksamkeit vonseiten der Medien versprechen – vor allem der sozialen, die so sehr auf Empörungs- und Entrüstungsamplituden gepolt, um nicht zu sagen algorithmisiert sind. Polit- und aufmerksamkeitsökonomisch weisen diese Kämpfe also ein überaus attraktives Preis-Leistungs-Verhältnis auf, was man nicht von jeder Initiative zur Verlängerung der Regel-Lebensarbeitszeit sagen kann.

Damit ist die kulturelle Ebene eine kongeniale Ergänzung beziehungsweise Alternative zu den sozioökonomischen Politikfeldern, wenn die Betätigung auf diesen mit immer höheren Kosten verbunden ist und man daher am liebsten sozusagen das Thema wechseln würde: Das Paradebeispiel liefert diesbezüglich die Präsidentschaft Sarkozys, die auch und vor allem mit einer Erneuerung des Wohlstandsversprechens und einer sozioökonomisch deutlich konturierten Agenda startete, deren Diskurs infolge der Finanzkrise aber beinahe vollständig in das kulturalistische Register wechselte (das allerdings von jeher ebenfalls angelegt war), was uns in Erinnerung ruft, dass auch Wirtschaftskrisen das Politikfeld des Sozioökonomischen im Allgemeinen unattraktiver machen. Das gilt jedenfalls dann, wenn die Akteure nicht über die Ressourcen verfügen, um sich als effektive Schutz- und Rettungsinstanz zu inszenieren, so dass ihnen nicht viel mehr übrig bleibt, als zu verkünden, dass alle den Gürtel enger schnallen müssen. In Italien und Großbritannien vollzieht sich – wenn auch weniger drastisch als im Fall Sarkozys – ebenfalls eine Überlagerung des Sozioökonomischen durch das Kulturelle, was ja beispielsweise im Diskurs der Lega bereits angelegt war, wo etwa Einwanderung vor allem als kulturelles Problem behandelt wurde. In Großbritannien lässt sich diese Entwicklung an den Brexit-Debatten ablesen. Ging es in der Brexit-Kampagne noch prominent um die Geldbeträge, die von London nach Brüssel überwiesen werden mussten, ein Aspekt, der bekanntlich schon Thatcher beschäftigt hatte, so bekommt das Thema über die Zeit eine eigenständige kulturelle Dimension, in der es darum geht, Nation, Sitten und Lebensform gegen äußere Einflüsse zu verteidigen, was Johnson ja auf beinahe bizarre Art bestätigte, als er 2021 ankündigte, die alten Maßeinheiten des Empire wieder einzuführen. Die Kritik der EU wird zudem ab einem bestimmten Zeitpunkt aus einer spezifisch *englischen* Perspektive vorgetragen – der diskursive »Verdienst« von Farage und Ukip. Und diese Verengung auf die englische Nation, deren Erhalt alle anderen Erwägungen übertrumpft, stellt dann eben auch die Einheit Großbritanniens zur Disposition. In einer Umfrage von 2019 gaben teils beträchtliche Mehrheiten der Tory-Basis zu Protokoll, dass der Brexit vollzogen werden müsse, selbst wenn das bedeute, dass Schottland (und womöglich Nordirland) mittelfristig das Vereinigte Königreich verlasse und wenn sich daraus beträchtlicher Schaden für die britische Wirtschaft ergäbe; und tatsächlich sagten 56 Prozent der Befragten: auch wenn dies die Zerstörung der Konservativen Partei zur Folge hätte.[9] So viel zum Stabilitätsbekenntnis des gemäßigten Konservatismus, das zumindest an der Basis jede Bedeutung eingebüßt zu haben scheint.

Darüber hinaus ist noch ein zweiter Vorteil im Hinblick auf die Kulturkampf-Strategie zu erwähnen, der in Frankreich und Großbritannien ins Auge fällt. Es geht hier um die Konstruktion von Diskursen und die Einbettung in und das Andocken an bestimmte Traditionen, die zu einer Konstellation führen, in der die Rechte tendenziell im Vorteil ist. Konkret lässt sich dies im französischen Fall am Laizismus festmachen: Der Diskurs von Sarkozys UMP, wie auch der von Marine Le Pens RN, eignete sich ein bestimmtes Verständnis von Laizismus an und wendete es vor allem gegen muslimische Praktiken wie etwa das Tragen des Hijab. Die Pointe dieser Übernahme laizistischer Vorstellungen, die ja vor dem Hintergrund der stark katholischen Prägung beinahe der gesamten französischen Rechten alles andere als selbstverständlich ist, liegt darin, dass die eigene Sprecherposition nicht mehr irgendwo am rechten Rand verortet ist, sondern in der Mitte des politischen Spektrums:

9 Vgl. Bale, *The Conservative Party after Brexit*, S. 101.

Es gehe ja um die Verteidigung der Werte der Republik, wenn nicht gar den Universalismus insgesamt. Eine ähnliche Sprecherposition nimmt die Rechte übrigens auch in der Kritik der Woke-Ideologie ein, welche die Fragmentierung oder gar Zersplitterung der unteilbaren französischen Nation in einzelne Gruppen von Diskriminierungsopfern und Privilegierten betreibe und damit dem Sieg des Partikularen über das Allgemeine Vorschub leiste. Das Sahnehäubchen an dieser Diskursverschiebung[10] besteht schließlich darin, dass sie die Linke vor das Dilemma stellt, wie sie sich positionieren soll, da sie ja einerseits tendenziell ebenfalls in die Werte von Universalismus und Laizismus investiert ist, andererseits aber natürlich die Einwände berücksichtigen muss, die auf eine zumindest differenzsensible Ausbuchstabierung dieser Vorstellungen pochen.

Eine ähnliche Diskursverschiebung zeigt sich in der Auseinandersetzung mit der Woke-Ideologie bei den britischen Konservativen, denn auch hier ist es nun möglich, aus einer pseudouniversalistischen Perspektive zu argumentieren, was suggeriert, dass es nicht mehr die Konservativen oder die Rechte insgesamt ist, die gegen Aufklärung und Moderne opponiert: Glaubt man den Autoren von *Conservatism for a Post-Liberal Age*, gerieren sich vielmehr die Woke-Aktivisten antiaufklärerisch, da es ihnen nicht mehr um Argumente, sondern um Personen gehe, die sie aufgrund einer Reihe zugeschriebener Merkmale auf unveränderbare Wesenheiten reduzierten. Auch hier lautet einer der Vorwürfe in Richtung des Wokismus, dass die Nation in einzelne Opfergruppen aufgeteilt werde, was zu einer Retribalisierung der gesellschaftlichen Verhältnisse führe, und im britischen Kontext birgt diese Kritik den zusätzlichen Vorteil, dass sich damit an die One-Nation-Tradition mit all ihren Konnotationen der Mitte und der Mäßigung anschließen lässt.

Damit können wir abschließend gerade mit Blick auf die

10 Vgl. hierzu auch Anne Sa'adah, »Trump, Le Pen, and the new normal«, in: *French Politics, Culture & Society* 35/2 (2017), S. 43-58, S. 48ff.

Woke-Ideologie als Feindbild schlussfolgern: Ihr Aufstieg ist Teil einer Kulturalisierung gesellschaftlicher Auseinandersetzungen, und sie hat für die Rechte auch deshalb so große Bedeutung erlangt, weil sie einen geradezu idealen Widerpart darstellt: Wenn es die Woke-Aktivisten nicht gäbe, dann müsste man sie aus konservativer Sicht geradezu erfinden, kann man sich an ihnen doch im Namen hoch respektabler Vorstellungen abarbeiten, während sie gleichzeitig eine Möglichkeit bieten, die Linke in die Defensive zu drängen, indem man sie vor unannehmbare Alternativen stellt.

Zu guter Letzt sind mit Blick auf die Tendenz zu einer beziehungsweise die bewusste Kulturalisierung von Konflikten noch drei miteinander verknüpfte Punkte zu erwähnen. Erstens scheint mir die Kulturkampf-Strategie in den behandelten Kontexten auch deswegen solch toxische Effekte zu haben, weil wir es in allen drei Fällen mit Nationen im relativen Niedergang zu tun haben. Frankreich war einst eine (Kolonial-)Weltmacht und bezeichnet sich sogar selbst als *la Grande Nation*. Im kollektiven Bewusstsein des Landes dürfte diese ruhmreiche Vergangenheit durchaus noch präsent sein. Das speist womöglich die Sehnsucht nach alter Größe und zugleich die Verbitterung über den Abstieg eines Landes, das zwar noch Mitglied im Sicherheitsrat ist und über eigene Atomwaffen verfügt, politökonomisch aber eigentlich nur noch eine Mittelmacht darstellt. Ähnliches lässt sich über Großbritannien sagen, das ebenfalls auf eine glorreiche Vergangenheit als Kolonialweltreich zurückblickt, über die Jahrzehnte aber zusammengeschrumpft ist zu einem Inselstaat, wo in der Royal Albert Hall bei der Last Night of the Proms zwar immer noch die alte Empire-Hymne »Rule, Britannia!« intoniert wird – nachdem die Konservativen Sturm gelaufen waren, als bekannt wurde, die BBC wolle das Stück streichen –, wo aber ansonsten außerhalb der russischen Oligarchenvillen im Londoner Westend wenig Glanz zu finden ist; und apropos Oligarchen: Unter den großen Volkswirtschaften der Welt verzeichnet derzeit nur das sanktionsgebeutelte Russland ein schwächeres Wachstum. Es handelt sich hier um Verlusterfahrungen, die Spuren in der kollektiven Psyche des Landes hinterlassen und zu besonders dünnhäutigen Reaktionen bestimmter Milieus führen, wenn Statuen von Sklavenhandel-Profiteuren gestürzt und damit in gewisser Weise jene vermeintlich glorreiche Vergangenheit im Ganzen verunglimpft wird; zugleich machen sie diese bemerkenswert anfällig für Ideen eines *Global Britain* oder einer *Anglosphere*, die ja nichts anderes als verkappte Groß- oder Weltmachtfantasien darstellen. In Italien liegen die Dinge – wie so oft – etwas anders, aber doch insofern ähnlich, als es hier zum einen ebenfalls eine koloniale Vergangenheit gibt, zum anderen aber vor allem eine beeindruckende Aufstiegsgeschichte, die bis in die achtziger Jahre recht ungebrochen andauerte und die sich dann tendenziell in eine Abstiegsgeschichte umgekehrt hat. Damit ist die Fallhöhe etwas geringer, aber womöglich wird der Verlustschmerz nach den Dekaden des Aufstiegs umso intensiver empfunden. In allen drei Ländern erscheinen daher vor allem die konservativ geprägten Gruppen und Milieus verletzlich, verunsichert und bisweilen schlicht verbittert, was meiner Ansicht nach neben anderen sogleich erwähnten Faktoren erklärt, warum diese Kulturkämpfe mit solcher Inbrunst und sozusagen bis aufs Blut geführt werden.

Zweitens handelt es sich um eine Strategie, die systematisch Brandbeschleuniger in gesellschaftliche Auseinandersetzungen kippt oder, etwas weniger dramatisch formuliert, zumindest zu einer Anheizung sozialer Spannungen führt. Das hat viele Gründe, vor allem hat es aber mit der Natur von Konflikten zu tun, die als kulturell codiert werden. In einem vielzitierten Aufsatz hat der ursprünglich aus Deutschland stammende Ökonom Albert O. Hirschman einst zwischen teilbaren und unteilbaren Konflikten unterschieden.[11] Ökonomische Auseinander-

11 Vgl. Albert O. Hirschman, »Social conflicts as pillars of democratic society«, in: *Political Theory* 22/2 (1994), S. 203-218.

setzungen sind typischerweise teilbar, das heißt, es lassen sich Kompromisse finden, in denen jede Seite von ihren Maximalforderungen abrückt, die Verhandlungslösung aber dennoch insgesamt als vorteilhaft betrachten kann. Kulturelle Konflikte sind der Tendenz nach eher unteilbar, das heißt, sie entziehen sich oftmals der Bearbeitung durch Kompromisse etwa in Form von Ausgleichszahlungen, mit denen eine Seite die andere für bestimmte Einbußen kompensiert. Wenn es um die nationale Identität geht, gibt es wenig Raum für Kompromisse, Kopftücher können in Schulen getragen werden oder eben nicht; Kompensationszahlungen für religiöse Praktiken, die man nicht durchführen darf, oder Moscheen, für die es keine Baugenehmigung gibt, sind eine eher aberwitzige Vorstellung. Mit anderen Worten geht es in kulturellen Konflikten regelmäßig ums Ganze, was immer höhere Einsätze rechtfertigt, und dadurch kann leicht eine polarisierende Eskalationsdynamik in Gang kommen. Ganz abgesehen von den möglichen Auswirkungen auf den viel, und womöglich viel zu oft, beschworenen gesellschaftlichen Zusammenhalt, ist drittens festzuhalten: Es handelt sich hier um das ureigenste Terrain der autoritären Rechten. Konservative mögen glauben, dass sie in Kulturfragen im Vorteil gegenüber Linken sind, aber die Autoritären sind hier wiederum im Vorteil gegenüber den Konservativen: Diese Konflikte belohnen keine Mittelwege, Nuancen und Differenzierungen; sie sind von ihrer Struktur her nicht auf Ausgleich, sondern Eskalation ausgerichtet, und den entstehenden Überbietungswettbewerb gewinnt letztlich immer Rechtsaußen, mit dem regelmäßigen Kollateralschaden, dass sich die rechte Mitte, die sich darauf eingelassen hat, selbst dem rechten Rand annähert und gleichzeitig dessen Positionen die langersehnte Legitimation verschafft.[12]

12 Vgl. hierzu Werner Krause/Denis Cohen/Tarik Abou-Chadi, »Does accommodation work? Mainstream party strategies and the success of radical right parties«, in: *Political Science Research and Methods* (2022), S. 1-8 (DOI:10.1017/psrm.2022.8, online first).

Und in Deutschland?

Als Infratest dimap 2022 ein letztes Mal die Sonntagsfrage stellte, gab es einen klaren Sieger: die Union, die sich im Laufe des Jahres von 23 auf 29 Prozent verbesserte und damit die Regierungsparteien SPD, Grüne (jeweils 18) und FDP (6) weit hinter sich ließ. Es war ein Meinungsbild, für das man gute Gründe angeben zu können meinte: hier ein Regierungsbündnis, das in einer krisengeschüttelten Welt nicht mehr aus dem ewigen Reagieren-Müssen herauskommt und dessen Partner eigentlich bei jedem vorstellbaren Thema über Kreuz liegen; dort die Oppositionsführerin CDU, die nach mehreren Anläufen endlich den Vorsitzenden ihres Herzens gewählt hat, der als Basisliebling und Elder Statesman zugleich eine immense Autorität genießt und so einer Partei vorsitzt, die geeint und kampfeslustig die Regierung vor sich hertreibt. Aber hinter dieser Fassade liegt eine weitaus ambivalentere Wirklichkeit, was sich zunächst schon daran zeigt, dass man die Zahlen auch anders lesen kann: Bedenkt man, welche Zustände im Winter 2022/23 in Deutschland herrschten, wo Medizin für Kleinkinder knapp war, Energiepreise explodierten und die Inflation insgesamt keinerlei Anstalten machte abzuflauen, obwohl die Europäische Zentralbank die Leitzinsen massiv erhöht und dadurch die konjunkturelle Lage weiter verschärft hat; wo Ministerinnen »Volksaufstände« befürchteten und junge Menschen aus Protest ganze Flughäfen lahmlegten – wobei der BER dazu eigentlich keine fremde Hilfe braucht – und wo in immer kürzeren Abständen der Teufel der weitgehenden Deindustrialisierung des Wirtschaftsstandorts Deutschland medial an die Wand gemalt wurde: In einem solchen Land könnte man eigentlich vermuten, dass der Abstand zwischen Opposition und Regierung noch deutlich größer als 11 Prozentpunkte sein müsste – ganz abgesehen davon, dass auch die absolute Zahl von 29 Prozent ja weit hinter den 42 Prozent zurückbleibt, die man noch vor zehn Jahren bei der Bundestagswahl erzielte. Zum – nicht ganz fairen –

Vergleich: In Großbritannien lag die Labour-Opposition Ende 2022 je nach Umfrage um die 20 Prozent vor den Tories. Insofern ist der Vorsprung der Union womöglich gar nicht so komfortabel, wie es zunächst scheint, und die guten Umfragewerte könnten sich als trügerisch erweisen.

Denn bei genauerem Hinsehen handelt es sich ja schließlich um eine Partei, die bei den letzten Bundestagswahlen 2021 einen veritablen Absturz zu verzeichnen hatte, wobei die Werte bei manchen Wählersegmenten derart dramatisch schlecht waren, dass man jungen CDU-Wähler*innen*, die am Ende auch noch in einer Großstadt wohnten, raten wollte, eine Selbsthilfegruppe zu gründen, so allein auf weiter Flur waren sie. Es präsentierte sich im damaligen Wahlkampf eine Partei, die eigentlich keinerlei erkennbares Profil aufzuweisen hatte außer der scheinbar glänzenden Regierungsbilanz einer Kanzlerin, die aber nicht mehr antrat – und deren Bilanz im Übrigen mittlerweile auch nicht mehr so recht glänzen will. Armin Laschet war ein Kandidat, der unglücklich agierte, bisweilen fahrig wirkte und einmal im falschen Moment lachte. Doch das eigentliche Problem bestand darin, dass alles an jenem Laschet hing, da die CDU eben selbst nicht zu wissen schien, für was sie stand, und wo die Inhalte knapp werden, da konzentrieren sich öffentliche und mediale Aufmerksamkeit beinahe zwangsläufig noch mehr auf das Spitzenpersonal. Nach sechzehn Jahren an der Regierung konnte die Union durchaus einmal eine Wahl verlieren, aus demokratietheoretischer Perspektive ist man gar geneigt zu sagen, dass es an der Zeit war. 2021 bedeutete aber mehr als eine Wahlniederlage für CDU und CSU, weil der Urnengang den Tiefpunkt eines jahrelangen Prozesses darstellte, in dem die Unionsparteien zusehends in eine Negativdynamik gerieten, die sie bis in die Grundfesten erschüttern sollte. Bevor wir uns anhand einiger zentraler Wegmarken noch einmal die dramatische Schlussphase dessen in Erinnerung rufen, was sich als länger währender Erschöpfungsprozess beschreiben lässt, lohnt es sich allerdings, noch einmal etwas weiter zurückzublicken.

Was sofort ins Auge fällt, wenn man sich die Entwicklung der Union und des gemäßigten Konservatismus in Deutschland seit den frühen neunziger Jahren ansieht, ist das doch vergleichsweise ruhige Fahrwasser, in dem sich diese Geschichte vollzieht. Denkt man etwa an die turbulente Amtszeit Majors im Schatten des Thatcherismus, aber natürlich auch an die Disruptionen, die seinerzeit die politische Landschaft Italiens erschütterten, dann lässt sich in Deutschland wenig Vergleichbares verzeichnen. Sicher, die Union hatte sich schon damals von größeren inhaltlichen Ambitionen à la »geistig-moralischer Wende« verabschiedet, und auch sie stand unter dem Eindruck des verloren gegangenen Feindbildes des Kommunismus (von dem im deutschen Kontext aber ja dankenswerterweise zumindest das Surrogat PDS blieb, das der CDU mit ihrer Rote-Socken-Kampagne 1994 die Bundestagswahl rettete). Und mit dem Verlust dieser einenden Klammer erhöhten sich auch die Fliehkräfte zwischen den diversen Parteiflügeln: Der traditionsreiche Arbeitnehmerflügel um seine Galionsfigur Norbert Blüm musste feststellen, dass sich in den leidenschaftlichen Debatten um den Standort Deutschland, die sich infolge des Einheitskaters und der immensen Kosten der Wiedervereinigung entspannen, eine Art Freidemokratisierung des Wirtschaftsflügels um die Mittelstandsunion vollzog. Der CDU-Politiker und Von-Weizsäcker-Redenschreiber Friedbert Pflüger verzeichnete gar eine besorgniserregende Rechtsdrift, die das Land und womöglich auch die Partei erfasst haben sollte.[13]

Insgesamt liest sich die Entwicklung der Union bis 1998 jedoch weder als Radikalisierungs- noch als Desintegrationsgeschichte, sondern als Prozess einer zunehmenden Erstarrung. Bundespräsident Roman Herzog sprach in seiner berühmten Ruck-Rede 1997 vom Mehltau, der sich über das Land gelegt habe, und das galt insbesondere für eine inhaltlich und personell

13 Friedbert Pflüger, *Deutschland driftet. Die Konservative Revolution entdeckt ihre Kinder*, Düsseldorf: Econ 1994.

sklerotisierte Union, die folgerichtig, von Kohl angeführt, die Wahlen 1998 gegen Rot-Grün verlor. Viele Demoskopen und Wahlforscher waren sich schon damals sicher, dass die Christdemokratie damit als Volkspartei Vergangenheit sei, und tatsächlich sah es kurzzeitig nicht gut aus für die CDU, die nicht nur die Wahlniederlage, sondern auch den Spendenskandal verkraften musste, der Kohl von der Partei entfremdete, Schäuble sein Amt als Vorsitzender kostete und der Partei einen massiven Imageschaden zufügte. Sie wirkte angezählt und musste sich nicht nur personell erneuern, sondern man fahndete auch nach neuen christdemokratisch-konservativen Narrativen und Strategien. Es ist kein Zufall, dass in diese Zeit die erkennbarsten Versuche fallen, die Partei stärker nationalkonservativ auszurichten, und zwar in Form der Kampagnen, die Roland Koch in Hessen gegen die doppelte Staatsbürgerschaft und Jürgen Rüttgers in Nordrhein-Westfalen mit nativistischen Untertönen gegen eine vermeintlich zu liberale Einwanderungspolitik (»Kinder statt Inder«) führten. Und nachdem Koch 1999 Ministerpräsident geworden war, wurde unter Christdemokraten durchaus ernsthaft diskutiert, ob solche Formeln auch eine Blaupause für die Bundes-CDU liefern könnten. Doch bekanntlich ging die Partei unter der Führung Angela Merkels sowie zunächst auch des Fraktionsvorsitzenden Friedrich Merz einen anderen Weg und gab sich mit dem 2003 verabschiedeten Leipziger Programm kein nationalkonservatives Profil, sondern eines, das man nur als neoliberal bezeichnen konnte, womit die Freidemokratisierung der Union auf ihrem vorläufigen Höhepunkt angelangt war.

Dieses Leipziger Programm, das Merkel beinahe die Kanzlerinnenschaft gekostet hätte, war das letzte programmatische Zucken der CDU. Danach ging es um Auf-Sicht-Fahren und »asymmetrische Demobilisierung« inklusive Atomausstieg, Energiewende, Wehrpflichtaussetzung, Mindestlohn und Ehe für alle. Man spricht in diesem Zusammenhang gerne von der »Sozialdemokratisierung« der Union, aber das ist eigentlich insofern irreführend, als die SPD selbst ja eine umfassende Freidemokratisierung, wenn nicht gar Neoliberalisierung durchgemacht hatte, und während die Sozialdemokratie seitdem von Wahl zu Wahl immer mehr von ihrem Status als Volkspartei einbüßte, schritt die Merkel-CDU mit ihrer Mitte-Strategie von Erfolg zu Erfolg. Es zeigt sich also, wie asynchron zu den oben behandelten Fällen die Entwicklung in Deutschland auch in den ersten zehn Jahren der Ära Merkel verlief. Von innerparteilichen Turbulenzen, Parteifusionen und Abspaltungen, wechselnden Allianzen und Oppositionszeiten ist hier nichts zu sehen. Die Eurozonenkrise, die in Italien Berlusconi den Job kostete, in Frankreich Sarkozy die Präsidentschaft verhagelte und zu einer Kulturalisierung des politischen Konflikts mit all ihren Folgen beitrug, führte zwar in Deutschland Anfang 2013 zur Gründung der AfD, aber nichtsdestotrotz befand sich Merkel als vermeintlich geniale Krisenmanagerin gerade in jener Zeit auf dem Scheitelpunkt ihrer Macht: Bei den Bundestagswahlen im gleichen Jahr verpasste die Union nur knapp die absolute Mehrheit. Die elektorale Erfolgssträhne riss erst infolge des Flüchtlingssommers 2015. Seit 2016 kam es zu immer heftigeren Auseinandersetzungen zwischen CDU und CSU, ab 2017 wurden erste kulturkämpferische Stimmen aus Richtung der Werteunion vernehmbar, und die AfD zog bei den Wahlen im Herbst mit 13 Prozent in den Bundestag ein, wohingegen die Union knapp 9 Prozent verlor. Jetzt begann Alexander Dobrindt, über konservative Revolutionen zu fabulieren, und die Springer-Presse verbeugte sich immer tiefer vor dem zackigen Sebastian Kurz in Österreich, der die Balkanroute im Flüchtlingssommer doch quasi eigenhändig geschlossen hatte und die altbackene ÖVP zu einer stramm rechten Persönlichkeitspartei aufmöbelte. Von nun an stand die Union vor der Grundsatzfrage des Umgangs mit der AfD, die nicht mehr ignoriert werden konnte: Sollte man weiter einen Mitte-Kurs einschließlich konsequenter Ausgrenzung fahren oder im Stile Sarkozys versuchen, die an die AfD verlorenen Konservativen zurückzuholen, indem man sich ihr inhaltlich oder doch zumindest rhetorisch annäherte? Charakteristischerweise probierte Markus Söder im bayerischen Landtagswahlkampf 2018 beide Strategien aus, mit dem Resultat, dass die CSU knapp 11 Prozent verlor und die AfD mit 10 Prozent in den Landtag einzog. Es war unter dem Eindruck dieses und vor allem des hessischen Landtagswahlergebnisses, dass Angela Merkel, bereits gezeichnet von den quälend langen unionsinternen Auseinandersetzungen um Obergrenzen und Nicht-Grenz-Schließungen, Ende Oktober 2018 ihren Rückzug vom Parteivorsitz ankündigte und damit jene dramatische letzte Phase des langen Erschöpfungsprozesses des gemäßigten Konservatismus einleitete, der zum vorläufigen Tiefpunkt der Wahlniederlage 2021 führte.

Am Beginn stand ein erster Dreikampf um den Vorsitz, in dem Annegret Kramp-Karrenbauer, Friedrich Merz und Jens Spahn gegeneinander antraten. Es war das erste Mal, dass sich die CDU einen offenen Wettbewerb um den Vorsitz leistete und damit etwas mehr (parteiinterne) Demokratie wagte, wobei das letzte Wort nicht wie in Großbritannien oder Frankreich die Basis hatte, sondern die 1001 Delegierten, die im Dezember beim Parteitag in Hamburg nach zwei Wahlgängen für Kramp-Karrenbauer votierten. Bis dahin galt das Prozedere als voller Erfolg, hauchte es doch für ein paar Wochen einer schon damals angekränkelt blass wirkenden Partei ein bisschen Leben ein. Allerdings zeigten sich bald die Tücken einer Wahl, bei der es eben Gewinner und folgerichtig auch Verlierer gibt, zu denen in diesem Fall Merz gehörte, und sowohl er als auch seine Anhänger waren nur bedingt bereit, nun ins Glied zurückzutreten und sich hinter der neuen Vorsitzenden zu versammeln, was sich an der ostentativen Weigerung des Kandidaten festmachen ließ, nach der Wahl einen Posten im Parteivorstand zu übernehmen. Merz bevorzugte die Seitenlinie, von wo aus er und andere CDU-Granden wie insbesondere der nordrhein-westfälische Ministerpräsident Armin Laschet Kramp-Karrenbauers

Agieren als CDU-Chefin mehr oder weniger wohlwollend kommentierten. AKK selbst gab nicht immer den glücklichsten Eindruck ab, etwa als sie im Karneval ungelenk kulturkämpferische Witze über drei Toiletten vortrug, hatte aber eigentlich einen guten Draht zur Basis, wenngleich sie als Merkelianerin galt und die Konservativen Merz klar bevorzugt hätten. Der Versuch, diesen Flügel zu umgarnen und einzubinden, gelang AKK nur in Ansätzen und führte gleichzeitig zu einem Abkühlen des Verhältnisses zu Merkel. Und so stand Kramp-Karrenbauer nur ein Jahr nach ihrer Amtsübernahme auf dem Parteitag Ende 2019 in Leipzig schon so sehr mit dem Rücken zur Wand, dass sie à la John Major die Flucht nach vorne ergreifen musste und ihre Kritiker offen aufforderte, aus der Deckung zu kommen. Dies geschah nicht, dafür wählte nur drei Monate später bekanntlich die Thüringer CDU mithilfe der AfD-Fraktion Thomas Kemmerich zum Kurzzeit-Ministerpräsidenten, und nachdem es ihr nicht gelang, hier zumindest Schadensbegrenzung zu leisten, war AKKs Autorität dermaßen beschädigt, dass sie ihr Amt zur Verfügung stellte.

Das machte die Sache aber nur noch schlimmer für die CDU, schlitterte die Partei so doch in die turbulenten Coronamonate und -jahre, in denen sie dringend Führung gebraucht hätte, aber das Gegenteil bekam: Denn durch die Trennung von Vorsitz und Kanzlerschaft war eine Art Dualismus an der Spitze entstanden, und das daraus resultierende Vakuum wurde noch größer, da sowohl die Kanzlerin Merkel als auch die Vorsitzende Kramp-Karrenbauer nun Chefinnen auf Abruf waren. Die Wahl eines neuen Vorsitzenden zog sich pandemiebedingt quälend lange hin, bis sich endlich beim erstmals digital stattfindenden Parteitag im Januar 2021 Laschet gegen Merz durchsetzte – der sich allerdings abermals nur knapp geschlagen geben musste, und abermals rumorte es dementsprechend an der Basis. Dieses Rumoren weitete sich in der unmittelbaren Folge zum offenen Schlagabtausch aus, als Markus Söder ebenfalls die Kanzlerkandidatur für sich in Anspruch nahm und es zum Eklat zwischen

CDU und CSU beziehungsweise zwischen der gewohnt monolithischen CSU und den diversen Lagern auf Ebene von Fraktion und Parteispitze innerhalb der Schwesterpartei kam. Darauf wird unten noch zurückzukommen sein, doch für den Moment ist am Ende dieses kurzen Rückblicks schlicht festzuhalten, dass die CDU nach all diesen Turbulenzen, Querelen und offenen Konflikten bereits kräftig durchgerüttelt war und sich im Tailspin befand, wie es der passionierte Pilot Merz wohl ausgedrückt hätte; dem dann folgerichtig die Bruchlandung bei der Bundestagswahl 2021 folgte, wo man Einbußen von knapp neun Prozentpunkten und den Verlust der Regierungsmacht hinnehmen musste. Dies bedeutet, dass auch die glänzende Fassade einer scheinbar agilen Oppositionspartei mit guten Umfragewerten nicht darüber hinwegtäuschen kann, dass die CDU mit der Wahlniederlage am Ende jener drei Seuchenjahre – von denen zwei diese Bezeichnung ja gleich doppelt rechtfertigen – in eine tiefe Verunsicherung gestürzt wurde, die sie bis zum heutigen Tag nicht gänzlich überwunden hat.

Friedrich Merz mag der Liebling der Basis und ein alter Politikhase sein, aber er und die weitgehend neu aufgestellte Führung haben es bislang nicht vermocht, der CDU eine einheitliche Linie als Oppositionspartei zu geben. Man hat den Eindruck, dass die Union noch immer dabei ist, unterschiedliche strategische Monturen anzuprobieren – mal gibt sie sich staatstragend als konstruktive Opposition, die sogar mit der Regierung zusammenarbeitet, mal gibt sie die Fundamentalopposition, mal schlägt sie populistische Töne an. In gewisser Weise ist dieses Changieren natürlich Teil des Oppositionsgeschäfts, aber dem Ganzen scheint keine umfassendere Agenda oder gar so etwas wie eine strategische Vision zugrunde zu liegen, und dies heißt zugespitzt, dass die CDU auch nach der Zäsur von 2021 eigentlich nach wie vor im Politikmodus der Merkel-Ära weiteragiert, dessen Kern darin bestand, aus der Not des Auf-Sicht-Fahren-Müssens eine Tugend zu machen und zu suggerieren, dass zumindest für Konservative und womöglich auch ganz grundsätzlich eine langfristigere, leopardenhaftere Politik nicht einmal mehr als Option existiert. Die Unbestimmtheit, die aus diesem auf Dauer gestellten kurzatmigen Krisenmanagement resultierte, ließ sich zwar notdürftig als Ultra-Pragmatismus kaschieren, doch dahinter lugte immer deutlicher eine fundamentale Orientierungslosigkeit hervor, die die CDU auch unter Merz nicht abgelegt hat, und damit stellt sich ja unsere Ausgangsfrage im deutschen Kontext umso nachdrücklicher: Wie steht es um die rechte Mitte, wenn ihre parteipolitische Hauptrepräsentanz in Form der CDU nach den letzten Jahren durch weitgehenden Profilverlust und eine tiefe Verunsicherung bis hin zur Orientierungslosigkeit gekennzeichnet ist? Und sie stellt sich noch einmal nachdrücklicher, wenn man den Befund der Infratest-dimap-Umfrage um die Werte der übrigen Parteien vervollständigt, zu denen auch die AfD gehört, die auf 15 Prozent kommt. Damit hat auch sie seit den Bundestagswahlen knappe 5 Prozent zugelegt, was per se nicht sonderlich dramatisch wirkt, aber doch bemerkenswert ist vor dem Hintergrund, dass sich die Partei ja seit Monaten und Jahren in einer Radikalisierungsspirale befindet. Wer heimlich darauf gehofft hatte, dass die Partei angesichts einer solchen einfach implodieren würde, muss nun feststellen, dass auch eine AfD, der alle Entdämonisierungstendenzen à la Frauke Petry längst abhandengekommen sind und in der der radikale Flügel-Flügel einflussreicher ist als je zuvor, nicht einfach verschwindet – ganz abgesehen davon, dass mit Formationen wie der Ende 2022 gegründeten Partei Bündnis Deutschland ja schon diejenigen bereitstehen, die sich im Fall einer solchen Implosion schnellstens der AfD-Erbmasse bemächtigen würden (falls sich nicht womöglich die AfD-Erbmasse solcher Parteien bemächtigen würde). Kurz, auch in Deutschland sieht sich die rechte Mitte mit der Herausforderung einer rechtsautoritären Partei konfrontiert, und an dieser Konstellation wird sich wohl auf absehbare Zeit nichts Grundlegendes ändern. Dies bedeutet aber nichts anderes, als dass eine Bedingung für das Szenario der Arbeitshypothese hier gegeben ist und die andere ja ebenfalls nicht fehlt. Wobei hier die zentristisch-liberale Option vielleicht sogar weniger von den Freidemokraten repräsentiert wird als von stark verbürgerlichten Grünen – deren aktuelle Vorsitzende ja sogar mit einer nur minimal ironisch gebrochenen Hommage der CDU zum 75. Geburtstag gratulierten. Die Schnittmengen der Merkel-CDU und ihrer Erben mit den Grünen sind beträchtlich, und von daher dürfte dieser Flügel der Christdemokraten durchaus weiterhin eher in die Richtung der mittlerweile fest in der Hand der Realos befindlichen Partei schielen. Aber insbesondere in den ostdeutschen Landesverbänden sieht man das mitunter völlig anders, da hier die Grünen gemeinhin eine weitaus weniger wichtige Rolle spielen und gleichzeitig die Affinitäten in Richtung AfD weitaus ausgeprägter sind. Zusammenfassend lässt sich also feststellen, dass die Gefahr von gegenläufigen Dynamiken bis hin zur Zerreißprobe, wie wir sie stellenweise in Großbritannien und vor allem in Frankreich nach 2017 gesehen haben, auch im deutschen Kontext existiert.

Welche Einschätzungen lassen sich nun im Lichte der oben skizzierten Auffälligkeiten, die den Niedergang beziehungsweise die Radikalisierung der rechten Mitte in Frankreich, Italien und Großbritannien kennzeichnen, bezüglich der Situation in der Bundesrepublik vornehmen? Wie bereits erwähnt, gibt es prima facie keine Anhaltspunkte, dass wir es hier länderübergreifend mit denselben Mechanismen zu tun haben, die mit einer gewissen Zwangsläufigkeit in allen Kontexten zu denselben Ergebnissen führen. Und blickt man auf die fünf Punkte, die ich als kontextübergreifende Gemeinsamkeiten oder zumindest Korrespondenzen herausgearbeitet habe, stellt man fest, dass zumindest in einer Hinsicht, die Gegebenheiten im deutschen Fall durchaus anders gelagert sind: Das Thema *Europa* stiftet hierzulande insgesamt und gerade auch in der rechten Mitte nicht annähernd so viel Zwietracht, auch wenn die ewigen Mahner wie Peter Gauweiler oder Hans-Werner Sinn nicht müde werden, die immensen politökonomischen und rechtlichen Gefahren zu beschwören, die von der Eurozone ausgehen. Selbst wenn immer einmal wieder in deutlich vernehmbarer Weise über die Brüsseler Technokraten gemurrt wird, ist die europafreundliche Grundhaltung der deutschen Christdemokratie zu ausgeprägt und hat eine zu lange Tradition, als dass hier mit scharfer Munition gegen die EU geschossen würde, und das gilt weitgehend sogar für die CSU, die womöglich ihren Frieden mit der EU gemacht hat, nachdem der langjährige Vorsitzende und bayerische Ministerpräsident Edmund Stoiber sieben Jahre lang quasi eigenhändig beziehungsweise als ehrenamtlicher Leiter einer Arbeitsgruppe zum Bürokratieabbau Schneisen in den Brüsseler Regulierungsdschungel geschlagen hat. Dass man heute in scharfem Kontrast zur harten Anti-EU-Linie, die rechts der Mitte in Frankreich, Italien und Großbritannien klar vorherrscht, in der Union kaum dezidierte Euroskeptiker findet, hat aber auch damit zu tun, dass die allermeisten derjenigen, die gerade in den Rettungsaktionen im Zuge der Eurozonenkrise und in einer vermeintlich verselbstständigten Zentralbank nicht die ersten, aber die deutlichsten Anzeichen eines europäischen Superstaates sahen und die ernsthafte Bedrohung eines steuernverschlingenden und hoch invasiven Behemoths witterten, schließlich die Union (und auch die FDP) verließen, um die AfD zu gründen, die ja in ihrer ersten Inkarnation vor allem ein Anti-Euro-Partei war. Kurz, aus den oben genannten Gründen und auch aufgrund der starken europafreundlichen Prägung der deutschen Christdemokratie ist es kaum vorstellbar, dass das Thema EU zu einem vergleichbaren Zankapfel wird, der dann auch als Katalysator für eine Radikalisierungstendenz wirken könnte, wie dies ja vor allem im britischen Kontext der Fall war.

Und gilt nicht Ähnliches im Hinblick auf zwei weitere Punkte, nämlich die Transformation der Mitte-rechts-Formationen in *Persönlichkeitsparteien* mit starker Basis-Schlagseite, die mit einer gewissen Regelmäßigkeit *Führungsfiguren* hervorbringen, die sich durch ein auffallendes Defizit an Bürgerlichkeit, Seriosität oder gar Prinzipientreue auszeichnen? Ja, die CDU hat den Schritt gewagt, ihre interne Kandidatenkür als offenen Wettbewerb austragen zu lassen, und die Schattenseiten dieses Verfahrens wurden bereits erwähnt, aber schließlich ist sie ja gerade nicht den Weg der Urwahl gegangen; die letztendliche Entscheidung über den Vorsitz liegt nach wie vor bei Parteitagsdelegierten, auch wenn das Prozedere indirekt sicherlich den Einfluss der Basis stärkt. Allerdings hat diese Art der Führungsauslese bei der CDU keine Ergebnisse hervorgebracht, die mit den Entwicklungen in Italien, Frankreich oder Großbritannien vergleichbar wären: Statt den schillernden Sarkozys, Salvinis und Johnsons gab es hierzulande nach der Einführung des neuen Verfahrens die eher biedere Hausmannskost Kramp-Karrenbauer, Laschet und Merz. Dass Merz, um beim aktuellen Vorsitzenden zu bleiben, nicht nur das Florett der finanzpolitischen Fachdebatte, sondern auch den Säbel des Steuern-runter-Populismus beherrscht, ist bekannt, aber als Typus ist er doch nicht mit den erwähnten Figuren der rechten Mitte in anderen Teilen Europas zu vergleichen. Und dies gilt nicht nur für den Vorsitzenden, sondern für beinahe die gesamte CDU-Führungsriege, deren Mitglieder doch insgesamt wenig Talent zur Inszenierung an den Tag legen und eher selten als Scharfmacher auftreten. Die Abteilung Attacke gehört traditionellerweise zum Aufgabenportfolio des Generalsekretärs, der sozusagen berufsmäßig provozieren und mobilisieren muss. Aber weder Mario Czaja, der aktuell das Amt bekleidet, noch seine Vorgänger Paul Ziemiak, Annegret Kramp-Karrenbauer, Peter Tauber oder Hermann Gröhe fielen durch ausgeprägte rechtslastige Rustikalität auf – Gröhes einzige Avancen an den rechten Rand bestanden im Schwenken eines kleinen Deutschland-Fähnchens nach dem Wahlsieg 2013, bevor es ihm Merkel aus der Hand nahm. Am ehesten fand sich eine solche Radau-Bereitschaft noch bei Gröhes Vorgänger Ronald Pofalla, von dem immerhin in Erinnerung geblieben ist, wie er seinen Parteifreund Wolfgang Bosbach einst mit derben Worten abkanzelte. Ebenjener Bosbach gehörte lange Zeit zu den wenigen, die das Zeug zum rechtslastigen Volkstribun hatten: Die rheinische Leutseligkeit mischte sich bei ihm mit rhetorischer Schlagfertigkeit, Bierzeltqualitäten und dem wohlerworbenen Ruf des Law-and-Order-Politikers. Bezeichnenderweise war Bosbach auch bereit, 2021 mit dem am rechten Rand irrlichternden ehemaligen Chef des Bundesamtes für Verfassungsschutz Hans-Georg Maaßen aufzutreten – und gab nach der scharfen innerparteilichen Kritik in der Folge bekannt, in Zukunft keine Wahlkampfauftritte mehr für die CDU zu absolvieren.

Nicht nur die Generalsekretäre, auch die CDU-Mitglieder der diversen Merkel-Kabinette machten selten durch rechtsautoritäre Kampfeslust von sich reden, jedenfalls wäre es nicht das Erste, was man mit Namen wie Peter Altmaier, Ursula von der Leyen, Thomas de Maizière oder Annette Schavan verbindet. Damit bleibt eigentlich nur noch der ehemalige Minister Jens Spahn, der ja immerhin im Rennen um den Parteivorsitz war und der aktuell Präsidiumsmitglied sowie stellvertretender Fraktionsvorsitzender ist. Zumindest eine Zeitlang schien es so, als könnte er mit dem Habitus des politischen Unternehmers seiner selbst, einer gewissen Medienaffinität sowie rechten Positionierungen in gesellschafts- und kulturpolitischen Fragen den oben skizzierten Typus verkörpern. Es wird sich zeigen müssen, ob und wie er aus der zwischenzeitlichen Versenkung zurückkehrt.

Und es ist schließlich nicht nur die Bundes-CDU, deren Führung sich als nicht willens, nicht fähig oder beides zugleich erweist, jenen aufwieglerischen (Pseudo-)Konservatismus zu verkörpern. Landeschefs wie Thomas Strobl in Baden-Württemberg fehlt offenkundig Charisma und Geschick im Umgang mit den Medien, und – apropos Medien – obwohl der sachsen-anhaltinische Ministerpräsident Reiner Haseloff mit seinem Nein zur Rundfunkbeitragserhöhung kurzzeitig zum Anwalt all der Gegner des öffentlich-rechtlichen Rundfunks wurde, die sich ja vor allem im rechten Spektrum finden, geht auch ihm letztlich die Bereitschaft zum brachialen Zuspitzen ab.

Doch dass sich unter dem Spitzenpersonal bei der CDU kaum rechtsdrehende Heißsporne wie Charles Pasqua in Frankreich oder Ultrakonservative wie in Großbritannien Jacob Rees-Mogg finden, ist natürlich kein reiner Zufall. Vielmehr hat es auch mit tiefer liegenden Faktoren zu tun, von denen zwei besonders hervorzuheben sind: erstens die lange Zeit, welche die CDU in der Ära Merkel ununterbrochen an der Regierung war. Es ist schließlich durchaus bezeichnend, dass die deutlichsten Ansätze, der Partei ein stärker nationalkonservativ geprägtes Profil zu geben, in die kurze Oppositionsphase um die Jahrtausendwende fallen, als Koch und Rüttgers ihre Kampagnen fuhren und dabei durchaus auf der Klaviatur des Populismus spielten. Aber die Oppositionszeit währte bekanntlich nur relativ kurz, und danach gab es statt unvorhersehbarer Dynamiken durch Führungswechsel oder Machtverlust, die personelle Fluktuationen und auch Radikalisierungsprozesse auslösen können, vor allem sehr viel Kontinuität. Hinzu kam zweitens, dass sich die Merkel-CDU ja während drei Legislaturperioden in einer großen Koalition mit den Sozialdemokraten befand, so dass kein sonderlich großer Spielraum zur Radikalisierung bestand, wollte man nicht die Regierung aufs Spiel setzen. Und spätestens ab der zweiten Hälfte der Ära Merkel sowie dem zwischenzeitlichen Verschwinden der Liberalen aus dem Bundestag erschienen die Grünen perspektivisch der einzig realistische Koalitionspartner zu sein, wenn man aus dem Korsett der Dauer-Grokos ausbrechen wollte. Wirklich realistisch war diese Option aber eben nur dann, wenn man hinreichende Schnittmengen mit jenen aufweisen konnte, was ebenfalls entschieden gegen einen rechtsdrehenden Provokationskurs stand. Und in den vier Jahren, die die CDU nicht in einer großen Koalition verbrachte, war es schon der Koalitionspartner von der FDP, dessen Spitzenpersonal schrill bis halbseiden agierte, so dass sich die Christdemokraten lieber als seriöser Anker der Regierung inszenierten.

Aber nun gehört zur Union ja noch eine zweite Partei, und die hat seit je die farbenfroheren Vertreter der rechten Mitte hervorgebracht, von Franz-Josef Strauß über Horst Seehofer und Karl-Theodor zu Guttenberg bis hin zu Markus Söder. Und der aktuelle bayerische Ministerpräsident ist es zweifellos, der dem opportunistischen Spielertypen mit Hang – und Talent – zur Politinszenierung, wie er am Beispiel von Berlusconi oder Johnson erläutert wurde, im deutschen Kontext derzeit am nächsten kommt. Nicht nur, weil er es in der Vergangenheit schaffte, innerhalb kürzester Zeit erst AfD-Wähler zu umgarnen (Stichwort: »Asyltourismus«), um dann buchstäblich Bäume zu umarmen, und sich vom pointierten Merkel-Kritiker (Stichwort abermals: »Asyltourismus«) während der Pandemie zum starken Mann an ihrer Seite zu wandeln – wobei man sich geradezu zwingen muss, in diesem Zusammenhang nicht mit dem Verweis auf die wechselnden Kostüme des Fasching-Aficionados Söder auf die Ebene der Küchenpsychologie abzugleiten.[14] Die Wendigkeit des CSU-Chefs ist also hinreichend belegt und durchaus in der gleichen Liga angesiedelt, in der etwa auch David Cameron spielte. Hinzu kommt ein ausgeprägter Wille zur Selbstinszenierung bis hin zu den wechselnden Tassen, die Söder während der Pandemie auf seinem Tisch platzierte, wenn er wieder in irgendeine Talkshow zugeschaltet war, und dem gar nicht so erfolglosen Versuch, den sogenannten News Cycle durch immer neue Initiativen zu dominieren, wobei die inhaltliche Palette hier problemlos von Kruzifixen in öffentlichen Gebäuden über das Munich Quantum Valley bis hin zu Bavaria One reicht, einem original bayerischen Weltraumprogramm.

Damit sind wir nun beim Punkt der Tendenz zur schwach institutionalisierten und stark personalisierten Partei angelangt. Und auch diesbezüglich belegt der Eklat um die Kanzlerkandidatur 2021, dass Söder vom Mindset, von seinen machtpoliti-

14 Vgl. dazu Thomas Meaney, »The German Söderweg«, in: *NLR Sidecar* (22. Dezember 2020).

schen Ambitionen und womöglich auch von seinen Zukunftsvisionen für die Unionsparteien her durchaus in die oben herausgearbeiteten Muster passt. Es war der 18. April 2021, als sich das wochenlange Gerangel zwischen Laschet und Söder entschied, nachdem es sich zuvor immer weiter zugespitzt hatte und Söder zuletzt ganz offen die Spitzengremien der Schwesterpartei diffamiert hatte, als er in einem Interview mahnte, heutzutage könnten Entscheidungen wie die über die Kanzlerkandidatur nicht mehr in »Hinterzimmern« ausgehandelt werden. Damit warf sich Söder in die quasipopulistische Pose von Demokratisierung sowie Transparenz und ließ gleichzeitig deutlich erkennen, wie wenig er auf Gremien gab, die in seiner eigenen Partei traditionell eine überschaubare Rolle spielen, was sich auch seit dem Amtsantritt Söders nicht geändert hat, der Widerspruch allenfalls noch von Landesgruppenchef Alexander Dobrindt duldet.

Söders Agieren hatte also ziemlich genau die Stoßrichtung, die wir als gemeinsamen Nenner in den behandelten Fällen identifiziert haben, und auch sein Ziel schien ein ähnliches zu sein: Eine hoch personalisierte Partei, in der Gremien und Strukturen insgesamt zweitrangig sind, die inhaltliche Linie von der Führung nach Belieben verändert werden kann und die Legitimation durch eine mehr oder weniger klar bestimmte Basis auf der Grundlage von Charisma und *electability* erfolgt. Und Söder hatte in der CDU durchaus seine Fürsprecher, wie etwa Reiner Haseloff, der die gerade aus konservativer Perspektive höchst bemerkenswerte Einschätzung lieferte, bei der Kanzlerkandidatur gehe es nicht mehr um Charakterfragen, sondern einzig und allein darum, wer die besten Chancen auf einen Wahlsieg habe – obwohl man doch vermutet hätte, dass für Konservative eigentlich immer alles eine Charakterfrage ist. Aber so sahen es nicht alle in der CDU, und zwei ihrer Altvorderen, der damalige hessische Ministerpräsident Volker Bouffier sowie Parteiurgestein Wolfgang Schäuble, mobilisierten gegen Söder, als der den offenen Eklat wagte, sich nicht wie angekündigt aus dem Rennen zurückzuziehen, nachdem das Meinungsbild in den CDU-Spitzengremien eindeutig zugunsten Laschets ausgefallen war, und stattdessen auf ein Votum der Fraktion insistierte, wo die Zahl seiner Unterstützer quasi täglich anstieg. Schäuble war alles andere als ein ausgewiesener Unterstützer Laschets, aber nicht nur zweifelte er daran, dass mit Söder wirklich ein besseres Wahlergebnis winkte; vor allem war er davon überzeugt, dass die Partei drauf und dran war, ihre Seele zu verkaufen beziehungsweise genau den Weg einzuschlagen, der in Frankreich, Italien, Großbritannien und ja schließlich auch bei den österreichischen Nachbarn beschritten wurde, zu deren Regierung die CSU-Führung gute Kontakte unterhielt – wenn man sich schon nicht mehr mit Viktor Orbán treffen konnte. Sebastian Kurz hatte sich dort die altehrwürdige ÖVP untertan gemacht, ihr ein neues Profil und eine neue Parteifarbe gegeben und ließ sie unter dem Namen »Liste Sebastian Kurz« bei Wahlen antreten. Bei Schäuble klingelten dementsprechend die Alarmglocken. Der Journalist und CDU-Experte Robin Alexander berichtet, laut einer christdemokratischen Quelle habe Schäuble gesagt: »Wenn wir uns Söder beugen, dann ist unsere CDU tot. Dann treten wir in vier Jahren als ›Liste Söder‹ an.«[15] Schäuble ging es also nicht in erster Linie um Personen oder gar Inhalte, sondern vielmehr darum, halbwegs intakte Parteistrukturen zu erhalten, an die Söder womöglich die Axt anlegen wollte. Naturgemäß mussten im Nachhinein alle derartigen Ambitionen von CSU-Seite weit von sich gewiesen werden, aber dennoch spricht einiges dafür, dass der 18. April eine wichtige Wegscheide in der Geschichte der rechten Mitte darstellt, als es letztlich Schäuble war, der in kleiner CDU-CSU-Spitzenrunde den Ambitionen Söders eine definitive Abfuhr erteilte, bevor er das abendliche Treffen mit dem Hinweis beendete, er sei schließlich nicht Angela Merkel, mit der man die ganze Nacht

15 Robin Alexander, *Machtverfall. Merkels Ende und das Drama der deutschen Politik. Ein Report*, München: Siedler 2021, S. 361.

durchdiskutieren könne.[16] Damit war die Sache erledigt, da Söder kaum ohne die Unterstützung der CDU antreten konnte, und auch im Moment dürfte den bayerischen Ministerpräsidenten weniger die Bundespolitik als vor allem die Landtagswahl im Herbst 2023 interessieren. Von dem Ergebnis wird auch abhängen, ob Söder noch einmal einen Anlauf wagt, die Union als Spitzenkandidat in einen Bundestagswahlkampf zu führen.

Blicken wir nun auf die Frage der *Feindbilder*, die für die Union durchaus eine knifflige ist. Denn sie sieht sich ja mit einer Regierung konfrontiert, die Berlusconi vermutlich als kommunistisch diffamieren würde, aber nüchtern betrachtet kann natürlich keine Rede davon sein, dass hier gerade der pazifistische Ökosozialismus verwirklicht würde. Dies war eigentlich von Anfang an unwahrscheinlich, da schließlich eine FDP mit im Boot sitzt, die – wir erinnern uns – ihren letzten Aufenthalt in einer Regierung beinahe mit dem politischen Tod bezahlt hätte und aus dieser Erfahrung dermaßen traumatisiert hervorging, dass sie 2017 sogar die Chance auf eine Regierungsbeteiligung ausschlug aus Angst, von den prospektiven Jamaika-Partnern über den Tisch gezogen zu werden. Es war also davon auszugehen, dass ein derart gebranntes Kind Wert auf eine Regierungsagenda mit klar erkennbarer liberaler Handschrift legen würde, was sich ja auch im Koalitionsvertrag bewahrheitete. Nun hat mittlerweile vor Christian Lindner, der zwischenzeitlich aus linksliberaler Perspektive als gefährlichster Mann Europas – und zwar für Europa – gebrandmarkt wurde,[17] kaum mehr jemand Angst, da aus dem Fiskalfalken zwar keine Taube, aber vielleicht so etwas wie ein Sperling im magenta-gelben FDP-Federkleid geworden ist: Natürlich gelobt der Finanz-

16 Vgl. dazu ebd., S. 359-367, wo Alexander jene Nacht grandios in Form eines politischen Kammerspiels rekonstruiert.

17 Joseph E. Stiglitz/Adam Tooze, »›Es wäre ein Fehler, ihm seinen Wunsch zu erfüllen‹«, in: *Die Zeit* (27. Oktober 2021).

minister, die Schuldenbremse schon im Jahr 2023 wieder einhalten zu wollen, zuvor hat er aber Milliarden und Abermilliarden als Sondervermögen verausgabt, die natürlich nur der fiskalische Laie nicht von Schattenhaushalten zu unterscheiden vermag. Dadurch wird die Feindbildsuche im Hinblick auf die Regierung für die Union allerdings nur vordergründig einfacher, denn das Geld wird schließlich nicht nur zur Subvention von Lastenfahrrädern für Eltern im Prenzlauer Berg eingesetzt, sondern vor allem, um das liebste Kind der Union, die Bundeswehr, auf Vordermann zu bringen. Und sicherlich kann man sich mit guten Gründen über die fragwürdigen Praktiken der Haushaltsführung der Regierung echauffieren, aber das ist dann nicht sonderlich überzeugend, wenn man gleichzeitig kritisiert, dass der »Doppelwumms« mit seinen immensen Unterstützungssummen zur Bewältigung der Energiekrise immer noch unzureichend sei, Steuererhöhungen ausschließt und natürlich auch die Rückkehr zur schwarzen Null predigt – und genau das ist die Position der Union, der daher nicht zu Unrecht auch schon blanker Populismus im alten Sinn des Wortes vorgeworfen wurde.[18] Es ist also gar nicht so einfach, hier potente Feindbilder und Schreckgespenste zu identifizieren, um die konservative Wählerschaft zu mobilisieren und die Partei zu einen, und da hilft auch ein sich nun neu beziehungsweise wieder abzeichnendes Feindbild des russischen (und chinesischen) Autoritarismus nur bedingt, denn damit könnte man sich womöglich von den tendenziell russlandverstehenden Alt-Sozialdemokraten absetzen, nicht aber von Grünen und Liberalen. Und zudem mag die SPD zwar ein Russlandproblem haben, aber die CDU hat immerhin Michael Kretschmer. Der sächsische Ministerpräsident hat seit dem Angriff Russlands auf die Ukraine kontinuierlich die Bundesparteilinie konterkariert, von der Forderung nach Inbetriebnahme von North Stream 2 bis zum beständigen Dringen auf eine baldige Verhandlungslösung – offensichtlich auch

18 Vgl. Mariam Lau, »Welche Krise«, in: *Die Zeit* (21. Juli 2022).

deshalb, weil er der Meinung ist, damit bei seinem Elektorat punkten zu können, das spätestens 2024 einen neuen Landtag wählen wird, nachdem die AfD 2019 nur knapp und mithilfe einer Art republikanischen Front von der CDU auf den zweiten Platz verwiesen werden konnte. Das Feindbild Autoritarismus dürfte also zumindest in der Verknüpfung mit Russland und gerade in Ostdeutschland nicht unbedingt zur einenden Mobilisierung dienlich sein, was bedeutet, dass man andere Feindbilder benötigt.

Und damit befindet sich die CDU im Hinblick auf die diskursiv konstruierte Gegnerschaft, die eine solche wichtige Rolle für den Konservatismus spielt, in einer ähnlichen Position wie die Mitte-rechts-Akteure in den oben behandelten Fällen. Auch ihr sind viele der altvertrauten Feindbilder abhandengekommen, und mit Blick auf die aktuelle Regierung tut sie sich aus den genannten Gründen schwer, auf der sozioökonomischen Ebene ein solches zu errichten. In Frankreich, Großbritannien und in gewisser Weise auch Italien haben wir gesehen, dass sich aus ähnlichen – wenn auch nicht denselben – strategischen Gründen eine Verlagerung des Diskurses auf die kulturelle Ebene vollzogen hat, inklusive den Auswirkungen auf die (verloren gehende) Unterscheidbarkeit zwischen rechter Mitte und rechtem Rand. Und tatsächlich gibt es durchaus gewisse Anzeichen, dass sich auch im deutschen Kontext ein entsprechender Wandel vollziehen könnte und die *kulturkämpferische Strategie* mit dem Feindbild der Woke-Ideologie womöglich größere Bedeutung erlangt. Anfangs wagten sich an diese Themen zwar nur verfemte und/oder weitgehend marginalisierte Gruppen wie die Werteunion oder die unionsnahe Kampagnenagentur The Republic sowie Figuren aus der zweiten Reihe, etwa der ein oder andere ehrgeizige Vertreter des Hamburger Landesverbands. Aber spätestens seit der verlorenen Bundestagswahl verdichten sich die Hinweise, dass die entsprechenden Tendenzen auch weitere Teile der Partei erreichen. Im November 2022 fand die erste öffentliche Tagung des frisch gegründeten Thinktanks R21 »für neue bürgerliche Politik« statt, der sich bezeichnenderweise für seine Auftaktveranstaltung das Thema »Wokes Deutschland – Identitätspolitik als Bedrohung unserer Freiheit?« ausgesucht hatte. Nun wurden hier keineswegs nur steile und empirisch kaum belegbare Thesen mit hohem Erregungspotenzial verbreitet, sondern auch ernsthafte Analysen präsentiert, aber insgesamt passte sich der Sound doch ganz gut ein in den uns bekannten Diskurs, der in den woken Aktivisten die eigentlich autoritär Gesinnten identifiziert und in dessen Rahmen sich Konservative eben als die wirklichen Wahrer von Freiheit, Aufklärung und Moderne inszenieren können – sich damit aber paradoxerweise gleichzeitig anschlussfähiger an Positionen machen, die am rechten Rand vertreten werden, indem sie sich überhaupt auf das Feld des Kulturkampfs verlegen. Nun könnte man einwenden, dass sich aus einer Tagung einer noch kaum etablierten Denkfabrik hinsichtlich des zukünftigen Kurses der CDU nicht sonderlich viel ableiten lässt, aber R21 ist nicht irgendein Thinktank; schließlich zählt zu ihren Gründern der bereits erwähnte Andreas Rödder, unter dessen Federführung 2022 die Grundwertecharta der CDU erarbeitet wurde, und im Publikum saß neben anderen Politprominenten auch Partei-Vize Carsten Linnemann, bei dem die Fäden für das neue Grundsatzprogramm zusammenlaufen. Dass in der Partei das Feindbild des Wokismus durchaus Mobilisierungspotenzial hat, lässt sich nicht nur am Vorsitzenden festmachen, der regelmäßig seine Abneigung gegen das »Gendern« bekundet. Es lässt sich indirekt auch daran ablesen, wie übel weite Teile der Basis es ebenjenem doch vermeintlich so konservativen Vorsitzenden nahmen, dass er sich nach langem Zaudern auf die Seite derer stellte, die die Einführung einer Frauenquote für die Partei befürworteten.

Es lohnt sich nicht, hier die Vielzahl an anderen Scharmützeln über kulturelle Fragen aufzuzählen, in die Christdemokraten in den letzten Monaten verwickelt waren; stattdessen kann mit dem *Zeit*-Journalisten Robert Pausch die Lage folgendermaßen pointiert zusammengefasst werden: »Deutschland steht vor einer tiefen ökonomischen und sozialen Krise. Die Grundfesten des Landes, sein Exportmodell, sein Wohlstandsversprechen, wackeln. Und die Programmatiker der Union: Reden lieber über Winnetou statt über Wirtschaftspolitik.«[19] Aber sollten in der CDU tatsächlich die Kräfte die Oberhand gewinnen, die der kulturkämpferischen Agenda breiteren Raum einräumen möchten, dann sind sie spätestens seit dem 11. November 2022 gewarnt, was die Implikationen sein könnten. Denn wie ganz zu Beginn erwähnt, stimmten an jenem Tag Abgeordnete von CDU und AfD im thüringischen Landtag gemeinsam für den CDU-Antrag »Gendern, nein danke«, was zeigt, dass es gerade im Hinblick auf kulturkämpferische Fragen und Anti-Wokismus keine zwangsläufige Konvergenz, aber eben doch eine immer geringere Unterscheidbarkeit zwischen rechtsmittigen und rechtsautoritären Positionen gibt. Dies könnte sich im Osten Deutschlands als durchaus bedeutsam erweisen, wo die Gefilde von CDU und AfD ohnehin alles andere als streng voneinander demarkiert sind und wo nicht nur Mike Mohring mit dem von der Parteispitze verordneten Kooperationsverbot mit der AfD hadert, wobei die Argumentation im Falle Mohrings ja nicht völlig von der Hand zu weisen ist: Bleibe es bei der strikten Ausgrenzung, könne sich die AfD in ihrer Opferrolle einrichten und ihr bliebe die parlamentarische Bewährungsprobe erspart, durch die sie auch ein stückweit entzaubert werden könnte. Würde das Kooperationsverbot jedoch fallen, dann käme der AfD die heißersehnte Legitimation als Normalpartei zu, da fest davon auszugehen ist, dass es zumindest in den ostdeutschen Ländern auch zu mehr oder weniger formellen Allianzen kommen würde.

Jedenfalls bleibt festzuhalten, dass der Pfad des Kulturkampfes inklusive des Evergreens der Migrationspolitik und der Kri-

19 Robert Pausch, »Winnetou statt Wirtschaftspolitik«, in: *Die Zeit* (24. November).

tik an doppelter Staatsbürgerschaft etc. steil nach rechts abfällt und für Mitte-rechts-Parteien eine nicht zu unterschätzende Absturzgefahr birgt. Und das gilt auch dann, wenn wie im deutschen Fall zumindest aktuell nicht die zusätzlichen Bedingungen eines relativen Niedergangs vorliegen, die den Kulturkämpfen von rechts in den behandelten Fällen eine solche Toxizität verleihen – abgesehen davon, dass angesichts der unübersichtlichen Lage derzeit niemand sagen kann, ob jene zusätzlichen Bedingungen mittelfristig nicht auch in Deutschland gegeben sein könnten.

Aber trotz dieser bedenklichen Tendenzen wäre es natürlich ein Kurzschluss, nun bereits den Kollaps der Union beziehungsweise ihr, gezogen von den Strömungen und Strudeln des Kulturkampfes, Abdriften in den rechten Raum zu prognostizieren. Denn wenn sich die CDU in einer Krise befindet, dann in einer, die *auch* die klassischen Konnotationen des Begriffs umfasst, der ursprünglich bekanntlich den Moment der Entscheidung bezeichnete, in der sich etwa bei einer Krankheit die Dinge zum Besseren oder zum Schlechteren wenden. Schließlich stehen im Fall der Union den erwähnten Tendenzen andere entgegen. Es gibt neben den Kretschmers und Dobrindts auch die Daniel Günthers und Hendrik Wüsts, Ministerpräsidenten, denen es beispielsweise wohl kaum in den Sinn käme, die Pläne einer erleichterten Einbürgerung der Regierung als das »Verramschen« der deutschen Staatsbürgerschaft (Dobrindt) zu kritisieren, sondern die sich ausdrücklich für ein liberales Migrationsregime aussprechen – wie übrigens auch der neue Vorsitzende der Jungen Union unmittelbar nach seiner Wahl signalisierte, dass das Land aus seiner Sicht dringend auf weitere Zuwanderung angewiesen ist. Und zudem hat die Partei die große Chance, sich selbst mit dem neuen Grundsatzprogramm, das bis 2024 verabschiedet werden soll, ein frischeres Profil zu geben, in dem die Grundkoordinaten dessen ausbuchstabiert werden könnten, was einen zeitgenössischen gemäßigten Konservatismus ausmacht. Womöglich ließen sich in diesem Rahmen nicht zuletzt Leitplanken schmieden, mit denen man den eigenen Diskurs von dem der AfD abzugrenzen versucht, und mit einer stärkeren programmatischen Verortung oder auch nur halbwegs erkennbaren inhaltlichen Konturen könnte man vielleicht sogar zumindest ansatzweise ein Gegengewicht zu den säkularen Personalisierungstendenzen installieren. Es wird sich zeigen, ob es der Partei gelingt, die wenigen Monate bis zur Europawahl 2024 zu nutzen, um ein solch ambitioniertes Ziel – Linnemann selbst sprach sogar von einer neuen »Erzählung«[20] – zu erreichen und ob sie dieses Ziel überhaupt verfolgt. Gehen die 2023 anstehenden Landtagswahlen in Berlin, Bremen und vor allem Bayern und Hessen halbwegs gut aus, beschränkt man sich womöglich auf nichtssagende Programmlyrik, um nicht die Pferde scheu zu machen, in der Hoffnung, von der günstigen Stimmungslage auch ohne größere Profilierungsanstrengungen wieder zurück in die Regierung getragen zu werden. Dass es sich kurzfristig politisch auszahlt, sich programmatisch nicht zu weit aus dem Fenster zu lehnen, ist nicht auszuschließen, aber dem längerfristigen Bestand des gemäßigten Konservatismus wird es nicht dienlich sein, wenn die Partei die Chance, sich in der Opposition ein erkennbares Profil zu geben, ungenutzt verstreichen lässt.

20 Zit. n. Livia Gerster, »Plötzlich Opposition«, in: *Frankfurter Allgemeine Zeitung* (29. Dezember 2022).

Ausgewählte Literatur

Abou-Chadi, Tarik/Werner Krause, »The supply side: Mainstream right party policy positions in a changing political space in Western Europe«, in: Bale/Rovira Kaltwasser (Hg.), *Riding the Populist Wave*, S. 67-90, S. 80.

Adrault, Marc, *Sarkozy et dieu. De l'usage politique des monothéismes*, Paris: Berg International 2008.

Ahearne, Jeremy, *Government through Culture and the Contemporary French Right*, London: Palgrave 2014.

Albertazzi, Daniele/Dunal McDonnell, »The Lega Nord in the second Berlusconi government: In a league of its own«, in: *West European Politics* 28/5 (2005), S. 952-972.

Ders., »Going, going, … not quite gone yet? ›Bossi's Lega‹ and the survival of the mass party«, in: *Contemporary Italian Politics* 8/2 (2016), S. 115-130.

Ders./Arianna Giovannini/Antonella Seddone, »›No regionalism please, we are Leghisti!‹ The transformation of the Italian Lega Nord under the leadership of Matteo Salvini«, in: *Regional and Federal Studies* 28/5 (2018), S. 645-671.

Ders./Donatella Bonansinga/Mattia Zulianello, »The right-wing alliance at the time of the Covid-19 pandemic: All change?«, in: *Contemporary Italian Politics* 13/2 (2021), S. 181-195.

Alexander, Robin, *Machtverfall. Merkels Ende und das Drama der deutschen Politik. Ein Report*, München: Siedler 2021, S. 361.

Almeida, Dimitri, »Decadence and indifferentiation in the ideology of the Front National«, in: *French Cultural Studies* 25/2 (2014), S. 221-232.

Amable, Bruno/Stefano Palombarini, *Von Mitterrand zu Macron. Über den Kollaps des französischen Parteiensystems*, aus dem Französischen von Ulrike Bischoff, Berlin: Suhrkamp 2018.

Aron, Raymond, *Memoirs. Fifty Years of Political Reflection*, New York: Holmes and Meier 1990.

Art, David, *Inside the Radical Right. The Development of Anti-Immi-*

grant Parties in Western Europe, Cambridge: Cambridge University Press 2012.

Arzheimer, Kai/Elisabeth Carter, »Political opportunity structures and right wing extremism success«, in: *European Journal of Political Research* 45/3 (2006), S. 419-443.

Bacon, Gareth, »What is wokeism and how can it be defeated«?, in: The Common Sense Groupe (Hg.), *Common Sense*, S. 19-26.

Badiou, Alain, *Wofür steht der Name Sarkozy?*, aus dem Französischen von Heinz Jatho, Berlin: Diaphanes: 2008.

Bale, Tim, »I don't agree with Nick: Retrodicting the Conservative-Liberal Democrat Coalition«, in: *Political Quarterly* 82/2 (2011), S. 244-250.

Ders./Paul Webb, »The Conservative Party«, in: John Bartle/Nicholas Allen (Hg.), *Britain at the Polls 2010*, London: Sage 2011, S. 37-62.

Ders., »David Cameron 2005-2010«, in: Timothy Heppell (Hg.), *Leaders of the Opposition. From Churchill to Cameron*, Basingstoke: Palgrave 2012, S. 222-236.

Ders., »The Black Widow effect: Why Britain's Conservative-Liberal Democrat coalition might have an unhappy ending«, in: *Parliamentary Affairs* 65/2 (2012), S. 323-337.

Ders., *The Conservative Party from Thatcher to Cameron*, 2. Auflage, Cambridge: Polity 2016.

Ders., »Who leads and who follows? The symbiotic relationship between Ukip and the Conservatives – and populism and Euroscepticism«, in: *Politics* 38/3 (2018), S. 263-277.

Ders./Cristóbal Rovira Kaltwasser (Hg.), *Riding the Populist Wave. Europe's Mainstream Right in Crisis*, Cambridge: Cambridge University Press 2021.

Ball, Terence/Richard Bellamy (Hg.), *The Cambridge History of Twentieth Century Political Thought*, Cambridge: Cambridge University Press 2003.

Banfield, Edward, *The Moral Basis of a Backward Society*, New York: Free Press 1958.

Barbacetto, Gianni/Peter Gomez/Marco Travaglio, *Mani Pulite. La vera storia da Mario Chiesa a Silvio Berlusconi*, Rom: Riuniti 2002.

Barjon, Carole/Bruno Jeudy, *Le coup monté*, Paris: Plon 2013.

Bartolini, Francesco, »Back to a future civilization: Cities and countryside in the ›Third Italy‹«, in: *Urban History* 48 (2021), S. 108-124.

Bastow, Steve, »Front National economic policy: From neo-liberalism to protectionism«, in: *Modern & Contemporary France* 5/1 (1997), S. 61-72.

Benveniste, Annie/Etienne Pingaud, »Far-right movements in France: The principal role of Front National and the rise of islamophobia«, in: Gabriella Lazaridis/Giovanna Campani/Annie Benveniste (Hg.), *The Rise of the Far Right in Europe. Populist Shifts and »Othering«*, New York: Palgrave 2016, S. 55-79.

Benvenuti, Andrea, »Between myth and reality: The euro crisis and the downfall of Silvio Berlusconi«, in: *Journal of Modern Italian Studies* 22/4 (2017), S. 512-529.

Berlusconi, Silvio, *La discesa in campo*, Rom: Procura 1994.

Bernstein, Serge, *Histoire du gaullisme*, Paris: Perrin 2001.

Berrington, Hugh, »Britain in the nineties. The politics of paradox«, in: *West European Politics* 21/1 (1998), S. 1-27.

Bianchini, Franco, »Requiem for the Third Italy? Rise and fall of a too successful concept«, in: *Entrepreneurship & Regional Development* 10 (1998), S. 93-116.

Ders., »The Third Italy: Model or myth?«, in: *Ekistics* 58/350-351 (1991), S. 336-345.

Biebricher, Thomas, »Disciplining Europe: The production of economic delinquency«, in: *Foucault Studies* 23 (2017), S. 63-85.

Ders., *Geistig-moralische Wende. Die Erschöpfung des deutschen Konservatismus*, zweite, erweiterte Auflage, Berlin: Matthes & Seitz 2022 [2018].

Bobbio, Norberto, *Rechts und Links. Gründe und Bedeutungen einer politischen Unterscheidung*, aus dem Italienischen von Moshe Kahn, Berlin: Wagenbach 1994.

Bossi, Umberto/Daniele Vimercati, *Vento dal Nord. La mia Lega, la mia vita*, Mailand: Sperling & Kupfer 1992.

Ders., *Il mio progetto*, Mailand: Sperling & Kupfer 1996.

Bouvet, Laurent, *L'insécurité culturelle*, Paris: Fayard 2015.

Breuer, Stefan, *Anatomie der Konservativen Revolution*, Darmstadt: WBG 1995.

Broughton, David, »The limitations of likeability: The Major premiership and public opinion«, in: Dorey (Hg.), *The Major Premiership*, S. 199-217.

Bull, Anna Cento, »Lega Nord: A case of simulative politics?«, in: *South European Society and Politics* 14/2 (2009), S. 129-146.

Dies., »Addressing contradictory needs: The Lega Nord and Italian immigration policy«, in: *Patterns of Prejudice* 44/5 (2010), S. 411-431.

Dies., »The role of memory in populist discourse: The case of the Italian Second Republic«, in: *Patterns of Prejudice* 50/3 (2016), S. 213-231.

Burton, Michael, *From Broke to Brexit. Britain's Lost Decade*, Cham (Schweiz): Palgrave 2022.

Butler, David/Dennis Kavanagh, *The British General Election of 1997*, London: Macmillan 1997.

Dies., *The British General Election of 2001*, London: Macmillan 2001.

Caciagli, Mario, »Christian Democracy«, in: Ball/Bellamy (Hg.), *The Cambridge History of Twentieth Century Political Thought*, S. 165-180.

Cameron, David, *For the Record*, London: William Collins 2019.

Capano, Giliberto/Giulia Sandri, »The political leadership of Mario Draghi: An historical watershed or an inevitable bump in the road?«, in: *Contemporary Italian Politics* 14/2 (2022), S. 118-132.

Carter, Neal/Keith Alderman, »The Conservative Party leadership election of 2001«, in: *Parliamentary Affairs* 55/3 (2002), S. 569-585.

Castelli Gattinara, Pietro/Caterina Froio, »Italy: The Mainstream right and its allies, 1994-2018«, in: Bale/Rovira Kaltwasser (Hg.), *Riding the Populist Wave*, S. 170-192.

Ceccarini, Luigi/Ilvo Diamanti/Marc Lazar, »The end of an era: The crumbling of the Italian party system«, in: *Italian Politics* 27 (2011), S. 57-77.

Chemin, Ariane/Vanessa Schneider, *Le mauvais génie des Nicolas Sarkozy. Patrick Buisson, l'homme qui a décomplexé la droite*, Paris: Fayard/Pluriel 2016.

Chiaramonte, Alessandro/Vincenzo Emanuele/Nicola Maggini, »Populist success in a hung parliament: The 2018 general election in Italy«, in: *South European Society and Politics* 23/4 (2018), S. 479-501.

Chirac, Jacques, *My Life in Politics*, aus dem Französischen von Catherine Spencer, New York: Palgrave Macmillan 2012.

Christophers, Brett, *Rentier Capitalism. Who Owns the Economy and Who Pays For It*, London: Verso 2022.

Cohen-Almagor, Raphael, »Indivisibilité, sécurité, laicité: the French ban on the burqa and the niqab«, in: *French Politics* 20 (2022), S. 3-24.

Cole, Alistair, *French Politics and Society*, New York: Routledge 2005.

Ders., »The fast presidency? Nicolas Sarkozy and the political institutions of the Fifth Republic«, in: *Contemporary French and Francophone Studies* 16/3 (2012), S. 311-321.

The Common Sense Group (Hg.), *Common Sense. Conservative Thinking in a Post-Liberal Age* (2021), online verfügbar unter: {https://www.marcolonghi.org.uk/news/common-sense}.

Cooper, Melinda, *Family Values. Between Neoliberalism and the New Social Conservatism*, Princeton: Princeton University Press 2017.

Corrias, Pino/Massimo Gramellini/Curzio Maltese, *Colpo Grosso. Storie della storia d'Italia*, Mailand: Baldini & Castoldi 1994.

Costa, Olivier/Tinette Schnatterer/Laure Squarcioni, »The French Constitutional Law of 23 July 2008 as seen by MPs: Working or talking parliament?«, in: *The Journal of Legislative Studies* 19/2 (2008), S. 261-277.

Cowley, Philip, »The parliamentary party«, in: *The Political Quarterly* 80/2 (2009), S. 214-221.

Ders./Mark Stuart, »The Cambusters: The Conservative European Union referendum rebellion of October 2011«, in: *The Political Quarterly* 83/2 (2012), S. 402-406.

Criddle, Byron, »The French referendum on the Maastricht Treaty September 1992«, in: *Parliamentary Affairs* (1992), S. 228-238.

Crouch, Colin, *Postdemokratie*, aus dem Englischen von Nikolaus Gramm, Frankfurt am Main: Suhrkamp 2008 [2003].

D'Alimonte, Roberto, »The Italian elections of February 2013: The end of the Second Republic«, in: *Contemporary Italian Politics* 5/2 (2013), S. 113-129.

Davies, Peter, *The National Front in France. Ideology, Discourse and Power*, London: Routledge 2001.

De Felice, Renzo, *Intervista sul fascismo*, Bari: Laterza 1976.

De Giorgi, Elisabetta/Filippo Tronconi »The center-right in a search for unity and the re-emergence of the neo-fascist right«, in: *Contemporary Italian Politics* 10/4 (2018), S. 330-345.

Dies./António Dias, »Divided, but not by much: The parties of the centre right between government and opposition«, in: *Contemporary Italian Politics* 12/2 (2020), S. 169-181.

Denham, Andrew/Peter Dorey, »A tale of two speeches? The Conservative leadership election of 2005«, in: *The Political Quarterly* 77/1 (2006), S. 35-42.

Dennison, James/Andrew Geddes, »The centre no longer holds: The Lega, Matteo Salvini and the remaking of Italian immigration politics«, in: *Journal of Ethnic and Migration Studies* (2021), S. 1-20.

Dittert, Annette, »Johnson, Truss, Sunak – Tory-Elend ohne Ende«, in: *Blätter für deutsche und internationale Politik* 1/23 (2023), S. 27-30.

Donà, Alessia, »Radical right populism and the backlash against gender equality: The case of the Lega (Nord)«, in: *Contemporary Italian Politics* 13/3 (2021), S. 296-313.

Donovan, Mark, »Democrazia Christiana: Party of government«, in: David Hanley (Hg.), *Christian Democracy in Europe. A Comparative Perspective*, London: Pinter 1994, S. 71-86.

Dorey, Peter (Hg.), *The Major Premiership. Politics and Policies under John Major, 1990-1997*, Basingstoke: Palgrave Macmillan 1999.

Ders., »Despair and disillusion abound: The Major premiership in perspective«, in: ders. (Hg.), *The Major Premiership*, S. 218-249.

Ders., *British Conservatism. The Politics and Philosophy of Inequality*, London: Tauris 2011.

Ders./Mark Garnett/Andrew Denham, *From Crisis to Coalition. The Conservative Party, 1997-2010*, Basingstoke: Macmillan 2011.

Dyson, Kenneth/Kevin Featherstone, »Italy and EMU as a ›vincolo esterno‹: Empowering the technocrats, transforming the state«, in: *South European Society and Politics* 1/2 (1996), S. 272-299.

Economists for Brexit, *The Economy after Brexit* (2016), online verfügbar unter: {https://issuu.com/efbkl/docs/economists_for_brexit_-_the_economy/1}.

Egle, Christoph, *Reformpolitik in Deutschland und Frankreich. Wirtschafts- und Sozialpolitik bürgerlicher und sozialdemokratischer Regierungen*, Wiesbaden: VS Verlag 2009.

Eilfort, Michael, »Die Parteien der Mitte/UDF«, in: Sabine Ruß et al. (Hg.), *Parteien in Frankreich. Kontinuität und Wandel in der V. Republik*, Opladen: Leske + Budrich 2000, S. 173-196.

Evans, Jocelyn (Hg.), *The French Party System*, Manchester: Manchester University Press 2003.

Evnine, Simon, »Essentially contested concepts and semantic externalism«, in: *Journal of the Philosophy of History* 8 (2014), S. 118-140.

Fabbrini, Sergio, »The institutional odyssey of the Italian parliamentary republic«, in: *Journal of Modern Italian Studies* 17/1 (2012), S. 10-24.

Fawcett, Edmund, *Conservatism. The Fight for a Tradition*, Princeton: Princeton University Press 2020.

Fella, Stefano/Carlo Ruzza, »Populism and the fall of the centre-right in Italy: The end of the Berlusconi model or a new beginning«, in: *Journal of Contemporary European Studies* 21/1 (2013), S. 38-52.

Feo, Francesca/Anna Lavizzari, *Triumph der Frauen? Das weibliche Antlitz des Rechtspopulismus und -extremismus in ausgewählten Ländern. Fallstudie Italien*, Berlin: Friedrich-Ebert-Stiftung 2020.

Ferrand, Oliver et al., »L'axe UMPFN: Vers le parti patriote?« (12. Juni 2012), online verfügbar unter: {https://tnova.fr/democratie/politique-institutions/laxe-umpfn-vers-le-parti-patriote/}.

Ferrara, Giuliano, Vorwort, in: Philippe Beaussant, *Anche il Re Sole sorge al mattino. Una giornata di Luigi XIV*, Rom: Fazi 2002.

Fini, Gianfranco, *Un'Italia civile*, Interview mit Marcello Staglieno, Mailand: Ponte alle Grazie 1999.

Freeden, Michael, *Ideologies and Political Theory. A Conceptual Approach*, Oxford: Oxford University Press 1996.

Gaffney, John, *Political Leadership in France. From Charles de Gaulle to Nicolas Sarkozy*, Basingstoke: Palgrave Macmillan 2010, S. 179-204.

Gamble, Andrew, »New Labour and political change«, in: *Parliamentary Affairs* 63/4 (2010), S. 639-652.

Ders., »The remaking of conservativism: Boris Johnson and the politics of Brexit«, in: *The Political Quarterly* 92/3 (2021), S. 461-468.

Gaulle, Charles de, *Discours et messages*, 5 Bände, Paris: Plon 1970.

Geddes, Andrew/Andrea Pettrachin, »Italian migration policy and politics: Exacerbating paradoxes«, in: *Contemporary Italian Politics* 12/2 (2020), S. 1-16.

Gehler, Michael/Wolfram Kaiser/Helmut Wohnout (Hg.), *Christdemokratie in Europa im 20. Jahrhundert*, Göttingen: Vandenhoeck & Ruprecht 2001.

Giesbert, Franz-Olivier, *Jacques Chirac. Tragödie eines Mannes und Krise eines Landes*, Berlin: Econ 2006.

Gilmour, Ian/Mark Garnett, *Whatever Happened to the Tories? The Conservatives since 1945*, London: Fourth Estate 1998.

Ginsborg, Paul, *A History of Contemporary Italy. Society and Politics 1943-1980*, London: Penguin 1990.

Ders., *Italy and its Discontents. Family, Civil Society, State 1980-2001*, New York: Palgrave 2003.

Ders., »The patrimonial ambitions of Silvio B«, in: *New Left Review* 21 (2003), S. 21-64.

Ders., *Berlusconi. Politisches Modell der Zukunft oder italienischer Sonderweg?*, aus dem Englischen von Friederike Hausmann, Berlin: Wagenbach 2005 [2003].

Girvin, Brian, *The Right in the Twentieth Century. Conservatism and Democracy*, London: Pinter 1994.

Godin, Emmanuel, »The porosity between the mainstream right and extreme right in France: Les droites décomplexées under Nicolas Sarkozy and Marine Le Pen's leadership«, in: *Journal of Contemporary European Studies* 21/1 (2013), S. 53-67.

Goodliffe, Gabriel/Ricardo Brizzi (Hg.), *France after 2012*, New York: Berghahn 2015.

Ders., »The resurgence of the Front National«, in: ders./Brizzi (Hg.), *France after 2012*, S. 112-129.

Gove, Michael, »A striptease that costs too much«, in: *The Times* (27. April 1999).

Grabow, Karsten, »Auf Talfahrt? Europas Christdemokraten im Vergleich«, in: *Die politische Meinung* 558/64, S. 47-54.

Gray, John, *Enlightenment's Wake. Politics and Culture at the Close of the Modern Age*, London: Routledge 1995.

Ders., »Michael Howard may turn out to be the Tory leader who lays Thatcher's ghost«, in: *The New Statesman* (10. November 2003).

Ders., »The fall of Liz Truss will not bring calm but rather a new period of conflict«, in: *The New Stateman* (26. Oktober 2022).

Griffin, Roger, »Between metapolitics and apoliteia: The Nouvelle Droite's strategy for conserving the fascist vision in the ›interregnum‹«, in: *Modern & Contemporary France* 8/1 (2000), S. 35-53.

Grimm, Markus, *Die problematische Neuerfindung der italienischen Rechten. Die Alleanza Nationale und ihr Weg in die Mitte*, Wiesbaden: Springer VS 2016, S. 107-113.

Guggenberger, Bernd/Klaus Hansen, »Jenseits von Mittelmaß und Anmaßung. Für die Wiedergewinnung der achtbaren Mitte«, in: dies. (Hg.),

Die Mitte. Vermessungen in Politik und Kultur, Opladen: Westdeutscher Verlag 1993, S. 9-28.

Hacke, Jens, *Philosophie der Bürgerlichkeit. Die liberal-konservative Begründung der Bundesrepublik*, Göttingen: Vandenhoeck & Ruprecht 2006.

Haegel, Florence, »The Union for a Popular Movement after Sarkozy«, in: Goodliffe/Brizzi (Hg.), *France after 2012*, S. 61-73.

Hague, William, *A Fresh Future for the Conservative Party*, London: Conservative Central Office 1997.

Hainsworth, Paul, »The right: Divisions and cleavages in fin de siècle France«, in: *West European Politics* 22/4 (1999), S. 38-56.

Hall, Stuart, »The great moving right show«, in: *Marxism Today* (19. Januar 1979), S. 14-20.

Hanley, David, »Compromise, party management and fair shares: The case of the French UDF«, in: *Party Politics* 5/2 (1999), S. 171-189.

Harris, John, »Cool Britannia: Where did it all go wrong«, in: *The New Statesman* (1. Mai 2017).

Hayes, John, »Turning the tide – the struggle for the common good«, in: The Common Sense Group, *Common Sense*, S. 7-18.

Heffer, Simon, »Out of the blue«, in: *The New Statesman* 142 (2012).

Heitmeyer, Wilhelm, »*Gruppenbezogene Menschenfeindlichkeit* (GMF) in einem entsicherten Jahrzehnt«, in: ders., *Deutsche Zustände. Folge 10*, Berlin: Suhrkamp 2011, S. 15-41, S. 35.

Heppell, Timothy/Michael Hill, »Ideological typologies of contemporary British conservatism«, in: *Political Studies Review* 3 (2005), S. 335-355.

Ders., *The Tories. From Winston Churchill to David Cameron*, London: Bloomsbury 2014.

Hewlett, Nick, »Nicolas Sarkozy and the legacy of Bonapartism: The French presidential and parliamentary elections of 2007«, in: *Modern & Contemporary France* 15/4 (2007), S. 405-422.

Hirschman, Albert O., »Social conflicts as pillars of democratic society«, in: *Political Theory* 22/2 (1994), S. 203-218.

Hogg, Quintin, *The Case for Conservatism*, London: Penguin Books 1948.

Höhne, Roland, »Das Parteiensystem Frankreichs«, in: Oskar Niedermeyer, Richard Stöss/Melanie Haas (Hg.), *Die Parteiensysteme Westeuropas*, Wiesbaden: VS 2006, S. 161-187.

Ders., »Zwischen Repräsentativität und Stabilität: Wahlsystem und Wahlrechtsreform in Italien«, in: *Zeitschrift für Politik* 59/2 (2012), S. 217-243.

Huntington, Samuel, »Conservatism as an ideology«, in: *The American Political Science Review* 51/2 (1957), S. 454-473.

Huysseune, Michel, *Modernity and Secession. The Social Sciences and the*

Political Discourse of the Lega Nord in Italy, New York/Oxford: Berghahn 2006.

Ignazi, Piero, »From neo-fascists to post-fascists? The transformation of the MSI into the AN«, in: *West European Politics* 19/4 (1996), S. 693-714.

Ders., »Sartori's party system typology and the Italian case: The unanticipated outcome of a polarized pluralism without anti-system parties«, in: *Contemporary Italian Politics* 9/3 (2017), S. 262-276.

Inglehart, Ronald, *The Silent Revolution. Changing Values and political Styles among Western Publics*, Princeton: Princeton University Press 1977.

Inverizzi Ancetti, Carlo, *What Is Christian Democracy? Politics, Religion and Ideology*, Cambridge: Cambridge University Press 2019.

Ivaldi, Gilles, »FN split: Party system change and electoral prospects«, in: Evans (Hg.), *The French Party System*, S. 137-151.

Johnson, Boris/Nicholas Farrell, »Forza Berlusconi!«, in: *The Spectator* (6. September 2003), online verfügbar unter: {https://www.spectator.co.uk/article/forza-berlusconi}.

Jörke, Dirk/Veith Selk, *Theorien des Populismus zur Einführung*, Hamburg: Junius 2017.

Kallinich, Daniela, *Das Mouvement Démocrate. Eine Partei im Zentrum der französischen Politik*, Wiesbaden: Springer 2019.

Kalyvas, Stathis N./Kees van Kersbergen, »Christian Democracy«, in: *Annual Review of Political Science* 13 (2010), S. 183-209.

Kiely, Ray, *The Conservative Challenge to Globalization. Anglo-American Perspectives*, London: Agenda Publishing 2020.

Kingdom, John, »Centralisation and fragmentation: John Major and the reform of local government«, in: Dorey (Hg.), *The Major Premiership*, S. 45-67.

Knapp, Andrew, »What's left of the French right? The RPR and the UDF from conquest to humiliation, 1993-1998«, in: *West European Politics* 22/3 (1999), S. 109-138.

Ders., »From the Gaullist movement to the president's party«, in: Evans (Hg.), S. 121-136.

Ders., »En attendant Sarko? France's mainstream and centre, 2012-14«, in: *Modern & Contemporary France* 22/4 (2014), S. 473-489.

Krause, Werner/Denis Cohen/Tarik Abou-Chadi, »Does accommodation work? Mainstream party strategies and the success of radical right parties«, in: *Political Science Research and Methods* (2022), S. 1-8 (DOI:10.1017/psrm.2022.8, online first).

Kretschmann, Winfried, *Worauf wir uns verlassen wollen. Für eine neue Idee des Konservatismus*, Frankfurt am Main: Fischer 2018.

Kwarteng, Kwasi/Priti Patel/Dominic Raab/Chris Skidmore/Elizabeth Truss, *Britannia Unchained. Global Lessons for Growth and Prosperity*, London: Palgrave 2012.

Laclau, Ernesto, *Die populistische Vernunft*, aus dem Englischen von Boris Kränzel, Wien: Passagen 2022.

Lees, David, »A controversial campaign: François Fillon and the decline of the centre-right in the 2017 elections«, in: *Modern & Contemporary France* 25/4 (2017), S. 391-402.

Leonard, Dick, *Modern British Prime Ministers from Balfour to Johnson*, New York: Routledge 2022.

Letwin, Oliver, *The Neighbourly Society. Collected Speeches 2001-2003*, London: Centre for Policy Studies 2003.

Ders., *Hearts and Minds. The Battle for the Conservative Party from Thatcher to the Present*, London: Biteback 2017.

Lindner, Kolja, *Die Hegemoniekämpfe in Frankreich. Laizismus, politische Repräsentation und Sarkozysmus*, Hamburg: Argument Verlag 2017.

Liouville, Jacques/Michael Hartmeier, »Verstaatlichungen und Privatisierungen in Frankreich«, in: *Zeitschrift für öffentliche und gemeinwirtschaftliche Unternehmen* 15/3 (1992), S. 268-277.

Livi, Massimiliano, »The Ruini system and ›Berlusconismo‹: Synergy and transformation between the Catholic Church and Italian politics in the ›Second Republic‹«, in: *Journal of Modern Italian Studies* 21/3 (2016), S. 399-418.

Lorey, Isabell, *Demokratie im Präsens. Eine Theorie der politischen Gegenwart*, Berlin: Suhrkamp 2020.

Lübbe, Hermann, »Der Nationalsozialismus im Bewusstsein der deutschen Gegenwart«, in: ders., *Vom Parteigenossen zum Bundesbürger. Über beschwiegene und historisierte Vergangenheiten*, Paderborn: Fink 2007, S. 11-38.

Lukes, Steven, »The grand dichotomy of the twentieth century«, in: Ball/Bellamy (Hg.), *The Cambridge History of Twentieth Century Political Thought*, S. 602-626.

Maguire, Patrick, »Robert Kilroy-Silk: The godfather of Brexit«, in: *The New Statesman* (18. September 2019).

Major, John, *The Autobiography*, New York: Harper Collins 1999.

Mannheim, Karl, *Konservatismus. Ein Beitrag zur Soziologie des Wissens*, herausgegeben von David Kettler/Volker Meja/Nico Stehr, Frankfurt am Main: Suhrkamp 1984.

Manow, Philip, *Die Politische Ökonomie des Populismus*, Berlin: Suhrkamp 2018.

Ders., *(Ent-)Demokratisierung der Demokratie*, Berlin: Suhrkamp 2020.

Marcus, Jonathan, *The National Front and French Politics. The Resistable Rise of Jean-Marie Le Pen*, Basingstoke: Macmillan 1995.

Marg, Stine, *Mitte in Deutschland. Zur Vermessung eines politischen Ortes*, Bielefeld: Transcript 2014.

Margetts, Helen, »The 1997 British general election: New Labour, new Britain?«, in: *West European Politics* 20/4 (1997), S. 180-191.

Marlière, Philippe, »›Sarkozysm‹: From political ambivalence to hard right«, in: Gino G. Raymond (Hg.), *The Sarkozy Presidency. Breaking the Mould*, New York: Palgrave 2013, S. 28-55.

Masala, Carlo, »Die Democrazia Cristiana 1943-1963. Zur Entwicklung des partito nazionale«, in: Gehler et al. (Hg.), *Christdemokratie in Europa im 20. Jahrhundert*, S. 348-369.

Mattioli, Aram, »Tabubruch und Kalkül. Berlusconis Geschichtspolitik zwischen Apologie und Umdeutung«, in: Rusconi/Schlemmer/Woller (Hg.), *Berlusconi an der Macht*, S. 139-150.

McCormick, John, *Machiavelli und der populistische Schmerzensschrei. Studien zur politischen Theorie*, Berlin: Suhrkamp 2023.

McDonnell, Duncan/Davide Vampa, »The Italian Lega Nord«, in: Reinhard Heinisch/Oscar Mazzoleni (Hg.), *Understanding Populist Party Organisation. The Radical Right in Western Europe*, London: Palgrave 2016, S. 105-130.

McMeeking, Thomas, *The Political Leadership of Prime Minister John Major. A Reassessment Using the Greenstein Model*, New York: Macmillan 2021.

Meaney, Thomas, »The German Söderweg«, in: *NLR Sidecar* (22. Dezember 2020).

Mélenchon, Jean-Luc, *Laïcité. Replique au discours de Nicolas Sarkozy, chanoine de Latran*, Paris: Bruno Leprince 2008.

Möller, Kolja (Hg.), *Populismus. Ein Reader*, Berlin: Suhrkamp 2022.

Monjardet, Dominique, »Assessing a policing policy: The first Sarkozy ministry (May 2002 through March 2004)«, in: *Sociologie du travail* 50S (2008), S. e30-e49.

Mouffe, Chantal, *Über das Politische. Wider die kosmopolitische Illusion*, aus dem Englischen von Niels Neumeier, Frankfurt am Main: Suhrkamp 2007.

Dies., *Für einen linken Populismus*, aus dem Englischen von Richard Barth, Berlin: Suhrkamp 2018.

Müller, Jan-Werner, »Comprehending conservatism: A new framework for analysis«, in: *Journal of Political Ideologies* 11/3 (2006), S. 359-365.

Ders., »Towards a new history of christian democracy«, in: *Journal of Political Ideologies* 18/2 (2013), S. 243-255.

Ders., *Was ist Populismus?*, Berlin: Suhrkamp 2016.

Ders., »Wie die CDU ihre Sinnkrise bewältigen kann«, in: *Der Spiegel* (15. Februar 2018).

Münkler, Herfried, *Mitte und Maß. Der Kampf um die richtige Ordnung*, Berlin: Rowohlt 2010.
Musella, Fortunato, »The personalization of Italian political parties in three acts«, in: *Contemporary Italian Politics* 12/4 (2020), S. 411-424.
Musso, Pierre, *Le Sarkoberlusconisme*, Paris: Perrin 2008.

Nester, William R., *De Gaulle's Legacy. The Art of Power in France's Fifth Republic*, New York/Basingstoke, Palgrave Macmillan 2014.
Neurohr, Jean, »Was ist Gaullismus?«, in: *Zeitschrift für Politik* 16 (1969), S. 11-25.
Newell, James, *Silvio Berlusconi. A Study in Failure*, Manchester: Manchester University Press 2018.
Nicholson, Emma, *Secret Society. Inside – and Outside – the Conservative Party*, London: Indigo 1996.
Norris, Pippa/Ronald Inglehart, *Cultural Backlash. Trump, Brexit, and Authoritarian Populism*, Cambridge: Cambridge University Press 2019.

Oakeshott, Michael, »On being conservative«, in: Roger Scruton (Hg.), *Conservative Texts*, Basingstoke: Palgrave Macmillan 1991, S. 242-253.
Offe, Claus (Hg.), *Demokratisierung der Demokratie. Diagnosen und Reformvorschläge*, Frankfurt am Main: Campus 2003.
Ozzano, Luca, »Populism and religion in the Lega's discourse and policies«, in: Tournier-Sol/Gayte (Hg.), *The Faces of Contemporary Populism in Western Europe and the US*, S. 129-146.

Palombarini, Stefano, »Jahrzehnte des Neoliberalismus haben Italien in die Krise gestürzt«, in: *Jacobin* (15. Dezember 2022).
Pasquino, Gianfranco, *Critica della sinistra italiana*, Rom: Laterza 2001.
Ders., »The Italian national elections of 13 May 2001«, in: *Journal of Modern Italian Studies* 6/3 (2001), S. 371-387.
Ders., »Democracy at stake«, in: *Studia Politica. Romanian Political Science Review* 13/4 (2013), S. 605-616.
Ders./Marco Valbruzzi, »Sartori and Italian politics: Joy and sorrow«, in: *Contemporary Italian Politics* 9/3 (2017), S. 229-245.
Ders., »The state of the Italian Republic«, in: *Contemporary Italian Politics* 11/2 (2019), S. 195-204.
Passmore, Kevin, »Femininity and the right: From moral order to moral order«, in: *Modern & Contemporary France* 8/1 (2000), S. 55-69.
Péans, Pierre, *Eine französische Jugend. François Mitterrand 1934-1947*, München: DTV 1995.
Peck, Jamie/Adam Tickell, »Neoliberalizing space«, in: *Antipode* 34/3 (2002), S. 380-404.
Pflüger, Friedbert, *Deutschland driftet. Die Konservative Revolution entdeckt ihre Kinder*, Düsseldorf: Econ 1994.

Pierson, Paul, *Politics in Time. History, Institutions and Social Analysis*, Princeton: Princeton University Press 2004.

Pike, Karl, »Reform to conserve: Europe and David Cameron's conservatism«, in: *Journal of Political Ideologies* (2022) (DOI: 10.1080/13569317.2022.2045459, online first).

Pilger, John, »Welcome to the first murdochracy«, in: *The New Statesman* (15. März 2010).

Pirro, Andrea, »The polyvalent populism of the 5 Star Movement«, in: *Journal of Contemporary European Studies* 26/4 (2018), S. 443-458.

Pocock, John Greville Agard, »Introduction«, in: ders. (Hg.), *Edmund Burke, Reflections on the Revolution in France*, Indianapolis: Hackett 1987.

Pombeni, Paolo, »The Ideology of Christian Democracy«, in: *Journal of Political Ideologies* 5/3, S. 289-300.

Power, Nina/Alberto Toscano, »The philosophy of restoration: Alain Badiou and the enemies of May«, in: *Boundary* 2 (2009), S. 27-46.

Putnam, Robert, Robert Leonardi/Raffaella Nonetti, *Making Democracy Work. Civic Traditions in Modern Italy*, Princeton: Princeton University Press 1993.

Reckwitz, Andreas, *Das Ende der Illusionen. Politik, Ökonomie und Kultur in der Spätmoderne*, Berlin: Suhrkamp 2019.

Rémond, René, *Les droites en France*, Paris: Aubier 1982 [1954].

Ders., *Les droites aujourd'hui*, Paris: Éditions Louis Audibert 2005.

Rispin, William, »Division within the centre right during the Hollande presidency: The case of cultural insecurity«, in: *Modern & Contemporary France* 27/3 (2019), S. 381-396.

Ders., *The French Centre Right and the Challenges of a Party System in Transition*, Cham: Palgrave Macmillan 2021, S. 91-130.

Roberts, Andrew, *Salisbury. Victorian Titan*, London: Phoenix Press 1999.

Robin, Corey, *Der reaktionäre Geist. Von den Anfängen bis Donald Trump*, aus dem Englischen von Bernadette Ott, Berlin: Ch. Links 2018.

Rödder, Andreas, *Konservativ 21.0. Eine Agenda für Deutschland*, München: Beck 2019.

Ders., »Manifest eines modernen Konservatismus«, in: *Der Spiegel* 45 (6. November 2021).

Roß, Jan, *Boris Johnson. Porträt eines Störenfrieds*, Berlin: Rowohlt Berlin 2020.

Rowland, Benjamin, »Gaullist economic policies. The role of indicative planning«, in: ders. (Hg.), *Charles de Gaulle's Legacy of Ideas*, Lanham: Lexington Books 2011, S. 23-32.

Ruffin, François, »*Pauvres Actionnaires!*«. *Quarante ans de discours économique du Front national passés au crible*, Amiens: Fakir Editions 2014.

Rusconi, Gian Enrico/Thomas Schlemmer/Hans Woller (Hg.), *Berlusconi an der Macht. Die Politik der italienischen Mitte-Rechts-Regierungen in vergleichender Perspektive*, München: Oldenbourg 2010.

Ders., »Berlusconismus ohne Ende: Italien auf dem Weg zu einer Verfassungsreform«, in: ders./Schlemmer/Woller (Hg.), *Berlusconi an der Macht*, S. 151-160.

Ruspini, Elisabetta, »Role and perceptions of women in contemporary Italy«, in: Andrea Mammone, Ercole Giap Parini/Giuseppe A. Veltri (Hg.), *The Routledge Handbook of Contemporary Italy. History, Politics, Society*, London: Routledge 2015, S. 64-76.

Russo, Luana/Marco Valbruzzi, »The impact of the pandemic on the Italian party system. The Draghi government and the ›new‹ polarisation«, in: *Contemporary Italian Politics* 14/2 (2022), S. 172-190.

Sa'adah, Anne, »Trump, Le Pen, and the new normal«, in: *French Politics, Culture & Society* 35/2 (2017), S. 43-58.

Sarkozy, Nicolas, *Témoignage*, Paris: Plon 2006.

Sartori, Giovanni, »Riposta«, in: *Rivista Italiana di Scienza Politica* 21/3 (1991).

Ders., *Comparative Constitutional Engineering. An Inquiry into Structures, Incentives and Outcomes*, Houndmills: Macmillan 1994.

Ders., *Il sultanato*, Rom: Laterza 2009.

Sassoon, Donald, *Contemporary Italy. Politics, Economy and Society since 1945*, London/New York: Longman 1987.

Schäfer, Armin/Michael Zürn, *Die demokratische Regression. Die politischen Ursachen des autoritären Populismus*, Berlin: Suhrkamp 2021.

Schelsky, Helmut, *Die Arbeit tun die anderen. Klassenkampf und Priesterherrschaft der Intellektuellen*, Opladen: Westdeutscher Verlag 1975.

Schlemmer, Thomas, »Berlusconis Jobwunder? Arbeitsmarktpolitik zwischen pfadabhängiger Kontinuität und neoliberaler Reform«, in: Rusconi/ders./Woller (Hg.), *Berlusconi an der Macht*, S. 63-82.

Seldon, Anthony, *Major. A Political Life*, London: Weidenfeld and Nicolson 1999.

Shields, James, »Le Pen and the progression of the far-right vote in France«, in: *French Politics and Society* 13/2 (1995), S. 21-39.

Ders., »Marine Le Pen and the ›new‹ FN: A change of style or of substance?«, in: *Parliamentary Affairs* 66 (2013), S. 179-196.

Slobodian, Quinn, »The sovereign individual in Downing Street«, in: *The New Statesman* (2. November 2022).

Ders., *Crack-Up Capitalism. Market Radicals and the Dream of a World Without Democracy*, New York: Metropolitan 2023.

Stafford, Alexander, »Social Conservatism – turning the Red Wall blue for years to come«, in: The Common Sense Group (Hg.), *Common Sense*, S. 107-111.

Stille, Alexander, *Citizen Berlusconi*, München: Beck 2006.

Strobl, Natascha, *Radikalisierter Konservatismus. Eine Analyse*, Berlin: Suhrkamp 2021.

Surridge, Paula/Alan Wager/Dan Wincott, *Comfortable Leavers. The Expectations and Hopes of the Overlooked Brexit Voters*, London: UK in a Changing Europe 2021.

Swales, Kirby, *Understanding the Leave Vote*, London: Natcen Social Research 2012.

Swyndegouw, Marc/Gilles Ivaldi, »The extreme right utopia in Belgium and France: The ideology of the Flemish Vlaams Blok and the French Front National«, in: *West European Politics* 24/3 (2001).

Szarka, Joseph, »The winning of the 1995 French presidential election«, in: *West European Politics* 19/1 (1996), S. 151-167.

Taguieff, Pierre-André, »Biopolitique de l'identité et ordre moral: L'orthodoxie du Front National«, in: *Raison présente* 127 (1998), S. 37-63.

Taleb, Nassim/Mark Blyth, »The Black Swan of Cairo. How suppressing volatility makes the world less predictable and more dangerous«, in: *Foreign Affairs* 90/3 (2011), S. 33-39.

Tarchi, Marco, »The political culture of the Alleanza Nazionale: An analysis of the party's programmatic documents (1995-2002)«, in: *Journal of Modern Italian Studies* 8/2 (2003), S. 135-181.

Ders., »Voters without a party: The ›long decade‹ of the Italian centre-right and its uncertain future«, in: *South European Society and Politics* 23/1 (2018), S. 147-162.

Terra Nova, »Le bilan redistributif du Sarkozysme« (2012), online verfügbar unter: {https://tnova.fr/economie-social/finances-macro-economie/le-bilan-redistributif-du-sarkozysme/}.

Thatcher, Margaret, *The Downing Street Years*, London: Harper Collins 1993.

Ther, Philipp, *Das andere Ende der Geschichte. Über die Große Transformation*, Berlin: Suhrkamp 2019.

Tournier-Sol, Karine, »Reworking the eurosceptic and conservative traditions into a populist narrative: UKIP's winning formula?«, in: *Journal of Common Market Studies* 53/1 (2015), S. 140-156.

Dies./Marie Gayte (Hg.), *The Faces of Contemporary Populism in Western Europe and the US*, Cham: Palgrave Macmillan 2021.

Dies., »From Ukip to Brexit: The right-wing populist surge in the UK«, in: dies./Gayte (Hg.), *The Faces of Contemporary Populism in Western Europe and the US*, S. 1-22.

Treib, Oliver, »Exploring mainstream euroscepticism: Similarities and differences between eurosceptic claims of centre-right and radical right parties«, in: *Research and Politics* 7/3 (2020), S. 1-7.

Van Spanje, Joost/Wouter van der Burg, »The party as pariah: The exclusion of anti-immigration parties and its effect on their ideological positions«, in: *West European Politics* 30/5 (2007), S. 1022-1040.

Verbeek, Bertjan/Andrej Zaslove, »Italy: A case of mutating populism?«, in: *Democratization* 23/2 (2015), S. 304-323.

Vester, Michael et al. (Hg.), *Soziale Milieus im gesellschaftlichen Strukturwandel. Zwischen Integration und Ausgrenzung*, Frankfurt am Main: Suhrkamp 2001.

Vincent, Andrew, *Modern Political Ideologies*, Oxford: Blackwell 1992.

Waldegrave, William, »The uncertain future of the Conservative Party«, in: *The New Statesman* (2. November 2022).

Webb, Paul/Tim Bale, »Why do Tories defect to Ukip? Conservative party members and the temptations of the populist radical right«, in: *Political Studies* 62 (2014), S. 961-970.

Weiß, Volker, *Die autoritäre Revolte. Die Neue Rechte und der Untergang des Abendlandes*, Stuttgart: Klett-Cotta 2017.

White, Jonathan, »Left and right and political resources«, in: *Journal of Political Ideologies* 16 (2011), S. 123-144.

Wieviorka, Olivier, *Divided Memory. French Recollections of World War II from the Libération to the Present*, Stanford: Stanford University Press 2012, S. 144-150.

Willetts, David, *Civic Conservatism*, London: Social Market Foundation 1994.

Wincott, Daniel, Jim Buller/Colin Hay, »Strategic errors and/or structural binds? Major and European integration«, in: Dorey (Hg.), *The Major Premiership*, S. 87-107.

Wolkenstein, Fabio, *Die dunkle Seite der Christdemokratie. Geschichte einer autoritären Versuchung*, München: Beck 2022.

Yuval-Davis, Nira, *Gender and Nation*, London: Sage 1997.

Ziblatt, Daniel, *Conservative Parties and the Birth of Democracy*, Cambridge: Cambridge University Press 2017.

Bildnachweise

Abb. 1 AGF/Universal Images Group via Getty Images
Abb. 2 Franco Origlia/Getty Images
Abb. 3 picture alliance/Associated Press/Gregorio Borgia
Abb. 4 picture alliance/EPA-EFE/Stefano Cavicchi
Abb. 5 Riccardo Fabi/NurPhoto via Getty Images
Abb. 6 Gilbert Uzan/Gamma-Rapho via Getty Images
Abb. 7 Alain Le Bot/Gamma-Rapho via Getty Images
Abb. 8 Georges Bendrihem/AFP via Getty Images
Abb. 9 Christian Liewig/Corbis via Getty Images
Abb. 10 Chesnot/Getty Images
Abb. 11 Richard Baker/In Pictures Ltd./Corbis via Getty Images
Abb. 12 Jeff Overs/BBC News & Current Affairs via Getty Images
Abb. 13 picture alliance/empics/Stefan Rousseau
Abb. 14 Guido Benschop/De Beeldunie/laif
Abb. 15 Charles McQuillan/Getty Images

Dank

Mein Dank gilt zunächst Heinrich Geiselberger, der als Lektor dieses Buchprojekt nicht nur mit großem Elan und ebenso großer Sachkenntnis begleitet hat, sondern auch immer wieder wertvolle Anregungen lieferte und mit dem die Zusammenarbeit ein Vergnügen war.

Außerdem danke ich Martin Renz, der mich als Hilfskraft bei den Literaturrecherchen unterstützt und zudem erste Entwürfe der einzelnen Kapitel gelesen und sehr hilfreiches Feedback gegeben hat.

Bedanken möchte ich mich auch bei Martin Jankowski und dem Team der Berliner Literarischen Aktion, in deren Räumlichkeiten der Schreibtisch steht, an dem ein Großteil des Manuskripts entstanden ist, wobei ich von der höchst angenehmen Atmosphäre dort profitiert habe.

Zuletzt danke ich vor allem meiner Freundin Raphaela Stern, die mir – ein weiteres Mal – die Freiräume geschaffen hat, um dieses Buch zu schreiben, das unseren Kindern Lucía und Leander gewidmet ist.

Personenregister